Saül, notre saint Paul, est exceptionnel à maints égards. Il est le seul saint du calendrier qui ait participé à l'assassinat d'un autre, Étienne. Il est l' « inventeur » de l'Église : ce sont ses missions qui ont fondé les premiers grands centres chrétiens à l'extérieur de Jérusalem. Mais ce n'est pas tout...

Assurément, il était citoyen romain. Mais comme il se prétend également juif et qu'il était à l'époque impossible d'être officiellement juif et citoyen romain, car on ne pouvait à la fois adorer Jupiter et Jéhovah, il y a là un mystère. Et le mystère s'épaissit quand on apprend par les Actes que, lors de son arrestation, les Romains lui assignèrent une escorte extraordinaire, avec quatre cent soixante-dix archers et soldats. Ce n'étaient certes pas les honneurs qu'ils réservaient d'ordinaire à leurs prisonniers. Quel était donc le rang de Saül? Pourquoi trois préfets romains le protègent-ils avec tant d'obstination? Autre mystère, mais non le dernier : il se dit originaire de Tarse; à l'examen encore, cela apparaît douteux, comme l'avait déjà relevé saint Jérôme au IVe siècle. Pourquoi Saül dissimule-t-il sa véritable origine?

Quelle est, entre autres mystères, la raison profonde de sa longue et violente querelle, ponctuée d'injures telles que « hypocrite » et « mauvais chrétien », avec les apôtres Pierre, Jacques le Mineur et Jean? Qui donc a fait arrêter Saül à Jérusalem? Pourquoi Saül insiste-t-il dans ses Épîtres sur le fait qu'il a « vu » Jésus, alors que, sur le fameux chemin de Damas, il rapporte qu'il n'a fait que l'entendre? Saül aurait-il donc

(Suite au verso.)

rencontré Jésus quelques années après la Crucifixion? Quelle fut vraiment sa vie? Quelle était son ambition?

C'est à ces questions et à maintes autres que, pour reconstituer la vie de cet apôtre majeur, Gerald Messadié applique la méthode d'analyse conjecturale qui a valu aux deux premiers tomes de la série *L'Homme qui devint Dieu* un succès international. Analysant les sources anciennes, il a pu retrouver de très nombreuses informations inédites ou négligées par les historiens – les sources et les analyses qui fondent cette méthode sont incluses dans ce volume, à la suite du récit.

Paru dans Le Livre de Poche :

L'Homme qui devint Dieu
L'Homme qui devint Dieu : *Les Sources*
Matthias et le Diable

GERALD MESSADIÉ

L'HOMME
QUI DEVINT DIEU

***

L'Incendiaire

Vie de Saül, apôtre

LAFFONT

DU MÊME AUTEUR

L'ALIMENTATION-SUICIDE, Fayard, 1973.

LA FIN DE LA VIE PRIVÉE,
Éditions Calmann-Lévy, 1978.

LES GRANDES DÉCOUVERTES
DE LA SCIENCE,
Bordas, 1987.

LES GRANDES INVENTIONS DE L'HUMANITÉ JUSQU'EN 1850,
Bordas, 1988.

REQUIEM POUR SUPERMAN,
Robert Laffont, 1988.

LES GRANDES INVENTIONS DU MONDE MODERNE,
Bordas, 1989.

L'HOMME QUI DEVINT DIEU :
1. LE RÉCIT, Robert Laffont, 1988.
2. LES SOURCES, Robert Laffont, 1989.
3. L'INCENDIAIRE, Robert Laffont, 1991.

LA MESSE DE SAINT PICASSO,
Robert Laffont, 1989.

MATTHIAS ET LE DIABLE,
Robert Laffont, 1990.

En collaboration avec Bruno Lussato

BOUILLON DE CULTURE,
Robert Laffont, 1986.

« *Le feu ! Je suis venu le jeter sur la terre !
Et combien je voudrais qu'il fût déjà
allumé !* »

Jésus
(Luc, XII ; 49)

« *Toute histoire est fiction, de même que
toute fiction est histoire.* »

Benedetto Croce

Première partie

UN PRINCE SANS COURONNE

1

LE DEMANDÉ

Une femme cria longuement. Ce cri évoqua celui qu'émet la vie aux portes de la mort. Des mouettes, qui planaient sous les étoiles, se le répétèrent. Mais la nuit resta impavide au-dessus de Césarée.

Plus tard, les hommes, toujours impatients d'administrer le Temps, qui n'est qu'un fleuve plus fort que les barrages dérisoires des chiffres, diraient que c'était en l'an II avant l'ère chrétienne[1].

De la fenêtre éclairée dont avait jailli le cri fusèrent des pépiement féminins ; ils s'égaillèrent dans le jardin autour de la maison et se perdirent dans le bruit de la mer toute proche. Des ombres baignées de soufre par la danse des torches pressèrent le pas vers le perron.

Une femme agita les bras à la fenêtre.

« Un garçon ! Un garçon ! »

Dans l'atrium du palais, on chercha le père, Antipater[2], mais il avait couru à l'étage, bouleversé, disait-on, pour se rendre auprès de son épouse, Mariamme, non, de son fils, un héritier déjà, en dépit de son apparence glaireuse et sanglante.

Les esclaves calaient sur des trépieds des jarres de vin grec, les serviteurs disposaient des rhytons sur les tables et les emplissaient.

« Je l'appellerai Saül », dit Antipater quand il fut redescendu, le cordon ombilical étant coupé et noué.

L'assistance applaudit. En effet, ce fils avait été demandé avec anxiété, et chacun savait qu'Antipater n'avait lésiné ni sur les sacrifices à la synagogue, ni sur ceux qu'il avait payés à la grande Astarté, dont la tour éponyme dominait la mer, là-bas, et des amis étaient allés, eux, sacrifier au Mithraeum.

Ainsi Saül l'incendiaire, fils d'Antipater, lui-même fils d'Hérode le Grand et de la première des dix épouses de ce roi, et de Mariamme, fille d'Antigonus, le dernier des Hasmonéens, c'est-à-dire le dernier descendant des illustres Maccabées, fit-il son entrée dans le monde.

Il n'avait qu'une sœur ; il allait avoir un frère. L'Histoire ne retiendrait que son nom.

2

LES DEUX MORTS
DE L'AN MOINS QUATRE

Le murmure des nourrices, éternel recensement de malheurs passés, présents et futurs, se perdait dans le bruit des vagues.

« Et son père était si bon... »

« Et son frère donc ! C'est ma mère qui l'a nourri ! »

« Ils étaient beaux comme des astres ! »

« La méchanceté de certaines femmes ! »

Les enfants jouaient aux osselets sur la plus haute des terrasses qui descendaient vers la Méditerranée, ornées de vases de pierre où des rosiers s'efforçaient de lutter contre l'odeur amère du varech. Car une tempête avait sévi la veille et les grèves étaient striées d'amas sombres qui maintenant séchaient au soleil et au vent.

« Et de deux ! » cria Saül.

« Tu as triché ! » cria Agrippa, Hérode de son premier prénom. « Tu as triché, je l'ai vu ! »

« Je n'ai pas triché ! Un prince ne triche pas ! »

« Tu as triché, dis-je. Un prince ne ment pas ! »

Ils se levèrent et s'affrontèrent du geste et du regard, le bras gauche replié, le poing droit crispé, la mâchoire mauvaise. L'un six ans, l'autre un peu plus de cinq, l'orgueil et la vanité soudain mis à nu. Agrippa fit un pas en avant, Saül leva son poing blanc.

« Assez ! » crièrent les nourrices de concert. Elles se
levèrent, toutes deux bancales et le pied éléphantin, pour
séparer les garnements. Ceux-ci dévièrent leur agressivité vers les jupes des nourrices. Doris, la sœur aînée de
Saül, qui jusqu'alors commérait avec deux jeunes filles
de son âge, douze ou treize ans, hors de portée d'oreille,
fronça les sourcils et s'en vint d'un pas traînant à la
rescousse du frère.

« On ne traite pas ainsi un cousin ! » grommela la
nourrice de Saül en lui secouant le bras. « Et un jeune
prince ! »

« Je suis aussi un prince ! » répliqua Saül.

« Oui, mais lui est orphelin ! » marmonna la nourrice,
d'une voix étouffée, mais pas tant qu'Agrippa ne l'eût
entendue.

« Orphelin, il le sera aussi bientôt ! » cria-t-il.

Doris, saisie par la prédiction de l'enfant, demeura
comme pétrifiée.

« Qui l'a dit ? » gronda-t-elle, la voix rauque.

« Ma mère ! » cria Agrippa, tandis que les deux nourrices pâlissaient. « Ma mère, Bérénice ! N'est-elle pas
la femme de ton père[3] ? N'est-elle pas la fille de
Salomé ? Elle le sait ! » cria sauvagement l'enfant.
« Antipater n'est-il pas en prison[4] ? »

Tous les acteurs, cette fois, furent pétrifiés. Les yeux
de Saül s'agrandirent d'horreur. Les nourrices se couvrirent la tête et traînèrent, chacune de son côté, les enfants
vers leurs quartiers respectifs dans le palais de Césarée.

Doris demeura sur la distance, ses deux compagnes se
tenant à distance respectueuse. Ses appréhensions les
plus sombres se vérifiaient donc ; il n'y aurait pas de
pardon. Les dernières traces de jeunesse se vidèrent de
son visage.

---

* Bérénice, fille de Salomé (la sœur d'Hérode le Grand) avait
épousé en premières noces Aristobule, fils d'Hérode le Grand, et elle
était donc la nièce de son époux, dans un mariage consanguin comme
il en était de fréquents dans la dynastie hérodienne. Après la mort
d'Aristobule, exécuté en – 7, elle avait épousé Antipater (autre fils
d'Hérode le Grand, mais d'un autre lit), après que celui-ci eut perdu
sa première femme, mère de Saül. Voir l'arbre généalogique, p. 396.

On l'apprit plus tard, mais pas beaucoup plus tard, car le malheur se détaille fin autant que frais, il y avait eu une lettre de César. Tandis que la grandeur d'Hérode se dissolvait en exsudats glaireux de ses pieds gonflés et de l'orifice de ses entrailles, et que le potentat commençait son enfer sur la terre, tenaillé de douleurs affreuses et de malaises aveuglants, comme en connurent les derniers léviathans dont le Créateur avait condamné la race, une lettre de César Auguste était parvenue au palais de Jéricho. Achiab, âme damnée et cousin d'Hérode, confident de l'agonie l'avait lue, car les yeux de son maître ne discernaient plus que l'ombre et la lumière. Auguste avait fait mettre à mort Acmé, l'esclave juive de sa femme, coupable d'avoir comploté contre Hérode et sa sœur Salomé, avec, horreur ! la complicité d'Antipater. « En ce qui concerne ton fils, tu peux, à ton gré, l'exiler ou le faire exécuter », concluait le César.

Tandis qu'Achiab lisait la lettre, Siméon, l'espion de Salomé, écoutait, et Antipater lui-même jouait aux dés dans la salle souterraine où son père le tenait prisonnier, inconscient du frôlement obscène de l'aile noire, l'aile de la Mort. Siméon courut aux quartiers de Salomé, pour l'informer du message impérial. Hérode tenta de se tourner sur sa couche, les linges visqueux qui recueillaient déjà les humeurs du cadavre en puissance tombèrent, Achiab se pressa pour les changer ; Hérode ouvrit sa bouche ulcérée.

« Une pomme », murmura-t-il.

Achiab lui-même lui apporta, l'échine courbe, le plat, la pomme et le couteau, car Hérode avait l'habitude de peler lui-même ses pommes, qu'il coupait ensuite en fins quartiers. Le roi posa le plat et la pomme sur les draps, puis s'empara du couteau, et après avoir balayé la salle de ses yeux mi-clos de lézard, il crispa la bouche et dirigea le couteau vers son abdomen à la fois décharné et gonflé.

Un cri effroyable emplit le palais, c'était celui d'Achiab, qui s'était élancé, avait immobilisé le poignet d'Hérode et jeté le couteau au loin. Hérode retomba sur

ses oreillers, poignardé quand même par le geste manqué.

Chambellans, courtisans, domestiques, esclaves se
pressaient aux portes, n'osant entrer, tandis qu'Achiab
pleurait, de larmes vraies d'ailleurs, car son pouvoir
n'était attaché qu'au souffle haletant de son cousin.

Dans la salle au-dessous, Antipater crut la succession
consommée. Il rejeta les dés et ordonna au geôlier de
le libérer.

« C'est moi le roi, maintenant », dit-il, « libère-moi
tout de suite et je te récompenserai ! »

Le ton était impérieux, et sans doute, en effet, Hérode
le Grand était-il mort et Antipater lui succédait-il.

« Je vais vérifier », dit le geôlier, quittant la salle, dont
il referma la porte à clef.

Il trouva, en effet, le vestibule en émoi. Yeux ronds
ou plissés par le souci, masques verdis par l'angoisse ou
blanchis par le désarroi, groupes murmurants, allées et
venues précipitées... Le geôlier monta à l'entresol du
palais de Césarée. Par les fenêtres à l'ouest, il aperçut la
mer, au-delà de la porte à l'est, il s'attendit à voir la
mort. Il se fit annoncer. Achiab sortit, les traits creusés.

« Il faut dire au roi... » commença le geôlier, observant une pause dans le cas où il serait interrompu. Mais
il ne le fut pas. « ... que son fils Antipater m'a dit de le
libérer parce qu'il était roi. »

Achiab serra les mâchoires.

« Il m'a promis beaucoup d'argent si je le libérais. Il
m'a même dit que je serais chambellan », poursuivit le
geôlier, guère en peine de broderies.

« Et l'as-tu libéré ? » demanda sèchement Achiab.

« Serais-je ici ? » demanda le geôlier.

« Il n'est pas roi ! » cracha Achiab. « Attends ici. »

Achiab n'avait pas fermé la porte ; Hérode entendit
tout. A l'article de la mort, il vociféra de fureur. Il
s'administra des coups de poing sur la tête.

« Isaac ! Phruras ! Loudas ! » hurla-t-il.

C'étaient les noms de ses gardes. Achiab blêmit. Les
gardes, qui attendaient comme toujours dans l'anticham-

bre, accoururent, bousculant Achiab et le geôlier au passage.

« Allez sur-le-champ tuer ce chien d'Antipater dans son trou ! Tout de suite ! Vous l'enterrerez à Hyrcanie ! »

Ils ressortirent dans des cliquetis de lances sur les cnémides, les cuirasses, les boucliers. Quelques moments plus tard, croyant avoir vu entrer dans sa prison des libérateurs, Antipater ne vit que l'éclair de la dague qui lui tranchait le cou. Un caveau dans la forteresse construite par le père de son beau-père près de Jéricho fut son dernier royaume.

C'était, d'ailleurs, à Jéricho que sa seconde femme, Bérénice, se trouvait depuis le midi, quand on y porta clandestinement la dépouille exsangue. Elle donna un souper pour ses amies. Quelques brèves étreintes n'avaient pu contrebattre en elle la haine que sa mère, Salomé, avait instillée pour Antipater. Elle n'en avait même pas eu d'enfants. Elle n'eut pas une pensée pour Doris, Saül ni Rufus[5], les enfants du premier lit. Que valent les enfants d'un conspirateur ?

Les lamentations des nourrices, le lendemain, informèrent ces enfants. Les vieilles femmes ont des antennes pour capter les grands moments biologiques, ragots et murmures qui vont plus vite que les coursiers. Cendrés par le malheur, leurs visages demeurèrent penchés au-dessus du souper. Il ne resterait bientôt plus que les cousins pour payer le pain et le sel.

Agrippa ne vint pas le lendemain jouer avec Saül.

Cinq jours plus tard, les nourrices recommencèrent à bruire, mais avec une intensité cette fois qui eût donné à douter de leur raison. Les vieilles avaient-elles abusé de la rue, ou du chanvre ?

« Que se passe-t-il ? » demanda impérieusement Doris, à la fin excédée par ce caquetage à la fois étouffé et édenté.

« Rien ! Rien ! » glapirent les paquets d'os, de chiffons et de malveillance.

Saül passait la journée à observer la mer, puis il succombait à des torpeurs pareilles à celles de la maladie.

Mais enfin, de Jéricho, vint un Pharisien qui alla

s'entretenir, portes fermées, avec le majordome du palais de Césarée. A son pas lourd, Saül devina la bête gravide de nouvelles monstrueuses. Il blêmit. On allait le tuer, lui aussi ! Non, il s'enfuirait, il se cacherait dans une des galères qui, tous les jours, quittaient le port pour l'Asie ! Le cœur près de se rompre, l'échine baissée, il courut à travers les bosquets, les buissons, les statues, les balustrades de ce décor désormais terrifiant et se tapit sous la fenêtre du majordome.

... « A peine était-il mort, que Salomé a pris les rênes du royaume. Elle s'est rendue à l'hippodrome, où les notables s'étaient réunis, tremblants de peur. Un inconnu leur avait prétendu qu'à l'agonie Hérode les sommait tous de se trouver là, dans l'attente de son bon vouloir. Ils murmuraient qu'Hérode voulait les faire mourir avec lui et se couvraient le visage de poussière. Ils voulaient s'enfuir, mais la garde s'était massée aux portes, flairant une chance de massacre. Ah, quel spectacle, mon cher Elie ! Puis Salomé est arrivée à l'hippodrome. Elle a gagné la tribune d'Hérode. "Rentrez chez vous !" a-t-elle crié. "L'hippodrome n'est pas une prison !" Ils ont pleuré comme des femmes ! Ah, quel spectacle, mon cher Elie ! Ils ont couru vers les portes ! Puis Salomé a convoqué la garnison de la ville à l'amphithéâtre. Elle leur a enfin annoncé qu'Hérode était mort... »

Hérode était mort ! Haletant, Saül s'assit par terre, prêt à pleurer.

« ... Et qu'il laissait à chaque homme de cette garnison un très généreux supplément de solde. Le commandant de la garnison a lu alors une lettre remerciant les mânes du roi mort. Ah, quel spectacle, mon cher Elie ! Puis Salomé a annoncé que, selon son quatrième testament, Hérode désignait son fils Archélaüs comme successeur. Le commandant a juré fidélité au nouveau roi et toute la garnison a levé le bras, jurant fidélité ! Ptolémée, enfin, a lu le testament. Les funérailles ont eu lieu le lendemain. Maintenant, tu dois savoir qu'un deuil de sept jours a été décrété par Archélaüs. »

« Et les enfants ? » demanda Elie.

« Les enfants ? »

« D'Antipater. »

« Hérode n'a rien prévu, que je sache, pour cette engeance. Je demanderai à Archélaüs. »

Cette engeance ! Les yeux noirs de Saül se cernèrent. L'enfance était finie.

Il n'avait pas vu ce monde s'engloutir dans la pompe funèbre, le corps déjà à demi décomposé d'Hérode, vert sur un cercueil doré incrusté de pierreries, sous un dais pourpre, la couronne d'or tremblant sur le crâne, le sceptre dans la main droite, suivi par ses fils et toute sa famille, presque toute enfin, puis la Garde royale en uniforme d'apparat, le Régiment des Thraces, le Régiment des Germains, le Régiment des Galates, le Régiment de la ligne, puis cinq cents domestiques de la maison royale portant des épices dans des plats d'argent, magnifique procession gravissant la route dans la vallée de l'Ombre de la Mort, jusqu'au sud, dans le désert de Judée, jusqu'au château d'Hérodium, dernière demeure de l'homme qui avait tenté de reconstruire le royaume de David, lui un Arabe, non, Saül n'avait pas vu les armures et les ors étinceler de leurs derniers feux au crépuscule avant qu'on mît Hérode le Grand en terre, dans les jardins qu'il avait créés, il n'avait pas vu trente-quatre ans de puissance et de pompe s'engloutir dans la nuit.

Mais il perçut dans sa chair que son monde était mort. Il chercha, plus tard, un peu de tendresse auprès de sa sœur ; elle était figée par le chagrin d'un père mort, stupéfiée par l'effondrement d'un empire. Quant aux nourrices, elles n'étaient plus que des figurantes sans répliques.

A trois jours de là, une femme vint avec sa suite, des étrangères aux yeux verts. Saül l'avait-il déjà vue ? Dans sa jeunesse, sans doute.

« C'est la princesse Glaphyra, ta tante, tu sais ? » dit une nourrice obséquieuse.

Glaphyra, oui, la veuve d'Alexandre, le frère d'Antipater. Elle était revenue de son exil asiatique, dit-elle, le regard s'attardant sur les enfants, à la nouvelle de la maladie du roi. Elle était arrivée, par hasard, la veille de

la mort. Elle avait accompagné Hérode à sa tombe. Et
maintenant, elle cherchait quelque repos avant de
reprendre la mer pour la Cappadoce. Elle était aussi
revenue voir ses enfants, Alexandre et Tigrane, qui par-
taient sous peu pour Rome, sur les instructions
d'Hérode.

Elle avait le visage blanc et la démarche lente des
Asiates, et le cheveu frotté d'or rouge et surtout ce
regard triste qui s'appesantissait donc sur les enfants. Ce
fut le cadet, Rufus, qui fut l'ambassadeur de ces derniers. Il se jeta vers Glaphyra et enserra ses jupes, les
yeux fermés, à la surprise pépiante des suivantes sur la
terrasse. La princesse se pencha vers lui, mit la main sur
sa tête et pleura.

A distance, Saül contemplait cette scène comme s'il
était égaré. Ses grands yeux ronds cernés d'épais cils
noirs et de peau bistre s'agrandissaient encore. Sa bouche petite et rouge se pinçait et se plissait. Son menton
trembla. Il dépendait maintenant de la pitié des étrangers. Des larmes d'humiliation coulèrent sur ses joues.

« Saül ! » lui cria Glaphyra, d'une voix cassée et
joyeuse tout à la fois. « Doris ! »

Il fut le dernier à se joindre à la guirlande de bras qui
s'était formée autour de la Cappadocienne. Il y alla d'un
pas contraint et, tandis que la main de Glaphyra se posait
sur ses cheveux coupés ras, à la romaine, il tourna les
yeux vers la mer.

La vie, qui n'avait plus semblé qu'un champ de ruines
après les séismes de l'exécution d'Antipater et de la
mort d'Hérode, recommença. Les caquetages des nourrices devinrent allègres et les masques des domestiques se
colorèrent à nouveau. Puis il y eut la visite de l'héritier,
Archélaüs lui-même, rayonnant dans son manteau de
deuil.

Les Césaréens, prévenus dès l'aube, se massèrent tout
au long de l'avenue Julienne, sur les enceintes du théâtre
et de l'hippodrome pour voir défiler l'escorte du nouveau roi. On avait craint que les rideaux d'une litière le
dérobassent aux regards ; il défila à cheval, le noir du
deuil sur la pourpre du pouvoir. Dix mille regards scrutè-

rent son visage, tentant d'y déchiffrer un secret, car ceux qui en sont écartés se plaisent à croire que la puissance en a un. Mais Archélaüs ne montra qu'un masque sculpté par le soleil de midi.

Peut-être avait-il quand même un secret, et c'était une femme. L'altière tristesse qu'il avait montrée du haut de son cheval n'était pas causée par le deuil, mais par le regret de ne pas jouir de sa couronne dans le lit de Glaphyra. Car il était marié, et tenu à la prudence envers ces Juifs qui qualifiaient d'adultère tout reverdissement du cœur. A peine monté sur le trône, il ne pouvait donc répudier Mariamme.

C'était au palais où résidait Glaphyra qu'il se rendait pourtant, sous le prétexte de pourvoir, selon les vœux de son père, aux destinées des enfants d'Alexandre et d'Aristobule, parmi lesquels, justement les enfants de Glaphyra, la veuve d'Alexandre. Ils iraient à Rome, c'était décidé.

Songeant soudain aux enfants d'Antipater l'exécré, il fronça les sourcils. Hérode n'y avait évidemment pas songé. Il conviendrait, pour l'honneur du sang, de leur accorder quelque subvention.

Les entretiens furent longs. Les sentiments contrariés des amoureux se mêlant au chagrin d'une femme qui se voit tout retirer de son mariage, un époux aimé, puis ses enfants.

« Consentez-moi alors d'emmener en exil avec moi les enfants d'Antipater », demanda Glaphyra.

Le requête surprit Archélaüs, mais l'enchanta sans qu'il le laissât toutefois deviner. D'un même coup de dés, il exilait l'engeance exécrée et satisfaisait au désir de la femme qu'il aimait. Il fit mine de réfléchir, puis de céder, feignant de pousser la magnanimité jusqu'à concéder aux enfants une allocation sur sa cassette personnelle.

Puis il convoqua Doris, Rufus et Saül pour les informer de sa décision, inspirée, dit-il, par la sollicitude pour eux autant que pour leur tante. Glaphyra partait la semaine suivante, de Césarée même ; ils partiraient avec elle.

Les nourrices racontèrent qu'en Cappadoce les lions mangeaient plus d'hommes que les guerres n'en tuaient.

3

CIVIS ROMANUS

Ce fut une quadrirème à deux ponts, la *Clementia*, spécialement affrétée par Archélaüs, escortée par deux trirèmes, la *Julia* et l'*Eirena Sebasta*, qui emmena à la mi-avril Glaphyra et sa suite, ainsi que les quatre enfants d'Antipater de Césarée maritime à Pompéiopolis, en Cilicie.

« Les vents seront bons », avait assuré Archélaüs.

Ils furent, de fait, vifs et souvent debout. Au large de Chypre, tous les passagers étaient trempés par les embruns des hautes lames. Mais quand la mer était plus calme, les enfants et les plus jeunes des suivantes allaient admirer le scintillement des exocets qui bondissaient au-dessus des flots et les sillages voluptueux des dauphins qui escortaient les navires.

Saül entendait encore résonner les mots d'Archélaüs. « Le roi mon père a prévu que tu épouserais Mariamme, la fille d'Aristobule... » Hérode avait donc pensé à lui. Saül restait prince. Il redressa son torse frêle par-dessus la rambarde ; il n'était donc une engeance.

Ils furent à Pompéiopolis en cinq jours et de là à Tarse, par la voie du bord de mer, en une demi-journée, le temps qu'on déchargeât les bagages et les ballots de présents offerts par Archélaüs, étoffes de Syrie, ivoires, coffrets d'épices, et que le commandant du port rassemblât un équipage.

En leur honneur, Tarse étincela d'or pâle au soleil frileux de printemps. Au-dessus des remparts s'élançaient des sommets de portiques et des frontons aigus, et gonflaient des dômes, couronnés par un peuple de statues.

Passé la Porte de la Mer, l'escorte de Glaphyra, accueillie par une foule de fonctionnaires du roi, de courtisans, d'amis, s'engagea dans une vaste avenue pavée.

« C'est encore plus beau que Jérusalem, que Césarée, que Jéricho ! » s'écria Doris, retrouvant sa gaieté pour la première fois depuis les tourmentes où son avenir et celui de ses frères avaient failli sombrer.

Saül, lui, observait tout, mais il était partagé entre la plénitude que lui valaient l'accueil à Tarse et les promesses d'opulence qui s'étalaient autour de Glaphyra, et la méfiance à l'égard de gens qui étaient des étrangers.

Déjà, d'ailleurs, les courtisans de Glaphyra s'intéressaient à ces enfants couverts de manteaux de deuil. Regards inquisiteurs, réponses à mi-voix. Saül percevait la nuance condescendante des propos. Des princes de second rang, à l'évidence, puisque les propres enfants de Glaphyra, eux, avaient été promis à l'honneur d'une éducation romaine.

En moins d'une heure, tout ce monde fut rendu à la résidence dont Glaphyra disposait à Tarse, ville libre, donc indépendante du pouvoir du roi Archélaüs IV. La princesse n'y était qu'une citoyenne de marque, bien que nul ne se fît d'illusions sur la réalité de son pouvoir, car la moindre humeur du roi son père eût certes amené le gouverneur de la ville à résipiscence. Au-delà des remparts, Archélaüs pouvait organiser le blocus des routes et, sur mer, ses bateaux eussent sans peine empêché les navires étrangers d'accéder au port, aussi bien que ceux de Tarse d'atteindre le large. Tarse n'était en fin de compte qu'un bijou d'emprunt accroché sur la large peau de lion de la Grande Cappadoce, Cilicie comprise.

On le devinait bien, d'ailleurs, à la déférence qui se déployait autour de Glaphyra et quand elle convoqua des précepteurs pour les garçons. Vinrent donc deux personnages qui donnèrent à Saül l'impression indéfinie de « jouir » d'articulations supplémentaires. Rien de la raideur quelque peu provinciale des précepteurs de Judée, surveillants d'études plutôt que maîtres à penser. Pethrosinus avait à peine plus de trente ans, la barbe rousse et soyeuse et des yeux amusés et vrilleurs, Stephanos, à peine plus âgé, un maintien sans doute plus réservé, le regard mi-clos, mais la bouche mince visiblement coutumière de l'épigramme.

« Princesse », dit Stephanos, « de quel pays les princes seront-ils donc citoyens ? »

« Le savoir a-t-il donc un pays ? » demanda Glaphyra.

« Le savoir, non, mais les princes, oui. »

Glaphyra demeura songeuse.

« Faites-en donc des citoyens de Tarse », dit-elle.

Saül écoutait, interdit. Rufus ne semblait pas saisir la portée du débat.

« Des citoyens romains, donc », observa Stephanos, qui se balança sur une jambe, puis sur l'autre avant de lever des yeux interrogateurs, et qui savait, narquois, vers Glaphyra.

Celle-ci parut soucieuse.

« Ce sont bien de petits-fils d'Hérode le Grand », intervint Pethrosinus, « le roi de Judée dont vous étiez la bru ? » Mais comme l'évidence n'appelait pas de commentaire, Pethrosinus reprit : « Votre avis, princesse, est-il bien de les élever comme ces gens que le peuple d'Hérode considère comme des impies, qui ne doivent leur puissance qu'à la force des armes ? Ou bien de leur choisir un précepteur juif, comme il y en a quelques-uns à Tarse, afin qu'un jour, la fortune aidant, ils soient à même de régner sur les provinces qui pourraient leur revenir ? »

C'était la première fois que Saül affrontait de façon aussi abrupte l'opinion que le monde extérieur se faisait des Romains et des Juifs. Il ne l'avait pas su jusqu'alors ; la différence était irrémédiable. Là-bas, en Palestine, sa nature princière l'avait dispensé de ce problème. Les nourrices n'eussent guère osé s'interroger sur l'appartenance religieuse des Hérodiens, non plus que la domesticité n'eût même songé à évoquer la possibilité d'un problème.

Privé d'affection et, jusqu'il y avait peu de jours, menacé dans sa plus intime sécurité, Saül éprouva presque avec brutalité le besoin du réconfort que lui donnerait l'appartenance aux puissants. L'affection d'une princesse asiatique lui paraissait, elle, accessoire et, en tout cas, aléatoire ; il n'était pas de son sang. Il le savait bien, et d'ailleurs le vérifia le lendemain : il n'était qu'un hôte, pas un ayant droit.

« Et toi Saül, que penses-tu ? » lui demanda Glaphyra.

Il chassa l'impression déplaisante que suscitaient les fards excessifs de cette femme au fond vouée à la séduction du pouvoir jusqu'à ce que l'âge la rejetât dans le peuple sans patrie des vieilles femmes. Il affronta les regards de Pethrosinus et de Stephanos, de son frère, des suivantes aux silences fermentés.

« Suis-je un Juif ? » demanda-t-il sur un ton où perçait l'arrogance.

« Ta mère appartenait à l'une des plus célèbres familles d'Israël », répondit Glaphyra. « Ton père était le fils du roi des Juifs, et c'eût été de ce trône que, sans l'infortune, il eût hérité. »

« Mais Hérode était à la fois iduméen et nabatéen, ne l'était-il pas ? » répliqua Saül d'une voix qui frisait l'aigu. « Le pouvoir qui serait revenu à mon père procédait-il d'Hérode ou de ma mère ? »

Stephanos sourit.

« Voilà », dit-il, « un garçon qui a le sens romain du droit. »

Saül le toisa du regard.

« De plus », ajouta-t-il, « ne suis-je pas citoyen romain par mon père, qui l'était lui-même par le sien ? »

Glaphyra et Pethrosinus allaient reprendre la parole quand Saül leva le bras, le visage tendu.

« Enfin », demanda-t-il sur le même ton revendicateur que celui dont il avait précédemment usé, « pourquoi suis-je ici, princesse, ma tante ? N'est-ce pas parce que tes fils t'ont été enlevés pour être envoyés à Rome ? N'est-ce pas comme des Romains qu'ils seront élevés à la cour de César ? N'eût-ce pas été aussi mon sort sans l'infortune advenue à mon père ? Et celui de mes frères ? Je demande donc à être élevé comme un citoyen romain et je demande que telle soit aussi l'éducation de mon frère. »

Tous avaient attentivement écouté ce discours. Saül

avait lu sur les visages des précepteurs l'intérêt qu'il suscitait en eux, sur celui de son frère, l'admiration pour son autorité, mais sur celui de Glaphyra, il déchiffra un changement. Il en devina la nature ; elle avait escompté trouver en lui la désolation de l'orphelin et elle découvrait l'assurance hérodienne. Un aiglon tombé du nid ne peut être un tourtereau.

Celui-là, en tout cas, ne pouvait être un tourtereau. N'eût-ce été que par la couleur. Cette peau bistre où les sourcils et les yeux avaient été dessinés au brandon charbonneux, et cette bouche qui parfois semblait rougeoyer avec indécence. Le dénuement qui transparaissait dans le visage. La stature, frêle, mais promise à d'imprévisibles séismes. Et surtout, le mal sacré.

La première attaque[6] à laquelle Glaphyra assista s'était produite sur le bateau. Fut-ce le soleil ? Ou bien l'agitation de la mer ? Un après-midi, alors que la princesse, entourée de ses neveux regardait l'horizon, la tête de Saül se rejeta en arrière et le garçon tomba. Doris poussa un cri et Glaphyra regarda, stupéfaite, puis épouvantée, ce garçon dont les membres raidis étaient secoués de spasmes, tandis que sa bouche se couvrait d'une salive mousseuse, et que les muscles de ses mâchoires prenaient un relief sculpté au ciseau. Penchée sur son frère, Doris glissait entre les dents une lame de fer, avec une énergie forcenée. Les marins observaient la scène avec une froideur qui scandalisa Glaphyra.

« C'est un enfant sacré », dit l'un d'eux.

Et la légende qui s'attachait à ceux que frappait ce mal fulgurant et mystérieux revint à la mémoire de Glaphyra ; c'étaient les messagers de la puissance divine. Quand les spasmes cessèrent et que Saül rouvrit les yeux, le regard que Glaphyra allait porter sur lui était changé pour toujours. Elle éprouva toujours pour Saül un sentiment mêlé de crainte.

Elle avait toutefois espéré être payée en retour de son affection. Atteint ou non du mal sacré, et fût-il porteur des volontés célestes, Saül était quand même un enfant. Mais là, devant les précepteurs, elle venait de voir un individu conscient de son destin.

La princesse plissa imperceptiblement les yeux, une allusion à l'amertume ombra les commissures de sa bouche. Sans doute ses propres enfants n'étaient-ils pas différents. Et les adolescents de sa race non plus. Elle hocha la tête.

« Stephanos vous apprendra donc le latin et le grec, Pethrosinus, la philosophie et le calcul. »

La nuit tombait sur Tarse ; les domestiques installèrent des torches dans les embrasses de bronze. Les enfants d'Antipater allèrent souper avec leurs précepteurs. Glaphyra et ses suivantes se retirèrent pour leur repas.

Dans les villas patriciennes et les tavernes plébéiennes, on versait des vins d'Asie et d'Europe, on mélangeait les parfums de la bergamote d'Italie et du nard des Indes, et sur les dalles des rues et des patios claquaient aussi bien les sandales souples d'Arabie que les savates raides de Paphlagonie. Ce soir-là, chez Vicinius Themanus, riche marchand juif, Athenodore Cananite, l'illustre philosophe, le précepteur du jeune Octave et donc l'ami d'Auguste, l'ami aussi de Sénèque et de Cicéron, parlait de l'atomisme d'Epicure, qui veut donc que la pensée soit sans pouvoir sur la matière. Plus haut, bien au-dessus du Taurus, les dieux aussi soupaient ensemble. Dernières agapes célestes : en Palestine, un enfant venait de naître dont le nom allait faire verser du sang sur la terre et éteindre les sourires dans le ciel.

Le jeune Saül, qui achevait son quartier de poule au cumin, la bouche rouge de gras et l'œil charbonneux de projets, ne savait pas qu'il serait plus tard l'apôtre et tout à la fois le judas de cet enfant.

4

ERRANCES TARSIOTES

Quel homme consentirait au spectacle d'une femme jeune et belle, et princesse de surcroît, condamnée au veuvage du fait d'obscures intrigues dynastiques, de poisons découverts et de haines convulsées comme serpents dans un puits ? Il suffit d'une seule visite d'Antigonus Archélaüs, son frère, pour que Glaphyra saisît l'inanité de son chagrin et des artifices dont elle trompait l'absence de ses fils. Impérieux comme un fils de roi, mais impertinent comme le sont les enfants cadets, Antigonus Archélaüs tourna en dérision les mélancolies stériles de sa sœur et les jeunes figurants dont elle avait cru les distraire. Le sens commun, dit-il, invitait à renvoyer dans son pays Doris, qui trouverait sans peine un époux soucieux d'une alliance avec un sang illustre. Quant aux garçons, s'il s'était quelque peu attendri sur Rufus, le plus jeune, Antigonus Archélaüs n'avait trouvé aucune grâce à Saül, petit Hérodien dont le goût du pouvoir et des intrigues se lisait déjà, assura-t-il, dans ces yeux ronds et noirs qui semblaient ne jamais ciller.

Un caprice des Parques, argua-t-il, ne pouvait changer le destin de Glaphyra, qui était d'être reine. Allant et venant dans sa toge de lin retissé de fils de soie, et dûment bordée de pourpre, rajustant la boucle de rubis et de grenats qui agrafait son manteau, le pied alerte dans ses bottes souples de cuir blond, la chevelure et la barbe lustrées et bouclées, Antigonus Archélaüs fit soudain figure d'un messager divin qui vient libérer une beauté malchanceuse ; il fut à la fois Persée délivrant Andromède et Bacchus rendant vie à Ariane. Qui plus était, ajouta-t-il, un roi soupirait après Glaphyra. On la lui avait décrite, et Archélaüs IV, instruit du désir de ce roi, lui avait adressé un camée représentant sa fille.

« Un roi ? » demanda Glaphyra.

« Juba II, un roi lettré, passé maître en philosophie et

en civilité, Juba II, oui, le roi de Numidie et de Mauritanie. On attend incessamment sa visite à Tarse[7]. »

Le teint de Glaphyra s'aviva, son regard se creusa, elle s'éventa.

« Mais ces garçons ?... » dit-elle au bout d'un temps. « Ce serait inhumain de les renvoyer dans ce pays où le nom de leur père est anathème ! »

« Eh bien, qu'ils restent ! »

Archélaüs, leur oncle, avait d'ailleurs contribué de sa poche à leurs frais.

Trois mois plus tard, la Mauritanie et la Numidie avaient une nouvelle reine. Doris était retournée en Judée.

Saül et Rufus restèrent seuls.

Puis tout alla de travers. D'abord, Saül se montra rétif à la philosophie que lui enseignait Pethrosinus. Quoi, le monde devait être considéré comme une œuvre d'art ? Et dans chaque objet il convenait de rechercher l'idée — « *Ideia !* » clamait le Grec, bouffi de contrariété — qui en constituait le modèle ? Mais quelles étaient donc ces balivernes !

« Vous croyez que la mort de mon père fut une œuvre d'art ? » glapit Saül.

« Ce fut une tragédie, et toute tragédie est une œuvre d'art ! » rétorqua Pethrosinus.

« Aux Enfers, donc, l'art ! » cria Saül. « Apprenez-moi le pouvoir ! »

« Le pouvoir sur les hommes vous est conféré par les hommes. Apprenez les lois auxquelles ils ont soumis la cité », admonesta Pethrosinus.

« C'est le caprice de César et d'Hérode qui a fait tuer mon père, ce n'est pas la cité ! Le pouvoir dépend de la faveur de ceux qui l'ont ou du glaive ! Je l'aurai par le glaive, puisque je n'ai pas la faveur de César ! » cria encore Saül.

Pethrosinus le considéra d'un air soucieux.

« Apprenez alors, laissez-moi vous enseignez la rhétorique, qui est l'autre glaive », dit-il enfin.

« L'autre glaive ? » demanda Saül, interdit.

« C'est aussi la cité qui confère le glaive et les troupes. Avant qu'elle les accorde, il faut parfois du temps. Mais les mots ont aisément accès à l'esprit des hommes ; ils sont un glaive invisible. Apprenez les histoires exemplaires des hommes. Apprenez à lire, vous apprendrez à parler. »

Mais il apprenait mal.

Le soir venu, il s'échappait, courait au port tandis que son frère dormait, écoutait les récits des marins, tempêtes, escales crapuleuses, pays étranges où les gens allaient nus. Il revenait tard, la toge souillée de vin et des traces de doigts qui lui avaient demandé d'infâmes commerces.

Son frère non plus n'apprenait pas grand-chose. Tous deux parlaient le grec de la rue et le latin des domestiques, mâtinés de mots pontiques, cappadociens, voire scythes, émaillés de grossièretés dont ils ne saisissaient pas le sens et qui leur valaient les coups de verges de Stephanos et de Pethrosinus, excédés par ces rébellions de voyous sans brides.

Les deux frères s'endurcirent et devinrent sales. Les précepteurs en référèrent à Antigonus Archélaüs, qui haussa les épaules. Qu'on leur donnât donc les verges, encore et encore ! Des Hérodiens ! Dignes fils de l'intrigant fieffé qu'avait été Antipater !

Mais Saül, au moins, apprenait à parler. Ce n'était certes pas l'éloquence selon Pethrosinus qui le distinguait, mais une faconde populaire qui stupéfia son maître jusqu'au jour où des matelots ramenèrent le garçon, ivre de vin de Chypre, sa première cuite. Pethrosinus comprit. Stephanos aussi. On en référa en haut lieu. Mais en vain.

Puis les fonds disparurent. La cassette qui payait l'éducation de ces princes de carrefour s'était sans doute épuisée. Les précepteurs ne vinrent plus. Les princes, désœuvrés, vécurent avec les domestiques, désormais trop familiers. Saül parfois ne rentrait pas le soir, soupant de trois sardines et de pain au sésame que lui payait un marchand ou un capitaine amusé par ses histoires de prince, dans un estaminet du port. Et il dormait sur un banc, les rêves pleins d'amertume et de gloire.

De taverne en taverne, il étendit toutefois le cercle de ses connaissances au-delà des marins. L'intensité fiévreuse de son regard forçait celui des autres, sa jactance les retenait. Comme il n'était pas girond, il évita toutefois ces rencontres qu'on dit mauvaises. Un commerçant en bois l'adopta quelques soirées et le fit accéder à des cercles plus relevés. Saül y fit la connaissance d'un rhéteur exilé d'Alexandrie pour dettes, Gratus Mosollamus, fils de Macédonien et de Juive, passé maître du grec et du latin, et disert dans les récits héroïques. Adipeux et dipsomane, il fascina pourtant Saül par ses considérations apparemment inépuisables sur Artémis. Il opposa la légende qui veut que la déesse eût tué Orion parce que ce chasseur géant avait essayé de la violer à celle qui prétend qu'Artémis avait, au contraire, éprouvé une passion pour Orion, excitant ainsi la jalousie de son jumeau Apollon. Peut-être les deux légendes étaient-elles ensemble vraies, peut-être Artémis avait-elle séduit Orion, provoquant la tentative de viol qui mena au meurtre. Peut-être Artémis haïssait-elle au fond sa virginité et avait-elle espéré qu'un viol l'en libérât. Peut-être ses fidèles avaient-ils compris sa secrète contradiction, puisque c'était en tant que déesse de la fécondité qu'ils lui avaient, à Ephèse, consacré le plus beau de ses temples, l'Artémision, l'une des merveilles du monde.

Ces spéculations grisaient Saül ; elles lui fournissaient les premières clefs des rêves humains dont il eût jamais disposé. Mais elles ne pouvaient satisfaire son ambition. Ces délices tarsiotes n'étaient qu'un repas d'amandes sèches. Il se lassa de Gratus, s'attacha à un centurion qui avait combattu avec César et parlait stratégie à en perdre haleine, mais dont l'esprit était borné autant que la bourse ; Saül s'en détourna aussi, affamé et déçu. Puis il rencontra un marchand de tentes qui lui proposa d'apprendre le métier et de travailler pour lui. Il partit à dos de chameau pour la Lycie, puis la Magnésie, apprenant à tisser le poil et le chanvre mêlés, à percer des œillères à l'épissoir et à les border pour qu'elles supportassent les contraintes des cordes quand le vent du septentrion soufflait à décapiter les cimes du Taurus[8].

On le crut mort. Quand, au bout de deux ans, revint Glaphyra, pleine des soupirs que lui valait le souvenir d'un roi somme toute valétudinaire et des inconforts d'une couche nuptiale surtout peuplée de langueurs et de moustiques, Saül n'était donc pas à Tarse. Rufus campait quasiment dans une chambre de la villa, nourri par les domestiques et déjà suivant les traces de son aîné dans les tavernes du port. Elle poussa les hauts cris et feignit d'être contrainte par sa maternité d'emprunt de les ramener dans son pays.

« L'appel des Hérodiens », observa ironiquement Antigonus Archélaüs, avant qu'elle s'embarquât à nouveau pour Césarée.

Quelque suivante l'avait sans doute trahie et avait révélé le penchant qu'elle échangeait avec un autre fils d'Hérode le Grand, un Archélaüs encore. Tant que subsistait sa beauté, heureusement point trop flétrie par les ardeurs de Juba... Mais elle revint encore, après s'être assurée que la flamme de l'ethnarque de Judée, de Samarie et de Galilée, brûlait toujours. Elle avait, là-bas, confié Rufus à la garde de son futur époux. A son retour, elle trouva Saül au palais. Elle eut peine à le reconnaître ; le masque s'était basané et durci, le duvet des joues se fonçait et la voix muait. Le prince n'était plus un enfant énervé, mais les yeux noirs et fixes disaient que l'arrogance s'était doublée de résolution.

Les gens se ressemblent plus qu'ils ne croient parfois. Le prince ensauvagé regarda la princesse et se dit qu'en d'autres circonstances, il l'eût peut-être épousée ; car cela se faisait beaucoup chez les Hérodiens. Elle le savait et se demanda si elle eût éprouvé de l'agrément à cet adolescent privé de beauté et recru d'impatience. Le face à face fut donc sans courtoisie.

« Je n'ai plus rien à faire en Cappadoce », dit-il d'une voix traînante, avec un faux abandon qui n'était d'ailleurs pas dénué de piquant. « Je veux rentrer en Palestine. A Tarse, on n'apprend que les manières des Romains, non leur stratégie. On y est toujours invité et jamais chez soi. »

Elle n'en eût pas disconvenu. Les voluptés du pouvoir

s'éprouvaient, en effet, en Palestine, encore qu'elle n'en connût pas la raison. Mariée à un Hérodien, séparée d'un Africain, elle n'aurait de repos qu'elle ne retrouvât encore un Hérodien pour troisième époux. Finalement, et avec toute sa science, Juba II, dit Varron l'Africain, plaisante parodie du surnom de Scipion, n'était qu'un Provincial.

« Je rentre aussi », l'informa-t-elle.

Il atteignit Césarée avec elle et Rufus. Personne ne savait que c'était l'an 2.

5

JÉRUSALEM

Saül crut n'avoir emporté de Tarse que le maigre ballot qu'il jeta sur le pont de la galère frétée par Glaphyra. Il se trompait. Il y avait acquis le grec et l'esprit hellénistique et, plus encore, le sentiment du grand large. A quatorze ans, il avait une connaissance, ne fût-elle qu'épidermique, de contrées et de peuples dont, à Jérusalem, des hommes pourtant instruits n'avaient ni cure, ni curiosité, de la Lusitanie et de la Bétique à la Liburnie, l'Achaïe et, plus près de lui, la Bithynie. Ce qui n'était certes pas rare à Tarse, mais exceptionnel en Palestine, il savait où se trouvait Salamantique, il savait que Massilia se trouvait en Narbonnaise, province sénatoriale, et qu'à Sirmium, les hommes avaient des cheveux d'or et des yeux de turquoise.

Il se crut pareillement heureux de poser à nouveau le pied à Césarée et de retrouver son rang. Mais il lui suffit de peu de jours pour comprendre qu'avec la mort d'Hérode le Grand, la relative indépendance dont l'ancien royaume de David avait joui à l'égard de Rome s'était émiettée avec ce royaume. Archélaüs, dont tous avaient cru qu'il succéderait pleinement à Hérode, n'était qu'un demi-roi, ethnarque de Judée, de Samarie et d'Idumée, Auguste ayant décidé de mettre ses compétences à l'épreuve et de confier les autres provinces à deux de ses demi-frères, la Pérée et la Galilée à Hérode Antipas, la Batanée, la Trachonitide, l'Auranitide et une partie du domaine de Zénodore à Philippe.

Saül eût pu rester à Césarée, les palais et les villas des Hérodes étant ouverts à tous les membres de la famille, mais ç'eût aussi été se condamner aux limbes éternelles, en tant que fils désœuvré d'un prince dont le nom avait été anathème.

« Resteras-tu donc sans instruction ? » lui demanda, sourcilleuse, une vieille nourrice juive, qui n'entendait évidemment par là que l'instruction religieuse. Et, à l'évidence, Saül ne connaissait ni Job, ni Jérémie, qui lui eussent pourtant été là d'un grand secours moral.

« Dis-le avec moi, "Qu'avec moi et mes frères s'arrête la colère du Tout-Puissant", va, répète-le ! Prie ! »

« Qu'est cela ? » demanda Saül à l'intendant qui observait la scène, un Juif pharisien.

« Il ne connaît pas le Livre de ses ancêtres mêmes ! » se lamenta le Pharisien. « Saül, c'est un verset du Livre des Maccabées, les ancêtres de ta mère ! Va donc à la synagogue, je te recommanderai au rabbin Issachar. Tu es d'âge ! Quel Juif feras-tu donc ? »

« Avant d'être juif, il faut que je m'assure de mon pain et de celui de mes frères ! » répliqua Saül avec humeur. « Qu'est-il advenu de l'héritage de mon père, puisque je suis d'âge ? »

« Il n'en reste rien, Hérode a tout confisqué », répondit le Pharisien, qui s'appelait Tubal. « Si tu veux gagner ta vie, il te faut apprendre un métier. Tu peux aussi étudier pour être rabbin. »

A cette suggestion, Saül répondit par un regard de noirceur hérodienne.

« La même engeance impie ! » marmonna Tubal, déclenchant une réaction qui arracha des cris à la nourrice.

« Je t'apprendrai à parler d'engeance ! » cria Saül en

se jetant sur Tubal, le poing tendu. « Misérable lémure ! Porc ensorcelé ! »

Des domestiques étaient accourus, mais Tubal avait fui. Saül les tança du regard. Le résultat de l'algarade fut que Saül renonça à dormir au palais. Une fois de plus, il alla chercher refuge dans une des tavernes de Césarée. Rufus, lui, ne courait pas de risque.

« Je suis Saül, le fils d'Antipater », dit-il à l'aubergiste. « Peux-tu me trouver un lit pour la nuit et, tant qu'à me faire crédit, me servir à souper ? »

« Tu étais en Cappadoce, dit-on » lui répondit l'aubergiste, après l'avoir estimé du regard. « Bienvenue », ajouta-t-il, indiquant une place à la table la plus proche. La taverne était presque déserte, car il était tôt. L'aubergiste, dont le grec révélait l'origine chypriote, alla lui-même remplir un pichet à l'une des barriques dressées sur des supports, contre un mur, choisit deux verres sur une étagère, revint les poser sur la table, devant Saül, puis commanda à un domestique d'apporter du pain, du sel, des laitues, des olives, du fromage, de petits oignons et des anchois en saumure.

« Préfères-tu des pigeons grillés ou de la daurade frite ? » demanda l'aubergiste après s'être assis, et tout en remplissant les verres, des verres bleus de Syrie où le vin prenait la teinte pourpre qu'Homère prête à la mer, certains jours.

« Le vin est bon », dit Saül après l'avoir goûté.

« C'est du vin de Chypre, celui que je réserve à mes clients de choix », dit l'aubergiste avec un clin d'œil.

« Les pigeons seront donc gras », dit Saül.

« Pour toi, je les ferai farcir », dit l'aubergiste, « de pain tendre, de sésame et de raisins secs. »

Le sang hérodien valait donc au moins un repas, songea Saül.

« Tu as ainsi quitté le palais », observa le Chypriote. « Te serais-tu mis en bisbille avec Archélaüs, puisque c'est à lui qu'appartient désormais le palais ? »

« Rien de tel. Je n'ai pas vu Archélaüs depuis mon départ pour la Cappadoce. Mais sa domesticité est importune. »

« Importune ? » reprit le Chypriote, tandis que Saül faisait honneur aux salaisons, car la faim devenait une compagne familière. Le fromage blanc était onctueux, généreusement baigné d'huile d'olive, les olives étaient dodues et parfumées, les anchois fondants et le pain était tendre.

« Sans doute ignores-tu ce qu'est un prince sans faveur », dit Saül, « et contraint de demander crédit. »

L'aubergiste se mit à rire.

« C'est le propre des princes que de demander crédit, les pauvres ne s'y aventureraient pas ! »

Il vida son verre et remplit celui de Saül.

« Je m'appelle Aristée », dit-il, redevenu sérieux. « Je suis pour toi un étranger et peut-être sais-tu déjà que les conseils des étrangers valent parfois mieux que ceux des amis. Et je te dis ceci : les faveurs se retrouvent. Va voir Archélaüs. Il est maintenant roi et les puissants de fraîche date sont enclins à l'indulgence. Les querelles de son père sont rances. Et Glaphyra sera bientôt son épouse. »

Saül leva les yeux. Il éprouva le bref regret de n'avoir pas manifesté plus de chaleur à l'Asiatique. Mais on verrait ! Les pigeons détournèrent son attention.

« Archélaüs est à Jérusalem, n'est-ce pas », dit-il en s'emparant d'un pigeon à la pointe du couteau. « Il faudrait donc que je m'y rende à pied. »

Aristée parut méditer sur cet inconfort. La route du bord de mer, jusqu'à Joppé, n'était sans doute pas dangereuse ; tout au plus le deviendrait-elle entre Joppé, Lydda et Emmaüs, mais enfin, il était vrai qu'un prince n'est pas censé aller à pied, fût-il à demi déchu.

« Écoute », reprit-il, « ce soir après les jeux, où se produit Hermas d'Amastris, tu sais, le célèbre cocher de Bithynie, Paulus Rutilius, un marchand de Mésie, viendra souper ici, avant de partir demain à l'aube pour Jérusalem. Je peux le persuader de t'emmener avec lui. Va aux bains, je te ferai avoir des habits propres, et sois ici à la douzième heure. »

Saül, repu, soupira.

« Si tu deviens puissant, prince, souviens-toi d'Aristée », dit l'aubergiste en se levant. « Ta chambre est la deuxième à droite à l'étage. »

Il jeta sur la table cent sesterces, puis s'en fut vaquer aux cuisines.

Sorti des thermes, plus tard, Saül longea l'hippo-drome, d'où jaillissait une mer de vivats ; il longea la grève, scrutant les écailles d'argent qui tournaient au vermeil, comme si c'était là que résidait le secret de sa fortune.

L'ambition remâchée sans fin laisse un goût terreux.

Rutilius vint avec un groupe de six compères assoif-fés. Informé par Aristée, servilement penché vers son oreille, il tourna la tête vers Saül et le fit inviter à rejoin-dre la compagnie. Il allait acheter à Jérusalem du bitume de Judée, de l'ivoire d'Afrique, des pierres de Serendib et de Golconde ; il essaya d'intéresser Saül à son commerce. Saül feignit d'être captivé par les bénéfices qu'on pouvait réaliser dans ces trafics, mais comprit sur-tout que Rutilius eût souhaité compter un prince à son service. Puis, les vieux essaient toujours de gaver les jeunes avec de l'expérience régurgitée. L'essentiel était d'arriver à Jérusalem. Rutilius faisait déjà l'avantageux, mais le vin était bon.

A Jérusalem, Saül faussa compagnie au bavard.

Le ciel était d'argent, la ville, d'or. Sitôt franchie la Porte des Brebis, ce fut la cohue. Saül demanda où se trouvait le palais d'Archélaüs. « Le palais d'Hérode », corrigea machinalement son interlocuteur, « est à droite, devant les remparts. »

« Je veux voir le roi », dit Saül à un garde, qui l'adressa à un autre, qui l'adressa à un chambellan.

« Qui es-tu ? »

« Dis-lui que je suis son neveu Saül. »

« Tu es le fils d'Antipater ? »

« Oui. »

Une odeur d'ambre et d'argent, des panthères tenues en laisse par des Noirs, des hommes tenus en laisse par la cupidité, la peur et la haine. Et des militaires romains, habités par cette impondérable assurance... Il lanterna ; et si Archélaüs refusait de le recevoir ? Mais enfin, un secrétaire vint, l'appela « prince » et le précéda à travers escaliers et couloirs, vers la salle où le roi se tenait, au premier étage. Saül, un instant distrait, ne vit d'abord par les fenêtres que la ville qui s'étalait au soleil. Régner sur Jérusalem !

« Saül ! »

Il tourna la tête, son oncle, entouré d'une cour, était couché sur un divan. Il eut l'esprit de se jeter à ses pieds et le roi mit la main sur sa tête et puis la lui tendit à baiser.

« Je t'attendais, je savais que tu étais rentré. Qu'est-ce donc qui t'a retenu à Césarée ? »

« Le souvenir, sire, mon oncle », répondit Saül, conscient de son hypocrisie.

Vingt regards étaient braqués sur la scène.

Archélaüs soupira, mais c'était théâtral. Saül scruta son visage et y déchiffra l'inquiétude. « Un demi-roi, en effet », songea fugacement Saül, « et encore, peut-être pas pour longtemps. » Il était toujours agenouillé devant Archélaüs, qui, jugeant la génuflexion assez longue, le releva.

« Tu es donc rentré de Cappadoce », dit Archélaüs en adressant un regard entendu à l'un de ses courtisans. « Tu as bien fait. La terre des Hérodiens est la Judée. »

Un domestique apporta à Saül un verre de tamarin.

« Même Glaphyra, mon épouse, qui est pourtant cappadocienne, n'a pu résister à l'appel de la Judée », dit le roi. Saül lui trouva le ton sentencieux et faux.

Ils s'étaient donc mariés, songea Saül. Tant mieux pour moi.

« Que vas-tu faire, maintenant ? » demanda Archélaüs, le sourcil légèrement relevé. « Il ne reste rien, tu le sais, de l'héritage de ton père. Et tu as la charge de ton frère. Glaphyra a trouvé un époux pour Doris, voilà un souci de moins pour toi. Mais toi ? »

C'était la question que Saül était venu poser ; elle emplissait son regard. Il crispa les orteils.

« Que dis-tu, Caïus, que nous adressions mon neveu Saül au service des édiles de Judée ? » Et, se tournant vers l'intéressé : « Tu apprendrais ainsi les choses du royaume, et les lois du commerce. Cela te conviendrait-il[9] ? »

Il n'y avait pas de choix. Saül s'empressa d'acquiescer du chef. Archélaüs hocha aussi la tête. Saül nota qu'il s'empâtait ; les bajoues s'annonçaient. Un geste de reconnaissance s'imposait ; Saül se jeta à nouveau aux pieds du roi pour lui baiser la main. Archélaüs sourit avec condescendance, hochant toujours la tête. Puis il indiqua du geste le personnage auquel il avait feint de demander son avis, le dénommé Caïus.

« Caïus Timidius que voici t'introduira dès demain aux édiles et te conseillera. »

Un geste de la main signifia la fin de l'entretien. Archélaüs se pencha de côté après avoir fait un signe à Timidius, qui hocha à son tour la tête et s'absenta. Saül se jeta de nouveau aux pieds de son oncle, baisa la main qui lui était tendue et s'en fut. Dans le vestibule, il fut arrêté par Timidius, qui, l'air entendu, lui remit une bourse de la part du roi et lui recommanda de venir le voir le lendemain.

« Le roi », ajouta-t-il, « estime aussi que des rudiments d'éducation juive seraient utiles. Tu es après tout un prince juif. »

Saül reconnut la voix désagréable du bon sens. Il acquiesça. Puis descendit d'un pas assuré, songeant à ce jour terrible à Césarée où il avait cru qu'on venait l'égorger. Le destin était changeant. Ç'avait été une idée faste que de revenir en Judée.

Mais la foule d'éclopés qui se pressait aux portes de la piscine de Siloé le dégoûta. Quand il serait roi, car il le serait, il interdirait que ces cachectiques, ces bancroches, ces cacochymes étalassent leurs misères dans l'enceinte de la ville. Il les contraindrait à se soigner au-delà de la Porte Sterquiline.

6

UNE JOURNÉE À L'ADMINISTRATION DES ÉDILES

L'administration des édiles siégeait dans la ville haute, à l'ouest. S'y affairaient une demi-douzaine de gens, trois Pharisiens et autant de ces gens que Saül découvrit alors et qu'on appelait des Hellénistes. C'étaient des Juifs, eux aussi, mais ils portaient des noms romains ou grecs, se taillaient et se bouclaient la barbe comme les Païens et se faisaient couper les cheveux court sur la nuque. L'un d'eux, le plus jeune et le plus avenant, Marcus Pedanius, allait même trois fois par semaine à la palestre, à la réprobation de l'aîné des Pharisiens, Eléazar bar Simon.

Lors de sa première journée de travail, Saül assista à une conversation acide entre Eléazar et Marcus au sujet de la palestre. L'Helléniste bouclait son manteau pour se rendre au Xyste*.

« Tu vas encore te montrer nu, toi un Juif », bougonna Eléazar.

« Je te l'ai déjà dit, le Seigneur n'a pas interdit de prendre soin de son corps », rétorqua Marcus. « Je ne vois pas que ce soit une vertu que d'entrer dans l'âge mûr podagre et perclus. »

L'affaire, par la suite, troubla Saül. Petit et plutôt chétif[10], il eût aspiré à ressembler à ces athlètes qu'il avait vus à Tarse, à Césarée et dans les rues de Jérusalem, aller avec l'épaule nue et musclée, le pas élastique et le regard assuré. Les jalousant, il inclinait donc à les haïr, sans pourtant s'y résoudre ; car il ressentait obscurément que la haine l'eût rejeté définitivement dans le camp des disgraciés. Or, déjà, il admirait trop la puissance et la gloire des Romains pour en dissocier cet élément fondamental, la force et la beauté physiques ; car c'était bien

---

* Le gymnase de Jérusalem, construit sans doute par Hérode le Grand.

Rome qui avait introduit en Orient, qui en eût douté, le culte du muscle comme symbole de la Paix des Aigles.

L'incident suscité par Marcus et la fréquentation du Xyste troublaient donc Saül, et il le troublait d'autant plus que la splendeur du corps, ne fût-il que viril, évoquait irrésistiblement en lui l'exercice de la sexualité. Or, c'était là pour lui un domaine totalement inconnu, un gouffre dont émanaient des fumées capiteuses et sans doute toxiques, mais dont la seule évocation lui donnait le vertige. Il aurait quatorze ans aux moissons d'automne. La nuit, dans un demi-sommeil, il lui advenait d'ouvrir la bouche et de ne refermer les bras que sur lui. La simple vue des prostituées du bazar de la ville basse lui desséchait la gorge, et plus encore le sourire entendu des légionnaires qui traitaient avec elles avant de s'engouffrer sous une porte basse, au fond d'une venelle.

Et c'est qu'il fallait aller parfois dans la ville basse, accompagner Eléazar, Jehoram ou Phinéas pour l'estimation d'une maison à louer qui ressortissait aux domaines de la couronne ou d'un terrain à rebâtir qui appartenait au Temple, mais dont le tracé ne correspondait pas au cadastre établi par Hérode le Grand. Lentement, en effet, Saül s'initiait aux complexités édilitaires de la ville, apprenait à calculer la dîme perçue pour le nettoyage des caniveaux par les services de la voirie et les amendes à infliger à ceux qui avaient jeté des excréments ou des cadavres d'animaux dans la rue, il apprit que l'on dénombrait chaque année les puits creusés, les souterrains et les fours, et que l'on imposait une redevance aux carriers qui se fournissaient dans les cavernes royales pour les constructions des particuliers. Il apprit à considérer les cas des pauvres, dont les maisons menaçaient ruine, et des riches, qui réclamaient des loyers excessifs. Ces affaires exigeaient autant de finesse que de connaissances juridiques, certaines d'entre elles ressortissant entièrement à la loi juive, d'autres à la loi romaine imposée par Hérode le Grand quand les protagonistes en étaient étrangers, tandis que d'autres encore posaient des problèmes épineux, « fins comme le cheveu », disaient les Pharisiens, parce qu'ils mettaient aux prises des Juifs et des étrangers. L'habileté d'Eléazar, de Jehoram et de Phinéas à interpréter les lois, talent sans doute ordinaire chez les Pharisiens, mais qu'ils avaient, eux, élevé à la maîtrise, suscita en Saül la première admiration qui ne fût pas inspirée par la puissance ni la gloire.

Il n'avait jusqu'alors connu que le chaos et les cahots qu'engendrent les caprices des princes, les intrigues inhérentes à toute couronne et le recours hasardeux à l'entregent ou à la ruse qui restait à des gens tels que lui. Il découvrit le confort de l'ordre, paradoxalement né de la conjonction de deux mondes antinomiques, Rome et Israël. Rome assurait l'efficacité logique et Israël, la stabilité de la tradition. La Lex romana et la Torah lui affermirent donc le sol sous les pas. A quinze ans, il commençait à s'épanouir.

On confond souvent les vertus d'un individu avec la vertu tout court. L'épanouissement de Saül fut celui de ses vertus. Orphelin, rescapé de justesse du statut de bouche inutile, son destin moral n'importait à personne ; il se faisait et poussait comme ces plantes nées d'une semence portée par le vent et qui s'installent tant bien que mal entre trois cailloux sur un sol venteux ; son unique système était l'ambition à l'ombre de l'ordre, donc. Il s'enseigna à lui-même l'effrayant mélange de la rigueur et de la casuistique, nourri du respect renouvelé par cette puissance immanente que constituaient les lois. Il avait un royaume à reconquérir, bien qu'il ignorât quelles en pourraient être les frontières. La nuit, parfois, il rêvait qu'il se trouverait à Rome, qu'il séduirait César et se verrait restituer les terres que le destin avait refusées à Antipater. Mais il avait toutefois une claire conscience que ce n'étaient là que des fantaisies nocturnes ; tous les matins, il lui fallait affronter la réalité, les humeurs des Pharisiens et celles des Hellénistes, courir au Temple requérir l'avis d'un docteur sur un point de droit ou bien aller arpenter la ville haute et la basse, pour mesurer le nombre exact de coudées d'un lopin.

Il y excellait, d'ailleurs, et mérita les hochements de

tête approbateurs d'un Eléazar, d'un Jehoram ou d'un Phinéas. Puis il découvrit l'argent. Ce fut à propos d'un héritage. Il fallait diviser un terrain entre trois frères, dont deux étaient absents, seul l'aîné demeurant à Jérusalem. Celui-ci assurait que le terrain mesurait quarante-cinq coudées par vingt-sept et en réclamait, conformément à son droit d'aînesse, trois cinquièmes ; si le résiduel ne convenait pas à ses frères, il se proposait, assurait-il, de le leur racheter. Le terrain était incertain, situé sur une pente au bord du Tyropéion, à la limite de la ville haute ; puis il était couvert de masures accrochées de guingois aux maisons voisines, et que l'aîné envisageait de détruire. L'affaire était banalement comptable, mais la voix du requérant parut fausse à Saül. Il alla donc, pour son compte, mesurer lui-même le terrain, poussant l'esprit de minutie jusqu'à pénétrer dans les masures pour vérifier l'alignement des murs. Or, le terrain était trapézoïdal. S'il mesurait bien quarante-cinq coudées sur la rue, sa longueur tombait à trente-neuf sur le côté opposé. De plus, sa largeur de fait était de vingt-cinq et non vingt-sept coudées.

Il rapporta ses constatations à Jehoram, qui posa sur Saül un regard mi-clos, à la fois admiratif et incrédule.

« Es-tu certain de ce que tu dis ? »

Saül acquiesça avec force ; il avait deux fois refait ses mesures. Jehoram en référa à Phinéas et Eléazar, qui se rendirent sur les lieux et vérifièrent que Saül avait raison. Or, l'héritier avait fait sa déposition sur l'honneur ; était-il parjure ? On le convoqua, son trouble le trahit. Il fut mis à l'amende, car il était coupable d'avoir voulu léser ses frères, ne leur laissant qu'une parcelle irrégulière, inférieure à l'estimation. Selon la coutume, Saül perçut la moitié de l'amende, qui était conséquente, mille deux cents deniers. Or, il n'avait jamais vu plus de cent deniers ensemble et n'en avait pas possédé la moitié. Six cents deniers faisaient de lui, à ses propres yeux du moins, un homme riche. Eléazar le scruta d'un œil sans gaieté.

« De l'argent, mais pas de foi, hein ? »

L'observation cingla Saül. Un homme sans foi, c'était

l'injure suprême dans la bouche du Pharisien. Et il
n'avait rien à rétorquer. Phinéas, qui empilait des pièces
étrangères pour les porter au changeur, leva les yeux et
sa main noueuse demeura suspendue en l'air. Les Hellénistes aussi perçurent la tension du silence. Saül se
congestionna lentement.

« Un prince juif qui ne connaît ni le Pentateuque, ni
le Deutéronome, pour ne citer que ces Livres », dit lentement Eléazar, une pesante ironie dans le ton, « il faut
confesser que cela fait un bien étrange citoyen de Jérusalem. »

« Je pourrais aller chez Gamaliel », dit enfin Saül. Car
il avait maintes fois entendu louer Gamaliel, que même
un rabbin d'Alexandrie était venu consulter l'autre jour.

« Ai-je assez entendu de sottises ! » cria Phinéas.
« Gamaliel ! le docteur des docteurs ! Le rabbin des rabbins ! Mais quelle arrogance ! Lui qui n'enseigne que les
gens déjà instruits, il faudrait qu'il dispensât son savoir à
un garçon qui ne connaît même pas le premier verset de
la Genèse ! Allons donc, Saül, il faut respecter les
Anciens ! »

« Où donc irai-je, dites-le-moi », répondit Saül, pâle
et tremblant.

Les Pharisiens se consultèrent du regard.

« A la synagogue des Affranchis », dit enfin Eléazar.

« Des Affranchis ! » répéta Saül, indigné, car
qu'étaient donc les affranchis, sinon d'anciens esclaves ?

« On l'appelle aussi synagogue des Tarsiotes ou des
Alexandrins », répliqua Eléazar, « et n'as-tu pas vécu
ton enfance à Tarse ? »

Saül connaissait la synagogue en question ; elle se
trouvait sur l'Ophel, dans la partie la plus ancienne de
la ville, et était dotée d'une piscine et d'une auberge
pour les étrangers.

« J'irai moi-même voir Théodestes, le rabbin, et me
porterai garant pour toi », dit Eléazar. « Nous te donne-
rons trois heures par jour pour tes leçons. »

La journée touchait à sa fin.

« Vas-tu donc te promener avec six cents deniers sur

toi ? » demanda Phinéas. « Il me paraîtrait plus sage de les laisser ici dans le coffre. »

Saül acquiesça, préleva une petite somme dessus et remit l'argent au Pharisien, qui lui rédigea un reçu. Puis après avoir soupé, comme à l'ordinaire, chez le frère d'Eléazar, qui lui louait une chambre, il se trouva incapable d'aborder le sommeil. Il alla déambuler, au hasard de ses pas, ruminant sur les événements de sa vie comme un pauvre compte et recompte sa petite fortune. Il se trouva ainsi dans la ville basse, aux confins du marché. Beaucoup d'échoppes avaient fermé et beaucoup d'éventaires avaient été repliés. Mais les changeurs, les derniers à se coucher, faisaient encore commerce et çà et là un étal offrait de la nourriture aux insomnieux et aux voyageurs égarés, pains au sésame fourrés de viande, fritures d'aubergines ou de courgettes, quartiers de volaille ou pigeons grillés, quartiers de pommes confits dans le miel. Au détour d'une venelle, Saül aperçut une femme qui se tenait dans l'embrasure d'une porte et, au regard cerné d'antimoine et de veilles qu'elle lui lança, il comprit son métier. Elle esquissa un sourire tandis que sa posture s'alanguissait. Le vertige pétrifia Saül. Il n'avait jamais connu de femme. Il avait de l'argent. Le regard de la femme s'accrochait. Il se dirigea vers elle, les oreilles cramoisies. Devant elle, il se trouva sans voix. Il n'eût su dire si elle était belle ou non ; elle était femme et lui sembla grasse.

« Combien ? » demanda-t-il enfin, en grec.

« Quinze deniers », dit-elle.

Il en avait vingt-cinq.

« Dix », dit-il, presque sans réfléchir.

« Parce que tu es jeune », répondit-elle.

L'affaire fut brève. Elle ne l'avait pas plutôt chevauché qu'il arriva au terme de ses émois. Elle se mit à rire. Pour les cinq deniers qu'il lui avait marchandés, dit-elle, elle s'offrirait de nouveau. Il refusa ; ce fut elle qui le posséda derechef.

Il n'y trouva que fierté. Il se retint de sourire tout le long du trajet qui le ramena à sa chambre, après une halte à la piscine de Siloé pour se purifier. Mais en gagnant son lit, il ressentit de manière fulgurante les signes avant-coureurs d'une attaque. Sa tête se rejeta en arrière, ses mâchoires se contractèrent, la salive moussa aux commissures de ses lèvres, il perdit connaissance. Quand il se réveilla, une fois de plus incapable d'évaluer le temps qui s'était écoulé pendant son absence, il se trouva, comme chaque fois, épuisé. Il mobilisa juste assez de forces pour se lever boire à la gargoulette posée sur l'appui de la fenêtre, s'essuya la bouche et sombra dans un sommeil aussi dense que la pierre.

7

UN JUIF DE SECONDE CLASSE

À dix-huit ans, Saül succéda à Eléazar, qui rendit assez précipitamment son âme à Dieu, par un jour de grand soleil. Saül se distingua dans les hommages rendus au défunt, à tel point que les fils du Pharisien dirent qu'on voyait bien à sa piété et à la profondeur de ses sentiments que c'était un vrai prince. La vérité des sentiments de Saül était quelque peu différente ; Eléazar, tout d'ailleurs comme Jehoram et Phinéas, avait donné au jeune homme des bagages de prix ; d'abord, la connaissance de Jérusalem et de la nation juive, ensuite, l'art de gagner et de faire fructifier de l'argent, enfin, une grande défiance à l'égard des manigances du pouvoir.

Et ce dernier legs s'était avéré déjà riche en heureux auspices quand, l'année précédente, le règne d'Archélaüs s'était achevé dans les convulsions ordinaires. Dans sa dixième année, le joug du successeur d'Hérode le Grand était devenu insupportable aux Juifs et aux Samaritains. On eût certes pu arguer que ceux-ci ne se seraient accommodés d'aucun potentat et encore moins d'un Hérodien que d'un autre, mais enfin, force était de convenir qu'Archélaüs était devenu aussi tyrannique que son père et qu'il levait des impôts démesurés, contrevenant ainsi formellement aux recommandations de modération de César Auguste. Délégation fut donc envoyée à l'empereur, qui s'irrita du rapport qu'on lui soumit, puis dépêcha un émissaire, lui-même nommé Archélaüs, pour ramener l'ethnarque à Rome. En cette affaire, César se comporta donc comme le protecteur des Juifs, ce qui ne fit que rendre Archélaüs encore plus impopulaire en Palestine. Reviendrait-il ? se demandèrent ses sujets, quand il s'embarqua de Césarée. Il ne revint pas. Glaphyra mourut après un mauvais rêve, et Archélaüs fut exilé à Vienne, en Gaule[11].

On vit arriver à Jérusalem un sénateur, Quirinius, qui avait passé par toutes les étapes de la magistrature avant d'atteindre le titre de consul. La monarchie était abolie. Quirinius s'installa dans le palais d'Hérode, sur les remparts. Les lamentations coururent la ville haute et la ville basse, s'échangèrent autour des étals de laitues et de melons dans les marchés, sur le parvis du Temple et dans les embarras des cinq portes.

« Nous avons un roi romain ! »

« Nous n'avons plus de roi ! »

« Nous allons être rejetés en esclavage ! »

Les Anciens se réunirent, non sans quelque appréhension, puisque leur lieu de réunion se trouvait dans la moitié du palais occupée par Quirinius et que des centurions vaquaient dans la cour qui les séparait des quartiers du Romain.

« Il m'a été officiellement signifié qu'Archélaüs est disgracié et exilé », dit le grand-prêtre Joazar. « La monarchie est abolie, il n'y a donc pas d'ethnarchie et la Judée est annexée à la Syrie. »

Une rumeur gagna le prétoire. Une fois de plus, le terme d'« esclavage » hanta les propos.

« Ces alarmes me semblent infondées », objecta Joazar avec impatience. « N'est-ce donc pas sur notre requête qu'Archélaüs a été démis ? N'est-ce pas par sollicitude à notre égard que César a pris sa décision ? N'est-ce pas César qui avait imposé à Archélaüs les règles de modération que l'Hérodien a transgressées ?

Allez-vous faire de moi l'avocat de César, ou bien vous préparez-vous à adresser à César une nouvelle requête pour le prier de gracier Archélaüs et de nous le restituer, le front ceint de feuilles d'olivier ? »

Le bon sens de Joazar prévalut parmi les Anciens.

« Tout de même », observa Ozias bar Jaffar, l'un des plus fins parmi les Anciens, « c'est désormais un Romain qui nous gouverne, et s'il se révélait inique lui aussi, César serait certes moins enclin à écouter nos requêtes contre un consul qu'il ne l'a été à entendre nos protestations contre Archélaüs. J'ose dire qu'il eût été, en effet, préférable, que César nous restituât un Archélaüs contrit. Nous eussions alors eu barre sur lui beaucoup plus aisément. »

Joazar sourit ; Ozias, frotté d'hellénisme, était coutumier de ces paradoxes.

« Sans doute est-ce une façon subtile de voir les choses », admit le grand-prêtre. « Mais dans ce cas, nous eussions aussi pu craindre de voir revenir un Archélaüs rempli de vindicte. Ce qui est fait est fait. Il faudra vous accommoder de Quirinius. Employez-vous tous, je vous prie, à calmer les appréhensions de la population de Jérusalem et des villes que vous fréquentez. »

Les appréhensions de Saül étaient, elles, d'un autre ordre. Mis en place par Archélaüs, il craignit d'être démis par le Romain. Et ce fut là qu'il vérifia le bien-fondé des conseils d'Eléazar ; il s'était tenu à l'écart du palais et de la cour, quasiment fondu dans l'anonymat. Il y avait à Jérusalem et à Jéricho quelques dizaines de princes et princesses et alliés des Hérodiens auxquels personne ne prêtait plus grande attention. Timius de Chypre, époux de l'Hérodienne Alexandra, fille de Phasaël et de Salampsio, commerçait dans le vin sans que nul ne l'inquiétât. Autre exemple, Marcus Julius Alexandre, fils de l'alabarque Alexandre, donc petit-fils d'Hérode, et de surcroît marié à une Hérodienne, Bérénice, fille d'Agrippa, commerçait, lui, dans le blé sans que personne se souciât de son appartenance à une lignée sulfureuse. Saül n'en demandait pas plus.

Saül s'accommoda donc de Quirinius, et d'autant plus

que le Romain, s'enquérant des administrations de la ville, apprit l'existence du service des édiles et, mystérieusement, décida de l'étendre, l'intitula service des édiles et du cadastre de la Judée, et fit engager une dizaine de personnes, qui seraient placées sous l'autorité du personnel déjà en place. Mieux, ce service était désormais financé par l'administration consulaire. Quand Saül fit valoir au délégué de Quirinius, de manière faussement incidente, qu'il était citoyen romain, il se vit assigner une autorité particulière ; il superviserait le nouveau service du cadastre. Saül n'osa pas demander publiquement à quoi donc s'emploierait ce service, mais calcula sur-le-champ qu'il devenait plus qu'aisé. Déjà riche d'une quinzaine de milliers de deniers, il jouirait d'une prébende de quinze talents par semaine.

Son ambition et son goût de l'ordre s'y exaltèrent. Sa fortune grandissait avec son autorité. Il avait finalement réalisé une affaire plus faste en perdant un destin royal qu'en courtisant la fortune des Hérodiens, décidément trop nombreux et agités pour qu'on pût fonder sur eux des espoirs. Sa fortune à lui était liée à la conjugaison des intérêts juifs et romains. Quelque peu juif, et surtout d'adoption, mais en tout cas citoyen romain, il se jugea admirablement placé pour jouir du destin nouveau d'Israël, fût-ce sous la sujétion païenne.

Il loua enfin une maison dans la ville haute et prit deux serviteurs. L'un des derniers conseils qu'Eléazar lui avait donnés dans les mois qui précédèrent sa mort fut de prendre épouse.

« Mais pas avec une cousine », dit Eléazar. « Peut-être est-il temps de renouveler le sang des Hérodiens. »

Quelques indiscrétions avaient ébruité l'habitude qu'avait Saül de se rendre dans la venelle du marché de la ville basse. Eléazar, comme Jehoram et Phinéas et les Hellénistes avaient évoqué lourdement la tare de l'adultère vénal. Mais Saül rêvait d'une union de haut rang, qui consacrât son importance, et il n'en trouvait toujours pas l'objet.

Sa félicité s'assombrit toutefois quand, après avoir

liquidé, puis confisqué les propriétés d'Archélaüs, maisons, terres, vignes, palmeraies, mines, y compris les objets précieux que l'ethnarque avait hérités d'Hérode le Grand, Quirinius, consul, nomma Coponius procurateur de Judée et décida de faire procéder au recensement de toutes les propriétés des Juifs en Judée. Ni Hérode le Grand, ni Archélaüs, que les scrupules n'avaient pourtant pas dévorés, ne s'y étaient risqués. Depuis quand la fortune des Juifs concernait-elle Rome ?

Vinrent de Césarée, de Jéricho, de Magdala même, qui pourtant se trouvait en Galilée — mais c'était une ville riche du tissage de la laine, dont les grands lainiers possédaient des terres et des maisons en Judée —, vinrent donc des délégations de propriétaires alarmés. Qu'était-ce à dire ? Le cens était une chose, mais la déclaration des biens ! Les barbes et les manteaux s'agitèrent. La déclaration des biens ! Ils péroraient au Temple, au marché, dans les tavernes et, bien entendu, chez chacun des soixante et onze du Sanhédrin.

« On veut nous voler ! »

Joazar tint donc une nouvelle fois un Conseil, et il fut public, ou tout au moins ouvert aux Juifs les plus éminents, dont Saül, désormais, faisait partie, en dépit des réserves qui pesaient sur sa judaïté. L'assemblée fut quelque peu tumultueuse.

« Quel est le sens de cet inventaire ? » clama le chef de la délégation de Magdala, Joseph bar Isaac, bel homme, encore jeune, dont la barbe noire et lustrée contrastait avec sa tunique blanche. Joseph était de ceux que le grand-prêtre ne pouvait manquer d'écouter avec respect : chaque année, c'était par chariots entiers que l'on convoyait les dons de la ville de Magdala à l'entretien du Temple. Un quart du budget du Temple ! « A quoi peut donc servir cet inventaire inique, sinon à nous dépouiller en connaissance de cause ? Ne nous sommes-nous donc défaits du chien fou que pour nous jeter dans la gueule du loup ? »

Joazar écouta attentivement le réquisitoire, ainsi que les autres ; il ne répondit que le lendemain.

« Nous sommes désormais une province romaine »,

dit-il. « Nul n'en contestera l'évidence. Nul ne contestera non plus que les Romains soient des administrateurs-nés. Nul enfin ne contestera qu'un administrateur consciencieux s'efforce d'établir la valeur des domaines qu'il administre. On ne nous demande pas d'argent jusqu'ici, mais seulement l'étendue de nos fortunes. Je ne nie pas qu'on puisse craindre, à l'avenir, que les Romains nous demandent des dîmes proportionnelles à la fortune que nous aurons déclarée. Peut-être ne sera-ce qu'une mesure conforme à la justice. Il est dit dans le Deutéronome que nous n'opprimerons pas le pauvre, et n'est-ce pas l'opprimer que de lui faire payer une part plus grande que le riche ? Si l'injustice nous frappe, nous aviserons. Ne buvons pas le vin de la colère avant le jour de la vengeance. »

Ils l'écoutèrent et méditèrent. Le bon sens parut prévaloir une fois de plus. Coponius en fut informé et le rapporta à Quirinius, qui se trouvait à Césarée. Les Romains, dit-on, furent satisfaits et les Juifs, rassurés.

« Finalement, c'est le prix de l'ordre et de la prospérité », songea Saül. Il ne haïssait rien tant que ces humeurs acrimonieuses qui parfois envahissaient Jérusalem, empoisonnant ses journées où le pain était mal cuit, les légumes rares et les gens malgracieux dans les rues.

Huit jours passèrent. Puis un certain Judas, de Gamala, en Gaulanitide, fit parler de lui. Il se trouvait à Jérusalem ; il pérora dans le parvis des Gentils. On l'écouta beaucoup. Les changeurs et les marchands d'animaux de sacrifices, qui n'avaient qu'une envie modérée de révéler leurs fortunes, lui firent la claque. Saül alla l'écouter.

« Je vous le dis, on nous ramène à l'esclavage ! »

Les Lévites aussi l'écoutaient. A ses côtés, un Pharisien nommé Saddok distribuait les commentaires verbaux aux imprécations de l'orateur.

« Quel pouvoir que la parole ! » songea Saül. Voilà qu'un énergumène à lui seul menaçait de compromettre une décision des Romains. Chassant les mouches, Saül examina le visage de Judas ; les mimiques de la colère le rendaient fascinant. « Un acteur, quoi ! » se dit encore

Saül en quittant le parvis, perplexe, tandis que ce Judas
n'en appelait pas moins qu'à la nation juive tout entière
pour se libérer de l'esclavage. La parole de l'orateur portait loin ; à vingt coudées, Saül l'entendit promettre la
prospérité aux Juifs s'ils avaient le courage de se soule-
ver et de risquer le bain de sang qui s'ensuivrait inévitablement.

Puis l'affaire tourna au sur. Judas rallia des disciples,
qui se formèrent en bandes et allèrent s'en prendre aux
partisans de Joazar, d'abord près de la maison de celui-
ci. Des altercations on en vint aux coups de poignard,
puis aux échauffourées à l'intérieur et à l'extérieur de la
ville. On compta des morts à Béthanie, à Bethléem, à
Jéricho. Des soldats romains furent assassinés dans les
villes et sur les routes. De Judée, l'état d'émeute gagna
la Galilée, où les partisans de ce Judas, galiléen donc,
étaient encore plus nombreux qu'ailleurs. De toute
façon, les Galiléens étaient connus pour avoir un tempé-
rament d'étoupe ; ils prenaient feu à la première étincelle
et s'engageaient dans toute querelle contre les Judéens.

A peine élevé à ses nouvelles fonctions, Saül les vit
compromises par l'agitation des sectateurs de Judas. Il
n'en décoléra pas.

« Qu'un seul homme soit responsable de tout ce
désordre ! » s'indigna-t-il.

« Tiens ta langue », lui conseilla Marcus l'Helléniste,
« car nous sommes déjà en danger. » Six soldats romains
veillaient, en effet, à la porte du service, pour protéger
les édiles et le cadastre de la fureur des partisans de
Judas. Toutefois, comme la Tour Antonia et sa garnison
n'étaient pas loin, ce n'était pas en ville, à la condition
de ne pas circuler la nuit, que les Pharisiens, les Hellénistes et Saül couraient grands risques.

L'échec de Joazar devint patent. Quirinius accourut de
Syrie, renforça les garnisons et fit démettre le grand-
prêtre par Coponius. Annas succéda à Joazar, la réaction
s'enclencha. La police du Temple s'empara de tous ceux
qui tenaient des discours publics favorables à Judas et
à Saddok, les Romains arrêtèrent les plus notoires des
disciples de ces agitateurs et les crucifièrent sur le Gol-

gotha après jugements expéditifs[12]. Saül se vengea des
peurs et des injures subies pendant l'agitation. Reprenant
un soir le chemin du marché de la ville basse, pour exo-
nérer ses reins de la volupté que la colère avait fouettée,
il se vit pris à partie par un des rebelles qui avaient
échappé à la répression. L'homme, un certain Abel, le
traita publiquement de fils de chien, d'Hérodien traître
aux Juifs et d'exécuteur stipendié des Païens. Saül, giflé
par les injures, eut les plus grandes peines à se contenir.

« Demain c'est le Sabbat », parvint-il à articuler,
« prie bien, Abel, car c'est ton dernier Sabbat ! »

Mais une fois franchi le seuil de la prostituée, il suc-
comba à une crise, l'une des plus violentes dont il eût
souffert. Il ne put avoir de commerce. Le lendemain, il
se rendit à la questure, se fit connaître et dénonça son
dénonciateur. Trois jours furent nécessaires pour mettre
la main sur Abel, un seul suffit à le juger. La sentence
fut fatale. Saül alla assister à son exécution sur le Golgotha. Il le vit mettre en croix, il vit les clous s'enfoncer
dans ses mains et ses pieds, il l'entendit hurler, puis il
le vit baver. Il exigea et obtint du centurion de garde
qu'on tînt le supplicié trois jours en vie avant de lui
administrer le bris des tibias, rapide précurseur du tré-
pas.

Fut-ce le récit de cette affaire, que des âmes scrupu-
leuses ou malveillantes, qu'importe, rapportèrent à Eléazar qui causa la mort de ce dernier ? Telle fut, en tout
cas, la thèse de Phinéas et de Jehoram, les Hellénistes,
eux, se gardant d'avoir une opinion là-dessus. Eléazar
n'eut qu'une phrase, quand le Sanhédrin eut été informé
de la sentence de mort prononcée contre Abel, sur
dénonciation de Saül, et qu'un scribe à son tour en eut
informé Eléazar :

« Est-ce bien toi qui as dénoncé Abel aux Romains ? »

Au seul nom d'Abel, le visage de Saül se pétrifia. Les
mouvements de muscles qui prêtaient d'ordinaire vie à
ses traits en disparurent. Eléazar affronta le regard de
la Gorgone.

« Certainement ! » répliqua Saül, vibrant de colère
froide.

L'adverbe cingla le Pharisien, qui devint cramoisi et baissa la tête. Murmura-t-il, comme Saül crut l'entendre, « Hérodien » ? Les autres témoins dirent ne pas s'en souvenir. Le soir, Eléazar était mort. Dès lors, Saül exerça sur l'ensemble du service des édiles et du cadastre un ascendant mêlé de respect et de crainte. Le respect procédait de l'autorité tacite que Saül détenait à la fois auprès des Romains et du Sanhédrin. Car c'était un fait qu'il la détenait. Il avait ses entrées chez Annas, comme il les avait chez Coponius, puis chez le successeur de celui-ci, Ambivius, puis encore chez le successeur de celui-ci, Rufus. Le discrédit longtemps attaché à la descendance d'Antipater et les animosités familiales, qui obéraient encore le prestige de Saül, s'évaporaient peu à peu. Saül soupait une fois par mois chez Annas et, plus discrètement, car il était censé être juif et qu'un Juif ne pouvait franchir le seuil d'une maison païenne, chez le procurateur. Puis quand la vieille Salomé, la sœur d'Hérode le Grand, consentit à la mort et qu'elle eut légué à Julia, femme d'Auguste, les célèbres palmeraies d'Archélaüs, l'impératrice fit livrer plusieurs paniers de dattes à Ambivius qui, à son tour, en offrit dix livres à Saül. Pareil présent, d'origine impériale, ne pouvait passer inaperçu et ne le passa pas. Il fut notoire que le prince Saül dégustait des dattes impériales et consulaires. C'était un serviteur de l'ordre. Un jour, qui savait, sa faveur pouvait grandir. C'était un homme à cultiver. On le cultiva donc. Mais non sans quelques réserves.

« Il se dit juif quand il faut réquérir une faveur du grand-prêtre et citoyen romain quand il faut la demander au gouverneur », observa un jour Marcus l'Helléniste. « Quand il s'est rendu chez Antipas, en Galilée, nous avons appris qu'il s'est présenté comme prince hérodien, et quand des Zélotes l'ont arrêté sur la route pour le rançonner, il a assuré qu'il était un Juif comme un autre et guère plus riche. Il tiendrait du caméléon », ajouta Marcus avec un demi-sourire.

« Comment sais-tu tout cela ? » demanda l'autre Helléniste, Gratus.

« Par son secrétaire Pedanius. »

« En tout cas, il est riche. »

« Et ambitieux », dit Marcus, empilant les sesterces par séries de cinquante, dans de petits sacs de cuir, avant de les serrer dans un coffre. C'était la recette de la semaine, la journée s'achevait et le lendemain était le Sabbat. « Il a, selon Pedanius, été déçu lorsque le juriste Larcius, auquel il demandait quelles étaient pour un citoyen romain d'Orient les chances de devenir consul, lui a répondu qu'il fallait commencer par être chevalier, puis servir dans la magistrature romaine. »

Saül étant absent pour l'après-midi, les deux employés fermèrent le coffre à clef après avoir inscrit la somme sur le registre, fermèrent les volets et s'en furent vers le Xyste après avoir verrouillé la porte derrière eux.

Même ceux qui n'entretenaient pas sur Saül des réserves aussi ironiques agitaient volontiers entre eux des questions sur son célibat. Le temps passait ; en cette vingtième année du règne d'Auguste, âgé de dix-neuf ans, Saül n'était en effet pas marié. Pour certains, la maladie sacrée lui rendait la génération impossible, pour d'autres, elle l'avait fait refuser par les pères des partis pressentis. L'une ou l'autre hypothèse s'assortissaient de commentaires faussement navrés sur le peu d'avantages physiques de Saül. Il était anormalement petit, il était noueux et ses grands yeux ronds, souvent fixes, lui prêtaient une expression moins humaine que canine.

Saül lui-même n'en ignorait certes rien, mais il savait que son ascendance et son pouvoir lui conféraient d'autres attraits. De riches marchands lui avaient offert leurs filles ; aux Romains, il avait, pour décliner cet honneur sans les offenser, allégué sa judaïté, aux Juifs, sa citoyenneté romaine, aux Arabes, l'une ou l'autre selon le cas. La vérité était qu'il avait d'abord aspiré à un mariage princier, et avec une Hérodienne. Hélas, il n'en

---

* L'an 8 de notre ère, Auguste ayant été nommé Pontifex Maximus en − 12.

** C'était le nom antique de l'épilepsie, également décrite sous celui de « maladie tombante ».

était pas de disponible. Alexandra et Cypros, les filles de son oncle Phasaël, avaient toutes deux été mariées, de même que l'autre Cypros, la fille de sa feue tante Salomé. L'autre Salomé, fille de son oncle Hérode Philippe, avait épousé le tétrarque Philippe. Enfin, Mariamme, la fille de son oncle Aristobule, n'aspirait pas à l'épouser.

Saül avait consacré quelque deux années à des enquêtes et des approches auprès de ceux qui constituaient sa vaste famille, ajoutant à ses espérances celle du brusque veuvage d'une cousine, ou bien d'une nièce qui fût d'âge. Il fallut donc déchanter, et d'autant plus que les réponses obtenues s'étaient à l'occasion teintées d'une certaine condescendance. En tant que prince, la faveur impériale n'avait pas relevé ses titres. C'était des commis de Rome qu'il détenait ses maigres pouvoirs. Bref, il était prétendant de second ordre. Saül digéra sa déconvenue. Puis il porta ses ambitions sur l'autre milieu du pouvoir, qui était celui du clergé. Certes, l'accès aux familles des grands-prêtres, qui eût enfin relevé son rang de façon éclatante, lui était, d'emblée, interdit, car les filles y étaient réservées à des prêtres. Mais enfin, peut-être pouvait-il escompter quelque alliance avec la fille d'une personnalité et, parmi celles-ci, Saül imaginait qu'une exception l'autoriserait à entrer dans la famille de Gamaliel.

Gamaliel était le plus célèbre des docteurs de la Loi, non seulement à Jérusalem, mais aussi dans l'ensemble du monde juif[13]. Saül avait, à plus d'une reprise, entendu le grand-prêtre Annas en faire les éloges, sans parler de la révérence que lui avait témoignée Eléazar et que lui témoignaient encore Jehoram et Phinéas. Appartenir au petit cercle des élus qui pouvaient se targuer de connaître Gamaliel, qui pouvaient rapporter l'un de ses prédicats, détailler l'une des finesses de son raisonnement, était infiniment plus flatteur que d'avoir, à Tarse, participé aux soirées qu'illustrait Athénodore Cananite, Hippolyte de Pergame ou Phoebus le Troade, grands tresseurs de guirlandes rhétoriques. Mais accéder à Gamaliel exigeait deux traits dont Saül était cruellement

conscient de manquer. Le premier était une judaïté sans
tache, le second, une culture, juive s'entendait, du meilleur niveau. Or, Saül n'avait ni l'une ni l'autre.

Quand, instruit par Théodestes, le rabbin de la synagogue des Affranchis, il avait enfin plongé dans le bain
qui faisait de lui un Juif, il s'était naïvement cru juif. Il
s'empressa enfin de franchir, au Temple, la Barrière des
Gentils, et le front haut. Il alla sacrifier un bélier blanc.
Et il tint des propos assez volubiles pour qu'enfin Jehoram lui rappelât qu'il y avait Juif et Juif. Saül n'était
que néophyte.

« Le monde juif reste donc fermé », dit lentement
Saül.

Jehoram connaissait ce regard vitreux et cette façon
de laisser tomber les mots ; il les redoutait.

« Il s'agrandit de ses propres enfants », répondit-il.

Saül hocha la tête de façon menaçante.

« Ne suis-je pas juif, puisque ma mère fut Mariamme,
la fille d'Antigonus, le dernier des Hasmonéens ? »
demanda-t-il. « Ne sommes-nous pas d'une famille
royale juive ? » Et son regard vrilla Jehoram, puis Phinéas, venus assister à la conversation.

Jehoram releva la tête et dit d'une voix égale : « Mais
Antigonus n'est-il pas le fils de Jean Hyrcan, de même
qu'Alexandre Jannée... »

« Ils étaient grands-prêtres ! » interrompit Saül avec
hauteur.

« Mais cela n'empêche pas qu'on ait demandé que
Jean Hyrcan renonce au pontificat, car il était considéré
comme fils illégitime, sa mère ayant été prisonnière de
guerre », poursuivit Jehoram. « Pour nous », et ses mots
brûlèrent les oreilles de Saül, « les derniers Hasmonéens
ont le même statut que les prosélytes[14]. »

« Je ne suis donc que prosélyte, petit-fils de prosélytes », dit Saül. « Pourquoi m'a-t-on imposé alors le bain
rituel ? » Un silence pesa et Saül reprit : « Car vous dites
que les prosélytes sont la lèpre d'Israël. »

« Être prosélyte n'est qu'une faute vénielle[15] », intervint Phinéas. « Théodestes a jugé le bain nécessaire
parce que, par Hérode ton grand-père, tu étais païen. »

« Une faute vénielle », murmura Saül.

Saül ravala un soupir. Traqué et humilié. Prince sans royaume, il ne pouvait aspirer à aucune autre terre. Rome l'ignorait, les Juifs, les Juifs qui eussent été ses sujets, le tenaient pour un étranger. Il ne présiderait donc pas leur table. Il était un homme de seconde classe.

8

TRIOMPHE

Pour tout homme le monde se restreint à quelques milliers d'ares, c'est-à-dire au territoire dont il peut faire le tour à pied, de l'aube au crépuscule. La plupart s'en contentent, bien peu ont loisir de choisir leur territoire. Mais tous rêvent d'y régner, et Saül ne faisait pas exception. Jérusalem et la Judée, toutefois, appartenaient à une puissance presque aussi grande que le destin, et les autres provinces avaient donc été distribuées à des princes de sa famille, selon les caprices d'un dieu terrestre toujours nommé César, parfois Jules, parfois Auguste et bientôt Tibère. Il se trouvait donc frustré et contraint.

La chance des grands infortunés est qu'ils peuvent sans regrets quitter des terres arides et, jouant le tout pour le tout, tenter de conquérir des vallées fertiles. Mais Saül ne souffrait certes pas de grande infortune ; sa prospérité faisait envie ; son autorité valait somme toute celle d'un fonctionnaire romain ; et pour obérée qu'elle fût, son ascendance royale ne lui en conférait pas moins le luxe immatériel du prestige. Bien que rappelé par Jehoram et Phinéas, puis à l'occasion par le rabbin Théodestes, à la conscience de son rang de néophyte, il n'en continua pas moins à s'initier à cette Loi qui était le fondement du monde juif.

C'est qu'il admirait ce monde-là. Il s'en expliqua un soir à souper chez le procurateur Annius Rufus, succes-

seur d'Ambivius[16], avec ce brio qui lui prêtait une fascination, quand le vin était bon et qu'il n'avait pas été
coupé à la mode juive.

« Il faut rendre hommage à la sagacité de César, qui
a reconnu la vertu singulière de ce peuple et a eu la
magnanime sagesse de ne pas l'humilier à l'excès. Quoi,
vaincu, dépossédé, sans armée, n'ayant que le souvenir
d'une gloire depuis longtemps dédorée, il s'est pourtant
maintenu intact depuis des siècles, et quoique dépourvu
du glaive, force notre respect en prétendant traiter avec
nous d'égal à égal ! Et quelque gloire que promettent les
alliances avec des Romains, il s'y refuse pour conserver
l'intégrité du sang ! Gloire donc à l'intelligence de
César ! »

Le discours frappa autant par son éloquence que par
le double hommage à César et aux Juifs, qui témoignait
d'un sens de la synthèse bien digne de la meilleure rhétorique. Ceux qui ne connaissaient pas Saül, qui se faisait d'ailleurs appeler Paul, à la romaine, selon les
circonstances, en conçurent pour lui de l'estime. Un seul
point flou demeurait toujours dans son personnage, c'est
qu'on ne savait s'il était juif ou romain d'Orient, mais
enfin, ses allusions complaisantes à sa citoyenneté
romaine faisaient pencher les opinions en faveur de la
seconde possibilité. Les Romains éminents rappelaient
discrètement qu'il devait cette citoyenneté à son ascendance royale et lui, qui avait l'ouïe fine, concluait :

« Je suis en fait de Tarse », ce qui confirmait l'hypothèse du Romain d'Orient.

Il admirait donc les Juifs, cependant, et figurait, à titre
privilégié, parmi ceux qui étaient admis à assister aux
leçons de l'illustre Gamaliel. Il s'y tenait avec une
modestie recherchée, toujours au second rang, afin de ne
pas sembler attirer l'attention, mais surtout désireux de
s'initier à l'interprétation de la Torah. Là résidait le
ciment intellectuel qui affermissait ensemble les moel-
lons de la foi juive et qui permettait à l'esprit d'atteindre
à la plénitude du cœur dans la compréhension de la Loi.
Ainsi Saül écoutait-il dans une entière attention l'analyse
du *kal vahomer*, le mode de raisonnement fondamental,

de forme analogique, dont la parfaite précision permettait aux Pharisiens de fournir l'interprétation la plus exacte de la Loi dans toutes les circonstances de la vie[17].

Certes, on avait de la mémoire à Jérusalem, et ceux qui avaient assisté aux manifestations de vindicte de Saül à l'égard de tous ceux qui troublaient l'ordre régnant, par exemple à l'égard d'un Abel, n'étaient pas plus enclins à les lui pardonner parce qu'il était admis chez Gamaliel. Ils osèrent en référer au maître lui-même, quitte à sembler lui adresser une remontrance indirecte.

« Que faudrait-il lui reprocher ? » répondit Gamaliel. « De respecter la loi romaine ? Et de la faire respecter ? Mais c'est le contraire qui serait une faute, puisqu'il est publiquement chargé de veiller à l'application de cette loi. De s'être rangé dans le camp de Joazar et puis d'Annas ? Mais ceux-ci voulaient éviter un bain de sang. D'avoir assouvi des vengeances personnelles sous couvert d'appliquer les instructions des législateurs ? Il faudrait alors lui en faire procès public. Et qui donc le ferait ? Vous ? Il faudrait que vos intérêts eussent été lésés ; l'ont-ils été ? Le Sanhédrin ? Il faudrait que la Loi eût été enfreinte ; l'a-t-elle été ? Je n'ai pas étudié l'affaire. Elle me semble ressortir au procès d'intention. »

« Mais, l'indulgence, maître ? » insistèrent les ennemis de Saül.

« Que lui reprochez-vous ? D'avoir personnellement haï Abel ? Il n'est écrit nulle part qu'il soit interdit de haïr dans le secret de son âme l'ennemi public. »

« Abel était-il un ennemi public ? »

« Les Romains en ont ainsi jugé. Je n'ai pas autorité pour commenter leur loi. »

« Abel était-il ennemi public selon notre Loi ? »

« Est-ce donc le procès de Saül que vous me demandez d'instruire, ou bien celui d'Abel ? Qu'il suffise de dire qu'Abel s'opposait au grand-prêtre, lequel est contraint de tenir compte d'une autorité plus grande que la sienne. Abel me semble avoir agi comme un guerrier franc-tireur. Voulez-vous me faire dire que nous sommes

en guerre ? Ce n'est pas le fait de Saül, ni ma compétence. »

Etourdis par la logique du raisonnement autant
qu'éconduits, les ennemis de Saül agitèrent des ragots
indistincts. Gamaliel aurait été, disaient-ils, enclin à
l'indulgence envers Saül parce que celui-ci avait
demandé la main d'une de ses filles. Fuligineuse invention ; s'il était certain, parce que évident, que Saül était
en quête d'un parti, et qu'il n'aurait certes pas rechigné
à la main d'une fille de Gamaliel, il eût été outré de
croire Saül assez sot pour se faire des illusions sur la
possibilité d'entrer par le mariage, lui prosélyte, dans
la famille d'un Pharisien pur-sang, autant qu'il eût été
injurieux pour Gamaliel de lui prêter des calculs ambitieux. Gamaliel n'avait rien à espérer qui l'intéressât
d'avoir Saül pour gendre. Mais Jérusalem grouillait de
séditieux et d'étourneaux qui n'avaient rien de plus
pressé que de prêter l'oreille à la première coquecigrue
croustilleuse. Le racontar courut donc longtemps, jusqu'à ce que Saül eût enfin pris femme. Ce fut le caprice
romain qui le servit.

Saül atteignit vingt-six ans quand Auguste mourut.
Tibère lui succéda. La Palestine, comme le reste de la
Méditerranée, retint son souffle. Comment donc
l'Empire changerait-il ? En Judée, en Samarie, en Galilée, dans la Décapole, en Batanée, en Gaulanitide, en
Auranitide, dans les somptueuses synagogues des villes
et les modestes synagogues de province, chez les grands
marchands, les commis, les courtiers, dans les auberges
et dans les palais des ethnarques, tétrarques et hiérarques
des différentes nuances de pourpre, on imagina des intrigues avortées et d'autres qui éclataient comme des grenades trop mûres, on imagina encore des transferts de
couronnes, des grâces et des disgrâces, de nouveaux par-
tages de territoires, des prébendes nouvelles et juteuses
et des bannissements infamants et soudains. Pour certains, le vin prit un goût enivrant et pour d'autres, celui
de la ciguë. Les insomnies, les accès de goutte et les

_____
* En l'an 14.

floraisons de pustules proliférèrent. Les devins firent fortune autant que les marchands d'opium, de rue, de chanvre, de khat et de suc d'amanite. Certains crurent trop tôt triompher, d'autres envisagèrent de s'ouvrir courageusement les veines à l'avance.

Fièvres inutiles : rien ne changea.

Le procurateur Valerius Gratus demeura à son poste. Dans l'année qui suivit l'accession au trône de Tibère, on se prit pourtant à souhaiter que ce préfet-là rentrât à Rome ; il en prenait un peu trop à son aise. C'est ainsi qu'il se permit de déposer le grand-prêtre Annas, qu'avait pourtant nommé Quirinius. Une brève, portée par un centurion, prévint le prélat de se retirer sur-le-champ, une autre nomma un prêtre, fort pieux d'ailleurs, à sa place ; il se nommait Ismaël ben Phiabi. Par respect pour Annas, Ismaël songea à se récuser ; on l'en dissuada. Il dura un an et fut à son tour déposé pour être remplacé par le propre fils d'Annas, Eléazar, lequel ne fit pas de vieux os dans cette charge décidément périlleuse, car il fut derechef démis et remplacé par Simon, fils d'un prêtre nommé Camith, mais sadduccéen comme tous les chefs du Sanhédrin[18]. Les Romains changeaient ainsi les grands-prêtres comme on change de verre pour goûter d'un autre vin. Ce Gratus ne les trouvait pas assez fermes dans leur condamnation de l'agitation religieuse ou pseudo-religieuse, allez savoir, qui sévissait en Galilée et infectait les autres provinces, rendait les routes et jusqu'aux parages de Jérusalem dangereux. Les militaires romains n'étaient plus en sécurité que s'ils circulaient en escouades[19]. Les grands-prêtres, qui étaient toujours en bisbille avec les Pharisiens, et qui les soupçonnaient, non sans raison, de soutenir les agitateurs[20], rétorquaient aux Romains que la sédition n'était ni de leur fait, ni de leur compétence ; elle était politique et puisque Rome avait pris le politique en charge, elle n'avait qu'à s'en débrouiller seule. Que le procurateur allât s'en expliquer avec Hérode, tétrarque de Galilée et de Samarie, ou bien avec Philippe, ethnarque de Batanée, de Trachonitide et d'Auranitide.

Cette façon qu'avaient les grands-prêtres de rejeter le

linge sale dans le panier des Romains agaçait évidemment un Gratus. Chacun savait que leurs charges s'accompagnaient de pouvoirs nettement plus substantiels qu'ils ne le prétendaient. Quant à la dédaigneuse distance qu'ils affichaient à l'égard du politique et des affaires temporelles, c'était de la frime. Ils entretenaient eux-mêmes des bandes de factieux et de gros bras qui se colletaient avec d'autres bandes, stipendiées, elles, par les richards de Jérusalem. Saül, d'ailleurs, s'en était constitué une, avec une demi-douzaine de fortes têtes plantées sur des gabarits musculeux, qui était aussi bien chargée de le protéger en cas de barouf avec des envieux que d'aller intimider ceux qui n'entendaient pas raison assez vite. Mais elle était modeste, comparée aux bandes de trente à quarante marauds qu'entretenaient les grands-prêtres et qui, le cas échéant, parvenaient en un tourne-main à en recruter autant. C'étaient tous des forts en gueule, très versés en invectives ordurières et prompts aux horions autant qu'aux jets de pierres[21]. Les algarades en laissaient toujours trois ou quatre sur le carreau, qu'on emmenait chez le rebouteux quand il en restait assez à raccommoder. Bien évidemment, c'était avec les bandes des Pharisiens que se colletaient celles des grands-prêtres sadducéens ; quand ceux-ci avaient maille à partir, entre eux, ils s'en expliquaient sagement dans le secret de leurs maisons. Le malheureux Ismaël ben Phiabi, qui n'était pas au courant de ces mœurs, car c'était un homme pieux, calme et timide, s'étouffa d'indignation la première fois que le chef de la bande dont il avait hérité d'Annas lui proposa d'aller en découdre avec une faction de Pharisiens énervés par une sombre histoire de peaux de sacrifice.

Donc, on n'allait pas faire accroire à Gratus que les grands-prêtres étaient des piliers de vertu quasi dématérialisés par la prière et qui n'entendaient rien à la sédition zélote. C'est ainsi qu'il porta son choix sur Simon bar Camith[22], un Sadducéen qui semblait comprendre où résidait son intérêt et que Saül, d'ailleurs, lui avait indiqué au cours d'un entretien. Ce Simon trouva, quand enfin il arriva au trône et revêtit son manteau à glands d'or et de soie, une bande passablement dégarnie ; ses rivaux lui en avaient débauché les meilleurs éléments ; pour les remplacer, il choisit de s'adresser à Saül, qui n'était ni pharisien ni sadducéen, et qui lui avait envoyé en présent d'intronisation une coupe d'onyx sertie d'or, ainsi qu'une lettre de félicitations ambiguë, dans laquelle il se félicitait aussi lui-même d'avoir si justement conseillé le procurateur. Cette dernière assertion était sans doute excessive, mais Simon n'avait pas les moyens de la vérifier et, de toute façon, il avait besoin de Saül.

Saül jugea l'heure venue. Il demanda en échange la main de la fille du grand-prêtre et l'obtint[23]. Elle s'appelait Sarah ; elle lui fut présentée voilée. Quand Simon écarta le coin du voile, Saül aperçut un visage doux et rond fendu d'yeux obliques. Il hocha la tête et leva son rhyton à la santé de Simon ; celui-ci tendit un autre rhyton à sa fille et le père, la fille et le futur gendre burent aux fiançailles. Les scribes étaient déjà convoqués ; ils entrèrent, on leur servit à boire, puis on distribua des galettes de miel, ils posèrent les encriers sur une table, tirèrent les plumes de leurs étuis et déroulèrent un parchemin vierge.

« ... Donne le fiancé Saül, fils d'Antipater et de Mariamme, la somme de vingt mille deniers... »

Suivit la liste des biens paraphernaux de Sarah.

Le festin dura la nuit. Tout le Sanhédrin, les scribes, le chef des Lévites et les lieutenants de la police du Temple partirent tôt, les marchands, juifs et étrangers, les courtiers de tout poil demeurèrent jusqu'à ce qu'il n'y eût plus de vin. Saül était encore debout à l'aube ; il alla aux bains avec les deux Hellénistes, ses assesseurs, puis transféra officiellement son domicile chez Simon. Puisque fiancé, il demeurait, en effet, chez son beau-père jusqu'au mariage, partageant le lit de sa fiancée jusqu'au jour du mariage proprement dit, où ce serait elle qui partagerait le sien chez lui.

Beau-fils du grand-prêtre, Saül n'avait sans doute pas reçu de royaume, ni de province, mais enfin, il avait assis sa position à Jérusalem. Il espérait toutefois bien plus, sans savoir exactement quoi. Les rêves des hommes sont pareils à des animaux qui habiteraient les antres du cerveau. Mais ceux-là, bien docte est celui qui sait quel motif les fait soudain bondir.

Toujours était-il que la série de succès qu'il avait remportés depuis son établissement à Jérusalem était loin de combler Saül. Elle l'agitait, même. Un jour que son secrétaire et âme damnée Pedanius faisait une allusion à sa puissance, Saül l'interrompit brutalement :

« Quelle puissance ? Le pouvoir du glaive est aux Romains, l'autre aux mains des Sadducéens. Je ne suis qu'un pion ! »

9

FANTÔMES ET MENACES

Doris mariait sa fille et le priait à Césarée. Il partit avec des présents, un pectoral d'or et d'ivoire, des parfums, de l'argent en espèces, protégé par une escorte de dix hommes armés. Il n'était pas revenu à Césarée depuis des années, lui préférant Jéricho, où il avait une maison. En arrivant dans les faubourgs, il s'arrêta pour aller marcher au bord de cette plage dont il avait un jour pensé s'enfuir pour échapper à ses persécuteurs. Il fit quelques pas, humant le parfum salé de cette mer au-delà de laquelle siégeait le centre du monde, Rome. Un enfant avait bâti une citadelle de sable au bord de l'eau et la marée qui montait faisait s'écrouler l'édifice. L'enfant, pourtant, s'obstinait à conjurer la catastrophe.

« Voilà bien la Palestine », songea Saül. « Un royaume démembré, un animal dépecé, que même le pouvoir de Rome ne parvient plus à maintenir entier. Les Pharisiens dressés contre les Sadducéens, les Zélotes à leur rescousse, les Samaritains haïs. »

Il évoqua fugitivement les visions d'harmonie que lui

avaient représentées à Tarse Stephanos et Pethrosinus. On en était loin.

Doris et son époux Marius lui réservèrent un accueil princier. Leur villa se dressait dans des jardins qui s'étendaient jusqu'à la mer, myrtes, rosiers, troènes, surveillés par des statues copiées de la Grèce, et, la nuit, éclairés par des lanternes. Ses appartements, qui donnaient sur la mer, comportaient des bains privés et, luxe suprême, ils étaient chauffés par un foyer souterrain, car les soirées étaient souvent fraîches à Césarée. Deux esclaves étaient attachés à son service.

Les lèvres de Doris n'exprimèrent que la tendresse sororale, mais ses yeux, déjà cernés par l'âge, dirent une fois de plus l'attachement scellé par d'adversité partagée. A quelques centaines de coudées de là, au palais d'Hérode, ils avaient appris la mort infâme de leur père, ils avaient tremblé pour leurs vies, ils avaient été des objets de pitié. Seules l'endurance et la fortitude les avaient menés là où ils se trouvaient.

Fut-ce pour marquer leur revanche ? Doris avait invité leurs cousins Hérode et Agrippa[24], les fils d'Aristobule, qui étaient de passage en Palestine pour y percevoir les revenus dégagés par l'héritage paternel. C'était le même Hérode, fils d'Aristobule, dont autrefois Hérode le Grand avait décidé, car il décidait de tout, qu'elle lui était destinée, tout comme il avait décidé que Saül épouserait la fille d'Aristobule, Mariamme[25]. Mais le vent avait tourné, Hérode avait été promis à la fille de Salomé, Bérénice, et Mariamme n'avait pas voulu épouser le fils du comploteur, Saül donc. L'heure était passée pour elle, elle n'avait pas trouvé parti et, vieille fille, elle macérait entre Jérusalem et Jéricho.

Puis le vent avait tourné une autre fois. Peut-être aujourd'hui Mariamme, certainement avertie de la présence de ses frères Hérode et Agrippa à la fête de mariage, regrettait-elle d'avoir repoussé le petit noiraud. Qu'importait, Saül, lui, ne regrettait rien. A l'évidence, le prestige des Hérodiens n'avait tenu qu'au vieux tyran. Maintenant, les mêmes vers qui avaient depuis longtemps achevé de nettoyer ses os s'attaquaient non seulement à ses descendants, mais encore à ce qui restait de son royaume. Il n'avait qu'à les voir, ces deux-là, principicules bichonnés par Rome comme des chiens savants, et arrogants d'ailleurs comme des carlins de patriciennes, pour savoir qu'ils n'iraient pas plus loin que leur numéro. « Peut-être est-ce ma chance que d'avoir été écarté de l'héritage », songea Saül, « peut-être serais-je devenu aussi un chien savant. Peut-être que le véritable héritier d'Hérode, c'est moi ! »

Et il ne les avait qu'aperçus de loin, dans la foule qui circulait lentement entre les terrasses en étages sur la mer et le patio, mais il avait deviné que c'étaient eux, à leurs mines. Enfin, Agrippa vint. C'était le même Agrippa avec lequel Saül jouait aux osselets et qui lui avait appris la fin prochaine de son père. Souvenirs amers ! Mais la fortune était censée effacer le ressentiment : ils se donnèrent l'accolade et la renouvelèrent avec vigueur.

« Je me réjouis ! » s'écria Agrippa. « Ton nom est connu jusqu'à Rome ! Tu as la confiance de nos gouverneurs ! »

« Nos gouverneurs ! » Et la condescendance ! Chacun savait qu'on l'entraînait à Rome à l'exercice de la royauté ! Saül encaissa l'impertinence avec un sourire immuable.

« Trop flatté que tu te souviennes de moi, Agrippa. Toi, un futur roi ! Mais sais-tu déjà quel royaume on te destine ? »

Façon de rappeler qu'il dépendait encore de la faveur de Rome, un commis, quoi, et qu'il eût été prématuré de faire le fendant. Agrippa accusa l'allusion avec un sourire dégagé.

« Mais n'est-ce pas là mon cousin Hérode, ton frère ? » enchaîna Saül. « Bienvenue à Césarée ! »

Nouvelles accolades. Du coin de l'œil, vite, Saül dévisagea l'apprenti monarque, tétrarque ou ethnarque, qu'il n'avait encore jamais vu. Typique visage de famille, pétri de ruse et masqué d'onction. Lui et Agrippa se demandaient sans doute si ce cousin nouveau riche représentait pour eux intérêt ou danger. Sans doute aussi ni l'un ni l'autre, il besognait sous la coupe directe de Rome et, de toute façon, ne pouvait postuler à aucun trône. Ils étaient, eux, infiniment mieux placés. Ce Saül n'était, somme toute, qu'un cousin de province ; ils se détendirent. Il le comprit et ricana dans sa barbe. Ils moisiraient en exil, hydropiques et goutteux, perclus d'amertume et de douleurs, ou bien pourriraient sous terre après quelques coliques d'arsenic qu'il serait, lui, toujours alerte ! Car il était d'une autre trempe et le ferait savoir à son heure. Et pas en Palestine, non, à Rome même ! Oui, à Rome ! Il veilla à ce qu'ils bussent trop et, de fait, ils titubèrent devant les Romains qui figuraient parmi les convives.

Car Doris mariait sa fille à la romaine. Elle n'avait cure, à la fin, lui confia-t-elle, des complications juives. Quoi, ils étaient de sang royal et clients de Rome, l'Empire était heureux de les accueillir alors que les Juifs les considéraient comme des étrangers. Saül fut certain qu'à Jérusalem, on lui en ferait grief, mais il ne protesta pas. Après tout, Marius était un Italiote, les Juifs n'allaient pas changer le monde entier en néophytes.

La nuit était tombée, apportant dans ses galères des jarres de vin noir, des poignards, des épigrammes et des seins de vierges. La senteur des roses le céda à celle du jasmin qui, bientôt, le céda à son tour à celle du varech. Des lumières tremblèrent sur la mer, une flamme aussi s'éleva sur la tour d'Astarté et dans les reins de Saül. Il descendit jusqu'aux vagues, domestiquées, contempla l'infini d'encre, se retourna. Les terrasses avaient été désertées, la fête s'achevait. Hérode et Agrippa sans doute cuvaient leur vin dans les ronflements, et la fille de Doris apprenait la violence du désir. Une ombre avançait sur la grève ; il laissa, par curiosité, ses pas dériver vers elle. C'était une femme, non, une jeune esclave, qu'il reconnut pour l'avoir vue dans les appartements de Doris. Une métisse d'Arabe et de Nabatéenne ; elle s'arrêta devant lui. Ce face à face ténébreux, sans regards et sans voix, dura juste assez longtemps pour que les mots devinssent superflus.

« Veux-tu ? » murmura-t-il.

Elle hocha imperceptiblement la tête. Ou peut-être
fut-ce une illusion ; mais elle le suivit.

Pedanius avait disparu. La villa flottait dans les relents
du vin et de l'encens refroidi.

Saül entra une autre fois dans la nuit, la nuit des femmes, qui est comme la mort. Il cessa d'être Saül et le
détesta. Les femmes ont trop de pouvoir sur les hommes,
songea-t-il.

De retour à Jérusalem, au lieu d'être apaisé, il se
trouva agité. La lucidité est parfois toxique. Il la dilua à
l'aide de doses plus fortes d'opium, qui prévenaient ses
crises. Mais l'opium prolongeait aussi le plaisir sexuel.
L'un et l'autre occupèrent une place plus grande dans
ses loisirs nocturnes. Pedanius crut que son maître
s'adoucissait ; il n'en était rien. Saül était pareil aux fauves qui semblent somnoler et, soudain, détendent leur
corps dans l'élan vers la proie.

Il atteignit ainsi vingt-huit ans, père de deux garçons,
Saül et Marius, et d'une fille qu'il appela Mariamme en
l'honneur de sa mère. Tibère était au pouvoir, et depuis
la cinquième année de son règne, il donnait beaucoup à
réfléchir à Saül, entre autres. Cela remontait à ce jour
où des voyageurs, à peine débarqués à Césarée en provenance de Rome, lâchèrent la nouvelle comme on lâche
des chiens enragés. En moins d'une semaine, elle avait
atteint les cinq provinces et même la Phénicie, l'Iturée,
la Syrie, semant la consternation depuis le Temple, à
Jérusalem, jusqu'aux synagogues de Capharnaüm et de
Bersabée. On ne parla que de cela, dans les boutiques
des changeurs, dans les deux marchés de Jérusalem et,
bien entendu, dans les garnisons romaines de province,
tandis qu'on jetait les dés et qu'on buvait de la bière
aigre.

« Tibère a chassé les Juifs de Rome[26] ! »

« Une rumeur mal comprise », maugréa Saül quand
Pedanius la lui rapporta, un matin qu'il s'entretenait
avec les adjudicataires de l'aqueduc inférieur. Mais
l'instant suivant, un des Hellénistes rapporta la même
nouvelle, que le secrétaire du grand-prêtre Joseph Caïphe tenait du secrétaire même du procurateur.

Les Juifs chassés de Rome ! Par ordre impérial !

D'autres informations détaillèrent le désastre ; elles étaient pires. Tibère avait fait enrôler par les consuls quatre mille Juifs pour le service militaire et les avait envoyés en Sardaigne.

Toutes affaires cessantes, Saül convoqua pour le soir même, chez lui, tous ceux qui pouvaient, soit détenir des informations fraîches, soit tirer de l'affaire une analyse utile. Il y eut donc l'un des voyageurs qui avaient apporté la nouvelle, un marchand romain du nom de Paulus Restoratus, des gens de la maison du procurateur et d'autres de celle du grand-prêtre, à commencer par Eléazar, qui avait été lui-même grand-prêtre l'année précédente.

« Telle qu'on me l'a rapportée », dit Restoratus, « la décision impériale aurait été prise après le scandale que voici. Il y avait un docteur attaché à la synagogue de Rome, je ne sais pas son nom, qui, avec l'aide de trois autres Juifs riches de Rome, ont converti la femme d'un sénateur, Fulvia. Ils l'ont persuadée d'envoyer à Jérusalem de la pourpre et de l'or destinés au Temple. Mais au lieu d'expédier les présents qu'elle leur avait confiés, ils les ont détournés à leur usage personnel. Fulvia semble en avoir été informée, mais elle aurait gardé le silence parce qu'elle était aussi la maîtresse de l'un de ces Juifs. C'est son mari, Saturninus, qui en a référé à Tibère. On a dit aussi qu'on aurait incité Fulvia à la prostitution, mais... »

« Il n'y a pas de prostitution religieuse chez nous ! » coupa Eléazar.

« Donc », reprit Saül, « Tibère aurait chassé les Juifs de Rome à cause de quatre prévaricateurs. La mesure semble bien excessive. »

« Il paraîtrait, mais je ne suis pas des intimes de la cour », reprit Restoratus, « que Tibère était déjà excédé du prosélytisme des Juifs. »

« L'affaire des prévaricateurs n'aurait donc été qu'un prétexte », dit Eléazar. « Il s'agirait d'une mesure antijuive. »

« C'est bien possible », déclara Restoratus, « car Tibère a fait aussi déporter des prosélytes. »

« Même des prosélytes ! » s'écria un docteur, qui étudiait chez Gamaliel.

« Mais je suis persuadé qu'il ne s'agit pas d'une mesure spécifiquement antijuive », intervint un fonctionnaire du gouvernorat, Gratus Antoninus. « Sûrement, Paulus, tu sais que des membres du culte isiaque ont aussi été déportés ? »

« C'est exact », répondit Restoratus. « Et c'est à cause d'un autre scandale, dans lequel une autre dame de rang élevé a été convaincue, par supercherie, de se donner à un chevalier dans le temple d'Anubis, où elle s'était laissé enfermer la nuit. Cette dame a eu l'illusion que c'était le dieu Anubis même qui s'emparait de son corps. Tibère a fait crucifier les prêtres d'Isis et une intrigante nommée Ida, qui avait manigancé cette supercherie. »

« Comment Tibère a-t-il appris l'affaire ? » demanda Saül.

« C'est le mari de cette femme, qui lui en a référé également. Cet homme connaissait sa femme et il était convaincu de sa chasteté. Elle a eu la naïveté de lui raconter l'affaire et, comme cet homme ne croyait pas aux incarnations du dieu Anubis, il en a conclu que sa femme avait été victime d'une supercherie obscène et s'en est donc plaint à Tibère. Celui-ci a fait détruire le temple d'Isis et en a fait jeter les pierres dans le Tibre », expliqua Restoratus.

« C'était un beau temple », regretta Antoninus.

« Nous ne sommes pas ici pour regretter la destruction d'un temple d'Isis », intervint encore Eléazar. « Sait-on ce qu'il en est des Juifs déportés ? »

« C'étaient des affranchis, semble-t-il, du moins le plus grand nombre d'entre eux », déclara Antoninus. « Ils ont été mobilisés pour combattre le brigandage qui sévit en Sardaigne. Mais comme ils devaient porter les armes, c'est-à-dire servir sous les aigles romaines, la plupart d'entre eux se seraient rebellés. Ils auraient alors été menacés d'être réduits en esclavage. »

« En esclavage ! » s'écria Eléazar.

« Les lois de l'Empire sont ce qu'elles sont », coupa Antoninus, « et je ne crois pas que ce soit opportun de les discuter ici. Saül Antipater m'a invité ce soir aux fins de vous fournir des informations et je ne... »

« Ne prends pas offense, je t'en prie, Gratus », interrompit Saül. « Il est bien évident qu'il est pénible pour un Juif, et à plus forte raison pour un grand-prêtre, d'apprendre que plusieurs milliers de ses coreligionnaires ont d'abord été déportés, puis menacés d'esclavage, tout cela par la faute de quatre concussionnaires. »

« Je le conçois », admit Antoninus, tolérant.

« Le châtiment ne semble-t-il pas plus grand que l'offense ? » demanda le docteur qui était l'élève de Gamaliel. « Je veux dire : n'est-il pas surprenant qu'on fasse payer à des innocents si nombreux la faute de quatre personnes ? »

« Restoratus l'a dit, vous n'avez pas fait attention », corrigea Antoninus, « Tibère et les Romains sont lassés du prosélytisme des Juifs aussi bien que de celui des autres religions étrangères. Les dieux de l'Empire sont tolérants, mais ils n'entendent pas qu'on les supplante. »

Ces mots avaient été dits avec calme, mais fermeté. Eléazar les médita quelques instants, et puis il se leva et prit congé de Saül, le priant d'excuser son absence du repas qui les attendait. Le disciple de Gamaliel suivit son exemple. Saül s'efforça de conserver une expression amène. Mais ce fut à peine s'il fit honneur aux plats pourtant fins que son chef avait préparés, les foies de volaille servis sur un lit de riz safrané, les soles farcies aux amandes, les salades de courgettes à la ciboule, les quartiers de volaille macérés dans le moût avec une sauce aux raisins secs... Trois vins furent servis, de Samos, de Chios et de Cilicie ; il y trempa juste ses lèvres.

« Les informations de Rome t'auraient-elles aussi coupé l'appétit ? » s'enquit Antoninus. « Il me semble pourtant que tu n'es guère menacé d'un sort fâcheux. »

« N'y vois pas offense, Gratus, si les nouvelles et leurs détails que tu nous a donnés me laissent songeur. J'avais cru comprendre que, depuis Jules César, Rome était bienveillante à l'égard des Juifs. Or, je constate un grand changement dans l'attitude de la métropole. Je m'interroge sur ses conséquences. »

« En ce qui touche à la Palestine », dit Antoninus, « je n'entrevois guère de changement. La Judée restera province impériale, et les Juifs n'y ont guère de raison de craindre la colère de Tibère s'ils s'abstiennent de mettre en péril sa sécurité militaire et religieuse. »

Il vida son verre ; un domestique le remplit aussitôt.

« Nous devons quand même protéger nos dieux, Saül », dit Restoratus.

« Je croyais que c'étaient les dieux qui protégeaient leurs fidèles », observa Saül.

« Dans ce cas, il faudrait conclure que le Dieu des Juifs ne les a pas protégés », dit Antoninus.

Quand ils furent partis, Saül monta sur le toit de sa maison. La vue, de là, s'étendait au-delà des remparts, vers l'ouest. Il contempla les collines de Judée enfouies dans la nuit nuageuse, puis son regard revint vers la ville asservie.

Car la sujétion était désormais certaine. Israël n'était plus traité en allié, comme du temps d'Hérode, même plus en vassal, mais presque en esclave. Encore une erreur et le désastre !

Les piliers qui soutenaient le ciel au-dessus de Jérusalem s'écrouleraient et les malédictions des prophètes s'accompliraient.

Cela était dans la cinquième année du règne de Tibère, donc*. La vigilance de Saül à l'égard des fauteurs de troubles de tous ordres redoubla. Mais c'est que les Zélotes n'étaient plus seuls à entretenir une fièvre malsaine. On commençait, par exemple, à parler outre mesure d'un anachorète nommé Jokanaan, qui pratiquait en Galilée un rite nouveau, enfin, pas si nouveau, mais auquel il prêtait un sens singulier. Il immergeait ses disciples dans le Jourdain pour proclamer, quoi au juste, Pedanius qui le lui avait rapporté n'avait pas été très clair, mais enfin, il semblait que Jokanaan proclamât la

---

* En 19.

pureté retrouvée. Des scribes s'étaient rendus sur les lieux, pour interroger ce Jokanaan ; ils avaient rapporté à leur retour que c'était un ancien Essénien de Quoumrân, qui vivait à moitié nu et annonçait la venue imminente d'un Messie.

On parlait beaucoup d'un Messie, en effet, qui réglerait les problèmes d'Israël, chasserait les Romains et restaurerait le trône de David. Même Pedanius, dont on ne pouvait vraiment dire qu'il fût démangé par l'inquiétude religieuse, ni le souci du destin d'Israël, avait une fois fait allusion à la venue d'un Messie. Saül avait levé les sourcils.

« C'est que ma femme y croit, maître. Elle me demande même d'aller écouter Jokanaan. »

Une autre fois, alors qu'il évoquait avec les adjudicataires de l'aqueduc inférieur la nécessité d'accroître l'approvisionnement d'eau de la ville, ils avaient déploré qu'on ne pût entreprendre aucuns travaux sans l'assentiment préalable du procurateur Valerius Gratus. Et ils avaient conclu, dans un soupir : enfin, tout cela jusqu'à l'arrivée du Messie.

Mais qu'était donc un Messie ?

Saül avait demandé audience à Gamaliel. Le vieux Pharisien avait écouté la question et le détail des circonstances qui poussaient Saül à s'intéresser à ce terme.

« Le terme est symbolique. Joseph Caïphe a reçu l'onction, comme tous les autres grands-prêtres, mais il n'est pas un Messie. Un Messie reçoit la double onction de roi et de prêtre, c'est-à-dire qu'il est détenteur du sceau temporel d'Aaron et du sceau spirituel de Moïse. Il est donc à la fois roi et grand-prêtre[27]. »

Puis il avait levé son regard empreint à la fois de gravité et d'ironie vers Saül.

« On me pose beaucoup la question, ces jours-ci. »

« Et que penses-tu ? »

« Je pense que l'arrivée d'un Messie déclenchera automatiquement une guerre contre les Romains. »

« Pourquoi ? »

« La conjugaison de ses deux titres implique qu'il ne

peut être démis par aucune autorité temporelle. On ne peut lui retirer un sceptre sans lui retirer l'autre. »

« Mais d'où tiendrait-il donc son autorité ? » demanda Saül, déconcerté.

« S'il est roi, c'est un descendant de la lignée de David. »

« Mais nous savons tous que, depuis Zérubabbel, les lignées sont perdues. »

« Elles le sont, en effet. »

« Mais alors ? »

« On ne peut jamais exclure un signe divin. »

Saül soupira en marmonnant : « Un signe divin ! » Puis il reprit : « Mais quel signe divin ? Que le ciel se déchire et que le doigt du Tout-Puissant apparaisse pour désigner ce Messie ? »

La bouche de Gamaliel se crispa imperceptiblement.

« L'esprit d'une créature ne peut concevoir les desseins du Créateur. »

Saül baisa la main du maître et sortit.

« Ne me parle plus de Messie », dit-il à Pedanius, qui l'attendait dans l'antichambre, « un Messie serait une catastrophe ! » Et il lui exposa les propos de Gamaliel.

Mais Pedanius avait l'air de n'en penser pas moins.

« Justement... » murmura-t-il quand ils furent revenus au service des édiles.

« Justement quoi ? » demanda Saül, levant les sourcils qui lui barraient tout le front, d'une tempe à l'autre, comme un trait charbonneux continu.

« Justement, on dit que Jokanaan serait lui-même le Messie », dit Pedanius, son nez de lapin pointant vers le sol, comme s'il était gêné de ce qu'il rapportait.

Saül haussa les épaules.

« Mais il n'est pas le seul », reprit Pedanius. « Il y en a un autre, en Samarie. Un Essénien aussi. Il se nomme Dosithée[28]. C'est un saint homme qui guérit les malades et fait des miracles. »

« Nous voilà avec deux Messies, à présent ! » ironisa Saül.

Il n'en était pas moins songeur. Deux Messies présumés, et tous deux Esséniens. Les Esséniens ne lui étaient certes pas familiers, on n'en rencontrait guère dans les cercles de l'administration romaine, ou des commerçants et des notabilités de Jérusalem, qu'ils fussent sadducéens ou pharisiens, mais ils ne lui étaient pas non plus inconnus. Environ un siècle et demi auparavant, leur philosophie s'était détachée de celle des Pharisiens, avait dit Gamaliel, mais sans approfondir les motifs de cette séparation. Gamaliel n'était guère disert. Il avait même semblé à Saül que le docteur avait témoigné une certaine réticence à s'exprimer sur l'histoire des Esséniens ; sur le moment, il n'y avait pas prêté attention, mais à y repenser, oui, Gamaliel avait baissé les yeux, comme il le faisait quand il répugnait à s'exprimer sur un fait.

Piqué dans sa curiosité, Saül redemanda audience au docteur. D'où procédait donc l'hostilité des Esséniens à l'égard des Pharisiens et du Temple, voire de Jérusalem, ou tout au moins l'objet de leur dissension ?

« Les Esséniens ont toujours été très pieux », dit Gamaliel en posant sur Saül un regard insistant. « Ils ne portaient pas d'animosité aux Pharisiens, ni au Temple, ni à Jérusalem. Puis, voici près de quatre-vingts ans, leur chef le plus respecté, celui qu'ils appellent le Maître de Justice, a été mis à mort par un grand-prêtre. De là procède leur ressentiment. »

« Quel grand-prêtre ? »

« Hyrcan II », répondit Gamaliel, le regard vrillant Saül, qui demeura sans voix.

Hyrcan II ! Son propre ancêtre ! Le fils du grand-prêtre chef de la dynastie des Hasmonéens, dont sa mère, Mariamme, avait été la dernière descendante ! Des visions sanglantes dansèrent soudain, constellées d'yeux criant l'horreur, trouées de bouches noires qui vomissaient des imprécations, Hyrcan II plus tard saisi aux épaules par le Séleucide Antigone qui lui arrachait les oreilles à coups de dents ! Les murmures des nourrices remontèrent d'un passé jusqu'alors incompréhensible, tissés de prophéties et de vengeances. C'était donc l'ancêtre de Saül qui avait versé le sang du juste ! Et le regard fixe de Gamaliel.

« Tu as voulu savoir », dit le docteur.

Saül s'écroula, possédé de spasmes et de râles, l'écume aux lèvres. Gamaliel baissa sur lui son regard et ses paupières violettes, Pedanius s'élança. On fit transporter l'épileptique chez lui. Il demeura plusieurs jours songeur, ne répondant que par monosyllabes, quand on osait l'interroger. Ses rêves étaient peuplés de justes vêtus de lin blanc qui le regardaient en silence ou qui détournaient leurs yeux avec mépris. Il errait la nuit dans sa maison comme si c'était celle d'un étranger, s'attardant, la lampe à la main, ce qui faisait jaillir des yeux de la nourrice une étincelle de terreur, au-dessus des lits de ses enfants.

La nourrice l'entendit, une nuit, peu avant le gris de l'aube, murmurer à l'adresse de Simon, son fils, qui dormait le poing sur sa poitrine nue comme pour se défendre, déjà :

« Êtes-vous aussi d'une race maudite ? »

Sarah, son épouse, s'alarma. Elle découvrait que ce gnome noueux et noué, et dont elle avait cru, avec effroi, reconnaître les traits dans une peinture de rue qui représentait la forge de Vulcain, animée de semi-démons aux jambes torses, elle découvrait donc que Saül n'était pas aussi invincible et dur qu'il en donnait l'image. Elle tenta de le réchauffer dans son sein, comme on fait des enfants anxieux. Mais de telles ruses ne pouvaient, dans leur innocence, conjurer le dessin esquissé par une main invisible sur les murs intérieurs de Saül.

Les vipères fuient leurs nids avant les séismes et des appréhensions, comparables, en effet, à des reptiles, filaient dans les replis des pensées de Saül. L'objet en était diffus, ce qui l'agrandissait. Ces histoires de Messies y participaient sans aucun doute et, plus encore, la force avec laquelle l'image des Esséniens s'était soudain imposée à Saül, et le trouble qu'elle lui avait valu. Car l'évidence était là, s'il avait pu espérer échapper aux harpies qui accompagnaient les destins des Hérodiens, et jusqu'à son propre père, égorgé comme un malandrin dans son cachot, il ne pouvait prétendre échapper à la tache qui maculait le front des Hasmonéens, d'abord rois héroïques, puis persécuteurs des justes. Et ces fantômes porteurs de présages étaient venus l'assiéger alors qu'il commençait à savourer sa puissance, à se réjouir de sa descendance et même à rêver d'une gloire future ! Et que montait de la terre de Palestine une impatience mêlée de haine qui menaçait de jeter bas tout ce qu'il avait bâti depuis qu'il était revenu d'Asie ! Car c'était encore une évidence, Gamaliel l'avait vu, un Messie annoncerait à brève échéance un conflit avec les Romains, c'est-à-dire la ruine de la Palestine. Et celle de Saül.

Les Juifs tombés dans la défaveur de Rome, des Esséniens qui semaient le trouble, un peuple fou qui attendait le Messie, l'affaire était grave.

Mais au terme d'un long désarroi, Saül se ressaisit. Il avait survécu à la fureur d'Hérode, aux nuits blanches de la faim, aux venins d'intrigues innombrables, il survivrait à des fantômes.

10

MAIS QUELLE LUMIÈRE ?
QUELLE LUMIÈRE ?

Donc, ce Dosithée et ce Jokanaan contrariaient Saül. Il convenait d'aller y voir. Étaient-ce des songe-creux, comme il en abondait ces derniers temps, des gyrovagues agités par l'exemple des prophètes comme les épouvantails le sont par le vent, ou bien étaient-ce des chefs qui représentaient des groupes de séditieux, réellement capables de menacer l'ordre ?

L'impatience vrilla Saül au terme d'une nuit courte, rongée de mauvais songes. Une heure plus tard, Pedanius fut chargé de constituer une escorte. Chevaux, gens armés, le ciel avait à peine bleui que le cortège empoussiérait la route du Quarantal, vers la Syrie, où habitait ce Dosithée, dans un bourg près de Damas. Ils passèrent la première nuit dans une auberge d'Ephrem, la

deuxième à Archélaüs, où ils arrivèrent fourbus, à la nuit
tombée, quatre gens d'armes de l'escorte ayant jugé bon
de poursuivre une bande de malandrins, comme il en
abondait sur la route des Voleurs, causant ainsi un retard
de plusieurs heures. Saül dormit mal. Réveillé par ses
propres sueurs, il sortit interroger le ciel clouté d'or et
n'y trouva que les termes de sa propre résolution : il
fallait d'abord s'informer. Les alouettes bondissaient
déjà dans l'aube que Saül se demandait encore :
« S'informer, oui, mais sur quoi vraiment ? »

Deux jours plus tard, au crépuscule, ils avaient atteint
Scythopolis, autrefois Bitsaani, ainsi renommée en raison d'anciens envahisseurs. La ville semblait se consumer au couchant. Comme Tarse, comme les autres villes
de l'Empire, elle portait les sceaux de l'ordre que
l'homme imposait au monde, et pour commencer, ceux
des trois ordres d'architecture qui se mêlaient harmo-
nieusement, l'austérité ionienne sertissant la faconde
corinthienne et le sourire dorique. Même le scintillement
du ciel semblait ne servir qu'à leur splendeur. Peut-être,
oui, le ciel de turquoise orientale n'avait-il été, de toute
mémoire, destiné qu'à servir d'écrin à la mathématique
architecturale de l'Empire.

« Et je suis citoyen romain ! » songea Saül, rassuré et
presque exalté de retrouver loin de chez lui le décor de
cette puissance dans laquelle il se drapait et qu'il affi-
chait jusque dans le bandeau de vraie pourpre de son
manteau.

Il comptait en ville un client riche, qu'il avait fait prévenir par un coursier dépêché depuis Jérusalem ; c'était
un marchand, Démétrius, un Mèse mâtiné de Polémonia-
que ou de Bithynien, on ne savait, qui avait fait fortune
dans tous les trafics imaginables, esclaves, perles, corail,
oiseaux chanteurs ou parleurs, ivoire, singes, alcools
rares, parfums, gemmes, éléphants. L'aisance de sa villa
était en conséquence. L'accueil, lui, fut largement pro-
portionné aux services que Saül lui avait rendus et à
ceux que son hôte espérait. Démétrius accourut sur le
porche de sa maison dès que les émissaires lui eurent
annoncé l'arrivée de son visiteur ; il s'empressa pour

l'aider à descendre de cheval, l'emmena avec une déférence joviale vers ses appartements tandis que les domestiques dirigeaient l'escorte vers les siens et que les valets d'écurie conduisaient les chevaux vers leurs conforts animaux. Une piscine, une eau parfumée, des masseurs devaient délasser le voyageur. Des musiciens donnèrent la sérénade sous les fenêtres du bain.

« Le sacripant joue la pièce sur ma fortune future », songea Saül amusé et mesurant une fois de plus sa puissance. On ne savait jamais. L'Hérodien pouvait un jour se récupérer un trône. Il en était plus d'un qui en faisait le calcul.

Le repas fut digne de l'accueil, filets de sole au safran, pigeons farcis au blé, agneau rôti au laurier, une profusion de salades, des pommes confites à la crème, de petites galettes d'abricot aux amandes, trois vins...

« Et que vaut donc à Démétrius et à Scythopolis l'honneur d'une visite de Saül ? » demanda enfin l'hôte.

« Le désir de m'informer », répondit Saül. « Peut-être es-tu au fait des discours d'un certain Dosithée, qui habite, me dit-on, Kochba, près de Damas. »

« L'Étoile », répondit Démétrius en hochant la tête.

« L'Étoile ? »

« C'est ainsi qu'il se nomme lui-même et par conséquent, qu'on le nomme. Il se dit l'Elu... »

« Le Messie, même », dit Saül.

« En effet », convint Démétrius, en dégustant son vin d'un air songeur. Puis, considérant le gobelet vide de verre bleu à filets d'or, il demanda : « Comment se fait-il qu'un personnage aussi puissant que Saül consacre plusieurs jours à s'informer sur un Messie ? Les affaires de Jérusalem, de la Judée et, qui sait, d'une destinée digne de son aïeul, laissent-elles donc du temps pour s'intéresser à un Messie ? »

« Il s'agit bien des affaires publiques », répondit Saül, « car l'agitation causée par les légendes qui courent sur Dosithée risque de troubler l'ordre. »

La réponse laissa l'autre songeur une fois de plus. Saül s'en aperçut.

« Qu'en dis-tu ? » demanda-t-il.

Démétrius sourit.

« On ne peut empêcher le vin de fermenter », dit-il enfin.

« Comment dois-je l'entendre ? »

« Les Juifs fermentent. Comme tous les peuples en servitude. Il n'est pas d'exemple d'un peuple digne de ce nom qui accepte indéfiniment le joug d'un autre. »

« Quel rapport cela a-t-il avec Dosithée ? » demanda Saül.

« Le vin de l'antique foi juive fermente dans l'espérance d'un libérateur, celui qu'ils appellent un Messie. Dosithée n'en est qu'une bulle. Une grosse bulle, certes. Les religions ont toujours reflété la fierté des peuples. »

« Mais Rome est cent fois plus puissante que les Juifs, ils le savent à coup sûr. Ils n'ont aucune chance de s'en libérer. »

« Je te l'ai dit : on ne peut empêcher le vin de fermenter. »

Ce fut au tour de Saül de rester pensif.

« On peut en tout cas empêcher le désordre », conclut-il.

Son hôte en convint.

Le lendemain, après avoir gagné le Jourdain, Saül et son escorte longèrent le fleuve jusqu'à Tarichée, puis ils firent halte à Hippos, sur la mer de Galilée. Le jour suivant, longeant la mer, ils parvinrent à Bethsaïde Julias, puis, au lac Merom, ils s'engagèrent enfin sur la route de Damas.

Le gouverneur de Syrie était Vitellius, dont Saül avait entendu dire qu'il était ombrageux, coléreux et vindicatif, et qu'il n'éprouvait donc pas un désir impérieux de rencontrer. Il pouvait s'en dispenser d'autant mieux que, si Vitelius demeurait bien à Damas, la ville était administrée par les Nabatéens. Lui et son escorte prirent quartiers dans un caravansérail ; le tenancier parlait heureusement grec et Saül s'avisa qu'on entendait cette langue partout dans la ville, ce qui était l'héritage des Séleucides, de même que plusieurs édifices que Saül et Pedanius ne purent examiner que malaisément ; car, à la différence des autres villes orientales de l'Empire,

Damas était fort mal éclairée. Mais enfin, ils reconnurent une statue de Zeus, une autre d'Athéna, une autre encore d'Apollon, qui semblaient veiller avec inquiétude dans le rougeoiement dégagé par les échoppes voisines. Ce ne fut que le lendemain matin que les visiteurs purent admirer le Grand Temple, orné de statues plus récentes de Jupiter, de Minerve et de Mercure. Rome était bien présente, même si l'on ne parlait guère le latin, mais le syriaque.

Saül fit engager un guide pour les mener à Kochba. Ce fut un jeune Nabatéen qui leur déclara, sans attendre de réponse :

« Vous allez voir le Mage. »

Kochba n'était qu'à une petite matinée de cheval, au sud-ouest de Damas. Le guide les mena vers ce qui semblait n'être qu'une ferme comme les autres. Les occupants avaient vu le cortège arriver dans les amandiers ; on comptait deux douzaines de jeunes gens, dont quelques femmes, qui les accueillirent à la porte du mur ceignant la ferme. Des regards curieux, mais sans malveillance, les scrutèrent. C'était bien là une société étrange et étrangère, songea Saül, perché sur son cheval comme un moineau sur un buffle et conscient pour la première fois de sa vie, d'instinct, que son prestige, son pouvoir ni ses mines ne valaient pas une piécette de bronze. Il descendit de sa monture, maladroitement aidé par Pedanius et le regard inexplicablement captivé par les fleurs mauves du thym qui poussait dans l'herbe, entre les buissons de pommiers de Sodome. Il leva enfin les yeux.

« Je suis venu voir Dosithée », dit-il, sans trop savoir à qui exactement il s'adressait dans un groupe qui se trouva en face de lui. Ce fut un homme d'une trentaine d'années, barbe de cuivre sur robe de laine blanche, qui enregistra le message, donna des instructions à un homme plus jeune qui s'en fut vers la maison où, à l'évidence, demeurait Dosithée.

« Mon nom est Eupolème », dit cet homme. « Quel est le visiteur de l'Étoile ? »

« Saül, fils d'Antipater, de Jérusalem », répondit Saül,

tandis qu'Eupolème jetait un regard vers la pourpre qui bordait le manteau du Palestinien.

« Je dois avoir entièrement fait fausse route », se dit Saül, soudain dépité. « Ce n'est certes pas de cette ferme perdue, habitée par quelques poignées d'oisifs, que part la sédition juive. » Et il lança à Pedanius un regard furibard. Mais aussitôt lui revint en mémoire la conversation avec Démétrius. Eh si ! Il semblait bien que ce fût de là, et l'évidence le mit d'encore plus mauvaise humeur. On avait là affaire à un phénomène nouveau. Quelques bavards perdus dans le désert suffisaient donc à ronger les piliers d'un empire ! On le pressa de pénétrer dans la maison. Un coup d'œil circulaire lui révéla d'autres bâtiments à l'arrière, une palmeraie, des travailleurs dans les champs. Une colonie, donc.

Ce fut le regard encore plus que la révérence des autres qui informèrent Saül : l'homme qui l'attendait, debout, dans une vaste pièce à l'arrière de la maison, devant la fenêtre ouverte sur le paysage d'argent terni, ne pouvait être que Dosithée. Un regard qui paraissait être un rayon venu d'ailleurs et traversant les orbites, qui prit la dimension de Saül, sonda ses intentions et le rendit soudain conscient de son insignifiance, voire de son importunité dans cet univers ascétique. Mais les manières de l'homme furent amènes.

« Bienvenue, visiteur », dit-il, la paume droite ouverte vers Saül. « As-tu soif ? »

Saül hocha la tête. Un jeune homme apporta une petite jarre, des gobelets d'argile, Dosithée indiqua un siège rustique au visiteur et à son suivant, Pedanius, puis il s'assit, le regard calme posé sur Saül à qui l'on tendit un gobelet plein. Saül trempa les lèvres dans le breuvage ; une bière douce et fraîche, une bière de dattes.

« Tu es puissant, Saül, et de haut lignage. Que peut donc faire Dosithée pour t'être agréable ? »

« M'informer », répondit Saül. « Il est en Palestine des gens qui se réclament de toi, qui disent que tu es le Messie. Est-ce vrai ? »

« Ceux que j'instruis sont ici autour de moi », répondit lentement Dosithée. « Mais comment pourrais-je

refuser à quiconque le droit de redire ce que je dis ? »
Et il laissa ces mots résonner, puis se déposer dans
l'esprit de son interlocuteur. « Quant à être le Messie,
c'est-à-dire le roi et le grand-prêtre des Juifs, comment
pourrais-je le prétendre alors que je vis en Syrie ? Nul
ne m'y a exilé, j'y suis de mon gré. »

L'homme ne désavouait aucun suiveur ; il se présentait donc comme irrésistible. Et l'assurance qui émanait
de sa voix et de ses gestes confirmait qu'en effet il se
considérait comme un élu.

« Pourquoi t'appelle-t-on l'Étoile ? » demanda encore
Saül, mal à l'aise.

« Comment appellerait-on l'homme qui éclaire ? »
rétorqua Dosithée.

Saül perçut soudain des traces de l'accent d'Asie dans
le grec de son interlocuteur.

« Ta lumière ne viendrait-elle pas d'Asie ? »
demanda-t-il à la limite de l'impertinence. Et il nota un
imperceptible déclic dans l'expression de son interlocuteur. Un disciple se balança d'un pied sur l'autre.

« Saül, mon frère », dit Dosithée, « ma maison t'est
ouverte et mes amis sont les tiens. Comme tu es un
homme sage, tes mots pèsent double et tu poursuis un
but en m'interrogeant. M'autorises-tu à te le demander ?
Ainsi pourrais-je peut-être t'être plus utile. »

L'homme est à la fois habile et fin, songea Saül.

« Fort bien. Je suis l'un des responsables de l'ordre à
Jérusalem, et donc en Judée », répondit-il. « Ceux qui se
réclament de toi entretiennent une fièvre dangereuse. Si
tu es le Messie, tu es donc le roi d'Israël. Il te faudra
alors affranchir ce pays du joug de Rome. Et donc verser
le sang. »

Les regards dardaient sur les deux hommes comme le
soleil de midi. Saül les sentait sur sa nuque. Une fois de
plus, Dosithée prit son temps pour répondre.

« Le sang a déjà été versé », dit-il, « et il n'est ni de
mon pouvoir, ni du tien d'empêcher qu'il le soit encore.
Que ma lumière vienne d'Asie ou d'Arabie n'y peut rien
changer. N'est-ce pas d'Asie que vient aussi ton grec ?
Les mots n'ont pas de patrie s'ils sont justes, ni de valeur

s'ils ne sont l'écho de la parole divine. La lumière n'a qu'un centre, qui est le Créateur. Je reconnais ta bienveillance à ce que tu t'inquiètes de voir verser le sang de tes frères. Mais ne sommes-nous pas frères aussi, toi et moi ? Et que serait donc notre fraternité sans l'honneur ? Je te le demande, Saül, ne serais-tu pas prêt à verser ton sang, c'est-à-dire à verser également celui d'autrui, pour défendre ton honneur ? Et je te le demande aussi, qu'est donc notre honneur s'il n'est éclairé par la lumière divine ? S'il advenait que cette lumière fût masquée par des hommes injustes, ne verserais-tu pas le sang pour la restaurer dans sa plénitude ? »

Remarquable rhétorique, songea Saül. Un coup d'œil sur Pedanius l'informa qu'elle captivait aussi le secrétaire.

« T'ai-je éclairé ? » demanda Dosithée.

Saül hocha la tête.

« Mais je ne suis qu'une étoile », ajouta Dosithée avec un imperceptible sourire.

« La lumière divine est-elle voilée ? » demanda Saül.

« Ne vois-tu pas l'ombre des aigles sur le sol ? » répliqua Dosithée. « Ne couvre-t-elle pas la Judée ? Ne s'étend-elle pas jusqu'en Samarie, en Galilée, en Pérée, en Trachonitide ? La Décapole n'est-elle pas obscurcie ? »

Saül avala une gorgée de bière. Quel vertige ! Cet homme avait-il tort ou raison ?

« Ne vois-tu pas les signes ? » reprit Dosithée. « La Judée qui fut le royaume préféré du Seigneur est une colonie romaine, les Juifs sont chassés de Rome, les procurateurs païens font et défont les grands-prêtres. L'esclavage est fardé comme une putain et ceux qui s'en accommodent sanctionnent la puterie ! Ne vois-tu donc pas le ciel noir, le déshonneur et la trahison ? »

Saül se raidit, puis se contint. Mais il avait le dos moite ; il convenait d'abréger l'entretien.

« En pratique », dit-il calmement, « ceux qui se réclament de toi appellent donc à la sédition ? »

« La sédition divine ne mérite-t-elle pas un autre nom ? » dit Dosithée.

« Il faudrait que les Romains le comprissent », dit Saül en se levant.

Dosithée aussi se leva ; il accompagna même Saül à la porte. Là, il dit de façon à n'être entendu que de son interlocuteur : « N'es-tu pas prince, Saül ? Un royaume ne t'était-il pas destiné ? Mais qu'était-ce donc, comparé au royaume de Dieu ? »

Saül tressaillit ; l'homme voyait loin.

Avant de remonter à cheval, il prit une boulette d'opium, puis but à sa gourde une longue goulée d'eau. Durant tout le trajet vers Damas, il ne dit mot. Il s'efforçait d'admettre qu'il y eût un autre monde que le sien, un monde où le pouvoir romain et celui de l'argent étaient rejetés. Instinctivement, il leva les yeux. La lumière divine était-elle donc obscurcie ? Mais quelle lumière ? Quelle lumière ? Pourquoi ne la connaissait-il pas, lui ?

11

CAÏPHE, PILATE, L'ORAGE

Tibère régnait depuis treize ans. Ponce Pilate était procurateur de Judée depuis un an.

Saül se frictionna les mains à l'alcool d'asphodèle et alla à la fenêtre, ouverte sur le panorama de Jérusalem. Il considéra les toits, sur lesquels le linge mis à sécher évoquait des agonies de papillons captifs, mais ne vit que le reflet de sa maussaderie dans le ciel qui se couvrait. Il pleuvrait bientôt. Pedanius et l'adjoint de celui-ci, un garçon dégourdi nommé Nicanor, se tenaient aux ordres, à distance.

Ce n'était pas la menace de pluie qui rendait Saül maussade, mais les reproches voilés de Pilate et de Caïphe à la fois qu'il avait dû subir dans l'après-midi.

« Les discours séditieux pullulent comme les mouches

en été », avait gémi le grand-prêtre. « On les entend à la
Porte de la Flamme et à la Porte de l'Offrande du Temple, sur le Parvis des Gentils et le Parvis des Femmes !
Saül ! Au marché de la ville basse, passe encore, ces
gens sont toujours mécontents, mais à celui de la ville
haute ! Mes informateurs me rapportent qu'on parle
ouvertement de Jérusalem comme de la ville des putains
et du Temple, l'Innommé me pardonne, comme d'un lieu
d'iniquité ! » La voix de Caïphe se brisa.

« Je sais », admit Saül. « Mais il faut dire qu'il y a
effectivement des traînées sur le Parvis des Femmes et
des garçons maquillés sur le Parvis des Gentils. Mes
informateurs en ont vu. Les uns et les autres échappent
au contrôle des Lévites, parce qu'ils franchissent les portes avec le manteau sur la tête. De plus, certains des
garçons sont des fils de... notables. »

« Mais les discours ! » reprit Caïphe, se prenant le
front dans les mains. « Les discours ! » Il soupira, et son
confident, Gedaliah, lui fit écho. Avec sa carrure
d'athlète et sa barbe noire et carrée, Gedaliah ne donnait
pourtant pas l'impression d'un homme sujet aux états
d'âme. A l'évidence, Caïphe lui avait dit en substance :
« Ce Saül s'endort à la tâche. Il faut le secouer[29]. » Ils
avaient donc organisé cette scène de remontrances, un
peu outrée en vérité. « Ces gens », reprit Caïphe, « je ne
sais pas qui ils sont, des Zélotes, me dit-on... »

« Des Zélotes, en effet », confirma Gedaliah.

« Des Zélotes, donc, mais encore des disciples de pré-
tendus prophètes. Dosithée, Jokanaan, puis maintenant,
un certain Jésus. »

« Je sais », répondit Saül. « Dosithée, j'ai été moi-
même le voir il y a deux ans, vous le savez. Il pense que
l'occupation romaine engendre la corruption. Il se croit
aussi délégué par Dieu pour y remédier et se fait appeler
l'Etoile. Je ne suis pas sûr qu'il soit entièrement juif,
mais en tout cas, il a suivi l'enseignement des Esséniens
à Quoumrân. J'ai envoyé Pedanius voir Jokanaan, mêlé
à une délégation de docteurs. Lui aussi est un ancien
Essénien. Il annonce à ceux qui veulent l'entendre l'arrivée imminente d'un Messie qui relèvera Israël de l'indi-

gnité. Et il impose à ses disciples un rite purificatoire, qui est l'immersion dans l'eau du Jourdain, car il prêche sur les rives de ce fleuve, pour laver les âmes et les corps dans l'expectative de ce Messie. Le dernier venu, Jésus, est le cousin de Jokanaan et, comme lui encore, un Essénien en rupture de ban. On n'a pas encore pu m'informer exactement sur la teneur de ses discours. Il se livre, lui aussi, à des imprécations contre les prêtres, et les Pharisiens en particulier. Il déplore la déréliction dans laquelle est tombée la Loi de Moïse. » Saül fit trois pas dans un sens et autant dans l'autre. « On assure qu'il guérit les malades, voire qu'il accomplit des miracles. Certains racontent qu'il est un prophète, Jokanaan aurait déclaré qu'il est le Messie », conclut-il avec lassitude. Il se planta devant Caïphe, les jambes, qu'il avait torses, légèrement écartées. « Que veux-tu que je fasse, Caïphe ? Que je les tue ? » Le grand-prêtre accusa un imperceptible recul. « Les tuer serait apparemment le moyen le plus efficace d'en finir avec la sédition. » Caïphe ouvrit un peu plus les yeux, peut-être effrayé par ce discours. « Vous m'avez implicitement chargé de l'ordre, l'ordre moral s'entend, car les Romains veillent à l'autre et la police du Temple, au respect de la Loi. Il faudrait donc tuer Dosithée, Jokanaan et Jésus. Mais c'est d'abord délicat. Dosithée est en Syrie et il est vraisemblable que le gouverneur de Syrie prendrait ombrage d'une expédition punitive de Judéens dans sa province. Jokanaan et Jésus sont en Galilée ; ils ressortissent donc à l'autorité d'Hérode Antipas, qui pourrait se plaindre auprès des Romains que des agents du Temple aient bafoué son autorité. Il faudrait également tuer un certain nombre de disciples... »

« Saül ! » interrompit le grand-prêtre.

« Patience ! » répliqua Saül, avec une telle autorité que Caïphe en fut saisi. Un silence venimeux régna quelques instants dans la vaste pièce où le chef du Sanhédrin et des vingt-quatre sections sacerdotales, le représentant du peuple juif devant les Romains, avait convoqué Saül. Nul n'ignorait que Saül avait ses entrées chez Pilate comme il les avait eues chez les précédents procurateurs.

Un mot de lui pouvait inciter le Romain à démettre le pontife. « Tu m'as convoqué pour me faire remontrance sur l'agitation spirituelle qui règne à Jérusalem et en Judée, comme dans l'ensemble du pays d'ailleurs. C'est donc que tu songes à une solution qui m'aurait échappé. »

« Tout de même, le meurtre... » protesta Caïphe.

« Pas *un* meurtre, Caïphe. J'ai calculé qu'il en faudrait près de cinq cents ! » Il alla à la fenêtre et déchiffra à travers les vitres glauques l'architecture de l'aile où résidait Pilate, déformée par les défauts du verre, de l'autre côté de la cour du palais Hasmonéen. Et se tournant vers Caïphe et Gedaliah, il dit, d'un ton coupant : « Cela, les Romains ne le permettraient pas. » Il revint vers le grand-prêtre, et ajouta : « Et de surcroît, ce serait stupide. »

Caïphe lui adressa un regard étonné.

« Les écrits de Dosithée circulent jusqu'à Alexandrie. Il y a bien cinq mille personnes qui ont écouté Jokanaan et dix mille qui écoutent Jésus. Mettons, en prenant nos désirs pour des réalités, qu'il n'y ait dans tout ce monde que cinq cents meneurs et qu'en leur tranchant le cou après avoir tranché celui de Dosithée, de Jokanaan et de Jésus, on tranche aussi les discours à la source ; qu'obtenons-nous après un pareil bain de sang ? Un soulèvement tel que toi, Caïphe, et toi Gedaliah, et les autres, le sagan, le surveillant du Temple, le trésorier, les Lévites et moi-même, et même lui, là-bas », dit-il en tendant le bras vers la résidence de Pilate, « nous craindrons pour nos propres cous ! »

Caïphe s'était tassé sur son siège. Gedaliah avait pris une couleur plus pâle.

« Sommes-nous donc impuissants ? » murmura Caïphe. « Et jusqu'où ira cette agitation ? »

« C'est là le point », dit Saül. « Tôt ou tard, l'un des séditieux commettra une erreur. Il enfreindra la loi, la nôtre ou celle des Romains. Il sera alors aisé de l'arrêter et de le condamner. Cela fera exemple. Et c'est ce qu'il faut dire à Mennée, le chef de votre police. »

« Nous allons donc vivre en état de guerre larvée »,

murmura Caïphe. « C'est insupportable. Et que va dire Pilate ? Il se plaint déjà assez bruyamment que l'agitation soit entretenue pour des motifs religieux et que nous n'y fassions rien. »

« Je me charge de Pilate », dit Saül, d'un ton excédé. « Que feriez-vous si vous n'aviez pas Saül ? » lança-t-il en prenant congé du grand-prêtre.

La mauvaise humeur avait été vraie, la comédie, non moins. Affronter Pilate était presque un plaisir comparable à celui d'un montreur d'ours qui fait danser sa bête autour d'un bâton. Le procurateur n'avait pas retrouvé sa contenance depuis la formidable bévue des médaillons impériaux[30]. Introduire des effigies de Tibère dans Jérusalem et les fixer aux hampes des enseignes, en vérité ! Ce soudard prenait les Juifs pour des Auques ou des Ubiens ! Suivi de Pedanius, Saül franchit le seuil de la résidence du gouverneur après avoir esquissé un bref salut à la garde, qui le connaissait déjà, et se fit annoncer au procurateur ; l'instant suivant, il était reçu.

La silhouette de Pilate se détachait en contre-jour sur la fenêtre. Massif, la tête légèrement enfoncée dans les épaules, son pelage grisonnait sur les bras nus, sous les manches courtes de la tunique qui dépassaient de la cuirasse. Ce qui restait de cheveux autour de la tonsure des chauves, coupés court, était argenté depuis sans doute longtemps. L'homme n'était pourtant pas si vieux ; il avait tout juste atteint la quarantaine, mais les plis de son visage, barrant le front et les joues, tirant les commissures des lèvres vers le bas, disaient une vie d'épreuves, pas seulement les militaires, dont on se remet en quelques nuits de sommeil et deux ou trois journées aux bains, non, les politiques, celles qui peuvent, sur le fil d'un mot, changer des loyautés en trahisons et faire que, pour avoir cru effectuer le bon choix, on a opté pour la disgrâce ou le poison. Un homme de confiance et d'autorité, donc, qui jouissait de l'estime de Tibère.

Mais un gouverneur sans finesse, à la main lourde. L'affaire des médaillons l'avait prouvé. De plus, il avait de Rome apporté dans ses bagages l'hostilité de Tibère aux Juifs. Il les prenait pour des grincheux arrogants et ne comprenait pas, mais alors pas du tout, que seuls dans la vaste mosaïque des peuples sur lesquels s'étendait l'ombre des aigles romaines, des Bretons et des Lusitaniens aux Rètes et aux Egyptiens, les Juifs crussent opportun de se singulariser en refusant, par exemple, des effigies de l'empereur.

Dans les premières semaines qui suivirent son arrivée, il y avait sept mois, au début de l'hiver, Saül, désigné d'emblée par le précédent procurateur comme notabilité, citoyen romain, ami de l'Empire, prince hérodien, expert en affaires juives et le reste, avait tenté d'inciter Pilate à la prudence diplomatique. L'autre avait sans doute cru que Saül tentait de se faire valoir et l'avait éconduit avec quelques hochements de tête et paroles polies. Tous ces peuples vassaux avaient l'épiderme sensible, on le savait, et Pilate, représentant de l'empereur et de l'Empire, était en Judée pour faire appliquer la loi romaine et voilà tout. A l'affaire des médaillons, Saül était accouru à la procure pour crier casse-cou. Pilate l'avait pris de haut.

« Écoute, Saül, peu me chaut que la religion de la population de la province impériale de Judée interdise les effigies humaines. Rejeter sous ce prétexte l'effigie de l'empereur est un outrage à Tibère que je ne puis tolérer. »

« Tête de mule ! » avait songé Saül.

Mais quand Pilate s'était trouvé avec cinq cents Juifs couchés par terre tout autour de la procure et tendant leurs nuques et leurs dos aux glaives, face contre terre, et cela pendant cinq jours de suite, il avait commencé à se dire que les Juifs, en effet, n'étaient pas des sujets comme les autres. Et quand il les avait fait encercler dans le grand stade par trois rangs d'hommes de troupe, qu'il les avait menacés, avec cette vulgarité de soudard, de les faire tous massacrer s'ils continuaient de refuser les effigies de Tibère, qu'il avait ordonné aux soldats de dégainer et qu'il avait vu les Juifs se jeter la poitrine nue vers les glaives, il avait cané. Il avait fait retirer les médaillons sur-le-champ. Et Saül n'avait pas hésité à lui dire :

« Si j'avais été écouté, on eût évité une humiliation au représentant de César. »

Pilate n'avait pas apprécié l'observation, cela s'était vu à son regard. C'était pour s'en venger qu'il avait mandé Saül.

Le procurateur venait de se faire raser, le barbier remportait son bol, son rasoir et ses serviettes, et Pilate se massait le visage avec un pain d'alun. Il lança à Saül un regard qui contrasta avec l'aménité froide des paroles de bienvenue. Il y avait là aussi, outre la secrétaire du Romain, un jeune homme dont le regard devenait faux dès qu'il cessait d'être insolent, trois ou quatre autres Romains, dont deux centurions et le chef des espions de la procure.

« Deux soldats ont été assassinés il y a deux jours sur la route de Jéricho », dit Pilate.

Saül écouta la nouvelle, qu'il connaissait déjà, d'ailleurs, l'œil mi-clos, comme si on l'informait de la mercuriale des veaux au marché.

« Je ne suis pas chargé de la police des routes, Pilate. »

« J'entends. Mais ces hommes ont été assassinés sans nul doute par ceux que vous appelez des Zélotes, des agités religieux qui infestent les villes, et notamment Jérusalem, et qui excitent des têtes brûlées à commettre des crimes sur des routes, la nuit. J'ai cru comprendre, Saül, que ta responsabilité est l'ordre moral de cette ville. De cet ordre moral dépend aussi la sécurité des soldats romains sur les routes. »

Tous les Romains le regardèrent. Il avait été mandé pour réprimande.

« Il y a dans cette affaire le contingent et l'essentiel, Pilate. Le contingent, c'est l'identité des assassins. Il est certain que les Zélotes commettent des crimes. Mais il est tout aussi certain qu'ils ne sont pas les seuls à en commettre. Des Juifs aussi se font assassiner la nuit sur les routes par des voleurs de grand chemin. Et les Juifs pourraient être fondés à se plaindre de l'insécurité qui règne de nuit sur les routes d'une province impériale romaine. »

Les centurions firent la moue. Pilate aussi. De tels propos leur rappelaient qu'il était risqué de s'en prendre à Saül.

« Puis il y a l'essentiel », reprit Saül, d'un ton calme, presque ennuyé, comme s'il rappelait des évidences à des jeunes gens inintelligents. « J'estime à cinq mille le nombre des mécontents religieux. On peut certainement les faire tuer. C'est ton affaire, Pilate. Je pourrais t'en indiquer plusieurs. Je ne dispose pas, toutefois, d'assez d'hommes pour mener à bien un tel massacre », conclut-il avec un détachement feint.

« Cinq mille ! » répéta un centurion, incrédule.

« C'est un chiffre modeste », dit Saül. « Si Pilate veut me faire l'honneur d'entendre mon avis, il faudrait, pour se débarrasser de la sédition, un bain de sang. Pilate seul peut apprécier le sentiment de l'empereur à l'égard d'un tel massacre. En ce qui me concerne, je peux simplement prévenir que, dans une telle aventure, c'est bien plus de deux soldats romains qui seront tués. Pas beaucoup moins, il me semble, que le nombre des victimes juives. »

« Mais il n'est pas question... » dit précipitamment un centurion.

« Je n'ai jamais parlé d'un tel massacre », coupa le procurateur.

Il parut faire une intense effort de réflexion, puis articula péniblement : « Et que proposes-tu, alors, Saül ? »

« Un feu couve, il est certain », dit Saül d'une voix basse. « Les démonstrations de force seraient interprétées comme un défi et, à mon avis, ne feront que l'attiser. Le ressentiment contre les Romains est largement répandu dans la population générale. Toute la population n'est pas constituée de Zélotes, mais la brutalité romaine ne ferait que rallier aux Zélotes des gens qui seraient autrement restés modérés. Je conseille de surveiller le feu qui couve et de n'intervenir que de façon ponctuelle, en saisissant çà et là quelques meneurs et en les jugeant de la manière la plus légale et la plus froide. »

Les Romains méditèrent ce qu'ils venaient d'entendre.

« Cela risque de prendre beaucoup de temps, de cette manière-là », dit enfin Pilate.

« C'est préférable au bain de sang », rétorqua Saül en regardant son interlocuteur avec insistance. Puis, croisant les bras : « Ton pouvoir, Pilate, dépend de l'ordre que tu sauras maintenir. »

« Je connais mes devoirs ! » s'écria Pilate. Mais il ne vit pas l'éclair d'ironie qui scintilla dans l'œil de son interlocuteur. Sans doute le souvenir des conseils de Saül dans l'affaire des médaillons prévint-il une riposte plus cinglante, qui eût sanctionné l'impertinence de l'Hérodien. « Mais ces Zélotes », reprit-il après s'être maîtrisé, « qui sont-ils ? Que veulent-ils ? Quel est leur chef ? »

« Ce sont essentiellement des Galiléens », répondit Saül. « Ils n'ont pas plus de chefs que le vent. Tuez-en un, il en ressort deux. Ils se nourrissent de l'inquiétude naturelle des Juifs et, en particulier, des exhortations, prophéties et autres lamentations que distillent les Esséniens. »

« Avec la complicité du grand-prêtre Caïphe, sans nul doute ! » s'écria Pilate.

« Je ne le crois pas », répondit calmement Saül. « Ils ne portent grande estime à Caïphe, non plus qu'à aucun autre membre du clergé de Jérusalem, lesquels le leur rendent bien. »

« Et qui sont ces Esséniens ? » demanda Pilate, oubliant que Saül le lui avait déjà expliqué, à l'un de leurs premiers entretiens.

« En gros, des Juifs désespérés, qui attendent la fin du monde », dit Saül, un peu las. De tous les consuls qu'il avait vus défiler, ce Pilate était certainement le plus borné. Mais il était vrai qu'on l'avait tiré au sort.

L'entretien avait pris fin en queue de poisson. Un acteur, recommandé par un ami romain de Pilate, avait été reçu pendant l'audience. Venu avec sa troupe, il se proposait, disait-il, de jouer à Césarée *Le soldat fanfaron* et requérait l'honneur de la présence de Pilate. Un

---

* Comédie satirique de Plaute.

Sélénite n'eût pas davantage surpris Saül, qui n'avait jamais rencontré d'acteur. Cette jactance ! Ce faux enjouement !

De retour chez lui, Saül ressentit un mal de tête. Il se frictionna donc à l'alcool d'asphodèle, s'exposant à la brise de la fenêtre pour éprouver plus de fraîcheur.

Il se jugea seul. Citoyen romain, mais pas romain. L'un des responsables de la sécurité à Jérusalem, mais pas juif non plus, pas de cœur en tout cas. Contraint de n'avoir qu'une patrie et une religion, lui-même. Et l'ambition tronquée ! Eminence grise à Jérusalem ! Qui donc avait dit qu'il préférait être premier dans un hameau que second à Rome ? Cet insincère cabot de Jules César ! Qu'on lui laissât donc à lui, Saül, le champ libre à Rome et il n'y resterait pas longtemps second ! Enfin, accourus de la vallée d'Ayyalon, d'Emmaüs, de Nephtoah, les nuages éclatèrent dans trois lueurs d'éclair et la pluie commença à crépiter. Saül ferma la fenêtre tandis que Pedanius s'empressait de la verrouiller, puis saisit encore la fiole d'alcool et s'en versa une giclée sur le front et la poitrine, se massa, demanda une boulette d'argile à l'opium, puis un lait d'amandes étendu d'eau.

Le vent et la pluie secouèrent la fenêtre, demandant l'accès. Saül alla s'allonger sur son lit de repos, avala la boulette et se prépara à la torpeur.

Il rêva que c'étaient des êtres humains qui demandaient l'accès à la fenêtre. Les justes dont il avait déjà rêvé après la visite à Dosithée. Beaucoup d'autres aussi dont il s'efforçait de distinguer les visages, mais en vain. Peut-être était-il devenu aveugle... Puis il vit Rome, étincelante de blancheur. Et encore les justes, qui s'agitaient, mais dans une obscurité croissante qui ressemblait à de la fumée...

Quand il s'éveilla, il était près de minuit. Il était en sueur. Pedanius et sa femme étaient penchés sur lui. Des serviettes trempées de vinaigre lui rafraîchissaient le front et les mains.

« Tu délirais », lui dit Sarah.

« Que disais-je ? »

« Ne les laissez pas entrer. »

12

CONVERSATION
ENTRE UN GREC ET UN ROMAIN
À CÉSARÉE

L'orage avait déjà lavé Césarée, rincé les pierres et les
statues, le jasmin et le chèvrefeuille qui s'enguirlandaient aux balustrades des villas, purifié même le sable
et les galets de la plage. Une brise fraîche faisait mous-
ser la mer comme du vin nouveau et le couchant fardait
le ciel d'un rose excessif, comme si ç'avait été une joue
de courtisane. Aulus Claudius Secundus, intendant de la
résidence de Pilate, et Theophoros Charismatos, marchand grec de passage, s'aventurèrent hors de la villa
d'un pas prudent, afin d'éviter les flaques. Le Grec avait
d'Extrême-Orient rapporté au Romain un cadeau de
prix : un coffret d'ivoire et d'argent garni de sachets de
girofle, de cannelle, de gingembre, de poivre, plus diverses racines dont les alcoolats, décoctions, infusions et
autres distillats constituaient des remèdes contre la
sénescence, la mélancolie, l'inappétence sexuelle, la
goutte, que sais-je ! Claudius répugnant à traiter le visiteur dans la maison de son maître l'invita à la taverne
d'Aristée. Il y fit tirer le meilleur vin, du chios au bou-
quet de roses, puis il chargea Aristée de composer le
meilleur souper possible. Ils eurent donc des maquereaux macérés aux aromates, des fritures de courgettes
au lait aigre, des dorades farcies aux noix, de la volaille
parfois à la crème d'aubergine, plus une profusion de
salades, concombres au vinaigre frais, laitues fraîches,
tubercules à l'huile. Secrètement, Aristée, qui avait
reconnu un Gentil en l'invité de Claudius, vint demander
si du saucisson d'Italie leur ferait plaisir.

« Ah, du saucisson ! Enfin ! » s'écria Theophoros.

« N'en parlez pas », supplia l'aubergiste, « vous me
vaudriez des ennuis. Le porc, vous savez... »

Oui, ils savaient. Le saucisson entier y passa, avec un
pain rond tout blanc, tout chaud, tout craquant.

« Quelle idée que de se priver d'un mets aussi exquis ! » dit Theophoros.

« Et le lièvre ! Ils ne mangent pas de lièvre ! Ni d'anguille ! » renchérit Claudius.

« La religion ! » maugréa Theophoros, en détachant délicatement la peau de sa tranche de saucisson.

« Tu n'es pas religieux ? » demanda le Romain.

« Connais-tu un voyageur qui ne le serait pas ? » dit le Grec. « Ah, c'est miracle que je ne me sois pas ruiné en promesses d'offrandes pendant certaines tempêtes ! Que de dieux n'ai-je pas invoqués ! Cela étant, je crois que les dieux que j'implore avant de partir au *naos* d'Agatha Tychê mangent du porc, de l'anguille et du lièvre ! »

Claudius s'esclaffa.

« Les dieux exigent donc des sacrifices », reprit-il, sérieux, en allongeant un filet de maquereau sur une tranche de pain. « Admets alors que j'exige d'eux qu'il se privent de porc, de lièvre et d'anguille. »

« Mon ami Claudius se moquerait-il de moi ? » rétorqua le Grec en haussant le sourcil. « Ou bien encore croirait-il que les dieux sont assez sots pour ignorer les souffrances ordinaires des humains et pour y rajouter des privations ineptes ? Je dis bien ineptes, car quel peut bien être le mal qu'il y aurait à manger du porc, du lièvre ou de l'anguille ? Toi et moi nous portons-nous plus mal pour en avoir consommé ? Non, ce dieu-là est de mauvaise compagnie et César a bien fait de mettre un terme au prosélytisme des Juifs à Rome ! »

Claudius sourit, se versa du vin, s'en rinça la bouche pour changer de goût et se servit de friture de courgettes. Il ne lui déplaisait pas d'exciter la verve de Theophoros, qui s'enflammait aisément et dont le gros bon sens n'excluait pas la finesse.

« Eh ! Les dieux sont parfois capricieux et injustes », dit-il. « L'Odyssée le montre bien. »

« Comment ? » s'écria Theophoros, feignant de suffoquer d'indignation. « Nos dieux à nous nous ressem-

* Partie intérieure du temple où était placée la statue du dieu.

blent, ils ont leurs sympathies et leurs antipathies et c'est pourquoi ils sont nos amis. D'ailleurs », dit-il en clignant de l'œil, « vous nous les avez empruntés, n'est-ce pas, notre Zeus est votre Jupiter, notre Héraklès, votre Hercule, notre Dionysos, votre Bacchus. Vous n'avez même pas pu inventer de nouveaux noms à Apollon et Mercure, hein, parce que, tels qu'ils étaient nés dans nos cieux, ils étaient admirables jusqu'aux noms ! Bref, nos dieux n'ont pas fini d'enrichir l'imagination des artistes, des poètes et des philosophes, et nous brûlerions d'aise qu'ils nous fissent l'honneur de souper avec nous, d'honorer nos femmes ou nos filles, ce sont, dis-je, des gens de bonne compagnie. Mais le dieu des Juifs ! » Et Theophoros leva les yeux avec affliction.

« Eh bien, le dieu des Juifs ? » demanda Claudius.

« Mais mon cher, cesse de feindre l'ignorance ! J'ai fréquenté des Juifs tout autour de notre mer Intérieure ! N'ont-ils pas assez tenté de me convertir ! Ah, plutôt le Styx tout de suite ! Leur dieu a semé tant d'interdits sur leurs pas qu'ils n'osent faire un geste de peur de l'offenser et qu'ils paient des phalanges de docteurs pour interpréter telle interdiction de telle recommandation ! Songe, Claudius, que les plus pieux d'entre eux, on les appelle des Esséniens... »

« J'en suis informé », dit le Romain.

« Songe donc que le jour du Sabbat, ces malheureux, qui vivent déjà près de la mer Morte, dans un lieu infernal où même les pierres crient de détresse, donc, le jour du Sabbat, les Esséniens se retiennent d'uriner de peur d'offenser leur dieu, qu'ils appellent Yahwé ! »

« Je sais », dit Claudius.

Ils entamaient les filets de dorade, qu'Aristée avait obligeamment détachés pour eux, de telle sorte qu'on apercevait la farce au-dessous.

« Plutôt subir vingt morts qu'un dieu pareil ! » cria Theophoros.

« Du calme », intervint Claudius, « on pourrait t'entendre. Ces gens sont sourcilleux. »

« Comme leur dieu », dit sombrement le Grec. « Notre Zeus rit et court les aventures, Bacchus rit, boit, fait des cadeaux, Apollon nous illumine de sa beauté, Héraklès nous donne l'exemple du courage, mais Yahwé ne décolère pas. Ah, m'a-t-on assez lu ses prophètes ! »

« Héraklès a quand même mal fini. Monter sur un bûcher, ce n'est pas gai. »

« Tragédie conjugale causée par la perfidie de cette furie venimeuse de Déjanire ! La leçon en est que l'homme le plus fort, fût-il demi-dieu, est toujours à la merci d'une femme. » Theophoros grignota quelques brins de salade et reprit : « La vérité est que nos dieux nous ressemblent. Nous sommes pleins de vigueur et de confiance et nos dieux aussi. Les Juifs sont anxieux et leur dieu est ombrageux. »

« Donc, ce serions nous qui les créerions ? » s'étonna Claudius, le gobelet près des lèvres, comme s'il attendait la réponse pour savoir dans quel monde il allait atteindre l'euphorie.

« Quel homme honnête en aurait jamais douté ? » repartit le Grec avec un regard ironique. « Les dieux sont nos fils, c'est pour cela qu'ils nous ressemblent. »

Il croqua un concombre au vinaigre, assurant que serait là son dessert, tandis que le Romain s'émerveillait une fois de plus de l'irrévérence des Grecs. Ils n'avaient certes pas changé depuis les temps où leur héros Ulysse rusait avec les dieux.

13

« DE LA LIQUEUR AUX PERDANTS »

Quand les Lévites furent partis dans la poussière amère, que le souffle du Jourdain eut dissipé l'écho de

---

* Ce chapitre s'enchaîne avec le chapitre 1 de la deuxième partie, « Les années publiques », de *L'homme qui devint Dieu*, où Jokanaan accueille implicitement Jésus comme le Messie et où il éconduit une délégation de prêtres venus de Jérusalem pour l'interroger.

leurs mots arrogants, que Jokanaan se fut rasséréné, puis désaltéré avec un gobelet d'eau dans lequel il avait mis à fondre un peu de miel, son disciple aîné, Zacharie, vint s'asseoir en face de lui, comme il le faisait quand un doute le tourmentait. Le feu qui craquait près de là rougissait leur masque et donnait à leurs yeux l'éclat du métal. Les brins d'armoise mélangés aux branches d'acacia crépitantes parfumaient l'air froid et tenaient les insectes en respect. Un chacal hurla au loin.

Zacharie savait la faveur particulière dont il était l'objet ; il supposait le devoir à ce qu'il portait le même nom que le père de son maître. Il en usait parcimonieusement. Ainsi, il n'interrogeait jamais directement Jokanaan, fidèle en cela à la coutume essénienne, qui voulait qu'on respectât les pensées d'un maître ; il attendait que le silence mûrît jusqu'à ce que Jokanaan, lui, l'interrogeât. Le plus souvent d'ailleurs, Jokanaan avait deviné l'objet de la question ; c'est ainsi qu'il la devançait. Mais cette fois, il resta longtemps muet. Jésus était parti se laver les pieds dans l'eau froide du fleuve. Enfin, Jokanaan leva les yeux ; Zacharie crut y déchiffrer un reproche. Il allait se lever quand son maître l'arrêta.

« Il ne faut pas s'endormir sur une question sans réponse », dit Jokanaan.

« Comment sais-tu que ce n'est pas toi ? » demanda Zacharie.

Jokanaan soupira. « Comme on sait que l'étoile du Berger n'est pas la Lune et que la Lune n'est pas le Soleil. »

« Et Dosithée ? »

« Il sera d'accord avec moi. Ne s'appelle-t-il pas lui-même l'Etoile ? »

Zacharie inclina la tête et garda le silence un long moment.

« Comment sais-tu alors que c'est lui, Jésus, qui sera le Messie et nul autre ? »

« Regarde-le avec ton cœur et tu le verras aussi. »

Jésus revint ; Zacharie le reconnut au regard de Jokanaan ; il se leva pour aller rejoindre les autres disciples. Le même chacal hurla.

De retour à Jérusalem, les Lévites firent leur rapport à Caïphe. Il l'écouta sans les interrompre.

« Que faisons-nous ? » demanda au bout d'un temps le chef de leur délégation.

« Rien. »

Ils laissèrent paraître leur stupéfaction.

« Aurions-nous fait le voyage pour rien ? » demanda leur chef.

Les hommes croient toujours à l'inéluctable fatalité de leurs actes. Les mouches aussi, sans doute, dans les zigzags aléatoires qu'elles décrivent autour des lampes. Caïphe les considéra du même regard qu'il accordait à ces hyménoptères.

« L'essentiel pour l'épervier est d'être informé du parcours du lièvre », articula-t-il enfin, comme s'il allait sourire. « Qu'auriez-vous pensé faire ? »

« Mais enfin... l'arrêter, ce Jokanaan ! »

« Sous quel chef ? De quelle autorité ? La Samarie est sous le commandement d'Agrippa, et les Samaritains, quand ils estiment qu'on les a offensés, en réfèrent directement à Rome. Mettez-vous à ma place ; que reprocheriez-vous à Jokanaan ? »

« Des propos séditieux », dit enfin le chef des Lévites.

Mais Yoézer, l'un des meilleurs disciples de Gamaliel, et qui avait participé à l'expédition, baissait la tête.

« Annoncer la venue du Messie n'est pas un discours séditieux », dit Caïphe. « Nous nous ridiculiserions à entreprendre un tel procès. »

« Et s'il désignait un Messie ? »

« Nous aviserons », répondit Caïphe, qui se souvenait de l'entretien avec Saül. Finalement, cet Hérodien était de bon conseil. Affaire d'hérédité, sans doute. Dommage que son père, Antipater, n'eût pas été aussi sage ! « Le chat attend que la souris soit à portée de sa patte », dit encore Caïphe. « Allez en paix. »

« Et les propos subversifs que nous entendons ? » demanda un autre Lévite.

« L'indifférence est votre meilleur bouclier. »

Ils le regardaient sans comprendre.

« Souriez ! » ordonna-t-il et, s'adressant à Yoézer :

« Donne de la liqueur aux perdants, du vin aux êtres amers ! Te souviens-tu ? Te souviens-tu, Yoézer ? »

Yoézer hocha la tête. « Les Proverbes », murmura-t-il. Ils quittèrent l'audience en désordre.

14

GRANDS ÉVÉNEMENTS ET CONVERSATION SECRÈTE

Entre trois et quatre heures de l'après-midi, le ciel se plomba[31]. Le vent durant la matinée avait annoncé l'orage, une de ces humeurs violentes de l'hiver, furieux de le céder à la jeunesse du printemps. Un vent tiède, collant, obscène, qui avait fait accourir Pedanius, la boîte en argent pleine de boulettes d'argile à l'opium dans une main, la carafe d'eau de rose dans l'autre. Saül en était à sa troisième boulette quand le premier éclair déchira comme un couteau les nuages chargés de mauvais jus et de sable. La fenêtre claqua et Saül sursauta. Il appréhendait la crise.

Il plut des sanies pendant un quart d'heure, mais le ciel resta gangréneux. A coup sûr, ces nuages enfanteraient des monstres dans la soirée. On alluma des lampes, et les cadrans solaires étant réduits à l'inanité, ceux qui en avaient furent réduits à mesurer le temps à leurs clepsydres.

Saül discutait le coût du désensablement de l'aqueduc avec un entrepreneur juif, qui paraissait, lui aussi, avoir l'esprit ailleurs. Depuis des années, toutes les affaires qui touchaient à l'aqueduc lui portaient sur les nerfs. C'est qu'elles lui rappelaient les trésors d'éloquence qu'il avait dépensés pour persuader Pilate de ne pas financer l'ouvrage en question avec le corbonas, le trésor du Temple. Peine perdue ; Pilate avait argué que l'eau apportée par l'aqueduc bénéficierait aux Hiérosolymitains et que c'était donc à eux de payer, et comme le trésor du Temple était considérable, il lui paraissait normal qu'il y passât pour payer l'eau avec laquelle les Juifs se désaltéraient, lavaient leurs légumes, se lavaient, eux-mêmes et leurs enfants. On avait donc frôlé l'insurrection, et après l'affaire des médaillons, celle-là avait ancré dans l'esprit de Saül la conviction que Pilate était un crétin.

Crétin pervers, de surcroît : dans la matinée de ce vendredi-là, le procurateur avait tenté de sauver de la crucifixion un des meneurs les plus dangereux de la subversion essénienne ou zélote ou tout ce qu'on voudrait, le nommé Jésus, donc. La semaine précédente, ce Jésus-là, que les sbires de Saül surveillaient depuis près de trois ans, avait été accueilli à Jérusalem comme s'il en était déjà le roi. Saül, prévenu, avait couru chez Caïphe, qu'il avait trouvé agité comme une femme qui perd ses eaux avant terme, incapable de faire front à une phalange d'anxieux, Lévites, Pharisiens, docteurs, policiers, qui occupaient quasiment sa maison.

« Il sera roi dans l'après-midi ! » clamaient-ils.

La mâchoire plus pendante que jamais Gedaliah essayait d'imposer un peu de calme.

« Je vais prévenir Pilate », dit Saül.

« Pilate », expliqua Gedaliah dans le tumulte, « trouve l'affaire divertissante. Il a fait dire à Caïphe qu'un roi juif ainsi plébiscité le délivrerait enfin de la sédition qu'entretiennent les grands-prêtres et le Sanhédrin ! »

C'était donc aux Juifs de régler l'affaire, dans la diplomatie, « avec de la pogne et de l'idée », selon l'expression favorite de Pedanius.

« Ecoutez, tous ! » avait fini par crier Caïphe, à bout de nerfs. « Ecoutez-moi ! Ce n'est pas parce que trois poignées de naïfs sont allés accueillir ce Jésus aux portes de la ville, en bénissant le roi qui vient, que Jérusalem va s'écrouler ! Un peu de bon sens ! Que voulez-vous qu'il fasse ? Qu'il vienne ici me saisir avec ses acolytes pour prendre ma place ? A ce moment-là, il se rendra coupable d'outrage et nous le ferons arrêter. »

Ils avaient fini par se rendre à l'argumentation du

grand-prêtre. Oui, un peu de sang-froid, nous nous sommes agités pour pas grand-chose. Mais, dans l'après-
midi même, Jésus s'était rendu au Temple et, avec un
toupet formidable, au nez et à la barbe des Lévites, il
avait renversé les tables des changeurs et jeté les ven-
deurs à la porte ! De la provocation pure et simple !
Nouvel attroupement chez Caïphe dans la soirée.

« Écoute, Caïphe », avait dit Simon bar Camith, le
beau-père de Saül, « notre salut à tous dépend de toi. Il
faut appréhender ce Jésus même sous un faux prétexte.
Il a semé assez de désordre comme ça ! Il ne s'arrêtera
plus si nous ne lui opposons la force ! »

Caïphe leur avait lancé un regard circulaire qui avait
frappé Saül ; c'était un regard de renard. Et Saül, qui
jusque-là avait été enclin à soupçonner le grand-prêtre
d'importance intellectuelle, se ravisa. Caïphe avait une
parade, qu'il ne révéla qu'au procès dudit Jésus : le
témoignage d'un disciple de ce prétendu Messie, un faux
jeton providentiel nommé Judas et surnommé l'Iscariote.

Le procès avait eu lieu la veille au soir, le tribunal du
Sanhédrin ayant été convoqué d'urgence, après l'arrestation de Jésus dans la nuit, au mont des Oliviers. Visages
tendus, ridés par la mauvaise fatigue, yeux jaunis par
des digestions interrompues, Saül y était aussi, habité
par un sentiment qu'il ne s'avouait pas, mais qui, enfin,
devint indéniable ; l'ordre juif et l'ordre romain étaient
décidément bien fragiles, qu'ils pussent être compromis
par cet homme hâve et têtu qui comparaissait ainsi
devant le tribunal.

« Es-tu Jésus, fils de Joseph le rabbin, né à
Bethléem ? »

Il répondit avec hauteur, comme s'il s'adressait à des
domestiques impertinents.

« Es-tu le Messie ? » demanda Caïphe.

« Si je vous le dit, vous ne me comprendrez pas, et si
moi je vous pose des questions, vous n'y répondrez
pas. »

« Es-tu alors le fils de Dieu ? » demanda Annas, le
beau-père de Caïphe.

« Mais c'est vous qui le dites ! » répliqua-t-il.

Saül observait la scène, fasciné parce que c'était la
première fois qu'il voyait Jésus et qu'il lui fallait convenir que cet homme-là dégageait une grandeur qu'aucun
procurateur ni grand-prêtre n'avait possédée, fût-ce de
loin. Même Dosithée, dont on avait prétendu qu'il était
peut-être le Messie, ne l'avait pas, du moins pas quand
Saül l'avait vu à Kochba. Jésus, lui, ressemblait à
l'image qu'on se faisait des prophètes.

Il y avait quand même du monde dans le prétoire, en
dépit de l'heure extravagante de l'audience, des gens des
maisons des docteurs, des partisans de Jésus aussi, qu'on
reconnaissait à leurs mines sombres ou révoltées, puis le
propre secrétaire de Pilate, accompagné d'un interprète
qui lui traduisait les questions en hébreu. Car Pilate
s'était obstiné dans son attitude favorable à l'égard de
Jésus et avait même dépêché, de nuit, plusieurs dizaines
d'hommes en armes sous le commandement d'un chi-
liarque, pour surveiller le comportement de la police du
Temple chargée de l'arrestation de Jésus. Une lubie sans
doute dictée par la propre femme de Pilate, Procula, dont
chacun savait que, frottée de religion juive, comme tant
de notabilités romaines, elle tenait, elle, Jésus pour le
véritable Messie. La présence de ce secrétaire contri-
buait au malaise de Saül, d'abord privé de sommeil, puis
décontenancé depuis plusieurs jours par le gonflement
de l'agitation populaire en faveur de Jésus, qui avait
culminé dans l'accueil royal qu'on lui avait réservé, puis
encore frustré par la perte de son influence auprès du
procurateur. Il eût voulu, dans cette affaire, avoir joué
un rôle ; il en avait été privé. Ç'avait été le grand-prêtre
qui avait manigancé le témoignage de l'Iscariote, sans
lui en souffler mot. Saül se demanda donc s'il n'était
pas en passe de devenir une quantité négligeable dans
l'organisation officieuse qui était chargée du maintien
de l'ordre.

Pour ajouter à son malaise, il fut capté, un long
moment, par le regard d'un des membres du Sanhédrin,
Joseph d'Arimathie, dont nul n'ignorait qu'il était favorable à Jésus, comme plusieurs autres, d'ailleurs, à
commencer par Nicodème, qui était assis près de lui,

l'expression sinistre. Donc, Joseph d'Arimathie avait distingué Saül dans l'assistance et l'avait fixé un long moment, l'œil sévère, presque menaçant, l'air de dire que le jour où Saül lui tomberait sous la main, il ne lui ferait pas de quartier. Il était mal informé, Joseph, puisque Saül n'avait joué aucun rôle dans l'arrestation de Jésus ; n'empêche, c'était un ennemi qui pouvait être dangereux, car il était riche et jouissait de beaucoup plus d'appuis que Saül, Saül qui n'était rien d'autre, tout compte fait, qu'un Hérodien échappé à la disgrâce d'Hérode le Grand comme une mouche échappe aux crins du chasse-mouches, qui s'était enrichi et qui était un néophyte, un Juif d'emprunt, accablé de surcroît d'une cohorte d'ennemis tenaces, dont, en premier lieu, les parents et partisans des Zélotes qu'il avait persécutés ou envoyés au gibet.

De plus, se demandait Saül, quelle folie avait donc piqué ce Joseph et les autres, qu'ils crussent en la messianité de Jésus ? Ne voyaient-ils donc pas qu'il menaçait l'ensemble de la société dont ils tiraient profit ? Bref, l'audience avançait, les vitres du prétoire blanchissaient. Jésus fut condamné à mort. Le Sanhédrin en avait ainsi décrété et la sentence fut annoncée par Gedaliah ben Yeazar. Caïphe quitta la salle le premier, la robe déchirée sous le manteau à glands de soie, car il s'était livré à une manifestation d'histrion en raison du blasphème supposé de Jésus. Ce genre de spectacle en impressionnait toujours quelques-uns. Le reste des membres se leva, le prétoire se vida, un brouhaha emplit la cour du palais Hasmonéen, où régnait un froid assez vif. Gedaliah mena un détachement de la police du temple vers la résidence de Pilate. En effet, la sentence du Sanhédrin était toute virtuelle, cette institution ne possédant pas le pouvoir du glaive. La peine de mort devrait être entérinée par Pilate, et il y avait fort à parier que Pilate y ferait obstruction. Suivre l'affaire pas à pas ne servirait à rien ; Saül avait ses informateurs, ils le tiendraient au fait. Découragé, épuisé, il décida de se rendre aux bains et Pedanius lui emboîtait le pas vers la sortie quand un homme les croisa, et interpella Saül avec une surprise bonhomme : c'était Manassah, l'âme damnée d'Hérode Antipas, tétrarque de Galilée et de Pérée.

« Saül ! Quelle heureuse rencontre ! »

Hérode ne pouvait être très loin. Saül demanda de ses nouvelles. Evidemment, il était à Jérusalem, et la coïncidence frappa désagréablement Saül. Hérode Antipas n'était pas plus coutumier que le reste de ses parents de se rendre à Jérusalem pour la Pâque. Depuis qu'il avait répudié sa femme, la fille de l'Arabe Arétas, pour prendre la propre épouse de son demi-frère Philippe, et encore plus depuis qu'il avait fait décapiter Jokanaan, ni la rue, ni les gens pieux ne lui portaient grande estime. Les quolibets fusaient à son passage. Que faisait donc le tétrarque à Jérusalem ? se demanda Saül.

« Quelle histoire, ne trouves-tu pas ? » demanda Manassah. « Ce Jésus qu'on voulait proclamer roi ! »

Saül hocha la tête d'un air entendu.

« Qu'en penses-tu toi-même ? » reprit Manassah, décidément incapable de réprimer son habitude de tirer les vers du nez.

« Quelques mécontents qui ont cru pouvoir restaurer le trône de David, comme si les Romains n'étaient pas là », bougonna Saül, l'air de quelqu'un qui a autre chose à faire. Il chargea Manassah de souhaits et compliments pour son maître et même de son désir de revoir son cousin. Le désir était inexistant, car Saül méprisait le tétrarque, qu'il tenait pour un roitelet soliveau et corrompu, bien qu'il eût construit beaucoup de belles villes, dont Tiberias. On disait qu'Autocratoris était l'ornement de la Galilée, mais enfin, chacun savait qu'Hérode était mené par sa femme Hérodias par le bout du nez et, pour le reste, par le bout de sa queue. On disait même pis. Saül parvint à se dégager de la curiosité de Manassah et arriva donc aux bains, qui étaient déjà pleins de monde, car la Pâque causait une affluence incroyable de visiteurs, pas tous juifs, d'ailleurs. Tous ces gens qui arrivaient crottés et souvent sans même savoir où ils gîteraient se précipitaient aux bains, échangeant avec leurs voisins des adresses de chambres à louer, fût-ce aussi loin que Bethléem ou Bethphage.

Quand il fut délassé, Saül rentra chez lui et trouva Sarah défaite.

« Pilate a finalement accepté qu'on le crucifie », dit-elle d'un ton qui montrait la réprobation.

Elle n'avait pas dit : « Pilate a accepté qu'on crucifie Jésus », non, mais « qu'on *le* crucifie », elle ne pensait donc qu'à cette affaire, elle aussi, et elle en était affligée, elle, une fille de grand-prêtre ! Il était toutefois trop las pour montrer de l'humeur ; il dit simplement : « C'était lui ou moi. Lui ou nous. »

Des informateurs faisaient les cent pas dans la cour. Il les reçut. Pilate, comme on s'y fût attendu, avait tenté d'annuler la sentence du Sanhédrin. Puis il avait proposé qu'on flagellât Jésus sans le mettre à mort. Caïphe avait alors monté un barouf devant le perron du palais, le lithostroton, sur les remparts, avec deux ou trois cents braillards, demandant qu'on appliquât la sentence telle quelle. Pilate avait cédé devant la menace implicite de recours à Rome. Il avait déjà commis deux bévues, celle des médaillons, puis celle du corbonas, une troisième eût pu lui être fatale. Mais il s'en était publiquement lavé les mains. A l'heure qu'il était, la neuvième, Jésus était mis en croix, en compagnie de deux voleurs.

Ce qui frappa Saül fut que Caïphe eût organisé toute la réaction sans recourir à ses services. Quand il eut renvoyé les informateurs, il dit à Pedanius :

« C'est cuit. »

« Qu'est-ce qui est cuit ? »

« Tout », dit Saül. « Ça a pris de trop grandes proportions. »

Il alla s'allonger, et ce fut quand il se réveilla que le ciel commença à s'obscurcir. Les tractations sur le coût du désensablement prirent fin sur des promesses réciproques de se revoir après la Pâque. On était un jeudi, la Pâque était pour le lendemain, les affaires ne reprendraient que le lundi. « Après, j'irai me reposer quelques jours à Césarée », se dit Saül. Avant le souper, un émissaire d'Hérode vint porter une invitation à partager l'agneau rôti, que Saül feignit d'accepter avec enthousiasme.

L'orage se déchaîna un peu plus tard, malmenant le linge que des imprudentes avaient mis à sécher, claquant les portes et les fenêtres, précipitant les ordures dans les caniveaux en une course folle sur des ruisseaux impromptus, forçant, au Temple, les Lévites qui allaient pieds nus à patauger dans une boue glacée.

Enfin, le ciel s'éclaircit, mais le soleil, écœuré, s'était couché. Deuxième visite des informateurs. Après avoir comparu la première fois devant Pilate, Jésus avait été reçu par Hérode, et quand...

« Par Hérode ? » s'étonna Saül, incrédule.

Oui, oui, il y était même resté un long moment. Jésus avait été déclaré mort vers la neuvième heure et, tout de suite après, Joseph d'Arimathie et Nicodème s'étaient rendus chez Pilate, qui les avait reçus ; ils étaient ensuite allés acheter un linceul, des pansements, des aromates, et ils étaient allés sur le Golgotha, avec des serviteurs ; là, ils avaient pris possession du corps du condamné et l'avaient mis dans un sépulcre neuf, dont le jardinier avait assuré qu'il appartenait à Joseph d'Arimathie. Enfin, les deux hommes étaient rentrés chez eux.

Saül écoutait avec maussaderie. L'affaire était terminée, Grand Dieu merci, et Jésus était enterré, et il n'y aurait pas de soulèvement populaire. Mais ces événements avaient révélé que les agitateurs comptaient des alliés dans le Sanhédrin même. Il demanda si le grand-prêtre était informé de tout cela ; oui, répondirent-ils, ses espions suivaient aussi Joseph d'Arimathie. Bon, Caïphe également allait s'interroger sur l'ampleur de la subversion qui avait culminé dans cette histoire de Messie.

Saül allait les congédier quand Pedanius les reprit sur un point de leur rapport.

« Vous avez dit que Joseph d'Arimathie est allé acheter un linceul et des *pansements*[32] ? »

« J'ai bien dit des pansements », confirma l'un des deux informateurs. « Des bandelettes de tissu. » Il le redit en grec : Joseph avait acheté un *soudariôn* et des *othonia*.

_____

* Quinze heures.

C'était bizarre, en effet, mais Saül n'avait pas l'esprit aux détails.

Le lendemain, il fut quelque peu distrait de sa morosité par la fête chez Antipas. Chez Antipas façon de parler, car il y avait aussi là Hérode de Chalcis, le fils d'Aristobule et de Bérénice, puis Aristobule, et, très exceptionnellement, puisqu'il avait été nommé roi de Cilicie, Alexandre. Il y avait aussi Doris, la sœur de Saül, Rufus, leur frère, et Saül avait emmené ses fils, Simon et Marius. On eût cru une famille heureuse, prospère et nombreuse, mais nul ne fut aventuré à parler, par exemple, d'Hérode Agrippa, à qui sa dénonciation d'Antipas valait de moisir dans les prisons de Tibère. Pour la première fois de sa vie, Saül se félicita d'avoir échappé à la destinée d'Hérodien. Les Hérodiens qui se réclamaient comme tels n'étaient que des chiens de luxe pointant des museaux humides dans l'attente des morceaux qui tomberaient de la table impériale. Il les considéra de loin, les présents et les absents. Il avait pris congé d'eux. Une indifférence inexplicable l'avait saisi.

Le dimanche, à la septième heure, les informateurs se firent annoncer alors que Saül prenait une collation, poisson frit et salade, avec Simon et Pedanius. Simon se retira.

« Voilà », dit le premier informateur, embarrassé, « le corps de Jésus a disparu du tombeau. »

Saül leva les sourcils sans mot dire, l'air d'un homme qu'on interrompt pour lui débiter des billevesées. Le premier informateur reprit :

« Une femme de ses adeptes, ces dernières années, Myriam, originaire de Magdala, est allée se recueillir sur sa tombe, et elle a trouvé le *dopheq* poussé de côté. Elle est allée alerter des disciples, deux Galiléens, un certain Simon, qui se fait appeler Cephas, et un tout jeune homme, Jokanaan, qui sont accourus et qui sont entrés dans le sépulcre. Or, celui-ci était vide. »

Saül poussa un soupir, but une gorgée de bière et dit : « On a dérobé le cadavre. Et alors ? »

« Et alors... » reprit l'informateur, de plus en plus gêné, « la ville haute et la ville basse bruissent de rumeurs selon lesquelles... », il ravala sa salive, « Jésus est ressuscité. »

Pedanius leva les bras au ciel. Saül mangea le dernier morceau de poisson qui restait sur son assiette et acheva la salade.

« Caïphe avait fait poster deux gardes près du tombeau, pour éviter ce genre de mésaventures. Que disent-ils ? »

« Ils ont été convoqués par Caïphe tout à l'heure. D'après ce que nous savons, il a fallu les réveiller parce qu'ils dormaient d'un sommeil profond, et cela à la quatrième heure. Ils ont prétendu que, dans la nuit, ils ont vu une grande lumière et qu'ils ont perdu connaissance. »

« N'importe quoi ! » murmura Pedanius.

« Notre idée est qu'on les a drogués... »

« Bien sûr ! » s'écria Pedanius.

« ... Parce que les gardes en poste, la nuit, ont vu sortir à la nuit tombée un groupe de gens avec deux mulets, parmi lesquels ils ont reconnu deux putains. »

« Donc, les putains sont allées offrir du vin drogué, et sans doute aussi de l'argent, à ces imbéciles de garde, qui ont pris les torches des voleurs pour le feu du ciel et qui ont laissé dérober le cadavre du crucifié », dit Pedanius.

« C'est ce qu'on dit chez Caïphe », admit le second informateur.

« Et que dit Joseph d'Arimathie ? » demanda Saül.

« Il a quitté la ville on ne sait quand », dit le premier informateur.

« Et Nicodème ? »

« Aussi. »

Saül réfléchit un moment.

« Cette Myriam, sait-on où elle habite ? »

« Oui, dans une maison qu'elle a louée fort cher[33], près d'ici, et où la princesse Salomé va souvent lui rendre visite. »

« La princesse Salomé ? » demanda Saül.

« La fille d'Hérode Antipas. »

« Charmante famille », murmura Pedanius.

« Il y a aussi d'autres femmes qui fréquentent cette

maison. Outre Marthe, la sœur de Myriam, il y a la femme de Chouza, intendant de la maison d'Hérode, Suzanne, une femme de l'association des Hiérosolymitaines pieuses et, bien évidemment, Lazare, le frère de Myriam et de Marthe. »

Saül parut songeur.

« Comment se fait-il que toutes ces femmes se retrouvent dans la maison de cette Myriam ? » demanda-t-il.

« D'abord, elle est riche », répondit le premier informateur. « Elle a hérité de son père, qui était l'un des deux ou trois grands lainiers de Magdala, une fortune considérable. On dit qu'elle a beaucoup contribué aux dépenses de Jésus et des siens ces dernières années. On dit aussi qu'elle serait l'épouse secrète de Jésus. »

« L'est-elle ou ne l'est-elle pas ? » demanda Saül.

L'informateur parut gêné.

« Elle n'a pas toujours tous ses esprits », dit-il enfin. « Jésus a chassé d'elle des démons. »

« Des démons ? » répéta Saül.

« Elle était agitée », dit l'informateur.

Saül s'absorba de nouveau dans ses réflexions.

« Bref, elle se comporte comme une veuve et elle est un peu folle, est-ce bien cela ? » demanda-t-il.

L'informateur hocha la tête et ajouta : « C'est apparemment un trait de famille. »

« Marthe aussi ?... » demanda Saül.

« Non, Lazare. Il est sujet à des transports qui le laissent comme mort. On l'a ainsi enterré une fois, le jugeant sans vie. Jésus, qui connaissait sa maladie, l'a sorti du tombeau. Le jeune homme criait dans son caveau quand Jésus est arrivé. Myriam et toutes les personnes présentes, y compris évidemment les disciples de Jésus, ont prétendu que c'était celui-ci qui avait ressuscité Lazare[34]. Même Myriam le croit encore, dit-on. »

Pedanius paraissait décontenancé par l'entretien. Il alla se servir un gobelet d'hydromel et le sirota pensivement.

« Vous avez dit que Jésus connaissait déjà Lazare. Comment l'avait-il connu ? »

« Lazare a été novice chez les Esséniens, à Quoumrân.

Il n'a pas terminé son noviciat, en raison de sa maladie. Les Esséniens, comme tu sais, exigent une parfaite intégrité physique et morale. Jésus semble avoir connu Lazare à Quoumrân. Mais nous savons aussi que Lazare a effectué un séjour chez un certain Dosithée, à Kochba. »

Pedanius leva les yeux.

« Judas disait que Lazare était l'amant de Jésus. Mais Judas n'était pas un homme de foi. Il radotait souvent », dit l'informateur.

« Pourquoi parles-tu de Judas au passé ? » demanda Saül.

« Il s'est pendu tout à l'heure, sans doute quand il a appris l'affaire du sépulcre vide. »

Saül demanda aussi un verre d'hydromel et fit servir les informateurs.

« Et les disciples de Jésus ? » demanda-t-il.

« On les voit raser les murs, de temps en temps. Ils sortent surtout la nuit. Certains vont parfois chez Myriam[35]. Il semblerait qu'ils habitent, les uns à Bethléem, les autres, à Béthanie ou à Jéricho. »

Saül se leva brusquement et fit les cent pas.

« Je veux », dit-il d'une voix basse, « qu'il y ait un homme posté qui surveille les entrées et les sorties de la maison de Myriam. Je veux qu'un autre suive Myriam dans tous ses déplacements. Je veux aussi qu'on suive tout étranger qui franchirait le seuil de la maison de Myriam. Tenez-moi également informé des déplacements de Lazare. » Il s'arrêta. « Vous pouvez disposer. »

Quand les informateurs furent partis et que Saül se retrouva seul avec Pedanius, celui-ci lui demanda après un long silence : « N'est-ce pas là prendre beaucoup de peine ? »

Saül le regarda comme s'il ne comprenait pas la question.

« Pardonne-moi, maître, l'indiscrétion de la question. Mais Pilate n'écoute plus tes avis et Caïphe ne fait plus appel à tes services. Je te demande donc à nouveau : à quoi bon tant de peine ? »

Saül esquissa un sourire, ce qui était rare. « Pilate »,

dit-il, « n'est qu'un reître égaré qui s'essaie à l'intrigue et aux finesses du Levant. C'est pourquoi il essuie tant d'affronts. Caïphe n'est qu'un grand-prêtre. Il est certes plein de ressources. Mais comme tous les gens qui font profession d'astuce, il est bête. Il me tient rigueur de lui avoir démontré l'inanité d'une persécution générale des disciples de Jésus. L'un et l'autre, Pedanius, ne sont que des comparses. Oui, en fin de compte, des comparses. Ils n'ont pas vu le fil de l'histoire dans laquelle ils sont tissés. »

« Le fil de l'histoire ? » demanda Pedanius.

Saül se laissa encore aller à un demi-sourire. Il alla ouvrir la fenêtre ; un vent frais déboula dans la pièce, les moucherons s'affolèrent autour des lampes. Les tentures frémirent sur les murs.

« Israël se meurt », dit-il. « Et les dieux de Rome s'ennuient. La nature humaine répugne à ces crépuscules. »

Jérusalem scintillait dans la nuit fraîche d'avril.

« C'est pour mon compte propre que je prends tant de peine. Ai-je répondu à ta question ? »

15

UNE RENCONTRE À CAPHARNAÜM

Trois mois passèrent. L'été grésilla, les abeilles s'affairèrent sur le thym, l'anabase rougeoya dans les rochers au pied de Jérusalem. On enfouissait les cruches de vin et de bière, la corde au cou, au fond des citernes, à fleur d'eau. Le prix des salades et des melons monta, celui de la viande baissa. Les informateurs de Saül se lassaient.

Le corps de Jésus avait été dérobé, soit ; mais pourquoi ? se demandait Saül. Bref. On l'avait sans doute réenterré en Samarie. Ou en Galilée, puisque ç'avait été le terrain principal de ses exploits. Les disciples, en tout cas, avaient déserté Jérusalem ; des rapports indirects les avaient signalés en Galilée[36] ; c'étaient d'ailleurs tous des Galiléens, à part un certain Judas qu'on surnommait le Jumeau, Thomas.

Puis un soir les informateurs demandèrent à voir Saül. Un événement inconnu agitait la maison de Myriam de Magdala. Partie précipitamment le matin, après la visite d'un inconnu, elle était revenue chez elle dans un état d'agitation extrême. La vieille princesse Mariamme, la quatrième femme d'Hérode le Grand, la mère d'Hérode Philippe, s'était rendue chez elle tout à l'heure, en dépit de son grand âge. Saül demanda s'il y avait eu des visiteurs mâles. Oui, avait répondu l'informateur, Nicodème.

« Aucun autre ? »

« Si c'est à Jésus que tu penses, non. A part l'inconnu, aucun autre homme que Nicodème. »

« Il faut aller voir[37] », dit Saül à Pedanius après avoir analysé l'information sous toutes ses coutures. Chemin faisant, martelant le pavé, il échafauda des hypothèses qui pouvaient expliquer le trouble dans la maison de Myriam. Un imposteur était apparu qui se faisait passer pour Jésus, par exemple. Ou bien Jésus était encore en vie. Ou bien il avait survécu, mais il était à présent mort... Il se reprocha de n'avoir pas prêté assez d'attention au rapport de l'entrevue entre Pilate et les deux membres du Sanhédrin, Joseph d'Arimathie et Nicodème ; quand ces deux hommes avaient, sur le coup de la dixième heure, été réclamer au procurateur le corps de Jésus, Pilate avait exprimé de la surprise que le crucifié fût déjà mort. Trois heures sur la croix, et sans être achevé, sans bris des tibias ni du crâne, c'était, en effet, bien bref. Car ce crucifié-là, à la différence des deux autres, était mort de lui-même, les voleurs qui l'encadraient ayant été achevés à coups de masse... Une sourde fureur agita Saül pendant ces ruminations, et ce fut ainsi qu'il arriva à la porte de la maison de Myriam de Magdala. Lourde porte, ornée de ferrures, il connaissait la maison, ç'avait été celle d'un riche commerçant, lui-même membre du Sanhédrin. Il manipula lui-même le battoir. Un domestique ouvrit, Saül aperçut des tapis, des tentures, il demanda le maître de maison, le domestique parut perplexe. Un jeune homme apparut et Saül eut l'intuition immédiate qu'il était Lazare. Il possédait cette beauté qu'on prêtait aux Esséniens. Il avança vers la porte.

« La maison », dit-il, « appartient à mes sœurs autant qu'à moi, mais je suppose que c'est à un homme que tu souhaites parler. Veux-tu entrer ? »

La porte fut refermée derrière les visiteurs, mais l'attitude de Saül ou l'intuition de Lazare dissipèrent toute civilité.

« Je suis Saül d'Antipater. Où est Jésus ?

Lazare réprima un haut-le-corps.

« Derrière toi », dit-il lentement.

Saül se retourna. Il n'y avait personne. La rage monta.

« Prends garde de te moquer, Lazare ! La police du Temple pourrait aussi être derrière moi ! »

Sourire malin et séducteur de Lazare.

« Si le puissant Saül d'Antipater et la police du Temple ne savent pas où se trouve Jésus, comment le pauvre Lazare le saurait-il ? »

Saül ravala sa colère ; il avait fait chou blanc.

« Tu peux retrouver un homme ressuscité qui s'appelle Lazare, Saül, mais le Messie, Saül, croyais-tu vraiment le retrouver ? »

« Je te ferai arrêter », grommela Saül, « et tu seras bien obligé de parler ! »

« Tu n'es pas roi, Saül, tu n'es qu'employé », dit dédaigneusement Lazare en lui tournant le dos.

Saül plaida dix jours sa cause auprès de la police du Temple et du secrétaire de Pilate. Arrêter Lazare ? Gedaliah haussa les épaules : et sous quel prétexte ? Quant au secrétaire de Pilate, il fut presque hostile ; les querelles personnelles des citoyens de Judée n'intéressaient pas le gouvernement de Rome. La vérité était que personne n'avait envie de savoir que Jésus avait survécu. Saül avait fait un faux pas et il y mesura les limites de son pouvoir.

L'amertume que lui laissa l'affaire fut paradoxalement compensée par le sentiment que ses analyses avaient été exactes en ce qui concernait Pilate. Le comportement du Romain démontrait une fois de plus que l'homme n'avait aucun sens politique, car s'il avait réussi à sauver Jésus de la sentence du Sanhédrin, c'en aurait été fait de son pouvoir. Caïphe lui avait sauvé la mise. Restait à savoir pourquoi le grand-prêtre l'avait exclu, lui Saül, de la conjuration menée avec Judas ; il en eut l'explication peu de jours plus tard, au Temple, de la bouche de Gedaliah : il avait, lors de l'entrevue avec Caïphe, donné l'impression d'indécision, si ce n'était de pusillanimité. Caïphe et lui-même, Gedaliah, avaient trouvé, enfin, singulier, que Saül se fût déplacé pour aller rencontrer Dosithée. Enfin, la répugnance qu'avait exprimée Saül à verser le sang...

« Donc, vous avez conclu que j'étais passé à l'ennemi ! » s'écria Saül, surpris et vexé.

Gedaliah se récria. Mais non, la situation était plus complexe que cela, on avait bien vu des membres du Sanhédrin même prendre parti pour Jésus et s'opposer à sa condamnation, ces questions étaient difficiles, certains esprits scrupuleux, tels que Saül, justement, pouvaient avoir été troublés par les espérances messianiques, mais la fermeté était impérative dans une période aussi tendue...

« Votre réserve n'était pas justifiée », rétorqua Saül en observant un groupe d'étrangers penchés sur le rebord de la Barrière des Gentils. Mais à ce moment précis, il s'avisa que Gedaliah et Caïphe n'avaient pas entièrement tort. Ils étaient futés, ces deux-là, il était exact qu'il avait été troublé par la visite à Dosithée, comme il avait autrefois été troublé par l'évocation des persécutions des Esséniens par son aïeul, Hyrcan II ; il était exact aussi qu'il s'était interrogé sur ces espérances messianiques qui avaient culminé dans la crucifixion du Galiléen ; il s'en était entretenu avec Gamaliel, avec un des disciples de Gamaliel également. Mais enfin, il n'avait exprimé qu'une curiosité froide, qui donc avait pu l'interpréter comme une inclination secrète vers la subversion ? Quelqu'un qui lui voulait du mal, sans doute ? Ou bien avait-il laissé échapper des mots, des gestes, qui avaient reflété son trouble ? Mais qui donc les aurait rapportés ? Saül cligna des yeux tandis que Gedaliah l'observait.

Donc, la chaleur devenant accablante, Saül partit pour Césarée, où Doris lui réserva, comme à l'accoutumée, un accueil réconfortant. Elle était une sorte de mère, cette sœur. Elle lui était acquise sans réserve, fût-ce injustement. Elle était fière de lui et le montrait, car il avait relevé la fortune de sa famille. Elle entretenait jalousement son époux Marius et leurs enfants dans cette révérence.

« Saül ne se trompe jamais, les dieux le guident », dit-elle un soir que Marius soutenait, à propos de la gestion de Pilate, un point de vue différent de celui de Saül.

« Les dieux ! » releva-t-il en lui-même. Car elle était restée païenne, comme tous les Hérodiens. Il eût été bien en peine de le lui reprocher, car sa religion s'arrêtait sur ses lèvres. Son regard se porta sur la mer, qui se confondait avec la nuit. Au-delà, il y avait Rome, et l'aspiration le reprit d'être là-bas, au centre du pouvoir du monde et où l'on n'attendait aucun messie. Donc, les dieux auxquels il ne croyait pas le protégeaient.

Des voyageurs amis faisaient parfois halte à la maison de Marius. Il en vint un, un soir, qui venait de Sidon et qui s'était arrêté à Capharnaüm pour vendre du bois de cèdre. Il se faisait appeler Agrippa Gersomius, il était encore jeune et chauve avec des yeux doux, le genre d'homme dont les femmes se disent qu'il fera un mari paisible. Entre autres anecdotes, telle une singulière histoire d'étincelles qui s'étaient, pendant un orage, accrochées au sommet des mâts de son navire, il rapporta qu'on avait, à Capharnaüm, vu un ressuscité, un certain Jésus qui aurait été crucifié à Jérusalem quelques semaines auparavant.

Saül, que le vin menaçait jusque-là de torpeur, se dressa sur son lit. Qui donc, demanda-t-il, soudain aigu, l'avait vu ? Des disciples qui l'avaient connu de son vivant, car on assurait que c'était un saint homme, en tout cas un prophète, peut-être même un Messie, répondit Gersomius, qui n'était pas juif, mais iduméen d'origine, et qui sans doute n'avait qu'une notion vague de ce que signifiait ce mot.

« Ils l'ont tous vu ? » demanda Saül.

« Je n'en ai, moi, vu aucun, c'est le chef des gabelous de Capharnaüm qui m'a rapporté l'histoire, qui court d'ailleurs la ville. Il m'a assuré la tenir d'un ancien gabelou qui a quitté son poste, il y a trois ans, pour suivre ce Jésus. »

« Mais j'ai entendu, moi, du chef de la garnison de Césarée que ce Jésus était mort crucifié la veille de la Pâque », observa Marius, « puis que ses disciples avaient dérobé son corps au tombeau. »

« Sans doute pour l'enterrer ailleurs », suggéra un autre convive. « On se demande bien pourquoi. »

Marius, qui avait relevé l'air soucieux de son beau-frère, tenta de changer de sujet. Mais Gersomius y revint. Ce Jésus, demanda-t-il, n'avait-il pas été proclamé roi par une foule, lors de son arrivé à Jérusalem, une semaine avant la Pâque ? Saül le confirma. Puis Gersomius dit encore que ce Jésus avait accompli des prodiges, qu'il avait tiré du tombeau un jeune homme de Magdala, un certain Lazare, et qu'il ne serait donc pas étonnant qu'il se fût lui-même tiré du tombeau.

Et voilà comment les légendes se répandent, songea Saül. Il répliqua sans aménité que le dénommé Lazare était sujet à des évanouissements profonds, qui le laissaient comme mort pendant deux ou trois jours, après quoi il revenait à lui, et que, dans l'épisode en question, il était déjà réveillé à l'intérieur du tombeau lorsque Jésus, alerté par la famille, était par chance arrivé à son secours. Quant à la disparition du corps de ce Jésus, c'était une manigance de ses partisans, destinée justement à faire accroire une résurrection.

Mais deux jours plus tard, Saül, suivi de Pedanius et d'une petite escorte armée, se mit en route pour la Galilée[38]. Le petit groupe longea la mer, puis à Acre prit la route qui menait à Tiberias. Ils y furent au couchant, recrus de soleil et de poussière et les sens émoussés par la rue. Après avoir établi leurs quartiers dans une auberge, ils furent tous aux bains, soupèrent de poisson du lac, de salade et de bière, puis se couchèrent. Saül s'éveilla dans la nuit. Sa fenêtre donnait sur le lac ; il s'y accouda pour respirer l'air frais. Quelques lanternes de pêcheurs clignotaient au loin.

« Vivre ainsi dans l'inquiétude est insupportable », murmura-t-il.

Il se compara à une passion sans objet et se recoucha.

Tiberias, le lendemain, ne lui apprit rien. La ville était neuve et sans Juifs, car elle avait été bâtie sur un cimetière. Les Juifs avaient opposé à Hérode que c'était une profanation. Il leur avait riposté que la Terre entière est un cimetière. Mais en vain : la population se constituait de Grecs, de Phéniciens, d'Iduméens, et de ce mélange de mélangés qu'on voyait tant en Méditerranée, métis de Ciliciens et de Bithyniens, de Parthes et de Pontiques, de Chypriotes et de Nabatéens, vendant de tout et de rien et aussi bien prêts à tout et à rien. Ils n'avaient pas, eux, entendu parler d'un Jésus Messie.

« Je cours après un mirage », se dit Saül en faisant route vers Capharnaüm. L'irritation se mêlait en lui à la fatigue.

« Que cherches-tu, enfin ? » demanda Pedanius, qui n'avait soufflé mot depuis leur départ de Césarée.

« J'explore le territoire ennemi. »

A Capharnaüm, Saül fut soudain aux aguets. Il donna congé à l'escorte pour ne pas être remarqué, lui recommandant de toujours se tenir à disposition de la garnison romaine, et s'habilla comme un homme du commun. Là, on ne parlait presque pas grec, mais seulement araméen, et encore, avec un accent rocailleux que Saül s'efforça d'imiter. Puis il alla aux douanes et demanda à un vieil homme qui tenait les livres où donc il trouverait un ancien gabelou qui était parti à la suite d'un certain Jésus...

Le vieil homme le disséqua du regard.

« Que lui veux-tu ? » demanda-t-il sèchement.

« Des amis de Jérusalem m'ont prié de le voir pour
lui remettre de l'argent », mentit Saül.

« Laisse-moi l'argent, je le lui remettrai. »

« Il ne s'agit pas que d'argent », insista Saül.

L'homme fut un long moment sans mot dire, tira
d'une boîte des feuilles de rue, se les fourra dans la bouche, les mâcha et puis cracha :

« Tu le trouveras avec les autres. Cephas, Jean, Thomas... »

« Où les trouverai-je ? »

« Si tu longes la rive, au-delà de la synagogue, tu arri-
ves à une auberge où ils vont, après la pêche, faire griller
leur poisson. »

Saül résista à la tentation de lui glisser une pièce ;
cela serait suspect ; ces gens étaient parcimonieux.

Le couchant garnit de cuivre rouge les arêtes de la
synagogue noire et jeta le reste de sa fortune sur le lac.
Saül et Pedanius eurent de la peine à trouver l'auberge
indiquée ; ce n'était qu'un estaminet, à l'entrée d'une
venelle perpendiculaire au rivage ; presque un trou dans
une façade de guingois, où le marchand avait disposé
quelques cruches et tonnelets sur trois étagères. Le vin,
la bière et l'hydromel s'y débitaient au verre. Des soldats
romains vinrent s'y désaltérer, puis des pêcheurs y
apportèrent des paniers. Une porte jouxtant le débit
s'ouvrit sur une cour où des bancs faisaient face à des
tables. Des femmes vinrent discuter du poisson, un petit
attroupement se forma, de la fumée se faufila par la
porte et prit le large. Saül envoya Pedanius le devancer ;
ils devraient feindre qu'ils ne se connaissaient pas. La
nuit tomba, des lampes s'allumèrent, Saül dévisagea les
uns et les autres, se fit emplir un cruchon de vin et rejoignit les premiers soupeurs à une autre table que celle où
Pedanius entamait un petit plat de fromage et d'olives.
Il avait faim, demanda, lui aussi, du fromage et des olives, et du poisson qu'on grillait sur un banc de pierre,
au-dessus d'un feu de bois.

Comment les reconnut-il ? Peut-être parce qu'ils
entrèrent en groupe, cinq d'abord, qui s'assirent près de
lui. Puis deux qui les rejoignirent, puis encore quatre,

qui s'assirent à la table voisine. Il lui sembla reconnaître le plus jeune, dix-huit ou dix-neuf ans ; il l'avait vu, lui parut-il, dans la foule qui s'était écoulée du prétoire, à la fin du procès, et il l'avait remarqué à cause de la détresse peinte sur son visage. Celui-ci était assis en face de lui. Près de Saül, un homme à peine plus grand que lui, l'air d'un renard mélancolique.

« Lazare nous a envoyé un messager », dit un homme d'un certain âge, chauve, au fort accent galiléen. « Un flic nommé Saül est allé lui demandé où se trouve notre maître. »

Saül se contint.

« Il semblerait que certains, à Jérusalem, s'inquiètent », dit le même.

« A leur place, en effet je m'inquiéterais », dit d'un ton sarcastique et avec un accent qui, lui, n'était certes pas galiléen, l'homme qui était assis près de Saül.

Saül se força à continuer de manger ; il avait perdu son appétit. Son voisin lui jeta un regard inquisiteur.

« Puis-je te demander un peu de ton pain, frère, en attendant qu'on nous en rapporte ? » demanda-t-il.

Saül hocha la tête et tendit l'un des deux pains qu'il avait commandés, celui qu'il n'avait pas entamé, et il esquissa un sourire insignifiant. Il se versa du vin.

« Lazare dit aussi qu'on nous attend à Jérusalem », dit le chauve. « Les disciples ont besoin de guides. »

« De guides », répéta le voisin de Saül d'un ton encore une fois sceptique. « Je le répète : notre rôle n'est que de transmettre les paroles du maître. »

« Thomas », dit le chauve, « tu conviendras que ces paroles doivent être interprétées. »

« Serions-nous donc de nouveaux docteurs ? » demanda Thomas. « Que lui dirons-nous, s'il revient, et qu'il constate que nous avons mal interprété ses paroles ? Mon frère Cephas lui-même n'a-t-il pas été semoncé par le maître parce qu'il n'avait pas compris ses paroles ? »

Cephas, c'était donc le chauve. Il s'essuya la bouche du revers de la main et redit qu'il fallait aller à Jérusalem. « De quoi aurions-nous donc l'air si nous restions cantonnés à la Galilée parce que nous y sommes en sécurité ? »

« Cephas a raison », dit le jeune homme qui faisait face à Saül.

« Je suis de l'avis de Jean », dit un autre, à peine moins jeune que Jean. « Il nous faut aller à Jérusalem, sans quoi nous aurions l'air de lâches. »

« Une bonne partie des soixante-dix est déjà en Judée », objecta Thomas.

« Les soixante-dix n'ont pas été aussi familiers du maître que nous », objecta Jean, à son tour.

« Nous serons bien avancés quand nous aurons tous été mis à mort », dit Thomas, sarcastique. « Il ne restera plus ni témoins ni guides ni rien. Aller à Jérusalem, c'est se jeter dans la gueule du loup. »

« Que proposes-tu ? » demanda un disciple qui n'avait dit mot jusqu'alors.

« La Palestine n'est pas le monde », répondit Thomas en coulant un nouveau regard indiscret vers Saül. « Je propose que nous allions répandre ailleurs les paroles du maître. »

Saül songea que, ayant achevé son repas, il ne pouvait plus s'attarder sans éveiller les soupçons des commensaux.

« Si au moins nous savions où il est ! » se lamenta un convive. « Nous pourrions lui demander de nous guider ! »

« Barnabé, il me semble, se plaint que les guides n'aient pas de guide », dit Thomas.

« Ça suffit, Thomas ! » cria Cephas. « Il nous faut un centre d'où rayonner. Et ce sera d'abord Jérusalem ! »

« Certainement », marmonna Thomas. « Que n'as-tu eu ce courage, lors du procès ! Courons donc au supplice ! »

Saül se leva pour payer l'aubergiste,

« Attends, frère, je ne t'ai pas rendu ton pain ! » cria Thomas.

Saül fit un geste pour dire que cela n'avait pas d'importance, serra sa monnaie et sortit. Pedanius, qui l'avait vu se lever, suivit son exemple. Ils se retrouvèrent sur le bord de mer. Saül dépêcha son secrétaire alerter l'escorte : ils partiraient demain avant l'aube.

16

LA GUERRE EST PERDUE

Donc, Jésus était vivant et ses disciples ne savaient pas où il se trouvait. Il s'ensuivait que Jésus pouvait reparaître à l'improviste et déclencher un formidable soulèvement. Puis, les mêmes disciples descendraient bientôt à Jérusalem, grossir les rangs de ces soixante-dix dont Saül n'avait jamais entendu parler. Enfin, l'unanimité était loin de régner parmi les disciples.

L'essentiel était que la subversion restait vivante ; à tout moment, Jésus pouvait quitter la clandestinité, revenir, être couronné roi. La crucifixion n'avait rien réglé ; elle avait même aggravé les dangers. Jésus passerait pour avoir ressuscité. Si un mécréant comme Gersomius n'avait pas trouvé l'hypothèse absurde, qu'en serait-il des croyants !

Tandis que l'escorte, suante, faisait halte pour se rafraîchir dans le Jourdain, Saül s'efforça d'imaginer ce qui se passerait si, à quelques jours de là, Jésus, en effet, réapparaissait à Jérusalem, était déclaré roi par plébiscite et chassait Caïphe de son trône. Etait-il bien sûr qu'un bain de sang s'ensuivrait ? Reconnu par l'ensemble des Juifs, le nouveau roi pourrait obtenir l'assentiment de Rome de manière imprévue ; s'il acceptait de signer un pacte avec l'Empire, celui-ci n'y trouverait qu'avantages. C'en serait fini de l'agitation larvée qui irritait et l'empereur et ses consuls. Jésus retrouverait le pouvoir d'Hérode le Grand et jouirait en plus de la popularité. Cela, Pilate, tête de mule, mais rompu aux considérations politiques, l'avait bien compris, d'où son attitude singulière lors du procès.

Une question incidente tarauda Saül : comment donc Jésus avait-il survécu à la croix ? Qui l'avait déclaré mort ? Comment se faisait-il qu'on ne lui eût pas brisé les tibias, singularité qu'avait relevée Pedanius ? Cela ne s'expliquait que par un complot. On pouvait clairement distinguer ceux qui l'avaient ourdi. D'abord, Joseph d'Arimathie et Nicodème. Puis cette Myriam de Magdala et son frère Lazare. Peut-être la propre nièce de Saül, Salomé, qui fréquentait la maison de Myriam. La femme de Chouza, l'intendant du tétrarque. Et sans doute Pilate lui-même ! Tous ces gens étaient riches, très riches. Et chacun savait que la solde de gouverneur de Judée ne pesait pas lourd, comparée aux richesses de certains Juifs. Pilate s'était laissé soudoyer d'autant plus aisément que sa femme, Procula, on le savait assez, prenait Jésus pour un saint homme[39].

Même Hérode Antipas, même lui avait pu participer à ce complot. Il avait, lui aussi, distingué la possibilité que Jésus devînt roi. Dans ce cas, il pourrait quémander la clémence du nouveau pontife. « Rappelle-toi, maître, je t'ai donné un manteau, ma fille et moi avons donné de l'argent pour te sauver la vie ! »

Saül frappa sa paume gauche de son poing droit ! Bien sûr, il n'avait rien compris ! Il y avait eu complot ! Et c'était la cause de sa disgrâce, à la fois auprès de Pilate et auprès de Caïphe ! Pilate le tenait désormais pour un homme de Caïphe et des grands-prêtres, puisqu'il était, d'ailleurs, gendre de grand-prêtre, et Caïphe, lui, qui avait compris le complot, tenait rigueur à Saül de ne pas l'avoir flairé.

Saül grinça des dents de rage. En l'état actuel des choses, il risquait même, à son retour, de trouver Jésus installé à Jérusalem ! C'en serait alors fait de lui ! Pouvoir, privilèges, prestige, argent ! Il poussa un cri de fureur. Pedanius accourut.

« Maître ! Te portes-tu mal ? »

Le maître tremblait de fureur. Pedanius déboucha en hâte sa gourde, ouvrit la boîte aux boulettes d'opium... Saül observa ses gestes avec irritation. Mais c'était vrai, il fallait éviter une crise. Les colères lui étaient funestes.

Fallait-il que, de surcroît, il portât cette épine dans sa chair ! Il avala la boulette et l'eau. Pedanius conseilla un bain ; l'eau n'était pas trop froide... Saül se dévêtit et, en effet, retrouva un peu de sérénité en barbotant.

Mais le répit fut de courte durée : à peine rentré à Jérusalem, il courut chez Caïphe, l'œil torve. Le grand-prêtre avait-il eu connaissance ou intuition du complot ? demanda-t-il, tout de go. Un regard ironique lui répondit avant les mots. Pilate s'était laissé soudoyer avant même le jugement. Les autres, Joseph d'Arimathie, Nicodème, Chouza, plus une poignée de femmes illuminées avaient eu beau jeu.

« Mais Jésus n'est pas mort ! » s'écria Saül. « Il peut reparaître à n'importe quel moment ! »

« La sentence de mort est toujours en vigueur », répondit le grand-prêtre. « Et, cette fois-ci, j'irai moi-même vérifier qu'elle a bien été appliquée. »

« Mais il compte déjà de très nombreux adeptes à Jérusalem ! » insista Saül.

« C'est bien de cela que je t'entretenais il y a quelque temps », dit Caïphe sans déguiser sa lassitude. « Tu m'as objecté qu'on ne peut pas tous les tuer, ce qui est certain. Mais je crois qu'on peut quand même les intimider un peu plus. Je me suis aussi informé », poursuivit-il. « Tant qu'ils demeurent dans la clandestinité, ils ne sont pas, au fond, très redoutables. Ce sont des gens pieux, on les voit au Temple, peut-être encore plus souvent que les autres. Mais enfin, il n'est pas rassurant qu'ils aillent clamant partout que la Loi n'est pas respectée et que Jésus est le Messie et le vrai roi d'Israël. » Saül en était bien d'accord ; il se demandait pour quel motif Caïphe lui redisait tout cela. Le grand-prêtre se lissa la barbe. Gedaliah entra et, apercevant Saül, le salua. « Ils ont certainement des meneurs », dit Caïphe. « Ce sont eux qu'il convient de surveiller et d'intimider. »

Saül acquiesça.

« Il faut redoubler la surveillance de cette vermine », dit-il à Pedanius qui l'attendait à l'extérieur. Pedanius n'avait pas besoin qu'on lui spécifiât de quelle vermine il s'agissait.

Les mois s'écoulèrent, les rapports se multiplièrent. De temps en temps, les sbires de Saül et de Caïphe concentraient leurs soins sur l'un ou l'autre de ceux qu'on commençait à appeler les Nazaréens[40]. La procédure ordinaire consistait à le rosser, de nuit. Etaient-ce vraiment des Nazaréens ? Il était difficile de savoir devant quelle autorité ils avaient fait leurs vœux. Toujours est-il qu'ils ne se coupaient ni la barbe, ni les cheveux, comme les vrais Nazaréens.

On en avait identifié plusieurs, qui étaient pleins de jactance. D'abord, il y avait le chauve que Saül avait vu à l'auberge de Capharnaüm, Cephas, puis son frère, André, puis le jeunot, qui s'appelait Jean et qui avait un frère qui, lui aussi, avait suivi Jésus pendant son ministère, Jacques, puis un autre Jacques, qu'on appelait Jacques d'Alphée et qui semblait détenir une autorité égale à celle de Cephas, puis encore Étienne, Philippe, Prochoros, Nicanor, Timon, Parmenas, un prosélyte qui venait d'Antioche et qui s'appelait Nicolas...

Tous ces gens commençaient à s'agiter beaucoup trop, et leurs discours leur attiraient des adeptes de plus en plus nombreux ; on y comptait même un des loufiats de la bande de Caïphe et deux de celle de Saül. Voilà ce qu'il en coûtait de s'en remettre à des gens sans foi pour défendre la loi ! Saül n'en décoléra pas. On lui avait raconté comment Chodam, l'un des deux renégats et l'un de ses nervis les plus efficaces, s'étant laissé haranguer par les Nazaréens, s'était mis à pleurer quand on lui avait reproché d'être stipendié par les forces des ténèbres. Les forces des ténèbres ! Ce pathos ! Il était donc tombé à genoux, implorant le pardon pour ses fautes, et ç'avait été Cephas qui l'avait relevé, l'avait assuré du pardon du Tout-Puissant, l'avait désigné aux yeux de la foule comme un Juif selon le désir de Jésus le Messie et l'avait emmené baptiser.

Il convenait de retrouver Chodam et son compère en repentir et de les faire rosser deux fois plus fort que les Nazaréens eux-mêmes. Saül en donna l'ordre à Pedanius. Mais Pedanius demeura planté devant lui, défiant Saül du regard.

« Es-tu devenu sourd ? » s'écria Saül. « Va faire ce que je te dis ! »

« Non », rétorqua Pedanius.

Saül se demanda si son fidèle secrétaire n'avait pas perdu la raison.

« Non », redit Pedanius, le museau pour une fois relevé. « Je me suis converti moi aussi. »

Saül se mit à trembler de colère, une voile couvrit ses yeux, il serra les dents et, un instant plus tard, il s'était effondré, secoué par des soubresauts. Pedanius posa tranquillement la boîte aux boulettes d'opium sur une crédence et s'en fut, après avoir avisé un domestique que son maître se trouvait mal. La crise fut courte. Le domestique, qui avait vu faire Pedanius, glissa une palette de bois entre les mâchoires de Saül, lui frictionna le front et les bras à l'alcool d'asphodèle et lui posa sur le visage un linge mouillé d'eau vinaigrée. Mais ayant repris ses sens, Saül se fit transporter chez lui. Il se trouvait, en effet, incapable d'organiser ses pensées.

Le lendemain, il convoqua le domestique. C'était un Nabatéen qui s'appelait Akmon, un gaillard à la face large et aux mollets qui s'allongeaient quasiment jusqu'aux talons.

« Veux-tu être mon secrétaire ? » lui demanda-t-il.

L'expression d'Akmon lui répondit.

« J'ai, comme tu sais, du sang nabatéen », lui dit Saül. « Tu sais donc ce que je dis quand je te dis que si tu me trahis, je te ferai couper la tête. »

L'autre hocha la tête. Son stipende serait centuple de celui qu'il touchait, et double de celui de Pedanius.

Saül fit rechercher ce dernier ; il était parti pour la Syrie. En attendant, il fallait faire un exemple. Saisir un meneur, le juger et l'envoyer au gibet. Ce serait Cephas. Akmon s'y opposa.

« C'est apparemment un de leurs chefs, il est âgé. Nous risquons une émeute. Rien qu'à Jérusalem, il y a bien cinq mille Nazaréens, sinon plus. Je choisirais, si j'étais toi, un personnage secondaire, mais assez respecté. Jacques d'Alphée, par exemple, ou bien Étienne. »

Saül réfléchit, puis alla s'en entretenir avec Gedaliah. Lequel en référa à Caïphe, qui, à son tour, consulta des membres du Sanhédrin. Quelques-uns de ceux-ci émirent des réserves. Ce fut le cas de Gamaliel lui-même. Caïphe se trouva contraint de réunir l'assemblée, pour délibérations.

Gedaliah exposa l'objet de la séance. Des sectateurs du crucifié Jésus, que le tribunal inspiré avait condamné à mort deux ans auparavant pour blasphème, avaient créé à Jérusalem, mais aussi en Judée tout entière, en Samarie, en Galilée, une situation intolérable ; ils prétendaient que Jésus seul était grand-prêtre et roi d'Israël et que les défendeurs présents de la Loi de Moïse n'étaient que des prêtres corrompus et prévaricateurs. Ces propos impies menaçaient l'ordre public et risquaient d'encourager un soulèvement qui mettrait en jeu la puissance romaine. Il fallait, par conséquent, arrêter les meneurs et les juger.

On donna la parole aux Anciens.

« Il me semble », dit le premier à intervenir, Lévi ben Phinehas, « que le fond du discours de notre estimé frère Gedaliah n'est pas très différent de celui qu'il nous a tenu lors du procès du dénommé Jésus. La sédition court, l'ordre est en danger, les Romains vont s'impatienter. En ce qui concerne les Romains, je voudrais, sans contester le bien-fondé des alarmes de Gedaliah, rappeler que leur impatience ne s'est pas manifestée dans le sens que nous eussions imaginé lors de l'affaire Jésus. Pilate a pris son parti, pour des raisons politiques dont nous n'avons jamais débattu en ce lieu. Je ne préjugerais donc pas de l'attitude du même Pilate si nous faisions arrêter l'un des disciples de Jésus et que nous le mettions à mort. Et pour ce qui touche à l'ordre, qui serait en péril, je voudrais observer qu'il fut maintes fois mis en péril par les prophètes, et en termes bien plus âpres que ceux qu'on nous rapporte. Chacun est seul juge de l'intégrité de son observance de la Loi, mais enfin, ce que nous serions fondés à condamner, ce serait sans doute le défi de Juifs aux prescriptions de la Loi, non pas le fait qu'ils s'érigent en juges de notre intégrité.

Tout ce que nous pouvons faire, c'est inviter ceux qu'on envisage d'inculper et les sommer de s'expliquer. » Lévi ben Phinehas jeta un coup d'œil circulaire et conclut : « En ce qui porte enfin sur la sédition, je veux vous rappeler le proverbe : "La lampe des criminels vacille." Or, voici bien cinq ans que la lampe de Jésus ne vacille pas. »

Il se rassit. Les consciences étaient debout. Caïphe se passa la main sur le visage. La Loi, c'est-à-dire la morale, avait cimenté le peuple juif ; la morale menaçait à présent de le défaire. Plusieurs visages se tournèrent vers Gamaliel. Le vieux docteur leva la main. Caïphe hocha la tête. Gamaliel se leva et, la tête baissée, resta quelques instants silencieux.

« Mon frère Lévi a cité un proverbe. Un autre m'est venu en mémoire : "La route du dément est droite à ses yeux." Prenons garde aux fausses évidences. » Il parlait d'une voix douce, mais ferme. « Souvenons-nous de Judas de Gamala[41]. Il souleva autrefois le peuple. Il périt. Ses partisans se sont dispersés. Nul aujourd'hui n'entraînerait en son nom un seul homme. Si les hommes que vous accusez de sédition ne parlent qu'en leur nom, le vent emportera leurs mots. S'ils parlent vraiment au nom de Dieu, vous pouvez les tuer, mais vous ne les détruirez pas. Au contraire, vous renforcerez leurs paroles. » Il observa une pause. « Nous ne sommes pas les gouverneurs de notre peuple », dit-il en s'adressant à Caïphe, « nous sommes les gardiens de sa Loi, c'est-à-dire de la morale. Ce qu'il nous faut craindre, c'est le Seigneur et non le glaive des Romains[42] ». Il se rassit.

Annas leva alors la main. Ayant obtenu l'autorisation de parler, il se leva et dit : « Source envasée, nappe corrompue, le juste chancelle devant le criminel ! Cela aussi, frères, est un proverbe. Quand un mauvais berger entraîne son troupeau loin des vertes pâtures, est-il juste que le troupeau périsse et que lui survive ? Est-il juste que des innocents qui n'ont pas notre sagesse se laissent entraîner par des parleurs gonflés de vent ? Est-il juste que nous abandonnions notre troupeau ? Est-il juste qu'on aille disant sous nos murs que la Loi que nous défendons a perdu sa valeur parce que le vrai grand-prêtre devrait être un homme qui fut condamné au gibet ? Les grands-prêtres passent, la Loi demeure. Que diraient de plus les tenants de ce Jésus ? Ou bien se proposent-ils de changer la Loi ? Leur vrai but en prétendant que la Loi n'est pas respectée est de la changer. Est-il juste, je le demande solennellement, que nous laissions une bande d'agités semer le désarroi parmi notre peuple sous le prétexte que nous ignorons s'ils sont vraiment inspirés ou non par la Shekhinah ? Est-ce bien un rôle de badauds que nous a dévolu l'héritage de David ? Ne serions-nous donc qu'une image restreinte de la populace qui va voir aux jeux des cirques romains quels sont le gladiateur le plus fort, le rétiaire le plus adroit et le cocher le plus rapide ? N'est-ce pas arrogance coupable au regard du Tout-Puissant que d'imaginer qu'il accourra à notre rescousse quels que soient nos errements ? Serons-nous comme les hommes du Mal dont parlent les Proverbes, et qui ne discernent pas le jugement ? N'est-il pas dit dans ces Proverbes : "Ne donne pas de sommeil à tes yeux ?" »

La voix d'Annas était montée comme le tonnerre qui s'approche ; les soixante et onze l'écoutaient dans le saisissement. Il fallait conclure. Annas le fit d'une voix plus basse, sans hésitation :

« Je dis qu'il faut arrêter ces hommes, et les juger. »

Il se rassit. Gamaliel semblait pensif, peut-être ironique. On vota. La majorité revint à la décision d'arrêter les meneurs. Quand le greffier eut fini d'écrire et que les Anciens sortirent dans la cour du palais Hasmonéen, une petite foule les y attendait. Saül y figurait ; il entendit Gamaliel féliciter Annas sur son éloquence. Il leva les yeux ; de l'autre côté, l'appartement de Pilate rougeoyait de lumières, car la nuit était tombée. Les manteaux furent serrés. Le mois de tebeth de la 3793ᵉ année du monde avait commencé depuis plusieurs jours. Dans trois jours, le procurateur prendrait son repos hivernal à Jéricho ; la vacance virtuelle du pouvoir romain durerait jusqu'à Hanoukah. Annas, Gedaliah et Saül hochèrent la tête d'un air entendu.

Quatre jours plus tard, Étienne était arrêté, au marché de la ville basse, où il discourait. On le garda au cachot du Temple un jour. On le jugea le lendemain, qui était un mardi.

Il était assurément un parleur ; accusé de sédition, il parla d'abondance de Moïse. Même ceux qui s'étaient opposés à son arrestation commencèrent à se demander où il voulait en venir. Comme ils l'écoutaient tous en silence, il s'enhardit sans doute. Il traita ses juges de traîtres et de tueurs. « Vous qui avez reçu la Torah gardée par les messagers, vous ne l'avez pas gardée ! » s'écria-t-il. Lévi ben Phinehas, Gamaliel, Joseph d'Arimathie et d'autres encore firent la grimace. « Vous ne représentez rien d'autre que la corruption et la compromission avec les incroyants ! » conclut-il. « Je récuse votre autorité ! La seule autorité est celle de Jésus, notre Messie, vrai grand-prêtre et roi d'Israël ! »

Argumentation primaire. Les Anciens avaient le droit de l'interroger.

« Qu'est-ce qui t'autorise à dire que nous n'avons pas gardé la Torah ? » demanda Lévi ben Phinehas.

« La terre de nos ancêtres est couverte de monuments impies et sa chronique emplie de puteries ! » clama Etienne.

« Nous ne sommes pas les gouverneurs de notre terre », répondit Lévi.

« Levez le glaive de David ! »

« En ce qui nous concerne, nous avons conservé la Loi comme aux premiers jours », dit doucement Gamaliel.

« Tout Jérusalem crie la trahison ! » cria Étienne. « Vous avez assassiné Jésus, est-il preuve plus éclatante de votre trahison ? Pour n'avoir pas levé le glaive qui garantissait la Loi, vous êtes désormais passibles du glaive ! »

Joseph d'Arimathie et Nicodème et Bethyra et Lévi ben Phinehas et Gamaliel et plusieurs autres étaient consternés. L'homme s'enfonçait[43].

Son avocat plaida. Seul, dit-il, l'homme instruit

comprend les imprécations des prophètes. Son client n'était pas instruit.

« La dignité de la Loi nous interdit de tolérer des injures criminelles », déclara Caïphe. « Ce n'est pas nos personnes qu'insulte l'inculpé, c'est la Loi, à laquelle, nous, nous n'avons pas failli. »

Etienne fut condamné à la lapidation. On le traîna hors du tribunal. La police du Temple, les sbires de Caïphe et de Saül formèrent un mur autour de lui. Seuls les badauds aux fenêtres pouvaient voir qui l'on traînait vers la porte d'Ephraïm. Au Golgotha, on lui délia les mains et on le dévêtit. Ses vêtements furent jetés aux pieds de Saül. La police avait apporté un plein sac de pierres ; le premier lieutenant en lança une, grosse comme le poing, qui atteignit Etienne en pleine poitrine et il recula. Une autre l'atteignit dans le dos et il chancela en avant. Etienne tomba en hurlant, « Jésus, reçois mon souffle ! » Le vertige saisit Saül. La nausée avec. Il fallait mettre un terme à ce supplice. Saül saisit donc une pierre et visa le crâne d'Etienne. Le condamné se retourna dans un sursaut et ses yeux vitreux fixèrent Saül. Le sang noircit la poussière. En quelques minutes, le corps nu était presque enseveli sous les pierres.

Akmon surveillait son maître ; il lui tendit deux boulettes d'opium et le soutint par le coude. Puis il le ramena chez lui. Il le veilla toute la nuit, car la crise avortée fut pire qu'aboutie. D'abord, Saül vomit son âme, puis il éprouva de la peine à respirer. Il râla jusqu'à l'aube. Ce fut seulement alors qu'il s'endormit.

La guerre était perdue.

17

UN RÊVE

Il avait bâti une citadelle. Au sommet des tours des jardins verdoyaient et les fleurs y embaumaient. De là, on embrassait du regard l'horizon le plus lointain.

Vint un orage effroyable. Il dura des jours et fit le siège de la citadelle. Au sommet de la plus haute tour, Saül hurla de désespoir. Car la citadelle s'effondrait par pans entiers.

Il offrit un homme en sacrifice aux divinités de l'orage. Celui-ci redoubla de puissance. La terre trembla et la citadelle s'effondra. Les pieds dans les pierres du siège défunt de sa puissance, Saül, ruisselant de pluie, tenta d'apercevoir l'horizon. D'autres citadelles, étincelantes, et si vastes qu'elles semblaient couvrir la Terre, s'y étaient révélées.

Il s'était donc trompé, sa citadelle n'était pas bâtie en lieu sûr. C'étaient les autres, là-bas, qui recelaient la puissance et la gloire.

Sa bouche était parcheminée. On lui souleva la tête. Il but comme le désert boit la pluie. Puis il se rendormit.

Le soleil de midi le frappa comme un désastre.

18

UNE NUIT BLANCHE

Ce n'était pas la peine.

Saül était assis à sa table de travail, contemplant le ciel blanc du Sabbat et écoutant distraitement le dernier rapport du chef de ses informateurs. Les Nazaréens s'agitaient de nouveau. La veille, dans la ville basse, Cephas avait tenu une réunion de vingt personnes. On y avait vu un eunuque de Candace, la reine d'Ethiopie. Que fallait-il faire ?

Saül hocha la tête. Il prendrait, annonça-t-il, quelques heures pour aviser. Marcus l'Helléniste, devenu trésorier, avança pour payer l'informateur.

Non, ce n'était pas la peine. Un homme qui se faisait lapider par foi dans une cause, cela révélait une puissance mystérieuse qui avait investi Jérusalem, la Judée, les cinq provinces, Rome même. Un voyageur, en effet, avait rapporté qu'il y avait, à Rome, des Nazaréens.

Des Nazaréens à Rome ! Saül en resta songeur. Une religion était donc née du judaïsme, un rameau neuf issu d'un prophète, comme le judaïsme était issu d'Abraham. Si les Romains se convertissaient...

Un délégué de Caïphe demanda à voir Saül. Le grand-prêtre se proposait de faire rosser quelques Nazaréens, dont Cephas, qui portait désormais le nom de Petrus, Jean, son frère Jacques, bref ceux qui leur tomberaient sous la main, et il avait besoin de l'appui de la bande de Saül. Celui-ci hocha la tête. Oui, oui, bien sûr, il n'y avait qu'à en débattre avec Akmon et Marcus. Lesquels relevèrent, d'un échange de regards, la singulière indifférence de leur maître à l'égard de l'entreprise. Mais il était vrai que cela devenait sans doute monotone de faire rosser des Nazaréens. Marcus se demandait même, à l'occasion, si cela en valait bien la peine.

Saül reprit sa réflexion. Si les Romains, donc, se convertissaient à la nouvelle religion, le chef des Nazaréens deviendrait tout-puissant à Rome. Si l'empereur se convertissait...

Après le souper, le chef des informateurs vint encore le voir ; il paraissait déconfit. Les deux bandes, y compris donc celle de Caïphe, s'étaient elles-mêmes fait rosser ! Dès que le jeune Jean avait commencé à être malmené, il avait appelé au secours, les autres étaient accourus et une foule de deux à trois cents personnes s'était formée et avait sérieusement mis à mal les nervis. Ceux-ci commençaient à murmurer pour demander qu'on doublât leur stipende.

Saül hocha encore la tête. Akmon revint sur ces entrefaites, comme pour confirmer le rapport. Il revenait de chez le rebouteux, qui lui avait appliqué des emplâtres sur le visage, le bras, l'épaule. Il essayait de garder ouvert un œil au beurre noir et reniflait d'un nez tuméfié. L'empoignade avait dû claquer.

Saül se retira dans sa chambre et médita devant un brasero.

Vraiment non, ce n'était pas la peine de continuer. Ce mouvement-là était irrésistible et n'avait rien à voir avec les vapeurs que Judas de Gamala avait autrefois chauffées. A la source du mouvement de ce Judas, il y avait d'abord l'argent et, loin derrière, l'exaspération causée par l'occupation romaine. L'intérêt et la fierté sont à coup sûr des moteurs puissants de révolte, mais ils le cédaient sans conteste au sentiment religieux. C'était ainsi par la force de la foi que les Juifs avaient, et à deux reprises, fait courber l'échine à Pilate lui-même.

« Je suis au service d'une cause perdue », murmura Saül, se frottant les mains devant son brasero.

L'accablement le gagna. Tout était à refaire. Tout serait à refaire, tôt ou tard, de toute façon. S'il restait dans le camp des Juifs, l'ampleur du mouvement nazaréen augmenterait jusqu'au point où l'affrontement avec les gens du Temple d'abord, puis avec les Romains, deviendrait inévitable. A ce moment-là, tout le pouvoir qu'il avait patiemment bâti depuis le retour de Cilicie tomberait en poussière. Car il passait pour juif et les Romains ne distingueraient pas entre Juifs et Nazaréens. Pour eux, ce serait tout comme, car ces gens ne faisaient pas dans la nuance. Juif, donc, il serait disgracié, peut-être même exilé. A moins qu'il ne fût tué dans un massacre.

S'il quittait le camp des Juifs... L'idée même lui donna le vertige. Il se leva pour se verser un verre d'hydromel, puis humer de l'alcool de camphre, qui lui excitait les pensées. S'il quittait donc le camp des Juifs, il perdrait sur-le-champ tout pouvoir. Il conserverait sans doute ses biens, tant qu'il ne serait pas lapidé, car le risque en était considérable.

Le scandale, en tout cas, serait immense. Demeurer à

Jérusalem deviendrait impossible. La vindicte du Temple le poursuivrait dans les cinq provinces, et Jéricho ni Césarée ne seraient plus des lieux sûrs. Capharnaüm, peut-être, mais que servait d'aller s'enterrer en Galilée, alors que les chefs des Nazaréens avaient l'audace de fomenter leur agitation à Jérusalem même, sous l'enceinte du Temple ? S'il passait dans le camp des Nazaréens, ce ne pourrait être que pour y prendre, là aussi, rang de chef. Leur chef !

C'était donc au-delà des frontières de la Palestine qu'il fallait étendre la nouvelle religion. Jusqu'à Rome. A Rome !

Saül respira profondément. La décision ne saurait plus tarder ; elle était imminente. D'ici peu de jours, il faudrait avoir quitté Jérusalem et rejoint les rangs des Nazaréens. Sarah et les enfants rejoindraient Doris à Césarée. De là, s'ils étaient persécutés comme lui-même, Doris et Rufus l'avaient été, ils pourraient toujours s'embarquer pour une destination plus sûre.

Mais l'affaire était délicate. D'une part, les Nazaréens ne pourraient voir sans rancœur l'un des bourreaux d'Étienne et leur plus efficace persécuteur rejoindre leurs rangs. Il risquait donc d'être rejeté. De l'autre, le succès éclatant que représenterait le ralliement d'un ennemi tel que lui ne pouvait que servir leur cause, et il était plus que douteux que les Nazaréens ne lui accorderaient pas la plus ample considération.

Pour effectuer cette volte-face de la manière la plus efficace, il conviendrait de les rejoindre alors qu'ils étaient à Jérusalem. Mais les risques en seraient excessifs. D'abord, les propres espions de Caïphe l'avertiraient de ce que Saül avait entrepris des contacts avec les Nazaréens, et la colère du grand-prêtre pouvait lui dicter des mesures dangereuses, telles que l'arrestation du renégat. Par sa citoyenneté romaine, il éviterait à coup sûr la mise à mort, et il serait donc déféré devant Pilate, lui aussi. Il pourrait requérir d'être jugé par l'empereur, puisque tel était le privilège de cette citoyenneté, mais le risque était grand. Tibère pouvait aussi bien déléguer l'autorité de jugement à Pilate qui, excédé par la volte-face d'un allié, lui concéderait certainement moins d'indulgence qu'au premier Nazaréen venu.

En dépit de la neige qui floconnait capricieusement sur Jérusalem, il était en sueur. Elle coulait en rigoles sur ses joues, sa nuque, son torse. Il versa une potée d'alcool d'asphodèle sur une serviette, s'avisa que celle-ci était brodée et que bientôt, sans doute, c'en serait fini des serviettes brodées et de l'alcool d'asphodèle, puis il se frictionna énergiquement.

« L'esprit est plus fort que la chair », murmura-t-il. Demain, il expédierait Sarah et les enfants à Césarée, chez Doris.

« Aucun homme ne peut révéler à aucun homme le secret de ses actes », songea-t-il en grignotant des raisins secs. « Dieu est le seul confident d'un homme. » Il n'avait quasiment jamais pensé à Dieu, sauf, et de façon fugitive, quand il avait été instruit en Judaïsme par Théodestes, le rabbin de la synagogue des Affranchis ; il s'était alors demandé si Théodestes lui-même croyait en ce Dieu aux yeux duquel tout ce qui était humain était imparfait. Car il avait, lui Saül, été trop imparfait dans son destin et dans son corps pour imaginer que les autres hommes pussent, eux, ressentir l'humiliation permanente. Ceux qui étaient beaux, eux, pouvaient-ils croire au même Dieu que les Juifs ?

La nuit fut blanche sur Jérusalem et dans la maison de Saül[44].

19

« UN HOMME SANS SOMMEIL »

Le lendemain, il demanda audience à Caïphe et l'obtint. Le grand-prêtre était perclus, on ne savait de quoi, d'âge, de rhumatismes, de froid. Trois braseros chauffaient la pièce de sa maison où il reçut Saül. Il buvait du vin chaud à la cannelle, dont il fit offrir un gobelet à son visiteur.

« Je me fais vieux », dit-il avec un demi-sourire. « L'hiver du dedans et l'hiver du dehors ne me font pas des jours aisés. Il faudra songer à mon successeur. »

Chacun savait que ce serait un fils d'Annas et, le plus probablement l'aîné, Jonathan[45].

Le grand-prêtre s'enquit de la famille de Saül. L'hiver était pénible pour Sarah aussi, expliqua Saül ; il l'enverrait à Césarée, où le climat était plus clément. Caïphe hocha la tête et s'enquit du motif de la visite. La sédition nazaréenne, expliqua Saül, était d'origine étrangère ; sa source résidait dans ce centre où Saül s'était rendu, il y avait déjà quelque temps, et d'où un Essénien nommé Dosithée propageait des billevesées teintées d'hellénisme.

« Je me souviens », dit Caïphe.

« C'est la tête du serpent », ajouta Saül.

Le grand-prêtre s'essuya la barbe du revers de la main. Un domestique lui apporta une aiguière, un plat et un linge, et versa l'eau sur les mains noueuses, puis tendit le linge. Puis il réitéra ces soins au bénéfice du visiteur.

« Serpent lointain », observa Caïphe.

« Omar, l'éparque de Coelé-Syrie, peut entendre raison. Son maître Arétas nourrit une vive rancune à l'égard d'Hérode Antipas. »

Le grand-prêtre leva un regard vitreux, questionneur.

« Nous pourrions faire valoir le peu d'estime dans lequel nous tenons le tétrarque. Je pourrais faire valoir que j'ai l'oreille de Pilate. »

Le regard de Caïphe flotta sur la tenture qui lui faisait face.

« Ces gens aiment les cadeaux », émit-il enfin.

« Je m'en charge », dit Saül. « Je demande seulement ton assentiment. »

« Suffira-t-il ? »

« Il est indispensable », répondit Saül avec un rien d'emphase.

« Tu l'as. »

Saül baisa la main auguste et ridée en se disant que c'était sans doute la dernière fois. Il rentra chez lui en se disant que c'était sans doute aussi la dernière fois qu'il franchissait le seuil de sa maison. Il alla voir Sarah. Il n'avait guère été un mari fervent, mais, pour la première fois, le cœur lui poigna à l'idée que c'était peut-être aussi la dernière fois avant longtemps qu'il la voyait[46].

Elle leva sur lui un regard sourcilleux. Il indiqua la nourrice du menton ; elle la congédia, le regard encore plus sourcilleux. Peut-être s'attendait-elle à être répudiée. Elle croisa les mains avec résignation.

« Je vais m'absenter pour un temps indéfini », dit-il. Elle ne cilla pas. « Ce que je te dis, tu ne le révéleras à personne, pour ton bien et celui de tes enfants. » Il eût pu aussi bien parler à une sourde, mais il savait qu'elle n'était pas sourde. « Je vais d'abord en Syrie, et après, je ne sais pas. » Il remarqua pour la première fois les plis d'amertume qui avaient creusé la bouche de cette femme, autrefois aussi fraîche qu'un abricot. « Dans un premier temps, tu iras chez Doris, à Césarée, avec les enfants. Tu y attendras aussi longtemps qu'on ne parlera pas de moi à Jérusalem. Des émissaires t'en informeront. Après cela, tu aviseras, avec le conseil de Doris. »

Elle baissa imperceptiblement la tête.

« La maison et tout ce qu'elle contient, tapis, meubles et vaisselle, et la plus grande partie de nos biens en argent liquide, y compris ta dot qui a beaucoup fructifié, comme tu le sais, sont en ta possession jusqu'à mon retour éventuel. Tu en disposeras avec sagesse jusqu'à ce que tu apprennes que je suis mort. »

Elle le fixa des yeux.

« Tu vas donc chez les Nazaréens », dit-elle d'une voix presque atone.

Il s'étonna ; comment l'avait-elle deviné ?

« Tu es un homme sans sommeil », dit-elle, du ton d'une femme qui énonce des évidences anciennes, mais négligées. « Tous les Hérodiens sont des gens sans sommeil. Vous n'êtes jamais en paix, avec vous-mêmes ni avec le monde. Tu es pareil à ton grand-père, celui qu'on appelle le Grand. Chacun de tes pas semble se poser sur un sol qui te fut réservé de toute éternité. Vous semblez éternellement certains de votre fait, mais le moindre craquement dans la nuit vous alarme, et vous dépêchez l'étrangleur à toute personne qui vous paraît menacer votre place au soleil. »

Elle leva le visage vers lui ; elle paraissait sourire, mais c'était le pli de la résignation et du sarcasme qui créait cette illusion. Lui, il écoutait, accablé.

« Je vois bien que tu es pareil à eux. A Hérode le Grand, qui fit égorger ton père alors qu'il était déjà à l'agonie, à ton demi-frère Antipas, qui n'a pu se suffire de son épouse de tant d'années parce que ses reins avaient été troublés par Hérodiade, la propre femme de son demi-frère, à ta grand-tante Salomé, qui n'a vécu jusqu'à sa dernière heure que de complots, de dénonciations, d'empoisonnements. Je vois bien que tu n'es pas plus juif qu'eux, Saül. Je suis une Juive, fille de grand-prêtre, et je connais ma race. Quand nous pensons être en paix avec le Seigneur, même une paillasse nous est un lit de roses. »

Il ne parvenait pas à articuler un mot. Il n'avait connu que la haine ou la flatterie, mais pas ce langage-là.

« Mais vous autres », reprit-elle, « vous êtes comme le sable sous le vent. Un Iduméen ou un Nabatéen, aujourd'hui ici, demain ailleurs, toujours agité de conquêtes. Le Seigneur des Nazaréens n'est-il pas le même que celui des autres Juifs ? Ils déplorent, eux, la corruption et la décadence de la Loi. Est-ce de cela que tu te plaindrais, Saül ? Toi qui les as persécutés parce qu'ils menaçaient l'ordre ? Dis-moi, pourquoi vas-tu rejoindre les Nazaréens ? Parce qu'ils sont pauvres et détachés des richesses ? Es-tu soudain las de ton argent ? Ou bien de ton pouvoir ? »

Avec quelle cruauté ne l'avait-elle pas observé pendant toutes ces années ! Un malaise le gagna. Le torse penché en avant, elle poursuivait :

« Crois-tu que ce Jésus dont tu as fait lapider l'un des disciples, Étienne, il y a quelques jours, soit le Messie ? La révélation t'en est-elle venue tout à coup ? Ne serait-ce pas plutôt, Saül, que tu projettes de prendre la tête des Nazaréens ? Ne serait-ce pas que tu vas prendre au ciel la couronne que ton grand-père t'a refusée ? Ne serait-ce pas que tu comptes conquérir Rome ? »

« Femme ! » dit-il. « Prends garde. »

« Tu ne peux me répudier, Saül. Tu pars avant l'aube, n'est-ce pas ? Je me tairai. Mais je n'irai pas chez Doris. Je suis lasse des Hérodiens. Je resterai dans cette maison. Je suis veuve, Saül, et je n'épouserai pas non plus Rufus. Ma bouche sera un tombeau, mon cœur est déjà au tombeau. »

Il sortit en coup de vent.

Il était plein de rancœur. « Je ne sais pire poison que parole de femme », songeait-il encore lorsque, sur la fin de la nuit, il enfourcha son cheval avec l'aide d'Akmon, avec une fortune dans les fontes de la selle. Deux autres hommes armés jusqu'aux dents accompagnaient Akmon.

Deux jours lui furent nécessaires pour retrouver sa contenance. Au terme de la Route des Voleurs, à Scythopolis, là où la Voie Royale venue de Césarée bifurquait presque à angle droit, en direction de Damas[47], Saül décida de faire une longue étape. Il se dit fatigué, mais la vérité était qu'il voulait goûter au charme cosmopolite de la Décapole[48]. Là enfin, il échappait à l'étouffement de Jérusalem, contrainte dans le conflit lancinant entre le Temple, Rome et les Nazaréens. Là enfin, l'on parlait, comme à Tarse, un grec élégant, articulé, dont il goûta à nouveau les saveurs dès les premières heures, aux thermes. Heureuses gens que les Scythopolitains, comme tous les Décapolitains, d'ailleurs, sans autre ambition que de goûter les plaisirs de la vie le plus longtemps possible !

« Tu viens de Judée, je présume ? » lui demanda son voisin de tepidarium, un homme replet dont le système pileux avait déserté le crâne pour garnir le torse. Et comme Saül acquiesçait, intrigué : « On vous reconnaît, vous autres Judéens, à votre air grave. Mais il est vrai que la vie n'est pour vous qu'une antichambre. »

Saül se mit à rire. Cette familiarité insolente eût, en effet, causé une algarade à Jérusalem.

« N'y a-t-il pas de gens graves à Scythopolis ? » demanda-t-il.

« Les étrangers qui viennent d'arriver », dit l'autre. « Au bout de quelques mois, toutefois, leur expression se fait plus amène et leur pas, moins pressé. Mais il est vrai que Scythopolis, comme les autres villes de la Décapole, est libre. Ni les Romains, ni les Juifs, ni les Nabatéens n'y gouvernent les mœurs. »

« Tu n'es donc ni juif ni romain ni nabatéen, si je te comprends ? » demanda Saül.

« Je suis thrace, d'une famille installée ici depuis bien trois siècles », dit le Scythopolitain. « Je m'appelle Evariste. »

« Je m'appelle Saül. »

« Tu parles bien le grec, Saül. Il est vrai que les Juifs parlent couramment le grec, mais tu as la diction distincte de ceux qui savent non seulement comment se prononcent les mots, mais encore comment ils s'écrivent. Et tu as l'accent élégant. » L'appréciation avait donc pris valeur d'une question.

« Je l'ai appris à Tarse », répondit Saül, dont les muscles se détendaient pour la première fois depuis plusieurs jours.

« As-tu donc vécu longtemps à Tarse ? » demanda Evariste. « Quelle idée de quitter cette ville splendide pour Jérusalem ! »

« Tarse est peut-être ma ville », dit rêveusement Saül. « Mais ma destinée m'attendait un temps à Jérusalem. »

« Mais Tarse est une si belle ville ! » soupira Evariste. « Toutes les villes qui sont nées du souffle grec... » dit-il encore, laissant sa phrase inachevée.

La réflexion frappa Saül. Même subjuguée par les Romains, la Grèce dominait encore le monde de son esprit.

« Même votre Temple à Jérusalem », dit Evariste, « il est conçu selon nos ordres et rappelle étrangement celui de Zeus, à Pergame, à l'exception des frises, bien sûr. Vous n'avez pas d'artistes, vous, Juifs. »

« Il est impie de faire des effigies à l'instar du Créateur », expliqua Saül.

Evariste sourit ironiquement.

« Parce que vous croyez que vous pourriez l'égaler ? » demanda-t-il.

Le ton de la conversation agaçait Saül, mais les réflexions neuves qu'elle lui valait le stimulaient. Loin de Jérusalem, l'air était plus vif.

« Il est vrai que votre architecture est noble », admit-il.

« C'est qu'elle est à la mesure de l'homme, même quand elle célèbre les dieux », dit Evariste en trempant une éponge dans un seau pour se rincer. « Nos dieux, d'ailleurs, marchent avec nous et ne nous donnent jamais le sentiment d'être imparfaits. » Puis il but un gobelet d'eau, pour réamorcer sa sudation et dit d'un air finaud : « Mais ne regrettes-tu pas les femmes de Tarse ? Ah, je ne parvenais pas à m'arracher à cette ville ! »

Saül fronça les sourcils.

« N'aimerais-tu pas les femmes ? » demanda Evariste, le regard scrutateur.

« Elles induisent la concupiscence », répondit sévèrement Saül.

« Et serais-tu né sans la concupiscence, ami Saül ? » demanda Evariste avant un éclat de rire.

« Il faut avoir son épouse et c'est d'elle seulement que doivent naître les enfants », répondit Saül, de plus en plus contrarié.

« Et sans doute aussi être aveugle », marmonna le Grec. « Mais on n'est pas forcé d'avoir des enfants à tous les coups. Ou, si l'on a peur de trop diviser son héritage, on peut aimer les garçons. » Il avait encore repris son regard finaud.

« C'est une abomination ! » cria Saül. « La pire des concupiscences ! » Il regretta de s'être emporté. « La concupiscence est mauvaise parce qu'elle détourne l'homme de ses tâches et fait de lui la proie des êtres inférieurs. »

« Quels sont les êtres inférieurs ? » demanda Evariste. « Les femmes ? Mais ma femme est aussi intelligente que moi, et c'est pourquoi je l'ai épousée. Mais si vous,

Juifs, considérez les femmes comme des êtres inférieurs, pourquoi leur confiez-vous vos enfants à éduquer ? »

« Faudrait-il les confier aux domestiques ? » répliqua Saül.

« J'ai sans doute tort de poser ces questions, car je connais quand même un peu les Juifs, par l'entremise de ceux qui vivent à Scythopolis et dans les autres villes de la Décapole, mais comme ils sont hellénisés, dit-on, ils n'ont pas les idées aussi tranchées qu'à Jérusalem. J'espérais que quelqu'un de cette ville m'apporterait les réponses à des questions que je me pose depuis quelque temps. »

« Je regrette de n'avoir pu te les fournir », dit Saül, à peine courtois, en se levant pour aller se plonger dans la piscine.

Il s'étonna, tandis qu'il nageait, d'avoir répondu comme s'il avait été un Pharisien. Tant d'années à feindre avaient fini par lui coller à la peau. Mais il était vrai, et cela n'avait rien à voir avec le judaïsme, qu'il considérait les femmes comme des êtres inférieurs. Il s'efforça de ne pas penser à Sarah, car cela lui gâcherait l'humeur.

C'était vrai aussi que les dieux païens marchaient aux côtés des hommes. L'idée le laissa songeur.

20

« ILS N'ONT PAS DE CHEF ! »

« J'étais votre persécuteur », dit-il, « et j'ai versé le sang des vôtres. Mais voici que mes yeux se sont dessillés et je suis venu vous rejoindre[49]. »

Les galettes de pain reposaient sous un linge et le velours des amandes emplissait un bol de terre. Saül songeait en les prononçant que pas un seul des mots qu'il disait n'était contraire à la vérité. Il considéra l'assem-

blée qui, elle-même, le considérait, une vingtaine
d'hommes réunis dans la maison qu'il avait autrefois
visitée, où le même Dosithée siégeait et le fixait de son
regard d'argent. Mais il y avait cette fois-ci d'autres
gens. Et d'abord Pierre, qu'il avait vu à Césarée, puis
Jean et son frère Jacques, Philippe... Il en ferait l'inventaire plus tard.

« Pourquoi nous persécutais-tu ? » demanda Jean.

« Le soleil éclaire les montagnes avant d'éclairer les
vallées », répondit Saül. « Vous alliez clamant que la Loi
tombait en déshérence ; pour moi, elle était toujours en
vigueur, car, l'ai-je connue autrement ? Vous le clamiez
au nom d'un homme que vous aviez connu, et dont vous
disiez qu'il est le Fils de Dieu et le Messie ; l'esprit
humain ne conçoit pas aisément l'exceptionnel ; si
c'était le cas, vous eussiez été d'emblée une multitude ;
comment pouvais-je croire ? »

« Tu parles bien le grec », dit Philippe.

« J'ai passé ma jeunesse à Tarse », répondit Saül.

La phrase était ambiguë, à dessein. Savaient-ils qu'il
était un Hérodien ? Le plus tard ils le sauraient, le
mieux. Il s'en expliquerait. De tous ses pores, en attendant, il s'efforçait de percevoir leurs sentiments à son
égard. Contradictoires : les anciens pêcheurs de Galilée
avaient ramené dans leurs filets une prise exceptionnelle,
un gros, un très gros poisson. Mais était-il comestible[50] ?

« Qu'était donc Jésus, pour toi ? » demanda Pierre,
comme s'il ne se satisfaisait pas du précédent aveu
d'erreur de Saül.

Le candidat sentait les poils de sa poitrine se hérisser
et lui pénétrer la peau comme du crin. Il avait le dos
moite. Il eût dû méditer davantage sur les questions qui
lui seraient posées. Il faisait là une improvisation périlleuse.

« Je suppose que tu veux dire : qu'*est* donc Jésus pour
moi », corrigea-t-il. « L'instrument de la volonté divine,
destiné à sauver les hommes de la cécité. »

Ils étaient assis, tous sauf Jean et Philippe. Il ne distinguait pas tous les visages, et d'autant moins que l'ombre
était descendue sur la montagne. La pièce où Saül pas-

sait son examen n'était plus éclairée que par les trois rectangles de lumière mauve des fenêtres.

« Les prophètes et les rois ont aussi été les instruments de la volonté divine », reprit Pierre. « Crois-tu que Jésus soit comme eux ? »

« Je ne le crois pas, puisque lui, il est ressuscité », répondit Saül.

« Mais Elie et Ezéchiel ne sont pas morts », insista Pierre. « Crois-tu que Jésus ne soit qu'un prophète ? »

« Non, Elie et Ezéchiel n'ont pas été mis à mort, et des hommes ne se sont pas fait tuer en leur nom », répondit Saül.

Ce qu'il disait, pensa-t-il fugitivement, était vrai, et puisqu'il le disait, c'était aussi vrai pour lui, et puisqu'il le disait encore, c'est qu'il était des leurs, ces hommes sombres qui l'examinaient sans relâche. Ne le comprenaient-ils pas ?

Ils se consultèrent à voix basse. Jean alla chercher une lampe et la posa sur la table où, cette fois, le pain dans son linge fut baigné d'or. Le parfum vineux de la montagne envahit la pièce.

« Je ne peux avoir de réponses à toutes vos questions », dit Saül. « Vous êtes riches de l'enseignement de Jésus. Je ne le suis pas. Je ne suis pas venu vous contredire, mais m'instruire. »

Il avait joué là une carte maîtresse et il retrouvait de la confiance quand un homme se leva de la pénombre. La lampe révéla son visage et Saül ravala sa salive.

« Tu étais plein de superbe, Saül, quand tu es venu dans ma maison pour me demander où était Jésus et menacer de m'arrêter si je ne le révélais », dit Lazare[51] d'une voix sonore. « La colère et la haine garnissaient ta superbe comme le bandeau de pourpre garnissait ton manteau. Dis-nous comment la lumière t'est venue. Fut-ce la nuit, ou bien fut-ce le jour ? Fut-ce dans la nuit de tes sens, car chacun sait à Jérusalem que tu souffres du mal tombant, ou bien fut-ce sous le soleil de ta raison ? »

Sur quoi Jean et Lazare échangèrent ce qui sembla être à Saül un regard d'intelligence. Mais quoi, il valait mieux que les ennemis se révélassent d'emblée.

« Ne l'ai-je pas dit clairement, Lazare ? » dit Saül d'un ton égal. « Je fis pis que te menacer d'arrestation, puisque j'envoyai plusieurs des vôtres à la mort. Mais tes questions sont opportunes. Je crois que le grain germe lentement. Quand le vent l'apporta-t-il ? Je ne sais. Peut-être Dosithée ici présent le sema-t-il quand, l'autre année, je suis venu le voir ici même. Étais-je vindicatif ? J'en appelle à son témoignage. Je crois plutôt lui avoir exposé mon appréhension de voir verser le sang juif. » Les regards se tournèrent vers Dosithée, qui acquiesça. « Mais il est certain que, même hostile, j'ai réfléchi, au retour de ce voyage, à l'ardeur de la foi qui poussait des hommes et des femmes de plus en plus nombreux à affronter la colère de notre clergé et le glaive des Romains », reprit Saül. « Tu as parlé de mon mal tombant, Lazare. Il est une épine dans ma chair. Mais peut-être est-ce par la volonté du Seigneur que j'en suis affligé. Car ce fut, en effet, durant un accès que j'ai subi ici, à mon arrivée, il y a quelques jours, que la certitude finale m'a ébloui. J'ai vu une lumière terrible et je suis devenu aveugle, juste avant d'arriver à l'auberge. J'entendais une voix, et je ne savais à qui elle appartenait. Elle disait : "Saül ! Saül ! Pourquoi me persécutes-tu ?" Un homme qui était sur la route m'a vu tomber ; il m'a pris le bras. Je lui ai demandé : "Entends-tu ? Entends-tu la voix ? " Mais il n'entendait rien. Je lui ai encore demandé : "As-tu vu la lumière ? Est-elle encore là ? " Il m'a répondu qu'il ne voyait que le soleil de midi. Je suis resté trois jours à l'auberge sans voir, ni me nourrir. Cet homme me soignait. Le troisième jour, il est entré dans ma chambre et mes yeux se sont dessillés. Je voyais ! Le doute qui m'habitait encore s'était évanoui ! La lumière qui m'avait aveuglé avait aussi dissipé les ombres ! Cet homme est celui qui m'a amené ici, tout à l'heure. Il s'appelle Ananias. Qu'il témoigne pour moi[52]. »

Ils se tournèrent vers Ananias, qui était resté dans l'ombre ; ils le firent avancer et raconter sa version de l'histoire.

« J'étais sur la route », dit Ananias, « quand j'ai vu,

en effet, cet homme tomber. Je suis allé le relever et me suis aperçu qu'il était aveugle et semblait déraisonner. Il m'a demandé si j'entendais la voix. Je n'entendais rien. Si je voyais la lumière. Je ne voyais que celle du soleil de midi. Je l'ai accompagné à l'auberge de Nephtalim, où j'ai demandé qu'on prît soin de lui et qu'on lui donnât à manger. Mais il n'a bu que de l'eau pendant trois jours. Il m'a prié de ne pas l'abandonner. Je suis allé le voir hier. Au moment où j'arrivais, il a levé les bras en reconnaissant le son de ma voix. L'aubergiste m'a dit que le repas qu'il a pris avec moi était, en effet, le premier depuis trois jours. Il ne savait rien de moi. Il m'a demandé le chemin de la maison de l'Etoile. Je lui ai proposé de l'y accompagner. Je lui ai demandé le motif de sa visite. Il m'a dit : "Je suis désormais des leurs." C'est moi qui l'ai amené ici tout à l'heure. »

Les regards se tournèrent de nouveau vers Saül. Un domestique amena deux autres lampes. Les yeux de Jean et de Lazare étincelèrent d'anxiété. Était-ce possible ? Qu'un de leurs tourmenteurs les plus cruels fût soudain frappé par la grâce ?

Les criailleries des oiseaux avaient pris fin. Un grillon chanta dans la pièce même. Le murmure d'une cascade se fit plus distinct. Lazare s'était rassis.

« Tu es de grand lignage », dit Pierre. Ils le savaient donc, de Lazare, de Dosithée, peut-être d'autres encore. Ils devaient aussi avoir leurs espions. « Ta conversion va faire scandale à Jérusalem. Y es-tu préparé ? »

« J'y ai songé, bien sûr », répondit Saül. « Mais est-il bien nécessaire que je rentre tout de suite à Jérusalem ? De quelle utilité y serais-je ? J'y risque la mort sans bénéfice pour personne. Loin de Jérusalem, je vous serai plus utile. Ma fortune vous sera plus utile aussi. »

Ils ne demandèrent pas le montant de cette fortune. Deux cent mille deniers d'argent romain, entreposés chez le banquier romain Lucilius Lentius, plus des fermes et leurs revenus, plus la maison de Jéricho, une palmeraie en Pérée et des créances en ivoire et en ébène, ainsi qu'en gemmes, chez un caravanier nabatéen. Il ne faisait évidemment pas le compte de la dot de sa femme, qu'il avait fait fructifier, mais qu'il lui avait rendue, ni de la maison de Jérusalem, dont il lui avait fait don. Quatre sacs de cuir, laissés à l'auberge, contenaient quinze mille derniers, dont il déposerait une partie chez un collègue de Lentius, à Damas.

Dosithée n'avait dit mot. Tantôt lointain et tantôt proche, son regard s'arrêtait parfois sur Saül sans que celui-ci pût y déchiffrer d'expression. Songeait-il à la laideur de la recrue assise devant lui, crâne chauve, visage creusé de rides profondes, sourcils joints au-dessus du nez, torse velu, jambes torses, attaches épaisses, qui lui eussent interdit l'accès à la communauté essénienne, s'il y avait posé sa candidature ?

« Entends-tu souvent des voix, lors de tes accès ? » demanda-t-il.

La question recèle un piège, songea Saül et il secoua la tête en signe de dénégation. « Non », dit-il, oubliant d'ajouter qu'il avait rarement souffert crise plus violente que celle qui lui avait attiré la commisération d'Ananias.

« Connais-tu Simon ? » demanda encore Dosithée.

« Simon le Magicien ? » demanda Saül et, comme Dosithée avait hoché la tête : « Bien sûr. Ne dit-il pas ou ne fait-il pas répandre la rumeur qu'il est, lui, le Messie[53] ? Je ne l'ai jamais rencontré. On dit qu'il est un bel homme majestueux, à la parole chaude et convaincante, qu'il accomplit des prodiges. Moi, je ne sais qu'une chose, c'est qu'il fut l'une des causes de mon hostilité à votre égard. Pouvait-il y avoir deux Messies ? Ou même trois ? »

« Comment ? » s'écria Pierre.

« Oui », s'écria Saül. « N'a-t-on pas dit que Dosithée était un Messie ? Ne l'appelle-t-on pas l'Etoile ? »

« Il est l'Etoile ! » cria Lazare, soudain debout.

Plusieurs dans l'assemblée parurent ravaler leurs reparties. Il y avait donc quelque désaccord à ce sujet.

« Notre frère Dosithée est l'Etoile qui a annoncé la venue du Messie », dit enfin Pierre.

« Et comment voulez-vous qu'un simple Juif se retrouve dans ces distinctions ? » s'écria Saül. « Si Dosithée est des vôtres, pourquoi Simon le Magicien n'en est-il pas aussi ? »

« Simon est dans l'erreur », dit Dosithée.

« Simon est un traître ! » cria Lazare.

« Simon était un de mes disciples », dit lentement Dosithée. « Il fut instruit dans la voie de la connaissance. Mais il ne sut pas dépasser les limites de son cerveau. Il crut et croit encore que les prodiges suffisent à témoigner du pouvoir divin. Or, ce n'est pas le cas. Simon est inachevé. Il est le serviteur du Démiurge, et non de Dieu. Ses prodiges sont de la volonté du Démiurge, non de Dieu[54]. »

De nouveau, Pierre parut embarrassé.

« Qu'est-ce que le Démiurge, sinon Dieu ? » demanda Saül.

« Le Démiurge est à la fois Dieu et Son contraire », dit lentement Dosithée. « Il disparaîtra au triomphe du Fils de l'Homme, qui est le messager de Dieu auprès des hommes et le héraut des hommes auprès de Dieu. »

« Qui est le fils de Dieu », ajouta Jean, insistant, « Jésus qui est le fils de Dieu. »

« Personne ne sait tout cela », dit Saül, presque rogue. « Je doute même que vos disciples le sachent. »

« C'est pourquoi il faut le leur enseigner », dit André. « Nous sommes chargés de répandre la parole de Jésus dans le monde et jusqu'aux confins de ce monde. »

« Si tu nous rejoins, tu devras d'abord apprendre ce qu'est cette parole et ensuite, travailler avec nous à l'enseigner à ceux qui ne la connaissent pas », dit Pierre.

« Quel est votre chef ? » demanda Saül.

Le silence qui suivit fut d'une longueur inusitée.

« Nous n'en avons pas », dit enfin Jean.

La main de Pierre jaillit dans un mouvement d'interrogation.

« Nous n'en avons pas, car c'est à nous tous qu'il a dit : "En vérité, je vous dis que tout ce que vous lierez sur la Terre sera lié au Ciel, et ce que vous délierez sur la Terre sera délié au Ciel[55]", nous l'avons tous entendu », dit Jean, feignant de pas remarquer le geste de Pierre. « Et il l'a redit », reprit Jean. « Il a dit : "Si deux ou trois d'entre vous s'accordent sur la Terre sur quelque chose qu'ils demandent, cela sera fait par mon Père au Ciel. Car lorsqu'il y aura deux ou trois réunis en mon nom, je serai là, parmi eux[56]." Nous l'avons tous entendu. Il n'a nommé aucun de nous en particulier. » Il y eut quelque agitation dans l'assemblée et Jean dit encore : « Et quand il a ressuscité, il nous à dit : "Que la paix soit avec vous. De même que le Père m'a envoyé, moi je vous envoie." Et c'est à nous tous qu'il a dit : "Recevez le Saint-Esprit. Si vous pardonnez les péchés de quelqu'un, ils sont pardonnés. Si vous les maintenez, ils sont maintenus[57]." Nous l'avons tous entendu. Il n'a désigné personne. »

Pierre semblait accablé. D'autres aussi, que Saül ne connaissait pas.

« Non, nous n'avons pas de chef », dit Jean en levant enfin les yeux. « Nous n'avons pas de chef autre que Lui, Saül[58]. »

Plus tard, quand ils eurent fini leur souper, quand la nuit profonde jeta son tapis de rêves et de terreurs sur Kochba, Damas, Jérusalem et le monde jusqu'aux franges de l'aurore, quand l'assemblée qui l'avait examiné se fut enfouie dans les plis de la laine, Saül sortit pour aller marcher jusqu'à la cascade proche.

« La guerre des Juif est perdue », murmura-t-il, mais la leur n'est certes pas gagnée. Ils n'ont pas de chef ! Ils n'ont pas de chef, car c'est ainsi que leur maître l'a voulu ! »

Deuxième partie

LE RIRE DES CHIENS

1

UN SABBAT À ANTIOCHE

Les merles dans les bosquets voisins furent les premiers à saluer le lever du jour. Le rabbin Elias Théophoros se leva pour scruter le ciel du Sabbat au-dessus d'Antioche[59] ; l'azur en serait plus pur que l'eau des torrents qui dévalaient le Silpius. Les tuiles de bronze du temple de l'Apollon Pythien se crêtèrent d'or. Le parfum sucré des glycines qui enguirlandaient les fenêtres de Théophoros s'insinuèrent dans sa chambre. Mais cette scène exquise laissa la rabbin morose. Il n'avait pas beaucoup dormi. Les fêtards du jour de Saturne avaient mené grand tapage dans les bosquets voisins, justement. Les bois de Daphné ne leur suffisaient plus. Ils venaient là par bandes avec du vin, des vivres, des flambeaux et des orchestrions, clabaudant et emplissant la nuit de l'écho de leurs turpitudes. L'autre Sabbat, excédé, à la sixième heure de la nuit, la clepsydre en était témoin, et comme sa femme était contrariée par des obscénités indicibles répétées à l'envi sur un air de fifre, Théophoros avait enfilé ses sandales, s'était couvert de son manteau et était allé tancer ces dépravés.

On ne l'y reprendrait pas. Il avait trouvé, sur des tapis s'il vous plaît, en pleins bosquets, un groupe quasiment dévêtu, gorgé de vin et de bière, qui l'avait accueilli avec des quolibets effroyables. Pendant qu'une donzelle dansait nue, un géronte lui avait déclaré que lorsque Apollon lui aurait infligé les sévices exquis que sa décrépitude ne méritait certes pas, il serait plus tolérant à l'égard de ceux qui savaient goûter les délices de la vie. Là-dessus, un jeune insolent s'était levé pour lui donner la pièce et des noceurs voisins avaient demandé aux premiers s'ils avaient besoin de renfort pour dépêcher aux Gémonies des fâcheux.

« Ce n'est rien, c'est un rabbin ! » avait crié quelqu'un du premier groupe.

« La place des Juifs est chez Pluton, c'est Tibère qui l'a dit ! » clama une voix dans la nuit.

Théophoros avait donc battu en retraite, humilié et impuissant.

Il s'en était ouvert le lendemain au chef de la police. Lequel avait levé les bras au ciel. Il avait lui-même passé une nuit blanche ! Une patricienne l'avait réveillé en pleine nuit parce qu'un amant à stipende l'avait soulagée d'un pectoral d'or, d'ivoire et de rubis. Il avait fallu mander des hommes pour courir les tavernes et quand on avait retrouvé le malandrin, il dansait nu sur une table avec le pectoral en guise d'ornement ; c'était la plaignante elle-même qui le lui avait offert dans les transports du vin à l'amanite phalloïde. Puis un esclave s'était plaint que son maître l'avait contraint, en public, à des pratiques indignes et quand la police était allée y voir, elle avait trouvé le maître ronflant d'ivresse dans les ruines d'un festin. Même les fauves semblaient ivres !

« Alors », avait dit le policier, « si vous croyez que j'ai le temps d'aller m'occuper des chansons des fêtards ! »

Le pis était que le fils et la fille de Théophoros, qui avaient leurs chambres à l'étage au-dessus, avaient certainement entendu les mêmes horreurs. Dès ce soir, il les enverrait chez leur tante, dans le quartier des tanneurs où, le Seigneur en fût loué, les fêtards obscènes n'avaient que faire.

Mais enfin, ces gens sans mœurs s'étaient tus, sans doute vaincus par leurs excès. Théophoros se tourna vers sa femme ; elle avait enfin trouvé le sommeil. Il ferma les volets et, décidant de remettre ses prières à plus tard, il se recoucha.

Se lever tard quand on a mal dormi incline à la morosité. Théophoros se passa le visage à l'eau, se peigna négligemment les cheveux et la barbe et, le choc répété du broc de cuivre sur la cuvette ayant informé l'esclave qui dormait à la porte que son maître s'était enfin réveillé, un gobelet de lait d'amandes et un plat de galettes au miel furent déposés sur une crédence. Théophoros but le rafraîchissement, grignota une galette, puis, ayant vaqué aux exigences du corps, décida qu'il aurait, pour le souper, besoin de compagnie. Un trouble vague lui voilait l'humeur depuis quelque temps déjà. L'origine en était multiple, donc incertaine. C'est ainsi qu'en lui apportant l'autre semaine les pains de proposition, comme à l'accoutumée, Pharesos, un boulanger qui ne se distinguait certes pas par sa fermentation intellectuelle, lui avait demandé pourquoi les gens du Temple de Jérusalem persécutaient les disciples du prophète Jésus.

« Sans doute ne respectent-ils pas la Loi », avait émis Théophoros, qui, au fond, n'en savait diantre rien.

« Mais ceux que nous comptons parmi nous à Antioche la respectent », avait objecté Pharesos.

« C'est pourquoi ils vivent en paix », avait conclu Théophoros, embarrassé.

Mais la réponse n'avait visiblement pas satisfait le boulanger.

Autre sujet de trouble : des voyageurs venant de Judée avaient rapporté qu'un membre éminent de la communauté de Jérusalem, un prince hérodien même, Saül, fils d'Antipater, avait déserté ses frères juifs pour passer dans les rangs des disciples de ce Jésus, crucifié voilà bientôt cinq ans. Que se tramait-il donc à Jérusalem ? C'était important, parce que les événements de Jérusalem finissaient par affecter les autres villes, et puis il était contrariant d'être mal informé quand on était chef de la principale synagogue d'une grande ville comme Antioche.

Voilà pourquoi Théophoros avait besoin de compagnie et, pour être clair, de celle de Faustus Fortunatus, personnage instruit, de bon sens, Juif pieux et, de surcroît, informé de ce mouvement de disciples de Jésus, puisqu'il se disait partisan du mystérieux prophète. Fortunatus habitait à moins de cent pas, il n'enfreindrait donc pas le Sabbat à se rendre à l'invitation. Le rabbin lui dépêcha un esclave, un Païen, car il était toujours commode d'avoir des Païens à son service pour les tâches du Sabbat, telles que la préparation des repas et la vaisselle, et l'esclave revint quelques minutes plus tard avec l'acceptation de l'invité. Sur quoi Théophoros se retira pour lire Samuel.

En plus de ses qualités déjà citées, Fortunatus avait l'aisance, celle des gestes et de l'argent, et il n'était donc pas de ces gens dont on se demande si leur plus récente opinion ne serait pas inspirée par un calcul financier. Sauf qu'il portait l'himation grec au lieu du manteau juif ou de la toge romaine, singularité qu'on attribuait à son hellénisme, il était sans affectation. Théophoros l'observa plus attentivement qu'à l'ordinaire, alors qu'ils disaient la prière : Fortunatus récitait les mots de façon claire et recueillie, et non dans ces marmonnements qu'on entendait à certains. Sa piété n'était pas feinte.

Après les aménités d'usage et quelques considérations rapides sur les affaires de la ville, Théophoros en vint à son propos.

« Mon estimé frère », dit-il, « je ne t'ai jamais entretenu de ton appartenance au mouvement des disciples de Jésus, ceux qu'on appelle, je crois, les Nazaréens[60]. Mais j'ai depuis quelques jours des raisons de m'y intéresser, et notamment aux troubles que les Nazaréens semblent entretenir à Jérusalem. C'est pourquoi je me permets de t'interroger à leur sujet, car je crois que tu te dis nazaréen. »

« C'est exact », répondit Fortunatus, après avoir goûté au vin que son hôte lui faisait verser, alors qu'il ne buvait que de l'eau à peine teintée, pour l'assainir.

« Les Nazaréens sont bien des Juifs, et pieux, puisque je te connais. Quelle est donc leur doctrine, et pourquoi certains d'entre eux, à Jérusalem, fomentent-ils des troubles ? »

Fortunatus se lissa la barbe, plissa le front et répondit au bout d'un moment :

« Il est possible que nous ne parlions pas de la même chose. »

« Comment ? » s'étonna Théophoros, un quartier de

pigeon immobilisé en plein vol, entre le plat et sa bouche.

« Je ne tente pas d'être paradoxal ou brillant », expliqua Fortunatus. « Mais il est vrai que je ne suis pas certain que ceux qu'on peut appeler les Nazaréens paisibles et les autres partagent vraiment les mêmes idées. »

Théophoros semblait stupéfait. Fortunatus reprit :

« Prenons mon cas. En tant que Juif néophyte de deuxième génération, j'estime que la Loi tend à être négligée par mes coreligionnaires d'Antioche. J'ai été à Éphèse ; c'est pareil. Les rites sont pratiqués superficiellement. Les sacrifices sont offerts sans dévotion, comme si le Tout-Puissant ne lisait pas dans les cœurs. Car les cœurs sont durs, les nuques sont raides. Les docteurs se perdent dans l'interprétation littérale des textes, qui finissent par supplanter l'esprit même de la Loi. C'est ainsi qu'ils en arrivent à commettre des injustices légales, comme dans l'affaire que nous avons vue récemment, dans cette ville, celle de la veuve qui s'est trouvée dépossédée de l'héritage qui lui était dû. Et pourtant, à Antioche, comme nous sommes une minorité, nous veillons plus attentivement qu'à Jérusalem à nous garder de l'égoïsme et de l'injustice. Nous chérissons notre solidarité. A Jérusalem, les Juifs sont chez eux, du moins tant que c'est possible sous la domination romaine. Les gens du Sanhédrin sont moins vigilants. Ce sont des Sadducéens, les patriciens du peuple juif. Ils sont sûrs de leur bon droit et de leur légitimité. Ils sont plus indifférents qu'ici au sort des autres. Me suis-tu ? »

Théophoros hocha la tête, mâchant lentement.

« Apparaît alors un Galiléen nommé Jésus. Je le dis Galiléen car, bien que né à Bethléem, d'une famille de Judée, il a vécu en Galilée. Il dit que les paroles de la Loi ne doivent pas être confondues avec l'esprit de celle-ci. Que le Seigneur n'a que faire du sang des agneaux et des colombes, des libations et de l'encens, car ce qu'il demande, c'est d'abord le cœur des hommes. Il dit aussi que le Sabbat est fait pour les hommes, pas les hommes pour le Sabbat. Que les pécheurs qui se repentent ont droit à la miséricorde de Dieu. Ce sont là des mots simples et vrais. C'est pourquoi, Elias, je me suis rallié aux Nazaréens et je considère que Jésus est un grand prophète. »

Le rabbin but une longue rasade et soupira profondément.

« Je ne vois rien que de juste, en effet, dans les paroles que tu rapportes. Mais n'est-il pas quand même outré d'avancer que le Sabbat est fait pour les hommes, et non l'inverse ? Le Sabbat n'est-il pas une observance de la Loi, laquelle est la parole immanente du Très-Haut ? »

« Le Tout-Puissant n'a pas besoin de Loi, puisqu'Il est la Loi à Lui seul. Il a donné les Tables à Moïse à l'intention de Son peuple », répondit Fortunatus. « Elles ont été écrites pour ce peuple, et pas l'inverse. »

« Le point est à débattre », dit Théophoros en se servant d'aubergines frites. « Mais soit. Pourquoi des Nazaréens créent-ils du scandale et poussent-ils leurs invectives au point qu'il faille les condamner à mort par lapidation ? »

« Ah », s'écria Fortunatus, « là est la question ! » Et il répéta ces derniers mots, comme s'il était lui-même perplexe. Puis il dit : « Je ne peux parler pour les Nazaréens rebelles. Mais je crois qu'ils jugent l'Alliance rompue entre le Seigneur et Son peuple. »

« Comment ? » s'écria le rabbin, scandalisé. « Que le Très-Haut veuille nous pardonner cette impiété ! »

« Nous ne siégeons pas ici dans un tribunal, Théophoros. Nous essayons de comprendre et tu m'interroges pour savoir ce que tu ne sais pas. Pour les Nazaréens rebelles, l'écart est trop grand. L'hypocrisie a dépassé les limites, le Temple de Jérusalem est une abomination et le clergé n'est qu'une assemblée de fantoches, qui a rompu l'Alliance quand il a condamné Jésus à la croix infâme. Il a infligé à un prophète le supplice des voleurs et son impiété est infinie. Il convient de rompre avec lui et de créer une secte nouvelle qui, héritière de Jésus, sera la défenderesse nouvelle de la Loi. »

« Folie ! » protesta Théophoros. « Qui les a investis de cette autorité ? »

« Jésus, Messie. »

« Qui a dit qu'il était le Messie ? » s'écria Théophoros, le visage tendu.

« Pas lui, certes. Mais il y a ses prodiges... »

« Des prodiges ! » dit le rabbin sur un ton de dérision, en levant les bras au ciel. « Des prodiges ! mais il y en a partout ! De l'Epire à l'Egypte, je n'entends parler que de faiseurs de prodiges ! On en voit même dans les temples des Gentils ! Dans tous les sanctuaires d'Asklépios, les lépreux sont guéris, les aveugles voient, les hystériques se calment, les femmes stériles deviennent fertiles, les grabataires se mettent à marcher ! Il n'est plus que les chauves qui ne voient leurs cheveux repousser ! La moitié des garçons de cette ville s'appellent Télesphore et la moitié des filles Hygeia ou Panacée ! Allons-nous pour autant dire qu'Asklepios[61] est le Messie ? Ou bien aller hurler des imprécations contre les servants de Zeus ? »

« Il est vrai », concéda Fortunatus, levant la main en signe de conciliation. « Mais lui, Jésus, on dit qu'il a ressuscité après sa mort sur la croix. »

« Qui le dit ? » demanda Théophoros, se servant de raisins secs et d'abricots secs macérés dans du sirop de rose, dont il remplit un bol.

« Ses disciples l'ont vu », dit doucement Fortunatus.

« Ses disciples ! » protesta Théophoros. « Evidemment ! C'est de lui qu'ils tiennent leur légitimité, alors ils fabriqueront toutes sortes de preuves de sa qualité surnaturelle. » Il posa le bol sur la table et pointant le menton vers Fortunatus : « Tu y crois, toi, à cette légende ? Alors je voudrais te demander : s'il avait vraiment ressuscité, ça voudrait dire qu'il était immortel, invulnérable, non ? Identifié enfin à sa nature divine, non ? Alors pourquoi n'a-t-il pas été voir le grand-prêtre ? Ça, Fortunatus, ç'aurait été un début de preuve. Ç'aurait été efficace aussi. Si vraiment Caïphe négligeait la Loi, il se serait repenti sur-le-champ, non ? Mieux encore, si ce Jésus, une fois ressuscité, s'était présenté en plein Sanhédrin, armé de sa puissance prodigieuse, de la preuve absolue qu'il avait surmonté la mort, les soixante-douze au complet seraient tombés dans les transes du repentir, non ? Mais à qui aurait-il, selon toi, été fournir les preuves de sa miraculeuse existence ? A ceux qui, de toute façon, étaient déjà prêts à y croire, qui y croyaient déjà ! Allons, Fortunatus, tu te moques de moi, ou bien ces gens se moquent de toi ! Vous autres, Nazaréens, vous prêtez à cet homme des pouvoirs surnaturels, alléguant qu'ils démontrent sa prédestination. Mais ne trouves-tu pas bien déconcertant de la part d'un envoyé de Dieu qu'il ne se serve de sa toute-puissance que pour convaincre ceux qui sont déjà gagnés à sa cause et pas les autres ? »

Fortunatus, accablé, ne répondait pas.

« Pourquoi Jésus n'est-il donc pas allé à Rome ? Pourquoi n'est-il pas apparu à Tibère pour lui dire : "Vois, on m'a crucifié en Judée, mais j'ai ressuscité, repens-toi, Tibère ?" Pourquoi n'est-il pas apparu à Pilate ? Pourquoi, pour commencer, s'est-il laissé infliger le supplice infamant du bois ? » Théophoros fronça les sourcils et, penché vers son hôte, conclut en ces termes : « Je te le dis, Fortunatus, avec toute la force de mon cœur, pour moi, cette histoire de Messie crucifié nu comme un voleur est un incommensurable blasphème. Que le Très-Haut leur pardonne ! Moi, Fortunatus, j'en tremble d'horreur et d'indignation, et je t'adjure d'y réfléchir ! »

Fortunatus respira profondément, puis, à l'improviste, les larmes jaillirent de ses yeux.

« Pourquoi pleures-tu, maintenant ? » demanda doucement Théophoros.

« Parce que tu as tué en moi l'espoir », répondit l'autre en s'essuyant le visage. « Ce que tu dis est vrai. Mais je voulais croire que le Seigneur nous avait envoyé un messager. Nous voici donc condamnés à notre misérable humanité, à notre indignité, c'est-à-dire au désespoir. »

« La Loi n'a pas changé même si ses défenseurs trébuchent ou défaillent », dit Théophoros en faisant servir du vin à son hôte. « Remets-toi. L'œil du Très-Haut ne cligne jamais. Il te voit et sait la vérité de ton cœur. Tu n'as pas besoin de Messie, pas de ce Messie-là. » Il remplit lui-même le bol de dessert de Fortunatus et le lui

tendit. « L'honneur de Dieu m'interdit de te laisser t'égarer. »

Fortunatus soupira encore.

« Viendrais-tu m'invectiver sous mes fenêtres et me
traiter de mauvais Juif ? Suis-je un mauvais Juif ? Suis-
je un rabbin indigne ? »

Fortunatus secoua la tête.

« La nature humaine ne peut être parfaite, Fortunatus.
Mais les illusions et les fables ne l'améliorent pas. »

Fortunatus acquiesça du chef.

« Je ne veux pas te compter parmi ceux pour lesquels
je devrais un jour, le cœur déchiré, demander la lapidation parce qu'ils blasphèment. »

« Cela ne sera pas », répondit Fortunatus. « Mais tes
paroles sont amères. »

« Qui épargne son bâton hait son fils. »

Le Sabbat suivant, Fortunatus fit partie de la cohorte
réunie par Théophoros, qui alla rosser les braillards des
bosquets de l'Asi.

2

REMOUS À KOCHBA

Les matinées avec les précepteurs à Tarse avaient été
miel et roses comparées à celles qu'il fallait passer à
Kochba avec les Nazaréens. Ces gens-là ne faisaient que
répéter inlassablement les mêmes choses, en les enjoli-
vant parfois jusqu'à l'absurde. Ainsi, en dépit de la
patience qu'il s'était imposée comme règle de fer, Saül
s'énerva avec un butor de néophyte nommé Zacharie, un
jeune homme au visage pourtant clair et charmant, qui
répétait, interrompant tout le monde, que Jésus avait
triomphé de la mort et que les morts se levaient sur son
passage dans les cimetières.

« Ce n'est pas vrai », avait fini par couper Philippe. « Il n'a ressuscité que la fille de Jaïre et Lazare. »

« Tu n'as aucune autorité pour le dire », avait rétorqué, obstiné, Zacharie.

On s'était résolu à le houspiller pour le réduire au silence ; ses yeux criaient ce que sa bouche ne pouvait dire.

Dosithée[62] assistait à l'instruction de Saül et de quelques autres néophytes ; il ne prenait que très rarement la parole.

Quand Saül demanda où Jésus avait passé les années précédant son ministère public, on lui objecta qu'il n'avait rien à en savoir. Il s'entêta et dit qu'il savait, lui, que c'était à Quoumrân, chez les Esséniens ; la contrariété se peignit sur les visages de ses instructeurs.

« C'est exact », finit par dire Dosithée, questionné des yeux par Saül. « Il y était avec moi et Jokanaan, et Lazare était avec nous en qualité de novice. »

« Pourquoi en êtes-vous partis ? » demanda Saül.

« Nous en sommes partis sans en partir », répondit Dosithée. « Jésus est resté essénien jusqu'à la veille de la crucifixion. Il a célébré la Pâque le mercredi, comme chez les Esséniens, alors qu'elle tombait le vendredi chez les autres Juifs. Je suis resté essénien, Jokanaan aussi, et Lazare aussi[63]. »

Philippe fit la grimace. Il n'avait pas été à Quoumrân ; cet aspect-là de la vie de Jésus lui échappait ; sans doute en était-il de même pour les autres disciples, dont aucun n'avait été essénien ; tous étaient originaires de Galilée, à l'exception de l'Iscariote.

« Pourquoi en êtes-vous partis ? » répéta Saül.

« On ne peut sans fin attendre la fin », répondit Dosithée.

« Les Esséniens sont infiniment scrupuleux à l'égard de la Loi, mais vous dites que Jésus ne respectait pas le Sabbat, qu'il ne se lavait pas les mains avant de toucher à la nourriture, qu'il disait que le Sabbat est fait pour l'homme, et non l'homme pour le Sabbat ?... »

« C'est le Messie ! » hurla Zacharie.

On le bouta dehors, non sans lui avoir représenté

l'incivilité et les dangers de son impétuosité. Dosithée assista à la scène avec une impassibilité d'airain.

Saül attendit derechef la réponse à sa question. Mais Dosithée n'était pas prolixe.

« Les scrupules des Esséniens sont un point secondaire, sans grande importance, vraiment », finit-il par répondre. « C'était évidemment excessif que d'interdire la satisfaction des besoins naturels le jour du Sabbat. »

Saül leva les sourcils, ne comprenant pas.

« Les autres jours », expliqua Dosithée, « il fallait et il faut sans doute toujours se munir de sa truelle pour creuser un trou dans la terre et y enfouir ses excréments, et le Sabbat interdisant le maniement de la truelle, il fallait donc se retenir, ce qui faisait que le jour du repos, Quoumrân était une agglomération de gens en proie à la colique. Jamais la Loi n'a stipulé que la constipation et la rétention d'urine étaient une voie d'accès du Seigneur[64]. »

Philippe et une douzaine d'autres Nazaréens écoutaient Dosithée avec une curiosité mélangée d'exaspération.

« Je suppose », reprit Dosithée de sa voix mesurée et lente, « que Jésus, comme moi-même et Lazare et Jokanaan, s'est rebellé contre ces injonctions vétilleuses. Et contre le désespoir. »

« Le désespoir ? » répéta Saül.

« Les Esséniens attendent la fin imminente du monde », dit Dosithée[65].

« Mais enfin, si vous tous et Jésus rejetiez tant de points de l'enseignement essénien, comment seriez-vous demeurés esséniens ? »

Dosithée demeura un long moment songeur et muet.

« Ces choses-là sont réservées », dit-il enfin, et il se leva.

Les jours suivants, Saül tenta de trouver par lui-même une réponse à sa question et n'y parvint pas.

Le lendemain de la conversation avec Dosithée, Saül trouva Philippe, qui était son maître ordinaire, sourcilleux et mécontent.

« Tu poses beaucoup de questions », dit Philippe sur un ton accusateur. « Quel en est le but ? »

« Ma paix intérieure », répondit Saül.

« Cela ne te suffit-il pas de savoir que Jésus est le Messie ? Ses paroles ne te suffisent-elles pas ? »

« Tout est simple pour vous qui l'avez connu », répondit Saül. « Mais pas pour les autres. Vous avez vous-mêmes admis que ses paraboles étaient difficiles. Vous m'avez vous-mêmes dit qu'il a traité Pierre d'esprit obtus parce qu'il ne le comprenait pas. Tu m'as toi-même dit que tu ne comprenais pas toujours ce que disait Jésus. Quel tort aurais-je de vouloir comprendre, moi aussi ? »

« Tu n'as pas à tout comprendre ! » s'emporta Philippe. « Tu n'auras qu'à propager la bonne parole ! »

« Et quand les gens me poseront les questions que je me pose, que répondrai-je ? » demanda Saül, qui sentait aussi monter la colère. « Que je ne sais pas ? Que je répète ce que j'ai entendu dire, comme les perroquets et l'écho ? Est-ce là selon toi la manière la plus efficace de propager la bonne parole ? »

Il avait élevé la voix et, en dépit de sa taille, dominait Philippe.

« Tu n'es pas propriétaire de ton savoir, Philippe », cria-t-il. « Il appartient à tous ! »

« On ne te demande que de croire ! » cria à son tour Philippe.

Alertés par l'altercation, les autres étaient accourus.

« Erreur, Philippe ! » rétorqua Saül. « Dieu m'a donné la raison et c'est pour que je m'en serve. Qui m'assure, Philippe, que ce n'est pas toi qui répètes ce que tu as entendu sans comprendre ? Qui m'assure que tu n'as pas entendu de travers ? Ou bien les paroles de Jésus sont-elles à ce point incohérentes qu'elles n'aient pas d'explication ? Est-ce là ce que tu crois ? Dans ce cas, je te le dis, je n'ai que faire de ton enseignement ! »

« L'insolence ! » gronda Philippe.

Il allait quitter la pièce quand l'un des Nazaréens présents lui dit :

« Il a raison, Philippe. Ton savoir ne t'appartient pas. Ce que tu sais, tu dois le partager. »

Celui qui l'avait appelé à l'ordre et à l'humilité s'appelait Alexandre, un Juif de Scythopolis, calme et carré, qui disait faire partie des soixante-douze apôtres de Jésus, ce qui devait être vrai, puisque personne ne le contredisait. Philippe se ravisa.

« Très bien », dit-il à Saül. « Que veux-tu savoir ? Nous t'avons rapporté tous les mots et gestes de Jésus, et nous t'avons dit ce que nous en pensons. Mais il semble donc que tu aies des questions à nous poser auxquelles nous n'avons pas songé. Nous t'écoutons. »

Le ton était contraint et le regard, baissé.

« Depuis trois semaines que vous m'apprenez, en effet, ce qu'à dit et fait Jésus, j'ai entendu les paroles admirables d'un homme fidèle à l'esprit des Livres. J'entendais parfois Jérémie, et parfois Isaïe, et parfois encore des échos inconnus des Proverbes. Je ne peux douter donc qu'il ait été l'égal des prophètes. Mais vous me dites qu'il était le Messie et l'envoyé de Dieu. Et je ne sais pas encore pourquoi vous le croyez. »

« Les prodiges parlent pour lui », répondit Philippe.

« Les prophètes aussi ont accompli des prodiges », objecta Saül.

« Jokanaan a dit qu'il était le Messie », repartit Philippe.

« Mais quelle est donc l'autorité de Jokanaan ? Elle n'était pas supérieure à celle de Dosithée. Il était un Essénien ; vous n'êtes pas tous des Esséniens et, d'ailleurs, Jésus avait quitté les Esséniens, comme Jokanaan. De plus, Jokanaan a douté, vous l'avez dit vous-même. Quand il était en prison, il a envoyé un de ses disciples à Jésus avec le message suivant : "Es-tu vraiment celui que nous attendons, ou bien en viendra-t-il un autre[66] ?" Donc, non seulement l'autorité de Jokanaan n'est pas établie, mais encore a-t-il lui-même douté. »

Philippe réprima un soupir d'impatience.

« Jésus est ressuscité », dit-il, « n'est-ce pas suffisant comme preuve de sa divinité ? »

« Êtes-vous certains qu'il était bien mort ? » demanda

Saül. « Êtes-vous certains ? Il n'est resté sur la croix que moins de quatre heures, son crâne n'a pas été fracassé, ses tibias n'ont pas été brisés. Il aurait pu avoir survécu. »

« Es-tu certain que tu ne blasphèmes pas, Saül ? » demanda Philippe, menaçant.

« Si je blasphémais, ce serait que j'ai l'intention d'offenser le Très-Haut, et ce n'est pas le cas, Philippe. Je te pose la question qu'on me posera quand, à mon tour, j'irai répandre les paroles de Jésus. »

« Il est mort sur la croix et il est ressuscité, je ne puis rien te dire de plus », répondit Philippe en prenant à témoin de sa patience, d'un regard circulaire, les autres Nazaréens.

« Sans doute, Philippe. Mais quand vous l'avez revu, c'était un homme, n'est-ce pas ? Jusqu'au moment où vous l'avez revu, vous avez cru qu'il était mort, n'est-ce pas ? Au repas d'Emmaüs, vous avez dit à l'inconnu que vous aviez cru que Jésus était l'homme qui allait libérer Israël, tu l'as dit toi-même, Philippe. Jusqu'alors, vous ne pensiez donc pas que cet inconnu était le Messie. Ni les paroles de Jokanaan, ni les prodiges de Jésus ne vous avaient convaincus qu'il était le Messie[67]. »

Philippe écoutait, les traits tendus.

« Ce n'est donc qu'après la résurrection que vous vous êtes souvenus des assurances de Jokanaan et des prodiges de Jésus. C'est la seule résurrection qui vous a persuadés que Jésus était le Messie, n'est-ce pas vrai ? »

Philippe hocha la tête, le corps oscillant comme s'il s'apprêtait à partir.

« Comme la résurrection est donc la clef de voûte de votre croyance et qu'il n'en est aucune autre, il est légitime que je m'interroge et que je vous interroge à son propos. Si je ne le faisais, je serais un hypocrite. »

Philippe leva la tête, le masque de pierre, le regard lointain.

« Mais j'ai d'autres questions », reprit Saül, se redressant, « auxquelles ni toi ni les autres n'avez répondu dans vos enseignements. Quand vous avez revu l'homme Jésus, celui qui a partagé votre repas à

Emmaüs, quand vous avez conclu qu'il était le Messie, quand il vous a ensuite accompagnés jusqu'à Béthanie, pourquoi ne l'avez-vous pas suivi[68] ? »

Philippe ne répondit pas. Il était encore plus sombre qu'avant.

« Voilà donc votre Messie ressuscité, il fait la route avec vous, lui votre maître revenu de l'empire de la mort, et vous ne le suivez pas ? »

Le silence régna un long moment. Les assistants écoutaient le duel avec une gravité consternée. Puis Philippe dit :

« Il avait achevé sa mission. Nous avions le sentiment que tout était dit. »

« Que votre soif de savoir était donc facile à étancher ! » s'écria Saül.

« Es-tu ici notre accusateur ou notre frère, le disciple que nous avons baptisé dans la foi en Jésus ? » demanda Philippe. « Tu nous as d'abord persécutés dans notre chair, et maintenant, tu viens nous assaillir des questions d'un Helléniste. »

« L'âme forte ne craint pas la vérité. Tu n'as pas répondu à mes questions, et pourtant, j'en ai encore, rien qu'une. Puis-je la poser ? »

Les mains de Philippe se tendirent sur sa robe.

« Où donc avez-vous vu Jésus pour la dernière fois ? » demanda Saül. « Car il faudra que je le dise, à mon tour. Est-ce à Emmaüs, en Judée, ou bien sur les rives du lac de Tibériade, en Galilée ? Vous m'avez dit tantôt ceci, tantôt cela. Vous m'avez même dit que vous l'aviez vu sur les monts de Galilée. »

« Nous l'avons revu deux fois », répondit Philippe. « Une, en effet, à Emmaüs et, plus tard, sur les rives du lac de Tibériade[69]. »

« Par deux fois donc, vous avez revu votre maître et vous ne l'avez pas suivi. Tu m'as dit que vous aviez le sentiment que tout était dit. Tu vois bien que vous étiez dans l'erreur, puisqu'il a jugé bon de réapparaître deux fois. Est-ce à moi de conclure que vous avez manqué de ferveur ? Mais c'est le reproche que tu me fais, Philippe, je ne ferai donc pas de conclusion. Chacun d'entre vous, ici, fera celle que lui dicte son cœur », dit Saül en se tournant vers l'assistance. « Mais toi, Philippe, où donc as-tu vu ton maître pour la dernière fois, puisque tu es l'un des douze, seul d'entre eux ici présent aujourd'hui ? »

« Je refuse de répondre ! » cria Philippe dans l'accès de colère qu'il réprimait depuis un temps. « Notre savoir n'est pas pour ceux qui ne croient pas que Jésus soit le Messie ! » Il respira profondément. « Nous t'en avons trop dit, et c'est inutile ! »

« Comment pourriez-vous garder votre savoir pour vous et répandre la parole de Jésus ? » demanda Saül d'un ton provocateur.

« On ne jette pas des perles aux pourceaux ! » cria encore Philippe. « C'est un savoir réservé ! »

« Une insulte n'est pas une réponse, Philippe », dit Saül.

Dosithée venait d'apparaître sur le seuil.

« Demandez donc à Dosithée s'il partage son savoir ! » cria Philippe.

« Donc, tu te ranges à l'avis de Dosithée », dit le Nazaréen qui s'appelait Alexandre. « Ce qui signifie que la bonne nouvelle est secrète. Il n'y a donc pas lieu d'enseigner Saül ou quelque autre, peu ou prou. »

Philippe parut ruminer cette remontrance un moment, puis leva la tête.

« Écoutez, vous tous », dit-il avec une véhémence contenue, « j'ai baptisé Simon[70], le disciple de Dosithée. Je l'ai instruit patiemment. Et qu'a-t-il fait ? » s'écria-t-il. « Qu'a-t-il fait ? Il a déformé mon enseignement pour aller clamer en Samarie qu'il est l'incarnation de la divinité, Dieu me pardonne de répéter ce blasphème ! »

« Donc, tu refuses de m'expliquer ce que tu sais, Philippe, parce que tu penses que je suis un autre Simon », dit Saül. « Peut-être, de même, refuseras-tu de m'expliquer le refus de Jésus de soigner la fille de la Cananéenne, que tu m'enseignais l'autre soir. Est-ce cela que tu entends me dire ? Que je suis un Gentil ? Que la Parole de Jésus ne m'est pas destinée, de même qu'il n'est pas bon, comme disait Jésus à propos de l'enfant malade, de prendre le pain des enfants et de le jeter aux chiots ? Alors, dis-le publiquement, Philippe ! Je t'en somme ! »

Quand le silence se fut déposé, Philippe dit d'une voix redevenue égale : « C'est exact, Saül, je pense que tu es un Gentil. La parole de Jésus n'est pas pour les Gentils. Elle est réservée aux Juifs. Et ta tête est trop grande, aussi, Saül. Je rentre à Jérusalem. Qu'un autre t'enseigne. »

« Je m'y offre », dit Alexandre.

Philippe ramassa son manteau, dans le silence général. Puis, s'étant redressé : « Je te préviens, Alexandre, cet homme est dangereux[71]. »

Ainsi prit fin l'enseignement de Philippe.

Alexandre se souvint-il de l'avertissement de Philippe ? Toujours fut-il qu'au terme de quelques semaines, il se lassa. Saül posait des questions trop difficiles. Ainsi, comment concilier la parole de Jésus, « Le feu ! Je suis venu le jeter sur la Terre, et combien je voudrais qu'il fût déjà allumé ! » avec les larmes versées sur la mort de Lazare ? Et la leçon d'abnégation et de justice suprême ? Et pourquoi Jésus n'avait-il jamais reconnu qu'il était le Messie ? Alexandre n'avait pas de réponse et les autres non plus.

« C'est un véritable Helléniste », murmura un soir, au sujet de Saül, un des Nazaréens proches d'Alexandre. « Il veut tout savoir et tout comprendre. »

Eux, en tout cas, n'étaient pas les émules des pédagogues de Tarse. Saül comprit qu'il n'était plus le bienvenu.

« Tu es au fond nabatéen », lui dit un matin Alexandre. « Va porter la bonne parole aux Nabatéens. Baptise-les au nom de Jésus. Dis-leur ce que tu sais. »

Ils étaient las de lui. Il les avait troublés plus d'une fois, il l'avait compris. On lui signifiait son congé. Perplexe et critique à la fois, il alla à Damas. Ce fut là qu'un soir d'ennui et d'indifférence advint l'extraordinaire[72].

3

RÉVÉLATIONS À DAMAS

Il arriva à Damas la bouche amère. Il avait brûlé ses vaisseaux et n'était arrivé nulle part. Désormais étranger à Jérusalem, il n'était pas vraiment accepté par les Nazaréens. Une lassitude le gagna et, pour avoir trop bu de vin, ou bien était-ce un vin fort, il dormit immodérément dans l'hôtellerie où il avait pris ses quartiers.

Ce fut une main d'homme qui l'éveilla, secouant son épaule non sans vigueur. Un visage basané et contrarié était penché sur lui, un autre homme se tenait à la porte. On l'avait cru mort, il avait dormi quatorze heures.

Cette orgie de sommeil ne l'avait pas reposé et le réveil fut pâteux. Pour se fouetter le sang, Saül alla aux thermes. Son médecin, à Jérusalem, lui avait expliqué que les mauvais réveils sont causés par des humeurs visqueuses qu'il faut évacuer par la sudation. Aussi Saül emporta-t-il au tepidarium une pleine gargoulette d'eau fraîche, parfumée à l'encens, et se mit, en effet, en demeure d'expulser les humeurs qu'il attribuait à la contrariété.

Il était là, à ruisseler, méditant sur le plan d'action qu'il allait suivre, quand, à travers la vapeur, il distingua un visage qui le fixait. Oui, c'était bien lui que fixait l'inconnu, et il sembla même à Saül qu'il percevait un léger sourire sur ce visage. Au bout d'un moment, il le reconnut : c'était Démétrius. Rencontre embarrassante, mais qui le serait davantage s'il feignait de ne pas reconnaître celui qui avait été un hôte généreux à Scythopolis. Il leva la main en salut. L'autre leva la sienne en réponse et, renouant la serviette autour de ses reins, se leva pour aller à la rencontre de Saül. Les préséances demeuraient sauves. Même en exil, Saül restait prince.

Une esquisse de sourire creusait en effet la bouche de Démétrius. Saül l'invita à s'asseoir près de lui. Ils échangèrent des expressions amusées et ne dirent rien pendant un moment.

« Ta santé est bonne, je l'espère », dit enfin Saül.

« Pour mon âge, elle est satisfaisante. Et suis-je autorisé à m'enquérir de la tienne ? »

« Tu l'es. Elle n'a pas varié. »

« L'eût-elle dû ? »

Saül sourit d'un air entendu.

« Je suppose que certaines personnes à Jérusalem le croient. »

« Il m'est revenu que Caïphe dit que tu as souffert d'une insolation qui a entraîné une crise de haut mal dont tu n'es pas remis[73] », rapporta Démétrius.

« Quand les gens ne trouvent pas d'explications, ils inventent des fables », dit Saül.

« Ainsi, tu as quitté Jérusalem », constata Démétrius.

« Plus que Jérusalem, les Juifs », répondit Saül.

« Je te l'avais dit, on ne peut empêcher le vin de fermenter. »

« Tu le disais pour les Juifs. »

« Et tu n'es pas juif », admit l'autre. « Mais ce sont quand même des Juifs, ces Nazaréens que tu es allé rejoindre à Damas. »

« C'est ce qu'ils croient », rétorqua Saül d'un ton un peu pointu.

Démétrius en resta interdit.

« Mais s'ils le croient, c'est que c'est pour eux la vérité », objecta-t-il.

« Eh bien, puisque la vérité est ce qu'ils croient, il faudra leur faire croire autre chose », répondit Saül sur un ton provocateur, tel que son interlocuteur se demanda s'il ne plaisantait pas.

Démétrius, intrigué, voulait en savoir plus. De passage à Damas pour affaires, il était l'hôte d'un collègue nabatéen qui, ce soir-là, donnait un banquet et auquel il prit la liberté d'inviter Saül. Lequel accepta, content de se désennuyer.

Abdilène ne craignait ni la dépense ni le mauvais œil ; sa maison tenait du palais plus que d'une demeure, même aisée. Où que le regard se portât, il ne rencontrait que luxe et beauté, marbres grecs, coupes d'onyx, de jade ou d'agate, tapis et tapisseries, arbres rares et mystérieux en pots, meubles incrustés d'ivoire, d'argent et d'ébène, peut-être même d'or, parmi lesquels circulaient une foule d'invités heureux qu'on leur donnât l'illusion de participer, fût-ce pour quelques heures, à ce faste, et des esclaves et domestiques de toutes les couleurs, Galates blonds et Nubiens violets, Scythes aux yeux obliques, Asiates safranés et Maures aux yeux charbonneux. Des perroquets enchaînés à des perchoirs de bronze défiaient de leur œil rond des guépards à l'œil cerné d'antimoine par la nature. Les domestiques versaient des alcools connus et inconnus, ramenés des confins du monde.

« On ne compte pas les vaisseaux de la flotte d'Abdilène », expliqua Démétrius à Saül, stupéfait par l'opulence, « et l'on dit que le soleil ne se couche jamais sur ses caravanes. »

Car Abdilène était le cerveau d'un réseau de routes terrestres et maritimes qui lui rapportait les soies de l'Empire sérique, les épices de la Chersonèse d'Or et de Taprobane, l'ivoire de Barigaza, l'argent de Bactiane et le mercure de Sodgiane, d'autres épices et de l'ivoire encore des Montagnes de la Lune, qu'il redistribuait aux puissants de ce monde, rois, princes, satrapes, ethnarques, tétrarques, éparques et toparques. Esclaves savants, herculéens ou splendides, oiseaux chanteurs, aphrodisiaques, pourpre, objets somptueux ou singuliers étaient décrits par ses soins à tel client ou amateur pour finir leurs jours à Salamantique, Crémone ou Nicomédie. C'est ainsi que des enfants d'un potentat scythe naissaient avec une peau de bronze, par l'entremise d'une esclave d'Erythrée, et qu'un sénateur romain s'émerveillait des grimaces d'un singe pèlerin de Taprobane en dégustant du vin à la girofle dans une corne de rhinocéros façonnée en rhyton, « une corne de licorne », assurait-il pour émerveiller ses amis[74].

Abdilène régnait sur le monde par le goût humain du luxe et, comme Saül le complimentait sur ses richesses, le Nabatéen, petit homme replet à l'œil humide et à la lèvre pourpre, lui répondit avec un sourire :

« Mon aïeul me disait déjà, en ramenant d'Erythrée

les perles, la nacre et le corail, que les religions passent et que les royaumes se font et se défont, mais que le luxe, lui, est éternel. Je n'ai fait qu'appliquer sa réflexion à la conduite de mes affaires. »

Il montra à ses invités diverses curiosités, dont une coupe remplie d'eau, au centre de laquelle flottait un dragon de bronze dont la gueule indiquait toujours le nord, quel que fût le sens dans lequel on l'orientait[75], puis un singulier emboîtage de cercles de métal qui semblaient pouvoir rouler dans tous les sens. Au centre se trouvait un réceptacle empli d'huile et garni d'une mèche. Abdilène alluma la mèche et poussa la boule cerclée au hasard. Celle-ci roula sans que l'huile se renversât ni que la flamme s'éteignît[76].

« Prodiges de la magie ! » s'écria Démétrius.

« Il n'y a de magique que ce qu'on ignore », dit Abdilène.

Un perroquet cria : « Abdilène est mon maître ! »

On applaudit, puis on passa à table. Il y avait là des clients, mais aussi des Romains, dont les deux chefs de la IIIe et de la XIIe légion, la Gallique et la Foudroyante, plus un personnage dont tout le monde faisait grand cas, Lucius Annaeus Seneca[77], le philosophe, auteur dramatique aussi, enfin des princes, de Numidie, de Cappadoce, de Commagène, des capitaines et des chefs caravaniers. L'occasion du banquet était la célébration du mariage du troisième fils d'Abdilène.

« En voilà un que le tourment ne ronge pas », songea Saül, observant le jeune homme, beau, souriant et paré, l'épaisse crinière de boucles d'ébène soigneusement lustrée, tandis que son père le présentait à l'assemblée. « Tout lui est donné d'emblée, la grâce, la fortune et la sérénité. Quels dieux révère-t-il ? Quels qu'ils soient, ils lui assurent la paix. » Et Saül admira le sourire du jeune homme confondu par les compliments.

Sénèque aussi avait un compliment ; on fit silence pour l'écouter.

Le visage raviné de l'illustre Romain s'éclaira d'une indication de sourire. La voix, usée par les plaidoiries et les déclamations, s'adoucit.

« Ta grâce, Abdias, plaide pour ta vertu,
Et ta vertu, pour ta fortune.
Le bonheur escorte donc l'hyménée
Que nous célébrons ce soir,
Puisqu'il n'est félicité sans vertu
Dont la fortune est l'ornement.
Mais tandis que l'une et l'autre
Cernent ton front de leur diadème,
Songe à ta neuve puissance :
Car un homme de vertu est l'instrument des dieux. »

Les applaudissements retentirent, puis l'on servit le vin et les mets. Saül restait songeur. Les derniers mots de Sénèque retentissaient sans fin dans sa tête. Quand le brouhaha des conversations se fut assez bien installé pour qu'il pût interroger Sénèque sans attirer excessivement l'attention, Saül lui demanda (car le philosophe était à brève distance) :

« Et qu'en est-il du pouvoir du tyran sans vertu ? »

Sénèque leva les yeux vers Saül et, le front encore plus plissé, répondit :

« C'est moins qu'un caillou sur le chemin du voyageur. Ce voyageur est la vertu. Le tyran ne dure que ce que peut durer une vie d'homme, alors que le caillou est éternel. »

Saül hocha la tête. Avait-il donc, à Jérusalem, été le caillou sur le chemin des Nazaréens ? Et quel voyageur était-il donc ?

La conversation, à la table où était Saül, s'était engagée sur le sujet des remèdes. Sosas, chef caravanier, robuste gaillard au visage émacié, parla de ceux qu'il avait ramenés de Rhagès et Ctésiphon, où le plus célèbre médecin d'au-delà du Pont les recueillait de divers points d'Asie, un onguent qui réduisait les abcès les plus tenaces, une racine qui rendait la vigueur aux plus défaillants, une poudre qui procurait le sommeil le plus délicieux, une autre qui réduisait les délires, la fièvre et les douleurs des os...

Saül écoutait distraitement.

« ... Mais qu'est donc un remède sans l'art du médecin ? » poursuivait Sosas. « J'ai vu bien des médecins, mais le plus étonnant est celui qui vint me traiter à Edesse, où, sur le chemin du retour, je devais livrer de la soie. J'avais pris, le Diable sait où, une fièvre effroyable qui me paralysait les membres, m'empêchait de respirer et me baignait sans cesse de sueur. A l'arrivée de la caravane, mon lieutenant me donna pour agonisant. On m'installa dans un caravansérail, et l'on se mit en quête d'un médecin. On en trouva deux ; ils me déclarèrent perdu. Une vieille femme murmura qu'elle en connaissait un autre, dont elle ne pouvait assurer qu'il accepterait de venir. Mon lieutenant l'entretint sans relâche jusqu'à ce qu'elle donnât le nom de ce médecin. Il se munit d'une petite fortune, de parfums, que sais-je ! Enfin, alors que je pensais ne plus revoir l'aube, cet homme arriva à mon chevet. »

Démétrius, Saül et les autres avaient entendu cent récits de remèdes et de médecins prodigieux, et la courtoisie seule les eût empêchés d'interrompre le caravanier. Toutefois, celui-ci s'exprimait avec une conviction contagieuse.

« C'était un homme singulier. Dès que je le vis, je fus contraint de garder les yeux ouverts, alors que mes paupières étaient de plomb. Il posa les mains sur mon front. J'eus l'impression que de la neige ruisselait sur mon visage. L'insupportable douleur qui m'avait fait une nuque de bois commença à s'effacer. Puis il me prit les mains et les tint longtemps. Je m'endormis. On me crut mort encore une fois. Par acquit de conscience, mon lieutenant vint me secouer, beaucoup plus tard, car ce médecin lui avait recommandé de me laisser dormir jusqu'à l'aube. Alors, on me donna un remède affreusement amer et dilué pour cela dans de l'hydromel. A midi, j'étais encore très affaibli, mais je pouvais respirer et parler. Le lendemain, je titubais, mais la fièvre était partie. Soutenu par mon lieutenant, j'allai rendre visite à ce médecin qui, me dit mon lieutenant, avait refusé tout paiement. Je le trouvai entouré de gens qui buvaient ses paroles. A genoux, je le suppliai d'accepter mon or. Il refusa de nouveau.

« "Je ne fais pas commerce de guérisons", me dit-il. "Va en paix, tu m'as payé." »

« Quand je partis, une femme me courut après. Elle me dit que j'avais été guéri par le Messie. Je ne sais pas ce que signifie ce mot. "Jésus", m'a-t-elle crié, étonnée, "tu ne connais pas Jésus, le fils de Dieu ?" J'avais donc été guéri par le fils de Dieu », conclut Sosas. « Je ne sais si Dieu a un ou plusieurs fils, mais enfin, voilà un médecin extraordinaire. »

Tous ceux qui avaient écouté ce récit, y compris Sénèque, restèrent sans mot dire pendant un long moment. Leur stupeur fut masquée par les conversations des autres convives.

« Tu as été soigné par Jésus, à Edesse ? » finit par demander Saül.

« Comme je vous l'ai dit », répondit Sosas, surpris de l'effet de ses mots.

« Mais quand donc ? » demanda Saül, réfléchissant rapidement que le caravanier, qui était le plus souvent absent, n'avait peut-être pas, en effet, entendu parler de Jésus.

« Il y a une semaine aujourd'hui que j'ai quitté Edesse. Je suis arrivé ce matin. »

« Où demeure-t-il, à Edesse ? » demanda Saül.

« Dans la vieille ville et dans la rue de l'orfèvre Nimrod. »

Saül dévisagea attentivement le caravanier ; ni les traits aigus ni l'expression ni le ton n'étaient ceux d'un faiseur de fables ou, tout au moins, de ces esprits rêveurs qui peignent la réalité aux couleurs des contes. L'étonnement, par ailleurs, plaidait pour lui.

« Quel est donc ce Jésus ? » demanda-t-il en faisant honneur au repas, car il semblait doté d'un bel appétit.

« C'est un homme dont on commence à parler à Rome », dit Sénèque. « C'est un Juif dont les Juifs disent qu'il fut l'envoyé de leur Dieu. »

« Pourquoi en parler au passé ? » demanda Sosas.

« C'est qu'il a été crucifié », dit Sénèque.

Sosas ouvrit de grands yeux.

« Aurais-je été soigné par un spectre ? » demanda-t-il.

« Non, car il est ressuscité », dit Saül, en se désaltérant.

Sosas posa son verre, donnant les signes du trouble, sourcils relevés, yeux écarquillés, bouche entrouverte, mains à demi levées.

« Si je ne savais votre civilité, je croirais que vous vous moquez d'un caravanier qui connaît la géographie, mais non la philosophie », dit-il. « Seuls les dieux ressuscitent, m'a-t-on dit dans toutes les villes que je fréquente depuis que je partis avec mon père, pour mon premier voyage, il y a trente ans. L'homme que j'ai vu était bien humain. Quand je l'ai vu, il mangeait du fromage avec du pain, entouré de gens. Vous me dites qu'il a été crucifié ; c'est la peine de l'infamie. Puis vous me dites qu'il est ressuscité comme un dieu. Je trouve cela contradictoire. »

« Ce l'est, en effet », admit Sénèque.

« L'homme que j'ai vu était certainement remarquable », dit Sosas, « et c'est pourquoi je vous ai rapporté mon histoire. Mais peut-être est-ce justement sa nature remarquable qui a inspiré des légendes. Peut-être n'a-t-il pas été crucifié. Ou peut-être n'est-il pas mort sur la croix. »

Un acrobate vint faire des tours tandis que les domestiques changeaient les plats.

« Il y a, en effet, une énigme », dit Sénèque. « Elle tient autant pour moi à l'étrangeté de l'histoire de Jésus qu'à sa ressemblance avec celle de tant d'autres dieux. Tout semble se passer comme si c'était l'homme qui inventait les dieux. »

« Serait-ce possible ? » demanda Démétrius.

« De même que l'intelligence d'un homme mort est sans pouvoir sur le monde, on peut se demander ce que seraient les dieux si l'homme n'existait pas. »

Les questions s'entrechoquèrent dans l'esprit de Saül. Des voiles se déchiraient. Deux idées confusément se dégageaient du tumulte. La lumière venait de Rome, en la personne de Sénèque. Et Jésus était vivant, à Edesse. Il fallait le voir. Rien n'aurait de sens avant que Saül ne l'eût vu.

Abdilène emmena ses hôtes dans un petit théâtre privé ; on y jouerait une pièce de Sénèque, dont Héraklès était le héros. Le langage en était beau, et l'idée, frappante : la vertu changeait les hommes en héros, mais un héros ne pouvait changer le destin. « Pour l'œil d'un homme, les dieux sont aveugles », dit un acteur.

Mais Saül était distrait.

4

DANS LA RUE DE L'ORFÈVRE NIMROD

Il trouva sans peine la rue de l'orfèvre Nimrod, et la maison voisine au deuxième étage de laquelle se trouvait Jésus. Elle serpentait sur les remparts de Damas, l'Antioche de Callirhoé, devant le pilier que surmontait la statue de la reine Shalmât, et qui se reflétait dans la piscine aux carpes sacrées de la déesse Atargatis. Du haut de son cheval, Saül s'était tout à l'heure penché sur l'eau noire. Des carpes énormes frémissaient dans le reflet des nuages et de la statue inversée. Heureuses carpes, qui volaient dans le ciel et ne le savaient pas !

L'escalier était plein de monde qui parlait syriaque, un araméen guttural[78]. Une chèvre escorta Saül, mâchonnant le fourrage mystérieusement répandu sur les marches. Des poules, sur le palier, picoraient leur grain. Il se fraya un chemin à travers la porte, ouverte à deux battants. Comment ne pas le reconnaître ? Il était assis, entre deux fenêtres, une fillette blafarde sur les genoux, les gens rangés en cercle autour de lui. Les yeux mi-clos, il semblait palper le dos de la fillette, entre les omoplates. Il la mit à plat ventre, appuya fortement sur la colonne vertébrale, la fillette cria et expulsa une masse de phlegme considérable. Une femme cria, se jeta aux pieds de Jésus, les baisa, essuya le volumineux crachat, pleura, saisit l'enfant, la porta au plafond de ses bras tendus, proféra des bénédictions. Jésus semblait las.

« Allez », dit-il, joignant à la parole le geste de la main. « Laissez-moi me reposer. »

Un homme, que Saül reconnut, c'était Thomas, fit exécuter l'ordre, poussant vers la porte les gens qui se perdaient en invocations émotives, certains pleurant, les autres se retournant pour voir encore Jésus. Saül resta seul dans la pièce, tandis que Jésus se passait de l'eau sur le visage, et que Thomas chassait à coups de pied la chèvre rétive, qui s'était, elle aussi, introduite dans l'appartement, la luzerne aux dents.

Saül s'était tenu parfaitement immobile. Jésus et Thomas s'avisèrent en même temps de sa présence. Thomas fronça les sourcils et tendit la main en direction de la porte, mais Saül ne lui laissa pas le temps de parler.

« C'est moi, Saül[79]. »

Son regard tomba sur les pieds de Jésus et il découvrit les cicatrices, à travers les lanières des sandales. Il dévisagea Jésus pendant un temps qui lui sembla infini. Il y lut la patience, la tendresse, la violence et une profonde lassitude. Il comprit d'instinct l'incommensurable supériorité de l'homme. Il se jeta à ses genoux et, pour la première fois depuis son enfance, il pleura.

« Relève-toi », dit Jésus.

Thomas, toujours sourcilleux, considérait Saül avec un évident mécontentement.

« Qui t'a dit ? » demanda-t-il.

« Un caravanier, Sosas. »

Thomas jeta à Jésus un regard qui semblait signifier : « Tu vois ! »

« Donne-lui à boire », dit Jésus.

C'était comme un hydromel avec du citron. Saül vida son verre d'un trait.

« Pourquoi es-tu venu ? » demanda Jésus.

« Comment ne serais-je pas venu ? » s'écria Saül. « J'étais dans le doute. Les tiens, à Kochba... »

« Les miens ? » interrompit Jésus.

« Dosithée, Philippe, Pierre, André, Jean... » dit Saül. « Et Lazare. »

« Dosithée est des miens ? » demanda Jésus d'un ton indifférent.

« N'a-t-il pas, comme toi, été formé par les Esséniens ? »

Jésus hocha la tête. Il sembla à Saül, pour la première fois de sa vie, que les explications étaient infinies. Et qu'on ne raconte rien, qu'on résume, c'est-à-dire qu'on déforme et qu'il est impossible de faire autrement. Qu'il en est ainsi pour tout homme et que n'importe quel homme est inconnaissable. Et que dire quand il s'agissait de Jésus !

« Quoumrân était un verger où le tamaris et l'oranger poussaient côte à côte », dit Jésus. « Mais tu parlais des miens ? »

« Je ne comprends pas ce qu'ils disent », murmura Saül. « Je ne comprends pas ce qu'ils disent de toi. Que tu es le Messie et que tu faisais des miracles, est-ce vraiment tout ce qu'il y a à dire de toi ? »

Thomas, adossé au mur, semblait avoir pris congé des deux hommes et de lui-même ; il n'était plus qu'une contemplation flottant dans des vêtements trop amples pour lui, et comme il était déjà maigre, on eût pu imaginer qu'il n'était plus, en effet, qu'un cadavre desséché posé légèrement à l'oblique contre un mur où le soleil de l'après-midi faisait aux mouches des ombres ridiculeusement grandes.

« Un Messie et des miracles », répéta Jésus rêveusement. Mais il ne rêvait pas, car son regard brun se posa sur Saül avec l'acuité froide du fauve qui examine ses environs. « Est-ce vraiment cela qu'ils disent ? »

« C'est cela qu'ils m'ont dit », répondit Saül. « Et confusément. Je ne sais toujours pas, après bien des heures qu'ils ont dépensées à m'instruire, si tu es venu abolir la Loi ou bien la restaurer. »

Jésus se leva et se massa les bras.

« Et c'est pour cela », dit-il, « que tu doutes et que tu es venu. Mais il y en a bien d'autres qui ne pourront pas venir ! »

Il tourna la tête vers la fenêtre et parut examiner les

pieds de pierre de la reine Shalmât. La voix de Saül ramena son regard vers le visiteur.

« Des rois et grands-prêtres qui ont reçu l'onction, l'histoire d'Israël en est pleine. La Palestine fourmille d'envoyés célestes frauduleux et de miracles ! » dit Saül avec une force contenue.

« Il te fatigue », dit Thomas, soudain sorti de ses pensées. « Et puis, comprendra-t-il ? »

« La Loi existe », dit Jésus, la tête penchée. « Mais des hommes s'en sont emparés et la détaillent à l'infini, au point qu'on ne sait plus si c'est la parole de Dieu qu'ils disent, ou bien la leur. On ne peut faire que la Loi se réduise à une peau de brebis prélevée par un Lévite, ni à la valeur de cette brebis en shékels. »

« Comprends-tu ? » reprit-il au bout d'un moment, après avoir relevé la tête.

« Je comprends », dit Saül, « qu'il faut alors se tenir sans cesse sur ses gardes, afin d'éviter l'ornière... »

Jésus hocha la tête.

« ... Mais alors », continua Saül, « cela signifie qu'il faut vivre dans la crainte et le tremblement. »

« Non. Il suffit de l'innocence », répondit Jésus. « Voilà pourquoi j'ai choisi des hommes innocents et non des docteurs de la Loi. »

Un chardonneret se posa sur l'appui de la fenêtre et picora des miettes. Sans doute était-ce Jésus lui-même qui les y avait jetées. Un autre oiseau vint le rejoindre.

« Tes disciples », dit Saül, « pourquoi ne t'ont-ils pas suivi quand tu les a rencontrés de nouveau à Emmaüs et sur le lac de Tibériade ? »

Jésus hocha imperceptiblement la tête.

« Que j'eusse survécu était pour eux la preuve que j'étais le Messie, le libérateur d'Israël. J'avais donc vaincu la mort ! Ils auraient eu peur de me suivre, ils n'en voyaient plus l'utilité, j'étais le Messie, c'est ce qu'ils attendaient. Rien de plus. »

« Voilà pour les cœurs simples », dit Saül.

« C'est là une parole malveillante », dit Thomas.

« Une parole inutile », dit Jésus. « L'homme fertile est toujours un enfant. Je ne prêchais pas aux gérontes. »

Un long silence s'écoula.

« Le monde est fait pour les enfants et ceux qui sont nus. Même le savoir, si l'on n'y prend garde, est un fardeau aussi lourd que l'or. Je ne peux reprocher à personne de n'avoir vu en moi qu'un Messie. »

Il se tourna à nouveau vers la fenêtre. Les échos d'une querelle de muletiers montèrent jusqu'aux pieds d'une reine que même la pierre ne sauverait pas de l'oubli. Jésus ferma la fenêtre.

« Quant à ce qu'on dit de moi », reprit-il, « l'esprit des hommes est comme celui des enfants. On leur donne de l'or, ils vont acheter des miroirs et des cerceaux. »

« Il faut revenir ! » s'écria Saül.

« Le Messie qu'ils demandent est inutile », dit Jésus. « Ils ont deux fois tenté de me couronner. Je le redis : c'eût été inutile. Et quand bien même je serais revenu, qu'après ma mort ils diraient ce qu'ils disent aujourd'hui, que je fus un Messie qui faisait des miracles. »

« Mais tu es trahi ! » cria Saül.

« L'avocat viendra », répondit Jésus, en s'asseyant sur un divan de bois garni de quelques coussins. Il délaça ses sandales, puis se massa les pieds.

« Il faut qu'il se repose », dit Thomas en se détachant du mur.

« Ils vont apprendre que tu es à Edesse, ils vont accourir ! » dit encore Saül.

« Nous partons demain », dit Thomas en s'interposant entre le visiteur et son maître.

« Ils n'ont pas de chef ! » cria Saül. « Ta leçon va s'égarer ! »

« Il y a toujours de la bonne terre qui reçoit le grain perdu », répondit Jésus, tandis que la main de Thomas s'immobilisait sur le bras de Saül. « Et qu'auraient-ils besoin d'un chef ? Ils m'ont tous entendu à l'égal, comme Thomas que voici. »

Saül tournait encore la tête vers Jésus quand Thomas l'entraîna vers la porte. Là, Jésus parla à Saül pour la dernière fois.

« Tu veux être leur chef, Saül ? C'est dans ton sang ! Mais alors, tu me trahiras comme eux ! »

« Maître ! » cria Saül.

Mais il était déjà dans l'escalier, et la porte, refermée. La chèvre, couchée, mastiquait toujours sa luzerne.

Dans la rue, Saül fut saisi de tremblements irrépressibles. La panique lui dessécha la bouche. Il voulut courir, mais ses jambes restaient clouées au sol. Sa chevelure le picota, comme si elle allait se dresser sur son crâne. Il avait v. ... 'il avait vu... Jésus ! Sous peu, il se changerait en pierre, son souffle le déserterait. Jésus !

Il avait, en effet, pris la couleur de la pierre.

5

CEUX QUI N'AVAIENT PAS CRU SANS PREUVES

Aucune crise n'avait laissé Saül dans l'état où il se trouva quand il quitta la rue de l'orfèvre Nimrod. Il erra comme un insensé à travers Damas. La nuit venue, il acheta un melon pour tout repas et rentra à l'auberge. Il tenta de dormir, n'y parvint pas et prit deux boulettes d'opium. Ses rêves furent intenses, mais il les avait oubliés quand il s'éveilla, tard, vidé.

« Ma vie s'est achevée », se dit-il devant un repas de fromage et de salade. A l'évidence, le Saül qu'il avait connu et dont il avait été fier n'était plus qu'une peau de serpent vide et transparente, un fantôme de serpent que le vent poussait au hasard.

« Je comprends qu'ils se soient persuadés qu'il est le Messie », se dit-il encore. Une seule rencontre avec cet homme l'avait consumé.

Il retourna à la rue de l'orfèvre Nimrod, s'engagea, les jambes flageolantes, dans l'escalier, rencontra la même chèvre et, sur le palier, trouva la porte ouverte. Il entra. Des femmes faisaient le ménage. Son regard était plus éloquent qu'une inscription sur un mur.

« Il est parti », lui dit une vieille aux yeux rouges.

« Où ? » demanda-t-il machinalement.

Elle secoua la tête d'un air de commisération.

« Au ciel, bien sûr. »

Des éclats de voix retentirent. Deux femmes se disputaient la gargoulette dans laquelle Jésus avait sans doute bu. La querelle monta et elles en vinrent aux mains. La vieille courut les séparer et s'empara de la gargoulette. Saül repartit.

Plusieurs jours s'écoulèrent, pendant lesquels Saül n'en finissait pas de se répéter chaque mot que Jésus avait dit. Puis il les écrivit, enferma le parchemin dans un sachet de cuir qu'il pendit à son cou, au bout d'une cordelette, comme un grand phylactère.

Alexandre l'avait chargé de porter la parole de Jésus aux Nabatéens. Ce n'était pas que l'injonction du Nazaréen pesât du moindre poids pour Saül, mais enfin, il fallait quitter Damas. Pour la première fois aussi depuis longtemps, Saül voyagerait sans escorte ; étrangement, la perspective ne l'effrayait pas. Mais où irait-il ? Démétrius et Abdilène lui avaient une fois dit que les territoires des Nabatéens s'étendaient aussi loin à l'est et au sud que pouvait aller un chameau. Description vague qui signifiait « jusqu'aux montagnes », où les pieds des chameaux ne pouvaient aller. Il décida pour la ville la plus proche, qui était Palmyre. On lui dit qu'avec un cheval, il y serait en trois jours, à condition d'emporter beaucoup d'eau. N'ayant de bagage que son argent, il se chargea d'une outre, de pain et de dattes sèches.

Chemin faisant, ses sentiments, puis ses idées commencèrent à décanter. Ils étaient dominés par l'irrésistible attirance envers Jésus. Saül avait porté de la révérence à quelques hommes, pour leur intelligence, comme Eléazar, ou leur sens de la justice, comme Gamaliel, mais Jésus... Il secoua la tête. Pas trace en lui de ces calculs destinés, chez tous les hommes, à organiser leur survivance, encore moins leur puissance ou leur gloire.

Est-ce la bonté ? se demanda Saül. Non, pas la bonté, car l'homme était violent, l'affaire des marchands du

Temple l'avait prouvé. Et il l'avait dit lui-même, qu'il n'était pas venu apporter la paix, mais le feu. Non, rien à voir avec ces vieillards qui recommandaient la patience, la tolérance, l'indulgence, mais on le devinait vite, de tels conseils ne visaient qu'à éviter les querelles qui empoisonnaient la vie d'une famille ou d'un quartier, c'était de la sagesse à la petite semaine.

La rigueur, alors ? La rigueur forge des caractères exceptionnels, Gamaliel l'avait démontré aussi. Mais la rigueur par rapport à quelle règle ? Sur bien des points, Jésus n'avait certes pas brillé par la rigueur. Lui avait-on assez reproché de s'entourer de gens peu recommandables, un publicain, une femme sans mari qui courait les routes et les rues après lui, comme Myriam de Magdala, ou pis encore, qui avaient un mari et ne s'en souciaient guère, comme la femme de Chouza, le chambellan d'Antipas ! Il s'était rendu en Samarie pour rencontrer Simon le Magicien et n'avait troué que sa maîtresse, une Samaritaine, une pute de surcroît, et habitée par la folie des grandeurs, elle se prenait pour l'incarnation de la Lune ! Et ils avaient parlé si longuement que les disciples, dehors, s'en étaient alarmés. Qu'est-ce que leur maître faisait donc avec cette femme ? Puis il ne respectait pas le Sabbat et ne se lavait pas les mains avant de se mettre à table. On ne pouvait pas vraiment évoquer la rigueur à son sujet.

Pas cette rigueur-là, en tout cas, mais une autre. La référence à l'esprit de la Loi. « C'est ce qui sort de l'esprit de l'homme qui le souille. Car du cœur de l'homme sortent les pensées mauvaises, les fornications, les vols, les meurtres, les adultères, la cupidité effrénée et la malveillance, la fraude, l'indécence, l'envie, la calomnie, l'arrogance et la folie ; ces choses mauvaises viennent toutes de l'intérieur et elles souillent l'homme. » C'était là une paraphrase des commandements.

Sur le bord de la route, une petite auge de pierre s'élevait dans des buissons et de la folle avoine. Saül descendit de cheval, délia l'outre, versa un peu d'eau pour le cheval, en but lui-même un peu et laissa la bête manger de la céréale sauvage. Il s'assit sur le bord de l'auge et grignota quelques dattes.

La référence constante à l'esprit de la Loi, se dit-il, reprenant ses réflexions, constituait à coup sûr le trait majeur du personnage de Jésus. Elle le plaçait sous l'unique regard de Dieu ; c'était elle qui lui prêtait cette grandeur et cette luminosité irrésistibles, cette nudité émouvante aussi, car l'homme était nu comme il l'avait été sur sa croix, ne possédant, ni ne voulant rien posséder, donc d'une richesse illimitée.

Oui, redit-il, je comprends qu'ils se soient persuadés qu'il était fils de Dieu. Mais l'avaient-ils écouté, avaient-ils compris les mots qu'ils rapportaient eux-mêmes ? N'avait-il pas dit, quand il enseignait au Temple : « Comment les docteurs de la Loi peuvent-ils dire que le Messie est "fils de David" ? David lui-même a dit, quand il était inspiré par l'Esprit-Saint, "Le Seigneur a dit à mon Seigneur : Assieds-toi à ma droite jusqu'à ce que j'enchaîne les ennemis à tes pieds." David lui-même l'appelle "Seigneur", alors comment le Messie peut-il être fils de David[80] ? » Cela signifiait clairement qu'il ne pouvait être le Messie fils de David qu'ils attendaient. Une autre fois, c'était Philippe même qui lui avait enseigné cette parole : « Pourquoi dites-vous que je suis bon ? Dieu seul est bon[81]. » Il n'était donc ni le fils de David, ni le Messie, ni le fils de Dieu, car ces trois notions s'excluaient selon Jésus lui-même.

Il remonta à cheval. Encore deux heures de route et il faudrait s'arrêter. Saül évoqua le risque de rencontrer des brigands et se dit qu'il chercherait un lieu dérobé aux regards où lui et le cheval pourraient se réfugier jusqu'à l'aube.

Ceux qui avaient connu Jésus et l'avaient entendu avaient donc été subjugués par lui. Il avait accompli des guérisons, ils les avaient amplifiées. Ils lui avaient aussi prêté des prodiges, comme l'histoire des jarres de vin aux noces de Cana. Ces gens-là ne savaient rien des vins grecs, qui arrivaient toujours à destination à moitié évaporés, mais quand Saül avait évoqué cette explication lors des leçons de Philippe, ils l'avaient tous regardé avec consternation. Comment était-il possible que ce candidat néophyte osât mettre en doute à la fois ce qu'ils avaient eux-mêmes vu et la capacité de Jésus de changer l'eau en vin ? Il s'était donc tu.

Il y avait aussi l'histoire de la multiplication des pains. Elle lui avait été enseignée dès le début, quand Pierre et Jean étaient encore là, car elle constituait pour tous l'un des grands prodiges de Jésus, une des preuves les plus absolues de son pouvoir magique. Elle n'avait pas plus convaincu Saül que celle des jarres de Cana. D'abord, le fils de Dieu ou le Messie, comme on voudrait, qui viendrait sur terre pour ramener les Juifs à la Loi aurait certainement eu mieux à faire que de changer de l'eau en vin ou de multiplier des pains et des poissons pour nourrir des gens. On n'allait pas, à cet égard, damer le pion aux dieux et héros grecs et autres, qui se changeaient en animaux ou qui changeaient les gens en plantes ou, encore, qui métamorphosaient en or ce qu'ils touchaient. C'étaient des contes qui, sitôt qu'ils cessaient d'être symboliques, devenaient naïfs. Puis il y avait ce détail sur lequel les disciples insistaient avec inconscience, qu'on avait rempli des restes du repas improvisé cinq grands paniers. Mais d'où venaient donc ces paniers ? Pourquoi donc ceux qui avaient été écouter Jésus auraient-ils emporté avec eux des paniers vides ? Saül haussa les épaules. Ç'avait sans doute été quelqu'un de riche, Myriam de Madgala ou Joanna, qui avait envoyé acheter des vivres et voilà tout. Des fables pareilles ne trouveraient crédit qu'auprès d'esprits faibles, ou bien portés aux merveilles, comme les esprits décadents[82].

Restait que l'homme était admirable et qu'il eût été fou de laisser perdre son message. En tout cas, songea Saül, il serait également fou d'en laisser la responsabilité à des gens comme Pierre et Philippe.

Il atteignait les premiers contreforts des chaînes du Kalamon. Il quitta la route, les sabots du cheval faisant fuir les vipères, et trouva au bout d'une heure un refuge derrière des rochers assez gros pour cacher le cheval. Il s'installa sommairement, donna à boire à sa monture, cette fois dans la couverture de cuir de la selle, qu'il installa dans un creux du sol, à la façon d'une cuvette, mangea un peu de son pain et des dattes, s'enroula dans son manteau et dormit.

Il fut levé bien avant l'aube. Il lui avait semblé entendre un tumulte, en tout cas, son cheval avait henni. Il le chercha du regard et le trouva, toujours attaché, mais nerveux. Sans doute avait-il rêvé. Mais aux premières lueurs, il comprit ce qui avait causé le tumulte : un cadavre de chacal gisait à quelques pas. Le cheval l'avait tué à coups de sabots. Sans doute l'autre bête s'était-elle approchée de trop près. Les étoiles avaient pâli, une chouette hulula. Saül but de l'eau et, après avoir vaqué à ses besoins, remonta en selle.

Que faisait-il, seul à cheval, dans le désert de Syrie ? N'eût été le pacte ancien entre l'homme et le cheval, une heure plus tôt un chacal l'eût sans doute égorgé, mettant un terme absurde à l'existence d'un principicule hérodien toujours en quête de son royaume. Transfuge entre deux mondes, également infidèle à deux mensonges, il se vit lui-même, grâce à cette ironie qu'il avait arrachée à la Grèce, petit homme mal fait sur un cheval trop grand, sans amis et sans amour, allant de la certitude du rien à l'incertitude du tout. Un bref éclat de rire ponctua cette lucidité amère.

Hérodien, il ne l'était que de nom, fiction qui n'avait eu d'utilité que de fouetter son orgueil et de lui assurer quelque fortune jusqu'à ce qu'une lumière trop forte fît pâlir son faux luxe, de demi-puissance sans gloire. Juif, il ne l'avait été que du bout des lèvres, vaguement excédé par des discutailleries infinies avec le destin, qui s'était matérialisé dans les aigles romaines, placées pour des siècles au-dessus de l'Arche d'Alliance, et avec un Dieu que les Juifs prétendaient satisfaire de mots et de brebis, mais auquel ils tenaient sourdement rigueur de les avoir abandonnés. Ah, le temps était loin où Ezéchée avait osé se rebeller contre Nabuchodonosor ! Voilà pour un mensonge. L'autre était qu'il n'avait rejoint les rangs des Nazaréens que parce qu'il avait simultanément pris conscience du déclin du royaume d'Israël, des espérances hérodiennes, et de l'essor d'une jeune puissance. L'adhésion avait, là encore, été superficielle. Que de fois n'avait-il pas failli, dans un accès d'impatience, quitter Kochba dans un éclat, lassé de ces gobeurs de miracles ! Ces culs-terreux de Galilée n'avaient pas cru à Jésus, il l'avait compris au travers de leurs périphrases filandreuses, dès lors qu'il avait parlé de son sacrifice. Ils l'avaient alors abandonné, et aucun d'eux n'avait assisté à la Crucifixion. Lamentables couards ! Ganaches opaques ! Ils voulaient un roi, ces batraciens ! Un général ! Puis la Myriam découvre le tombeau vide, et quelques semaines plus tard, ils revoient Jésus en chair et en os ! Secousse infinie ! « Il est ressuscité ! » Et c'est alors que ces malheureux se mettent à croire en Jésus[83] ! Non, pas en Jésus, mais dans un personnage mythique, Héraklès ressurgi de l'Hadès, et ils ne se posent pas une seule question, ils ne se disent pas qu'après tout il est possible qu'il ne soit pas mort sur la croix, non, tout d'un coup, ils en font une divinité ! « C'est le fils de Dieu ! C'est le Messie ! » Comme cette tête creuse de Zacharie ! L'homme admirable qu'ils avaient suivi pendant trois ans, ni vu ni connu ! Non, ils ne croyaient qu'à la résurrection !

Saül secoua la tête en signe de dérision. « Eh ! Eh ! » faisait-il tout seul sur son cheval.

Le vent lui porta des bribes de cris. Il cligna des yeux et devina une agitation humaine à une demi-lieue de là ; il arrêta son cheval. Un nuage de poussière s'élevait à gauche de la route, des chameaux couraient. Un peu plus tard, il vit une caravane qui filait grand train vers le nord et qui disparut dans la poussière, tandis que des chameaux demeuraient là, l'air de vaquer comme s'ils étaient sans maîtres. Saül se remit en route.

Au fur et à mesure qu'il approchait, il devinait ce qui s'était passé : une caravane pirate en avait attaqué une autre. Des corps gisaient dans la caillasse, entourés de flaques noires. Saül s'arrêta de nouveau, guettant quelque autre signe de vie que les cinq ou six chameaux encore vifs qu'il avait distingués de loin. Il descendit de cheval, allant de corps en corps. Des Nabatéens, qui transportaient une cargaison de prix. D'un sachet qui avait échappé à l'attention des pillards, des perles avaient roulé dans le sable, quelques pièces d'or étincelaient çà et là. Saül chercha les survivants. Un homme respirait encore ; Saül se pencha pour le tâter. Une ombre se dessina soudain au-dessus de sa tête, sur le sol, il se jeta de côté, un jeune garçon déséquilibré s'abattit sur le survivant, qui poussa un cri. Saül bondit sur l'assaillant, lui serra le cou dans une clef et de l'autre lui tordit le bras jusqu'à faire jaillir un cri de douleur.

« Si jeune et déjà pillard, mon garçon ? » demanda Saül, en proie à une colère froide.

L'autre se débattit. Saül accentua la torsion qu'il imprimait sur le bras, un poignard tomba. Saül rejeta avec violence son attaquant à quelques pas de là et ramassa le poignard. Puis il se dirigea vers le garçon.

« Je ne suis pas pillard ! » cria celui-ci. « C'est mon père ! » dit-il en indiquant du doigt le blessé.

Saül dévisagea le garçon un moment et prit la mesure de la terreur et de la détresse.

« Je croyais que tu allais le détrousser », dit encore le garçon, haletant.

Saül hocha la tête.

« Je suis prince, pas voleur », dit-il. « Comment t'appelles-tu ? »

« Houssam. »

« Aide-moi à examiner ton père. »

Ils le dévêtirent. Une entaille profonde entre le cou et l'épaule, une autre moins large, mais de profondeur inconnue entre les côtes. L'homme respirait encore. Ils le hissèrent laborieusement sur un chameau, après que Saül eut expliqué au garçon qu'il devrait tenir son père à bras-le-corps devant lui, sur la selle, jusqu'à Palmyre. Puis Saül rallia les chameaux qui restaient et les biens épars sur le sable et en chargea le deuxième chameau.

Quand ils arrivèrent à Palmyre, la lune fondait dans un ciel poussiéreux. Il s'avisa à peine de la splendeur de la ville, qui rougeoyait de centaines de torches. Il n'avait que faire désormais des villes splendides. Il demanda l'adresse des thermes, descendit de cheval non sans avoir retiré des fontes le petit trésor qu'il conservait, confia le cheval aux servants et se livra aux soins des esclaves. Son corps courbatu n'alimentait plus sa cervelle, qui vacilla. Quand il s'éveilla, il était allongé sur un banc de pierre et le jour blanchissait les lucarnes embuées. Il alla se plonger dans la piscine et, s'étant rhabillé, il demanda l'adresse d'un caravansérail.

Dans la journée, il apprit qu'il était le héros de Palmyre. L'aubergiste refusa d'être payé, alléguant qu'il était récompensé par l'honneur de l'héberger. Le roi demanda à le voir. On lui porta des cadeaux.

Mais il était absent de lui-même.

6

UN JOUR DE SABBAT À ROME EN L'AN 38, AVANT L'ARRIVÉE DES GRANDS ACTEURS

Valerius Pisidius n'en menait pas large. Gaïus Julius Caesar Germanicus l'avait mandé au rapport. Le temps était frais, mais Pisidius sentait des rigoles de sueur cheminer dans son dos. C'est qu'on ne savait jamais, avec ce César-là, Caligula. Un mot ou un geste de travers, adieu la vie ! Ou bien si la fantaisie le prenait de vous séduire... Pisidius en avait entendu, des histoires ! Depuis que ce marmot infernal se maquillait pour aller déclamer devant les troupes, puis se permettait des privautés sans nom, jusqu'au moment où il avait accédé sur le trône impérial, sans jamais courir le risque de la moindre taloche.

Nommé par feu Tibère rapporteur impérial des quatre édiles des quatorze régions de Rome, le chevalier Pisidius avait conservé ce titre à l'avènement du fils de Germanicus, le frère de Tibère, et d'Agrippine, Caligula donc, « le Botté ». Bien qu'il eût vu plusieurs fois le

nouvel empereur en public, il ne l'avait jamais approché,
n'ayant jamais encore été mandé au rapport. Qu'y eût-il
eu, d'ailleurs, à rapporter qui pût intéresser l'empereur ?
Les édiles faisaient ce qu'ils pouvaient, et de leur mieux,
pour empêcher la confusion et la folie de s'installer dans
cette foire qui était le cœur et le cerveau du monde,
Rome. Ils distribuaient le pain aux cent soixante-dix
mille indigents de la métropole, veillaient à ce que les
propriétaires des *insulae* maintinssent le bon état des
trottoirs et la propreté des caniveaux, qu'on n'élevât pas
de porcs dans l'enceinte même de la ville, et que les
canaux d'arrivée de l'eau par les aqueducs ne s'engor-
geassent pas de sable, de gravier et de boue. Mais, hein,
un édile n'était pas Zeus ! On jetait toujours des pots
d'urine par les fenêtres, on trouvait toujours des fausses
couches et des marmots vivants dans les sanies des caniveaux, au petit matin ; il y avait toujours des malins qui
élevaient leur saucisson sur pattes dans une arrière-cour,
tout comme tous les deux ou trois jours une bicoque
louée à prix d'or s'effondrait ou prenait feu, poussant
dans la mort une douzaine de malandrins qui n'avaient
eu que le tort de vouloir se chauffer ou de faire cuire
leur pain[84].

Mais voilà que le Botté s'était mis en tête de savoir
combien de Juifs il y avait à Rome, où ils habitaient,
ce qu'ils faisaient et ce qu'ils disaient. Et il en avait
évidemment chargé Pisidius. On voyait bien où il voulait
en venir : les émeutes juives d'Alexandrie l'avaient, de
rage, rendu encore plus fou qu'il n'était déjà selon la
rumeur[85]. Il en avait donc après les Juifs de Rome et
Pisidius craignait le pire. Les quatre édiles lui avaient
recommandé : « Surtout ne l'excite pas, s'il déclenche
des massacres, nous ne répondons de rien ! »

Quand, le crâne tondu jusqu'à briller, car le Botté, qui
était chauve, ne supportait pas les chevelus, Pisidius eut
quitté sa maison près du Panthéon et qu'il se fut frayé
un chemin dans le vacarme, les odeurs et les encombre-
ments, ayant de justesse évité ici de se graisser les jambes à des jarres huileuses, là, de se faire éclabousser de
boue par un chariot, et quand il fut arrivé sur le Palatin,

aux portes du palais, celui qu'avait construit Tibère et qu'occupait désormais Caligula, il se donna le temps de souffler. Il parcourut du regard le panorama piqué de cyprès en se demandant s'il le reverrait. Puis il franchit les cohortes prétoriennes, traversa le péristyle, la cour et fut enfin admis devant celui qu'il fallait bien se résoudre à appeler l'empereur.

Celui-là se tenait debout et l'aspect en était saisissant. Très grand, il portait une tunique entièrement pourpre et comme il était livide, le teint relevé de deux grosses mouches, les yeux enfoncés dans des orbites de macchabée, il ressemblait bien plus à une divinité infernale qu'à un maître d'empire. Il fixa Pisidius, qui ravala sa salive et baissa les yeux. C'est alors qu'il aperçut les pieds phénoménaux du Botté, de vastes battoirs gantés de cuir blanc avec des cordons d'or, et son malaise s'en accrut. Donc, ce spectre tendit nonchalamment la main à Pisidius, qui s'empressa de la baiser, et à genoux encore. Puis la *virtus* lui fit relever la tête et il retrouva la face de Méduse, mais d'une Méduse aux lèvres minces, l'inférieure quasi réduite à un bord de fente, ravalée par la supérieure. Il s'avisa que le Botté tenait une petite cour, parmi laquelle Pisidius identifia un personnage extravagant en toge jaune soufre ornée d'une bande de pourpre, enduit de parfums et d'onguents, les pieds dans des sandales dorées, bref, l'enfer ; c'était l'acteur Mnestron, qui eût été joli garçon sans l'accoutrement d'hétaïre. D'ailleurs, Caligula et lui... bref.

« Qu'as-tu à m'apprendre, rapporteur ? » demanda Caligula.

Voix nasale, mal posée, avec des prétentions déclamatoires.

« César, mes respects et gloire à ta sagesse », répondit Pisidius. « Il y a environ cinquante mille Juifs à Rome[86]. Ils sont disséminés un peu partout, car leurs banquiers habitent même le Quirinal. Mais la majorité d'entre eux résident au Transtévère, et on en trouve beaucoup entre le Tibre et le pied du Janicule, moins sur la colline même. Ils ont onze lieux de culte, qu'ils appellent proseuques[87]. Ils ne sont soumis à aucune autorité réelle, mais ils tiennent de temps à autre un conseil des Anciens ou *Paroushim*[87]. »

Il observa une pause. Caligula l'écoutait attentivement, Mnestron aussi. Et d'autres que Pisidius ne connaissait pas.

« Depuis quelque trois ans », reprit-il, « ils semblent se diviser. A l'intérieur de leur secte en est apparue une autre, qui révère un prophète-dieu appelé Chrestos, ou Jésus, crucifié en Palestine sous le règne de Tibère[87]. »

Mnestron et les autres écoutaient d'un air ironique. Caligula, lui, semblait songeur.

« Pourquoi le révèrent-ils ? » demanda-t-il en accompagnant la question d'un geste brusque.

« Cela n'est pas clair », répondit Pisidius. « Je veux dire que cela n'est pas clair dans leur esprit. Certains disent que c'est parce qu'il ressuscita après avoir été mis au tombeau et que c'est donc la preuve de sa nature divine. D'autres, parce que ce Jésus aurait été le chef qu'ils attendaient depuis longtemps. Ils assurent aussi qu'il aurait été le fils de leur dieu, Jéhovah. »

« Les Juifs sont fous ! » s'écria Caligula. « De quel bien leur aurait été ce Chrestos ! Leur unique désir est celui de l'indépendance, mais en dépit de ce Chrestos et de leur dieu, ils sont toujours sous notre sujétion ! »

« César parle d'or », intervint Mnestron. « Leur impiété est ridicule. La preuve que les dieux sont avec nous est que le divin Gaïus règne sur Rome et que, grâce à lui, Rome règne sur le monde. »

Pisidius s'empressa de hocher la tête avec conviction.

« Il est insupportable que de telles sectes prolifèrent à Rome », dit Caligula, fixant le rapporteur d'un regard dont on prétendait qu'il s'entraînait à le rendre mortel. « Je veux qu'on les surveille. Au moindre signe supplémentaire de sottise ou de rébellion, je les expulserai à nouveau. »

Pisidius assura que la volonté de César était celle des dieux et de la raison et prit congé à reculons.

Dans la rue, il s'épongea le front. Sur le chemin de sa maison, il s'arrêta à un débit de vin et but deux grands verres. Il était persuadé d'avoir vu Pluton sous un déguisement. Sa femme s'alarma de son exaltation.

Le soleil était depuis longtemps parti au-delà du Janicule, pour s'embarquer à Ostie dans une galère d'or, disaient aux enfants les nourrices, à destination des Colonnes d'Hercule, quand un petit groupe de gens quitta la proseuque des Agrippiens, non loin de l'amphithéâtre de Statilius Taurus, après les lectures du soir. Un peu plus tard, un autre groupe sortit de la même proseuque et, plus tard encore, un troisième, puis un quatrième. Le désir de discrétion ne dupait cependant pas les commerçants voisins qui, de leurs échoppes, lancèrent les quolibets d'usage. Certains franchirent le fleuve, puis se rassemblèrent et s'engagèrent visiblement sur un même chemin. Au pied du Janicule, il y avait une maison qu'éclairait une torche entre les chênes. Ils y entrèrent. Un repas était servi. Ils se lavèrent les mains. Quand ils se mirent à table, le plus âgé d'entre eux, un vieillard qui s'appelait Gaïus, comme le Botté, rompit le grand pain posé devant lui et dit :

« Au nom de Jésus, Fils de Dieu, notre Messie, nous remercions le Très-Haut de nous avoir tenus en vie jusqu'ici et de nous assurer ce repas. Nous le remercions de nous avoir protégés de nos ennemis et Le supplions de ne pas détourner les yeux de nous. Nous Le prions aussi de continuer à éclairer de Ses rayons la voie de la Loi et d'inspirer la miséricorde à nos ennemis. Amen. »

Il distribua les fragments de pain qu'il avait continué de morceler. Puis il fit servir le vin. On passa le sel. On sala le pain. On but une gorgée de vin. Les femmes apportèrent les plats. On commença à manger.

« N'ai-je pas ressenti comme de la froideur chez notre rabbin Regius ? » demanda un convive. « Il me semble même qu'elle s'accentue au fil des semaines. »

« Regius désapprouve que nous pratiquions notre culte au nom de Jésus, nous le savons », dit un autre. « Il nous l'a dit clairement : si le grand-prêtre à Jérusalem a fait condamner Jésus, c'est qu'il ne le tenait pas pour le Messie. »

« Jésus prêchait le retour à la Loi, l'enseignement que

nous a rapporté Oreste[88] en témoigne », objecta un troisième convive, achevant de nettoyer des dents un pilon
de poulet. « Cela, Regius ne peut le contester. »

« Il le conteste par fidélité au grand-prêtre. »

« Le grand-prêtre peut avoir tort. »

« Certes. Il n'empêche qu'il faudra bien, un jour,
considérer la nécessité d'avoir notre propre proseuque[89]. »

Gaïus intervint. « Je ne voudrais pas que nous entrete-
nions des espoirs fallacieux. Tibère n'était déjà pas favorable à la création de nouveaux thiases[90]. Caligula y est
certainement moins favorable encore depuis les incidents d'Alexandrie. De plus, les Isiaques et les Mithraïstes nous jalousent en raison des privilèges que nous
accorda autrefois Jules César. Il vaut mieux composer
avec Regius. »

« Il sera pénible d'entendre Regius répéter qu'Oreste
est un affabulateur », observa quelqu'un.

« Oreste dit qu'il y a en Palestine des disciples qui
étaient proches de Jésus et qui connaissent très bien son
enseignement, donc qui peuvent témoigner pour lui.
Pourquoi donc l'un ou plusieurs d'entre eux ne viennent-
ils pas à Rome ? »

Plusieurs convives furent, en effet, de l'avis qu'il
serait utile que les plus proches des disciples de Jésus
vinssent à Rome.

Les conversations dérivèrent sur un converti qui était
fonctionnaire de la maison impériale, au défi de l'aversion soudaine du Botté pour les Juifs. On émit le vœu
qu'enfin les yeux de Caligula se dessillassent et qu'il se
convertît aussi au Judaïsme. L'irréalité avança avec la
nuit. Les dieux lares firent la moue. Apollon finissait la
soirée avec Bacchus. Le ciel commençait décidément à
être encombré.

7

CONFLIT À KOCHBA

Les soleils de Palmyre, de Pétra, de Gérasia, de Philadelphie, puis de Makna, de Médine, de Houreyda, d'Al
Barira lui avaient bronzé l'âme, cuivré la peau, cuit les
pieds[91]. Et desséché l'espoir. Il avait vécu de sable, d'or,
de chèvre et de lait fermenté, mangé des poissons de la
mer Rouge et du golfe Persique inconnus de Moïse, vu
le sang des hommes et celui du soleil, mais aucune
goutte de foi n'avait été versée sur sa ferveur. Dans les
villes hellénistiques du Nord et sous les tentes du Sud,
il avait parlé d'un homme admirable qui disait le retour
à la Loi du Créateur. On lui répondait en versant du vin
de raisin ou du vin de palme :

« Étranger, quelle autre Loi que celle du Créateur sui-
vons-nous donc ? Et n'a-t-elle pas été tracée de toute
éternité dans le jaspe et l'agate ? Quel besoin avons-nous
donc de ton prophète ? »

Au nord, ils reprenaient le compte de leur or, au sud,
celui de leurs sacs de perles et de leurs sachets d'épices.
Leurs femmes étaient fertiles et leurs glaives acérés. Il
était vrai qu'ils n'avaient pas besoin de paraboles.

Les ronces du désert captent l'humidité de la nuit pour
survivre. Mais il n'y avait, pour Saül, pas de nuit. Il
reprit le chemin de Damas.

La leçon de l'échec était double. Les âmes sereines
n'avaient pas besoin de Jésus prophète. Elles avaient
besoin de magie. Il en découlait qu'on ne l'écouterait
que là où sévissait le tourment, au nord, chez les humiliés de Rome. Et que les disciples avaient malgré tout
raison ; leurs contes fantastiques étaient bien plus propres à captiver les imaginations. Non, il ne pouvait se
résoudre à reprendre ces récits de miracles, mais il pourrait, il devrait reprendre le thème de la résurrection surnaturelle s'il voulait faire des adeptes.

A Damas, il eut cinquante et un ans. Il prit une prostituée pour la nuit, puis alla errer dans la rue de l'orfèvre

Nimrod, se demandant où pouvait bien être Jésus. Mais la tâche qui l'attendait n'était pas celle de Jésus ; c'était la sienne. L'aube fut amère.

Le lendemain, il était à Kochba[92]. La communauté s'était amenuisée. Dosithée s'était rendu en Samarie, pour en découdre, lui dit-on, avec Simon le Magicien. Mais Alexandre et quelques autres qu'il connaissait étaient encore là.

« Combien de néophytes as-tu baptisés ? » lui demanda Alexandre, après lui avoir offert de l'hydromel, du pain et du sel.

« Aucun », dit Saül. « Avec quoi les eussé-je baptisés ? Avec le sable du désert[93] ? »

Alexandre hocha la tête. D'autres s'étaient cassé les dents sur les dieux de pierre de Philadelphie et de Médine.

« Ce n'est pas au sud qu'il faut prêcher », dit Saül. « Et d'ailleurs, comment prêcher la parole d'un homme condamné au gibet ? »

Alexandre se garda de répondre. Ces questions, dit-il, étaient du ressort du Conseil de Jérusalem.

Quel Conseil de Jérusalem ? Pierre, Jacques d'Alphée, André, Jean... Il fallait donc se rendre à Jérusalem. La perspective remplissait Saül d'appréhension. Il temporisa. Un supplément d'enseignement, allégua-t-il, était nécessaire. A la vérité, il devait clarifier quelques notions. Était-il bien vrai que le Royaume des Cieux fût destiné aux pauvres ? « Aux pauvres en esprit », précisa Alexandre. Mais qu'il serait plus facile à un riche de faire passer un chameau par le chas d'une aiguille que de franchir la porte du Royaume ? Alexandre hocha la tête. Que Jésus adressait son enseignement aux pécheurs avant les justes ? C'était bien cela. Que le sens de la parabole sur l'ouvrier de la onzième heure était que le repentir tardif assurait les mêmes mérites qu'une vie de vertu ? Alexandre acquiesça, non sans quelque inquiétude ; où voulait donc en venir Saül ?

« Vous êtes dans l'erreur », leur dit-il tout à trac.

Les visages se défirent. Qu'est-ce que racontait donc ce nain ?

« La manière dont vous célébrez Jésus, ce n'est qu'un prophète de plus. Comment voulez-vous qu'on vous écoute, qu'on m'écoute ? Il n'y a pas de différence entre lui et Elie ou Jérémie. Vous restez juifs, vous continuez d'aller à la synagogue, bref, rien n'a changé. »

« Mais nous enseignons qu'il est le Messie, ne te l'avons-nous pas enseigné à toi-même ? » répliqua Alexandre.

« Et qu'est-ce que cela a changé ? » dit Saül. « Je vous le répète : vous allez à la synagogue comme avant. Vous n'êtes qu'une poignée de néophytes dans la masse du peuple juif, qui vous tient pour des rêveurs et les sectateurs d'un prophète qui eut le malheur infâme de mourir en croix, mais qui n'a aucun respect pour vous. Allez demander au grand-prêtre à Jérusalem ou à n'importe quel rabbin de n'importe quelle synagogue dans le monde s'il pense que les Nazaréens ont quelque importance. Ils vous répondront que les Juifs ont toujours toléré les sectateurs, les Esséniens, les Pharisiens, les Zélotes, en attendant encore que les Shammaïtes et les Hillélites se constituent en sectes. Vous ne revêtez aucune importance », dit Saül en se lissant la barbe.

Un jeune disciple pour lequel Saül avait éprouvé une certaine sympathie, parce qu'il était calme et ne prenait la parole qu'à bon escient, finit par dire, au bout d'un long silence :

« Mais nous ne cherchons pas à avoir de l'importance. Ce qui compte pour nous est le message de Jésus. »

« Nous sommes bien d'accord. Vous êtes une secte divergente des Esséniens. Celui que vous dites vous-mêmes, être le Fils de Dieu et le Messie est venu et vous a instruits, et voilà, tout continue comme avant, les Juifs comptent une secte de plus. »

« Mais que veux-tu donc que nous fassions, à la fin ? » demanda Alexandre.

« Vous n'êtes plus des Juifs », répondit Saül, « cessez donc de vous comporter comme des Juifs, dont le chef, à la fin, a commandé la mise à mort de votre, de notre maître. C'est un paradoxe insupportable. »

« Nous sommes fidèles à la Loi, non ? A quelle Loi

te rattaches-tu donc, Saül, pour dire que nous ne sommes plus des Juifs ? » rétorqua Alexandre avec une vivacité qui frisait l'invective. « Jésus n'a pas dit qu'il était venu abolir la Loi, à ma connaissance. Il est, au contraire, venu rappeler les Juifs à la Loi. »

« C'est ce que vous dites, vous, pour vous rendre les choses plus commodes », dit tranquillement Saül. « Vous rapportez vous-mêmes, n'est-ce pas, Alexandre, qu'il ne respectait pas le Sabbat. Qu'il ne se lavait pas les mains avant de toucher à la nourriture, qu'il prenait des repas avec des Gentils, qu'il était suivi par des femmes sans mari, vous appelez cela respecter la Loi ? » Il observa une pause. « Ce n'est certes pas la manière de rallier des adeptes. Ceux à qui vous assurez, mais sans dire tous les faits, et en prenant soin d'omettre ceux qui sont troublants, tels que ceux que je viens de citer, donc, ceux auxquels vous assurez qu'il est venu restaurer la Loi pensent en leur for intérieur que Jésus n'était qu'un prophète de plus et ils n'ont pas de raison, en effet, de renoncer à la foi d'Israël. Ceux auxquels vous rapportez tous les faits, y compris ceux qui touchent au Sabbat, se disent que c'était là un faux prophète et que, de toute façon, on n'a jamais vu un prophète subir le même supplice que les voleurs et, par-dessus le marché, entre deux voleurs. Ils vous prennent alors pour des diseurs de balivernes, et il ferait beau voir qu'ils acceptent le baptême. Bien au contraire, vous les rendez hostiles à ce Jésus qui défiait la Loi et vous en faites ses ennemis qui iront haranguer les indécis, pour les empêcher de rallier nos rangs. »

Visages pétrifiés de stupeur. Mains qui se tordaient.

Le jeune disciple qui avait protesté de l'effacement collectif, Samuel ben Yehoram, dit au bout d'un temps :

« Jésus n'est pas venu abolir la Loi. Nous lui serions infidèles si nous nous séparions de son peuple, qui est notre peuple. »

« Très bien, persistez dans cette idée », rétorqua Saül. « Allez encore répéter des paroles telles que celles-ci : "Amen, les gabelous et les putains iront avant vous au royaume d'Elohim." Et vous compterez ceux qui se rallieront à vous, les gens de bien, les honnêtes, ceux qui n'ont jamais vendu le boisseau court, ni la coudée fausse, ceux qui se sont gardés de l'adultère, du parjure, de l'idolâtrie, mais qui accepteront que les gabelous et les putains les devancent au royaume d'Elohim ! Allez, comptez-les ! Vous aurez autant de succès que moi à Pétra et à Médine ! »

« Tout cela est trop grave », dit Alexandre, pour mettre un terme à une conversation qu'il ne maîtrisait plus et qui le troublait. « Il faut l'exposer devant le Conseil de Jérusalem. »

Saül se leva, mécontent.

« Le Conseil de Jérusalem ! A vous entendre, on croirait que c'est une assemblée de chefs. Mais les Nazaréens n'ont pas de chef. Ils sont comme des moutons égaillés sous l'orage, sans berger. Chacun s'en va croyant de Jésus ce qui lui convient ou qu'il a cru comprendre. » Il haussa les épaules. « Vous voulez rester avec les Juifs ? Ils ont lapidé Étienne, ils vous lapideront et vous crucifieront vous aussi, un à un ! »

Toujours la consternation.

« Tu n'es pas juif, Saül », dit un autre, un homme d'un certain âge qui faisait partie des soixante-dix, comme Alexandre. C'était Salomon de Tibériade, un Galiléen. « Tu es un Nabatéen. Il t'est aussi aisé d'évoquer la séparation d'avec les Juifs qu'il te le fut de participer au meurtre d'Étienne. »

Cela avait été dit d'une voix égale.

« La paix soit avec vous », dit Saül. « Je rentre à Damas. »

En route, il s'arrêta pour boire à une source et avaler une boulette d'opium. Il essayait de maîtriser sa contrariété.

8

LA FUITE DE DAMAS

Il arriva le matin et se trouva des quartiers. Damas comptait environ six mille Juifs et sept synagogues. Au soir, il se rendit dans la plus grande, qu'on appelait la synagogue des Arabes. Il demanda la parole.

« Un envoyé du Très-Haut est venu à Jérusalem, mes frères. Vous le savez. Pendant trois ans, il a inlassablement propagé la parole divine. Il a dénoncé la désaffection de Dieu chez les Juifs et leurs chefs. Il a instauré l'immersion pour le rachat des fautes, en vue de l'arrivée prochaine de l'Eternel, à la fin des temps. Car les temps sont proches, mes frères, et l'indignité d'Israël, soumise au joug des Païens idolâtres, l'annonce assez pour ceux qui ont des yeux et des oreilles. Il a irrité les chefs d'Israël ; ceux-ci l'on fait mettre à mort. Cet homme s'appelait Jésus. »

Un silence éclatant prit possession de la synagogue, auparavant pleine de murmures et de bruits de pas. Même les pigeons et les moineaux qui, tout à l'heure, voletaient sous la voûte se tenaient cois.

« Jésus », clama Saül du haut de la *tebah*, « était et est le Messie ! On a voulu lui offrir Israël en royaume. Il a répondu que son royaume n'est pas de ce monde. Car il est plus que le roi du monde, il est le Fils du Créateur. Il est l'unique lumière qui règne dans les ténèbres où nous vivons, et ceux qui le suivront, ceux qui écouteront sa parole, seront sauvés du feu éternel au jour prochain du Jugement. Il a donné à ses disciples le pouvoir de rallier les âmes perdues par le baptême. Ce pouvoir, il me l'a donné. Et je vous le dis, ceux qui veulent écouter cette parole qu'il nous a léguée, qu'ils viennent me voir. Ceux qui veulent être sauvés, je les baptiserai. »

« Nous avons une Loi ! » clama une voix sonore. Elle était d'un vieillard qui s'avança vers Saül, les tsitsit de son manteau frôlant le sol. C'était donc le rabbin. « Nous avons une Loi, étranger ! Est-ce la même que celle de ton Jésus, ou bien en est-ce une autre ? Je ne veux pas croire, étranger, que tu aurais l'impudence de venir prêcher en ce lieu et en ce jour une autre Loi que la nôtre. Alors, dis-nous ce que ce Jésus change à notre Loi. »

Il leva la tête et le châle glissa, révélant sa calvitie et les mèches blanches qui couvraient ses oreilles. Il s'empressa de le tirer.

« Qu'avez-vous fait de la Loi ? » rétorqua Saül. « Croyez-vous que c'est en vertu de votre respect pour elle que le Seigneur vous a jetés dans la déréliction où vous êtes ? Compterons-nous ensemble, rabbin, les larmes de ses exilarques sur ce peuple dispersé ? N'est-ce pas, rabbin, et si ton cœur est pur, tu m'entends bien, car seules entendent les oreilles du cœur, parce que la Loi a été changée en vaines paroles, comme le changeur malhonnête qui donne du plomb doré en change de l'or pur ? Mais il est vrai que les Juifs tuent leurs prophètes, comme ils ont tué le Messie Jésus ! » cria Saül. « Mais seule la faute du meurtre demeure, mes frères, et non son effet, car Jésus est sorti du tombeau ! Il est ressuscité et je l'ai vu, de mes yeux vu ! Et c'est lui qui m'envoie vers vous pour vous supplier de l'entendre ! »

Des rumeurs pointèrent.

« Tu n'as pas répondu à ma question, étranger », reprit le rabbin. « Quelle Loi nous prêche ce Jésus ? »

« Mais quelle Loi prêche donc le Fils de Dieu, l'Homme Ressuscité ? Quelle autre Loi que celle du Très-Haut peut-il prêcher, rabbin ? » cria encore Saül.

« Es-tu juif ? » demanda le rabbin.

« Je suis juif, élevé aux pieds du rabbin Gamaliel ! » répondit Saül.

Les rumeurs montèrent. « Chassez-le ! » « Écoutez-le ! » Le rabbin se tourna vers la foule et leva les bras. Saül essaya de parler. Des hommes et des femmes assiégeaient la *tebah*. « Baptise-moi, étranger ! Parle-moi, enseigne-moi. » Ils le tirèrent, l'emmenèrent au-dehors, des poings se tendirent, des mains s'agitèrent.

Le lendemain, il baptisait sept néophytes. Il les chargea de recruter les adeptes.

Les semaines suivantes, il répéta son raid sur les

autres synagogues. Son discours était à peu près le même, et les arguments qu'on lui opposait ne variaient pas beaucoup non plus. Au bout de deux mois, il avait baptisé plus de deux cents hommes et femmes, dont un grand nombre lui avait été amené par les premier néophytes.

L'accès aux synagogues devint périlleux. Une fois, on le reconnut à celle des Marchands et on l'expulsa sans ménagement en lui disant que la maison du Seigneur était interdite aux impies, mais il tint alors son discours, et d'une voix de stentor, sur le parvis. Une autre fois, à la synagogue des Néophytes, il se trouva pris dans un hourvari quand on le reconnut, puis traîné dehors par les pieds. L'animosité des Juifs fidèles à Jérusalem allait croissant avec le nombre des adeptes qu'il ralliait. Quatre mois après son arrivée, il en comptait environ cinq cents. Six mois plus tard, encore cent.

« Sois prudent », lui recommandèrent les néophytes, « car on te veut du mal. »

« Le combat pour le salut ne se fait pas avec la tiédeur », répondait-il.

Il avait pris l'habitude d'aller dans les marchés, entouré d'une centaine d'hommes vigoureux.

Deux envoyés de Jérusalem, qui étaient passés par Kochba, vinrent lui faire des remontrances. Ce n'était pas là une façon de procéder. Il s'attirait la haine des Juifs pieux, et qu'étaient donc les disciples de Jésus, sinon des Juifs ?

« Ne sont-ce pas Pierre, Jacques, Philippe, Alexandre, qui m'ont enseigné les paroles mêmes de Jésus ? Vous croyez que je viens apporter la paix sur la terre ? Non, je vous dis, mais la division. Êtes-vous fidèles à Jésus ou bien au Sanhédrin ? Quelle merci attendez-vous de ceux qui ont lapidé Étienne ? Ou bien espérez-vous le même sort ? »

Les envoyés secouèrent la tête et s'en allèrent, décontenancés.

Les altercations se multipliaient lors de ses prêches dans les marchés. Cela lui rappelait l'époque où, à Jéru-

salem, c'étaient ses propres hommes qui allaient houspiller les Nazaréens et cela le faisait rire.

Une altercation fut particulièrement vive. Saül invec-
tivait des Juifs, dénonçant les adultères et les pédérastes
lorsque la police de l'éparque arriva. Elle bâtonna les
adeptes et s'empara de lui, puis lui lia les mains.

« Qu'ai-je fait ? » protesta-t-il.

« Tu es un parent de ce chien d'Hérode, qui t'a
envoyé semer le désordre à Damas ! » lui répondit le
lieutenant. « Tu seras jugé, j'en réponds, et quand tu
auras été jugé, je ne donnerai pas cher de ta peau de
nain ! »

On l'emmena à la forteresse sur les remparts et on
l'enferma dans un cachot au deuxième étage. Il y passa
trois nuits.

« La prison est-elle le sort des Hérodiens ? » se
demanda-t-il, songeant à son père. « Non, sans doute,
elle est le sort des hommes d'action. »

Il risquait la mort. Seule l'éloquence l'en sauverait
quand il serait jugé. Il objecterait au tribunal d'Arétas
que les Arabes n'étaient pas compétents dans les affaires
des Juifs et que c'étaient ses ennemis qui avaient suscité
des troubles pour le faire accuser de les semer. Mais il
avait faim et, comme on lui avait pris ses boulettes
d'opium, il craignait une crise. La troisième nuit, le
souci lui ôta le sommeil. La lune poudrait la plaine au
pied des remparts. Puis des nuages l'obscurcirent. Un
objet singulier se balança doucement devant la fenêtre
et Saül, intrigué, l'observa un long moment. Or, cet objet
était percé à jour et c'était un panier. Saül alla à la fenêtre et l'examina. Il tendit la main et toucha le panier ;
celui-ci pendait à une corde. Il tira sur la corde, crut
entendre des chuchotements impérieux dans la nuit et
son cœur battit à se rompre. La fenêtre n'était qu'une
lucarne étroite, mais s'il y passait la tête, il passerait
bien le reste du corps.

L'énergie soudain décuplée, il saisit la corde, se hissa
le séant sur l'appui de la fenêtre et passa la tête à l'extérieur. Il se trouva ainsi à moitié dans le vide, la main
agrippée à la corde. Si la corde cédait et s'il tombait, il

était mort. Mais il n'avait plus le choix. Il n'aurait pas pu regagner son cachot, maintenant. Les chuchotements se multipliaient. Il tira encore un peu ses fesses à l'extérieur et tomba dans le panier comme un ballot de fèves, la tête en avant, terrifié. Le panier descendit alors doucement, éraflé par le mur. Au bout d'un temps indéfinissable, Saül ressentit un choc et comprit qu'il avait atteint le sol. La corde lui chut sur le crâne. Il leva précautionneusement la tête au-dessus du bord du panier. Des hommes coururent vers lui, il crut défaillir, mais il reconnut la voix étouffée de l'un de ses premiers disciples, un jeune homme appelé Sacchias le Palmyrénien, en compagnie de trois autres.

Ils coururent voûtés jusqu'à un bosquet où deux chevaux attendaient. Sacchias prit Saül en selle, deux autres montèrent aussi sur le même cheval, le cinquième disparut dans la nuit.

Au bout d'une longue heure, ils s'arrêtèrent.

« Nous te laissons ici », dit Sacchias. « C'est ton cheval. Ton argent, que tu m'avais confié, est attaché à la selle. Il y manque la somme que nous avons prélevée pour soudoyer les gardes. Va droit dans cette direction. »

Il indiquait l'ouest. Saül lui baisa les mains. A l'aube, il était en Galilée. Il s'écroula plutôt qu'il descendit de cheval et dormit jusqu'au soir.

9

LE PETIT CONSEIL DE JÉRUSALEM

Il s'éveilla rompu. Affamé. Hagard. Il se traîna jusqu'à un hameau, à brève distance, s'y restaura et lava et reprit la route. A Hippos, il acheta une tunique et des braies — le manteau pouvait encore servir — et alla aux bains.

« Seul un homme de mon âge a le cœur assez vaillant

pour endurer ce que j'ai enduré », songea-t-il. « Les jeunes n'ont pas assez de conviction. »

Il fallait maintenant affronter Jérusalem et annoncer au fameux Conseil des Anciens qu'il avait triomphé, oui. Car il avait triomphé ! Passant outre à leur pusillanimité, dédaignant leurs mises en garde, rejetant leurs admonestations, il avait baptisé six cents adeptes !

Mais Jérusalem était aussi dangereuse que Damas[94]. Sans doute les Juifs de Damas avaient-ils déjà informé ceux de Jérusalem que Saül l'Hérodien décimait leurs rangs. Ils s'étaient à coup sûr renseignés sur lui auprès des gens de Jérusalem, et c'était ainsi qu'ils avaient appris son identité.

Il tailla sa barbe carré, à l'instar des Nabatéens, et se mit en route. Une semaine plus tard, il arriva avant la fermeture des portes.

Le hasard voulut qu'à peine arrivé, il croisât dans la rue son ancien collègue, du temps d'Eléazar, Marcus l'Helléniste ; celui-ci ne le reconnut pas. Bon signe. Il se rendit dans une auberge, y loua une chambre en qualité de Nabatéen, confia son cheval à nourrir et panser, puis s'en fut à pied vers son ancienne maison. Là, il demeura un moment, espionnant ce qui restait de son passé. La porte s'ouvrit, le cœur de Saül battit. C'était un inconnu. Un peu plus tard sortit une inconnue. Le boulanger, en face, n'était plus le même. Saül alla lui demander à qui appartenait la maison. A un certain Abraham ben Mathir, un membre éminent du Sanhédrin, un homme riche, un Sadducéen.

« Et l'ancien propriétaire, n'était-ce pas un certain Saül ? Qu'est-il devenu ? »

« Peut-être mon père l'a-t-il connu, mais mon père est mort. Mais je me souviens avoir entendu dire que la veuve de ce Saül avait vendu la maison. »

« La veuve ? »

« La veuve, oui, je crois que ce Saül est mort fou. »

Donc il était mort fou. Il se rendit chez le bijoutier, qui n'était pas le même non plus. Et qu'étaient devenus les enfants de Saül, celui qui habitait la rue du Prophète Elie ? Et sa femme ?

L'autre cligna des yeux.

« Tu veux dire le gendre du grand-prêtre ? Il m'est revenu qu'il est mort dans la démence, mais d'autres affirment qu'il vit à Damas. Sa femme est morte. Ses enfants m'ont revendu ses bijoux. L'un a fondé un commerce à Jéricho, l'autre à Césarée. Veux-tu voir des bijoux ? Des pierres de Serendib ? »

Et voilà une vie ! En quatre ans, on l'avait balayée pour lui ! La mort de Sarah lui fit un froid dans la poitrine. Etait-elle morte le maudissant ? En digne fille de grand-prêtre qu'elle était, elle avait dû honnir de toutes ses forces et l'hérésie que son époux avait ralliée, et l'époux qui ralliait une hérésie. « Vous êtes des gens sans sommeil », lui avait-elle dit à leur dernière entrevue. Il est des gens pour lesquels le malheur est simple ; pour elle, c'est qu'elle avait épousé un Hérodien.

Pauvre Hérodien, rasant les murs dans la cité de son grand-père ! songea Saül. Mais elle lui avait aussi dit qu'il voulait Rome, et c'était vrai, il aspirait à une couronne de lauriers, mais à Rome ! Les Hérodiens avaient été trop grands pour les Juifs.

Il eut soif et acheta à un marchand ambulant un demi-melon qu'il coupa en quartiers avec son couteau à manche d'argent. On disait que les Romains mangeaient des pommes et les Juifs, des oranges. Eh bien, lui, c'était le melon.

Il regretta Sarah comme on regrette un cheval. Il s'étonna de l'attachement que certains Hellénistes portaient à leurs épouses, attachement excessif à coup sûr, quand on voyait les mélancolies dangereuses que le veuvage leur valait. De tels débordements n'étaient ni naturels, car qu'était donc la femme, sinon la garantie de l'espèce, ni pieux, car trop d'amour pour une créature détournait du Créateur.

Quant aux enfants, ils les avait élevés et dotés. Certes, ni sa destinée ancienne ni la nouvelle ne lui avaient consenti de les éduquer plus avant, mais n'avait-ce pas été son destin à lui ? L'adversité était un précepteur efficace. Et de toute façon, à Césarée, Doris veillait à coup sûr sur l'un de ses neveux au moins.

Il était donc mort et cela le fit presque rire. Mais c'était vrai qu'il était mort. Le conquérant serein qu'il avait été jusqu'à la rencontre avec Jésus s'était dissous à l'horizon, comme ces paquets de poussière qu'emportent les vents d'équinoxe. Il avait eu la vision brève, mais fulgurante du héros, celui qui vient rappeler aux hommes la volonté des puissances célestes. Le guerrier lumineux, qui n'était pas venu apporter la paix, mais le feu et la violence, selon ses propres termes. Même Alexandre n'en était qu'un pâle reflet. Le Macédonien ne représentait que la loi des hommes. Jésus, lui, était de taille à mettre le pouvoir romain en échec. Et lui, Saül, en était un soldat.

Mais voilà, songea-t-il en cheminant vers Béthanie, où demeuraient Pierre et les autres, il était porteur d'un message intraduisible. Hormis les Juifs, nul parmi les Gentils n'admettrait que le Héros fût monté au gibet, le plus infamant des supplices.

A Béthanie, il s'enquit de Pierre ; on lui indiqua la maison. Il frappa à la porte, une femme au visage fatigué lui ouvrit.

« Je suis Saül », dit-il.

Elle le dévisagea sans enthousiasme.

« Mon mari reviendra tout à l'heure », dit-elle.

Deux filles l'épièrent tandis qu'il était assis sur un banc, sans doute l'une d'elles était-elle celle de Pierre[95]. Il avait dû faire venir sa famille de Galilée, pour éviter un divorce. Un jeune homme entra, portant des vivres, de la volaille, pendue par les pattes à son poignet gauche, une outre de vin, sur l'épaule, une écuelle de terre pleine de fromage blanc, pendue dans une serviette nouée, attachée au poignet droit. Une femme le suivait, portant, elle, du pain sur la tête, empilé dans une serviette nouée aussi, un panier d'œufs, un autre d'olives, des laitues et une botte d'oignons. Ils se dirigèrent vers l'arrière de la maison. Au bout d'un moment, le jeune homme revint, portant deux verres de vin, dont il tendit l'un au visiteur.

« Je suis le fils de Jacques », dit-il en souhaitant la bienvenue à Saül, « le neveu de Lévi. »

« Lesquels d'entre vous attendons-nous ? » demanda Saül.

« Pierre, André, mon père, Lévi, Elie, Nestor, je ne sais pas au juste. Ils vont et viennent. Philippe est en Samarie, Jean et son frère Jacques, en Galilée, je crois. Tu étais longtemps en Arabie, il me semble. »

« Seize mois. »

« As-tu fait beaucoup d'adeptes ? »

« Si tu veux parler de l'Arabie, aucun, car les Arabes sont heureux et les peuples heureux sont sourds », répondit Saül, se réservant en ce qui touchait à Damas.

Ils arrivèrent peu après, à l'heure où les cigales battaient leur plein sur les écorces des oliviers et des cyprès, Pierre en tête, suivi d'André, de Jacques et de gens dont plusieurs étaient inconnus de Saül. De nouveaux adeptes, à coup sûr ; ils portaient, eux aussi, des vivres ; l'argent qu'ils avaient été quêter auprès des convertis était moins visible. Vivaient-ils donc de mendicité ? se demanda Saül. Et sous quel prétexte ?

On ne pouvait pas dire que la joie se peignit sur le visage de Pierre quand il vit Saül, assis sur un banc, le dos à la fenêtre, la lumière lui cirant la calvitie.

« Saül », dit-il simplement, « bienvenue. » Tous les points d'exclamation avaient été retirés de l'accueil.

On préparait le repas, les cris de la volaille qu'on égorgeait et le fumet de l'ail frit le disaient éloquemment. Saül fut donc prié de rester dîner. Jusqu'au couchant, ils débattirent d'argent, de contributions, de dépenses, puis ils firent la comptabilité des convertis de la région de Jérusalem, quartier par quartier. Y avait-il du fourrage dans la maison ? demanda soudain Saül, excédé par ces calculs. On appela un domestique pour conduire la monture à l'étable et Saül veilla à ce que l'étrille fût bien passée partout, car il fit aussi panser la bête, et à ce que le fourrage fût sec.

Quand il rentra, il était temps de se laver les mains, car on se mettait à table. C'était Pierre qui, à l'évidence, présidait la communauté, car ce fut lui qui, debout, remercia le Très-Haut au nom de son fils Jésus pour le repas qu'Il leur accordait, et Le pria, par cette nourriture,

de fortifier les corps des convives face à l'adversité qui
l'attendait. Pourquoi l'adversité ? se demanda Saül.
Pourquoi pas la gloire ? Et quand Pierre rompit le pain
et le distribua, que chacun de ceux qui étaient présents
mangea une bouchée, puis but une gorgée de vin, en
souvenir de la Cène d'avant le supplice, Saül se
demanda s'ils se rappelaient que l'homme qui leur avait
dit qu'il était l'Agneau de Dieu avait été traité par eux-
mêmes, ici présents, de dément ; mais on ne pouvait
poser pareilles questions.

Ce furent eux qui le questionnèrent, et assez vite. Non,
il n'avait baptisé personne, on ne l'avait pas écouté.
Mais là, pourtant, on l'écoutait.

« L'espoir », dit-il, « n'est vif que chez les désespérés.
Pour les autres, c'est une nourriture inconnue. L'Arabie
est heureuse », expliqua-t-il en aspergeant les visages de
son regard charbonneux. « Les Nabatéens et les Iduméens sont contents avec leurs dieux, qui ne sont parfois
que des pierres tombées du ciel, disent-ils. Personne ne
les humilie, chacun d'entre eux est roi des dunes. Et si
on les offense, ils ont la dague prompte. Vous eussiez
tous été avec moi, les onze et les soixante-dix[96], que
vous n'eussiez pas fait un seul converti. »

Un silence pesant accueillit ce postulat.

« Doit-on alors considérer qu'il n'est pas possible de
convertir les Gentils ? » demanda Pierre.

« Il faut se reporter à la notion d'espoir que j'ai évoquée », répondit Saül. « Qui donc a besoin d'espoir ?
Celui qui est humilié et pour lequel une loi étrangère est
une souffrance constante. J'ai désigné les peuples sous
le joug romain qui, comme les Juifs, endurent une
souffrance quotidienne. »

« Est-ce à dire », reprit Pierre, « que seule la
souffrance temporelle ouvrira les cœurs à l'enseignement de Jésus ? »

« N'a-t-il pas lui-même parlé de ces temps mauvais,
et que sont donc les temps mauvais, sinon ceux où l'être
souffre, corps et cœur mélangés ? » repartit Saül.

Ils méditèrent sur cette réponse, puis Jacques
demanda : « Mais les Gentils dont il nous revient qu'ils

se sont ralliés à nous à Rome et dans des villes prospères, pourquoi jugeraient-ils, eux, que les temps sont mauvais ? Ne doit-on pas penser que c'est la grâce de la révélation qui les a touchés ? »

« Pourquoi cette grâce serait-elle efficace au nord et pas au sud ? » dit Saül. « Les avez-vous rencontrés, ces adeptes ? Êtes-vous certains que ce ne sont pas des âmes déçues par les dieux de Rome ? Il m'est revenu à moi que beaucoup de nos adeptes à Rome et dans les villes romaines se sont d'abord ralliés au Judaïsme et que c'est par l'entremise du Judaïsme qu'ils ont pu entendre l'enseignement de Jésus. »

Une femme apporta un bol de dattes, une autre, une corbeille d'oranges pour adoucir les bouches. Ils semblaient tous pensifs.

Il les dévisagea de ce regard fixe, fouilleur, impertinent, dont il savait maintenant le pouvoir de mettre mal à l'aise.

« Tu n'as pas parlé de Damas », demanda Jacques d'un ton malin. « Nous avons appris que tu y as créé de l'embarras. »

Il réserva sa réponse pour les faire languir.

« De l'embarras, en effet », répondit-il avec une pointe narquoise. « Six cents néophytes. »

« Comment ? » demanda Pierre, stupéfait.

Saül ne répéta pas sa déclaration. Il leur fit tranquillement face, savourant son triomphe.

« Six cents ! » répéta Jacques.

« Vous m'avez adressé deux envoyés pour me mettre en garde contre une rupture avec les Juifs, n'est-ce pas ? » demanda Saül. « Vous sont-ils revenus ? »

« Non, nous les attendons. »

« Ils vous confirmeront ce que je vous dis. J'ai passé outre à vos admonestations. J'ai mis les Juifs et les rabbins de Damas en fureur. Ils m'ont même dénoncé à l'éparque du roi Arétas, qui m'a jeté en prison et fait promettre la mort. Mais j'ai baptisé six cents néophytes. Vos hésitations ne sont plus de mise, je l'ai déjà dit à Alexandre à Kochba. Vous n'obtiendrez pas plus de tolé-

rance des Juifs en prétendant les ménager qu'en décla-
rant de front votre foi dans le Christ. »

« Il ne s'agit pas de cela ! » protesta Pierre, agacé. Et
il répéta cette phrase deux fois. « Que sommes-nous si
nous ne sommes juifs ! Nous restons assujettis à la
Torah ! Jésus n'est pas venu abolir la Torah ! Il est venu
la restaurer ! Il est venu restaurer l'Alliance ! »

« Et apporter aussi le feu sur la terre, je suppose », dit
froidement Saül. « Et détruire le Temple. » Il but une
gorgée de vin. « Vous faites erreur. Les Nazaréens seront
bientôt séparés des Juifs. Vous êtes pusillanimes, et c'est
pourquoi vous n'osez pas affronter ce problème. »

« Il est trop vaste pour que nous tranchions ici, ce soir,
en une seule conversation », dit Jacques, intervenant
dans le débat. « Pour le moment, je suis de l'avis de
Pierre : nous sommes juifs et la Torah est notre loi. »

« En attendant, je dois vous donner mon avis. Il y a
déjà plusieurs centaines, peut-être quelques milliers de
néophytes dans le monde. A Jérusalem, en Syrie, aux
Antioches et même à Rome, m'assure-t-on. Ce sont des
brebis sans bergers, exposées à la vindicte des Juifs.
Elles résisteront comme elles pourront et sans doute mal,
et encore plus mal tant qu'elles demeureront dans
l'orbite des Juifs. Car pour les Juifs, vous êtes des renégats pareils aux Samaritains. »

« On voit bien que tu es un Nabatéen », dit Pierre,
« et pas un Juif. Tu parles des Juifs comme d'étrangers,
d'ennemis. Nous sommes juifs, nous. »

« Sans doute est-ce pour moi un avantage que d'être
disciple de Jésus, et non des Juifs », dit Saül avec défi.
« Cela me donne de la clarté d'esprit. Toujours est-il que
ces néophytes, vous n'en avez pas contrôle. »

« Jean te l'a dit, nous n'avons pas de chef », observa
Jacques. « Mais en ce qui concerne les néophytes de
Palestine, Pierre et moi y pourvoyons. »

« Et ceux de Syrie, des Antioches, de Cilicie, de
Rome ? » demanda Saül.

« Le Seigneur y pourvoira », dit Jacques.

Ils ne voulaient rien entendre. Pusillanimes et obstinés.

« En tout cas, moi j'irai ailleurs », dit Saül.

« Et où iras-tu maintenant ? » demanda Jacques. « La Palestine n'est pas sûre pour toi. »

Cette question, et l'attitude de ceux qui l'interrogeaient, frappa Saül comme une gifle. Elle signifiait implicitement qu'il n'était pas un des leurs. Il n'était pas le bienvenu en Palestine, certes pas de leur fait, mais enfin, ils ne s'en chagrinaient pas et ne lui proposaient pas non plus leur protection. Il était le dernier venu, n'était-ce pas vrai ? Et ils n'oubliaient pas à coup sûr qu'il avait persécuté les leurs, participé au meurtre d'Étienne et, qui sait, à la condamnation de Jésus. Il pouvait aller où bon lui semblait, le conseil apostolique, car c'était bien cela, n'en avait cure. C'était bien un conseil devant lequel il comparaissait là. Ils s'étaient organisés en son absence, et s'étaient organiquement choisi deux chefs, Pierre et Jacques d'Alphée. Ils ne pouvaient lui refuser l'hospitalité, puisqu'il s'était rallié à eux, lui le Persécuteur, mais enfin, ils ne pouvaient non plus le considérer comme leur égal.

Finalement, ils n'étaient pas fâchés de se débarrasser de lui[97]. Où allait-il porter ses pas, la question était bonne, en effet.

Il prit son temps pour répondre. Peut-être certains d'entre eux crurent-ils qu'il ne répondrait pas. Il avait pelé une orange ; il la divisa en quartiers, lentement, mit un quartier en bouche, le mâcha et but là-dessus une gorgée de vin. Il appréciait le mariage de l'orange et du vin. Enfin, il leva les yeux et fixa son regard charbonneux sur Jacques, puis sur Pierre, puis sur le reste de l'assemblée, avec une insolence calculée.

« J'irai convertir les Gentils », dit-il.

« Les Romains compris ? » demanda Jacques.

« Les Romains compris. »

« N'est-ce pas périlleux ? Après tout, tu es citoyen romain. »

« Je suis citoyen romain, en effet. »

Ils y avaient aussi pensé : l'outrage aux dieux de l'Empire était passible de mort. Il les laisserait sur cette incertitude.

Le repas était achevé. Les femmes emportèrent les plats, mais laissèrent les verres et les cruches et même rapportèrent du vin. Les conversations reprirent entre les convives.

« L'Esprit-Saint a-t-il inspiré quelques-unes de tes réflexions et ton repentir, durant tes journées en Arabie ? » demanda Pierre, d'un ton qui se voulait bonhomme et protecteur.

Là encore, Saül prit son temps pour répondre. Puis, le regard mi-clos ancré sur l'ancien Simon, appelé encore Cephas et maintenant Pierre, il dit lentement :

« Pas l'Esprit-Saint, le souvenir de Jésus. »

« Le souvenir ? » demanda Jacques, les sourcils relevés.

« Le souvenir de notre rencontre à Edesse[98]. »

Pierre blêmit et Jacques demeura la bouche ouverte. Les autres aussi avaient entendu.

« A Edesse ? » cria Jacques.

« A Edesse. »

Ils se consultèrent du regard.

« Qu'a-t-il dit ? » demanda Pierre.

« Cela est secret », répondit Saül.

Maintenant, ils ravaleraient leur mépris.

10

ÉCHEC A TARSE

Il prit la mer une fois de plus à Césarée, sur le myriamphore[99] *Génie de Bérytos*, dont la destination finale était Massalia. Poussé par l'apéliote[100] du 1er avril, qui se laissait aller à des humeurs brusques, le lourd navire commença à danser comme une femme obèse et saoule, à telle enseigne que, lorsqu'il n'était pas allongé dans la chambre de poupe, Saül était contraint de se cramponner sans cesse au premier objet venu pour ne pas rouler sur le pont. Les décumanes[101] aussi étaient raides, assenant des coups de boutoir sur le flanc droit. Mais le navarque[102] et le timonier étaient contents ; ils obtenaient, disaient-ils, les fruits de leurs sacrifices à Poséidon, car ce vent était le seul moyen d'avancer pour le *Génie de Bérytos*, navire sans rames. A ce train-là, ils seraient arrivés à Tarse dans une semaine, au lieu de deux au fort de l'été, quand le beau temps laissait les voiles flasques.

Il avait fait mander Doris au port[103], s'étant refusé sans trop savoir pourquoi à revoir les décors du passé ; il craignait ces blessures par lesquelles s'échappe un sang invisible et qui sont plus redoutables que des coups de dague. Déjà revoir Tarse... Doris arriva voilée et quand elle écarta la laine, il vit un visage flétri et, dans les yeux, de la tendresse, flétrie elle aussi. La famille était prospère, Rufus était parti pour Délos, elle avait recueilli son neveu Simon, le fils de Saül, et l'élevait comme son fils même.

« Il est beau », dit-elle, comme à regret, « et intelligent. »

Beau, songea Saül, la bouche poussiéreuse. Simon était donc le fils de la défunte Sarah plus que le sien. Prestige effroyable de la beauté ! Même une vieille femme relevait que son neveu était beau ! Comme il avait lui-même, et à sa grande confusion, trouvé que Jésus était beau.

« C'est notre destin, sans doute, que d'être élevés par des tantes », dit-il en souriant.

Elle hocha la tête, souriant elle aussi avec la tristesse de ceux qui n'ont plus que l'ironie pour se défendre.

« Sarah est morte », dit-elle, comme si c'était une nouvelle.

Il y perçut une accusation. Sans doute Doris rendait-elle son frère responsable de cette mort, impliquant sans doute que Sarah serait encore en vie si elle n'avait pas été abandonnée au plus cruel des veuvages, celui du rejet. Solidarité des femmes. Il se trouva à court de mots, étouffa une bouffée passagère de colère et dit :

« Le monde change de destin, Doris. »

« Les Nazaréens, veux-tu dire ? » Elle rajusta la laine que le vent déplaçait, laissant entrevoir des mèches grises.

Il fut ému par ce gris-là. Le temps passait, en effet, Doris avait cinquante-quatre ans, et lui, déjà cinquante. Il ne se sentait pas vieux, non, mais enfin, tant de grandes tâches l'attendaient ! A part sa maladie, il ne souffrait de quasiment rien. La nature avait été avec lui économe de son tissu et lui, économe de son corps. Il avait peu mangé et peu bu, il n'avait veillé qu'avec sobriété et des femmes, il avait usé parcimonieusement. Quand on sait qu'on ne plaît pas, on se censure et cela devint une deuxième nature.

Ils regardaient tous deux la mer.

« Tu veux aller à Rome, n'est-ce pas ? » demanda-t-elle avec douceur.

Cela commençait donc à devenir un peu trop visible.

« Je te l'ai déjà dit, le monde change de destin », redit-il, énigmatique et agacé. Puis, un peu plus tard : « Le destin de notre famille est de régner. »

Elle tourna vers lui un visage grave, soucieux, peut-être déçu. Plus tard, il se dirait que les femmes ne comprennent rien au pouvoir, et par voie de conséquence, aux hommes. Elles sont contentes d'être reines, mais répugnent aux combats de la royauté. Il n'y avait eu finalement que Salomé qui, dans la famille, avait été ambitieuse. Ils se séparèrent, avec un peu plus d'effusions qu'il ne l'avait prévu, et il eut le cœur lourd.

Donc la mer fut rude, et Saül, soulagé de mettre le pied à terre. Tarse[104] l'enchanta, comme l'avait séduit Scythopolis. En comparaison avec Jérusalem et les anciennes villes d'Orient, les cités romaines étaient claires, aérées, majestueuses. Il retrouva difficilement ses anciens itinéraires ; en quarante ans, on avait tant construit et reconstruit ! Enfin, il arriva à la synagogue. Le rabbin, qui s'appelait Eugène, était jeune et souriant. La blondeur de sa barbe et la couleur pâle de ses yeux trahissaient une origine nordique. De fait, son père était galate, dit-il, et sa mère, scythe. Son père s'était converti après s'être établi à Tarse, parce qu'il avait trouvé le

Judaïsme plus simple que la foule de dieux mélangés des Galates, des Romains et des Grecs, sans compter ceux auxquels sa femme l'avait initié. Eugène racontait tout cela sans embarras. Son père avait donc changé de religion par confort, et lui-même était devenu rabbin parce que sa voie avait été tracée, ce qui était une autre façon de céder au confort.

« Mais, Dieu ? » dit Saül, décontenancé.

« Parlons-nous de Dieu ou des noms qu'on lui donne et des rites par lesquels on l'honore ? » répondit Eugène d'un ton égal. « Tout être humain découvre assez vite que sans un dieu son existence est incompréhensible, voire indigne. S'il n'y croyait pas, son histoire serait de la naissance à la mort une succession d'épisodes stricte-ment animaux, mangeailles, copulations, intrigues. Or, aucun homme n'accepte sa propre indignité. Il lui faut donc croire à Dieu, qu'il s'appelle Zeus, Jupiter, Ahura-Mazda ou Jéhovah. »

Eugène souriait pendant cette pétition de principes, considérant sans doute qu'il n'énonçait que des éviden-ces.

« Tu ne saisis donc pas de différence entre Taranis[105] et Jéhovah ? » demanda Saül, qui surmontait mal son étonnement.

« Outre les noms et les rites, en verrais-tu ? » repartit Eugène, détournant la tête pour appeler une domestique. Il demanda qu'on fît apporter des figues et du vin.

« Jéhovah ne demande pas de sacrifices humains », dit Saül.

« Le crois-tu ? » demanda Eugène, en servant un verre de vin à son visiteur. Il poussa le plat de figues devant Saül. « Les livres abondent en récits de gens mis à mort parce qu'ils ne respectaient pas le Seigneur. Sodome et Gomorrhe tout entières furent sacrifiées, et ne parlons pas d'Isaac, qu'un ange a sauvé du couteau paternel à point nommé. »

Saül mangea pensivement une figue, puis but un peu de vin. C'étaient les premières figues de Cilicie depuis bien longtemps ; il en avait oublié le parfum musqué. Et le goût de rose du vin.

« Mais comment les Juifs d'ici acceptent-ils ta philosophie ? » reprit Saül.

« Ils m'en savent gré, je pense », dit Eugène. « Avec toutes les religions de l'Empire, qui sont présentes à Tarse, nous sommes contraints à la tolérance. Il ne serait pas bon pour nos affaires que nous manifestions de la morgue ou de l'agressivité aux adeptes des autres religions. Je veille d'ailleurs à ce que notre prosélytisme soit discret, afin de ne pas susciter d'animosité[106]. »

Tous les Juifs de l'Empire sont-ils à l'image de ce rabbin ? se demanda Saül. Eugène mangeait des figues avec un plaisir évident. Il ne voyait, à l'évidence, aucune source de tourment dans la religion.

« Mais qu'est-ce qui me vaut l'honneur de ta visite ? » demanda-t-il. « T'installes-tu à Tarse ? »

« Pour quelque temps sans doute. »

« Je m'en félicite. Et je regrette que ton séjour ne soit que provisoire. Viens-tu pour affaires ? »

« Je viens pour la religion », dit Saül.

« Vraiment ? » demanda Eugène, le regard malin. « Es-tu rabbin ? »

« Non, je suis nazaréen. »

Le regard méditatif du rabbin blond l'informa que celui-ci savait déjà ce qu'étaient les Nazaréens.

« Nous comptons des Nazaréens dans notre communauté », dit Eugène, après avoir regarni les verres. « Ce sont tous des gens pieux. Leurs oboles sont régulières et généreuses. Quel service comptes-tu leur offrir ? »

« Augmenter leur nombre », dit Saül.

« Je ne peux que me féliciter de compter plus de membres dans notre communauté », dit Eugène, sur un ton imperceptiblement moins amène. « Mais je dois te rappeler mes consignes en matière de prosélytisme. »

Fort bien, songea Saül. Reste à établir si les Nazaréens ressortissent bien à l'autorité du rabbin. Il prit congé de celui-ci.

Quels étaient donc ces Nazaréens ? En huit jours, il les avait répertoriés. Deux douzaines, dont le noyau, formé de quatre ou cinq, avait été formé par un certain Thaddée[107], qui avait connu Jésus. Il les invita tous ensemble dans l'appartement qu'il avait loué. Ils se considéraient, oui, comme juifs, soumis à l'autorité d'Eugène. Il ne les affronta pas sur ce point, mais, obliquement, il observa qu'il n'était pas juste qu'Eugène restreignît leur nombre. Leur communauté n'était-elle donc pas destinée à croître ? Et Jésus, leur maître, n'était-il pas la jeunesse d'Israël ? Ils acquiescèrent, perplexes, mais enfin, ils acquiescèrent.

Le samedi suivant, il prit la parole à la synagogue. La parole des prophètes avait reverdi : Jésus avait rappelé le monde à la Loi unique, voilée dans le cœur des hommes par l'indignité, l'humiliation, la prévarication, la fornication et les paroles creuses. Lui, Saül, juif et formé par la sagesse de Gamaliel, il adjurait tous les Juifs d'entendre la parole de Jésus, le Messie attendu depuis des siècles. S'ils l'entendaient, leurs fautes étaient lavées, et ils marcheraient pleins d'assurance sur la Voie de leur maître, qui était celle de son Père, le Très-Haut.

« Sur quelle voie avons-nous donc marché jusqu'ici ? » lui demanda un des gens présents, un Juif qui, lui, n'avait ni sang grec ni galate, ni scythe ni romain.

« Nous étions égarés », répondit Saül, rassemblant les morceaux d'un courage soudain épars, « parce que nos maîtres s'étaient eux-mêmes égarés, de même que les troupeaux s'égaillent quand les bergers vagabondent. »

« Qu'importent les bergers, puisque nous avons la Torah ? » répliqua l'homme, avançant vers Saül d'un pas. « Veux-tu dire que la Torah est révolue parce qu'un Messie est apparu ? Ou bien qu'Eugène, ici présent, ne connaît plus la Torah ? »

« Je ne mets pas Eugène en cause, je ne mets en cause aucun homme », répondit Saül. « Je ne mets en cause que les cœurs assez endurcis pour ne pas comprendre que le Très-Haut nous a envoyé un Messie. »

« Qui dit que c'est le Messie ? » rétorqua l'autre. « Et que dit donc ce Messie ? Que la Torah est abolie ? »

« Tous ceux qui ont été ses témoins savent que Jésus est le Messie », répondit Saül, faisant effort pour se contrôler, « parce qu'il a été mis à mort et qu'il est ressuscité. Est-il une autre preuve de sa divinité que le fait qu'il ait triomphé de la mort ? » Il parcourut l'assistance du regard. Eugène l'observait, apparemment impassible. « Jésus n'est pas venu abolir la Torah, il est venu rappeler que la parole de Dieu n'est pas dans les Livres, mais dans les cœurs. Il est venu laver la Torah des souillures qui causent aujourd'hui l'esclavage des Juifs dans leur propre patrie. »

Le contradicteur fit un geste de la main qui signifiait « fariboles ! ».

« Donc cet homme Jésus, dont tu prétends qu'il est le Messie, n'a rien changé. La Torah est la Torah, voilà tout. Quant à la servitude d'Israël, pourquoi n'y a-t-il pas mis fin, puisqu'il était surnaturel ? » demanda l'homme d'un ton sarcastique. « Ou bien cela signifierait-il, le Tout-Puissant me pardonne ce blasphème que je répète, car il sort de ta bouche, que même la puissance divine ne peut libérer Israël de la servitude ? »

Un brouhaha montait. Les fidèles s'étaient mis à parler entre eux, et tous à la fois. Les Nazaréens qui s'étaient plus ou moins groupés autour de Saül semblaient, les uns, préoccupés, les autres, dûment consternés. L'un d'eux qu'on appelait Tobie le Sage éleva la voix.

« Prends garde, Simon le Sidonien, je t'en adjure, prends garde ! » s'écria-t-il. « Notre histoire est pleine d'exemples, ceux d'orgueilleux qui ont été confondus parce qu'ils n'ont pas voulu entendre la parole du Très-Haut que leur transmettaient les prophètes ! Cette fois-ci, ce n'est pas un prophète, mais le Messie qui nous rappelle à l'ordre ! »

« Quel Messie ? » cria l'autre, plein de fougue. « Un homme qui a été cloué nu au gibet, comme un voleur ? Est-ce lui que vous nous présentez comme le Fils de Dieu ? Que le Très-Haut vous pardonne ce blasphème, car moi, je ne le peux pas ! » Sur quoi, il quitta la synagogue.

Le brouhaha tourna au tumulte. Eugène restait impassible, le regard fixé sur Saül.

« Mais moi, je vous crois ! » s'écria un jeune homme qui s'était approché de Tobie le Sage. « Je crois à Jésus !

Je crois qu'il est le Messie ! Il nous faut un Messie ! Dites-moi comment on devient adepte de Jésus le Messie ! »

Il était exalté.

« Par le baptême de l'eau, mon fils », répondit calmement Tobie, « et par la piété. Viens me voir demain, je te baptiserai. »

Saül était engagé dans une conversation avec une femme fiévreuse qui voulait savoir comment Jésus était ressuscité. Il éprouvait de la peine à garder ses idées en ordre. Les fidèles commençaient à partir. Il suivit leur exemple en compagnie des Nazaréens.

« Un adepte, peut-être », dit Tobie quand ils furent dans la rue.

« Il faudra faire le tour des synagogues », dit Saül. « Ils finiront bien par céder. »

« Pas tous », dit un Nazaréen.

« Il y a les Gentils », murmura Saül.

Ils l'avaient bien entendu, mais ils ne dirent mot.

Plusieurs jours furent nécessaires à Saül pour retrouver un peu de sérénité. L'obstacle était immense. Et il était mal armé. Il buterait toujours sur l'obstacle de la Torah : si Jésus n'abolissait pas l'ancienne Loi, il ne changeait rien, comme le lui avait dit clairement le Sidonien, et tout Messie qu'il fût, il était superflu ; il ne changeait rien au destin des Juifs. Mais l'abolissait-il qu'aussitôt ceux qui se réclamaient de lui se situaient hors du Judaïsme ; ils devenaient alors des renégats, ou pis, une nouvelle variété de Gentils. C'était là un dilemme qu'il convenait de résoudre avant de prendre à nouveau la parole[108].

Une contrariété violente et froide le prenait quand il songeait qu'il avait clairement décrit ces problèmes à Pierre et à Jacques, à Jérusalem, et que non seulement ils ne l'avaient pas écouté, mais encore qu'ils l'avaient imperceptiblement troublé, par leurs discours sur l'allégeance à la Torah et aux Juifs ! Il était vrai, c'était un Juif que Jésus. Il était vrai qu'il était venu affirmer la prééminence de l'esprit sur la lettre de la Torah. Mais ce n'était là que l'écorce du personnage. Pierre, Jacques et les autres étaient futiles de s'y attarder ! Saül appela de toutes ses forces les souvenirs de la rencontre d'Edesse. Il s'efforça de cerner l'autre vérité du personnage. Car une clef restait à découvrir, celle par laquelle, au premier abord, Jésus l'avait mis à genoux, lui l'Hérodien, et réduit au plus désirable des esclavages. L'homme était venu, avait parlé, avait été mis à mort, était parti et ne voulait plus revenir. « L'homme fertile est toujours un enfant. Je ne prêchais pas aux gérontes... Le monde est fait pour les enfants et ceux qui sont nus. » Et encore : « Je ne peux reprocher à personne de n'avoir vu en moi qu'un Messie. »

Saül étouffa un cri de rage. Par quel sortilège ne comprenait-il pas ? Et comment pourrait-il faire comprendre ce qu'il ne comprenait pas ? A Damas, il avait été innocent, plein de feu, et c'était sans doute pourquoi il avait rallié des centaines d'adeptes. Mais à Tarse, il s'était laissé, à son insu, saisir par le doute.

« Le doute est une maladie », se dit-il. « L'affaire est entre Jésus et moi, et pas entre moi et le Conseil de Jérusalem. »

Mais cela ne supprimait pas la difficulté de la judaïté et de la Torah[109].

A cette difficulté-là se joignait celle de la crucifixion. Le supplice était infamant et il répugnait aux Juifs d'admettre que le Messie eût pu y être condamné. Les Grecs avaient admis qu'Héraklès fût monté sur le bûcher, mais le bûcher n'était pas infamant[110]. Il s'interrogea longuement sur la ressemblance secrète qu'il devinait entre Héraklès et Jésus sans parvenir à y trouver une clef pour la rhétorique qu'il s'efforçait de bâtir. Il pensa à Sénèque, mais celui-ci était à Rome. Rome...

Saül soupira. Il osa à peine songer à la troisième difficulté, celle de la toute-puissance supposée d'un Messie et à la servitude dans laquelle Jésus avait laissé les Juifs, renonçant par deux fois à la royauté.

Il était las. Tant de problèmes et tant d'ambitions ! Sans compter un péril qu'il pressentait obscurément : il s'aventurait dans un domaine immense, celui des rapports des hommes avec leurs dieux. Il n'y était pas préparé. Jusqu'à sa rencontre dans la rue de l'orfèvre Nimrod, il n'avait connu aucun homme admirable. De celui-là, il était tenté de penser qu'il y avait en lui de la divinité.

Il reprit le chemin d'une taverne favorite de sa jeunesse. Ni le vin ni le poisson n'avaient changé. Les marins parlaient toujours de la mer et de la mort, les bavards, de la puissance et de la gloire.

11

« LES CHIENS RIENT »

De Saül d'Antipater à Lucius Annaeus Seneca[111] :
« Très honoré maître, peut-être te souviens-tu d'un convive du festin donné par Abdilène à Damas pour le mariage de son fils. Tu dis à ce convive, qui t'interrogeait sur le rôle du tyran sans vertu, que celui-ci n'était qu'un caillou sur le chemin du voyageur. Ce convive est celui qui t'écrit, Saül d'Antipater. Toi qui as écrit une tragédie sur Hercule, daigne répondre à cette question : comment donc les Grecs et les Romains, qui ont partagé le goût de la victoire, se sont-ils résolus à déifier un héros malheureux, dont la vie s'achève sur l'échec et le bûcher ? Ta réponse pèsera d'un poids immense pour ton serviteur, Saül d'Antipater, en ces ides de mai de l'an 2 du règne de Gaïus Caesar Caligula. De Tarse, en l'avenue Julienne, près du Temple de Pomone. »

De Lucius Annaeus Seneca à Saül d'Antipater :
« Estimable ami, le panthéon des Grecs et des Romains est assez vaste pour inclure un héros malheureux tel qu'Hercule-Héraklès. Mais que serait donc un panthéon qui n'inclurait pas tous les sentiments humains ? Hercule est le consolateur de ceux qu'habite le sens de la justice et qui n'obtiennent pas ici-bas la récompense de leur vertu. Car après avoir délivré l'humanité des monstres qui la

tourmentent, de l'hydre de Lerne et des oiseaux du lac Stymphale au lion de Némée et aux chevaux fous de Diomède, il est victime de la perfidie du centaure Nessus et monte stoïquement sur le bûcher qu'il a lui-même allumé. Mais Hercule a parsemé le firmament de flammes moins vulgaires, car il est aussi le héros depuis quatre siècles des Cyniques, dont le fondateur est Diogène et le maître, Ménippée[112]. Ces philosophes se sont donné pour mission d'aboyer à l'infamie des sociétés et au mensonge qui les fonde. Hercule, qui s'attache à défaire le monde de ses plaies, est évidemment leur parangon, et d'autant plus que son autodafé révèle son désespoir.

« Cher Saül, ta question n'aurait-elle pas trait à ce héros juif dont il fut question chez Abdilène et qui mourut sur la croix après avoir tenté, me dit-on, de restaurer dans son peuple le sens de la justice ?

« Mes vœux de prospérité scellent ces lignes en ce deuxième jour du mois julien de l'an 2 du règne de notre héritier divin, Gaïus Caesar. »

De Saül d'Antipater à Lucius Annaeus Seneca :

« Incomparable maître, ta réponse m'a comblé. Permets-moi d'ajouter une question : les Cyniques sont-ils résignés ?

« En ce vingtième jour du mois d'Auguste. »

De Lucias Annaeus Seneca à Saül d'Antipater :

« Très perspicace ami, une question pourrait servir de réponse à la tienne : le sarcasme est-il résignation ? Dans ce cas, oui, les chiens rient, car ils savent que le moteur de toute action est inavouable. Même les actions qui se présentent comme nobles sont hypocrites. La noblesse est réservée aux défunts et il n'est de vrai héros que celui auquel la mort a définitivement arraché tout bénéfice au titre de héros.

« La sagesse est une ciguë.

« Néanmoins, très estimable ami, je te souhaite cette amère sagesse, en ce cinquième jour de septembre de l'an 2 du dieu vivant Gaïus Caesar. »

Saül replia la lettre. Il hocha la tête. Oui, il n'y avait de héros que mort. Mais un héros pouvait avoir des héritiers.

« Tu me trahiras, comme eux ! » avait dit Jésus.

Il frémit. Mais quelle parole n'est trahie ? Et peut-on vivre dans le silence ? Et se contenter de rire comme les chiens ?

On verrait à Rome. Rome !

12

CONFLIT À TARSE

« Qu'a donc changé Héraklès à votre sort ? Il vous a offert l'image admirable du héros délégué pour libérer l'humanité de ses monstres renaissants, mais à quoi donc a servi sa vaillance malheureuse ? L'hydre de la cupidité sévit toujours dans vos cités, et les juments furieuses de la luxure parcourent vos avenues, les yeux injectés de sang. Mais est-il une limite à la cupidité ? Je vous le demande. Vous connaissez la réponse : non. L'homme qui, tel Midas, changerait en or tout ce qu'il touche convoiterait encore l'unique pièce d'or que détient un travailleur. Et l'autre, qui changerait de maîtresse tous les soirs, voudrait encore en changer deux fois par nuit, et même alors, sa frénésie charnelle demanderait trois maîtresses, jusqu'à ce que sa vie se consume d'épuisement. Regardez donc autour de vous ! Qu'a donc changé Héraklès ? Comptez les citoyens de Tarse qui ne savent comment échapper à l'enfer de leurs désirs, s'ivrognent chaque soir avec les vins les plus chers, s'empiffrent des mets les plus délicieux, amassent l'or et, comme l'excès de femmes est sans terme, pensent atteindre l'assouvissement dans la vie infâme de la pédérastie. Est-ce pour cela qu'Héraklès abattit de ses flèches les oiseaux du lac Stymphale, étrangla le lion de Némée, défit les Amazones, vola les Pommes d'or du jardin des Hespérides ? Est-ce pour cela qu'il monta sur le bûcher, trahi, épuisé de souffrances ? »

Les deux douzaines d'auditeurs réunis dans les bosquets de Tarse écoutaient attentivement l'orateur. Des thuriféraires lui prêtaient une grande sagesse, on le disait ami de Sénèque, et surtout, il parlait clair quoiqu'il fût lettré.

« Que doit-on en déduire ? Que la race humaine est trop insensée pour comprendre les mérites des héros ? Ce ne serait pas vrai, car les Grecs, les Romains et bien d'autres révèrent Héraklès. Que le dévouement des héros est inutile ? S'il fallait le croire, ce serait là céder au désespoir, et quelle pire ciguë est-il pour l'âme que le désespoir ? L'homme désespéré est un mort vivant. Il n'a plus de moteur pour aucune action, il est ballotté au gré des désirs les plus bas et refuse tout effort, puisque rien n'en vaut la peine. N'avez-vous pas à Tarse même, sous vos yeux, l'exemple de tels hommes ? Ils souffrent leur vie comme une maladie sans fin, trompent leur ennui en passant d'un plaisir à l'autre, se grisent d'alcool ou de musique et n'échappent à l'indignité qui leur vaudrait le bannissement ou la mort que parce qu'ils sont trop faibles même pour enfreindre les lois de la cité. Ils n'ont même pas, mes frères, le courage du criminel dont le désespoir tourne à la folie. On dit d'eux que ce sont des citoyens honorables, mais vous le savez bien, personne ne les estime en son for intérieur. Ce furent souvent des guerriers remarquables, des serviteurs méritants de leur cité, et même des sages. Mais quand ils ont constaté, comme Héraklès, que le courage, l'intelligence et le savoir n'ont servi à rien, que les hommes qu'ils ont défendus de leur corps, administrés grâce à leur expérience, instruits de leurs connaissances, continuent de se comporter comme des pourceaux, ils ont perdu l'espoir. Ce n'est pas moi, Saül, qui les condamnerais ; l'illustre Héraklès, demi-dieu, en a fait de même. »

C'étaient tous des Gentils assemblés autour de lui. Et il lui fallait les convaincre. Il lui fallait gagner ces sujets d'un empire bien plus grand que la judaïté.

« Car l'erreur d'Héraklès, mes frères, ce fut le désespoir. S'il monta sur le bûcher, ce fut pour mettre fin à ses souffrances, car il n'en espérait plus de soulagement.

Son père, Zeus, l'avait abandonné et la compagne même de sa vie, Déjanire, l'avait trahi, en lui faisant revêtir la tunique trempée dans le sang de Nessus[113]. »

Il observa une pause. Eux, ils buvaient ses paroles. Il but, lui, quelques goulées à la jarre que le fils de Tobie le Sage, nazaréen comme son père, et qui l'accompagnait toujours dans ces sermons, prenait soin de remplir d'eau de source.

« Je vous le demande, mes frères, comment vivez-vous ? Je le sais, parce que je me suis entretenu maintes et maintes fois avec vos concitoyens, puisque je suis de Tarse, parce que je connais vos maisons et vos lois. Dans le meilleur des cas, vous vivez dans le doute, partagés entre le respect des lois de votre cité et le sentiment obscur que nul ne tiendra vraiment compte de vos méri-tes le jour où il le faudra, et le jour de votre mort. Votre instinct vous poussait au bien, au dévouement, à l'hon-nêteté, à la fidélité, à la chasteté, à la compassion, mais qu'importait au fond, puisque ces vertus étaient le plus souvent secrètes et que bien peu en seraient informés ? Alors, chaque fois que c'était possible sans enfreindre ouvertement les lois, vous cédiez à l'égoïsme, à la cupi-dité, à la trahison, au stupre, à l'indifférence envers autrui. Et vous en étiez, vous en êtes encore tristes, parce que vous eussiez voulu qu'il en fût autrement. Mais si Héraklès lui-même s'était laissé aller au désespoir, vous demanderait-on raisonnablement, à vous qui n'êtes pas demi-dieux, ni doués d'une force héroïque et surhu-maine, oui, vous demanderait-on de surpasser Héra-klès ? »

Il avait touché juste ; ils le suivaient des yeux, avides d'en entendre davantage. Mais avait-il assez peaufiné son discours !

« Or, mes frères, il peut en être autrement. Il nous est venu d'Orient un sauveur qui est l'unique fils du Créa-teur, le Tout-Puissant. Il est à la fois homme et dieu, comme en atteste le fait que, condamné à mort, il est sorti vivant du sépulcre. Il n'a jamais désespéré, lui, car son message foule le désespoir aux pieds comme la houe du laboureur écrase la vipère. Que dit-il ? Qu'il est l'intercesseur du Dieu unique, son père, et qu'en son nom il accorde la miséricorde divine à tous ceux qui la lui demandent. Son destin, mes frères, ne fut pas égoïste, il est venu sur cette terre pour nous tous, pour chaque être qui lui demande sa grâce. La seule clef de cette grâce est l'amour qu'il demande, parce que cet amour est destiné à son Père qui l'a mandé ici-bas. »

Il vit cligner des yeux ; on ne le comprenait sans doute pas. Ce transfert vers le Père de l'amour offert au fils était sans doute un peu ardu.

« Si vous ne comprenez pas, mes frères, interrogez-moi. Jésus lui-même m'adresse à vous pour que vous le compreniez. »

« Veux-tu dire », demanda un auditeur, « que l'amour que nous porterions à ce nouvel Héraklès résoudra le désordre environnant ? » C'était un homme qui atteindrait bientôt la quarantaine, dont la barbe était sans fils blancs et l'expression à la fois ouverte et prudente.

« C'est bien cela ! » s'écria Saül. « C'est bien cela, car si tous nous lui portons notre amour, nous sommes unis en lui par cet amour, et non seulement le désespoir s'enfuit alors comme la nuit quand le soleil point, mais encore les injustices qui causent ce désespoir s'évanouissent-elles d'elles-mêmes. Car, je vous le demande, mes frères, quelle est donc la cause des injustices, si ce n'est le manque d'amour envers notre prochain dont nous sommes coupables quand nous sommes privés d'espoir ? Plus nombreux nous serons à aimer Jésus le Christ, et plus vite le désespoir et l'injustice s'enfuiront ! Mais prenez garde, mes frères, je ne vous annonce pas l'Elysée sur la Terre ! L'heure presse ! Il l'a dit lui-même, bientôt le soleil s'enténébrera, la lune ne donnera pas sa clarté, les étoiles tomberont du ciel, les puissances des ciels s'ébranleront ! Alors le fils de l'homme apparaîtra dans le ciel et tous les clans de la terre se lamenteront ! Ils verront le Fils de l'Homme venir sur les nuages du ciel en puissance et grande gloire ! Les messagers du ciel sonneront de leurs trompes, des extrémités aux extrémités des ciels jusqu'à leurs extrémités[114] ! » Il éleva la voix et les bras, roula des yeux. « Les tombeaux s'ouvriront, les morts en sortiront et tous ceux qui sont nés depuis le premier homme et la première femme seront réunis pour le Grand Jugement. Et le Créateur, avec Son fils à sa droite, séparera les justes des injustes, et les premiers seront promis à la splendeur éternelle et les autres, voués aux ténèbres infinies ! » Il haleta. « Et tout, je vous le dis en son nom et comme il l'a dit : cette génération ne passera pas que tout cela n'advienne[115] ! »

Il haleta encore, l'air épuisé ; ils ravalèrent leur salive. Puis le même interrogateur éleva de nouveau la voix :

« Mais comment savons-nous que cet homme-là est vraiment l'envoyé céleste que tu décris ? »

« Ne te l'ai-je pas dit, mon frère ? Ne te l'ai-je pas dit ? Il est ressuscité d'entre les morts ! Il est sorti du tombeau, et moi qui l'ai vu crucifié, je l'ai revu vivant ! Si tu ne crois pas à sa résurrection, frère, tu ne crois pas à lui, si tu ne crois pas à lui, tu es voué au désespoir ! »

Un murmure s'éleva de l'assemblée.

« Moi, Saül ! Moi, je crois en Christ ! Moi je veux être baptisé ! »

Saül le connaissait ; c'était un garçon qui avait eu maille à partir avec la police de Tarse.

« Et moi ! » cria une femme.

« Et moi ! » cria une autre.

A chaque sermon, il en recueillait sur-le-champ trois ou quatre, il en venait autant plus tard. Au bout de trois mois, il en comptait déjà plus de cent. Ils ramenaient d'autres candidats. Parfois, ils étaient cinquante sur l'herbe des bosquets, mais le plus souvent entre deux et trois douzaines. Ceux qui demandaient à être baptisés dès la première séance n'étaient pas souvent les recrues qu'il espérait, matelots en rupture de contrat, voyous, domestiques. Ceux-là étaient des désespérés. Les patriciens étaient plus longs à se décider, parce qu'ils pesaient longuement les conséquences pour eux-mêmes, leur famille, leurs affaires, leur rang social, mais c'étaient des recrues de choix, parce que chacun d'eux revenait le plus souvent accompagné de gens d'influence, des gens éduqués, des parleurs qui répandaient la bonne parole. Les citoyens romains, rares à

Tarse d'ailleurs, hésitaient le plus longtemps. Ils craignaient d'être accusés de parjure envers les dieux de l'Empire. Ils se convertissaient secrètement et ne révélaient leur appartenance aux Nazaréens que confidentiellement, ou bien alors par forfanterie.

Ils ignoraient tous qu'à l'instar de Démosthène, Saül s'entraînait sur les plages désertes de Cilicie. Il variait ses arguments, pour ne pas paraître répéter un discours limité, comme il variait son ton, du familier à l'incantatoire, cultivant la rupture de voix sur l'aigu, pour les grandes émotions, les indignations. Il attisait leur peur, car il avait découvert à quel point ces habitants d'une cité libre et dorée, sains, prospères et sans faille apparente, nourrissaient en leur cœur une peur secrète.

Certes, il comptait dans ses audiences beaucoup d'infortunés, déclassés, petits malandrins, putains en fin de carrière, les déshérités du bonheur d'être tarsiote. Pour un baptême, un vœu de pauvreté qu'ils n'avaient guère peine à respecter, un autre de chasteté qu'ils avaient à peine moins de difficulté à observer puisque, étant sans feu ni lieu, ils ne connaissaient de l'amour qu'un commerce expéditif et sans confort moral, il obtenait d'eux aussi le vœu de charité. Puisqu'ils faisaient profession d'aimer le Christ, ils devaient aimer leurs frères humains, et l'exotisme de l'exigence faisait fondre ces cœurs immatures, superficiellement durcis sous la crasse du malheur. C'étaient là des recrues faciles, mais sans gloire, dont il s'efforçait de contrôler l'afflux pour ne point paraître recruter les bas-fonds, ce qui rebutait les autres.

On ne pouvait, en effet, demander aux gens d'abdiquer d'emblée leur rang social et de professer une soudaine fraternité pour des inconnus qui, la veille encore, les eussent peut-être détroussés et qui n'avaient reçu d'autre éducation que les bagarres avinées des ports, les jérémiades mielleuses des putains et le fouet des capitaines. Ce n'étaient certes pas non plus les anatomies arrogantes des Aphrodite et des Apollon, ni les ors et les marbres des temples qui leur auraient inculqué le sens du surnaturel, à ces laissés pour compte ! Saül le savait bien, ses paroles leur offraient le premier havre qu'ils eussent connu. Et puis, ils grossissaient quand même le nombre des adeptes et, comme ils se bonifiaient parfois, qui leur eût refusé le ciel ? Mais enfin, il fallait les tenir sous contrôle.

A la fin des sermons, ils allaient tous, le plus souvent, dîner dans une taverne[116], et Saül prenait soin de s'entretenir avec chacun des convives, afin d'en définir les personnalités, les opinions, les occupations, les situations familiales, les soucis. Il cultivait ainsi un sentiment de fraternité, même chez ceux qui n'étaient pas encore des adeptes. Il créait aussi la conscience d'une communauté élective, dont les membres se distinguaient par leur acuité intellectuelle, puisqu'ils consituaient les *hoi polloi* qui s'étaient les premiers ralliés à la religion nouvelle, autant qu'ils se définissaient par leur solidarité. Ils se trouvaient des remèdes, des compagnies, des aides domestiques pour les vieillards et les malades, du travail. Plus d'un malfrat repenti avait ainsi été engagé par des néophytes plus fortunés, en qualité de jardinier, d'aide-cuisinier, de factotum.

La plupart d'entre eux attendaient même avec impatience le jour de réunion et, comme les participants atteignaient parfois quatre ou cinq douzaines et que Saül ne souhaitait pas donner aux agapes un tour trop public, certains des néophytes les mieux nantis prêtaient leurs maisons, afin d'éviter l'excès de curiosité qui les entourait dans les auberges.

Afin d'éviter que la mésaventure de Damas se renouvelât, et conscient du fait que les Juifs comptaient désormais des ennemis obstinés, Saül avait beaucoup tempéré son recrutement dans les synagogues, ne déléguant plus les adeptes juifs, sur lesquels il exerçait une autorité de fait, qu'aux Juifs hellénistes, en leur recommandant d'éviter un prosélytisme trop ardent. A la fin de la première année de son séjour à Tarse, il avait quasiment doublé les effectifs réunis à Damas, mais à quel prix ! Tarse comptait désormais un millier d'adeptes de Jésus, baptisés en bonne et due forme, et fréquentant les synagogues le jour du Sabbat, mais, il faut le dire, sans excessive ferveur, car ils y étaient le plus souvent accueillis avec une curiosité de mauvais aloi[117]. Qu'étaient donc ces Juifs-là ? se demandaient les pratiquants originels. Qui donc les avait instruits ?

Il y eut même un incident quand Marcus Valerius Cassa, l'aîné d'une famille de patriciens de Tarse[118], se présenta à la synagogue des Hellénistes, celle-là même qui était confiée à la diligence d'Eugène, et se vit reconnu par l'intendant même de son père, Elias ben Matthatiah, qu'on appelait aussi Elias le Pieux.

« Que fais-tu là ? » demanda Elias le Pieux.

« Je suis adepte du Nazaréen, ne suis-je donc pas admis parmi les Juifs ? » demanda le jeune Cassa.

« Mais qui t'a fait juif ? » tonna l'autre. « N'es-tu pas incirconcis ? »

Et comme Cassa ne pouvait prétendre le contraire, car Saül s'était montré singulièrement évasif sur le chapitre de la circoncision, il y eut un hourvari et le jeune Cassa fut éjecté de la synagogue. A partir de cet incident, les Juifs commencèrent à surveiller les entrées de leurs synagogues et les Nazaréens de Saül s'en virent fermement refuser l'entrée. Les Juifs envoyèrent donc des émissaires à Saül et aux autres, particulièrement à Tobie le Sage, son lieutenant de fait, pour les avertir que leurs menées commençaient à leur chauffer les oreilles.

L'affaire fut délicate.

Pour commencer, les vrais Juifs nazaréens évoquèrent leurs différends avec Saül, différends qu'ils avaient tus jusqu'alors puisque, dans le fond, Saül ralliait des Gentils à la cause nazaréenne. L'un de ces désaccords était causé par le fait que, oui, ces Gentils convertis n'étaient pas vraiment des Juifs, puisque Saül ne leur avait pas imposé la circoncision ; ce ne pouvait donc être des frères. Ils se considéraient, eux, comme juifs, mais ces Gentils, qui donc les avait judaïsés ? Saül ? Sans doute, mais comment ? Avec le baptême ? Avec le seul baptême ? Sans la lecture de la Genèse, de l'Exode, du Lévitique, du Deutéronome et des autres Livres ? Allons ! Puis ces discours sur Héraklès, vraiment, non, ce n'était pas là des discours juifs ! Quand même, Jésus ne pouvait pas servir de prétexte à l'abâtardissement de la judaïté ! C'était là pire que l'occupation romaine d'Israël !

Saül écouta, sans mot dire, les sourcils froncés, si l'on pouvait ainsi décrire le pli qui barrait la ligne de poils noirs étirée d'une tempe à l'autre.

Ensuite, Saül dînait avec ces faux Juifs-vrais Gentils, ce qui était impensable. Il allait dans leurs maisons, c'était interdit. Il convenait de régler ce problème et ils l'en prévinrent, il ne pouvait être réglé à Tarse ; seul le Conseil de Jérusalem pouvait trancher.

Encore ce Conseil de Jérusalem ! Saül contint son impatience. Le problème allait bien au-delà de ces mornes histoires de circoncision et d'agapes partagées avec des Gentils. Il se retint de les envoyer au Diable et de leur crier que le judaïsme était révolu et qu'il n'en avait cure, qu'il était le serviteur de Jésus et pas des Juifs de Jérusalem ou d'ailleurs. Que s'ils croyaient pouvoir être simultanément juifs et nazaréens, ils se fourraient le doigt dans l'œil jusqu'au coude comme en témoignait la mise à mort d'Étienne. Il se retint surtout d'évoquer la mort d'Étienne ; il y avait trempé, et comment ! Il leur dit qu'en effet, l'affaire devrait être débattue avec le Conseil de Jérusalem, puisqu'il s'en disait le mandant. Mais c'était là une feinte, car le mandant, c'était à voir ; la vérité était que Pierre et Jacques l'avaient envoyé promener hors de leurs territoires. Il leur avait sans doute déclaré qu'il annoncerait la parole de Jésus aux Gentils, mais il eût aussi bien pu leur dire qu'il l'annoncerait aux baleines de la mer ou ægipans du désert. Ils le voulaient ailleurs.

Quand ils furent partis, il prit une boulette d'opium, parce qu'il sentait venir une contrariété vénéneuse.

A vrai dire, il avait vu ces problèmes arriver de loin, comme on voit les colonnes de poussière aux équinoxes. Il les avait tactiquement esquivés, car l'essentiel était de se constituer des effectifs le plus vite possible, et le plus grand possible.

En attendant, il conseilla aux néophytes d'éviter les synagogues. Où iraient-ils, alors ? Il les invita à fonder chez quelques-uns des autels domestiques, que surmonterait une croix. A l'agape du Sabbat, l'un d'entre eux distribuerait le pain et le vin en début du repas, en souvenir de Jésus, et il réciterait les paroles de Jésus.

Il pressentait ce qui risquait de se passer : c'est que, devant la croix, ils érigeraient des statuettes d'Héraklès, un Héraklès qui, pour la circonstance, aurait changé d'emploi. D'autres cités, assura-t-il, attendaient la parole de Jésus. Mais il reviendrait, c'était sûr.

Il partit pour Sébaste quelques jours plus tard, pareil au voyageur qui s'embarque pour une destination lointaine sur une mer grise et sous un ciel noir, sans compagnon. L'homme avisé ne livrait jamais ses pensées. Il en était une en particulier qui s'imposait : l'être humain était bête et peureux. Il ressentit une joie amère à se savoir intelligent et seul.

13

LES ENVOYÉS DE JÉRUSALEM

A Sébaste, donc, puis à Séleucie, Traianopolis, Sidé, Attalée, Xanthus, Patara, Stratonicée, Halicarnasse, Héraclée, Milet, Samos, Magnésie de Méandre, Ephèse, Erythrée, Chios, puis à l'intérieur des terres, à Smyrne, Philadelphie, Hiérapolis, Antioche de Pisidie, Iconium, Faustinopolis, Tyane, Flaviopolis Césarée de Germanicie, Apamée, Issus, c'est-à-dire de la Cilicie à la Lycie et à la Pamphylie, aux îles, à la Galatie, à la Basse Cappadoce et à la Syrie, avant de revenir en Cilicie[119], usant de la même stratégie et de la même tactique, prévenir le désespoir philosophique et procurer les rites de la confiance, il rallia des troupes. Parmi les Gentils, car parmi les Juifs, il suscita les mêmes inimitiés. Pour les Juifs, tout était dit depuis la nuit des temps et toute parole nouvelle était blasphématoire. Les Nazaréens n'étaient que ces écailles que le temps fait tomber des pierres les plus dures, comme étaient tombées de l'édifice romain ces pierres qu'étaient les communautés isiaques, mithraïstes et, bien évidemment, juives.

Il revenait à peine à Tarse, où on l'accueillait avec fièvre et questions, qu'il y trouva Barnabé, le même Barnabé qui avait témoigné de l'efficacité de son prosélytisme à Damas. Barnabé venait de Jérusalem, et Saül flaira d'emblée une manœuvre du Conseil de Jérusalem[120]. Impatient, mais curieux, il accorda la priorité à Barnabé sur les membres de la communauté qui brûlaient de s'entretenir avec lui. Il épia Barnabé pendant le repas auquel il l'avait convié et lui trouva la bienveillance forcée et, pour tout dire, la face enfarinée.

« Quel vent propice t'amène à Tarse ? » finit-il par demander avec fausse désinvolture, lui aussi.

« Nous avons apprécié, à Jérusalem, les grandes conquêtes que tu as faites au nom de Jésus en Asie comme tu les avais faites en Syrie », répondit Barnabé, « alors nous avons estimé que tu pouvais avoir besoin d'aide. »

Saül hocha la tête, conscient que Barnabé l'observait. Mâchant indéfiniment une bouchée de daurade frite, il prémédita un micro-scandale. Il utilisa pour la première fois au cours du repas une cuiller pour se resservir. Le sourire huilé de Barnabé s'effaça de sa barbe peignée.

« Qu'est cela ? » demanda Barnabé.

« Quoi donc ? »

« L'instrument avec lequel tu t'es servi. »

« Une cuiller. N'as-tu jamais vu de cuiller ? »

« Ne te sers-tu donc plus de tes doigts ? »

« Pas pour le poisson. »

« Pourquoi ? »

« Parce que le poisson laisse une odeur sur les mains. »

« Jésus ne se servait pas de cuiller », observa Barnabé, sur un ton de réprimande.

« Peut-être s'en serait-il servi s'il en avait eu une », répondit Saül d'un ton détaché.

« En tout cas, ce n'est pas l'usage », insista Barnabé.

« Oh, l'usage », dit Saül. « Jésus ne se lavait pas les

mains avant de toucher à la nourriture et il ne respectait pas le Sabbat. »

« Jésus était un Juif », dit Barnabé, sur un ton de reproche.

« Oui, comme toi tu étais chypriote », répondit Saül.

« Comment, j'étais ? »

« Oui, tu ne l'es plus, puisque tu habites Jérusalem, semble-t-il », dit Saül d'un ton aussi détaché, voire avec une trace de sourire. « Jésus n'est donc plus juif. »

« Comment cela ? » cria Barnabé, alarmé.

« Il est hors d'Israël, il me semble ? »

Barnabé respira profondément, pendant que Saül se servait de bettes frites et de salade. Poursuivre la conversation sur ce ton-là n'eût certes mené à rien. Il se servit aussi de poisson, désormais embarrassé.

« Le poisson est excellent », finit-il par dire, pour rompre un silence qui lui pesait.

« Comme je ne suppose pas que tu sois venu exprès de Jérusalem pour me donner ton appréciation du poisson tarsiote, il serait aussi bien que tu me dises le véritable objet de ta visite », dit Saül levant des yeux glacés vers son hôte.

« Je suis passé par Antioche. Nous avons là une belle communauté. »

« Je sais, je l'ai fondée », dit Saül, en grappillant du raisin.

« Agrandie, veux-tu dire », rectifia Barnabé.

« Fondée[121] », reprit Saül d'un ton sans réplique. « Il y avait là trois Nazaréens. Aux dernières nouvelles, ils sont près de mille. »

« Cette communauté a des problèmes », dit Barnabé. « Les Juifs disent que les Gentils convertis ne sont pas juifs puisqu'ils ne sont pas circoncis. »

« Et alors ? »

« Il faut les convaincre d'être circoncis. »

Saül s'essuya la bouche et but une gorgée de vin.

« Entre nous, Barnabé, les Juifs n'ont pas tort. Les néophytes d'Antioche ne sont pas des Juifs, en effet. Ce sont des Nazaréens. La foi en Jésus ne fait pas d'eux des Juifs. »

Point n'était besoin d'être grand clerc pour deviner que Barnabé était désemparé. Il ne disposait d'aucun argumentaire pour affronter le problème qu'il venait d'évoquer. *Ergo*, le Conseil de Jérusalem qui l'avait délégué, n'en disposait pas non plus. Pour eux, qui n'avaient essentiellement affaire qu'à des Juifs convertis, l'affaire était claire et simple : les Nazaréens étaient des Juifs, disciples de Jésus, et tous les autres convertis devaient être des Juifs. Il se délectait d'avance du débat théorique et tactique sur ce point.

« Mais... » marmonna Barnabé, « il faut... Il faut les circoncire ! »

« Ha ! » fit Saül. « Il faut, il faut ! Chez les Juifs, la circoncision se fait quand on est âgé de quelques jours à peine, alors on croit qu'elle est toute naturelle, comme la césure du cordon ombilical. Chez un homme mûr, c'est une tout autre affaire. » Il savourait la déroute renouvelée de Barnabé et puis assena le coup de grâce : « Puis Jésus n'a jamais dit que la circoncision était nécessaire à ceux qui voulaient le suivre. »

« Ah non ! » cria Barnabé. « Jésus... »

Il demeura, la phrase en l'air, les yeux écarquillés.

« Une preuve, une seule », dit Saül, vidant son verre. « Pas un mot sur la nécessité de couper le prépuce pour croire à Jésus. »

Barnabé se passa les mains sur le visage. Il but lui aussi du vin pour se donner du cœur. Le Conseil de Jérusalem ne savait pas dans quel guêpier il l'avait délégué.

« De toute façon », reprit-il au bout d'un moment, « il faut aller à Antioche. Ils ont des problèmes. »

« Quels problèmes ? » demanda Saül calmement. « Les Juifs d'origine ne veulent pas leur autoriser l'accès aux synagogues, c'est leur droit. Mais je n'irai pas plus à Antioche qu'ailleurs pour demander aux Gentils de se faire couper le prépuce, parce que je serais infidèle à l'enseignement de Jésus. »

Mais enfin, Saül ne voyant pas de raison de refuser de se rendre à Antioche et, par ailleurs, curieux de la tactique que le Conseil de Jérusalem avait élaborée dans cette ville-là, soit pour le mettre lui-même en échec, soit pour régler le statut des Nazaréens gentils, non circoncis, il décida donc d'y suivre Barnabé. Un point était certain : Barnabé avait été en quelque façon chargé de ramener Saül à l'ordre.

L'évidence apparut dès le premier soir : Barnabé étant descendu avec Saül dans la maison où celui-ci avait pris ses quartiers durant les mois qu'il avait consacrés à évangéliser Antioche, il prétexta une affaire pressante et s'absenta quelque deux heures. Puis il revint annoncer à Saül qu'un dîner était arrangé en son honneur par le Conseil d'Antioche.

« Quel Conseil ? » demanda Saül, surpris et mécontent. Car il avait laissé le soin de la communauté d'Antioche en son absence à trois hommes, trois Gentils, Démètre le Grammairien, Hermée et Charilaos[122], qu'il se proposait d'aller voir dès le lendemain, car le voyage en bateau l'avait fatigué.

« Tu vas les rencontrer », répondit énigmatiquement Barnabé. « Il en est un qui te connaît de longue date et qui te porte des sentiments fraternels. »

Ils arrivèrent dans une assez belle maison. A peine en eurent-ils franchi le seuil qu'en effet Démètre, Hermée et Charilaos se pressèrent pour accueillir Saül avec des effusions dont Saül put juger qu'à moins d'être tous trois des acteurs consommés, elles étaient sincères. Mais il déchiffra de la contrariété sur les visages et ce fut à peine si Démètre eut le temps de souffler à l'oreille de Saül.

« Tant de choses se sont passées en ton absence ! Nous t'avons écrit l'autre semaine, mais le courrier a sans doute croisé ton bateau. »

Derrière ces trois hommes, dans l'atrium, Saül en aperçut trois autres, qui étaient donc les maîtres de céans, car ceux qui l'avaient accueilli n'habitaient certes pas à cette adresse-là. Barnabé s'entretenait avec eux ; il les présenta à Saül, distrait par la contrariante évidence qu'on avait bien substitué un autre conseil au sien. L'un des trois inconnus tendit les bras et s'écria :

« Saül ! Mon frère ! Bienvenue à Antioche ! Ne me reconnais-tu pas ? Je suis Ménahem ! Ton ami d'enfance ! »

Saül tenta de déchiffrer dans le visage basané et buriné, peint aux couleurs de l'émotion fraternelle, les vestiges du garçon sombre et mince qui avait, en effet, partagé ses jeux tourmentés à Césarée. Rien. L'enfance est d'une autre race. Mais il rendit l'accolade à Ménahem[123], avec la chaleur de convenance. L'autre était Simon le Noir[124], dont le nom évoquait pour Saül un souvenir insaisissable. Mais du troisième, Lucius de Cyrène, qui avait plus l'apparence d'un Nabatéen qu'un Nabatéen de naissance, il ne savait rien. Barnabé, lui, souriait de ce sourire gras d'entremetteur que Saül lui avait déjà vu auparavant. Pourquoi donc, à Kochba, Barnabé s'était-il donc fait son avocat ?

Les domestiques apportèrent du vin et des verres, et l'assemblée passa dans la pièce où l'on avait préparé le dîner. Les convives s'installèrent. Saül épiait chaque geste et chaque regard, à l'affût du moindre signe qui lui permettrait de reconstituer la tactique dont il constituait la cible.

Il était assis à la droite de Ménahem, qui était donc son hôte. De fait, ce fut Ménahem qui dit les prières avant le repas. Lui et Saül s'interrogèrent sur les événements de leurs vies, Ménahem feignant d'être au fait de celle de son commensal, protestant de sa célébrité, jusqu'à ce que Saül lui dît, d'un ton calme et ferme :

« Mais personne ne me connaît plus, je crois, en Palestine[125]. »

« Nous te connaissons, nous, maintenant », repartit l'autre.

Ménahem était peu disert sur sa vie, ou peut-être était-il discret ou encore craignait-il la prolixité sur des événements trop subtils. Il avait été à Quoumrân semblait-il, et Saül se rappela avoir entendu mentionner son nom à Kochba, sans faire le rapport avec le fils du courtisan d'Hérode le Grand, Jotam, pharisien.

« Comment le fils de l'illustre Jotam est-il devenu nazaréen ? » demanda Saül.

« Jésus n'a-t-il pas renouvelé pour nous l'Alliance ? » repartit Ménahem.

Le ton était donc donné, et Ménahem représentait bien

la fraction obstinément juive des Nazaréens. Saül jugea
inutile d'engager une discussion doctrinale qui ne pouvait qu'aboutir à son exclusion. Il soutint en silence,
avec un imperceptible sourire, le postulat de Ménahem
et le regard inquisiteur qui l'accompagnait ; il ignorait
d'ailleurs les atouts de son adversaire.

« Vous m'avez donc fait mander par Barnabé », dit
Saül, pour indiquer qu'il était au fait de l'objet de
l'entretien.

« Nous avons des problèmes », dit Ménahem d'un air
soucieux et étudié.

« Je sais », répondit Saül. « Les Juifs nazaréens
d'Antioche et des autres communautés ne reconnaissent
pas les Gentils nazaréens convertis par mes soins, parce
qu'ils ne sont pas circoncis. »

Tout le monde avait cessé de manger.

« Ils ne le sont évidemment pas », dit Ménahem.

« Ils ne sont pas quoi ? » rétorqua Saül.

« Je veux dire, ils ne peuvent pas faire partie de la
communauté des Juifs nazaréens », dit Ménahem, « ni
avoir accès aux synagogues[126]. »

« Je le conçois désormais », dit Saül. « C'est pourquoi
je leur ai donné partout l'instruction de tenir leurs réu-
nions chez eux. »

Ménahem parut soucieux.

« Il faut les inviter à se faire circoncire », reprit-il.

« C'est ce que Barnabé est venu me dire à Tarse. Je
vous demande à présent, ici et solennellement, de considérer la réalité », dit Saül en se redressant sur son lit et
en adressant aux convives un regard déterminé. « Les
Juifs sont, comme les Nabatéens, circoncis dans les premiers jours de leur vie, le huitième pour les premiers, le
quatorzième pour les seconds. Les chairs sont tendres et
cicatrisent vite. Les Juifs qui recommandent aujourd'hui
la circoncision aux Gentils convertis n'ont pas le moindre souvenir de cette formalité. » Il mit l'accent sur le
terme « formalité ». « Maintenant, vous voudriez, non
pas inviter comme le dit courtoisement mon excellent
ami Ménahem » (et du coup, il retirait à Ménahem toute
reconnaissance d'autorité), « mais contraindre quelques

milliers, je dis bien quelques milliers d'hommes adultes
à se soumettre à une opération douloureuse et, dans certains cas, risquée. Je m'en suis entretenu à la synagogue
de Tarse, puis à celle d'Antioche de Pisidie : la circoncision d'hommes adultes y a été rarement pratiquée, et elle
a entraîné des incidents pénibles, parfois graves. Vous
pouvez, Ménahem, Lucius, Simon et toi aussi, Barnabé,
demander aux gens éminents que j'ai désignés pour
constituer le Conseil d'Antioche[127] » (Ménahem avala le
rappel avec un évident déplaisir), « ils vous confirmeront
que les Gentils nazaréens ne se soumettront pas à cette
formalité. Il s'agit », reprit Saül en détachant bien ses
syllabes et avec une force polémique, « d'une communauté que j'ai fondée et que je connais, alors que vous,
Ménahem, Lucius et Simon, et toi, Barnabé, vous ne
connaissez que la communauté des Juifs convertis, qui
est désormais bien moindre. Vous parlez donc commodément de la circoncision. Vous ignorez qu'aux yeux de
la loi romaine, elle équivaut à un crime[128] ! » Et là, Saül
défia Ménahem du regard ; l'autre baissa les yeux.
« Pour ceux d'entre les Gentils nazaréens qui détiennent
la citoyenneté romaine, comme moi, la circoncision
entraîne aussi la déchéance de fait, ce qui est un très
grave dommage à leur bien-être. Je dois donc vous dire
qu'il n'est pas question de parler de circoncision aux
Gentils. La demander serait courir après une utopie.
Refuser aux Gentils nazaréens le droit de revendiquer
leur appartenance au Christ serait, je te le dis, Ménahem,
et à toi aussi Lucius, et à toi Simon, et à toi encore
Barnabé, criminel ! » Il fit sonner le mot avec violence,
et Ménahem rougit de colère. « Par ailleurs », reprit
Saül, en s'essuyant la bouche, « je vous demande de me
citer ici une seule parole de Jésus qui impose la circoncision à ses disciples. »

Il y eut un silence.

« La circoncision est requise par la Loi », dit enfin
Simon le Noir, « Abraham... »

« Sommes-nous disciples d'Abraham ou de Jésus ? »
coupa Saül. « Vous n'avez pas répondu à ma demande.

Où et quand Jésus a-t-il dit qu'on ne pouvait pas être son disciple si l'on n'était pas circoncis ? »

« Mais tu es bien circoncis et citoyen romain », dit Barnabé d'un ton doucereux.

« Je suis un Hérodien, Barnabé, tu le sais bien, et je bénéficie d'un privilège qui a été accordé à mon aïeul par Jules César, et qui s'étend à tous les descendants d'Hérode. Seul un dément irait croire que Claude l'accordera aux Gentils qui se feraient circoncire. »

Les domestiques apportèrent des friandises, abricots secs et pruneaux dans de l'hydromel, galettes au miel, écorces d'orange confites dans le miel. Mais la pause fut de courte durée.

« Toujours est-il », reprit Ménahem, « que nous ne pouvons pas non plus contraindre les Juifs à autoriser à des Gentils non circoncis l'accès aux synagogues. »

« Ils ne sont pas fidèles à l'enseignement de Jésus », observa Saül.

« Ils sont fidèles à la Loi », répondit Ménahem.

La Loi ! songea Saül. Il faudrait bien s'en affranchir un jour ou l'autre. Comme il faudrait s'affranchir de la prétendue tutelle du Conseil de Jérusalem.

« Eh bien, les Gentils resteront chez eux et voilà tout ! »

« On ne peut pas les retrancher de la communauté des Nazaréens », insista Ménahem.

« Je suppose donc que vous avez une solution pour réaliser des créatures qui soient à moitié lapins et à moitié poissons », dit Saül.

« Oui, nous avons décidé de conférer aux Gentils le statut de semi-néophytes[129], en attendant qu'ils se fassent circoncire. »

Le regard de Saül accrocha ceux de Démètre, d'Hermée et de Charilaos, qui brasillaient de dépit.

« Qui désigne donc le "nous" que tu as employé ? »

« Le Conseil de Jérusalem. »

« Le Conseil de Jérusalem n'a pas d'autorité supérieure à la mienne », dit tranquillement Saül.

« Comment ? » s'écrièrent à la fois Barnabé et Lucius de Cyrène dans le même mouvement d'indignation.

« N'ai-je pas entendu de mes oreilles Jean affirmer qu'aucun des apôtres n'est supérieur à l'autre, ni ne détient aucune autorité sur l'autre ? » répondit Saül. « C'est à Pierre même qu'il l'a publiquement rappelé. »

Le désarroi le disputait à la consternation sur leurs visages. Mais il convenait de leur laisser une porte de sortie. Démètre, Hermée et Charilaos, eux, s'étaient redressés sur leurs lits, reprenant confiance.

« Je suis donc fondé à rejeter les décisions du Conseil de Jérusalem[130]. Le Conseil d'Antioche que voici l'est tout autant que moi. Ce ne serait pas caprice de notre part, mais rejet de mesures que nous ne jugeons pas sages, ni justes. Elles ne sont pas sages parce qu'elles imposent aux convertis un statut humiliant, qui ne pourrait que les rebuter, voire leur faire abandonner leur foi nouvelle et qui, en tout cas, n'attirera pas de nouveaux néophytes. Elles ne sont pas justes, car nous sommes tous égaux en Jésus. »

« Comprends-nous », dit Simon le Noir, prenant la parole enfin, « notre but est d'éviter les troubles. Dans les synagogues, il y a aussi bien des Juifs qui ne croient pas à Jésus que des Nazaréens. Si nous y laissions pénétrer librement des Gentils, le scandale serait tel que ce serait toute la communauté nazaréenne que nous mettrions en péril. Conçois-tu quel scandale ce serait que des Gentils franchissant la barrière du parvis qui leur est réservé à Jérusalem ? »

« Je le conçois », répondit Saül. « C'est pourquoi j'ai recommandé depuis le début que les Nazaréens se réunissent chez eux et célèbrent les rites indépendamment des injonctions de Jérusalem. »

« Les rites ? » demanda Ménahem. « Tu veux dire le Sabbat ? »

« Non, pas le Sabbat », dit Saül avec obstination. « Les rites. Leurs rites. »

« Quels rites ? » demanda Ménahem sans ménagement. « Des rites sans rabbin ? »

« Des rites sans rabbin, en effet[131]. La célébration de la dernière Cène de Jésus. Je ne vois pas qu'il soit convenable d'assujettir des Nazaréens à des rabbins qui refusent Jésus, sans quoi ce ne seraient pas des rabbins. »

« Mais enfin... » protesta Ménahem, « ce serait là de l'impiété ! Cela ne correspond pas à la Loi ! »

« Alors », répondit Saül, « il faut le dire tout net : les disciples de Jésus sont assujettis à la loi de Jésus, pas à celle de Moïse, et les Juifs qui se sont convertis ne sont plus des Juifs ! »

Barnabé, accablé, secouait la tête. Ménahem ne cachait plus sa colère.

« Pour toi, je ne suis donc plus juif ? » clama-t-il.

« Pour moi, Ménahem, non, tu n'es plus juif », répondit Saül. « Si tu prétends rester à la fois juif et chrétien, tu t'exposes au sort d'Étienne ! »

Ménahem se prit la tête dans les mains.

Simon le Noir intervint encore : « Nous sommes ici pour éviter les querelles à l'intérieur aussi bien qu'à l'extérieur. Je propose que nous rapportions les arguments de Saül au Conseil de Jérusalem et qu'en attendant d'en avoir jugé, nous prenions ce soir des mesures pour éviter des affrontements dans les communautés fondées par Saül. »

Les humeurs âcres se refroidissaient.

« Je propose donc », reprit Simon, « que Saül lui-même aille visiter ces communautés pour leur enjoindre d'éviter les synagogues. Je propose également que Saül étende son action vers les territoires où il y a le moins de Juifs. »

« En ce qui concerne la première proposition », dit Saül, « j'en reconnais le bien-fondé. Mais quant à la seconde, je ne suis pas certain d'en saisir le sens. Cela signifie-t-il que je devrais m'abstenir de porter aux Juifs la parole de Jésus ? Que les Juifs doivent être exclus de la grâce de Jésus ? »

« Non, évidemment », murmura Simon, déconfit.

Ils s'efforçaient de le cerner, mais pareil à un cheval sauvage, il sautait par-dessus leurs ruses. Mais enfin, l'on convint qu'il repartirait pour conseiller aux Gentils convertis d'éviter les synagogues. La soirée s'achevait,

Saül était las. Il avait cinquante-six ans et la route semblait longue.

Le secours que lui offraient les Gentils, toujours
prompts à le réconforter, à le seconder et à exécuter ses
ordres, lui apportait bien une consolation. Mais Saül se
demandait souvent s'ils n'étaient pareils à ces pièces que
des orfèvres malhonnêtes couvrent d'une dorure superficielle et dont on voit reparaître le cuivre à l'usage. Il en
fut pourtant un qui retint son attention au cours d'un
dîner organisé chez lui par Démètre. C'était un homme
de moins de quarante ans, fils d'affranchi romain et
converti, qu'on appelait selon le cas Lucius ou Loukas.

« Ne nous laissons pas aveugler par les péripéties »,
dit ce Loukas, « ni par les dissensions avec nos frères
juifs. » Il parlait un grec élégant, avec douceur. « Le dessin des événements est clair. Les religions païennes
n'emplissent pas le cœur des hommes, parce qu'elles se
sont trop fidèlement modelées sur les hommes, justement. Le cœur des Gentils de tout l'Empire et au-delà
souffre de vide. La parole de Jésus le comblera tôt ou
tard, c'est irrésistible. »

Saül s'entretint ensuite avec ce Loukas, qui était un
lettré enclin à l'étude de la nature et doté d'un savoir
qui surprit Saül. Ce fut lui qui, Saül s'étant ouvert à lui
de ses crises et lui ayant demandé s'il n'y avait de
remède autre que l'opium, qui induisait en lui de la torpeur, lui indiqua un mélange de feuilles d'aspérule et de
racines de chélidoine, toutes deux séchées, dont il
apporta le lendemain plusieurs sachets, lui recommandant d'en prendre une fois tous les deux jours, de façon
régulière. Saül apprécia tout autant que le remède, qu'il
mit d'emblée à l'essai, la modestie de ce Loukas, qui
offrait son savoir sans la doctorale pédanterie d'usage
chez les donneurs de remèdes. Les deux hommes se pro-
mirent de s'écrire[132].

Il s'apprêtait donc à partir quand Barnabé vint le trouver un matin. Un navire venant de Césarée avait apporté,
quelques heures auparavant, de sombres nouvelles de
Judée. La famine sévissait[133] ! Le prix du boisseau de
blé avait sextuplé ! Les nourrices n'avaient plus la force

d'allaiter ! Il fallait courir à leur secours ! Saül hocha la tête. La communauté d'Antioche était riche ; mais demanderait-on des fonds aux seuls Nazaréens d'Antioche en faveur des Nazaréens de Jérusalem ? demanda Barnabé. Ou bien à tous les Juifs pour tous les Juifs de Judée ?

« A tous les Juifs », répondit Saül.

« Ceux d'Antioche objecteront qu'ils n'ont pas à secourir des Gentils non circoncis. »

« Il n'y a pas de Gentils en Judée », dit Saül.

Comme il craignait que Barnabé fût débordé et que le Conseil d'Antioche semât des embrouilles par des exigences inopportunes sur la destination du blé, il désigna Titus comme intendant général de la quête. Il s'était pris d'affection pour ce Conseil au regard clair, l'un des soixante-douze qui avaient connu Jésus. Titus, fils de riches marchands de Scythopolis, d'origine gréco-romaine, avait, en effet, rallié Jésus dès la première fois qu'il l'avait vu. Il allait vers ses quarante ans avec une grâce adolescente, parfaitement dénué de cet esprit de revendication et de chicane que Saül commençait à avoir un peu trop éprouvé chez ceux qui se disaient disciples de Jésus. Car il commençait, lui le dernier arrivé, à peser les cœurs.

Ils affrétèrent quatre bateaux et les remplirent de blé. Quel est donc le secret de la compassion ? Est-ce le sentiment du pouvoir ? A Césarée, Saül n'eut pas le temps d'avertir Doris ; il fallait organiser le transport du blé, et ce fut plus rude que de le collecter. Jérusalem les eût accueillis, en tout cas lui, comme des héros, mais il n'avait cure de revoir les gens du Temple, et les notables et toutes ces barbes solennelles qui lui eussent épinglé des reproches et des observations tordues. Saül chargea donc Barnabé et Titus de délivrer le blé, en prenant bien soin d'en réserver une partie aux Nazaréens. Quant à lui, il se drapa dans un anonymat dédaigneux.

Bien entendu, le Conseil de Jérusalem fut dans l'heure informé de sa présence en ville, et de son adresse. Pierre lui manda un émissaire pour le prier, comme la première fois, de se rendre à Béthanie. Encore des parlotes ! songea Saül, regrettant Sarah, pour la première fois.

A Béthanie, il retrouva Jacques d'Alphée et Jean de Zébédée en compagnie de Pierre[134]. Il les trouva plus amènes que lors des rencontres précédentes. Pourtant, ils avaient dû être informés par Barnabé de la difficile entrevue avec Ménahem, Simon le Noir et Lucius de Cyrène.

« Nous avons appris que tes missions sont fructueuses », dit Pierre, le visage rayonnant.

« Est-ce pour cela que vous m'avez délégué à Antioche ces trois hommes qui ont prétendu prendre le contrôle de la communauté ? » rétorqua-t-il.

« Certains anciens, à Jérusalem, se sont alarmés des incidents qui leur avaient été rapportés à propos de l'accès des Gentils dans les synagogues. Ils ont estimé qu'on pourrait prévenir des conflits aussi dangereux en déléguant à Antioche des Juifs circoncis qui rendraient confiance, non seulement à ceux d'Antioche, mais aussi à ceux des autres communautés. Ici, Jacques et Jean, que voici, n'y étaient pas hostiles et nous ne pensions pas à mal », expliqua Pierre.

« Vos délégués », reprit Saül, « ont commencé par exiger que tous les Gentils se fassent circoncire. Avez-vous donc songé à l'imprudence d'une telle exigence ? Savez-vous ce qu'est la circoncision pour un homme d'âge mûr ? Avez-vous songé au danger de rebuter des néophytes dont la foi n'est pas encore affermie ? »

« Circoncisez la chair de votre prépuce, c'est le pacte entre moi et vous... Celui-là qui n'est pas circoncis, qui n'a pas tranché la chair de son prépuce, il est retranché de mon peuple[135] », dit sentencieusement Jacques.

« Jésus a renouvelé l'Alliance et vous ne m'avez jamais dit qu'il ait mentionné la circoncision », dit Saül. « Croyez-vous ou non que l'Alliance ait été renouvelée ? »

« Elle n'a pas aboli la Loi », répondit Jacques.

« Qui donc a rappelé que le Sabbat est fait pour l'homme et non l'inverse ? » demanda Saül. « Combien de fois dois-je vous redire que si vous persistez à vous enfermer dans la Loi ancienne, vous serez rejetés et martyrisés comme disciples de Jésus ? »

« Nous dis-tu donc que la Loi est abolie ? » demanda Jacques.

« Elle n'a pas sauvé les Juifs, elle ne vous sauvera pas non plus. Je ne peux croire qu'à la loi de Jésus et si je n'y crois pas, je ne crois à rien. »

« Tu n'es pas juif », dit Jacques, fixant Saül. « Cela t'est facile. »

« Vous êtes disciples de Jésus, cela devrait vous être aussi facile », répondit Saül.

Jean ne disait rien, semblant méditer. Pierre, embarrassé, intervint :

« On nous a rapporté tes arguments. Je les trouve sages. Séparons les communautés jusqu'à ce que naissent des enfants. Ils seront circoncis et tout rentrera dans l'ordre. »

« Et que leur dira-t-on, à ces enfants. Que leurs pères n'étaient pas circoncis et qu'ils ne sont donc pas juifs ? Ces histoires de prépuce sont assommantes ! »

« Pour les Juifs, ces histoires de prépuce, comme tu dis, sont essentielles », dit Jacques.

« Je ne prêcherai pas plus la circoncision que ne l'a fait Jésus », dit Saül, obstiné.

« Très bien, nous séparerons les communautés pendant quelques années » dit Pierre, conciliant.

« Saül dit la vérité », dit enfin Jean, prenant la parole pour la première fois. « Si ce n'était au nom de Jésus, nous ne nous retrouverions pas ici. C'est donc la loi de Jésus qui prime. Et il n'a pas recommandé la circoncision. »

« Nous allons donc perdre les Juifs néophytes », dit Jacques d'un ton sévère.

« Nous ne les perdrons pas si nous leur faisons comprendre, et j'insiste sur ce point, si vous aussi vous leur faites comprendre que c'est la loi de Jésus qui prime ! » s'écria Saül. Jacques ne répondit pas et garda les yeux baissés. « En attendant », reprit Saül, « il faut informer vos délégués à Antioche qu'ils n'ont pas plus de titres que moi à commander la communauté d'Antioche pas plus que n'importe quelle autre. C'est moi qui ai fondé cette communauté, et c'est moi qu'elle reconnaît comme chef. »

« Tu as été investi par le Conseil de Jérusalem », dit sèchement Jacques, « c'est lui qui détient l'autorité. »

« Jean fait-il partie de votre Conseil ? » demanda Saül, d'un air de défi.

« Mais bien sûr ! » s'écria Jacques.

« N'est-ce pas toi, Jean, qui, à Kochba, devant Philippe et Dosithée, as rappelé formellement que Jésus ne nous a pas désigné de maître ? T'en souviens-tu, ou bien as-tu changé d'opinion ? »

« Je m'en souviens, Saül », répondit Jean, levant les yeux et les tournant vers la splendeur du couchant, qui envahissait la fenêtre et qui les peignait tous quatre d'or d'un côté et de ténèbres de l'autre. « Je m'en souviens et je n'ai pas changé de mémoire. Jésus n'a pas désigné de chef. Nous nous sommes nous-mêmes donné des chefs. Tu es libre de les récuser, Saül. N'as-tu pas, toi aussi, reçu la lumière à Edesse ? »

Le ton était ambigu et Saül se troubla un bref instant. Avait-il jamais dit à Jean qu'il avait rencontré Jésus à Edesse ? Il soutint sans trouver de mots le regard inquisiteur de Jean.

« Nous nous sommes donc donné des chefs, comprends-tu ? » dit Pierre, une fois de plus conciliant. « Il faut que les troupeaux aient des bergers. Nous reconnaissons donc que tu es un des bergers. »

« Viens donc le dire à Ménahem à Antioche », dit Saül.

« J'irai », promit Pierre.

Il tint parole. Mais l'effet en fut court.

A Antioche, le soir suivant son arrivée, ils dînaient avec Hermée, Charilaos et Démètre évidemment, après avoir, le soir précédent, partagé un repas avec Ménahem, Simon le Noir et Lucius de Cyrène. C'était dans une taverne. Tout à coup, quatre hommes entrèrent, se dirigèrent vers eux, renversèrent leurs verres et les injurièrent, vociférant que des Juifs n'avaient pas le droit d'être convives de Gentils. Le lendemain, ils furent prévenus par Ménahem qu'une lettre de Jacques, expédiée de Jérusalem, dénonçait la convivialité entre Juifs et Gentils. Les échos, disait Jacques, en étaient revenus à Jérusalem où ils avaient fait scandale. La communauté des Nazaréens de Judée se trouvait en danger[136].

« Tu vois ? » dit Saül, à Pierre, consterné. « Ou bien la Loi de Moïse, ou bien Jésus. »

Pierre se passa les mains sur le visage et soupira.

« Que ne nous donne-t-il maintenant son inspiration ? » gémit-il, sous les yeux compatissants de Titus et tandis que Barnabé se tordait les mains.

« L'inspiration est dans notre raison », dit Saül. « Nous ne pouvons pas servir deux maîtres. » Mais, à sa grande surprise, puis contrariété, il vit Pierre quitter la table, suivi par Barnabé, qui se martyrisait toujours les mains comme une vieille femme. Démètre observa la scène, les sourcils circonflexes, tandis qu'Hermée baissait les yeux et que Charilaos esquissait un sourire ironique.

« Où vas-tu ? Où allez-vous ? » demanda Saül d'une voix rauque.

« Je... Je ne peux pas rester », dit Pierre, rouge et embarrassé. « Les gens de Jacques, je veux dire, les gens de Jérusalem... ils ont raison ! Non, il faut observer la Loi. Je... Toi non plus... On ne peut pas s'asseoir avec des... des gens non circoncis, des... enfin comprends-moi... des non Juifs, quoi ! Tu devrais te lever aussi, allez, il faut te lever. »

Barnabé regardait le ciel, en fait les solives de l'auberge, d'un air affligé.

« Je ne me lèverai pas, Pierre, et tu le sais bien », dit Saül sur un ton menaçant. « Je ne me lèverai pas parce que je ne suis pas un hypocrite comme toi ! »

« Comment ? » cria Pierre, d'une voix de fausset.

« Hypocrite, dis-je. Mauvais disciple. Traître à la parole de Jésus ! »

Les autres convives de la taverne prêtaient l'oreille. Pierre recula épouvanté par l'injure ; sa mâchoire trembla ; Barnabé prit l'air éploré et scandalisé.

« Penses-tu, Simon qu'on dit Pierre, toi qui te crois

juste, toi qui as suivi Jésus pendant trois ans, mais toi aussi qu'il a traité d'imbécile » — Pierre devint livide —, « que Jésus ne soit venu que pour les Juifs, dont les dignitaires et le clergé, censés défendre la Loi, l'ont envoyé au gibet ? Crois-tu cela en ton âme et conscience ? Alors, tu serais deux fois hypocrite ! »

Pierre ouvrit la bouche, comme pour aspirer un supplément d'air.

« Ces injures », souffla-t-il, « c'est inadmissible ! Comment oses-tu... Moi hypocrite, deux fois hypocrite ! Pourquoi deux fois, d'ailleurs ? »

« Parce que si tu penses que Jésus n'est venu que pour les Juifs, c'était hypocrisie que de m'envoyer répandre la parole de Jésus parmi les Gentils et les baptiser ! »

« Il fallait les ramener au bercail », dit Pierre.

« Le bercail est détruit, Pierre ! Le coq a chanté ! »

Les larmes jaillirent des yeux du vieil homme. Il leva les mains en un geste de défense.

« Oui, Pierre, tu comprends le dernier, toujours le dernier ! Tu croyais qu'il fallait ramener les Gentils au Temple ? Au Temple de Jérusalem, hein ? Et peut-être aux pieds du grand-prêtre, comme des prisonniers de guerre ? Est-ce donc cela que tu croyais, Pierre ? Dans le Temple que Jésus pouvait détruire, aux pieds du grand-prêtre qui a demandé sa mort ? »

Pierre battit en retraite et courut vers la porte, soutenu par Barnabé.

« Saül ! » cria Hermée, tandis que Saül se lançait à la poursuite de l'apôtre.

Pierre courait déjà dans la rue, mais il restait à portée de voix.

« Hypocrite ! » cria Saül, et l'injure rebondit sur les pavés tandis que Pierre se couvrait la tête de son manteau. « Vieux ladre, femmelette ! »

C'est haletant qu'il revint s'asseoir.

Démètre lui tendit un verre de vin.

« Remets-toi », dit-il.

Mais Saül ne décolérait pas.

« Lui et Jacques, deux ganaches obtuses[137] ! » grommela-t-il.

Barnabé revint deux jours plus tard, l'oreille basse, l'œil terne. Il rapporta que Pierre avait été malade à la suite de cette soirée et qu'il était reparti le lendemain pour Jérusalem. Saül ne fit pas de commentaires.

Quelques jours plus tard, Saül s'embarquait avec Barnabé pour Chypre[138]. Il avait fini par s'habituer à Barnabé. Ce n'était pas un mauvais bougre, simplement un homme sans caractère, qui croyait qu'on peut mélanger l'huile et l'eau.

14

UN ÉCHANGE DE LETTRES
SUR LA RAISON ET L'ESPOIR

De Lucius Annaeus Seneca à Saül d'Antipater, dans l'avenue Jupitérienne, à Antioche, près du sellier Hermophore :

« Des courriers m'apprennent que la renommée te précède dans plusieurs villes d'Orient. Ils te présentent à la fois comme le prophète du Dieu unique des Juifs et d'un demi-dieu, Jésus, dont le destin me rappelle beaucoup celui d'Héraklès. J'entends que c'est par milliers que se comptent tes adeptes. Nous avons aussi à Rome de ces Juifs qu'on dit nazaréens et qui, semble-t-il, ne s'entendent pas entre eux. Je ne m'en étonne pas, car il n'est pire ennemi qu'un frère en désaccord. Je me réjouis de ta renommée et me désole que tu aies abjuré les dieux de l'Empire, qui sont ses protecteurs. Je m'interroge aussi sur la nécessité de créer un nouveau dieu. Notre panthéon et celui des Grecs n'ont-ils pourvu à tous les besoins des humains ? Et d'ailleurs, les dieux changent-ils parce qu'on change leurs noms ?

« Je te souhaite paix et prospérité. »

De Saül d'Antipater à Lucius Annaeus Seneca :

« N'as-tu pas écrit toi-même que les faits sont l'ali-

ment des sages comme les songes sont celui des fous ?
Les Juifs ont vécu sous une Loi antique qui les a isolés
sous la férule d'un Dieu jaloux. Ils étaient ses otages, ils
sont devenus ceux de l'Empire. Jésus vint, se sacrifia à
ce Dieu, qui était le sien, et racheta leur liberté et leur
faute. Ceux qui le suivent sont libres. Héraklès n'a pas
libéré les hommes, il s'est sacrifié par désespoir. Jésus a
apporté l'espérance. Ne serait-il pas appelé à régner sur
tous les autres ?

« Au dramaturge incomparable, au philosophe lumineux, son serviteur. »

De Lucius Annaeus Seneca à Saül d'Antipater :

« Je te remercie de tes informations, qui m'ont inspiré
les deux réflexions que je te livre. L'un des vôtres, qui
fut à ses dires un des quatre-vingt-quatre compagnons
de Jésus, qui se trouve actuellement à Rome, dans le
quartier de l'Aventin, et qui répond au nom de Théophore, a assuré l'une de mes secrétaires qu'au moment
de sa mort sur la croix, ce Jésus reprocha à son Dieu de
l'avoir abandonné, ce qui m'incite à me demander si
l'espoir qui l'habita sa vie durant ne fut pas fallacieux.
La seconde porte sur l'identité du peuple que son sacrifice aurait racheté (à un dieu singulièrement cruel et pri-
mitif, car il y a bien longtemps que nous ne pratiquons
plus de sacrifices humains). Si le rachat fut celui des
Juifs, pourquoi en étendre la valeur à ceux qui ne le
sont pas ?

« Je crois, par ailleurs, qu'il est redoutable de postuler qu'un dieu s'est révélé directement à des humains. Ceux-ci risquent alors d'en concevoir de
l'arrogance. C'est pourquoi nos dieux ont prudemment
revêtu des apparences trompeuses lorsqu'ils se sont
manifestés aux humains. Pour enlever Europe, Zeus a
pris celle d'un taureau et pour séduire Léda, celle d'un
cygne.

« Je te souhaite sagesse et sérénité. »

De Saül d'Antipater à Lucius Annaeus Seneca :

« J'ai longtemps médité ta lettre. Elle brille du soleil
de la raison. Toutefois, elle fait abstraction du mystère
de la divinité[139], dans lequel se résolvent toutes les

contradictions. On ne peut croire raisonnablement aux dieux, alors, comme on doit croire aux dieux, il faut renoncer à la raison dans les rapports qu'on a avec eux. Ton très dévoué serviteur. »

15

DEUX PROVINCES SUR TRENTE-TROIS ET QUELQUES INCIDENTS

Durant le voyage vers Chypre, sur une corbite[140] dont la mission semblait être de transporter des rats plutôt que du blé, ne se nourrissant que de pain et de raisins secs qu'il tenait serrés dans un sac de cuir, Saül rumina sur les conflits et discussions avec le Conseil de Jérusalem. Ils avaient voulu le mettre en échec ; ils avaient échoué. Ils avaient projeté de l'écarter de la conversion des Juifs ; ils échoueraient encore. Il en avait eu l'intuition en rédigeant sa dernière réponse à Sénèque : Jésus était venu pour racheter les Juifs. Or, si on les écartait du rachat, on détournait le Christianisme de son but originel ; voilà l'argument[141]. Tandis que Barnabé, allongé le long du panneau de cale, blêmissait dans le roulis et le tangage, Saül, assis sur un tabouret près de la rambarde, le nez au vent comme un cheniscon[142] de travers, le crâne luisant d'embruns, ancrait sa détermination : les Juifs aussi, les Juifs autant que les Gentils devaient être convertis. Il ne servait à rien de les contourner ; pour eux, les Nazaréens seraient toujours des Juifs, et non circoncis par-dessus le marché. Ils susciteraient obstinément des embrouilles. Il fallait donc les convertir, tous. Il fallait que tout Israël devînt chrétien[143].

A Salamis, ils furent accueillis par un cousin de Barnabé, un Johanân surnommé « le Marteau », *Marcos*, et dont les épaules carrées et l'air buté évoquaient, en effet, un marteau. A peine Barnabé fut-il remis, que Saül les emmena à la synagogue.

« Comment, à la synagogue ?... N'a-t-on pas dit, à Antioche ?... »

« Ai-je consenti à quoi que ce fût à Antioche ? » rétorqua Saül.

Barnabé suivit, levant les yeux au ciel, Marc s'efforçant, mais en vain, de tirer des explications de son cousin. A la synagogue, ce fut comme toujours. Il y eut les obstinés et ceux qui demandaient le rachat, il eut les baptêmes et les crachats.

« Ce n'est pas un commerce que le nôtre », dit Saül à Barnabé, que les injures faisaient haleter. « Ce n'est pas un commerce que le nôtre, seuls comptent les bénéfices. »

Marc eut pour fonction de parer les horions. Du précédent voyage de Saül, il restait des convertis ; Marc les organisa pour les raids sur les synagogues, avec, pour consigne, de n'y pas entrer s'ils n'étaient circoncis. Chypre vibra, les prêtres des temples romains s'interrogèrent sur le dieu nouveau dont l'ombre s'étendait sur les fûts cannelés des colonnes corinthiennes ; les bergers dans les collines dirent qu'un dieu nouveau avait débarqué dans l'île d'Aphrodite ; les marins et les voyous des ports murmurèrent que ce dieu-là leur assurait enfin l'Élysée. Sergius Paulus, le consul, séjournant à Paphos, fit mander Saül.

« Est-ce un mage ? »

« Non, un messager. »

Au Romain, Saül s'adressa en Romain. Jésus enseignait aux hommes la confiance et l'espoir. Le consul garda Saül à souper. Vint sa cour, menée par un faiseur de Susiane, vêtu de soie pourpre et huilé jusqu'aux ongles, qui faisait des façons à n'en plus finir, feignant d'ignorer la présence de Saül. Échauffé par le vin, ce faisan, qu'on appelait l'Elymas[144], tança l'Hérodien sur sa mise médiocre.

« On voit bien », dit-il, « que ton dieu est un gueux qui mourut comme les voleurs, pour avoir des ambassadeurs aussi râpés que toi ! »

Les courtisans éclatèrent de rire.

« Un gardeur de chèvres, l'Elymas, est plus avisé que toi », rétorqua Saül. « La puissance n'a pas besoin de faste et même les dieux romains se déguisent en bêtes quand ils visitent la terre. Quand j'étais ignorant comme tu l'es, point tant je l'avoue, car j'étais modeste, je portais aussi la pourpre, mais, hé l'Elymas, je la portais parce que ma famille m'en donne le droit. Mes ancêtres régnèrent, ne me dis pas sur quel lopin les tiens régnèrent. Mais toi, l'Elymas, dis, sur quel autre territoire règnes-tu que la crédulité de ceux qui s'ennuient ? »

D'autres rires fusèrent, au désaveu de l'Elamite, dont le visage tourna au pourpre, lui aussi.

« Misérable manant ! » cria l'homme de Susiane. « Je peux montrer la splendeur de mon culte et mon pouvoir par des prodiges comme le tien n'en saurait concevoir ! » Il s'était redressé sur sa couche comme un serpent dérangé, faisant face à Saül. Celui-ci était armé pour ces affrontements de cirque. Il gardait dans un chaton de sa bague une poudre efficace ; il l'en retira discrètement, entre le pouce et l'index et, se penchant vers l'Elymas, lui cria : « Garde tes prodiges pour le cirque, dindon ! » Il lui projeta, d'une chiquenaude, la poudre au visage. L'autre suffoqua, ouvrit la bouche, aspira, écarquilla les yeux et éternua. Puis éternua. Eternua encore et sans fin, les bras battant l'air tandis que les convives se tordaient de rire.

« Apprends », cria Saül, « combien est fugace la faveur indue ! Tes flatteurs d'hier se gaussent de toi, et ton dieu est impuissant ! Fuis, oui, fuis », dit-il tandis que l'Elymas quittait son lit en éternuant.

Sergius Paulus riait encore. Il fallut tous les soirs souper au palais consulaire. Et le matin, prêcher. Recevoir les néophytes, écouter leurs questions et leurs doléances, les réconforter, indiquer les rites à observer à la maison, le repas du Sabbat en souvenir de Jésus, baptiser les enfants, tenir en respect des assemblées de vingt à trente personnes, les contradicteurs, les insulteurs, parler, sans cesse et toujours... Saül sentait l'âge. Et quand il avait fini, il courait aux bains, se confiait au masseur et à l'eau froide et chaude alternée, puis allait briller chez Sergius Paulus, dont la seule faveur était garante de sa sécurité.

« Que gagne l'Empire de ton dieu ? » demanda le consul.

« Il est fort et gagne chaque jour en force. Rome ne gagne-t-elle pas à la force qui est en son sein ? » répondit Saül.

Il avait, pour l'heure, fait ses moissons à Chypre ; restaient à visiter de nouveau les villes où il avait déjà fait ses semailles. Il reprit le bateau avec Barnabé et Marc auquel il commençait à trouver pâle gueule, et pour cause. Injurié par les Juifs qui lui reprochaient de se prêter, lui juif, aux menées impies et séditieuses d'un Nazaréen, disciple d'un brigand crucifié, le Marteau perdit confiance. A Pergé, il déclara forfait. Seul Barnabé tenait bon, mais comment savoir si c'était par conviction, ou bien pour continuer d'espionner Saül ?

« Je suis sans doute malade », songea Saül, tandis qu'à dos de mulets lui et Barnabé suivaient les chemins abrupts qui le ramenaient à Antioche de Pisidie. Avait-il abusé de l'opium ? Celui-ci ne l'apaisait plus comme auparavant, ni ne lui procurait plus le sommeil réparateur. Saül augmentait les doses. Arrivé à destination, l'épuisement lui valut une crise violente comme il n'en avait pas eu depuis longtemps[145]. Il se félicita d'être seul quand l'accès survint. Deux jours plus tard, il en subit un autre, et verrouilla sa porte pour que Barnabé n'entrât pas. La peur le tarauda, non celle de mourir, mais celle de mourir en pleine tâche.

Il avait envisagé de gagner Ephèse ; il dut y renoncer, à l'étonnement de Barnabé, auprès duquel il prétexta les fatigues excessives des mois précédents. Il se remit lentement et songea que la véhémence, sans doute, avait encore accru sa fatigue. L'évidence s'imposait, il ne convertirait pas Israël en quelques mois et devrait tenter de composer avec ses représentants. Il devait ménager ses forces, s'il voulait conquérir les Galates. Qu'avait-il appris de ses maîtres de jadis, quand il était jeune garçon à Tarse, dans la fausse douceur de Glaphyra, oui, qu'avait-il appris de Stephanos et de Pethrosinus ? Que, dans toute discussion, il faut se garder du conflit ouvert, qui entraîne des surdités réciproques. Qu'il faut bien écouter son adversaire, s'emparer de ses arguments, y relever le point faible car tout argument comporte un point faible, et persuader alors l'adversaire qu'il est presque d'accord avec vous. Les Juifs rejetaient les Nazaréens au nom des prophètes et de la Loi ? Il fallait leur démontrer que leurs arguments étaient justes, mais incomplets, car l'exemple d'Abraham démontrait, dans le cadre strict des Livres, que la foi donne aux Gentils la plénitude des bénédictions divines. Il se félicita d'avoir retenu les monitions et les lectures du rabbin qui l'avait autrefois converti, à Jérusalem, le vieux Théodestes, désigné par Eléazar.

Il fallait surtout avancer et conquérir toutes les provinces d'Orient, sans l'entrave de l'opposition juive. Il fallait gagner tant de Gentils que, lorsqu'il arriverait à Rome, il aurait derrière lui une armée décuple de toutes celles de l'Empire[146] ! Il fallait conquérir Rome ! Les marbres arrogants tomberaient en poussière sous le soleil de Jésus ! Il murmura : « Le feu ! Je suis venu jeter le feu sur la Terre, et comme je voudrais qu'il fût déjà allumé ! » Il avait fait siennes ces paroles que lui avait rapportées Alexandre à Kochba.

Mais la carcasse ne suivait pas. Saül demeura trois semaines à Antioche de Pisidie, allongé la plupart du temps sur un lit devant la porte, respirant l'air pur, se nourrissant de volaille et de fruits, buvant parcimonieusement du vin, mais beaucoup de décoctions d'herbes, surtout de la bétoine, de la chicorée, de la menthe, qui l'apaisaient et le stimulaient tout à la fois. Mais ce n'était là qu'un repos précaire, car il fallait, et surtout les jours de Sabbat, seconder Barnabé, et rester présent dans la communauté, recevoir, conseiller, baptiser et, de plus en plus, discuter avec les Juifs, pas les Nazaréens, les autres, que les succès de Saül enflammaient. Le quatrième Sabbat, Saül, une fois de plus, ne put terminer son discours à la synagogue. Une clameur couvrit sa voix. C'était une cabale. Sur le parvis, il trouva une phalange de mégères, qui le traitèrent de fumier d'âne et de sodomite et qui les houspillèrent, lui, Barnabé, Titus et le petit groupe de Nazaréens, pourtant exclusivement juifs, qui les escortaient. On les couvrit d'épluchures. A l'extérieur, la police attendait. Les archontes juifs avaient convaincu le consul que ce Saül, chef des Nazaréens, était venu bafouer leur religion. Dans le hourvari, les Nazaréens rameutés hissèrent sur leurs épaules Saül, encore couvert d'écorces de melon, et le conduisirent chez lui, sous l'escorte des légionnaires hilares. Tandis que ceux-ci attendaient à la porte, Saül, Barnabé et Titus firent leurs ballots, enfourchèrent leurs mulets et gagnèrent la grande porte de la ville. Des Juifs sourcilleux surveillèrent leur départ et les suivirent donc jusqu'à la porte. Là, Saül et ses compagnons descendirent de leurs montures et battirent les semelles de leurs sandales l'une contre l'autre en défiant les Juifs du regard. Les légionnaires riaient encore.

« Et la communauté ? » demanda Titus.

« Ils ne sont pas moins intelligents que nous et, maintenant, ils sont plus nombreux. Ils apprendront à se défendre. »

« Toujours est-il qu'ils ont reçu la consigne de ne plus aller dans les synagogues », observa Barnabé.

Puisqu'il fallait reprendre le périple qu'il avait déjà suivi, Saül décida que l'étape suivante serait Iconium. En chemin plat, la route eût exigé cinq à six jours, mais là, il en fallait le double. Car cette route sinuait comme le raisonnement d'un docteur, souvent au ras de précipices. Ils quittèrent les collines garnies de térébinthes et d'euphorbes et, vers la troisième heure après midi, s'engagèrent dans les défilés montagneux, les yeux éprouvés par des passages secs entre l'ombre violette et des clartés aveuglantes. Le soleil avait fini de colorier les sommets déchiquetés quand ils débouchèrent sur le plateau de Lycaonie, le monde était violet. Une lueur au-dessus d'une masse de murailles leur indiqua Philomenion. Les bains les délassèrent, des pigeons grillés les nourrirent, un vin clair leur rendit la parole.

« Entre une visite et l'autre », dit Saül, « la communauté a crû de soixante et onze membres, d'elle-même et, après notre visite, elle en a encore gagné cinquante. Nous sommes plus nombreux que les Juifs. »

« Nous pourrons construire nos propres synagogues », dit Titus.

Barnabé paraissait songeur. Saül devinait l'objet de ses réflexions, et c'était l'éloignement du judaïsme.

A huit jours de là, comme ils suivaient la voie romaine qui menait à Iconium, droite et plate, et qu'ils faisaient étape dans un village, un homme tourna la tête quand il les entendit parler grec. Saül le dévisagea et crut le reconnaître, et l'homme, qui débattait d'argent avec un groupe de commerçants, sourit, s'excusa auprès de ses interlocuteurs et vint vers Saül.

« Maître, me reconnais-tu ? Je suis Onésiphore, que tu as baptisé à Iconium[147] ! »

Ils s'embrassèrent. Onésiphore achetait par profession fruits et légumes dans les villages des environs, car ils n'étaient plus qu'à brève distance d'Iconium.

« Je me disais aussi que tu viendrais, car un marchand nous a dit que tu te trouvais à Antioche de Pisidie, et j'ai pensé que tu ne manquerais pas de nous rendre visite. Reconnais-tu ma femme, Lectra, et mes fils Simias et Zénon, que tu as baptisés aussi ? »

Ils avaient donc trouvé un gîte à Iconium, Claudiconium de son vrai nom. Et Onésiphore se rengorgeait d'être l'hôte d'un homme qui avait vu le Fils de Dieu vivant. C'en était par moments gênant.

A Iconium aussi, la communauté avait crû. Quand on avait fini de baptiser sa femme et ses enfants, on baptisait sa mère et son père, s'ils étaient encore en vie. Puis les frères et les sœurs se demandaient quelle était donc cette foi qui, tout à coup, rendait aux gens le goût de vivre et l'allégresse. On les baptisait donc après les avoir chapitrés. Foin d'Apollon et d'Héraklès, qui laissaient les humains gésir dans leurs souffrances ! On passait donc aux voisins, qui s'enchantaient de se trouver eux-mêmes des voisins métamorphosés, hospitaliers et prê-teurs. Les domestiques, puis les esclaves, à la fin, suppliaient qu'on les aspergeât de cette eau qui leur ouvrait les portes du ciel, et c'étaient les premiers à courir aux prières.

Il y avait peu de Juifs à Iconium, mais il y en avait quand même, que cette ferveur contrariait jusqu'à les rendre acariâtres. Quoi, ce Jésus, un prophète sans doute, mais un prophète crucifié, allez voir ! Bref, ce Jésus, un Juif, le nom même le prouvait, aurait prêché que la Loi... On ne savait au juste, mais enfin, que la Loi n'était plus tout à fait la Loi ! Blasphème ! Et c'était un Juif dévoyé, ce Saül, venu de Jérusalem, qui dévoyait d'autres Juifs et qui, par ailleurs, convertissait des Gentils à un judaïsme de fantaisie ! Ils s'agitaient donc, prenant les Païens même à témoin :

« Vous accepteriez qu'on déformât la religion de vos Pères ? »

Puis il y eut l'incident de Thècle. C'était la fille d'une voisine d'Onésiphore, Théoclée, une veuve que Saül avait convertie. Thècle était fiancée à un certain Thamyris, Païen, pour lequel elle semblait éprouver peu d'attirance, à moins que ce fût le commerce de la chair qui la contrariât. Toujours était-il que, séduite par les discours de Saül sur la continence, qui consommait la libération des cœurs selon l'enseignement de Jésus, et sans doute y trouvant le prétexte parfait pour se dérober à Thamyris, elle avait plusieurs fois pressé Saül de la baptiser aussi. Saül y avait regardé à deux fois, et avait averti la jeune fille qu'il la baptiserait si elle obtenait le consentement de son fiancé, puisque, n'ayant pas de père, elle était désormais sous l'autorité de son futur mari. Celui-ci, n'y voyant sans doute qu'un caprice de femme, avait accepté. Mais, à sa grande déconvenue, la fois suivante qu'il tenta d'obtenir des privautés de sa future épouse, il s'entendit objecter qu'en vraie Nazaréenne, elle entendait observer désormais la chasteté la plus parfaite. Thècle se compara même, dans un excès de langage, à une Vestale. Les fiançailles risquaient donc d'être rompues, et cela, après les échanges de cadeaux. Théoclée aux abois en référa à Saül. Le baptême interdisait-il donc le commerce de chair ? Serait-il donc dit que les Nazaréens n'auraient pas d'enfants ? Que servirait donc d'avoir des enfants ? lui répondit Saül, puisque la venue de Jésus était proche ! Faudrait-il assez manquer de cœur pour exposer des innocents au spectacle cataclysmique des étoiles qui tomberaient du ciel et des séismes qui secoueraient la terre pendant que le soleil s'éteindrait !

« Oui », insista Théoclée, « mais voici que le mariage de ma petite Thècle risque d'être rompu, et quel scandale ! Ne peut-on tolérer qu'elle s'unisse à Thamyris selon la coutume ? »

« Ce n'est plus à mon autorité, mais à celle de Jésus qu'elle est soumise », répondit Saül, « elle seule peut en décider. »

Thamyris, cependant, ne l'entendait pas de cette oreille ; il menaça d'en référer au gouverneur et l'affaire commençait à faire beaucoup jaser[148]. Les Juifs, évidemment, s'en étaient emparés pour représenter que l'enseignement de Saül contrevenait au précepte divin : « Allez, croissez et multipliez-vous. » Ils firent de plus en plus de tapage devant la maison d'Onésiphore et c'est alors que Saül dépêcha Titus[149] au-devant de lui vers l'étape suivante, qui serait Lystres. Il partit à l'aube, suivi de Barnabé, la tête basse.

« Nous partons chaque fois comme des incendiaires », murmura Barnabé.

« Nous sommes des incendiaires », répondit Saül.

« Et ceux qui restent derrière nous[150] ? »

« Ce sont des brandons qui répandront l'incendie. »

A Lystres, Titus leur fit réserver un accueil consolateur. Puis tout recommença. Des délégations de Juifs d'Antioche de Pisidie et d'Iconium vinrent mettre en garde leurs coreligionnaires. Au bout de huit jours, les Juifs organisèrent des cortèges de protestation, enflant l'histoire de Thècle pour prouver que les Nazaréens étaient les ennemis des foyers. Et se trouvant cette fois-là en majorité, ils devinrent audacieux. Comme Saül haranguait une foule au marché, il en vint une cohorte qui l'interpella :

« Est-il vrai que tu as dit que la circoncision n'est pas nécessaire aux croyants d'Elohim ? »

« J'ai dit qu'il suffit, pour conserver sa pureté et sa

liberté, de se garder des idoles, des puteries, de la chair étouffée et du sang. »

« Mais la circoncision ? » insista l'autre.

« Elle n'est pas nécessaire aux disciples de Jésus. »

« Vous avez entendu ! » clama le Juif. « Il prétend enseigner la Loi, mais oublie le commandement du Seigneur ! »

Une pluie de pierres s'abattit sur Saül et ceux des Nazaréens juifs et gentils qui l'entouraient. Barnabé s'empara d'une pierre qui était tombée à ses pieds et la renvoya sur l'un des Juifs. Ce fut la dernière image que vit Saül avant un très long moment. Quand il s'éveilla, Titus et Barnabé étaient penchés sur lui. Il se tâta le front ; un emplâtre de plantain bouilli ruisselait sur ses tempes. Il tenta de tourner la tête, la douleur le fit grimacer. Du geste, il indiqua à Titus la boîte dans laquelle il serrait ses boulettes d'argile à l'opium. Il en avala deux avec trois ou quatre lampées d'eau et une torpeur bienheureuse effaça les visages, le plafond et ses solives, et il rêva qu'il était blotti entre les seins d'une femme. Il gémit et quand il se réveilla, dans la nuit, aiguillonné par la soif, Titus couché à ses pieds dans son manteau, l'idée lui vint qu'aucune femme n'était assez vaste pour l'envelopper et lui donner la paix.

« Ma seule femme sera la terre », murmura-t-il en reposant la gargoulette sur l'appui de la fenêtre.

A l'aube, il s'avisa qu'il ne connaissait pas la chambre où il se trouvait. Il se leva et poussa les volets ; il ne connaissait pas non plus la vue. Peu après, des voix de femmes inconnues chuchotèrent derrière la porte. Il était épuisé. L'huis grinça. Un garçon de quinze ou seize ans entra prudemment ; il se pencha vers Saül. Un visage grave, curieusement brun, mais clair.

« Tu es réveillé. Comment te sens-tu ? »

« Qui es-tu ? »

« Timothée. »

« Où suis-je ? »

« Chez nous. »

Le solipsisme fit sourire Saül. Du coup, il s'avisa qu'il

n'avait pas souri depuis longtemps. Titus remua, poussa deux ou trois soupirs et s'assit.

« Il a l'air d'aller mieux », lui dit Timothée.

Titus examina la plaie, découverte, car le pansement, désormais sec, était tombé derrière le lit. Il hocha la tête.

« Qui est donc Timothée ? » demanda Saül.

« Le fils d'Eunice, la fille de Loïs », répondit Titus. « Y a-t-il du lait dans la maison ? » demanda-t-il à Timothée.

Le garçon disparut.

« Tu étais comme mort », dit Titus, regardant l'aube. « Ils t'ont traîné à l'extérieur de la ville, nous ne pouvions pas intervenir. Ils t'ont laissé dans les champs et sont revenus en criant que les chiens n'ont pas de sépulture. Nous sommes partis, dix ou douze d'entre nous, à ta recherche. Tu respirais encore. Nous ne pouvions pas te ramener à ta première demeure. Loïs a offert sa maison, qui est à l'écart. Comment va ta jambe ? »

« Ma jambe ? » demanda Saül, s'apercevant que le genou droit était pansé. Il tira le pansement ; une autre plaie. « Elle a l'air d'aller. »

Timothée revint, portant un bol de lait chaud. Les femmes firent demander si elles pouvaient entrer. Saül les reconnut. Deux Juives, qu'il avait baptisées lors de sa tournée précédente. Il se rappela avoir également baptisé Timothée, dans le même groupe, douze ou treize néophytes. Timothée s'assit sur le lit et se pencha sur le genou de Saül.

« Il va mieux, Dieu merci », dit Eunice.

« J'ai refait un pansement frais », dit Loïs.

Saül but son lait. « Il faut partir », dit-il en se levant. Timothée le suivit du regard.

« Dans ton état... ? » s'écria Loïs.

« Ils me retrouveront. Je dois partir. »

« Je pars avec toi », dit tranquillement Timothée.

« Seigneur ! » s'écria Eunice.

Saül le regarda. « Un regard aussi transparent ! » songea-t-il. « Est-il circoncis ? » demanda-t-il à Eunice.

« Non, son père était grec. »

Et le regard de Timothée, l'élan de la jeunesse, l'eau et le feu ensemble.

« Tu peux être chrétien sans être circoncis, et tu l'es », dit-il à regret. « Mais pour m'accompagner et entrer dans les synagogues, Timothée, il faut être circoncis. Je pars tout à l'heure, tu ne peux l'être cette fois-ci. C'est trop tard. Mais je reviendrai. »

Les larmes jaillirent des yeux de l'adolescent. Saül lui posa la main sur l'épaule. Timothée le prit dans ses bras. Saül fut troublé. « Je reviendrai », répéta-t-il, caressant la tête de l'adolescent. Le jour montait. Saül alla faire ses ablutions. Une demi-heure plus tard, ils étaient sur la route de Derbé, lui, Titus et Barnabé. Elle fut pénible, Saül se découvrant au fur et à mesure du voyage d'autres contusions et ecchymoses, dont l'opium avait, pendant la nuit, masqué la douleur. Une dans le dos, une autre à l'épaule, qui l'empêchait de respirer. Plusieurs haltes furent nécessaires sur le plateau de Lycaonie, où les vents se déchaînaient parfois, comme si la présence des volcans leur rappelait que les portes de l'enfer étaient proches, excitant leurs forces mauvaises. Titus et Barnabé regardaient souvent derrière eux, craignant à l'évidence d'être poursuivis.

« Ne vous inquiétez pas », leur dit Saül, « ils me tiennent pour mort. »

A Derbé, toutefois, il tempéra son discours. L'effleurement de la mort lui avait rappelé que la tâche était loin d'être finie. Il n'avait conquis que deux des trente-trois provinces impériales et sénatoriales, la Cilicie et la Galatie.

« Est-il vrai que tu es un Hérodien ? » lui demanda Titus, un soir.

Il hocha la tête.

« C'est une campagne militaire que tu mènes », observa Titus. « Ces choses-là sont donc dans le sang. »

L'étaient-elles ? Il avait conscience d'être infiniment différent du Saül qu'il avait été à Jérusalem, quand il avait trente ans. L'esprit de conquête était, certes, toujours présent, mais l'objet de la conquête, lui, devenait immatériel. Il était désormais possédé par sa campagne.

« Je change des peuples », se dit-il sans en éprouver, étrangement, aucune fierté. « C'est donc qu'ils étaient mûrs pour changer. Ils avaient soif de Dieu, et les sources auxquelles ils buvaient s'étaient taries. Je ne suis alors que l'instrument du changement, l'instrument de Dieu. »

Puis il se disait qu'il était plutôt l'instrument de Jésus. Mais l'idée le troublait. Car l'autre lui avait dit : « Tu me trahiras. » Le trahissait-il ? Sans doute, mais comment ? Pourquoi donc Jésus était-il parti, laissant aux autres le soin de répandre son enseignement ? Il n'avait pas assez le temps de penser ! Et il ne le trouva pas à Derbé. Et pas davantage quant ils refirent le chemin en sens inverse, pour consolider leurs acquis.

La stupeur fut grande quand les adeptes le revirent à Lystres, trois semaines plus tard.

« Es-tu donc ressuscité ? » lui demanda-t-on, car Eunice et Loïs avaient gardé le secret sur les suites de sa lapidation. « Le Seigneur soit loué mille fois ! » Ils donnèrent un banquet en son honneur. A la synagogue, le rabbin montra de l'humeur[151].

« Ces gens-là ne meurent donc jamais ! »

Timothée vint le trouver.

« Tu n'as pas oublié que je veux te suivre ? »

« Non. »

« Alors, je veux être circoncis. »

La tâche troublait Saül. Enverrait-il Timothée à la synagogue ? Le rabbin ne prendrait-il pas une secrète satisfaction à faire souffrir inutilement l'adolescent ? Ou pis ? Après une longue hésitation, il se résolut à pratiquer lui-même l'opération. Il donna au garçon une dose d'opium qui devrait atténuer la douleur. Puis, le garçon s'étant allongé et dénudé le ventre, Saül s'empara d'une lame neuve, saisit le sexe de l'adolescent et, d'une main ferme et rapide, fit le tour du prépuce. Timothée frémit, puis gémit. Saül arrêta les saignements, qui étaient abondants, en serrant le sexe dans un linge trempé de miel, prenant garde de laisser un orifice pour que le garçon pût quand même uriner.

Il fallut trois fois, dans les jours suivants, renouveler le pansement.

« Ces choses-là ne sont pas normales », murmura Saül en secouant la tête[152].

Cette nudité d'adolescent étendue devant lui, puis offerte au couteau comme pour une castration... Et n'était-ce donc pas une castration symbolique, que la circoncision ? Quel était donc le dieu qui exigeait pareil sacrifice, fût-il figuré ? Il exécra le rite et s'en voulut de l'avoir pratiqué.

16

UN DÉCRET SANS IMPORTANCE ET DES TRAHISONS DÉRISOIRES

Lucilius Lentius, son banquier à Césarée, lui fit, avec le compte de sa fortune, parvenir des nouvelles de son fils Simon, les premières depuis que Saül avait quitté Jérusalem. Agé de plus de quinze ans, Simon était très riche, car il avait hérité à la fois de sa mère et de son grand-père. « Comme c'est un beau jeune homme, c'était un parti couru en Judée. Ta sœur Doris lui a trouvé une épouse de son rang, la propre fille de Socrate Hermosée, un très riche marchand de Phénicie. Il vit actuellement à Tyr. Le mariage a été somptueux et j'ai regretté ton absence, mais conformément à tes vœux et à ceux de Doris, je n'ai dit à personne que tu étais en vie. Ta renommée a atteint mes oreilles par l'entremise de voyageurs, qui m'assurent que tu fondes une nouvelle religion et qui te comparent à Alexandre. Je te souhaite le succès dans cette entreprise nonpareille et encore plus de prospérité que celle dont les comptes ci-joints te donneront le détail. »

Il lut les comptes à l'oblique ; il était à peu près deux fois plus riche que lorsqu'il était parti. Cela n'avait plus d'intérêt. Il vivait comme un vagabond et on l'avait lapidé comme un voleur. Le pouvoir annule la richesse, et il y goûtait. Seuls les minables espéraient la fortune ; c'était ainsi qu'ils trahissaient leur irrémédiable pauvreté, surtout quand ils étaient devenus riches.

Et même le pouvoir... « Le signe de ma misère passée est que j'ai voulu le pouvoir », se dit-il, posant la lettre sur la table, tandis que les servantes, à la cuisine, s'affairaient dans la préparation du repas, car il attendait une délégation de la communauté d'Antioche. Il écouta un marchand de laitues et de concombres, dans la rue, vanter sa marchandise sur une mélopée monotone. Il avait, en digne fils d'Hérodien, voulu le pouvoir infantile et sanglant dont sa famille avait été si friande, ne ménageant ni le lacet ni le poison, ni l'intrigue ni l'inceste pour obtenir des sceptres que d'autres conjurations avaient tôt fait d'arracher à des mains assassines pour les passer à d'autres mains tout aussi assassines.

Une fois de plus lui revint en mémoire le refus que Jésus avait opposé à un royaume. Par deux fois, en Galilée, puis à Jérusalem, les Juifs avaient offert la couronne à Jésus ; il avait fui. Caïphe lui avait un jour confessé sa peur que Pilate, excédé par l'interminable insurrection des Juifs, n'intercédât auprès de Rome pour offrir, une troisième fois, la couronne à Jésus. « On lui a donné de l'argent pour cela ! » grommelait le grand-prêtre, dominant mal une peur rétrospective. Plébiscité, Jésus aurait assuré la paix en Israël, dans un premier temps du moins. Mais il avait refusé.

Quel homme, en effet, manquerait assez de dignité pour accepter une couronne ? Une couronne de ce monde, s'entend. Car Jésus voulait l'autre, celle qui est forgée non pas d'or, mais de soleil, et sertie, non pas de diamants, mais de lune ! Et Saül se prenait à penser comme ce maître incomparable, brièvement entrevu dans la rue de l'orfèvre Nimrod ! « Est-ce moi ? » criait-il en dedans. « Est-ce moi, moi l'Hérodien ? Et je parle maintenant comme un des chiens de Sénèque ! Et je ris comme ces chiens ! » Car il riait seul. Une allégresse l'avait saisi, le mépris excitait son allégresse !

Donc Simon s'était marié. Il était riche. Qu'importait ! Un Hérodien de plus, à moins que la cupidité de la race se fût diluée dans les générations. « D'abord, je n'aimais que moi, maintenant, c'est le monde que j'aime », songea-t-il. Ses enfants, des abstractions !

Mais aimait-il vraiment le monde ? C'était là une facilité de la pensée, une fausseté. Seuls les fous aimeraient le monde tel qu'il était. Même Jésus, dont les témoins assuraient qu'il s'était sacrifié par amour pour le monde, ne s'était sacrifié que pour le changer. Avait-il assez insulté son peuple, préférant la compagnie des plus méprisés à celle des Pharisiens illustres, se faisant escorter par des pêcheurs illettrés, des gabelous et des femmes éperdues !

Non, lui Saül non plus n'aimait pas le monde, ni les hommes. Même pas ceux qu'il baptisait. Il lisait trop bien sur leurs visages la suffisance, la médiocrité, la fermeture, les rancunes, les petits vices, en un mot l'indescriptible sottise ! A ce gros homme qu'il avait immergé l'autre jour dans les eaux glacées de l'Oronte, il avait dit, au vu de sa bedaine honteuse et de ses mollets variqueux :

« Homme, il faudra maigrir. Le corps est la demeure du Seigneur et le tien est enflé de mangeaille. »

Et à l'autre, au regard faux :

« Frère, n'attends que souffrance dans la foi du Christ. Elle ne peut être que la clef du ciel, pas celle de la prospérité terrestre. »

Car celui-ci s'imaginait sans doute faire une bonne affaire.

Non, il ne les aimait pas. Qu'était-ce, d'ailleurs, qu'aimer, qu'aime-t-on, si ce n'est ce qui vous nourrit ? Aimer, c'est s'aimer soi-même encore plus, comme le cochon aime les glands. Et haïr, c'est encore s'aimer.

Mais Timothée entra et Saül fut décontenancé. Car le sentiment qu'il portait au jeune homme ressemblait à l'amour autant que faire se put. Non que Saül fût porté au commerce des garçons, car ce qu'il en devinait le rebutait, autant que ceux qui le pratiquaient l'horrifiaient par leurs pommades et leur vanité. Mais Timothée était

lisse et droit et clair, et c'était ainsi que le nabot ténébreux aux jambes torses jugeait que l'être humain devait
être. Tyrannie de la beauté ! Ceux qui ne l'ont pas y
voient le monde futur et, tourment supplémentaire, ceux
qui l'ont, ceux qui l'ont vraiment, la vraie, la dévasta-
trice beauté de l'asphodèle qui surgit près du rocher, loin
des yeux, l'ignorent et portent sur le monde un regard
pur. C'est ainsi que Timothée, sans doute, était amoureux de Saül. Il le vénérait.

« Tu as quelque chose à me dire », dit Saül, songeant
que la vie parfois vous donne des enfants que vous
n'avez pas conçus.

« J'ai quelque chose à dire, en effet », répondit Timothée. « On complote. »

« On complote. Et qui donc ? »

« Les Juifs. Les nôtres, veux-je dire. »

« C'est leur raison d'être », dit Saül. « Toujours la
même chose ? »

« Il est venu une lettre de Jérusalem. Barnabé te la
remettra tout à l'heure. »

« Il aurait dû me la remettre directement. »

« Elle était adressée à l'autre Conseil, celui de Ménahem. »

Saül hocha la tête. Il chargea Timothée d'aller chercher Titus afin qu'ils pussent tous deux assister aussi à
la lecture de la lettre. Ce ne fut pas Barnabé seul qui
vint porter la lettre ; il était accompagné de Ménahem et
des deux autres du prétendu Conseil d'Antioche.

« Nous avons reçu une importante lettre du Conseil
de Jérusalem », commença Ménahem d'un ton solennel.
Et il en entreprit la lecture : c'étaient, une fois de plus,
des admonestations et monitions aux Gentils convertis
pour leur demander de respecter les règles de pureté
cérémonielle. Comble de perfidie, la lettre chargeait Saül
et Barnabé de veiller à ce que ces consignes fussent sui-
vies[153]. Bien évidemment, la lettre était signée de Jacques en premier lieu, puis de Philippe, et enfin de Pierre.

Ménahem, Simon et Lucius toisèrent Saül, puis se
tinrent là, comme des piquets, attendant évidemment sa
réaction.

Il les vrilla de ses yeux en grain de genièvre, comme s'il ne comprenait pas ce qu'ils voulaient ou qu'il fût frappé de stupeur. Mais il réfléchissait. La lettre ne parlait plus de circoncision obligatoire. Échaudé par les insultes qui lui avaient été servies à Antioche, Pierre avait dû déconseiller à Jacques de revenir sur cette question. Jacques s'était donc rattrapé sur la pureté rituelle. Pureté rituelle ! Véritable langage de rabbin, ou plutôt de vieux birbe, puisque Jacques n'était pas rabbin. Fariboles archaïques !

« C'est vous qui avez été la demander, cette lettre, n'est-ce pas ? C'est évident[154]. »

Ils ne pipèrent mot, remuèrent les pieds.

« Elle est parfaitement ridicule. On voit bien que c'est Jacques d'Alphée qui l'a rédigée. Qu'est-ce qu'il fait donc à Jérusalem, Jacques ? Il va pieusement au Temple ? C'est évidemment moins dangereux que de courir les provinces étrangères et de convertir les Juifs et les Gentils, n'est-ce pas ? En attendant bien évidemment qu'il se fasse emprisonner ou lapider à la première insurrection. » Il haussa les épaules.

« Ce n'est pas là une réponse à cette lettre, qui émane de la première et de la plus haute autorité de notre communauté », dit sentencieusement Ménahem.

Timothée, saisi d'un accès d'insolence, s'empara d'une gargoulette et se mit à boire à la régalade, en faisant du bruit par-dessus le marché, ce qui donna à Saül une envie de sourire, vite réprimée.

« Tes invectives ne changent rien aux décisions du Conseil. Il faut répondre aux questions pressantes que soulève la lettre que nous avons reçue. »

« Je vous ai dit ce que je pense de ces questions : elles ne m'intéressent pas, parce qu'elles sont désuètes, et fausses par-dessus le marché. Je n'ai pas d'ordre à recevoir de quiconque, à Jérusalem ou ailleurs, et ceux que j'ai choisis n'en ont pas non plus à recevoir de vous », répondit Saül, en désignant Titus et Timothée. « Si vous vous mêlez de donner des ordres, vous pouvez les donner au vent. Vous et Jacques, à Jérusalem, espérez m'avoir à l'usure ; c'est peine perdue. Je suis comme le fer qui durcit sous le marteau du forgeron et le bois qui durcit au feu. Je ne donnerai aucune de ces consignes[155]. »

« C'est de la rébellion contre l'autorité divine ! » s'écria Simon le Noir.

« La seule autorité divine que je reconnaisse est celle de Jésus, fils de Dieu. Si vous ne la reconnaissez pas, votre mission est sans objet. »

« Tu t'écartes donc de notre communauté », dit Ménahem.

« Ta communauté, Ménahem ? Ta communauté ? As-tu converti un seul homme ? J'en ai converti deux cent mille ! Juifs et Gentils ! C'est toi qui t'opposes à la communauté du Christ ! »

« Je vais devoir avertir les Juifs nazaréens qu'ils ne doivent plus avoir de rapports avec toi », dit Ménahem, menaçant.

« Tu n'as aucune autorité sur les Juifs convertis, Ménahem. Par la même occasion, je déclare ici dissous le Conseil d'Antioche que tu prétends représenter avec Simon le Noir et Lucius de Cyrène ! Le seul Conseil d'Antioche que je reconnaisse est celui auquel j'ai, moi, délégué des responsabilités ! C'est moi qui vais, dès demain, prévenir les Juifs nazaréens de se garder de toutes tes admonestations, car il est évident que tu entends les ramener sous le joug du Sanhédrin qui a crucifié Jésus ! »

« Je ne peux souscrire à ces déclarations ! » s'écria Johanân. « Je m'en vais ! »

« Eh bien va-t'en », dit Saül.

« Je m'en vais aussi », dit Barnabé.

« Va-t'en aussi. Je te délivre du chagrin de prêcher la parole de Jésus et non celle des rabbins ! »

Barnabé devint cramoisi. Il partit avec son cousin, à la suite du Conseil destitué. Et, sur-le-champ, Saül délégua Titus à la recherche d'Hermée, de Charilaos et de Démètre, avec l'ordre de les ramener au plus vite. Ce fut fait dans l'heure. Saül les mit au fait de la destitution du Conseil désigné par Jérusalem. « Dès demain, vous irez avec moi aviser tous nos frères qu'ils n'ont plus à tenir compte des remontrances de Ménahem, de Simon le Noir, de Lucius de Cyrène, ni de Barnabé et de son cousin, qui ont choisi de rester sous l'autorité des règlements édictés par le Sanhédrin et les docteurs de Jérusalem. Ils veulent soumettre et les Juifs de Jésus et les Gentils à l'autorité des rabbins, au défi de la parole de Jésus ! »

Le lendemain, ils descendirent, en effet, comme des aigles sur la ville, armés d'une détermination glacée. Des rassemblements se formèrent, puis grossirent.

« Ne sommes-nous donc plus juifs ? » demanda un délégué des Juifs nazaréens après avoir écouté la harangue de Saül.

« Vous êtes les fils rachetés par Jésus fils de Dieu, et votre seule Loi est celle de Jésus », répondit Saül. « Votre seul salut est en Jésus. »

« Qui nous le dit ? »

« Moi, Saül, qui l'ai vu et qu'il a chargé de ramener ses fils au bercail de son Père. »

« Où donc nous réunirons-nous ? »

« Vous pouvez célébrer Jésus en tous lieux. N'a-t-il pas lui-même répudié tous les temples avec celui de Jérusalem ? »

« Observerons-nous le Sabbat ? »

« Il faut que vous consacriez un jour au Seigneur. Observez donc le Sabbat, mais observez-le le jour où Jésus nous est ressuscité, qui est le dimanche. »

« N'aurons-nous pas de lieu pour nous réunir ? »

« Il en va de vous comme il en va de tous ses témoins et envoyés. Il nous a dit : "Partout où vous vous réunirez en mon nom, je serai parmi vous." Je vous le dis, moi, partout où vous vous réunirez en son nom, il sera parmi vous. »

En deux jours, la rumeur avait fait le tour d'Antioche, causant plus de fermentations qu'un changement de gouverneur. Submergés par la marée des Gentils, qui leur étaient supérieurs en nombre, les Juifs nazaréens se trouvèrent déchirés entre deux communautés, celle des Juifs orthodoxes qu'ils perdaient à tout jamais s'ils ralliaient le « camp des Impurs », et celle des Gentils chrétiens, qu'ils ne pouvaient non plus déserter sans déserter du coup cette foi nouvelle dans laquelle ils voyaient leur salut. La majorité se rallia cependant à Saül, mais les défections firent des amers.

L'ancien Conseil avait quitté la ville ; on apprit qu'ils étaient partis pour Jérusalem. « Jérusalem ! » s'écria Saül. « Il s'agit bien de Jérusalem ! C'est Rome que nous devons conquérir ! »

17

LE DISCOURS DE LUC

Il ne lui restait donc que deux lieutenants, Titus et Timothée. C'était heureux, car ces deux-là ne traînaient pas au pied le boulet des querelles théoriques et stériles sur la circoncision et la purification ; ils venaient de naître et le rayonnement de leur jeunesse s'étendait à Saül. Finalement, le ciel semblait plus bleu depuis que Barnabé et Johanân étaient partis. Et Saül voulait un ciel encore plus bleu, le ciel du Septentrion, que n'éteignent pas les poussières du passé.

Mais ils étaient quand même un peu trop jeunes et quand Démètre lui délégua un converti à mi-chemin de la trentaine, pour lui rendre compte de certains détails financiers de la communauté, Saül le détailla attentivement. Il s'appelait Silvanus et recueillait les fonds destinés aux membres les plus pauvres ; accessoirement, il faisait office d'agent de placement pour les gens sans travail, dont la masse était formée des rescapés de la pègre du port. Ceux-là étaient comme des enfants, qu'il fallait caser dans des foyers, de préférence chrétiens, où trouvant le gîte, le couvert et la sollicitude due à des néophytes frères, ils se verraient protégés de la tentation des chapardages, des beuveries braillardes et de puteries diverses.

L'homme était frais, avisé, mais sans replis. Un sens de l'ironie rendait son commerce plaisant.

« Qui t'a baptisé ? » demanda Saül.

« Hermée. »

« Pourquoi l'as-tu demandé ? »

« Il n'est pas agréable de vivre dans les ruines. »

« Les ruines ? »

« Les temples sont en bon état, mais les dieux ont la goutte. »

Saül se mit à rire. Il prit à la fenêtre une petite jarre d'hydromel et deux verres, qu'il remplit.

« Donc, les dieux ont la goutte. »

« Ce sont des fonctionnaires, n'est-ce pas ? Est-ce le statut d'un dieu que de veiller au salut de l'Empire ? » Il but une ou deux gorgées. « Un dieu est un interlocuteur personnel et indépendant. Je suppose que c'est la raison pour laquelle la religion d'Israël aussi est en déclin. »

« Comment l'entends-tu ? » demanda Saül, surpris.

« Ma mère était juive », dit Silvanus. « Mon premier nom fut Silas. Pour elle, Jéhovah n'était que le Dieu du peuple d'Israël, un point c'est tout. Il était normal que ce Dieu-là périclitât avec la fortune du peuple d'Israël, qui est sous la sujétion romaine et ne fait rien pour s'en délivrer. »

Propos désespérément rationnels, mais qui surprirent néanmoins Saül.

« On ne peut pas faire d'un dieu le seul reflet du destin d'une nation. »

« Ne le peut-on pas ? » demanda tranquillement Silvanus en dégustant son hydromel.

« Mais Jésus ? » reprit Saül. « Pourquoi as-tu demandé à être baptisé ? »

« Ah, Jésus, mais qu'en sais-je ? Tu l'as vu, il a donc existé il n'y a pas longtemps, et quelques autres l'ont vu. Qu'en dis-tu, toi ? Qu'il s'est sacrifié au Dieu des Juifs pour libérer ceux-ci ? Qu'il a prêché la fraternité entre les hommes et le respect intérieur de la morale ? Pour moi, c'était peut-être un dieu, mais c'est surtout un modèle. Je ne peux espérer ressembler ni à Apollon, ni à Héraklès, encore moins à Zeus, mais à Jésus, oui. »

Saül, troublé, demeura pensif un moment.

« Mais c'était un dieu ! » dit-il. « C'est le fils de Dieu ! Ne t'a-t-on pas dit qu'il est ressuscité ? »

« Il est heureux qu'il ait ressuscité », répondit Silvanus. « C'est un symbole d'espoir. Mais ce qui compte le plus pour moi est sa vie terrestre, et c'est pour cela que je l'aime et que j'ai demandé à être baptisé. »

Cette forme d'adhésion sereine prit une nouvelle fois Saül de court. Il lui semblait affronter pour la première fois le monde romain, qu'il croyait pourtant si bien connaître. A cet égard-là au moins, Silvanus était précieux.

« Es-tu marié ? » demanda-t-il.

« Oui, bien sûr », répondit Silvanus.

« Mais s'il fallait voyager... ? »

« Pourquoi ne voyagerais-je pas ? Un homme n'a pas à chaque heure besoin de son épouse. Ni chaque nuit », ajouta Silvanus au bout d'un temps en regardant Saül dans les yeux.

« Ni chaque nuit ? » répéta Saül.

« Ferons-nous de ces choses une querelle ? Ne t'es-tu pas assez battu avec les Juifs à propos de la circoncision et de la pureté rituelle ? Est-il vraiment essentiel, si l'on a Jésus pour modèle, du moins ce qu'on en sait, car vous n'en dites ni n'en savez tout, je demande, est-il essentiel de déterminer ce qu'on fera çà et là de son corps ? »

« Mais la puterie est immonde », dit Saül.

« Sais-je donc ce qu'est la puterie, Saül ! Et toi, le sais-tu ? Celle qu'on vit dans sa tête peut être pire que celle qu'on pratique, n'est-ce pas Jésus qui l'a dit ? Qu'est donc la puterie dont tu parles si commodément, sinon une marque de désespoir ? »

Saül se retint de sourire. « Qui fut donc ton maître ? » demanda-t-il.

« A-t-on donc des maîtres ? » répondit Silvanus avec un étonnement feint. « Si les maîtres étaient ce qu'on dit, les brebis aboieraient comme les chiens. On n'écoute que ce qu'on veut entendre. J'ai écouté quelques-uns et j'en ai fait mon fromage. Parfois, comme toi, on court au-devant de maîtres dont on devine ce qu'ils disent avant même de l'avoir entendu. »

« Comme moi ? » demanda Saül, surpris.

« Comme toi, Saül. N'as-tu pas couru au-devant de Jésus ? Ton histoire n'est pas inconnue à Antioche. Elle est étrange, elle invite donc à la réflexion et j'y ai réfléchi. Tu persécutais les Chrétiens. Soudain, tu rejoins leurs rangs et tu conquiers pour Jésus des provinces entières. Ton animosité pour les Juifs éclate en cent lieux, alors que tu comptais parmi leurs féaux les plus enragés. Il court sur ta volte-face une légende surnaturelle. Sur une route de Syrie, Jésus t'apparaît. Tu changes alors de bord. Nos provinces sont pleines de gens pieux qui voient tantôt Apollon, tantôt Artémis et tantôt Esculape. Ce sont des gens naïfs, qui voient ce qu'ils veulent voir, et ce n'est pas ton cas, Saül. D'ailleurs, si tu avais vu Apollon sur ce chemin de Syrie, dis-moi, Saül, eusses-tu apostasié la religion des Juifs pour te vouer au culte d'Apollon ? Non, tu étais rebelle au culte d'Apollon, qui t'est indifférent. Tu sais comme moi que ce beau garçon meurt d'ennui sur le mont Hymette ou sur le mont Olympe et qu'il n'a cure de toi, qui ne lui dois rien et qui n'en espères rien. Mais avec Jésus, il en était autrement. »

Saül était scandalisé par la calme impertinence qui le touillait au plus profond. Il valait certes mieux compter Silvanus parmi ses alliés que ses ennemis. Il regarnit les verres.

« Avec Jésus, donc ? » reprit-il, intrigué.

Silvanus se désaltéra sans hâte.

« Avec Jésus, tu apprenais la tendresse qui t'avait toujours fait défaut. Car elle t'a fait défaut, il n'est qu'à voir ton masque de guerrier. Pardonne-moi l'indiscrétion, mais l'amour terrestre ne te combla certes pas. Tu n'es pas de ceux après lesquels on soupire. Tu es issu d'une famille violente, de surcroît, aux membres de laquelle on n'accole guère l'image des caresses. Les Hérodiens ont le sang âcre autant qu'aventureux. Tu n'as triomphé que par le verbe et l'astuce, la violence aussi, sans doute. Ce que tu as eu, tu l'as payé. Avec Jésus, pour la première fois, tout t'était donné, pour rien, pour le don en retour[156]. »

Désamorcé, et même l'amour-propre éteint, Saül but pensivement de l'hydromel, écoutant les bruits de la ville. Pour indiscrètes qu'elles fussent, en effet, les descriptions de Silvanus étaient sans malice. Et fines, il fallait se l'avouer.

« Tu as trouvé en Jésus ce que nul ne t'avait donné, Saül, l'amour. L'amour en échange de la droiture, que tu n'avais pas eue non plus. Ce n'est pas l'espoir de la vie éternelle qu'il a fait miroiter en toi, non, il ne t'aurait pas dit, sur cette route de Syrie, si c'est là que tu l'as vu, que si tu ne le suivais pas, tu irais en enfer. C'est enfin cette tendresse brûlante qu'aucune femme ne t'avait donnée ! » dit Silvanus avec une fougue inattendue.

« Et toi ? » demanda Saül. « Les femmes ont dû t'aimer et te prendre dans leurs bras. Tu n'es pas un Hérodien et ta robe n'est pas trempée de larmes amères. Alors, pourquoi, je te le demande à nouveau, as-tu demandé d'être baptisé ? »

« La tendresse des humains », répondit pensivement Silvanus, « a ses limites. Certains, comme moi, ne s'y étanchent pas. L'étreinte est vite suivie de considérations pratiques. Faut-il avoir un enfant de plus ? L'argent va manquer. Le toit fuit. Dans les meilleurs cas, ces considérations portent sur la relation conjugale ou telle. Le manque d'ardeur. La rivalité d'une autre. Alors, va-t-on courir à l'autel d'Aphrodite ? On y verra des vieilles couvertes de safran et de carmin, des barbons sans sagesse, des jouvenceaux éperdus, et l'on se met à rire », dit Silvanus, tandis que Saül lui-même se mettait à rire. « Mais on écoute parler de Jésus, et tout change. Les âmes délicates y découvrent enfin l'aurore, et les âmes frustes, la nuit consolatrice. »

« Allons souper », dit Saül.

Quelques jours plus tard, ils retournèrent à Chypre, ensemble, car Silvanus s'était déclaré prompt à suivre Saül. Titus et Timothée les accompagnaient. A Salamis, on leur dit que Barnabé et Johanân les avaient précédés, mais, au désarroi des Gentils, que les deux hommes ne se consacraient plus qu'aux Juifs convertis, et qu'ils s'étaient absentés de la ville, sans doute quand ils avaient appris que Saül était de retour. La communauté des Gentils avait encore crû, elle dépassait de loin celle des Juifs nazaréens. Saül s'abstint de commenter l'attitude des deux transfuges. Silvanus fit les comptes des dons aux plus démunis et les refit à Paphos. Le proconsul réserva à Saül le même accueil que précédemment[157] et lui apprit en riant que l'Elymas avait déserté l'île.

Ils reprirent la mer, qui était affreuse, pour regagner le continent, firent halte à Tarse, puis gagnèrent Derbé, deux villes où les communautés prospéraient. Des enfants étaient nés, on les avait baptisés, on les présenta à Saül.

« Faut-il les circoncire ? » demandaient les pères, inquiets.

« Non », répondit Saül.

« C'est pourtant plus propre », murmura Silvanus plus tard, tandis que Saül feignait de ne pas l'entendre et que Timothée l'interrogeait du regard.

Mais Saül brûlait de conquérir des terres nouvelles ; ils passèrent donc en Mysie, traversant Élée, Myrine, Cyme, puis Assus et Adramyttium, puis encore Lampsaque, Parium, Abydos, comme des torches. Les dieux anciens éternuèrent dans la fumée des brûlots qu'ils allumaient à leurs pieds, non seulement Zeus, mais ses frères d'Asie, Papas et Men, non seulement Dionysos, mais aussi son double d'Orient, Sabazus, et pis encore, la Grande Mère, la Femme aux Cent Seins, Cybèle elle-même, reine des moissons et des ventres féminins, et le ravissant Attis, à la jeunesse éternellement sanglante.

« Que vous donnent vos dieux ? Le repos de la terre quand vos membres moulus et vos âmes taries sont prêts pour les vers ! Et Cybèle, que fait-elle sinon nourrir vos moissons de la poussière de vos chairs ? »

Horreur ! Ces étrangers médisaient de Cybèle !

« Qui nous donnera des moissons, si tu insultes Cybèle ? »

« Celui qui donne des moissons aux terres stériles, c'est Jésus ! »

Jésus ; ils n'avaient jamais entendu ce nom. Il était mort sur la croix, en sacrifice à la Toute-Puissance !

« C'est Attis ! C'est le véritable Attis ! » crièrent-ils.

« Oui, c'est lui, le véritable Attis ! » dit Saül.

Il leur parla de la bonté de l'homme, de sa sagesse, de son retour imminent sur les nuées du ciel, de cet homme qui était réel, car il l'avait vu au sortir de la tombe. Ils se pressèrent dans la confusion, le mélange des dieux et des sacrifices, l'espoir qu'enfin les dieux avaient cessé d'être sourds ! Saül, Silvanus, Timothée, Titus baptisèrent au nom du Seigneur Jésus, avec l'eau qui lavait les fautes et faisait qu'enfin la vie ne finissait pas sous la forme de quelques ossements blanchis échappés aux chiens et aux vautours. Il parlait grec, ils le comprenaient à demi, parlant surtout des dialectes de la mer, le lydien, le phrygien, et le mysien, qui était un mélange de tout cela[158]. Mais enfin, ils avaient compris l'événement, un dieu de miséricorde était né et, comme l'avait dit Silvanus, ils n'avaient connu cette miséricorde ni des dieux ni des hommes.

Ce fut à Troie, l'étape suivante, que Saül entendit à son réveil une voix qu'il lui semblait reconnaître, mais dont il ne parvenait pas à identifier le propriétaire. Titus, en tout cas, en était familier, car leur échange de propos, pour indistinct qu'il fût, sonnait plaisamment. Saül sortit de sa chambre ; c'était Loukas, Luc, l'ami d'Antioche. Ils se donnèrent et redonnèrent l'accolade, sans effort de la part de Saül, mais avec une réserve ; que venait donc faire là un homme finalement étranger à leur entreprise ?

Quand les aménités eurent été dites et qu'on eut trouvé des quartiers pour le visiteur, Luc posa sur Saül un regard piqué d'un grain de malice.

« Je suis venu te rejoindre, Saül, mais je veux te dire que nul ne m'a délégué. C'est de mon propre chef que j'ai décidé que je ne saurais plus prolonger sans regret mon séjour à Antioche. » Il observa une pause, pour permettre à Saül de bien se pénétrer de cette déclaration. « Je ne suis pas venu non plus dans l'idée de t'enlever une part de la renommée que tes conquêtes te valent. Si je demande à t'accompagner, c'est en tant qu'ami dans le Christ. Je voudrais savoir ici et maintenant si mon projet t'agrée[159]. »

Saül considéra avec étonnement ce nouveau venu qui proposait de partager ses tribulations. Il s'efforça de déchiffrer dans son visage les écritures secrètes des vices et des carences que les hommes s'emploient à masquer, mais si mal ; il ne les trouva pas. Luc le Gentil était sans détours.

« Ton désir de nous accompagner emplit mon cœur de joie », dit-il. Luc hocha la tête avec satisfaction. « Mais il faut quand même que tu te sois fait à toi-même quelques observations sur un aussi grand projet. Sur d'aussi longs voyages, d'imprévisibles fatigues, des embûches dangereuses. J'aimerais les connaître. »

« Oui », dit pensivement Luc. « Je te rappelle ce que j'avais dit à Antioche. On parlait tellement que tu ne m'as peut-être pas bien entendu. Je disais que le vide est devenu considérable dans tout le monde romain. La puissance, la gloire » — et pourquoi donc Luc prononça-t-il ces deux mots-là avec emphase ? — « la recherche des plaisirs terrestres, fussent-ils aussi simples que ceux qu'a décrits Virgile, ne suffisent plus depuis longtemps déjà à combler les cœurs. C'est la raison des succès des religions étrangères à Rome même. Des membres éminents de la cour impériale se sont convertis spontanément au judaïsme, d'autres à la religion isiaque, d'autres encore au mithraïsme. Je pense que la religion de Jésus est la plus grande. »

« La seule », corrigea Saül.

« La seule assurément », admit Luc. « Mais ceux qui ont le cœur encore plein de la religion juive t'écouteront moins volontiers que ceux dont le déclin des dieux de pierre a laissé le cœur vide. Je voudrais t'assister dans la conquête de ceux-ci. »

« Tu es le bienvenu », redit Saül, pensif.

« Peut-être aussi faudra-t-il laisser aux générations à venir le témoignage de tes efforts, de ceux de tous les témoins de Jésus. »

« Les générations futures », reprit Saül sur un ton dubitatif. « Mais Jésus va revenir. »

« J'y ai foi », dit Luc. « Mais nous ne savons quand. »

« Il a dit : "Cette génération ne passera pas..." C'est donc que c'est pour bientôt. »

« Oui », répondit Luc, sans paraître croire à l'imminence du retour.

Trois jours passèrent.

Saül était habité d'une fièvre qu'il ne s'expliquait pas. Était-ce l'air vif ? Ou un songe obscur ? Il dormait peu et mal, il voulait aller à Ephèse. Une nuit à Troie, tourmenté plus que de coutume par l'inconnu qui ne dort jamais dans le cœur des hommes, il se dit, mais de façon entrecoupée d'idées parasites, que non, c'en était assez des provinces, le temps pressait, la mort guettait à chaque traversée et chaque humeur des gens, Juifs ou autres, auxquels on représentait que leurs dieux n'étaient que des images de pierre dont ils étaient les serfs... Il fallait se rapprocher du but, comme un nageur qui soudain double la force de ses brasses. Il fallait aller en Grèce, en Macédoine[160]. On l'y attendait. Ou plus exactement, il s'y attendait.

Privilège de la jeunesse, Titus et Timothée s'enchantaient à l'idée des voyages en mer, mais Luc et Silvanus observèrent que la saison ne s'y prêtait guère. N'importe, à Alexandrie de Troade, un capitaine aventureux accepta de les emmener sur sa liburne[161]. Filant un train d'enfer, ce capitaine, que Silvanus soupçonna de se livrer à la piraterie à ses moments perdus, atteignit Samothrace deux jours plus tard, y fit escale une courte nuit, puis, reparti à l'aube, dans une mer fort calme pour la saison, il contourna Thasos et accosta à Néapolis au crépuscule, par vent du nord contraire.

Transis, car on n'était pas loin du gel, ils coururent aux bains et, en sortant, il fallut acheter un manteau à Timothée, qui n'avait qu'une cape ronde légère. Philippes se trouvait à deux heures à peine de marche, mais ils passèrent la nuit à Néapolis, croyant sentir encore les lits tanguer. Saül, à l'aube, se trouva plein d'une fièvre nouvelle ; il avait enfin mis pied sur la scène du Grand

Théâtre. Et sa fièvre ne cessa de croître quand les cinq hommes eurent atteint Philippes, ainsi nommée en l'honneur du père d'Alexandre. Ici, le destin des peuples avait changé, peut-être déjà quand Olympias, comme le voulait la légende, s'était retenue d'accoucher pour que son fils naquît sous une comète annoncée. Ici peut-être, le destin des peuples allait repartir.

Philippes était splendide, et riche, un songe d'or et de marbre peint aux apparences de la réalité. « Et l'été », lui dit le boulanger qui l'entendait louer la ville, « Philippes est comme une île sur une mer d'or, car elle est entourée des champs de blé les plus prospères de l'Empire. »

Ils y fussent demeurés plusieurs semaines sans encombre, mais le diable s'en mêla. Estimant que les femmes étaient la clef des foyers et qu'une femme convertie inclinait plus aisément les hommes à suivre son exemple, Saül, Luc, Silvanus, Titus et Timothée se rendirent en un lieu hors les murs, sur le Gangitès, à l'heure où les femmes faisaient leurs dévotions ; car la synagogue se trouvait, en effet, hors de l'enceinte de la cité. Saül parla, on l'écouta, puis on l'interrogea. Était-ce un homme ou un dieu, que ce Jésus ? Les deux, et là résidait son essence. En quoi se différenciait-il de Moïse ? Il renouvelait le pardon de l'Elohim, auquel il s'était offert en sacrifice.

« Vos cœurs sont vides d'espoir, Jésus est le Fils du Seigneur, qui les comblera », dit Saül en substance.

Il toucha juste, car trois femmes demandèrent le baptême. Le Gangitès était proche, il brava avec elles la fluxion, pour les immerger. L'une d'elles était une riche marchande de pourpre, Lydia, venue de Thyatire, ville de Mysie, mais peuplée de Macédoniens. Matrone veuve, sans doute lassée de la stérilité d'une vie qui ne se passait qu'à gagner de l'argent, et ne croyant guère plus à ses charmes qu'à la faveur d'amants stipendiés, sa générosité longtemps réprimée jaillit envers des gens qui ne lui demandaient rien, mais lui promettaient l'affranchissement et l'amour divin ; elle invita les cinq hommes à demeurer chez elle. Fût-ce après une imperceptible hésitation, Saül accepta. Une maritorne au visage de chouette assistait à la scène ; Saül ne lui prêta pas d'attention. Mais il se trouva qu'elle habitait la même rue à Philippes que Lydia. Chaque fois qu'elle rencontrait Saül ou l'un des autres, elle se mettait à clamer : « Saluez, saluez ces hommes, ce sont les serviteurs d'Elohim ! » Elle appartenait à la même engeance que l'infernal Zacharie, qui avait autrefois exaspéré Saül à Kochba. On en rencontrait d'ailleurs dans les communautés, de ces agités qui ne savaient que crier spasmodiquement : « Jésus est roi ! » Ou bien encore : « Le Messie arrive ! » Cela discréditait les communautés que de compter pareilles crécelles dans leurs rangs. Au bout d'un certain nombre de manifestations de ce genre, elle avait épuisé la patience de Saül, autant d'ailleurs que celle des autres, dont Timothée, qui lui faisait ouvertement les cornes. Donc cette folle suivait un matin Saül et Silvanus, à trois pas, près du monument qu'on appelait l'auge de Bucéphale, et les passants se retournaient pour dévisager les messagers de l'Elohim, quand Saül se retourna brusquement et dit à la folle, pointant sur son visage l'index et l'auriculaire en signe d'exorcisme :

« Tu es possédée ! Que tu vomisses le Diable ! »

L'aspect de Saül était saisissant ; elle poussa un cri puis demeura sans voix, les yeux écarquillés et les bras écartés. Saül et Silvanus poursuivirent leur chemin.

La suite de l'affaire fut plus mouvementée. Cette créature, qu'on appelait Margana[162], soit parce qu'elle était folle, soit parce qu'elle était de Marganes, allez savoir, les coïncidences ont parfois de l'à-propos, passait à Philippes pour une pythonisse au petit pied. Elle annonçait aux femmes enceintes si c'était un garçon ou une fille qu'elles portaient, et aux armateurs, si leurs navires arriveraient à bon port. Ses maîtres, qui ne l'avaient pas affranchie, en tiraient de l'or. Or, la Margana, après la rencontre avec Saül, rentra à la maison aphone. On l'attendait pour une affaire de cœur. Une dame de haut rang s'était énamourée d'un jouvenceau ; était-il honnête ? La Margana articula enfin, l'œil vitreux, qu'elle n'en savait rien. Puis elle alla se coucher, fiévreuse. La patricienne fut dépitée.

Il fallut admettre l'évidence : le génie de la Margana avait pris congé d'elle, et les maîtres finirent par avoir le fin mot de l'histoire : c'était ce Juif dissident de Saül, qui habitait chez la marchande de pourpre, qui en était cause. La cupidité déçue cria vengeance. S'étant fait prêter main-forte, le maître de la Margana fit irruption chez Lydia et s'empara de Saül et de Silvanus. Il les traîna sur-le-champ au tribunal, clamant que ces Judéens troublaient l'ordre public. Saül essayait de parler, Silas aussi, on les accablait de horions. Les gendarmes ou stratèges les déshabillèrent, les fouettèrent et les jetèrent en prison, les bois aux pieds. La nuit vint, avec de l'eau et du pain sec, le cachot éclairé seulement par la torche qui brûlait à la porte. Les prisonniers finirent par s'endormir, en dépit du vent froid qui soufflait sur la via Egnatia.

Ils dormaient donc quand un vacarme épouvantable les réveilla. La prison était secouée comme si un titan voulait en forcer les murs. Les serrures du cachot éclatèrent, la porte grinça, les prisonniers et les gardiens de toute la bâtisse poussèrent des clameurs, des pierres tombaient et comme les torches s'étaient décrochées de leurs supports, le noir le plus absolu régnait partout. On ralluma enfin les torches, l'aube vint et avec elle les licteurs, qui donnèrent l'ordre aux geôliers de libérer Saül et Silvanus[163]. Les geôliers s'exécutèrent. A la porte, derrière le groupe des licteurs, Saül reconnut Luc et comprit l'affaire : le proconsul avait été averti que Saül était citoyen romain. Affreuse erreur ! La loi Porcia interdisait, sous peines sévères, de fouetter des citoyens romains.

« Sortez, vous êtes libres », dirent les licteurs.

« Certes pas ! » dit Saül. « Je suis citoyen romain, Silvanus aussi. Vous nous avez arrêtés, fait fouetter sans jugement et jetés au cachot. Vous êtes en faute grave. J'exige que les stratèges se présentent eux-mêmes ici pour m'accompagner en cortège jusqu'à mon domicile. »

Le chef des licteurs se passa la main sur le visage.

« Ce fut une erreur », dit-il. « Je vous supplie de sortir. »

« Non. »

« Allez au moins attendre dans l'appartement du chef de la prison. »

« Non. » Et, malicieusement, Saül ajouta : « Dépêchez-vous d'en référer aux stratèges avant qu'il y ait un autre tremblement de terre. »

L'autre courut, livide. Une heure plus tard, le chef des stratèges était là, escorté d'une douzaine d'hommes. Le visage convulsé, il présenta des excuses ignominieuses, implorant Saül de ne pas en référer au proconsul. Deux litières et une forte somme d'argent attendaient les prisonniers. Au bout du couloir de la prison, trois hommes attendaient sous escorte : le maître de la Margana et ses acolytes, qui venaient prendre la place de Saül et de Silvanus. Saül hocha la tête.

Le lendemain, il quittait Philippes.

18

LA CONVERSATION DE NUIT
À THESSALONIQUE

L'épisode avait été grotesque autant que douloureux. Vingt-quatre heures de violence et de déraison où la cupidité, la superstition et la brutalité policière avaient convergé pour aboutir à l'injustice. Saül s'en trouvait d'autant plus troublé qu'il avait subi exactement le sort qu'il avait autrefois infligé à ceux qu'il multipliait aujourd'hui. Il parvint maussade au pied de l'interminable muraille qui défendait Amphipolis, après avoir traversé le Strymon. Ni Silvanus ni Titus n'osaient interrompre ses réflexions. Quant à Luc, il était resté à Philippes, gardant auprès de lui Timothée, que l'épisode de l'emprisonnement avait peut-être effrayé.

A Amphipolis, il ne prêcha pas. A l'étape suivante, Apollonia, non plus. Il avait hâte de trouver une grande ville et de donner enfin l'éclat nécessaire au christianisme au cœur d'une des cités les plus glorieuses de l'Empire. Celle-ci portait le nom de la sœur d'Alexandre, Thessalonikê. Car lorsqu'on croyait être déjà à Rome, on était encore en Grèce, la splendeur hellénique survivait aux siècles.

Mais à la seule vue de l'affluence au temple des Asiens, le premier Sabbat, Saül comprit qu'il ne conquerrait pas Thessalonique aisément, s'il la conquérait jamais. Non seulement il y avait foule, mais c'étaient des gens riches et puissants. Quand, après les prières, l'on demanda si un fidèle désirait prendre la parole et que Saül s'avança, certains sans doute le reconnurent ou bien avaient sa description. Des voyageurs avaient dû rapporter qu'un petit homme chauve semait le trouble dans les communautés juives d'Orient, au nom d'un certain Chrestos. Dès qu'il eut déclaré que les prophètes avaient annoncé un homme exceptionnel, il fut interrompu :

« Comment te nommes-tu ? N'es-tu pas ce Saül qui prêchait à Antioche de Syrie l'enseignement d'un certain crucifié nommé Jésus ? »

« C'est bien moi, laissez-moi dire que Jésus, l'homme divin annoncé par les prophètes est venu... »

« Les prophètes n'ont jamais rien annoncé de tel ! » reprit l'autre.

« Laissez-le parler, à la fin », dit un troisième.

« Jésus est venu compléter la Loi, que les cœurs endurcis n'écoutaient plus. Car les fumées des sacrifices consommés sans ferveur avaient obscurci le ciel pour le peuple d'Israël. Et c'est pourquoi ce qu'Israël a toujours cherché, il ne l'a pas trouvé[164] et qu'il est tombé sous la sujétion des Païens. Par lui le Tout-Puissant s'est rendu visible aux hommes et l'heure avait sonné. Ceux dont le cœur et les yeux restaient de pierre, ceux-là qui ne voulaient pas entendre la parole de Jésus parce qu'ils la craignaient, ils ont mérité pour tout Israël l'avertissement de Moïse : "Je vous irriterai par une nation stupide !" Mais ces cœurs endurcis ont prévalu, ils ont prévalu sur les justes dont les cœurs s'étaient ouverts et les yeux dessillés. Ils ont fait saisir Jésus comme ils avaient autrefois fait saisir les prophètes, ils l'ont traîné devant le tribunal, ils l'ont fait condamner et, blasphème suprême, ils l'ont fait mettre à mort. Il pouvait certes s'enfuir, il pouvait les foudroyer de sa puissance, mais il s'est offert lui-même en sacrifice pour racheter son peuple, effacer la faute des pères en même temps que celle des fils ! Et il est sorti du tombeau et il a envoyé ses témoins, pour dire ce qu'ils avaient vu et ce qu'ils avaient entendu. Et je vous supplie ici et aujourd'hui de m'entendre et de ne pas endurcir vos cœurs ! Car la colère de l'Éternel est terrible, et le jour est proche ! Le ressuscité l'a dit, il reviendra avant que cette génération ne passe, assis à la droite de son Père sur les nuées du ciel ! Je vous supplie d'écouter, non pas ce que je dis, moi, Saül, le misérable, mais ce que Jésus a dit, car si vous ne l'entendez maintenant, vous frémirez et vous tarirez vos larmes en vain quand il reviendra ! »

Il y eut des remous dans l'assemblée et, comme chaque fois, certains s'avançaient, le visage éclairé par l'espoir, tandis que d'autres prenaient des expressions mauvaises. Des questions fusèrent, mais Saül domina le brouhaha et reprit son discours.

« Ce que dit Jésus, dont la parole a déjà retenti dans l'Empire et s'est propagée jusqu'à Rome, par la force divine, est que l'adhésion au Tout-Puissant n'est pas dans les mots de la Loi, elle est dans l'esprit de cette Loi que Jésus est venu renouveler. Car vous, Thessaloniciens, vous pouvez très bien observer à la lettre les prescriptions des docteurs, dire scrupuleusement les prières, vous détourner des idoles et des viandes sacrifiées, mais vous pouvez aussi avoir quand même le cœur vide et froid. La seule nourriture qui comblera votre attente est la parole de Jésus que je vous apporte. Ce n'est pas chose aisée que de vous l'apporter, car partout où je l'ai clamée, les gens arides ont rejeté et cette parole et son messager, comme la pierre se refuse à absorber l'eau du ciel. A Philippes, d'où je viens, et comme ce fut le cas tout au long du voyage qui a mené mes pas jusqu'ici, les nuques raides en ont même pris ombrage, et l'on m'a jeté en prison avec mon fidèle collaborateur Silvanus. Puis les licteurs eux-mêmes sont venus me sortir de prison et m'ont présenté leurs excuses. L'homme qui vous parle a été injurié, lapidé et tenu pour mort, les gens durs ont multiplié les agressions et les embûches, non pour l'empêcher lui de parler, car qu'est donc Saül, mais pour empêcher que de sa bouche s'exhale la parole de Jésus fils de Dieu, car ils la redoutent autant que le glaive du jugement divin. Mais en dépit de cette engeance maligne, partout où le grain a été semé, le grain a germé et les champs du Seigneur se dressent sous Son soleil, dans l'attente du jour où Son fils les moissonnera. »

Ils l'écoutaient, les crispés et les béats, les sceptiques et les palpitants, l'œil ouvert ou l'œil voilé.

« Que serez-vous au jour de la moisson ? Serez-vous le blé que le moissonneur engrange, ou bien l'ivraie qu'il met à l'écart et destine au feu ? N'apprendrez-vous rien de votre passé ? Rejetterez-vous une fois de plus la volonté du Seigneur en rejetant la parole de Son fils ? Ou bien vous joindrez-vous aux multitudes de ceux qui, déjà, se réjouissent dans le Christ, parce qu'ils ont accepté d'être purifiés par lui et qui garderont le front haut quand l'heure dernière sonnera ? Je vous demande, mes frères, de m'écouter, car ce n'est pas par ambition que j'ai parcouru des centaines de lieues pour venir jusqu'à vous, ce n'est ni pour la puissance ni pour la gloire, mais c'est par l'amour que Jésus m'a donné pour tous mes frères. C'est pour vous apporter Sa parole... »

Ils crurent, parce que le souffle lui avait fait défaut, qu'il avait fini de parler, et déjà le tumulte reprit. Les questions fusèrent qu'il connaissait trop bien, les invectives aussi, et les mains tendues, qu'il saisissait au hasard. Il fut pressé par les corps, manqua d'air, fut entraîné à l'extérieur, entraîné par une main ferme qui lui tenait le poignet, mais violente. Se dégageant un peu de la foule, il regarda qui donc le tenait ainsi et l'étonnement le priva de mots ; son ancien secrétaire, Pedanius. Comment devenait-on disciple de Jésus ? lui demandait-on. Par le baptême, le baptême ! Et la foi en Jésus ! Et la Loi ? Il la renouvelait, il fallait la respecter au nom de Jésus ! Mais les Gentils qui se convertissaient ? Ils croyaient en Jésus. Saül et Silvanus entraînèrent quelques-uns qui voulaient être baptisés sur-le-champ, disant que Jésus reviendrait peut-être le soir même. Pedanius les suivait ; avait-il suivi Saül depuis Jérusalem ? D'autres voulaient assister au baptême, demandaient l'adresse de Saül pour se faire baptiser le lendemain, ou le surlendemain et demandant à être instruits...

Au crépuscule, Saül, épuisé, entraîna Silvanus et Pedanius chez le Gentil qui les hébergeait, un certain Jason, pour le repas en commun. Pedanius l'observa disant sa version des prières rituelles, puis sa prière à Jésus, puis rompant le pain et le distribuant, avant de verser le vin aux convives. Et quand le repas fut terminé et que Saül dit encore les prières, Pedanius, qui n'avait presque dit mot jusque-là, joignit les mains sur son ventre dans une attitude d'attente et fixa Saül.

« Pouvons-nous nous entretenir à part ? » demanda Pedanius.

Ils montèrent sur le toit. La vue s'étendait jusqu'au port, hérissé de mâts comme si des phalanges de lanciers s'apprêtaient à charger les vents ennemis. Les deux hommes demeurèrent un moment silencieux.

« Ma surprise... » murmura Pedanius. « Je me demandais si c'était le même Saül dont nous parvenaient des rapports de Tarse, d'Antioche et, hier, de Philippes. Je te connais bien, je m'interroge. »

« Quand as-tu quitté Jérusalem ? » demanda Saül.

« Après que tu as fait lapider Étienne. »

« Quinze ans déjà ! » dit pensivement Saül.

« Que s'est-il passé ? »

Saül demeura de longues minutes sans répondre.

« J'ai compris que nous... que les Nazaréens avaient raison », dit-il enfin.

« Ou que les Juifs avaient perdu. »

L'accusation était sans violence, mais nette ; Saül ne la releva pas.

« Je ne pouvais évidemment être instruit à Jérusalem.

Alors je suis allé en Syrie, où je savais que demeurait Dosithée[165] », dit Saül.

Pedanius s'appuya à la balustrade. Des chants montèrent jusqu'à eux, des chants de mariage grecs, suivis des éclats de rires de jeunes hommes, un peu ivres.

« C'était donc la raison qui te guidait », reprit Pedanius. « Ou bien était-ce l'ambition ? »

Il surgissait du passé, témoin, sans animosité, mais sans indulgence non plus.

« C'était donc l'ambition », dit Pedanius.

Une fraternité plus exigeante que le sang les unissait désormais. Le détour devait en être exclu. D'ailleurs, Pedanius n'était pas un rival.

« C'était l'ambition[166] », admit Saül. « Sans doute Philippe l'avait-il deviné. Dosithée aussi. Mais Dosithée était plus intelligent ; il n'en a rien laissé voir. »

« Il pensait sans doute que la force de Jésus était irrésistible et que tu finirais par succomber, comme Jacob lorsqu'il lutta avec l'ange. C'est bien ce qui s'est passé, Dosithée avait raison. Mais quand donc t'en es-tu aperçu toi-même ? »

Saül ne répondit pas tout de suite.

« Cela ne s'est pas passé exactement de cette manière-là », murmura-t-il. « A Edesse, j'ai vu Jésus. »

« A Edesse, vu Jésus ? » s'écria Pedanius. « C'était donc vrai que... »

« Qu'est-ce qui était vrai ? »

« D'autres assuraient qu'ils l'avaient vu au-delà de la Syrie. Nous les traitions d'égarés. A Edesse ! » répéta Pedanius. « Comment cela s'est-il passé ? »

« C'était dans la rue de l'orfèvre Nimrod. Il était avec Thomas. Je l'ai vu moins d'une heure. Il était... admirable. »

« Admirable », répéta Pedanius.

« Admirable, oui. La grandeur qui émane de lui, je ne l'ai vue à aucun autre. Mais il était las. Il reprochait aux autres, aux Juifs, à ses disciples aussi, de n'avoir vu en lui qu'un Messie[167], l'héritier des rois. »

« Ils voient en lui maintenant le Fils de Dieu », dit Pedanius. « Toi aussi, d'ailleurs. Tu l'appelles Fils de

Dieu, bien que tu l'aies vu à Edesse. » Une pause, puis : « Est-ce bien un homme en chair et en os que tu as vu à Edesse ? Ou bien as-tu eu une vision ? »

« C'était un homme. Il souffrait aux mains et aux pieds », dit Saül. « Peut-être m'accuses-tu de mentir, et peut-être ai-je d'abord menti. Mais je ne peux m'empêcher de penser qu'un homme aussi admirable est, en effet, en quelque manière le fils de Dieu. »

« C'est de la rhétorique », dit Pedanius.

« Je te le redis, c'en était au début, plus maintenant. »

« Mais tu vas maintenant prêchant que c'est le fils de Dieu, alors que personne ne sait que tu l'as vu à Edesse », dit Pedanius.

« N'es-tu donc pas croyant ? » demanda Saül. « Ne m'as-tu pas quitté pour rejoindre les Nazaréens ? »

« J'ai rejoint les Nazaréens par lassitude du Judaïsme », dit Pedanius, « parce que le Judaïsme pouvait produire des êtres aussi odieux que tu l'étais alors. »

L'explication cingla Saül ; il réprima un haut-le-corps. Mais la vérité s'imposait ; il avait, en effet, été odieux.

« Je n'ai pas rejoint les Nazaréens parce que je croyais comme les bonnes femmes que Jésus était ressuscité. Nous avions les rapports de police. Les gardiens du tombeau avaient été soudoyés par Joseph d'Arimathie et Nicodème, avec aussi l'argent de quelques femmes, comme Myriam de Magdala. Mais ce que disait Jésus n'en était pas moins irrésistible. Que les Juifs ont trahi la Loi à force de rites et d'observances étroites. Et que Dieu doit être dans le cœur des hommes, pas dans la splendeur des temples. » Pour la première fois, la tension perça dans la voix de Pedanius. Saül écoutait, anxieux.

« Et maintenant », reprit Pedanius, « toi, tu as été gagné par la parole de Jésus. Dosithée avait raison. Mais entre ce que tu dis et ce que tu sais, il y a une différence que je voudrais que tu m'expliques. »

Des minutes passèrent, lentement. Le port scintillait de toutes ses lanternes.

« Il ne faut pas que ses paroles se perdent », dit lentement Saül. « Et il ne faut pas non plus qu'elles soient réservées aux Juifs. » Dans la nuit, les yeux de Pedanius

lui brûlaient la joue. « Il est l'unique voie de salut. »
Était-ce la fatigue, mais chaque mot lui coûtait. « Ceux
qui ne l'ont pas vu et qui ne savent pas quel homme
admirable il est, ils ne croiront pas s'il n'est pas le Fils
de Dieu. »

« Il a dit lui-même à la Cananéenne qu'il n'était venu
que pour les brebis perdues d'Israël », reprit Pedanius.
« Pourquoi, au nom de quoi, prétends-tu étendre son
message aux Gentils[168] ? »

« C'est mon privilège », répondit Saül.

« De le trahir ? »

« D'étendre sa splendeur aux autres », répondit Saül,
infiniment las.

« Tu te diriges vers Rome, n'est-ce pas ? » dit Pedanius. Et, sans attendre la réponse : « Es-tu certain que ta
volonté d'étendre aux Gentils le message de Jésus et
d'aller jusqu'à Rome est étrangère à ton ambition passée ? »

« C'est en son nom désormais que je conquiers.
Regarde-moi, vois ma vie ; y vois-tu les détours de
l'ambition personnelle ? »

Ce fut cette fois Pedanius qui ne répondit pas.

« Je vais me coucher », dit Saül.

Ses membres étaient lourds comme la pierre.

Il ne revit jamais Pedanius[169].

19

TANT DE DIEUX !
DE MOTS ! DE SAVOIR !

Puis tout recommença. Au bout d'un mois, les Juifs
s'échauffèrent. Une cohorte de gros bras alla faire le
siège de la maison de Jason. Saül, prévenu, fila par les
toits avec Silvanus. Les nervis emmenèrent Jason et quatre Chrétiens chez les politarques ou juges, assurant, ce

qui était piquant pour des Juifs, que les prévenus prétendaient qu'il existait un autre roi que César. Bien sûr, les Juifs avaient ameuté la ville ; il y avait foule devant le palais de justice. Déjà, des excités criaient « A mort ! » Les politarques interrogèrent Jason. Il répondit qu'on pouvait interroger les centaines de Chrétiens que comptait Thessalonique, aucun d'eux ne dirait jamais que Jésus supplanterait l'empereur. Un hourvari fut organisé dans le prétoire. Les licteurs expulsèrent les agités. Des Chrétiens se présentèrent spontanément ; on les interrogea ; ils répondirent que Jésus était au ciel et ne revendiquait aucune couronne. Les politarques firent libérer les prévenus sous caution. Dehors, la foule siffla. Les licteurs firent donner la police. Saül et Silvanus partirent de nuit en direction de Bérée.

Et à Bérée encore, cela recommença. L'accueil, au début, fut sans doute plus chaleureux, mais au bout d'un mois, des archontes déléguèrent des émissaires, et l'on chassa Saül de la synagogue. Mais l'avancée était irrésistible, et les Juifs dépités virent que c'était par dizaines que se comptaient les convertis dans la haute société ; presque toutes les familles des fonctionnaires étaient infectées ! Même l'épouse d'un politarque ! Leur exaspération atteignait son comble quand ils rencontraient Saül dans la rue, ils lui crachaient au visage ! Idem pour Silvanus et Timothée, qui était arrivé depuis peu de jours. Ils déposaient des excréments sur le seuil de la maison du Gentil Euaesès, qui hébergeait les trois hommes. On parla même de meurtre.

« Ça se gâte », dit Euaesès.

Saül hocha la tête ; il avait l'habitude. Prochaine étape ? Euaesès suggéra Athènes. Ses deux fils escortèrent Saül vers Pydna et choisirent pour lui le navire, une monère toilée[170], car le vent était bon. Du quai, après avoir trompé leur attente par une bière, les deux jeunes gens levèrent les yeux vers la montagne dont le sommet étincelait.

« Sais-tu ce que c'est ? » demanda l'aîné. « L'Olympe. »

Saül retint un sourire.

« Le vieux s'est endormi », dit-il.

Ce ne fut qu'une fois l'ancre levée que Saül s'interrogea sur la singularité que constituait une monère sur le trajet de Bérée à Athènes. La réponse sur lui apparut sous l'aspect d'un passager dont le manteau rond, à la grecque, découvrait la bande de pourpre au bas de la robe. Il s'informa ; un chevalier, membre de la Cour, chargé de missions par l'empereur, Paulus Apollonius Antimachus. Après quelques regards détournés, l'ennui d'une traversée qui devait durer cinq jours les rapprocha.

« On ne m'a dit que votre prénom », dit le Romain, amène, mais sur ses gardes.

« Saül d'Antipater », dit Saül, tandis que les côtes du golfe Thermaïque se violaçaient au couchant.

« Antipater ? » dit l'autre, levant les sourcils. « Il me semble que... »

« Le fils d'Hérode le Grand. »

« Ah ! » dit l'autre, du ton caractéristique des parvenus rassurés de se trouver en bonne compagnie. « Vous êtes donc cousin d'Hérode Agrippa ? »

« Et de quelques autres », dit Saül, ravalant un sourire. Avec ses rides fines, ses façons d'exprimer qu'il n'en pensait pas moins, Antimachus appartenait à un monde que Saül avait répudié depuis longtemps. D'en prendre conscience l'y fit réfléchir. Son monde était d'abord un monde sans événements ; il n'y restait plus que des péripéties. C'était ensuite un monde où, confusément, Saül attendait un éclair de lumière qui révélerait les gens à eux-mêmes et les rendrait aussi bons et clairs qu'Adam au Paradis... Mais cette espérance le jetait dans des dilemmes qui se ramifiaient semblait-il à l'infini, et qu'il n'avait pas eu le temps d'inventorier. Sa réflexion fut interrompue par le Romain.

« C'est donc vous qui semiez le trouble à Bérée ? »

« C'est bien moi. »

Une décumane les contraignit de se raccrocher à la rambarde.

« Vous êtes le prêtre d'un nouveau dieu, m'a dit le chef des politarques ? »

Sous le pont, des jurons fusèrent. La monère tanguant

à l'excès, les rames battirent l'air tantôt d'un côté, tantôt de l'autre.

« Un prêtre », répéta Saül. « Enfin, nous n'avons pas encore de prêtre. Un évangéliste de ce dieu. »

« Jésus, c'est cela ? »

« C'est cela. »

« Pourquoi l'appelle-t-on aussi Chrestos ? Il a été roi, chez les Juifs ? »

« Non, il a refusé. De fait, on ne devrait pas l'appeler Chrestos, il n'a jamais été oint. »

« Un philosophe ? »

« Un envoyé de Dieu. »

« Oui, je sais, vous n'avez qu'un dieu. Mais enfin, tous les philosophes sont envoyés d'un dieu », dit le Romain, essuyant les embruns de son visage avec le rebord de son manteau.

« Vous croyez que Sénèque est envoyé par un dieu ? »

« Ah, Sénèque ! Oui, certes, il est envoyé par Héraklès », dit Antimachus en souriant. « Le mépris n'est-il pas la vertu des Héros ? »

La réflexion désarçonna Saül. Le mépris avait-il été l'un des traits de Jésus ?

« Le mépris ? » demanda Saül.

« Vous avez cité Sénèque. Vous le connaissez donc. Intervenir dans la vie des hommes pour leur bien équivaut à les considérer comme incapables d'y pourvoir eux-mêmes. Le propre des dieux, sauf lorsqu'ils s'entichent pour des mortels, comme Aphrodite et Arès pour les Troyens, et Athéna et Héphaïstes pour les Grecs, est de mépriser l'être humain, encore plus prompt à tomber dans ses propres pièges que dans ceux qu'ils lui tendent. Les philosophes, qui déchiffrent les desseins des dieux pour les humains, sont animés du même sentiment. »

« Et l'amour ? »

« L'amour ? Vous voulez dire l'amour des dieux pour les humains ? »

« Celui-là même. »

« C'est l'amour du berger pour son troupeau. Si le troupeau disparaissait, le berger perdrait sa raison d'exister. »

« Vous voulez dire que ce sont les moutons qui inventent les bergers ? » demanda Saül.

« Exactement ! » dit le Romain en riant. « Que feraient donc les moutons sans les bergers ? »

Le capitaine vint respectueusement prévenir Antimachus que le modeste repas du bord était prêt. Le Romain invita Saül. Le souper était, en effet, simple, une soupe d'orge aux crevettes, du poisson séché, des galettes au raisin sec. Le vin, le vent et la mer poussèrent promptement Saül au sommeil.

Quand le navire eut quitté les côtes de Thessalie, effleurant Skiathos à l'extrémité occidentale des Sporades, le capitaine le fit s'engager dans le canal de l'Euripe.

« Voici », dit le Romain comme s'il pensait à haute voix, mais le discours s'adressait aussi bien à Saül, qui se trouvait à ses côtés, « un exemple parfait de l'ironie des dieux. Toutes les trois heures, les eaux de l'Euripe changent de sens. »

A Chalcis, ils filèrent sous le pont dominé par deux tours. Bientôt resplendit la gloire du cap Sounion, coiffé par le temple de Poséidon, qui rayonnait de sa majesté dorique au sommet de son promontoire. Du pont, le dieu nu et doré, qui étincelait dans une avancée de marbre, son corps plein et parfait défiant le temps, et la main tendue vers son royaume bleu, rappelait aux navigateurs l'éternelle union de la puissance et de la beauté.

« Et nous qui ne sommes pas beaux, et nous qui ne sommes pas puissants, mais qui avons soif d'amour », songea Saül, « n'avons-nous donc pas d'autre recours que des dieux splendides et méprisants ? »

Ils longèrent la côte d'Apollon, puis accostèrent à Glyfada, au pied du mont Hymette. Le Romain fut accueilli avec faste, Saül s'éclipsa avec son ballot. Et puis la Grèce n'en finissait pas de le blesser.

A Tyrinthe, la titanesque enceinte restait sans doute sans objet, désormais, mais elle témoignait à jamais de la puissance des humains, cette puissance dont il n'avait pas encore mobilisé le centième. A Delphes, la beauté du corps humain et, pis encore, du corps masculin, l'étouffa, lui l'avorton, dans ses célébrations de bronze et de marbre. A Epidaure, la ferveur de ceux qui n'en finissaient pas de remercier Asklépios après leur nuit miraculeuse dans le temple aux serpents, l'un guéri de son pied, l'autre de ses entrailles, lui rappela que les humains étaient d'abord des corps, une fois de plus, des corps souffrants qui demandaient le soulagement. A Olympie, cent effigies de Zeus, grandes à donner le vertige, lui renvoyèrent l'image d'un dieu suprême, mais tolérant, et dont les lois n'avaient jamais posé de problèmes aux humains. On lui glissait ici une statuette en terre cuite d'Apollon, et là, une amulette obscène et sa main se dérobait prestement, mais sa tête, elle, ne pouvait se dérober. Partout, la beauté et la lumière de la Grèce lui répétaient que ces peuples avaient vécu des siècles dans le culte de la terre et de ses fruits et dans l'ignorance de la Loi, que ce fût l'ancienne ou la nouvelle. Ils n'avaient pas eu besoin de l'Alliance, ils y étaient nés, l'insolence des jeunes hommes, la séduction des filles et l'ironie tranquille des vieillards le lui assuraient.

Il fut accablé. Aux pieds d'une Aphrodite dont les seins et le pubis le défiaient, puis d'un éphèbe insoucieux de ses génitoires exposées, il poussa des cris de rage. Ces gens-là avaient eu la peau de Rome, comment pouvait-il espérer leur parler de rachat, à eux qui n'avaient jamais été vendus, puisqu'ils ignoraient le péché ? Et lui qui parlait leur langue !

Ce fut pire à Athènes, à cause du déclin même de la cité. Sylla avait bien pu lui arracher le pouvoir temporel. La chouette de la déesse qui avait donné son nom à la ville, une des nombreuses villes de la province de l'Achaïe, sans plus désormais, avait compensé la perte. En perdant sa puissance, Athènes avait été enfin soulagée des soins de son empire, elle pouvait s'occuper de ses vignes et faire macérer les vins de la sagesse.

On avait, à Bérée, donné à Saül l'adresse de frères qui l'hébergeraient. Il s'y rendit, trouva un couple amène, accueillant, heureux ; l'homme s'appelait Théophore et sa femme, ironie du sort, Aphrodite. Ce n'était pas le tourment du rachat qui les habitait. Qui donc les avait baptisés, et que croyaient-ils ? Que le véritable Héraklès était sans doute venu ? On aviserait plus tard. Il était, d'ailleurs, ridicule de leur reprocher d'avoir appelé leurs enfants Athéné, Iris et Pamphile ; personne ne leur avait offert un panthéon de substitution.

Saül partit reconnaître les synagogues, car il y en avait trois, hors les murs malgré tout, car pour parler grec, les Juifs d'Athènes n'en passaient pas moins pour « une secte », gens étranges qui n'appréciaient ni Phidias ni Praxitèle, qui trouvaient que l'Odyssée était un ramassis de barbaries païennes et qui se faisaient couper le prépuce. Il demanda la parole au premier Sabbat, à la synagogue des Asiates ; il parla près de trois quarts d'heure ; l'audience suivit l'exemple du sable dans le sablier qu'un inconnu avait posé sur une table ; ceux qui restaient bâillaient ou somnolaient. Saül regretta l'hostilité de Bérée, de Thessalonique. Le Sabbat suivant, le cœur gros, il aborda la synagogue de la Porte Dorée, ainsi nommée parce qu'elle se trouvait dans une rue d'orfèvres et de changeurs. On lui posa mollement une ou deux questions, puis on se gratta la tête. Ces Juifs-là étaient repus de dieux nouveaux, c'est qu'on eût rempli les trois synagogues rien qu'avec les déités grecques, d'Héméra, divinité du Jour, à Eris, celle de la Discorde, de Coéos, le deuxième Titan, fils d'Ouranos et de Gaia, à l'incestueux Hypérion, qui épousa sa propre sœur Théia, dont il eut comme enfants le Soleil et la Lune. Point n'était besoin de leur parler du Malin, ils en connaissaient trente-six versions, des Arges et des Brontes aux Stéropes, bergers cannibales. Le martyre d'un crucifié pesait peu auprès de celui d'Ouranos, père de Chronos, auquel son fils avait coupé les testicules, engendrant ainsi les Hécatonchires... Puis Héraklès n'était-il pas monté de lui-même sur le bûcher ? On n'en voyait pas pour autant des prêtres discourir sur l'affaire et proposer l'adoption d'une religion héracléenne. Non, les Juifs avaient bien assez à faire que de préserver leur Loi sans aller encore la modifier avec un nouveau venu. Le rabbin conseilla à Saül, un peu dédaigneusement, d'aller raconter ses histoires sur l'Agora[171].

Il avait déjà traversé l'Agora, sans prêter plus d'attention aux phraseurs qui récitaient d'un trait mille vers de l'Odyssée, d'autres qui vous confectionnaient un poème amoureux pour une belle ou un giton, moyennant la pièce, d'autres encore qui parlaient des étoiles, des Sélénites ou du courage, sous les regards goguenards de quelques oisifs, barbons ou jouvenceaux fatigués de battre la semelle et qui se refaisaient la boucle devant les péroreurs.

Faute de mieux, Saül s'essaya aussi à l'exemple de ces derniers. Ils étaient donc blasés ; il résolut de les surprendre. « Mes frères ! La course du soleil de ce jour nous a tous menés, et à l'insu de beaucoup d'entre vous, vers la consommation du monde que vous connaissez, de ses champs et de ses forêts, de ses villes et de leurs temples ! » Quelques-uns interrompirent leurs déambulations nonchalantes. « Un homme, en effet, nous a été envoyé par le Créateur de toutes ces choses, parce que l'heure était venue. Les démons avaient introduit la corruption au cœur de ce monde, et il avait rendu les hommes oublieux de la Loi que le Créateur impose à ses créatures. Car les hommes avaient changé cette Loi en une rhétorique creuse, et leurs cœurs étaient vides de la connaissance divine. » Une quinzaine de gens l'écoutaient, ce qui n'était pas négligeable, quand on en voyait certains qui ne rameutaient pas trois auditeurs. « Cet homme, mes frères, dans son infinie compassion pour nous, s'est offert lui-même en sacrifice pour apaiser la colère de son Père. On l'a crucifié, car les hommes sont aveugles, puis on l'a mis au tombeau. » Ils étaient à présent plus de vingt qui l'écoutaient, surpris. « Mes frères ! L'homme était bien d'essence divine, car il est ressuscité trois jours plus tard, et il s'est montré à ceux qui l'avaient connu ! Mais il avait auparavant laissé à ses disciples l'enseignement dont je vous porte témoignage. Il a dit : "Cette génération ne passera pas que vous ne voyiez le Fils apparaître dans les nuées, assis à la droite du Père !" Ce jour-là, le soleil cessera de donner sa lumière, et la lune sera éteinte. Les étoiles seront tombées du ciel ! Et les tombeaux s'ouvriront, et les morts

en sortiront pour comparaître devant le Père ! » Ils
étaient maintenant trente, c'était connu, la foule attirait
la foule. « Ceux d'entre vous qui se seront endormis se
réveilleront, mes frères, pour subir le sort commun. Car
si nos corps sont périssables, nos âmes, elles, sont éternelles, et elles réveilleront les corps de la poussière ! Je
suis venu, moi, Saül, vous annoncer la résurrection au
nom de Jésus ! Je ne le fais pas pour ma gloire, bien au
contraire, je l'ai souvent fait au péril de ma vie, car ceux
qui ne veulent pas m'entendre sont pour moi pleins de
haine. Je le fais parce que j'en ai été chargé par le Fils
du Père, par Jésus ! C'est lui-même qui m'en a chargé,
et comment me serais-je dérobé au commandement
divin ? Je vous conjure d'écouter la parole de mon maître Jésus ! Peut-être cette nuit est-elle la dernière de ce
monde, car il l'a dit : "La mort viendra comme un
voleur !" Vous vous éveillerez demain, et le jour, lui, ne
se lèvera pas ! Écoutez-moi, ici et maintenant ! » Ils
étaient près de quarante.

Ils le considérèrent un long moment, quand il eut fini
de parler. Certains fronçaient les sourcils, d'autres gardaient la bouche entrouverte, comme pour mieux respirer.

« C'est donc un dieu nouveau que tu nous annonces ? » demanda un homme pas trop amène, comme s'il
en doutait encore.

« Pas un dieu nouveau », répondit Saül en secouant la
tête, « le fils du Dieu unique. »

« Un dieu unique », observa l'autre, « c'est donc que
tu es juif. Mais de quelle déesse a-t-il conçu son fils ? »

« Pas d'une déesse, d'une mortelle. Ne te... »

« Ha ! » fit l'autre. « Vieille histoire ! C'est sans doute
Alcmène* qui aura changé de nom ! »

« Alcmène était-elle juive ? » demanda Saül.

« Vous nous aurez emprunté notre histoire », dit
l'autre, ironique. « Ainsi, les Juifs ont un nouveau
dieu. »

« Celui-ci, Jésus, n'est pas le sauveur des seuls Juifs,

---

* Mortelle, femme d'Amphitryon et mère d'Héraklès.

mais de tous les humains, du moins de ceux qui écoutent son enseignement. Si tu veux être sauvé, frère, suis l'enseignement de Jésus. Je te baptiserai et, le jour du Grand Jugement, si tu as suivi cet enseignement, tu seras sauvé et tu iras auprès de Dieu. »

« De quoi serait-il sauvé ? » demanda un autre. « Il est en bonne santé, il est père de trois beaux enfants et son commerce prospère ! »

« Il sera sauvé de la sécheresse du cœur, du mépris qu'on se porte quand on est indigne et du dépérissement de son âme », répondit Saül, se demandant s'il parviendrait jamais à se faire entendre en Grèce. Ces gens-là, en effet, ressemblaient aux Arabes.

« Tu as parlé, il me semble, d'un autre dieu, qui s'appelait Résurrection. Ce sont alors deux dieux que tu annonces au lieu d'un ? »

Et par-dessus le marché, ils écoutaient de travers.

Il intrigua sans doute, mais de conviction, point.

Il revint le lendemain. Étaient-ce toujours les mêmes qui traînaient sur l'Agora, ou bien en était-il que ses propos avaient troublés ? Plusieurs de ses auditeurs de la veille figuraient parmi ceux du jour. Il reprit le même discours que celui qu'il avait tenu, mais avec des variantes, pour ne pas ennuyer. Il évoqua la Loi et l'honneur des pauvres, le dédain du monde et le refus de la compromission. Apparemment, il en avait amorcé quelques-uns, qui hélèrent des connaissances pour les inviter à écouter ce gnome.

« Ton Jésus, il méprisait donc le pouvoir et les richesses, semble-t-il ? »

« Il a par deux fois rejeté la couronne d'Israël que lui offrait le peuple. »

« En voulait-il d'autres ? »

« Aucune. »

« Il n'avait pas peur de la mort ? »

« Je vous l'ai dit, il l'a affrontée volontairement pour nous sauver. »

Alors, ils hochèrent la tête et débattirent entre eux pour savoir si ce Jésus était un Stoïcien ou un Epicurien[172]. Par qui donc avait-il été formé ? demandaient-ils

encore. Saül perdait patience. Ces gens-là ne comprenaient-ils donc rien à la religion, au mystère de la divinité ? « Vos statues et vos temples innombrables », leur
disait-il, « témoignent du culte que vous rendez aux
puissances célestes. Ces puissances se résolvent en une
seule, qui est un dieu unique et celui-ci nous a délégué
un sauveur. Comprenez-vous ? » C'était la notion du
Dieu unique qui, pour commencer, les contrariait.
Comment un tel dieu pouvait-il concilier en lui le principe mâle et le principe femelle de toutes choses vivan-
tes ? Et comment pouvait-il se laisser déchirer par les
forces antagonistes du monde ? Saül — qui se faisait
désormais appeler Paul, afin d'oblitérer le caractère
hébreu de son nom, qui le désignait à coup sûr comme
étranger — se laissait entraîner dans des débats philosophiques sans fin où, n'étant pas instruit, il perdait pied.
Ils le considéraient donc avec condescendance.

« Pourquoi tiens-tu ces discours ? » lui demanda l'un
de ses auditeurs, d'un air ironique.

« Parce que Jésus m'en a chargé. »

L'autre médita sur cette réponse, sans se départir de
son ironie.

« Tu as dit que c'était le fils d'un dieu, donc un demi-
dieu. Où est-il donc ? Pourquoi ne se charge-t-il pas lui-
même de se faire connaître et de répandre son enseignement, si tant est que les dieux aient un enseignement ? »

Les autres écoutaient ce dialogue d'un air amusé.

« Il est auprès de son Père. Et comme c'est aux hommes qu'il s'adresse, il le fait par le truchement des hommes », répondit Saül.

« Le père et le fils sont au ciel et ils chargent les
domestiques du courrier », ricana quelqu'un.

« L'enseignement de Jésus... » commença Saül. Mais
son interlocuteur l'interrompit :

« Qu'est-ce que c'est que cette histoire d'enseignement ? Les dieux n'ont pas d'enseignement à répandre,
ils demandent des sacrifices, c'est tout ! »

Plusieurs opinèrent bruyamment en faveur de ce postulat.

« Vous n'avez donc pas de morale ? » demanda Saül, au paroxysme de l'indignation.

« Si fait, petit homme, nous en avons une, mais elle est dictée par les lois de notre cité, pas par Zeus. Et puis, vois-tu, je suis un Stoïcien, comme mes amis d'ici, et nous trouvons suspecte la peine que tu te donnes pour annoncer ton Jésus. Car nous savons qu'il est à l'origine de toute action humaine une raison basse. Si tu t'agites tant, c'est dans son intérêt, pas celui de ton dieu. »

Saül blêmit, tenta de discuter, ils s'en furent.

« Que raconte donc ce jacasseur ? » disaient-ils en haussant les épaules. « Il ne sait même pas de quoi il parle ! C'est un propagandiste de religions étrangères. »

Ses audiences n'étaient pas négligeables, car les Athéniens étaient toujours friands de nouveautés, et ce nouveau dieu qu'annonçait donc le nabot piquait leur curiosité, mais Saül avait beau s'époumonner, il n'en avait pas converti un seul en trois semaines. Pis, les discuteurs l'assaillaient de questions de plus en plus compliquées. Il eut le tort de perdre patience et les invectiva. Eux prirent la mouche et le traînèrent devant l'Aréopage. Il gravit, la bouche amère, la colline qui menait au tribunal et reconnut, en passant, l'autel des Déesses Atroces qui lui donnait son nom[173]. Cinq licteurs le suivaient ; il eût pu sans doute s'enfuir, mais dans ce cas, adieu Athènes ! ô solitude ! Jamais l'Arabie n'avait été aussi aride que ce pays de marbre ! Quand il arriva dans la vaste salle où une vingtaine d'archontes siégeaient sur une estrade circulaire, sous une statue de Pallas Athênê, on instruisait une affaire de poids inférieurs à la norme de la cité ; un orfèvre utilisait une drachme d'un dix-huitième au-dessus de la drachme athénienne. On lui imposa de rembourser d'autant ses cent derniers clients et de changer de poids. Puis vint une affaire de propriétaire urbain qui refusait de réparer son toit, arguant que jamais il n'avait dû procéder à tant de réfections que depuis qu'il avait le plaignant comme locataire ; il accusait même celui-ci de voler des tuiles pour les revendre. « Moi qui suis venu leur porter la parole de Jésus, on me fait comparaître avec des

malfrats ! » songea Saül. Plaignant et accusé s'agonirent
de malveillances bien lubrifiées de salive. Le tribunal
décida de mandater sur place un architecte pour faire un
rapport. Enfin, il y eut une affaire d'instituteur qui avait
eu commerce charnel avec deux de ses élèves. Les pères
des enfants se plaignaient que ceux-ci fussent transformés en gitons. On fit comparaître les garçons. Le tribunal les interrogea ; avaient-ils été consentants ? Oui ; on
débouta les parents. Vint enfin l'affaire de Saül.

« Cet homme-là, qui est un étranger, tient depuis trois
semaines, sur l'Agora, des propos à la fois confus et
séditieux », dit le plaignant, un rhéteur que Saül avait
traité de marchand d'œufs vides. « Il annonce un dieu
étranger qui doit mettre fin au monde de façon imminente[174]. De la sorte, il répand dans la cité une inquiétude qui n'est fondée que sur des vaticinations sans
autorité, des idées fuligineuses, des prophéties incohérentes qui ne sont aptes qu'à déranger les esprits comme
le font les agents de cités ennemies. »

« Qu'enseignes-tu donc ? » demanda l'un des archontes qui siégeaient au centre.

« Hommes sages, hommes d'Athènes ! » s'écria Saül.
« J'ai vu dans votre ville les monuments et les temples
que vous avez élevés à vos dieux. N'est-ce pas là, hommes sages, la preuve de votre sentiment religieux ? Vous
comprendrez donc ce que dit Paul, un homme religieux.
Vous révérez des dieux nombreux. J'ai même vu, non
loin du Stoa, un autel que vous avez élevé au dieu
inconnu[175]. Ce dieu que vous servez sans le connaître,
celui-là, moi je vous l'annonce. C'est le Dieu qui a fait
l'univers et tout ce qui s'y trouve. Étant maître de la
terre et du ciel, il n'habite pas les temples construits par
l'homme, et il n'a pas besoin des mains de l'homme, car
Lui qui donne à tous la vie et l'haleine, Il n'a besoin de
rien. Il a tiré d'un seul homme toutes les nations des
hommes ! Il les a disséminés sur la terre. Il leur a fixé
le temps de leur existence et leur a imparti les limites de
leurs territoires. Puis il les a laissés chercher la divinité,
à tâtons, s'ils pouvaient la trouver. Elle est proche de
nous, cette divinité, nous vivons, nous nous mouvons et

nous existons en elle. Et comme l'ont même dit certains de vos poètes[176] : "Oui, nous sommes aussi de sa race." Étant donc de la race du Très-Haut, nous ne devons pas penser que la divinité soit semblable à de l'or, à de l'argent, à de la pierre, façonnés par la technique et la pensée des hommes. Détournant donc les yeux des âges de l'ignorance, Dieu annonce maintenant à tous les hommes, de partout, de revenir vers Lui... » Ceux-là, enfin, l'écoutaient attentivement, ils semblaient même le comprendre, mais enfin, il convenait de ne pas tirer de leurs mines impassibles des augures prématurés... « Car Dieu », poursuivit-il, « a fixé un jour pour juger la terre avec justice, par un homme qu'il a désigné, et c'est son fils Jésus, et pour lequel il a donné une garantie universelle en le relevant d'entre les morts. » Il fallait aborder ici la péroraison et conclure. « Voilà, hommes sages, hommes d'Athènes, ce que j'ai dit sur l'Agora et qui a été mal compris par mes accusateurs. J'ai annoncé un dieu imminent, c'est le vôtre et celui de tous les hommes. »

« Es-tu stoïcien ? » lui demanda le chef des archontes.

« Non », répondit Saül, « mais serais-je étonné si vos penseurs rejoignaient spontanément la sagesse inspirée par les dieux ? »

« Cet homme annonce la fin du monde ! » cria son accusateur.

« A-t-il fixé un jour ? » demanda l'archonte. Et comme l'accusateur reconnaissait que Saül ne l'avait pas fait, il conclut : « S'il l'avait fixé, on pourrait l'accuser d'avoir menti. S'il ne l'a pas fait, il a énoncé une idée que nous sommes libres de critiquer ou d'accepter, mais que nous ne pouvons pas lui refuser le droit d'exprimer. »

« Comment sait-on que cet homme Jésus est ressuscité ? » demanda un autre archonte, dont Saül apprendrait un peu plus tard qu'il s'appelait Dionysos.

« Ceux qui l'ont connu durant sa vie l'ont revu après sa mise à mort. Il a partagé un repas avec eux. »

« Et l'as-tu vu, toi ? » demanda Dionysos.

« Je l'ai vu aussi », dit Saül.

« Était-il fait de chair et d'os, ou bien était-ce une vision ? »

« Il était fait de chair et d'os. »

« Les dieux accomplissent des prodiges », dit un autre archonte. « Je ne vois pas dans cette affaire un objet de scandale. »

« Je n'en vois pas non plus », dit le chef des archontes. « Que cet homme aille libre. »

Saül redescendit la colline sous la garde des licteurs. Les Déesses Atroces lui avaient donc été propices.

Le lendemain, Saül reprit ses discours, mais le cœur un peu las. Au dernier rang du groupe qui l'écoutait, et qui était plus nombreux qu'auparavant, car la nouvelle de l'arrestation avait valu à Saül une certaine notoriété, il reconnut deux archontes, dont Dionysos. Ils demeurèrent jusqu'au débat qui suivait le plus souvent les discours de Saül.

« Ne négligeons pas un signe important », observa Dionysos, « qui est la rencontre entre la sagesse des Stoïciens et l'enseignement que nous apporte Saül. Ici et là, on voit le mépris de la mort, qui est la marque des grands caractères, et le dédain des biens matériels, qui permet à l'homme de maîtriser son caractère. »

Outre Dionysos, il en était bien d'autres qui, à Athènes, discouraient sur l'enseignement nouveau de Jésus avec une brillance qui laissait Saül interdit, car il ne pouvait suivre leurs idées sur ce dieu inconnu qu'il avait évoqué durant sa plaidoirie à l'Aréopage, ni sur le fait que l'être humain était foncièrement étranger au monde.

Il y avait tant d'idées à Athènes, tant de savoir, tant de mots ! Le monde apparaissait soudain trop grand à Saül, il en était effrayé. Des puissances invisibles s'étaient emparées du petit homme malade qu'il était et l'avaient envoyé affronter les Titans. Elles avaient tiré le fil de ses passions et l'avaient entraîné dans des cavernes emplies de monstres et de songes. Ne ricanaient-elles pas, maintenant ? Ses nuits dans la ville de l'harmonie furent peuplées de cauchemars. Il perdait courage et il lui semblait que sa santé déclinait. Il avait voulu Rome et c'était Athènes qui l'avait défait ! Dionysos et sa femme Damaris, qui s'étaient fait baptiser (mais Saül se demandait parfois si ce n'était pas par goût de l'exotisme), avaient beau l'entourer de sollicitude, ils ne faisaient que lui rappeler plus cruellement son échec : deux seuls convertis dans tout Athènes[177] !

Il écrivit à Bérée : qu'on lui dépêchât au plus vite Silvanus et Timothée ! La solitude, à la fin, devenait insupportable. Les chiens d'Athènes avaient, dans la nuit, une voix odieuse ; leurs aboiements enroués évoquaient des rires de sorcières ou d'érinnyes. Ils semblaient rire. Perchés sur leurs longues pattes, leurs troncs efflanqués étaient secoués par les spasmes de l'hilarité tandis qu'ils découvraient leurs gencives. « Il est à la base de toute action humaine une raison basse », n'est-ce pas ? Haha ! Hahaha !

20

PAROUSIE REMISE, LARMES TARDIVES

Il s'alarma du sort des frères de Thessalonique. Comment survivraient-ils dans cet enfer d'idoles et de stupre en tout genre, cette mer de scepticisme, ces nuages de ratiocinations qui lui avaient mangé l'âme ? Il leur raconta ses tribulations, puis les mit en garde contre la fornication, recommanda la solidarité et l'amour fraternel, et en revint à la fin du monde. Jésus apparaîtrait soudain au mot d'ordre de son Père, tandis que la trompette sonnerait, les morts chrétiens se lèveraient les premiers. « Ensuite, nous les vivants, restés là, nous serons enlevés ensemble avec eux dans les nuages, pour rencontrer le Christ dans l'air. » Enfin, il encourageait les fidèles à la fortitude.

Cette lettre eût dû être récrite ; le passage sur l'imminence de la parousie et l'enlèvement des adeptes en l'air, à la rencontre de Jésus, était sans doute excessif[178]. Mais Saül était las ; deux crises l'avaient laissé incapable de parler pendant plusieurs heures et, de surcroît, il souffrait d'une entérite qu'il attribuait à la consommation d'eau impure. Il eût dû aller à Thessalonique, veiller lui-même au salut de la communauté. Mais il avait plus de soixante ans, la poitrine plissée comme une tunique de vierge, l'abdomen qui se distendait, les genoux ridés. Ses mains et ses pieds noueux étaient comme couverts de parchemin maculé de taches brunes.

Il fut alité une semaine, épuisé par des selles sanglantes, la fièvre et de nouvelles crises. Quand Timothée arriva, l'état de Saül inspirait l'alarme ; son pouls était faible, sa peau visqueuse. Le jeune homme alla chercher un médecin. Celui-ci fit ingurgiter à Saül de l'eau de fève, des écorces de coing bouillies et du jus de grenade. Au bout d'une autre semaine, Saül était rétabli. Il envoya Timothée à Thessalonique avec la lettre qu'il n'avait pas récrite et partit pour Corinthe à dos de mulet.

Adieu Athènes, nourrice desséchée, radoteuse et fardée !

La route fut aussi pénible que les rues d'Athènes ; à Eleusis, un sanctuaire magnifique, qu'il ne put visiter, car l'accès en était interdit aux non-initiés, lui rappela que le culte de Déméter et de Perséphone était bien plus profondément implanté que les fragiles communautés qu'il semait depuis des années. Mais néanmoins, il y trouva à dormir dans une auberge, y but un vin âpre pour arroser un fromage poivré et un pain craquant couleur de terre. De tels repas paysans lui rendaient le goût de vivre, qui le désertait de plus en plus souvent.

A Mégare, il s'arrêta longuement pour contempler les rochers Scironiens, d'où Thésée avait précipité dans les flots le voleur Sciron, et rêver aux légions de héros que l'humanité s'était données, pour se défendre contre le désespoir. Ce Thésée n'avait sans doute été qu'un aventurier, un fort-à-bras microcéphale, et retors ; sans doute avait-ce été un croc-en-jambe opportun qui lui avait permis de renverser le voleur, et voilà, quelques siècles plus tard, on en faisait tout un foin ! Pourquoi, parce que Thésée avait été ignorant de la peur... Mais Homère ne parlait jamais des rhumatismes, ni des furoncles de ses héros !

Peu avant d'aborder les remparts de Corinthe, des mâts de navires parurent lui barrer la route ; il plissa les yeux dans le soleil ; c'étaient bien des mâts, fixés à leurs navires ; et les navires avançaient sur des rouleaux, au travers d'un chemin dallé qui allait du golfe de Corinthe au golfe Saronique ! Des centaines de malheureux tiraient ces navires, mer de muscles luisante de sueur sous le fouet de contremaîtres, dans les invectives et les ahans ! Ceux-là, sans doute, accueilleraient bien les promesses d'une vie éternelle.

On le voyait d'emblée, il ne restait plus grand-chose de grec à Corinthe, Corinthe la grande ripaille, comme l'appelait Pindare, la nouvelle capitale de la Grèce romaine. Entré dans la ville par la porte du nord, Saül se trouva d'emblée dans le marché, les cageots de fruits et de légumes, les paniers de pains, de poissons, un peu plus loin, les marchands de sandales, de toges, de tuniques, puis de parfums, de fards, de pourpre... Au fond, de l'autre côté d'une place, les bains ; en face, un temple, dédié à Apollon. Ce n'étaient pas des Grecs qu'on voyait là, mais des Galates, reconnaissables à leurs cheveux clairs et à leurs airs mal embouchés, des Ibères poilus, des Macédoniens aux yeux bleus et à la démarche nonchalante, des Juifs aussi, plein de Juifs.

Il cherchait un gîte, de préférence auprès de Chrétiens, puisqu'on l'avait assuré qu'il y en avait quelques-uns. Une échoppe plus retirée que les autres attira son regard ; on y vendait des tentes, pour les bergers d'alentour ; un petit homme noiraud, au fond, l'observait ; le guettait presque.

« Pardonnez-moi, savez-vous s'il est un lieu où les Chrétiens de Corinthe se réunissent ? » demanda Saül en grec.

L'homme se leva, les yeux parlant avant la bouche. Saül crut qu'il n'avait pas compris et redit sa question en romain.

« Je comprends le grec », dit l'autre. « Et je suis chrétien. »

Ils demeurèrent un moment interdits.

« Qui t'a converti ? » demanda Saül.

« J'ai été converti à Rome, par Eugène. Tu connais Eugène ? »

« Non. »

« Il disait qu'il était l'un des soixante-dix[179]. »

« Mais tu n'es pas romain ? »

« Je suis du Pont. J'ai été vendu à Rome comme esclave. Puis affranchi. J'étais juif. Qui es-tu ? D'où viens-tu ? »

« Je suis Saül. Je viens de Jérusalem. »

« J'ai entendu parler de toi », dit l'autre. « Tu as eu des ennuis avec les Juifs à Thessalonique et à Bérée. Entre. Je m'appelle Aquilas. »

Il tira de sous un tabouret une petite jarre et deux verres dissemblables, qu'il remplit. C'était un vin léger, une piquette. Aquilas y joignit deux petites galettes de pain dur. Saül s'assit sur une tente roulée.

« Pourquoi as-tu quitté Rome ? » demanda-t-il.

« Claude nous a chassés. Nous nous querellions avec les Juifs, à propos des Gentils. Pour répondre à ta question, nous n'avons pas de lieu de réunion. Nous allons tantôt chez l'un, tantôt chez l'autre. Que cherchais-tu ? »

« Un lit. »

« Tu peux dormir chez nous. »

« Nous ? »

« Ma femme, Prisca, et moi. »

« Je te remercie. »

« Peut-être pourras-tu nous aider. »

« Dans ma jeunesse, en Cilicie, j'ai appris à fabriquer des tentes. »

A la fin de la journée, il alla chercher le mulet qu'il avait attaché à l'un des piliers du marché et accompagna Aquilas chez lui, dans une maisonnette au pied de l'Acrocorinthe. La soldatesque, qui descendait de la forteresse, pour courir les filles ou pis, faisait cliqueter le chemin de ses armes et armures.

Prisca était du même tonneau que son mari, sauf que

sa moustache était beaucoup plus légère. Le visage, fermé, s'éclaira quand Aquilas eut expliqué qui était le visiteur. Le repas fut une soupe de blé, un pigeon grillé, du fromage séché, du raisin. Saül évoqua ses voyages, leurs péripéties, la fondation et l'organisation des communautés.

« Non, nous n'avons pas de conseil d'Anciens, ici », dit Aquilas. « C'est chacun pour soi. On se connaît, c'est tout. »

« Il en faut. Il faut un berger. »

On lui donna une paillasse et, bien sûr, une couverture. La mule eut du foin. Les songes dévalèrent, riches d'énigmes fausses et de puérilités.

Vers midi, Saül, qui traînait une convalescence interminable, alla au bain. Il en repartit horrifié. On lui avait tout proposé et le contraire de tout. Puis, à la sortie, une maquerelle peinte comme une poterie lui poussa sous le nez une donzelle, d'ailleurs gironde à souhait, en annonçant le prix avec un sourire carié. Il agita le bras avec colère.

« Eh va ! Silène honteux ! On voit bien que ta semence est maigre ! » cria l'impudente.

L'injure le laissa rêveur. Il y avait longtemps qu'il ne s'appartenait plus. Il en éprouva de la mélancolie. C'est qu'il n'avait pas résisté à la tentation, il ne l'avait tout simplement pas connue, et son délabrement physique ne laissait plus de place à ces impatiences qu'on nomme désirs et qui occupaient Corinthe encore plus que les villes précédentes. « Que vais-je donc offrir au Seigneur ? » se demanda-t-il, songeant à la beauté de l'homme qu'il avait entrevu à Edesse. « Un paquet d'os et de chairs qui mollissent ! » Saül, fétu brisé sur les chemins d'un rêve informe...

Mais les Juifs réduits en esclavage à Corinthe n'étaient guère beaucoup plus glorieux. Ni leurs corps ni leurs âmes n'étaient épargnés par l'infortune. A trente ans, un homme était vieux, à quarante, on prenait ses mesures pour le cercueil. On ne comptait plus les estropiés venus de la région du chemin de traction, bras et jambes broyés par les cordages tendus ou les rouleaux, ni ceux que la faim et la consommation d'eaux impures avaient réduits à l'état de squelettes.

Dès le premier Sabbat et les premiers discours, Saül capta ces oubliés de la fortune de Corinthe ; si loin d'Israël, la Loi n'était plus pour eux qu'un souvenir pulvérulent, que les discours des exilarques[180] ne parvenaient pas à restaurer. Oui, un homme avait renouvelé la Loi, oui, cet homme avait été envoyé par l'Elohim Lui-même, oui, cet homme rachetait le monde, et ce monde n'était pas le vrai monde : c'était celui que transfigurait le souffle de l'Elohim et qui portait l'ombre de la Croix. C'était celui du mystère.

Il les conviait donc à un mystère privilégié, ces bancroches, ces affamés, et ils accoururent donc. Ils demandèrent le baptême. Il en baptisa lui-même quelques-uns, Crispus, Gaïus, Stephanos, Tertius[181], mais il laissa aux autres le soin de baptiser le reste, car l'eau froide le rendait malade. Avant le Sabbat suivant, d'ailleurs, Silvanus et Timothée vinrent le rejoindre ; il leur délégua l'ébauche de l'administration qu'il convenait de mettre sur pied, avec les collectes pour les plus défavorisés et les autres systèmes d'entraide. La communauté de Thessalonique et celle de Bérée se portaient bien, rapporta Timothée, elles avaient élu leurs Conseils, elles avaient couché par écrit son enseignement et, à peine reçue, la lettre qu'il avait adressée aux Thessaloniciens avait été recopiée en plusieurs exemplaires, et copie en avait été dépêchée aux Béréens.

Beaucoup parmi les Gentils n'avaient pas un sort plus enviable que les Juifs. Expédiés des provinces les plus diverses de l'Empire aux fins de pourvoir Corinthe en main-d'œuvre, ils subissaient l'adversité sans espoir de rachat civil, avec le souvenir de leurs pays comme seul viatique. Saül prêcha donc sur l'Agora. Là, point de rhéteur, ni de sophiste pour lui tendre des filets de mots ; ce n'était que l'antichambre à ciel ouvert des innombrables bordels de Corinthe, et les discours de Saül tombèrent comme une pluie de pierres sur les maquereaux et les maquerelles, les filles peintes et les garçons aux cheveux trop huilés.

« Ne vous mêlez pas à qui, appelé frère, est putain, exploiteur, idolâtre... Le corps n'est pas fait pour la puterie, mais pour Jésus, et Jésus pour le corps ! Prendrai-je les membres du Messie pour en faire des membres de putain[182] ? »

D'abord, la cohorte des entremetteurs et de leurs marchandises écouta bouche bée ; puis ce furent les grimaces et les huées. Si l'on allait écouter ce barbon disgracié, Corinthe ne serait plus Corinthe. On en vint évidemment aux mains, et pour ne pas offenser les oreilles des filles à l'heure et des gitons frottés au lait, les entremetteurs changèrent de quartier ; ils allèrent de l'autre côté du temple d'Apollon.

« Mais refuseras-tu aux gens l'amour ? » demanda timidement Silvanus. « Il en est qui sont mariés, quand même... La race s'éteindrait... »

Saül maugréa. Qu'avait-on besoin de forniquer, une fois par enfant devrait suffire ! Il tempéra à peine ses discours. « Il est beau pour l'homme de ne pas toucher à la femme[183] », déclara-t-il. Jésus n'avait jamais dit cela, mais qu'importait ! Il l'aurait dit ! De toute façon, il n'était pas besoin d'enfants, malheur à la femme enceinte ! Saisi d'une fureur castratrice, il annonça le feu du ciel imminent, pour décourager au moins les femmes de tout commerce charnel, la puterie, comme il l'appelait. Un Gentil vint le voir et lui dit tranquillement :

« Aucun dieu n'a jamais interdit d'avoir des enfants, ni de jouir de sa femme, petit homme ! C'est parce que tu es laid comme un singe que tu veux nous priver de l'amour ! Ce que tu n'as pas, Saül, tu veux que les autres ne l'aient pas non plus ! Je retourne à mes dieux, petit homme, et j'entraîne les miens ! »

« L'amour, oui, mais l'amour divin ! » cria Saül. « L'amour entre frères ! »

« Je ne suis pas giton, petit homme, l'amour entre frères, ça ne suffit pas ! »

Par-dessus le marché, il vint des Juifs non convertis, des Hébreux, comme les appelait Saül, qui reprirent l'antienne de la circoncision, afin de séparer des Gentils

les Juifs convertis. Ils l'attaquèrent à la synagogue sur
son irrespect de la Loi et, ayant eu vent qu'il prônait la
chasteté dans le mariage, appelèrent sur lui les malédictions du Tout-Puissant, le traitèrent de nabot stérile et
d'idiot.

L'ennui pour ces fâcheux était que la foule des
convertis, Juifs et Gentils, n'avait que faire des problèmes de circoncision et de puterie. Les considérations
savantes sur le prépuce et la puterie les concernaient à
peu près autant que le rayon de la Terre, tel qu'il avait
été calculé par Eratosthène, intéressait le destin des chats
de Corinthe : ils avaient à peine la force, en fin de journée, de se rendre compte que le corps qui gisait sur leur
paillasse était celui de leur femme, et s'ils n'avaient pas
de femme, ils n'avaient pas non plus d'argent pour se
payer une concubine. Alors, en regard des émois, façon
de dire, passagers qu'ils pouvaient se payer après le
carafon de tord-boyaux et le royaume des cieux, le
compte était vite fait. Ils étaient à cet égard assez proches de Saül ; les filles girondes à cinq drachmes la
passe n'étaient pas pour eux, mais pour les patriciens
qui se promenaient en tenant en laisse des lévriers à cinq
mille drachmes et des pique-assiettes, à peine des êtres
humains. Ils buvaient dans leurs mains faute de verres,
et la fornication des riches était, en effet, à vomir. Enfin,
l'abstinence était institutionnalisée au nom du ciel !

Saül se renforçait de cet appui populaire et bramait
plus fort : « Ne savez-vous pas que celui qui se colle à
une putain est avec elle un seul corps ? » De la lie, soudain continente, il faisait une aristocratie dans une cité
où les jeunes gens élégants faisaient leurs dix coups par
semaine, ou bien entretenaient à prix d'or des hétaïres
couvertes de perles. Le pire advint quand le rabbin Crispus, de la synagogue des Romains, trouvant qu'en effet
Corinthe se noyait dans le stupre et l'alcool et que la Loi
était devenue impuissante à endiguer ce flux de liqueur
et de vins, bières, hydromels et ratafias, se convertit et
imposa le baptême à sa femme, ses enfants, ses domestiques et ses esclaves. A la synagogue des Orientaux, on
en chavira de fureur. Les orthodoxes, pourtant mandés

exprès de Thessalonique, de Bérée, voire d'Antioche pour contenir les ravages de ce fléau nommé Saül (on y reconnut des envoyés de Philippe, de Jacques, et bien entendu, de Ménahem, de Simon le Noir et de Lucius de Cyrène), fomentèrent vingt intrigues pour discréditer Saül. En vain. On baptisait à tour de bras, des stratèges, des licteurs, un certain Eraste, haut fonctionnaire romain, des patriciens, Archaïcus et Fortunatus, une dame riche nommée Phoebé, que le mithraïsme et le culte isiaque avaient laissé froide, et qui se piqua de pauvreté.

De l'enseignement de Jésus, la cohorte des néophytes n'avait que les notions les plus vagues[184], quoi, le maître des dieux, l'Elohim (car les grécophones usaient du mot hébreu plutôt que de Théos, l'un ne pouvait être l'autre), avait envoyé son propre fils pour sauver une humanité convulsée dans l'ivrognerie et la basse promiscuité, on n'allait pas faire dans le détail. Il voulait qu'on fût charitable et qu'on ne galvaudât pas son corps, car la fin du monde était proche. Alors, il fallait être pur pour ce jour-là. Des adeptes venus de Jérusalem et qui prétendaient compter parmi les soixante-douze, racontaient, eux, d'autres choses, que le Sabbat ne servait à rien, qu'on pouvait très bien toucher à la nourriture sans s'être lavé les mains et qu'il ne fallait pas porter de braies sous sa tunique, ce qui jetait une certaine confusion dans les rangs de ceux qui avaient été convertis par l'entremise de Saül, sans parler des éruptions de rage parmi les Juifs orthodoxes. D'abord, étaient-ce bien des membres du groupe des soixante-dix qui répandaient ces propos ? Saül en agrafa un, qu'il soumit à un interrogatoire serré. Le résultat fut encore plus confondant pour Saül lui-même que le désordre qui régnait déjà.

Comme cet homme s'appelait Eugène, Saül crut avoir mis la main sur celui qui, à Rome, avait converti Aquilas. Mais c'était un autre Eugène et, au dire de celui-ci, il y en avait trois ; celui de Rome s'appelait Assa Eugène ; lui, Simon Eugène ; quant au troisième, qui prêchait en Samarie et en Phénicie, son vrai nom était Naâman. Jusque-là, c'était assez clair ; la suite l'était moins. Simon Eugène était un Essénien qui avait été recruté par Jésus en Galilée ; il avait connu Dosithée, puis après la disparition de Jésus, il avait été rejeté de la communauté de Judée par Philippe et surtout par Jacques ; il avait donc rejoint le groupe de Simon le Samaritain, dit aussi le Magicien, qui avait été baptisé par Philippe et qui se disait disciple de Jésus ; c'était d'ailleurs à ce moment-là qu'il avait changé son nom de Simon en Eugène, pour qu'il n'y eût pas confusion entre les deux Simon[185].

« Il n'y a qu'un successeur véritable de Jésus », assura cet Eugène, avec une véhémence sans réplique, « et c'est Simon. Seul Simon est capable des prodiges qui garantissaient la nature surnaturelle de Jésus. »

« Quels prodiges ? » demanda Saül, maîtrisant son impatience.

« Il vole dans les airs ! » clama Eugène. « Je l'ai vu, de mes yeux vu, voler dans les airs, à cent coudées au-dessus du sol ! Il change l'eau en vin, lui aussi, et il sait faire jaillir l'eau du sol dans le désert ! »

Allez donc contredire un tel illuminé !

« Jésus n'a pas de successeur », déclara Saül, « et tu n'a pas le droit de te réclamer d'un quelconque successeur que Jésus n'a pas désigné. »

« Et qui es-tu, toi ? » rétorqua Eugène. « Tu ne représentes rien du tout, tu ne comptais même pas parmi les douze, on ne t'a jamais vu parmi les soixante-dix, tu as des visions, tout le monde sait bien que tu es atteint du mal tombant ! »

Bref, l'affaire tourna à l'algarade et Eugène fut bouté dehors par Silvanus et Timothée. Les adeptes furent, dès le lendemain, avertis de ne pas tenir compte de ses propos. Mais le mal était fait, et les fables propagées par Eugène continuèrent d'être colportées à travers Corinthe et, assuraient des voyageurs, jusqu'à Mégare, Nauplie, Delphes et dans les îles, Rhodes, Mykonos, Naxos, les Sporades entières... Un nouveau messie avait succédé à Jésus, et c'était donc Simon le Magicien ! Quant à Jésus, il transformait les arbres en pierre par la seule puissance de son regard, et c'était un mensonge que de prétendre qu'il avait été crucifié, car à peine cloué sur le bois, il s'était envolé vers le ciel... Ce genre de balivernes captivait les imaginations. Saül leva cent fois les bras au ciel. On y remédierait plus tard, chaque chose en son temps, l'essentiel était d'accroître le nombre des fidèles.

Et il croissait. Les grincements de dents des Juifs orthodoxes, excédés par le méli-mélo des fariboles où l'on identifiait Jésus au prophète Élie (Élie n'était pas mort, comme chacun savait, il était monté se cacher au ciel et il en était redescendu sous le nom de Jésus), ces grincements de dents se firent de plus en plus forts. La question n'était plus de savoir si l'on allait vers un grabuge, mais quand celui-ci aurait lieu.

Saül, qui le sentait venir comme on prévoit la pluie à la recrudescence des vieilles douleurs, avait pris quelques précautions. Il avait adressé au proconsul, Lucius Junius Gallion, le propre frère de Sénèque, une agrafe de toge, un assez beau bijou, un grenat gros comme une noix serti dans une torsade d'or, avec un mot fort simple : « De la part de Saül Antipater, citoyen romain, correspondant de l'illustre Sénèque, au glorieux proconsul de Corinthe. » Le cadeau avait fait son effet ; dès réception, Saül reçut des mains d'un courrier express une invitation au palais consulaire.

Rien à voir avec Pilate : le proconsul de Corinthe était un homme de cour, au sourire amène et aux manières poncées.

« Mon frère m'a parlé de toi », dit-il, de façon quelque peu énigmatique, après avoir chaleureusement remercié Saül pour le bijou, qu'il s'était d'ailleurs empressé de porter.

Saül hocha la tête, espérant des éclaircissements.

« Le stoïcisme a donc enfanté une religion », dit Gallion.

« Un arbre peut avoir plusieurs racines », répondit prudemment Saül.

« Héraklès serait donc le second après Zeus », dit Gallion. Il sourit imperceptiblement, et ajouta : « Je sais que ce ne sont pas là les noms dont vous usez, mais pour moi, ce qui compte, c'est l'essence des choses et non les mots. »

Le lieu se prêtait mal à une joute philosophique. Saül hocha la tête en souriant, façon d'acquiescement. L'entretien prit fin, mais le proconsul exprima le vœu de le reprendre bientôt.

Il ne restait qu'à attendre l'orage.

Dix-huit mois après l'arrivée de Saül à Corinthe, un groupe de Juifs vint l'appréhender alors qu'il prêchait sur l'Agora, près de la fontaine Pirène. Cela devenait presque banal. Ils ne l'emmenèrent pas très loin, le tribunal était à deux pas de là, sous les portiques, avec son prétoire en plein air. Ils avaient à l'évidence préparé leur coup : le proconsul en personne siégeait là, en grande pompe, entouré d'assesseurs, protégé par des licteurs. Il feignit de ne pas reconnaître Saül.

L'un des archontes juifs fut prié par le premier assesseur d'énoncer le motif de la plainte. Il s'avança :

« Cet homme répand le trouble dans notre communauté en prétendant qu'on peut servir le Tout-Puissant sans en référer à la Loi. Il prêche une religion étrangère qui n'est aucune de celles que Rome tolère, et ses discours équivalent à une sédition. Nous demandons un châtiment sévère. »

Gallion baissa les yeux, se pencha à droite, puis à gauche, pour s'entretenir avec ses assesseurs, et puis s'adressa à l'archonte, qui n'était autre que le rabbin Arcadius, le chef de la synagogue du Sud :

« Je ne vois dans ce que vous dénoncez ni délit, ni crime selon les Lois. Je ne peux juger de ce qu'enseigne le prévenu en regard de votre Loi, que je ne connais pas, et qui est tolérée dans la province de l'Achaïe comme sont tolérées les autres lois religieuses étrangères. Si le prévenu enseigne une autre religion que la vôtre, vous n'êtes pas fondés à vous plaindre. J'ordonne que le prévenu soit libéré. Affaire suivante. »

Arcadius avait blêmi, les autres se couvrirent la tête de leurs manteaux. Saül leva les yeux vers Gallion et crut discerner un soupçon d'ironie. Il se tourna vers l'Agora ; une foule l'y attendait, au premier rang de laquelle il reconnut Aquilas, Timothée, Silvanus... Ils lui tendirent les bras. Mais quand Arcadius mit pied à l'extérieur, il fut saisi par les Chrétiens et, sous les yeux indifférents de la cour, il fut souffleté, son manteau fut déchiré ; ce fut Saül lui-même qui dut aller à sa rescousse pour lui sauver la vie.

Pendant ce temps, les Juifs, incapables de tirer euxmêmes leur rabbin d'affaire, s'en étaient pris à l'un des hommes qui accompagnaient Saül, Sosthène. Saül l'aperçut, le visage ensanglanté, essayant de parer les coups qui pleuvaient sur lui, et, sans doute atteint à l'estomac, déjà plié en deux. Saül rameuta donc les Nazaréens qui s'en étaient pris au rabbin et le groupe courut à la rescousse de Sosthène.

Cela faisait une belle émeute, au vu et au su de Gallion et de toute la maréchaussée, mais une querelle de mouches dans l'air n'eut sans doute pas eu plus d'effet sur les Romains. Ils observaient l'empoignade d'un œil inexpressif. Le seul privilégié de l'affaire avait été Saül, tout occupé, en raison de sa petite taille, à éviter les horions sur le crâne et à calmer ses assaillants à coups de poing dans le bas-ventre et les parties. Ce n'était pas noble, mais c'était efficace, car, lorsqu'ils étaient immobilisés par la douleur, Saül les saisissait par le bras, les faisait pirouetter et les jetait au sol d'un coup de pied. Là, les combattants, même ceux de leur bord, les piétinaient à loisir.

« Pourquoi se battent-ils donc ? » demanda un Gentil corinthien, qui observait la scène de loin.

« Ils ne sont pas d'accord sur je ne sais quel point de leurs lois divines », répondit un autre.

Les deux hommes s'esclaffèrent.

L'émeute menaçait de se prolonger, mais les Nazaréens sortirent des gourdins, rapportés on ne savait d'où, et les Juifs décampèrent donc, emmenant leurs blessés et vomissant des injures. Un peu plus tard, les Juifs déléguèrent sur place une cohorte de jeunes gaillards, prêts à en découdre, mais voyant tournoyer de nouveau les gourdins, ils se bornèrent à renouveler des injures de loin, essayant de s'emparer de quelques isolés.

Enfin un calme relatif revint sur la place devant le tribunal.

Pas un licteur n'avait bougé[186].

La victoire était grisante ; mais Saül fut dégrisé peu de jours plus tard par le rapport d'émissaires du Conseil de Thessalonique : la situation là-bas tournait à la catastrophe. Persuadés que la fin du monde annoncée par Saül viendrait d'une heure à l'autre, les Chrétiens de cette ville, et semblait-il aussi de Bérée, avaient cessé de travailler. Juifs et Gentils à l'envi gémissaient de l'aube au crépuscule, épuisaient leurs économies et, pour certains, vivaient déjà de mendicité, ne se lavaient plus et négligeaient même leurs enfants.

Le rapport fut donné devant les six membres du tout jeune Conseil de Corinthe. Timothée et Silvanus étaient également présents.

« Mais qu'est-ce qui leur a pris ? » s'écria Saül, consterné.

Un château de sable au bord de la mer ; on rebâtissait d'un côté, il s'écroulait de l'autre. L'Ancien de Thessalonique, un nommé Crassus, tout carré avec un long nez, pas un émotif, jeta à Saül un regard froid, non glacé.

« C'est ta lettre », dit-il. « Tu as parlé de la trompette du messager, de l'apocalypse finale. Ils t'ont pris au pied de la lettre. » Saül était ainsi mis en accusation. « Jésus a-t-il vraiment dit cela ? » demanda Crassus.

« Je le jure au nom de Dieu ! » cria Saül.

« Très bien », dit Crassus, « nous n'avons donc rien à reprocher aux Thessaloniciens. Nous devrions plutôt suivre leur exemple. »

Tout l'effet de la victoire sur les Juifs devant Gallion était perdu. Saül balaya du regard les témoins de la séance ; il ne trouva que des mines graves. Silvanus seul le regardait avec fixité, sans charité.

« Jésus parlait sans doute de manière figurative », dit Saül au bout d'une longue réflexion. « Il s'exprimait souvent par paraboles. »

« L'as-tu toi-même entendu dire cela ? » demanda Crassus.

« Non. C'est Philippe et Pierre qui me l'ont rapporté. »

Ils étaient tous embarrassés. Ou bien Pierre et Philippe avaient entendu de travers, et dans ce cas, il fallait annuler la prédiction prêtée à Jésus, ou bien ils avaient dit vrai et dans ce cas, il n'y avait aucun reproche à adresser aux Thessaloniciens.

« En tout état de cause, nous ne savons pas quand viendra la fin », dit Saül. « S'y préparer n'équivaut pas à un suicide. Je vais envoyer une autre lettre. »

« Une autre lettre ? » demanda Crassus. « Une troisième ? »

« Non, une deuxième. »

« Et celle-ci ? » demanda Crassus, en tirant de son manteau un document, qu'il tendit à Saül.

Saül le lut, de plus en plus stupéfait. C'était une variante de la première, où l'accent était mis sur la fin imminente de toutes choses matérielles, qui appartenaient à l'Empire du Mal.

« Je n'ai jamais écrit cela ! »

« Et qui donc ? »

« Je ne sais pas. »

Était-ce Eugène ? Ou un adepte sincère, mais trop zélé ? Fallait-il retourner à Thessalonique ? Crassus et le Conseil de Corinthe s'y opposèrent : là-bas, les Juifs veillaient. Dès que Saül reparaîtrait, ils lui régleraient son compte. Dès le lendemain, il rédigea une deuxième lettre. Les Thessaloniciens ne devaient pas se laisser effrayer « à cause d'un souffle, d'un discours, ou d'une lettre venue de nous, comme si le jour du Messie était déjà arrivé ». Et il rappelait que « si quelqu'un refuse de travailler, il ne mange pas non plus ».

Il confia la lettre à Crassus. Silvanus l'informa d'un air morne qu'il partait avec Crassus.

N'y avait-il donc pas de joie en ce monde ?

« Je n'ai pas connu un seul jour de paix depuis ma naissance », murmura Saül.

Il était infiniment las. Il partit deux semaines plus tard pour Ephèse, emmenant avec lui Timothée, Aquilas et Prisca. A Cenchrées, juste avant de s'embarquer, il était allé chez un barbier qui tenait échoppe devant le temple d'Isis et s'était fait raser le pourtour du crâne, l'âge ayant pourvu au dôme ; il ne laisserait repousser ses cheveux qu'à Rome.

Rome !

Les îles grecques sont des morceaux d'azur impur entre deux autres azurs, l'un liquide, l'autre immatériel. Même de loin, elles sont des leçons sur la nature éphémère du monde ; elles ont le sourire un peu triste et mystérieux, comme ces éphèbes de l'âge attique, qui savent, au faîte de la beauté, qu'ils seront demain perclus et chenus.

Les Sporades succédèrent aux Cyclades. Saül les contemplait en songeant, une fois de plus, qu'il ne s'appartenait plus. Il avait enfourché un cheval qu'il ne maîtrisait plus.

Il débarqua d'un pied lourd à Ephèse. Il avait perdu sa véhémence. A la synagogue de la porte de Magnésie, il parla même avec douceur de la bonté de l'Eternel, qui avait délégué Son fils pour rappeler Son peuple à Lui. Le débat s'engagea avec chaleur et sans âpreté. Les Juifs, rabbin compris, demandèrent à le prolonger ; il se déroba. « Je reviendrai. »

Il avait, oui, créé un empire combien fragile, mais un empire quand même. Mais sur quoi reposait celui-ci ? De toutes parts lui étaient parvenues des informations sur les interprétations innombrables que les Chrétiens se donnaient de Jésus.

Et où se trouvait-il, maintenant, Jésus ? Savait-il ce qui se disait en son nom ?

Il reprit le bateau pour la Palestine, débarqua à Césarée et courut à la maison de Doris, presque haletant, comme s'il courait après sa jeunesse. La maison avait changé, plus de statues encore peuplaient le jardin, les esclaves le virent gravir quatre à quatre les terrasses fleuries sur lesquelles il avait jadis joué avec des princes, ses cousins... Un domestique l'accueillit, étonné.

« Doris ? »

Le domestique mit un temps à maîtriser sa surprise.

« Mais elle est morte depuis cinq ans ! »

Les larmes perlèrent enfin dans les yeux de Saül, les premières sans doute de sa vie. Le domestique, surpris, le dévisageait.

« A qui appartient la maison ? »

« Au neveu de Doris, Simon. Il est en voyage. »

Un jeune garçon apparut sous le portique chargé de glycines, comme autrefois.

« Maître, c'est un étranger qui demande après Doris. »

« Qui est ce garçon ? » demanda Saül.

« C'est Saül, le premier fils de Simon. »

Saül n'eut pas le courage de soutenir son regard. Il dévala les terrasses avec une agilité qu'il ne se connaissait pas, ravalant des larmes inexplicables.

Troisième partie

LE FEU

1

LA PLUME D'AGRIPPINE

Le soir du 11 octobre de la treizième année de son règne, alors que les collines de Rome se fardaient d'or, Tiberius Claudius Drusus Nero Germanicus, empereur de Rome, c'est-à-dire maître du monde, natif de Lyon, passé pour idiot dans sa jeunesse, fut après le repas saisi de coliques. Il courut aux lieux, se soulagea excessivement, revint, tituba, puis vomit, cependant que sa troisième femme, sa propre nièce, point si jeune, d'ailleurs, la dénommée Agrippine la Jeune, congédiait les courtisans.

« Il faut encore vomir, chéri, on a essayé de t'empoisonner ! »

Et tandis que le maître du monde gisait sur sa couche, draps de lin, matelas de plumes, châssis de bronze doré, elle se pencha amoureusement sur lui, pour lui chatouiller le fond de la gorge avec une plume. Laquelle plume était enduite d'une décoction de graine de ricin, rapide viatique pour une traversée du Styx. Claude râla dix minutes et trépassa sous l'œil vigilant d'Agrippine. Elle posa la main sur son cœur, prit son pouls, lui enfonça l'ongle au-dessus de l'orbite et lui mordit le petit doigt sans tirer de lui la moindre réaction.

Sur quoi elle convoqua les médecins et les assura que l'empereur dormait d'un sommeil enfin paisible. On procéda à des enveloppements chauds de l'impérial cadavre, ce qui lui assura une certaine chaleur. Quand Britannicus voulut se rendre au chevet de son père, elle lui barra la porte, chuchotant énergiquement qu'il ne fallait pas déranger le dormeur. Idem pour les sœurs impériales, Antonia et Octavie.

Entre-temps, des secrétaires arrangeaient la succession.

A midi, le 13 octobre, alors qu'il était trop tard pour être superstitieux, les portes du Palatium s'ouvrirent brusquement et le fils d'Agrippine sortit, suivi de Burrus, et alla vers la cohorte militaire qui assurait la garde. A l'invitation du préfet, des cris de joie s'élevèrent. Porté au camp militaire, Néron fut salué empereur.

C'étaient les beaux jours.

Au même moment, à peu près, une eau malpropre allait infliger un sort un peu moins cruel à un prince arabe oublié de sa famille, Saül, qui fomentait, lui, un coup considérablement plus fumant que celui d'Agrippine : s'emparer pour toujours du trône impérial.

2

LA VENGEANCE DE LA TRUIE

Jérusalem était mourante.

Accroupi, près du prorète*, à la proue d'une trirème qui montait vers Antioche, Saül grignotait des figues sèches, quasiment des crottes noires dont il emplissait ses poches et qui faisaient l'essentiel de son ordinaire, il regardait sans les voir les côtes de Syrie filer au loin, pourpres à l'aube, orangées au crépuscule.

Oui, Jérusalem était mourante. Les Juifs y vivaient dans un songe figé, ombres sourdes hantant un domaine qui croulait. Les Chrétiens, bien rares, y crevaient de faim. Être chrétien en Judée, c'était pire qu'esclave. Disciple d'un homme mort sur le gibet !

Pierre devenait sénile. Ses mains tremblaient sans émotion, et ses yeux larmoyaient sans chagrin. Mais son

---

* Second capitaine, qui se tient à la proue.

prestige restait assez grand pour qu'il pût tenir tête à Jacques.

« Tu me dois une fière chandelle », avait-il dit à Saül, au cours d'un dîner mémorable. « C'est grâce à moi que le Conseil a admis que la circoncision n'est pas indispensable. »

Pauvre Pierre-la-Navette ! Il avait d'abord renié Jésus, puis il s'était rallié à lui quand il l'avait revu vivant ! A Antioche, nouvelle couardise, et certes pas la seule autre, il avait quitté la table des Gentils en déroute quand les orthodoxes avaient fait du chahut, puis il avait encore une fois tourné casaque ! Et maintenant, il avait oublié ses reniements, il s'enorgueillissait d'avoir été l'artisan du changement !

« Tu sais », avait nonchalamment observé Saül, « même si le Conseil de Jérusalem n'avait pas admis l'évidence... »

Pierre jeta à Saül un regard dérobé, lourd de reproches. Enfin, ce n'était pas poli que de nier le rôle qu'il avait joué, si, si ! Pauvre Pierre-Cerf-volant, qui, comme on disait à Antioche, volait toujours dans le sens du vent ! Il était resté à Jérusalem pendant toutes ces années, à part quelques escapades çà et là, à Antioche, à Césarée, à Damas. Ce vieux Galiléen ne se résolvait pas à s'expatrier.

« Et des baptêmes, tu en as fait beaucoup ? » demanda Saül, en veine d'insolence. A la fin, il était agacé par ce mélange de trouille et de prétention, de pusillanimité et de componction.

« Oui, bien sûr », répondit vite Pierre, une fois de plus gêné par les mauvaises manières de Saül.

« Combien ? »

« Oh, je ne tiens pas le compte, trois cents, peut-être trois cent cinquante[187]... »

Saül ne put s'empêcher de sourire ; il se trouvait à la tête d'un peuple d'au moins cent mille Chrétiens. Il ne les avait certes pas tous baptisés lui-même, et il avait pris possession de plusieurs centaines de Nazaréens que le meurtre d'Étienne, dont il avait été lui-même un des instigateurs, avait poussés à l'exil. Mais enfin, c'était lui le grand fédérateur ; il avait installé ses conseils à Antioche, à Iconium, à Derbé, à Chypre, à Lystra, à Thessalonique, à Bérée, à Corinthe... Pierre, lui, macérait à Jérusalem dans le souvenir du Juif sublime de la rue de l'orfèvre Nimrod, myope pathétique, incapable de voir le changement introduit dans la couleur des aubes par le Crucifié.

« Pourquoi ne vas-tu pas convertir les autres, à l'étranger ? » avait demandé Saül, toujours sans pitié.

« Mais j'ai voyagé, tu m'as vu à Antioche toi-même », répondit Pierre.

Le pire, dans la mauvaise foi, c'est la sincérité. Mais quel homme accusera les menteurs ? Soit le sot, soit le tyran. Jésus avait été un tyran, toujours dénonçant les mensonges des Pharisiens. Quel droit a-t-on, à la fin, de reprocher aux autres de mentir ? se demanda Saül. Ils mentent parce qu'ils ne peuvent pas faire autrement ! Car il devenait cynique, lui aussi. Il n'eut pas, suprême mépris, le cœur de rappeler à Pierre qu'à Antioche le Grand Trembleur n'avait pas converti une seule âme, mais qu'il s'était enfui de la table qu'il partageait avec les Gentils.

Amers souvenirs ! Les embruns lustraient d'eau salée la calvitie et les rides de Saül. Et le plus amer dans l'amertume est la nature dérisoire de son motif. Celle-ci vous enlève jusqu'aux raisons de pleurer ! On n'est amer qu'à cause du mépris et comme ce qu'on méprise ne peut vous toucher, on ne peut plus être amer. Et les embruns salaient les figues sèches, tandis que sous les ponts, ils lavaient la sueur des rameurs. Le sel des uns est le sucre des autres.

A Antioche, on lui fit un accueil de consul. Certes, on avait, pendant son absence, radoté ; mais enfin, l'on était resté fidèle. Démètre, Hermée et Charilaos avaient adroitement évincé les tenants de Ménahem. Les Juifs orthodoxes s'étaient résignés à l'existence des Chrétiens, comme les enfants aînés se résolvent à l'existence des cadets. Le divorce entre les communautés était un fait acquis : même les Juifs chrétiens n'allaient plus à la synagogue.

« N'irons-nous pas à Rome ? » demanda Timothée.

« Assurons d'abord nos arrières. »

Coupé des Juifs, le monde chrétien n'avait plus de rites. Comment survit-on sans rites ? Saül instaura celui de l'*agapê*, qui aurait lieu, non le jour du Sabbat, mais le lendemain, le jour supposé de la Résurrection[188], pour remplacer le Jour du Soleil des Romains ; ainsi les Chrétiens se différencieraient-ils des Juifs ; mais l'initiative n'eut que peu de succès parce que les Juifs répugnaient à changer leurs habitudes et parce que les Gentils ne voulaient pas célébrer l'*agapê* le lendemain de leurs coreligionnaires d'origine juive. Néanmoins, les Gentils ne répugnaient pas du tout à avoir chez eux des effigies de Jésus, tel qu'ils se l'imaginaient, c'est-à-dire sous les traits d'un Adonis, ce qui, en revanche, indignait les Juifs.

Rome, oui, il fallait y aller, et le temps commençait à presser. Mais le duel avec Rome serait un quitte ou double. « Si je perds, je perds tout, ou presque tout », songeait Saül.

Peu disposé à s'intéresser aux dissensions vétilleuses de la communauté d'Antioche, par exemple sur les relations hiérarchiques entre Dieu et Jésus, qui semblaient préoccuper indûment les fidèles, il emmena Timothée dans une grande tournée des communautés de Galatie, en recommençant par Tarse[189] : Iconium, Antioche de Pisidie, Attalée, Perge, poussant jusqu'à Sidé. Partis à la fin de l'été, ils achevèrent la tournée au seuil de l'hiver. La pluie vernissait les marbres de Sidé devant une mer grise qui noircissait une plage parsemée de galets verts.

« L'effort parfois estompe l'objet de l'effort », murmura Saül, tandis qu'il longeait la plage avec Timothée, avant le dîner.

« Il est vrai », dit Timothée, « que parfois on ne voit plus Jésus, dans tous ces voyages. Il est devenu comme une nuée, qui reflète la souffrance et les espoirs, mais pas vraiment son visage. Comment était-il ? »

Ils arrivaient au village de pêcheurs. Ils y demanderaient du poisson grillé et du vin, songeant obscurément que c'était en quelque sorte plus noble de se nourrir du poisson engraissé par le Très-Haut que du bœuf et du mouton engraissés par l'homme.

« Il était beau, comme chacun devrait l'être », soupira Saül. « Lointain, et pourtant proche. »

« C'est troublant, la beauté », dit Timothée, comme s'il ignorait qu'il était beau. « Elle donne la paix. »

Saül décida d'aller à Ephèse, pour tenir parole, dit-il. Mais c'était un repli ; il voulait méditer sur Rome, dont il craignait de plus en plus qu'elle fût aussi imperméable qu'Athènes.

Ils y arrivèrent sous la neige. L'avenue Arcadienne était couverte d'un interminable tapis d'argent que, le soir, les torches des arcades peignaient de vermeil. Les dalles des voies couvertes ruisselaient de boue, les deux hommes avaient froid aux pieds. Ils longèrent les boutiques, et leurs regards s'emplirent de soies brodées de la Chine, de tapis de Syrie, de joyaux de Golconde, leurs narines s'emplirent de musc, de nard, du fumet d'agneau grillé et de saucisson à l'ail, leurs oreilles, enfin, s'emplirent de marchandages cueillis au passage, du bourdonnement des tambourins sur lequel des paysans de Cappadoce faisaient danser des ours et des Nubiens, des singes. Des filles aux lèvres carminées et aux fronts garnis de perles leur adressèrent des sourires déçus, des garçons dépoitraillés en dépit du froid, mais chaussés de bottes molles d'agneau fourrées leur effleurèrent le visage au passage.

Ils s'arrêtèrent dans une taverne, demandèrent du vin chaud à la cannelle et dînèrent de brochettes grillées au girofle et à l'oignon.

« J'ai l'adresse d'Aquilas », dit Timothée.

Car Aquilas et Prisca avaient, en effet, quitté Corinthe peu après l'acquittement de Saül. Avaient-ils été inquiétés par les Juifs ? Avaient-ils calculé que Saül retournerait à Éphèse et voulaient-ils lier leur destin au sien ? Ou bien encore, jugeaient-ils l'air d'Éphèse plus doux que celui de la capitale de l'Achaïe ? On le saurait bientôt[190].

Saül et Timothée y furent après la nuit tombée. C'était près de la synagogue de la porte de Magnésie, celle où l'on avait fait à Saül un accueil d'une tolérance imprévue. Aquilas leva les bras, les referma sur Saül, l'embrassa tout en appelant Prisca. Le couple avait fini de dîner ; Prisca s'apprêta à remettre la table, à aller emprunter à côté des vivres...

« Nous avons dîné », prévint Saül. « Donnez-nous seulement de l'eau. »

Il demanda les nouvelles ; le regard d'Aquilas l'informa avant les mots qu'elles n'étaient pas heureuses.

« Quand nous sommes partis », dit Aquilas, « le trouble régnait. Eugène est revenu, en assurant que tu n'avais aucune autorité pour annoncer le Messie, et que les fidèles devaient observer la Loi juive en dépit de tes réserves. Puis sont venus deux hommes du parti de Jacques, à Jérusalem, qui ont dit la même chose. Les Gentils se sont désolés, car ils ignorent la Loi de Moïse. Alors Eugène leur a dit qu'ils n'avaient pas de raison de se désoler, car s'ils observaient, disait-il, la Loi, c'est-à-dire s'ils s'abstenaient de viandes sacrifiées et étouffées et s'ils se lavaient les mains avant de toucher à la nourriture ils pouvaient faire ce que bon leur semblait. Alors, Saül... » Aquilas se passa les mains sur le visage et secoua la tête. « Alors, tu ne sais pas ce qu'on a vu ! Non, tu ne peux pas savoir ! »

« Qu'est-ce qu'on aura vu ? » demanda Saül, blasé. « On n'a pas encore inventé une nouvelle manière de faire les enfants. Des puteries, quoi ! »

Dès qu'on ne les surveillait plus, les gens se jetaient ensemble sur les lits, voilà tout. Et ils se goinfraient, s'ivrognaient et disaient des sottises.

« Bon », reprit Saül, « je vois que j'ai bien fait de revenir. »

La vérité était qu'il se sentait à Éphèse plus à l'abri des manigances du Conseil de Jérusalem, que Jacques tenait toujours sous sa sujétion. La tâche était déjà bien assez compliquée sans aller encore se mettre à la portée des Jacques et des Ménahem.

« Puis, tu devras t'occuper des mélangeurs », dit Aquilas.

« Les mélangeurs ? »

« Oui, ce sont des théoriciens qui disent des choses qui me semblent un peu suspectes. Ils mélangent des idées des Parthes et des Grecs avec les nôtres. Ils disent, par exemple, que le Dieu qui est le père de Jésus n'est pas le Grand Dieu, et qu'il y en a un autre au-dessus[191]. »

Saül avait entendu ces idées à Antioche de Pisidie, à Antioche de Syrie aussi. Il retrouvait le plus souvent à leur source des gens qui s'étaient frottés aux Esséniens, Dosithée, Simon le Magicien et maintenant, un personnage qu'on disait superbe de sagesse et de beauté, Apollonius de Tyane[192].

« Nous aviserons pour ceux-là aussi », dit-il.

Cette nuit-là, il fit un rêve dont il se souvint le lendemain pendant quelques minutes après le réveil. Il tentait de nager dans une mer qui pullulait de poissons dont beaucoup étaient très gros et tentaient de l'attraper pour le dévorer, mais il leur échappait toujours en se dirigeant vers le rivage. Puis quand il mettait enfin pied à terre, le soleil se couchait et embrasait littéralement le monde.

Il alla visiter cette ville, qu'il avait si peu vue, une de plus dans laquelle il livrerait bataille, et commença par cet Artémision, dont on disait que c'était l'une des merveilles du monde. Et ce l'était : le Temple de Jérusalem ne pouvait, et même de loin, le lui disputer. Sur une colline au nord-ouest de la ville, au bout de la voie sacrée, une vision quasiment céleste attendait Saül. Un sanctuaire si grand qu'il semblait être le centre du ciel s'allongeait sur trois cent soixante coudées, large de cent dix, porté par cent vingt-sept colonnes de trente-six coudées de haut. En dépit du froid, des centaines de visiteurs se pressaient parmi tout un peuple de statues, leurs bottes et leurs sandales changeant la neige de la veille en boue sur des hectares de marbre. Au pied des marches, des étals proposaient des effigies singulières, auxquelles Saül ne prêta d'abord pas attention, et des répliques en argent ou en marbre du temple lui-même. Et comme au Temple de Jérusalem, il y avait là des changeurs. Il gravit les marches, franchit le propylée et de là, se retournant, découvrit Éphèse blanc et rose, heureuse et prospère sous la protection de la mystérieuse Artémis. Il passa les portes colossales et découvrit la perspective titanesque éclairée par cent vingt candélabres de bronze orné d'or. Au bout de la perspective, un monstre l'attendait.

Sur un corps boursouflé de protubérances, un visage de femme, large et serein, de cette sérénité qu'on voit aux femmes enceintes. Saül laissa glisser à nouveau son regard sur les protubérances : c'étaient des seins ! Truie issue des Enfers, cette femme était couverte de seins, que les fidèles tentaient de caresser du bout des doigts, répandant les libations sur l'autel placé aux pieds de cette horreur femelle, vin et lait. Saül eut un haut-le-corps. C'était la plus indécente image de la féminité qu'il eût jamais vue, un cauchemar de pierre, celui dont la légende voulait qu'il fût tombé tel quel du ciel.

Il recula, feignant de laisser la place aux fidèles qui le bousculaient, mais en réalité saisi par le dégoût. Il s'avisa alors à quel point il avait exécré la féminité, expression infâme de la bestialité[193]. Et la conscience même de son refus le contraria. Pour les Gentils, Artémis, qu'ils confondaient avec Cybèle, gouvernait la vie même, les moissons et les naissances ; elle allaitait le monde de ses vingt-deux mamelles comme elle régissait la croissance du grain dans la terre et celle du sperme dans le ventre des femmes. Et cela le fit frissonner. Il était désarmé en face de cette puissance mamelue, sourde à toute parole de maîtrise, telle que celle de Jésus.

Il était, il le perçut avec une force fiévreuse, du monde des hommes, appelé à dominer, non, à réprimer cette féminité obscène, bestiale. Et tandis qu'il ruminait ce rejet et cette revanche, une main se posa sur son bras. Il leva les yeux, vit une jeune fille qui le fixait de ses grands yeux ; d'abord, il ne comprit pas, puis quand il eut compris, il secoua la main comme si une tarentule s'était posée dessus. A l'intérieur du temple ! Mais cette fille n'était pas la seule ; le culte de la sexualité en entretenait une légion dans l'Artémision[194].

Et, il le vit un peu plus tard, dans tout Ephèse aussi bien : on ne faisait pas cent pas sans trouver sous son pied une dalle de pierre gravée d'un pied nu qui indi-

quait la proximité d'un bordel. Ou bien quelque marchand d'amulette qui proposait un phallus de terre cuite,
de pierre dure, d'argent et même d'or, muni d'un anneau
pour être pendu au cou.

C'était comme à Corinthe : on putassait partout, à tous
les coins de rue, dans les tavernes, aux bains, à l'Agora,
à l'aube et dans la nuit. Il y avait de la chair pour tous
les goûts, des négresses et des blondes, des matrones
et des jouvencelles, certaines étaient délicates pour les
délicats, d'autres vulgaires, pour éveiller les sens. A
Corinthe, on prisait, sur l'autre bord, le jouvenceau ; ici,
c'était pis, on donnait aussi dans l'homme fait.

Il fallait brider tout cela, songea Saül avec fureur, il
fallait enlever aux hommes l'idée de la fornication une
fois pour toutes ! Il se refusait à admettre qu'il avait, lui
aussi, forniqué, autrefois. Il n'avait alors pas rencontré
Jésus. A partir de là, ses reins étaient devenus froids. Il
eût souhaité fouetter ces putains et leurs clients, jusqu'à
ce que dos et jambes saignassent, que les seins fussent
défigurés par les cicatrices, les fesses lacérées, et les testicules et les vagins racornis ! Car il le devinait bien, une
seule nuit de copulation, fût-elle légitime, et les effets
de ses prédications s'évanouissaient. Comme l'affreuse
truie de l'Artémision, la chair satisfaite devenait sourde.

Il songea avec amertume qu'à l'heure même, de Tarse
à Corinthe, des milliers de ses adeptes s'étaient égarés
dans des pratiques infâmes, parce que la chair ne sait
pas résister à la chair ! Et moins encore quand, partout
dans les villes, le regard se heurte sans arrêt à des effigies de corps nus, seins, fesses et génitoires ! A Corinthe
surtout, où l'on commençait à foutre dès qu'on pouvait
se servir de son corps !

Il pressa le pas pour rentrer chez Aquilas et rédigea
une mise en garde aux Corinthiens contre les séductions
infâmes, même celles qui peuvent troubler des conjoints.
Elle fut écrite d'un trait, puis confiée au courrier qui
partait le lendemain, à l'intention du Conseil[195].

Il retourna à la synagogue de la porte de Magnésie.
Mais dès qu'il fut monté à la *bimah* et qu'il eut adjuré
les fidèles d'être attentifs au renouveau du monde que

Jésus avait apporté, il ne retrouva pas l'accueil qui lui avait été fait la première fois. On ne l'invectiva pas et quand il eut fini, un long moment se passa avant qu'on lui adressât une question.

« Tu dis, étranger, que le Seigneur nous aurait envoyé un messie. Mais ne trouves-tu pas blasphématoire de dire que le dessein du Tout-Puissant ait échoué, puisque cet homme n'a jamais été oint et qu'il est monté sur le gibet sans être ni roi ni grand-prêtre ? »

« Ce n'était pas un messie temporel », répondit Saül. « C'est sur le cœur des hommes qu'il est censé régner. »

Mais visiblement, sa réponse n'avait pas convaincu, car l'auditoire continuait de sourire ironiquement et plusieurs fidèles murmuraient à mi-voix : « Voilà une nouveauté, un messie qui n'a jamais reçu l'onction[196] ! »

« Fort bien », reprit le contradicteur de Saül. « Tu dis également que cet homme s'est offert lui-même en sacrifice au Tout-Puissant. Or, nous ne pratiquons pas de sacrifices humains. Comment s'assurer que ce n'est pas un adepte d'une religion étrangère que ton Jésus ? »

« C'est vous qui l'avez sacrifié ! » s'écria imprudemment Saül.

« Est-ce lui qui s'est sacrifié de son propre chef, ou bien sont-ce nous qui l'avons sacrifié ? Dans ce dernier cas, étranger, je te rappelle que nous ne pratiquons pas de sacrifices humains. N'est-il pas vrai plutôt que cet homme a été condamné à mort parce qu'il prétendait pouvoir, par des sortilèges, détruire le Temple de Jérusalem et le reconstruire en trois jours, et qu'il allait enseignant qu'il n'est pas nécessaire d'observer la Loi pour accéder au royaume des Cieux ? » Il y eut un brouhaha dans l'assistance. « Ou bien, étranger, voudrais-tu nous faire entendre que tous les criminels et renégats qui vont au gibet sont offerts en sacrifice au Tout-Puissant ? » Le brouhaha devint plus fort. Des gens crièrent : « Faites descendre ce blasphémateur du pupitre ! » Mais le contradicteur reprit, d'un ton ferme, mais sans colère : « Tu prétends aussi, étranger, que le sacrifice prétendu de ce Jésus aurait été destiné à nous racheter. Tu nous imputes donc une faute grave, la plus grande de toutes pour que seul un sacrifice humain ait pu la racheter. Mais dis-nous, quelle est cette faute ? »

« Vous avez perdu la parole du Seigneur ! » s'écria Saül, débordé.

« Comment l'aurions-nous perdue, étranger ? Elle est écrite dans les Livres, et nous avons des phalanges de docteurs et de rabbins pour nous la dire et pour nous la commenter. Crois-tu que les Juifs n'aient plus de piété ? Trouves-tu plus de piété chez les Gentils ? Dis-le-nous ! Mais n'est-il pas vrai qu'à Corinthe, il est des gens de ta communauté qui se sont vautrés dans le stupre après avoir été baptisés, parce qu'ils étaient certains que, de toute façon, le baptême leur assurait le royaume des Cieux ? »

« Faites-le donc descendre ! » criaient certains. « La *bimah* n'est pas destinée aux blasphémateurs ! »

« Un instant ! » cria un homme d'un certain âge en levant la main. « Il ne faut pas que cet homme nous accuse de l'avoir chassé sans avoir instruit le cas de l'enseignement qu'il propage. » Le silence se fit. « J'étais à Jérusalem il y a dix-huit ans déjà, étranger, quand cet homme au nom duquel tu propages des propos étourdis a été porté au gibet. J'en ai été informé, et dans le détail, car je suis de la famille du grand-prêtre Caïphe. Le Sanhédrin avait ses témoins sur le Golgotha. Et n'est-il pas vrai qu'en rendant son dernier souffle, cet homme a crié : "Mon Dieu, pourquoi m'as-tu abandonné ?" » Un murmure s'éleva de l'assistance. Saül ravala sa salive. « N'est-ce pas là, étranger, un cri de désespoir adressé au Tout-Puissant dont tu prétends que cet homme était le messager ? N'est-ce pas là un aveu d'échec ? Ce cri ne dément-il pas à lui seul toutes les fables que tu vas répandant ? »

Saül essaya de répondre, mais des bras puissants vinrent l'enlever de la *bimah*, ses pieds touchant à peine terre. On le raccompagna à la porte. Le dernier contradicteur l'y suivit et cria à Saül : « Ne reviens plus, étranger, dans l'espoir de nous troubler ! Va conter tes histoires aux esprits faibles ! »

Saül fut trois jours avant de se remettre de cet échec cuisant.

« Les Juifs ne nous écouteront jamais », dit Aquilas. « C'est une religion nouvelle que tu prêches. »

Et quand, voyant la contrariété de Saül, Aquilas essaya à son tour d'aller prêcher à la synagogue, on l'en vida avec considérablement moins de ménagements qu'on en avait expulsé Saül ; il fut même rossé sur le chemin de la maison.

Cette fois-ci, les portes se fermaient ; le monde juif rejetait le nouvel enseignement[197].

Peut-être la contrariété y participa-t-elle ; Saül s'éveilla une nuit les entrailles déchirées par la douleur. Il courut à l'extérieur, éjecta de l'eau, des matières et, il le vit à la lueur de la lampe, du sang. Il se recoucha, à l'agonie. A l'aube, il trouva à peine la force d'appeler Aquilas à l'aide. Il pensa que la mort ne tarderait pas, car le pouls faiblissait. De plus, des spasmes lui laissaient craindre une crise[198]. Une heure plus tard, Aquilas revint avec un médecin, un Gentil, et pas converti par-dessus le marché. L'homme prit son pouls, hocha la tête et prescrivit sur-le-champ trois cuillerées d'argile cuite et pulvérisée, de l'opium et, pour tout potage, de l'eau de fève et de blé. Les douleurs passèrent, mais Saül fut dix jours avant de se relever, et sa convalescence dura autant. En trois semaines, il s'était décharné au point de paraître lanterner dans l'antichambre de la mort.

S'appuyant sur une canne, il visita les Chrétiens qui se trouvaient à Ephèse avant son arrivée. Qui les avait donc baptisés ? Apollos. Cet Apollos était un autre des soixante-dix, dont il avait déjà retrouvé la trace çà et là. Et quand Apollos les avait baptisés, avaient-ils senti descendre en eux l'Esprit-Saint ? L'Esprit-Saint ? Quel Esprit ? De quoi parlait ce grabataire en sursis ? Ils étaient passés d'une religion vermoulue à une neuve, comme on change de maison. Ils prenaient des hypothèques sur le ciel, et puis, une religion nouvelle, cela désennuie[199].

On lui rapporta d'ailleurs que ce même Apollos enthousiasmait les foules de Corinthe par ses prêches ;

on l'appelait Langue d'Or, les femmes raffolaient de lui. Les Corinthiens avaient sans doute oublié le petit chauve qui avait précédé Apollos. Saül soupira ; enfin, c'était mieux que rien. Mais il fallait reprendre les campagnes. Il loua donc un local, une école.

Plusieurs centaines de Juifs avaient entendu les réquisitoires prononcés dans la synagogue contre cet enseignement. Ils passèrent donc à la contre-offensive quand Saül loua l'école, celle d'un certain Tyrannos, pour y poursuivre sa mission ; ils vinrent l'y relancer, lui posant les questions qu'on lui avait déjà posées. Il dut rebâtir toute une argumentation. La preuve que les Juifs n'avaient pas écouté la Loi résidait dans leur servitude la plus abjecte ; car était-il normal que le consul de Judée eût le droit de révoquer les grands-prêtres ? La Loi ne pouvait plus suffire au salut d'Israël, car ce qu'Israël cherchait, il ne l'avait pas atteint[200]. Et puisqu'il fallait désormais rompre les ponts, Saül les rompit : « Nous, nous avons adhéré au messie Jésus pour être justifiés par l'adhésion au Messie... Si la justice vient par la Loi, alors le Messie est mort pour rien[201]. » Quant aux dernières paroles prononcées par Jésus sur la croix, Saül les qualifia tranquillement de fabrication. Alexandre lui avait pourtant dit, à Kochba, autrefois, que Jésus les avait dites, mais enfin, Alexandre n'avait pas été présent à la crucifixion, et il était dangereux de propager de telles histoires.

C'était là une tâche sans fin. Et elle se compliquait du fait que les plus fervents des fidèles commençaient à propager des histoires de guérisons miraculeuses. Parce qu'il avait, au cours d'une réunion, ramené à ses esprits une femme hystérique, en lui jetant au visage de l'eau froide, Saül s'était vu gratifier du pouvoir d'accomplir des miracles. On en jurait sur la tête de ses enfants, oui, il avait exorcisé une possédée. On lui en amenait d'autres, qui entraient dans la pièce le regard vague et qui, une fois qu'elle se trouvaient en présence du prédicateur, se jetaient dans des contorsions et des cris épouvantables ; on en avait même vu une qui s'était mise toute nue en se maltraitant les seins ! Celle-là, il l'avait

soufffletée avec force, alors qu'il traitait les autres en leur
jetant au visage de l'eau pure, dont on assurait, bien sûr,
que c'était de l'eau bénite. En général, elles poussaient
un cri rauque et chacun en concluait avec force que ce
cri était l'expression du démon furieux d'avoir été
chassé du corps de sa victime. On lui amenait des grabataires, des enfants fiévreux, des bancroches, des femmes
stériles, qui se mettaient à trembler devant lui et le choc
apparemment induisait un mieux-être, voire des phénomènes mystérieux ; n'avait-on pas vu deux femmes qui
se disaient stériles concevoir après qu'elles eurent été
présentées à Saül ?

Ces manifestations n'enchantaient guère Saül, mais il
lui était difficile de s'y dérober. Beaucoup plus embar-
rassantes étaient les affaires de disciples qui déclaraient
être habités par l'Esprit-Saint et s'arrogeaient donc, eux
aussi, le pouvoir de faire des miracles. On en vit même
qui en firent commerce, traitant à la chaîne des hydropi-
sies, des possessions, des fièvres malignes, des maladies
de peau, des maigreurs et des obésités... Ce fut le cas
des enfants d'un certain Sceuas, qui n'étaient pourtant
pas convertis, leur père étant un des archontes de la
communauté juive, mais qui se mêlèrent tout à coup
d'exorciser, sans doute pour faire pièce aux Chrétiens.
Mal leur en prit, car ils tombèrent sur un fou qui avait
abusé de l'amanite phalloïde[202] et qui leur administra
une trempe sauvage.

Saül se fût volontiers passé de ces affaires, qui étaient
difficilement contrôlables. On ne savait jamais où s'arrêterait le délire d'esprits simples dès lors qu'ils étaient
persuadés d'être entrés en rapport avec les puissances
surnaturelles. Les débordements risquaient de conduire à
des comportements criminels ou indécents. Et d'ailleurs,
comment savoir quelles étaient ces puissances et si elles
n'étaient pas démoniaques ? Il engageait donc Titus, Silvanus, Timothée, Aquilas et les autres à ne pas encourager ces pratiques de guérison et à répéter autour d'eux
qu'il ne fallait pas attendre de Jésus des manifestations
physiques de sa puissance.

Parallèlement, il décourageait les fidèles, Juifs et Gentils, de l'idolâtrie dans laquelle ils se jetaient à la moindre occasion. C'est que circulaient dans la communauté des statuettes de terre cuite censées représenter Jésus et accomplir des prodiges. On lui en apporta quelques-unes pour les bénir ; il refusa. Ce sont des objets faits de main d'homme, expliqua-t-il, ils ne possèdent aucun pouvoir surnaturel. Cela allait déclencher un drame.

Il y avait, en effet, à Ephèse, quelque trois mille Chrétiens, dont beaucoup achetaient ce genre de statuettes ; certains les achetaient même en argent ou en bronze. Tout d'un coup, convaincus par Saül du danger d'idolâtrie, ils cessèrent d'en acheter, arguant auprès des sculpteurs que c'étaient des objets sans vertu. L'affaire en serait restée là n'était que la guilde des orfèvres de la ville tirait des profits réguliers de la fabrication de statuettes représentant Artémis. Ils les vendaient, non seulement aux Ephésiens, mais aux voyageurs nombreux qui venaient visiter l'Artémision et désiraient emporter avec eux un souvenir de ce temple. Quand les Chrétiens dirent que les représentations divines étaient sans pouvoir, les Païens s'interrogèrent du coup sur les statuettes d'Artémis et en achetèrent beaucoup moins.

Un des orfèvres, un certain Démétrios qui, lui, faisait de petites répliques en argent de l'Artémision même, déclencha une cabale ; il alerta ses confrères, qui rameutèrent à leur tour aussi bien les notables que la foule d'Ephèse sous le prétexte suivant : si l'on déconsidérait les représentations d'Artémis et de son temple, qui circulaient jusqu'aux confins du monde, on déconsidérait aussi bien la déesse et l'Artémision. Sous peu, c'en serait fait, non seulement de la prospérité des orfèvres et sculpteurs, mais encore de la ville tout entière. La faute, assurait ce Démétrios avec véhémence, en était aux discours insanes de ce Paulos, chef de la secte des Chrétiens. Ces gens, auxquels Ephèse avait accordé son hospitalité, la remerciaient donc en compromettant son prestige et sa prospérité ! Démétrios et ses acolytes en appelaient donc au peuple, dont la dévotion à la déesse était notoire, pour s'emparer des chefs de cette secte et les faire traduire en justice.

Cinq ou six mille personnes déferlèrent alors du gymnase de Védius, près duquel les orfèvres tenaient boutique, vers l'Agora, où ils espéraient mettre la main sur Saül. Ils chantaient avec fureur « Grande est l'Artémis des Ephésiens ! », plus quelques obscénités inspirées des cortèges phalliques par lesquels ils célébraient deux fois par an la déesse de la fécondité. Saül n'était pas à l'Agora ; ils s'emparèrent donc de quelques Chrétiens qui discouraient là, dont Gaïus, Aristarque, Alexandre et quelques autres, et les emmenèrent au théâtre.

Les gradins s'emplirent en un tournemain, les orfèvres criaillaient sur la scène tandis que la foule, à laquelle l'excitation pour une juste cause donnait l'illusion d'une dignité toute neuve, continuait de scander son refrain sur l'Artémis des Ephésiens. Les Chrétiens, eux, se tenaient sur la scène, soumis aux quolibets et tenus en respect par une cohorte de gaillards ravis de jouer aux licteurs.

Saül, alerté par la chahut avant de l'être par Titus et Aquilas, se mit en route pour le théâtre. A trois pas de là, il rencontra un groupe de gens qui venaient à sa rencontre, dont deux asiarques* avec lesquels il entretenait des rapports amènes en sa qualité de citoyen romain.

« Si vous allez au théâtre », lui dirent-ils, « vous risquez de vous faire lyncher en dépit de votre qualité de citoyen romain, dont vous n'aurez même pas le temps d'exciper. »

« Mais ceux qu'ils ont arrêtés ? » demanda Saül. « J'en suis responsable. »

« Nous avons alerté le grammate**, qui est sur le chemin du théâtre. Il pourvoira à leur sécurité. »

Saül rebroussa donc chemin, prenant refuge dans la maison d'un asiarque, rongeant son frein. Cette fois-ci, c'était toute une ville de Gentils qui en avait après lui. Le monde ancien ne voulait ni de Jésus ni d'une nouvelle Loi, les dieux avaient donc des territoires, puisque le Tout-Puissant ne pouvait le protéger ni contre les

* Présidents élus du culte de l'empereur.
** Secrétaire de l'assemblée du peuple.

Romains ni contre les Juifs. « Mais quel est donc le territoire de Jésus ? » se demanda-t-il.

Entre-temps, le grammate était descendu sur la scène,
protégé par une impressionnante escouade de stratèges
et de licteurs. Il leva le bras et le théâtre, qui s'était
alors rempli, et qui concentrait près de vingt-cinq mille
personnes, fit silence. Il protesta d'abord de la fidélité
d'Ephèse au culte d'Artémis et de l'orgueil qu'elle tirait
de l'Artémision. Puis il montra du geste les Chrétiens.
Ces hommes, dit-il, avaient leur culte, qui prohibait les
effigies, mais comme il les connaissait, il pouvait assurer
que les Chrétiens ne contestaient nullement le culte
d'Artémis. On ne pouvait leur reprocher un seul propos
à cet effet. Mais s'ils étaient coupables d'un délit, ce
serait aux juges d'examiner la plainte des orfèvres, non à
une assemblée populaire. Le grammate demandait donc
qu'on respectât les lois de la cité et, pour qu'on ne les
accusât pas de sédition, il demanda aux Ephésiens de
rentrer en paix chez eux.

Une heure plus tard, le théâtre était vide. Mais le chapitre d'Ephèse venait, après quelque trois ans, de se
clore pour Saül. Il demeura quelques jours, pour organiser l'aide aux plus démunis de la ville et des autres
communautés. Il évitait autant que possible de se montrer en public, mais des espions l'avaient sans doute
repéré. Un matin qu'il sortait de la maison d'Aquilas,
trois molosses se jetèrent sur lui et le mordirent furieusement. Il en assomma un d'un coup de poing sur le crâne
et courut chercher refuge sur une fontaine qu'il escalada,
inondant les bêtes d'eau glacée et criant au secours jusqu'à ce que des passants le délivrassent en faisant fuir
les chiens à coups de bâton. Une autre fois, un ours sans
muselière vint vers lui les griffes dressées. Ce fut Aquilas qui le tira d'affaire en faisant par-derrière une clef
au cou de la bête, que Timothée abattit d'un coup de
pierre[203].

Une fois de plus, il fallait partir.

3

LES VIEUX ENNEMIS

L'asiarque Hiérophon convia Saül à dîner avant son départ. Sans doute escomptait-il un départ définitif ; la suite des événements allait le détromper. Mais enfin, le dîner fut excellent (les cailles farcies aux pignons, en particulier) et l'on rit beaucoup aux anecdotes dont l'asiarque était friand, notamment celle de ce nouveau riche du Pont qui avait demandé à louer l'Artémision pour le mariage de son fils.

Le rire déroutait toujours Saül, le sien autant que celui des autres ; ce lui paraissait être une manifestation d'inconscience. Comment pouvait-on rire alors qu'on pouvait mourir dans l'heure ? C'était indécent !

Le lendemain le conforta dans sa répugnance à l'hilarité. Silvanus lui apporta une lettre expédiée de Corinthe. Les premiers mots annoncèrent le mauvais temps : « Marcus, Hyéronimus, Parménion, archontes du Conseil de Corinthe, à leur frère bien-aimé Paulos, à Ephèse... » Ce n'était pas les noms des membres du Conseil qu'il avait mis en place à Corinthe ; on pouvait deviner la suite. « Nous sommes arrivés à Corinthe après ton passage, mandés par le Conseil de Jérusalem, et nos aînés Jacques, Pierre et Philippe. Nous nous sommes félicités au nom du Tout-Puissant du nombre d'adeptes que tu avais ralliés à la foi de nos ancêtres telle qu'elle a été renouvelée par Jésus le Christ... » Suivaient quelques aménités. Puis : « Nous nous sommes toutefois affligés du désarroi qui régnait parmi la communauté, qui était partagée entre des voies différentes, celle indiquée par toi, celle indiquée par Apollos, celle indiquée par Eugène, et celle qui est la seule valable dans la majorité de ses préceptes, et qui a été indiquée par les messagers de Pierre... » Ici, description des différences constatées entre ces voies, assortie de certains adeptes égarés, dont un cas d'inceste entre un frère et une sœur, le tout verrouillé par une mise en demeure : la seule voie juste était celle que dictaient les messagers du Conseil de Jérusalem selon l'autorité qui leur était impartie par leur essence de témoins du Christ. On ne demandait pas son avis à Saül ; on le mettait devant le fait accompli. Et, de nouveau, on invoquait la notion d'autorité. Bref, c'était un coup d'État[204].

Dans les jours suivants, il vit arriver d'abord le messager d'un groupe qu'on appelait le groupe de Chloé, riche matrone de Corinthe, convertie et dévouée à Saül, puis Apollos lui-même. Le premier rapporta que Chloé s'affligeait au plus haut point de ce que la communauté chrétienne de Corinthe se désagrégeât à vue d'œil. Chloé suppliait Saül de revenir dans la ville y mettre de l'ordre. Les échos répercutés par Apollos n'étaient guère plus réconfortants.

« Ça part dans tous les sens », dit Apollos, un gaillard solidement planté et qui ne semblait pas enclin aux états d'âme. « Ils n'ont rien compris, ni à ce que tu leurs as enseigné, ni à ce que je leur ai dit, ni à ce que disent les messagers du Conseil de Jérusalem. Chacun croit ce qu'il veut, les uns que Jésus est le fils du Zeus des Juifs, les autres que la fin du monde est imminente et qu'il n'est qu'à se rallier au culte de Jésus pour être sauvé, et d'autres encore, les Juifs, que la Torah est abolie et que, n'ayant plus à en suivre les six cent dix-sept préceptes, ils n'ont qu'à se garder des idoles et des viandes de sacrifice. Chacun se réclame du prédicateur qu'il a entendu et ils se chamaillent à n'en plus finir. »

« Retourne, je t'en prie, leur expliquer que... »

« Ah non ! » s'écria Apollos. « Les Corinthiens, c'est fini pour moi ! » Le ton était sans appel.

Bref, c'était un bourbier. Saül pensa un moment se retirer dans un désert et oublier le reste de l'humanité. Il y perdrait tout. L'orgueil le ressaisit. Il ne pouvait achever sa vie sur un échec.

Il écrivit une deuxième lettre aux Corinthiens, qu'il adressa à son confrère Sosthène. Elle comportait trois points : un, la morale sexuelle, deux, le recours aux tribunaux païens, trois, le fait qu'il n'y avait ni fidèles de Saül, ni fidèles d'Apollos, ni fidèles de qui que ce fût d'autre, mais simplement des fidèles de Jésus. Et un rappel sur l'amour fraternel qu'ils se devaient les uns aux autres.

Il chargea Timothée de la porter lui-même à Corinthe, et quand Timothée fut parti, il se reprocha de lui avoir confié une aussi lourde charge. Timothée allait se faire tailler en pièces par les factions de Corinthe. « J'y vais », dit-il à Silvanus, qui se récria. Encore un bateau !

A Corinthe, il se fit secouer. « Le nabot est revenu. Cette fois, on l'envoie en prison pour de bon ! » Il ne circulait qu'après le coucher du soleil[205]. Il visita d'abord le Conseil, « son » Conseil : tous les membres en étaient démoralisés ; ils vaquaient à peine aux affaires courantes. Et chaque fois qu'il tentait de ranimer leur vaillance, ils répondaient : « Ouais, va donc régler les problèmes avec les messagers du Conseil de Jérusalem. » Il alla voir les membres de celui-ci ; ils lui répondirent avec hauteur et en substance : « Tu ne représentes rien. C'est Jacques qui l'a dit. C'est toi-même qui, par ambition, as chaussé les sandales de l'apôtre. Tu ne sais rien de l'enseignement de Jésus, et ça se voit. Tu n'as jamais vu Jésus, en dépit de ce que tu racontes. Jacques et Philippe disent que tu es un menteur. Le peu que tu saches, tu l'as appris d'un Essénien, qui est l'ami d'un imposteur, un Samaritain d'ailleurs, Simon le Magicien. Tu as donc tout appris de travers. Quitte Corinthe avant que nous perdions patience[206]. »

Il alla voir Chloé ; elle leva les bras au ciel. Quant à l'aider, il n'en était pas question. Elle ne voulait indisposer ni celui-ci ni celui-là. Il prit Timothée par le bras et rentra à Ephèse, amer[207].

Il écrivit une troisième lettre aux Corinthiens, dans la soirée qui suivait le retour. S'ils ne voulaient pas le revoir, il ne les importunerait plus. Il avait souffert pour eux, il était las, mais il leur pardonnait. Et il les exhortait à discerner l'invisible et à se réconcilier avec le Seigneur, qui s'était réconcilié avec le monde à travers Jésus. Ce fut Titus qu'il chargea de porter cette lettre-là. Titus l'incirconcis ; un choix.

« Quand tu l'auras portée, ne reviens pas à Ephèse, mais attends-moi à Troie », lui dit-il.

Dernière péripétie avant Rome, songeait-il. Entre-temps, il fallait encore consolider ses arrières. Les Galates, par exemple, étaient en proie aux mêmes problèmes que les Corinthiens, rapportait un voyageur qui revenait d'Antioche de Pisidie et d'Iconium. Autre lettre, furieuse : « Qui vous a ensorcelés ? Suivez-vous Jésus ou bien la Torah ? Êtes-vous devenus fous ? »

Il voyait clairement, désormais, qui volait les graines qu'il semait ; c'étaient deux bandes, l'une dépêchée par le Conseil de Jérusalem, l'autre émanant d'un courant mystérieux, constellation mouvante et vénéneuse où brillaient des étoiles noires telles que Dosithée, pourtant ancien Essénien et témoin de Jésus, Simon le Magicien, mais aussi des philosophes hellénistes pour lesquels le rachat de Jésus était une fiction : pour eux, Jésus était la réincarnation d'Orphée et d'Apollon, la fin du monde des contraires, l'Androgyne parfait, dont l'avènement annonçait la fin des puissances antagonistes et du monde tel qu'on le connaissait, le triomphe éclatant du Grand Démiurge[208].

Ces derniers étaient les plus dangereux ; ils détenaient une part de vérité, car il était vrai que Jésus avait annoncé ce que lui-même, Saül, annonçait : la fin imminente du monde. Il était vrai aussi que Jésus s'était lui-même défini comme le Fils de l'Homme, expression énigmatique qu'il s'était autant que possible interdit de reprendre, car il en pressentait les pièges plus qu'il ne les voyait[209]. Ces gens qu'on appelait donc les Gnostiques étaient également dangereux parce que leurs propos savants éveillaient chez les Gentils instruits des notions très anciennes. Et Saül n'avait plus le loisir de s'engager dans des recherches philosophiques.

C'était d'eux que procédait aussi le discours sexuel : la sexualité, disaient-ils, n'était que le produit du conflit entre les contraires, sa pratique n'avait aucune importance, puisque ce monde-là était promis à une fin prochaine. L'essentiel était d'être instruit de l'imminence de la parousie.

Il fallait leur dérober tout ce qui, dans leurs discours, pouvait servir. Et par exemple, l'idée de l'éveil...

C'était donc parce qu'il prêchait l'Éveil que Dosithée se faisait appeler l'Étoile !

Assis, replié sur lui-même dans son manteau, comme un paquet de couvertures oublié, Saül rêvait. Il n'avait pas assez clairement pris conscience du fait que l'homme avait depuis longtemps, bien longtemps, organisé ses rapports avec les puissances célestes. Et que bien des hommes étaient bien plus rompus que lui aux complexités de ces rapports. Il n'était, lui, qu'un nouveau venu dans un monde ancien. Envisageait-il encore de conquérir Rome ? Folie ! Mais comment pouvait-on ne pas songer à la conquête de Rome ?

Ce fut sur ces pensées qu'Aquilas arriva.

« Dors-tu ? Il faut se nourrir ! »

A la vérité, à cinquante-sept ans, il s'éveillait lentement.

4

LE RIEN, LE GRAND RIEN

« Au commencement, l'Homme parfait dormait dans la lumière du Septième cercle, sous le regard du Créateur de toutes choses, le Démiurge. En lui reposaient les principes masculin et féminin ; il était l'Androgyne parfait », dit l'homme qu'on appelait Hippolyte. C'était un Syrien mélangé de Grec, dont la conversation révélait qu'il avait beaucoup voyagé et beaucoup étudié. Il s'exprimait avec une autorité irrésistible et, fait particulier, il assurait avoir rencontré Jésus en Bactriane. Des gens venaient en grand nombre l'écouter dans la maison voisine du temple d'Apollon où il enseignait le dimanche soir, Juifs, Gentils, et même des adeptes du culte d'Isis ; ils venaient aussi nombreux parce qu'il ne faisait pas violence par ses mots ; il n'exhortait ni ne condamnait, mais se limitait à distiller son savoir.

« La femme », reprit-il, « ne pouvant supporter ni contenir la grandeur de la lumière se rebella et se jeta du côté gauche, ce qui la fit tomber du Septième cercle. Elle emporta dans sa chute une partie de la rosée de lumière où elle baignait, chut dans la mer et la mit en mouvement ; ce fut d'elle qu'elle prit un corps à la mer ainsi barattée. La part de lumière qu'elle portait en elle l'empêcha d'être tout à fait matérielle ; elle se débattit pour remonter vers sa demeure première, la lumière bienheureuse, incorruptible, infinie. Dans ses efforts, elle abandonna son corps, et celui-ci donna naissance à tout ce qui est terrestre. Son souffle fragmentaire fut le Pneuma féminin, qui habita toutes choses et leur donna la nostalgie et la mémoire de l'immortalité. L'harmonie du monde antérieure à la chute de cette femme divisa la Terre en forces contraires, le Bien et le Mal, la Lumière et les Ténèbres, le principe masculin et le principe féminin. Des eaux naquit encore une fois une femme, mortelle, puis celle-ci conçut un homme, puis une femme, et c'est de leur union incestueuse qu'est née la race humaine. »

Les flammes des lampes, qui montaient droites dans la pièce close, exaltèrent l'ombre d'Hippolyte sur les murs.

« Ce premier couple engendra des géants qui se révoltèrent d'abord contre leurs parents, qu'ils tuèrent, puis contre leur destin de mortels. Ils essayèrent de reconquérir le Septième cercle, mais comme ils étaient mauvais, ils furent précipités par le Dieu du Bien dans les Enfers où leur race se perpétue jusqu'à ce jour, sous l'empire du Dieu du Mal. Ce sont eux qui répandent sur la Terre toutes les misères dont les hommes sont victimes.

« La division du monde alla s'amplifiant. Alors dans le cœur de l'Androgyne qui était, lui, resté dans le Septième cercle, naquit un homme qu'on appelle pour cela le Fils de l'Homme. Étant aussi fils de la lumière, il aspirait à défendre l'harmonie, mais, étant de droite, car l'Homme est de droite et la Femme de gauche, il s'opposa donc au Mal quand il descendit sur la Terre. Il s'attaqua aux Douze plaies répandues par les enfants du premier couple. Il expliqua aussi aux humains que les dieux qu'ils avaient révérés jusque-là n'étaient que les représentations des démons. Mais ses travaux ne suffirent pas à ramener l'harmonie. Le Fils de l'Homme s'offrit alors en sacrifice aux deux puissances qui entretenaient le conflit qui durait depuis des millénaires entre les Dieux du Bien et du Mal. Cet homme était Jésus.

« Pendant que je m'adresse à vous s'effectue la grande résolution qui doit ramener l'harmonie, c'est-à-dire la destruction du monde engendré par la chute de la Femme. Les démons agonisent et les anges se font de plus en plus éthérés. Ce qui vous semble être des années n'est que parcelles de temps infinitésimales au regard du Démiurge. Mais l'heure est proche où l'Androgyne se reconstituera et étincellera dans les cieux[210]. »

Les assistants ravalèrent leur salive. Ils commençaient à comprendre les conséquences de la Chute, les éternels conflits terrestres auxquels le Dieu du Bien était incapable d'apporter une solution, la nature dangereuse de la femme... Le moment était venu, comme à l'accoutumée, de poser des questions.

« N'as-tu pas dit l'autre jour, Hippolyte, que tu avais vu Jésus ? Comment alors le Fils de l'Homme peut-il s'être offert en sacrifice et avoir survécu ? »

« Le Fils céleste de l'Homme avait pris les apparences d'un mortel. Mais ce ne pouvait être le sacrifice d'un simple mortel qui allait entraîner les résolutions dont je vous ai parlé. Les Dieux ennemis ne s'en fussent pas satisfaits. Une fois le sacrifice consommé, le mortel a poursuivi sa propre existence, c'était le Fils de l'Homme en lui et non lui qui s'était sacrifié. Et c'est ainsi que Jésus a survécu. »

Un autre demanda : « Mais comment expliques-tu l'indifférence des puissances supérieures à l'égard de cette humanité dont elles sont pourtant responsables ? »

« Ne nous laissons pas aller », répondit Hippolyte, « à ce travers vulgaire qui consiste à prêter à ces puissances des sentiments humains, tels que la compassion. Le Démiurge n'est ni âme ni intelligence. Il ne possède ni imagination ni opinion ni raison ni intelligence, comme les Juifs en prêtent au Dieu du Bien. Il ne peut ni exprimer ni concevoir, il n'a ni nombre ni ordre ni grandeur ni petitesse ni égalité ni inégalité ni similitude. Il ne voit pas, ne demeure pas immobile ni ne bouge ; il ne se tient pas au calme non plus, ne possède pas de puissance et n'est ni puissance ni lumière, ne vit pas et n'est pas non plus mort. Il n'est ni essence ni perpétuité ni temps et on ne peut le saisir intelligiblement. Il n'est ni science ni vérité ni royauté ni sagesse ni un ni unité ni déité ni bien ni mal, ni esprit au sens où nous pouvons l'entendre. Il n'est ni filiation ni paternité ni rien de ce qui est accessible à notre connaissance ni à la connaissance d'aucun être. Ce Dieu n'existe pas, puisqu'il n'a pas encouru l'Être, et il est donc supérieur à l'antinomie de l'Être et du Non-être. Il n'est donc pas plus Néant qu'il n'est Vie. Il est ce en quoi tout se résoudra sans laisser de trace, dans l'absence de tout Dessein et de toute volonté. »

L'auditoire demeura de longs moments muet, sous le coup de cette description de l'Indescriptible. Puis un jeune homme s'enhardit à demander comment il se faisait qu'au sein du Non-être pût exister l'Androgyne, qui était quand même une forme de l'Être. Mais c'est que l'Androgyne, répondit Hippolyte, n'existait que dans le Septième cercle, le plus éloigné du Démiurge, qui, lui, résidait dans le Premier. Au fur et à mesure qu'on s'éloignait du Premier, l'imperfection de l'Être se manifestait de plus en plus.

Et fallait-il alors se faire baptiser au nom de Jésus ? demanda encore le jeune homme. Oui, car le baptême actait le sacrifice du Fils de l'Homme qui enclenchait la résolution du monde. « C'est à partir de la résolution des causes dernières que s'enclenchera celle des causes premières », dit Hippolyte.

« Mais rien n'a donc d'importance ? » demanda le jeune homme.

« Au fond, non, rien n'a d'importance, nous ne sommes que les avatars les plus dérisoires du Grand Conflit, lequel est lui-même dérisoire. »

L'auditoire se dispersa à la fois allègre et médusé. L'être humain n'était rien, quel soulagement !

Mais quand ces propos furent rapportés à Saül, ils le jetèrent dans l'accablement[211].

5

LE FEU

Il partit donc pour Troie, la ville où semblait commencer la mémoire du monde, ce théâtre fabuleux où les dieux avaient tissé leurs destins avec celui des mortels, Troie qu'Héraklès avait détruite et dont il avait massacré les habitants, n'épargnant, avait dit l'Aveugle éternel, qu'une fille et un garçon, Hésione et Podarce, un prince et une princesse, les enfants de Laomédon. Quand l'âge fait les nuits sans sommeil et les matins haletants, il songeait à ce prince qu'il avait été et à cette princesse qu'avait été Doris. Il écoutait avec Timothée les bardes réciter l'histoire dans les bouges du port, le regard creusé par le temps et le vin. Cruauté du demi-dieu Héraklès : il avait exigé que Podarce fût d'abord réduit en esclavage, puis affranchi par sa propre sœur. Qu'avait donc signifié cette humiliation ? Et quelle était la clef qui expliquait le changement de l'affranchi Podarce en un roi, Priam ? Héraklès avait-il exigé que le jeune prince le servît, alors qu'il partageait la couche d'Hésione, puisque la princesse avait donné son voile pour sauver la vie de son frère ?

« Ah, je m'égare », murmurait-il soudain, à la surprise de Timothée. Il eût alors vécu, lui Saül, mais il n'eût pas été ce nain au visage pareil à un vieux sac empli de ténèbres. C'était avant Jésus. Il eût aimé. L'amour était mort, cependant. Il n'en restait plus que cette forme éthérée, la tendresse d'un humain pour un autre, à peu près aussi désaltérante que la peinture d'une coupe de vin.

Un soir qui était forcément ce soir-là, celui qu'il se rappellerait parce que ç'avait été l'un de ceux où la vérité apparaît soudain aussi naturellement que la conscience de la mort, il essaya de ranimer en lui les dernières fibres de l'humain, le désir d'une main sur la nuque, d'une parole douce, mais c'était comme remuer des cendres de la veille. Il avait tout brûlé en lui. Les larmes jaillirent de ses yeux et Timothée bouleversé, resta figé sur le banc, ne comprenant pas ce qui agitait ce vieillard vendeur de salut, Saül. Étaient-ce les vers d'Homère ? Le récit de la mort d'Hector ? Mais la jeunesse est un autre pays, et sa langue n'est pas celle des vieillards.

Il avait, oui, tout consumé en lui. Porteur de la flamme qu'il avait allumée rue de l'orfèvre Nimrod, jadis, il avait mis le feu à sa maison, il avait calciné jusqu'au moindre siège, puis il avait détruit les murs et le toit, et quand il n'était plus resté que ruines, il avait mis le feu à ses propres vêtements, à ses cheveux, à ses entrailles. « Je ne suis plus Saül », se disait-il, vidant encore un verre de vin, cherchant dans sa poche la pièce pour le barde, tandis que Timothée lui disait qu'il était tard. Il avait d'abord cru se servir lui-même, puis il avait cru servir Jésus, mais il ne servait plus personne que le feu.

Soudain, dans les vapeurs de la nuit, il fut épouvanté par l'idée qu'il n'était qu'un ange de feu. Il détruisait le monde qu'il voulait conquérir, temples, statues, mythes, dieux tendres et fous, mortels innocents ou ignorants, seins d'aurore, boucles d'or, boucles de vermeil, mains charmantes qui cherchent et tressent des fleurs tout à la fois, soirées insouciantes et nuits pareilles à des grenades éclatées ; il détruisait le bonheur grec, ses marbres chauds, ses vins frais, ses rires désespérés, sa résignation souriante au bord de la mer pourpre violée par les galères. Il détruisait la jeunesse, c'était cela, car la jeunesse et la beauté lui avaient toujours été insupportables ; on les lui avait refusées, et maintenant c'était lui qui les refusait au monde. « Je suis la mort », songea-t-il, presque hagard, et quand il se souvint des paroles de Jésus, « Tu me trahiras comme les autres », il poussa un cri qui fit sursauter Timothée. Non, il n'était pas le messager du Juif, le Juif n'avait prêché qu'aux Juifs, l'avait-il dit assez clairement quand il avait refusé de soigner l'enfant de la femme syro-phénicienne : « On ne jette pas des perles aux pourceaux » ? Lui, Saül, il voulait prêcher aux pourceaux. Les gens de Jérusalem l'avaient bien vu, et ils avaient eu raison de s'opposer à lui, tout comme les Juifs avaient eu raison de lui chercher des crosses, car Jésus n'était venu que pour les Juifs. Timothée, près de lui, observait avec anxiété le visage de Saül qui se tendait, les yeux gonflés de larmes. Le barde avait terminé sa récitation, un chanteur de rue lui avait succédé, débitant des ritournelles cyniques et gaillardes, avec une voix nasale. « ... Et si elle t'aime aujourd'hui, ne songe pas la retrouver demain, car le désir est comme les œufs, il ne se mange que frais... » Des hommes, dans la rue, éclatèrent de rire et l'hilarité de l'un d'eux culmina dans des gloussements saccadés. Les gens étaient heureux sans les prêches de Saül d'Antipater, Saül qui ne riait jamais, au nom, disait-il de l'Éternel et de son Fils, Saül qui ne prenait la parole que pour annoncer la fin imminente de tout, la fin des étoiles et des orteils, celle des aurores et du désir ! Ah, va-t'en, Timothée, va-t'en, va-t'en ! Va danser dans les bouges et donner ton corps aux filles, sans quoi tu prendras feu toi aussi, défie-toi des diseurs d'apocalypse ! Défie-toi des barbus, car le monde dont je dis qu'il finit et qui ne finira pas, car Jésus, je l'ai vu à Edesse, il est trop tendre, même s'il était Fils de Dieu, pour consumer l'univers et toi avec, donc ce monde, Timothée, sera plein de barbus aux bouches d'ombre, qui ne parleront comme moi que pour sévir et morigéner, annoncer les Ténèbres au nom de la Lumière !

« Saül », dit Timothée, « il se fait tard... »

Eh quoi, Saül, ce n'est plus qu'une torche humaine, tout ce qu'une torche sait faire, c'est brûler sous prétexte d'éclairer, Saül va brûler, brûler, et que va-t-il éclairer, Seigneur, sinon un paysage de cendres ?

Saül se leva péniblement et saisit le bras que le jeune homme lui tendait. Il chemina ainsi, péniblement, jusqu'à la maison où la nuit, enfin, s'empara de lui, le barbouilla de noir et de bleu, le roula dans les étoiles et fit danser dans ses rêves un jeune homme qui était lui, mais qui était beau, qui était mort, mais qui était plus vivant que les vivants, et qui servait sa sœur Hésione allongée auprès d'Héraklès, et qui tendait un bras ambré, porteur d'un cratère empli d'ambroisie, vers la bouche d'Hésione...

Le lendemain, Saül avait tout oublié. Il avait craché ses démons. Il est bon de se purger au vin pour se libérer de ses démons, en écoutant dans les tavernes des bardes raconter des histoires anciennes. Quant à lui, vraiment, il était trop tard pour changer de route. Il faut savoir accomplir son destin, et le sien était de brûler.

6

« MON SQUELETTE ME SURVIVRA »

L'agitation le saisit ; il craignait d'avoir perdu Corinthe, à force d'annonces ténébreuses et de réprimandes. Il leur avait arraché le vin de la bouche pour leur tendre des coupes de fiel, ils avaient à coup sûr jeté ces coupes au loin, il entendait presque le bruit de l'argile cassée... Il ne pouvait plus attendre Titus ; il courut à sa rencontre. Une trirème les emmena, lui et Timothée, à Néapolis à travers la mer de Thrace. De là, il courut encore vers Philippes. Avait-on vu Titus ? On entendit à peine la question. Saül ! Saül était de retour ! Et Néarque, Félix et Ctésias, les trois premiers Chrétiens auxquels il posa la question, prirent à peine le temps d'y répondre, non, on n'avait pas vu Titus, quel Titus ? que déjà ils couraient alerter la communauté. Saül, Saül qui les avait convertis, était de retour ! Sept ans s'étaient écoulés depuis que Saül avait quitté Philippes, tout avait été oublié ou mythifié, le temps trafique les mémoires, l'épisode de la prison et du tremblement de terre avait été mué en conte fantastique où la colère du Seigneur avait détruit la prison, confondant à la fois les Juifs et les Romains. Saül ne protestait pas, car il savait comme le cœur sécrète des fables, on ne peut passer sa vie à corriger les gens avec pédanterie, cela offenserait ces gens de bonne foi que de préciser qu'il n'y avait que coïncidence entre le tremblement de terre et l'emprisonnement. Bref, l'absence avait enrichi son crédit, et même les Juifs orthodoxes avaient oublié leurs rancunes. En tout cas, ils apprirent qu'il était en ville et ne lui cherchèrent pas noise. Contrairement à ce qu'avait craint Saül, la communauté ne s'était pas désagrégée ; elle n'avait pas crû non plus, mais enfin, on ne pouvait espérer qu'elle croîtrait indéfiniment, ces gens vivaient dans la mémoire de ce qu'il leur avait enseigné et qu'il leur fit répéter pour s'en assurer : Jésus avait racheté l'humanité par son sacrifice ; il était le sauveur de tous ceux qui se ralliaient à lui, pourvu qu'ils cherchassent l'Esprit-Saint dans la prière.

Saül se rasséréna donc, au soulagement de Timothée. Mais on n'avait toujours pas de nouvelles de Corinthe, qui était bien plus turbulente que Philippes. Peut-être Titus était-il à mi-chemin, peut-être s'était-il arrêté à Thessalonique et, après trois semaines, Saül se mit donc en route de nouveau. Rien, là non plus, n'avait beaucoup changé, deux des membres du Conseil que Saül avait mis en place étaient morts, leurs collègues en avaient élu d'autres, Saül les exhorta à la fidélité inconditionnelle à Jésus, sans lequel il n'y avait pas de salut. Des enfants étaient nés, on les avait baptisés, la communauté s'accroissait donc naturellement, les Juifs ne cherchaient pas querelle, à la condition que les Gentils ne prétendissent pas faire leurs dévotions dans les synagogues. Saül encouragea les fidèles à persévérer, les assurant qu'ils étaient devenus le modèle de tous les croyants de Macédoine et d'Achaïe[212], et il exhorta également leur générosité, car il convenait que tous unis dans le Christ, comme les membres dans le corps, ils songeassent aux plus défavorisés d'entre eux, notamment à ceux de Jérusalem. Il fallait, dit-il, cesser les distinguos entre les croyants qui avaient été païens et ceux qui avaient été juifs, il n'y avait plus que des Chrétiens.

Et ce fut sur ces entrefaites que Titus arriva. Son expression déjà était porteuse de bonnes nouvelles : les dissensions à Corinthe avaient pris fin, et la sévérité de la lettre de Saül avait été bénéfique : la communauté s'était ressaisie, l'exaltation hystérique s'était dissipée, non, ils n'attendaient plus la fin du monde d'une heure à l'autre, non, ils ne contestaient plus l'autorité de Saül...

L'allégresse jeta Saül dans les bras de Titus, interrompant ainsi le rapport du messager. « Tu me sauves le goût de vivre ! » s'écria le vieillard. Puis, remis, il demanda ce qu'il en était des « mélangeurs ».

« C'est une autre affaire », répondit Titus. « Ils sont toujours présents dans la communauté, et je dirais même qu'ils prolifèrent. Mais enfin, ils sont pieux et ne font pas de scandale, on ne peut tout de même pas les chasser de la communauté. »

« As-tu entendu ce qu'ils disaient ? Disent-ils toujours qu'il y a un Dieu au-dessus de Dieu ? »

Titus hocha la tête, oui, les « mélangeurs » disaient cela, mais enfin, ils croyaient en Jésus, n'était-ce pas l'essentiel ? Sans doute, songea Saül, mais il faudrait bientôt pourvoir à la correction de ces idées hétérodoxes. Il y pourvoirait lui-même ; il irait à Corinthe, une fois de plus.

Il y fut donc. Une tournée de sept jours lui confirma que la fièvre était retombée, comme l'avait rapporté Titus, mais aussi que Corinthe restait Corinthe, possédée par l'argent, le sexe et le vin, c'est-à-dire par la cupidité, la luxure et les discours extravagants. Naïve déception, le monde n'avait pas changé ! Saül en conçut un sentiment qui ressemblait au dépit. Le paganisme entretenait la corruption, et le jour où la foi de Jésus triompherait, c'en serait fait de la tyrannie de l'argent, du stupre et de l'intempérance ! Il fallait que c'en fût fait, dût-on recourir au feu ! Et il était temps de monter à l'assaut de la citadelle qui entretenait ces maladies de l'âme, Rome donc.

Saül avait besoin de l'hospitalité dans une grande maison, pour y recevoir le Conseil et les autres membres de la communauté loin des regards indiscrets, notamment ceux des Juifs, qu'il évitait de provoquer. Ce fut un des deux Corinthiens qu'il avait baptisés de ses mains, Gaïus, l'autre étant Crispus, qui la lui offrit. Gaïus était riche, il avait des serviteurs, également chrétiens. A longueur de journée et de soirée défilaient donc Sosthène, puis Eraste, le trésorier de la communauté, et les Anciens, Quartus, Lucius, Jason, Sosipatros. Il avait aussi besoin d'un secrétaire : ce fut le frère de Quartus, son aîné puisqu'il s'appelait Tertius, qui s'offrit. Timothée, lui, était de tous les entretiens ; il était considéré comme son fils.

L'on débattait des affaires de la communauté et de l'époque, de l'hostilité des Juifs et de l'ironie des Romains. Ah, les Romains ! Ils avaient fait la prospérité matérielle de Corinthe et ils avaient ruiné sa moralité. Et les discussions reprenaient alors : le Paganisme entraînait-il forcément l'immoralité ? Non, car il y avait des Païens pieux et honnêtes, de même qu'il y avait des Juifs dissolus. Quelle était donc la cause de l'immoralité ? Beaucoup tendaient à l'attribuer à l'attachement pour les biens matériels, et les discours dérivaient alors vers des considérations qui mettaient Saül mal à l'aise et selon lesquelles tout ce qui était matériel était mauvais. Le monde était l'empire du Démon. « Non, non », déclarait Saül, il y avait aussi des choses matérielles qui étaient bonnes. Mais tout le monde s'accordait à reconnaître que, lorsque Rome serait convertie, le Mal et la corruption qui le suivait seraient battus en brèche. Aller à Rome, oui, songeait Saül[213].

Il existait à Rome une communauté chrétienne, et sur celle-là, Saül ne détenait pas d'autorité. Elle lui était antérieure, et il en ignorait les dispositions. Les chefs en étaient-ils d'obédience hiérosolymitaine ? N'admettaient-ils donc que les convertis qui se pliaient à la Loi de Moïse et leur imposaient-ils donc la circoncision ?

Ou bien avaient-ils, comme lui, compris la Loi de Jésus comme une nouvelle Loi qui rendait la précédente caduque ? Il n'en savait rien, et les rares voyageurs venant de Rome qu'il avait pu interroger, y compris Aquilas et Prisca, ne lui avaient pas versé de grandes lumières sur ce point[214].

Or, il ne pouvait aller à Rome sans en prévenir le Conseil, sauf à courir le risque d'être reçu comme un étranger, sinon un imposteur. S'il lui écrivait, inconnu s'adressant à des inconnus, ce serait sous deux contraintes : la première était de ne pas les heurter de front dans le cas où ils restaient attachés à la Loi mosaïque, la seconde, de ne pas être non plus conciliant au point que, parvenu à Rome, il risquât dans ses discours sur la Loi de paraître incohérent.

Il dicta donc la lettre à Tertius. Il y plaça en exergue la notion de salut, qui ne pouvait être contestée par personne ; il liait le salut à la foi en Dieu et en Jésus, qu'ils ne pouvaient contester, puisqu'ils étaient disciples de Jésus. Puis il introduisait la notion de la colère de Dieu contre les Juifs, qui devait introduire incidemment l'idée que la Loi ne suffisait plus au salut et qu'il existait une Loi intérieure : « Les Gentils qui n'ont pas de Loi manifestent la Loi inscrite dans leur cœur. » Ici, il fallait une célébration du baptême, qui ne créerait pas non plus de litige. Mais cette célébration introduisait à l'idée que, sans Jésus, il n'était pas de Loi. La plume de Tertius grattait le parchemin frais ; même les papillons de nuit semblaient écouter la voix de Saül ; ils étaient plaqués contre les murs. A ce point-ci, il était impératif d'aborder le salut associé des Juifs et des Gentils. Saül l'imposa par un postulat, qui était le salut des nations, qui découlait du fait que la promesse divine embrassait l'humanité entière. Synthèse : la déchéance des Juifs n'était pas définitive et elle avait ouvert aux Gentils l'accès au salut. Et il fallait donc qu'en vue de ce salut, les Juifs et les Gentils se réconciliassent. Conclusion : la vraie Loi était la Loi d'amour, celui des ennemis comme des frères, sommation de tous les ordres divins.

Il demanda à Tertius de lui relire la lettre. La voix de

celui-ci monta, claire et bien timbrée. Le texte était truffé d'attaques et de défenses, lourdes de sous-entendus, que Saül saluait au passage d'un hochement de tête : d'abord une condamnation des mœurs contre nature, destinée à signifier que, s'il défendait implicitement les Gentils, il n'en admettait pas les débordements. Puis une mise en garde contre les jugements téméraires que certains des Anciens de Rome seraient sans doute tentés de lui appliquer : « Tu es sans excuse, homme qui juge, quel que tu sois. » Puis encore un astucieux transfert de la signification de la circoncision, dont il était particulièrement satisfait : « La vraie circoncision, c'est celle du cœur, selon l'esprit et non selon la lettre. » Et encore : « Comment sa foi a-t-elle été comptée à Abraham ? Dans la circoncision ou dans le prépuce ? » Enfin, une mise en cause de la notion d'impureté : « J'en suis convaincu dans le Seigneur Jésus, rien n'est impur en soi. »

« Un chef-d'œuvre de lettre », commenta Tertius[215].

Elle fut le lendemain même confiée à un courrier. Il ne restait plus qu'à se préparer à l'affrontement avec le centre du monde. Mais auparavant, il fallait régler le problème de la collecte à porter à Jérusalem.

Saül avait d'abord envisagé de faire porter le produit de cette collecte par Silvanus et Titus ; il irait, lui, directement à Rome. Mais, à la surprise du Conseil de Corinthe, il avait changé d'avis. Il s'en expliqua :

« J'ai quelque raison de craindre que certains de mes frères à Jérusalem ne fassent pas à notre argent l'accueil qui est souhaitable. Ces frères considèrent toujours, en effet, que les Chrétiens non circoncis ne sont pas de vrais Chrétiens. Vous connaissez bien ce point de vue. Le refus de cet argent renouvellerait le rejet des Gentils convertis, mais non circoncis. La communauté de Jérusalem serait ainsi séparée des autres communautés que j'ai fondées[216]. »

Il irait donc à Jérusalem accompagné de frères, gentils et juifs, pour signifier l'unité de la communauté chrétienne, avant de se rendre à Rome. Il emmènerait Sosipa-

tros, Aristarque, Secundus, Gaïus, Tychique et Trophime
ainsi que, bien sûr, Timothée.

Toute l'équipe partit s'embarquer à Cenchrées. Le
bateau avait été loué depuis Corinthe ; c'était une corbite, l'*Agatha Felicia*. Les voyageurs battaient la semelle
sur le quai, attendant qu'on eût fini de charger le grain,
quand un jeune homme essoufflé arriva, et entraîna Saül
à l'écart.

« Je viens de Corinthe... Mon père, un ami de Sosthène, te supplie... de ne pas prendre ce bateau. Un
complot a été ourdi contre toi, tu ne survivrais pas à
la traversée. »

« Qui l'a ourdi ? » demanda Saül.

« Des Juifs de Corinthe[217]. »

Ils n'avaient donc pas désarmé. Quelqu'un avait été
bavard et avait annoncé le voyage de Saül, et des Juifs
— mais étaient-ils de Corinthe ou bien de Jérusalem ?
— avaient mis en place les grands moyens. Passant outre
à la consternation et à la colère de ses compagnons, Saül
leur enjoignit de faire la traversée sans lui et d'aller
l'attendre à Troas. Il irait, lui, avec Timothée, par la voie
de terre.

A la fin, n'est-ce pas, cet acharnement devenait presque comique. Ils se sentaient donc tellement menacés,
ses ennemis ?

La route fut longue, sans incidents, ou peut-être l'âge
dépouille-t-il tous les reliefs. Ils s'arrêtèrent à Philippes,
lui et Timothée, pour la Pâque, sur la prière des fidèles.
Ils s'embarquèrent à Néapolis. A Troie, leurs compagnons de Corinthe les attendaient. Ils racontèrent qu'un
passager du bord avait scruté attentivement leur groupe
et que, ne trouvant pas Saül parmi eux, il en avait craché
de dépit dans la mer.

Était-ce drôle ! Le messager de la mort avait manqué
sa proie. Mais cela n'avait aucune importance. On ne
manque jamais sa mort. Saül haussa les épaules.

« Je mourrai un jour », dit-il, « mais mon squelette me
survivra. N'est-il pas étrange que les squelettes durent
tellement plus longtemps que leurs propriétaires ? »

La réflexion, macabre, les décontenança ; ils se

confondirent en souhaits de longue vie. Comme les hommes ont peur de la mort ! Même celle des autres, parce qu'elle leur rappelle la leur !

Ils se mirent à table. Il rompit le pain, en souvenir de l'homme qui l'avait dépouillé[218]. Son univers était peuplé de ces choses-là, désormais, des squelettes, du pain, du vin. Et le feu, le feu purificateur.

Un jeune homme, Eutyque, avait trop bu ; il alla prendre l'air à la fenêtre, puis s'assit sur son rebord. Il s'était sans doute endormi, car un cri signala sa chute. Les convives se levèrent précipitamment de table, dévalèrent les escaliers, lampe à la main. Le corps du jeune homme gisait en bas. Un cercle se forma autour de lui. Saül lui mit la main sur le cœur, perçut les battements, enfonça son pouce noueux au creux de l'épaule ; Eutyque ouvrit les yeux[219]. Peut-être celui-là croirait-il un peu plus que les autres à la mort.

7

LA CEINTURE

Parcourir les théâtres de la gloire au crépuscule est lancinant, mais au crépuscule de sa propre vie, c'est poignant.

D'Alexandrie de Troade, où flottait encore l'haleine du héros, une trirème emporta les voyageurs vers Assos, où le jeune Aristote avait, dans sa jeunesse, rêvé à l'ordre des dieux et dont le temple montrait encore, sur sa frise, Héraklès, oui, encore lui, saisissant à la gorge Achéloos. A Mytilène, où le Spartiate Callicratidès mourut en héros malheureux, on jouait, dans le petit théâtre, l'*Héotontimouriménos*, comédie, ou bien est-ce tragédie, histoire d'un homme qui, déjà, a perdu le goût du plaisir et se tourmente lui-même... A Chios, Seigneur, même les vagues qui se brisaient sur le môle semblaient réciter

les tribulations d'Odysseus, le Donneur de Peine, et Saül
songea que les quartiers de mouton qu'on servit au
voyageur provenaient peut-être du troupeau de trois cent
cinquante têtes qui appartenait au Soleil. A Samos, Saül
affronta les mânes de son ennemi, Pythagore, qui était né
sur l'île et duquel se réclamaient les « mélangeurs »[220],
l'homme pour qui l'homme n'était que le jouet d'une
immense géométrie commandée par les dieux. A Milet,
il fallut encore saluer les mânes de Thalès, l'homme qui,
le premier, avait illustré les lois...

Saül avait projeté de s'arrêter à Ephèse.

« Il y a longtemps que tu n'y as pas été », répondit le
navarque. « Le port est ensablé depuis cinq ans. »

Il y avait, à Milet, une petite communauté ; il en délégua deux jeunes gens à Ephèse, pour mander le Conseil
de cette ville. Qu'avait-il à lui dire ? Rien, il voulait les
voir, et quand ils vinrent, trois jours plus tard, il comprit
pourquoi il les avait appelés : c'était qu'il ne les reverrait
plus. L'heure avait tourné, le sablier se vidait. Il ne
reconnut que trois des sept membres du Conseil qu'il
avait nommés ; les autres étaient morts ; bien d'autres
aussi. Il prit de leurs nouvelles ; ils persévéraient ; les
Juifs n'avaient pas abandonné leur hargne, ni Eugène,
qui était revenu deux fois, ses mélanges. Non, il n'y
avait pas eu de défections, sinon celles des morts. Mais
il y avait eu des naissances et quelques conversions.

« Quand viendra la fin du monde ? » demandèrent-ils.

« Ne vous en souciez pas, il est impie de prétendre
déchiffrer les desseins du Seigneur. Persévérez et priez
le Seigneur Jésus. Il est votre salut, et n'en espérez pas
d'autre. Je ne vous reverrai pas. Apprenez à prendre soin
de votre communauté par vous-mêmes. Instruisez-vous
aussi. »

Ils restèrent sans parole, comme des garçons auxquels
on apprend que l'enfance est finie. Les ombres, décidément, s'allongeaient sur le sol.

Saül voulut aller à Didymes ; y avait-il là des Chrétiens ? Non, le temple d'Apollon était trop grand, trop
prospère, trop beau, le dieu froid régnait encore. Un prêtre vaticinait dans les fumées puantes qui filtraient d'un

trou grillagé dans le sol du *temenos**. Saül ni Timothée ni sans doute le reste du public n'y comprenaient rien, mais un interprète racontait des fadaises, tandis que, non loin de là, des chats couraient les lézards. Sans doute Apollon avait-il la nausée de son culte, mais aussi, quel dieu ne l'a ?

A Cos, la présence d'Homère fut bien plus forte que celle d'Apollon à Didymes. L'Aveugle n'avait-il pas fondé là une école, les Homérides ? Cinq siècles plus tard, les arrière-petits-enfants de ses élèves s'essayaient à chanter les yeux fermés, l'un après l'autre, puis allaient se quereller dans les ruelles près des tavernes, se traitant de corneilles et d'émasculés.

A Rhodes, la trirème passa sous les jambes du Colosse, Saül contrarié d'avoir le crâne sous les génitoires hors mesure du géant qui gardait le port, un pied sur un môle et l'autre sur son symétrique. Un miroir de quinze pieds reflétait, sur la poitrine de l'athlète, le soleil couchant. Ô Grèce, qui fis la beauté parce que tu ne croyais pas vraiment à tes dieux ! Ce voyage n'en finissait pas ! Saül avait hâte d'atteindre enfin Jérusalem avant de gagner Rome.

Xante, détruite quinze ans auparavant, avait repoussé autour d'un temple d'Apollon, Chypre oubliait dans le négoce la naissance de Vénus, Tyr, enfin, exhala les premières senteurs de l'Orient. Il mit pied à terre, comptant les lieues qui le séparaient de Jérusalem.

La petite communauté, constituée presque exclusivement de Juifs convertis, c'était lui, Saül, qui avait contribué à la créer ; ces gens étaient tous partis après la lapidation d'Étienne. Ils l'ignoraient, sans doute, car ils le reçurent magnifiquement, lui, et Sosipatros, Aristarque, Secundus, Gaïus, Tychique, Timothée, sans oublier Trophime, l'infortuné Trophime.

Ils n'avaient, eux, pas de problèmes de puteries, ni de mélangeurs.

« Et où vas-tu, maintenant ? »

« A Jérusalem. »

---

* Parvis où se trouve l'autel.

« Non ! »

Ils protestèrent de toutes leurs forces que sa vie y serait en péril. On savait qu'il irait là, on lui avait tendu vingt pièges. Il n'écouta pas, et reprit le bateau pour Ptolémaïs. De là, il gagna Césarée à pied. La communauté de Césarée était régie par un Conseil où dominait Philippe, le même Philippe qui avait fait si mauvais accueil à Saül à Kochba. Mais le temps avait passé. Philippe avait blanchi ; quand, le domestique lui ayant annoncé des visiteurs, l'apôtre qu'on appelait l'Évangéliste[221] sortit de sa maison dans les rosiers sauvages et les amandiers, Saül le reconnut à peine. Lui, pourtant, reconnut Saül, mais il était vrai qu'on eût reconnu celui-ci de loin.

« Ta renommée t'a précédé de loin et de longtemps », dit-il après l'accolade. « L'Esprit-Saint t'aura comblé. Ta parole est féconde. Les blés foisonnent dans tes pas. »

Saül l'interrogea du regard, sans parvenir à déchiffrer les dispositions de son interlocuteur. Les autres aussi épiaient en Philippe une parole ou une autre qui eût permis de trancher : suivait-il Saül, ou bien était-il du parti de Jacques ? Philippe demeurait énigmatique. Mais il organisa quand même l'accueil des visiteurs : Saül habiterait chez lui, les autres auraient tel et tel quartier chez les frères. Saül, prudent, obtint que Timothée partageât sa chambre.

« Mais que dit-on de moi à Jérusalem ? » demanda Saül, entrant dans le vif du sujet.

« Je crois savoir qu'ils se félicitent de ton action », répondit Philippe. « Sans doute y a-t-il quelque contestation au sujet de la Loi de Moïse. On me rapporte, en effet, que tu dispenses les Gentils de la circoncision... »

« Les disciples de Jésus ne sont pas des Juifs », répondit Saül.

« Ne le sont-ils pas ? » demanda Philippe d'une voix doucereuse. « Mais que sont-ils donc ? »

« Chrétiens. »

« J'entends. Mais ils ne sont toutefois pas fidèles d'une nouvelle religion, que je sache ? »

« L'ancienne religion a été renouvelée. »

« Et quelle en est la Loi ? » demanda Philippe.

« Celle de Jésus. »

« Mais celle de Jésus n'était-elle pas celle de Moïse ? »

« N'est-ce pas lui qui a dit que le Sabbat est fait pour l'homme et non l'homme pour le Sabbat ? Et a-t-il imposé la circoncision à ses disciples ? »

« L'affaire est simple », observa Philippe. « Jésus n'a converti aucun Gentil et ses disciples étaient déjà circoncis. On ne peut donc s'étonner qu'il n'ait pas invoqué l'évidence. »

C'était clair, Philippe s'était rangé aux côtés de Jacques. Son hospitalité était de pure formalité. Le temps n'y avait rien fait, un Juif restait juif avant d'être chrétien, et l'attitude de Philippe présageait mal de l'accueil de Jérusalem. Les compagnons de Saül firent grise mine et se hâtèrent de mettre fin à l'entretien. Ils prenaient congé quand firent irruption quatre créatures attifées de la façon la plus extravagante qui se pût concevoir, jusqu'à en être indescriptible, oripeaux noirâtres mélangés à des hardes criardes, maquillages outranciers, et bijoux à foison. Cet emballage n'était rien comparé aux expressions et gesticulations de ces femelles, dont Saül se demanda si elles n'appelaient pas l'exorcisme jusqu'au moment où elles se penchèrent successivement pour baiser la main de Philippe[222].

« Mes filles », dit Philippe à l'assistance médusée, « Sarah, Jézaël, Judith, Rebecca. » Il souriait benoîtement, apparemment fier d'avoir engendré ces épouvantails. Les filles considérèrent les hôtes de leur père d'un air outragé, jetèrent des regards noirs, se voilèrent la face et sortirent d'un pas de reines offensées. « Saintes, saintes femmes ! » dit Philippe. « Sachez, mes frères, qu'elles sont prophétesses. Oui, le Saint-Esprit, la Shekinah, vient les habiter et leur confère à toutes quatre le don de voyance ! Ah, Dieu m'a béni ! »

Philippe avait donc sombré dans une mascarade des temps anciens. Sous peu, sans doute, et sommé par le Sanhédrin, il ne tarderait pas à dire que Jésus avait été un prophète.

Dès qu'il fut seul en compagnie de Saül, Timothée laissa exhaler un flot de sentiments contradictoires, indignation et hilarié, inquiétude et défi. Mais après une nuit sous le toit de Philippe, Saül alla se loger ailleurs ; il n'en retint plus la fiction de la fraternité que par pure courtoisie ; le doute n'était plus loisible ; Philippe était bien un ennemi. Cela, d'ailleurs, était négligeable ; le conflit se déroulerait à Jérusalem, pas à Césarée.

Il s'apprêtait à partir pour Jérusalem quand un voyageur venu de Judée, un certain Agabus, apparut à une réunion que Saül tenait avec ses compagnons. Il y avait en cet homme de l'histrion, car il défit la ceinture de Saül à la stupeur générale, s'assit par terre et fit mine de se lier les mains et les pieds.

« Entendez, frères, entendez ! L'homme à qui appartient cette ceinture, les Juifs le lieront de cette façon, à Jérusalem, et ils le livreront aux Romains. »

« Moi, je t'entends, mais toi, que veux-tu dire par là ? » demanda Saül, reprenant sa ceinture. « Parle clairement. »

« Il y a complot pour t'arrêter. »

Une fois de plus !

« Qui l'a ourdi ? »

« Tes frères[223] ! »

Cris étouffés. « Saül, nous t'en conjurons, ne va pas à Jérusalem... » Objurgations, exhortations. Saül demeurait de marbre. Et silencieux.

« C'est eux ou moi », murmura-t-il à la fin.

Il fallait avoir la peau des Juifs. C'était la belle. Il n'allait pas se dérober. Pour qui le prenait-on[224] ?

8

LES MASQUES

Ils l'accompagnèrent donc à Jérusalem, la mort dans l'âme. Mais le séjour commença sous de mauvais auspices : ils avaient décidé de passer la première nuit chez un Chypriote de leur connaissance, un certain Mnason. Au premier abord, celui-ci montra un visage faux comme un sesterce en plomb. « Frère », lui avait dit Saül, machinalement. L'autre sourit ironiquement ; quand il eut tourné le dos, Saül interrogea du regad Sosipatros, qui baissa les yeux.

« C'était un frère, en effet, mais il a renoncé à suivre Jésus[225]. »

« Et qu'est-ce que nous faisons ici ? » cria Saül en colère.

« Nous sommes plus protégés sous son toit qu'ailleurs », dit Sosipatros.

« Protégés »... Il y avait donc vraiment danger. Cette première nuit à Jérusalem, Saül ne dormit presque pas ; il s'assoupit peu avant l'aube. Ce fut Timothée qui le réveilla.

« Il y a deux hommes pour te voir », dit-il.

Les émissaires mandaient d'un ton sans réplique Saül chez Jacques, dans l'heure suivante. Saül et ses compagnons y allèrent tous. Dans la plus grande chambre de la maison de Jacques, plus de vingt hommes étaient réunis ; à l'évidence, le Conseil de Jérusalem s'était entouré de ses affidés. Pierre était évidemment présent, le regard plus liquide qu'autrefois. Et Ménahem aussi, tout gris et la bouche serrée. Ce fut Jacques qui lui donna l'accolade, suivi par Pierre, et même Ménahem. Saül crâna ; il les toisa d'un air satisfait, puis se tourna vers ses compagnons.

« Frères », dit-il, « je sais vos épreuves. Mais les communautés que j'ai fondées les savent aussi, et elles vous adressent, par l'entremise des serviteurs que nous sommes, les présents que voici. » Il tendit le bras : Sosipatros, Aristarque, Secundus, Gaïus, Tychique et Timothée alignèrent des sacs d'argent aux pieds de Saül, en précisant, pour chaque don : « De la part de la communauté d'Ephèse », « De la part de la communauté de Philippes », « De la part de la communauté de Thessalonique », et ainsi de suite.

« Cet argent est à vous », dit Saül.

Il les dévisagea du regard, un à un ; il devina la réticence. Mais l'argent est l'argent, n'est-ce pas, et à la fin, Jacques fit un geste. Des assistants s'avancèrent et s'emparèrent des sacs.

« Cet argent », dit Saül, « est la moisson des grains que j'ai semés. » Il résuma ses missions, ses déceptions, ses mésaventures, exalta les dangers encourus aussi bien que les résultats enregistrés. Cela dura une heure. Tout le monde rendit grâces à Dieu. Puis vint un long silence.

« Il court à ton sujet des rumeurs contrariantes[226] », dit enfin Jacques. « On dit que tu encourages les Juifs qui deviennent disciples de Jésus à abandonner la Loi. Que tu les dispenses de la circoncision. Que tu n'imposes pas aux Gentils que tu convertis de s'abstenir des viandes impures, du sang et de l'immoralité. »

Il croisa les bras. Saül aussi. Il était en territoire ennemi. Convertis ou pas, les Juifs restaient des Juifs, il le savait. Il n'était pas de taille à discuter avec eux. Il connaissait trop bien la chausse-trappe qu'ils lui tendraient comme Philippe la lui avait tendue à Césarée et comme d'innombrables autres Juifs l'avaient fait. Ils mettraient tout en question, et surtout le fait qu'il avait vu Jésus. Il était roi dans ses terres, pas ici. Après avoir crâné, il cana.

« Ce sont des malveillants ou des ignorants qui propagent ces rumeurs », dit-il.

La potion était amère, surtout en présence de ses compagnons d'Asie et de Grèce. Sans doute le comprirent-ils.

« Si je peux intervenir », dit Sosipatros, « Saül a expressément écrit à maintes reprises aux Gentils de s'abstenir des viandes impures, du sang et de l'immoralité. Et il l'a dit en ma présence encore plus souvent. »

« Et les Juifs convertis ? » demanda Ménahem.

« Je n'étais pas présent », répondit Sosipatros, mentant bien évidemment.

Mais le Conseil savait bien ce qu'il en était des prétendues rumeurs, puisque Saül avait débattu de ces questions avec Pierre, avec Ménahem et avec Jacques. Ces gens-là appliquaient sur Saül une pression morale[227]. Dans quel but ? Il l'apprit quand Jacques reprit la parole : il souhaitait, pour prouver aux yeux de tous que les rumeurs étaient fausses, que Saül se joignît aux rites de purification de quatre frères ; cela prouverait sans conteste qu'il se conformait bien à la Loi.

Il hocha la tête. Il leur ferait même cadeau de ces simagrées. On n'était pas hérodien pour rien ! Sa vengeance, il la tenait déjà : les Juifs n'étaient plus qu'une province, leur temps était révolu. Il hocha encore la tête. L'entrevue prit fin.

Dans la rue, ses compagnons restèrent silencieux.

« Tu n'avais pas le choix », murmura enfin Aristarque, « tu es ici prisonnier. »

Il se fit de nouveau tondre ce qui restait à tondre sur son crâne, car il n'avait dit à personne le vœu qu'il avait fait à Cenchrées, et se joignit à quatre pénitents désignés par Jacques, qui le lorgnaient à l'oblique, d'un œil torve. Il alla acheter les colombes de sacrifice[228] et, quand il fut parvenu dans l'une des cours du Parvis des Femmes, celles qui étaient réservées aux *nazirs* comme celui qu'il prétendait être, des cris s'élevèrent, les regards se tournèrent vers lui, puis une foule accourut, se saisit de lui, le houspilla et le martela de coups de poing avant qu'il eût saisi la situation. Les quatre pénitents se tenaient à bonne distance.

« On le tient ! » criaient ses agresseurs. « On tient le profanateur ! Juifs, à l'aide ! Voici le type qui raconte des infamies sur nous et dit que la Loi de Moïse est révolue ! C'est lui qui, l'autre jour, a fait entrer ici des incirconcis ! »

Saül essaya de parler ; il avait la bouche en sang et ces gens criaient la mort.

« On tient l'Arabe ! »

Les centaines de fidèles qui occupaient la cour du Temple étaient quasiment en insurrection ; ce fut leur erreur. La garde romaine, qui veillait aux portes, s'alarma et dépêcha un émissaire au tribun Claudius Lysias, chef de la cohorte de six cents hommes qui était chargée de maintenir l'ordre dans la ville, mais Saül ne l'apprit qu'un peu plus tard : au moment où ses agresseurs le traînaient hors du Temple, une centaine d'hommes en armes chargèrent le cortège, sous le commandement de Lysias.

« Où allez-vous ? » cria Lysias à ceux qui paraissaient mener le cortège.

« Au Sanhédrin ! »

« Le Sanhédrin n'est pas une autorité policière. Vous troublez l'ordre. Votre prisonnier est le mien. »

La foule hurla, une fois de plus : « A mort ! A mort ! » Les soldats dégainèrent. Les Juifs virent les glaives pointés sur eux. Ils jetèrent Saül en avant ; il tomba aux pieds de Lysias.

« Qui es-tu ? »

Mais il ne comprit pas la réponse de Saül. Il donna alors l'ordre de l'emmener à la tour Antonia. La foule suivait en hurlant.

« Voilà donc le traquenard », songea Saül, reprenant un peu ses esprits, « voilà le beau traquenard de mes frères[229]. »

La foule essayait de déborder la troupe. Les plus hardis furent jetés à terre, hurlant de fureur. A l'évidence, on leur avait monté la tête. Parvenu au porche de la forteresse, Saül demanda de l'eau ; on lui apporta un broc, il but, lava le sang de sa bouche et, se tournant vers Lysias, tandis que la foule continuait d'assiéger la tour en criant des insanités, il lui dit :

« Puis-je te parler ? »

« Tu parles donc grec. Tu peux me parler. Qui es-tu ? »

« Saül d'Antipater. Je suis citoyen romain. »

« Ah », fit Lysias, « je te prenais pour un agitateur égyptien. Citoyen romain ! Que désires-tu ? »

« Leur parler. »

« Eh bien, parle-leur ! »

Au bas des marches, les glaives étaient toujours pointés vers les poitrines.

« Juifs ! » cria Saül en hébreu. « Écoutez-moi ! »

Surpris, ils baissèrent leur vacarme.

« Que me reprochez-vous ? »

« Tu as fait entrer un incirconcis dans le parvis des *nazirs* ! » cria un vieux barbu.

« Faux ! » cria Saül. « Je connais votre Loi, puisque c'est la mienne ! Je suis un disciple de Jésus, mais je respecte la Loi. Les quatre hommes que vous avez vus avec moi sont des Juifs circoncis qui venaient faire leurs vœux[230]. »

« Qui est Jésus ? » cria un homme dans la foule.

« C'est celui que le Seigneur vous a envoyé pour vous rappeler la Loi ! » cria Saül.

« Tu veux dire le criminel qu'on a fait crucifier parce qu'il bafouait la Loi ! » cria l'homme. « Romains, cet homme est un criminel selon notre Loi, qu'il bafoue ! Mettez-le à mort[231] ! »

« Est-ce que les Juifs pensent donc à autre chose qu'à mettre à mort ceux qui ne pensent pas comme eux ? » se demanda Saül. La foule fit mine d'avancer. Les glaives se dirigèrent vers les poitrines. Lysias fit entrer Saül dans la tour, à trois pas de là.

« Voilà pour ce qui est de parler aux Juifs », observat-il, sarcastique. « Pourquoi t'en veulent-ils ? »

« Il y a un complot contre moi, parce qu'ils croient que je bafoue leur Loi. »

« Tu dis que tu es romain ; comment l'es-tu ? »

« De naissance. C'est un privilège accordé par César à mon grand-père Hérode et à sa famille. »

« Moi, j'ai payé ma citoyenneté », dit Lysias, « et je l'ai payée cher[232]. » Il réfléchit un moment. « Je ne peux te relâcher, puisque ton affaire n'est pas instruite, mais considère que tu es mon hôte. »

Saül eut cette nuit-là un repas décent, du vin, le droit à la salle d'eau et un lit d'officier. Le lendemain, Lysias vint le voir ; il voulait savoir le véritable motif de l'hos-

tilité des Juifs et avait donc convoqué le Sanhédrin ; Saül
y comparaîtrait sous la garantie militaire romaine.

« S'il le faut », dit Saül.

C'était à moins de cent coudées, au Palais Hasmonéen. Les soixante-douze membres du Sanhédrin étaient
rangés sur leurs estrades d'un côté du muret qui délimi-
tait leur aire ; Saül entra sous la protection de dix hommes en armes, mais trois centuries veillaient au-dehors.
Lysias croisa les bras.

« Voici l'inculpé », dit l'huissier, désignant Saül du
doigt.

« Qui es-tu ? » demanda le grand-prêtre Ananias.

« Saül, fils d'Antipater. »

« Belle engeance ! » murmura Ananias. « Tu es coupable d'avoir bafoué notre Loi, crime passible de mort.
Pourquoi bafoues-tu notre Loi ? »

« C'est vous qui la bafouez », dit Saül.

« Souffletez-le ! » cria Ananias.

Le greffier se leva pour gifler Saül, criant : « Tu inju-
ries le grand-prêtre ! »

« Ah, c'est lui, votre grand-prêtre ? » dit Saül, ironiquement[233].

Il ne pouvait rien lui arriver, désormais, il était sous
garde romaine. Il fallait jeter les masques. Les soixante-
douze firent des mines indignées.

« Le grand-prêtre ne sait pas instruire un procès », dit
Saül. « J'ai été arrêté sous le prétexte que j'avais profané
le parvis des *nazirs*. J'étais avec quatre *nazirs* circoncis
quand la foule s'est jetée sur moi. On a inventé... »

Le Sanhédrin fit du chahut. Lysias leva le bras ; ils
étaient quand même craintifs, ils se turent.

« On a inventé », reprit Saül, « que j'y aurais été auparavant avec un incirconcis. Je ne vois pas pourquoi je
l'aurais fait. Aucun témoin de cet outrage ne s'est alors
présenté. Votre procès est fabriqué d'avance. Ananias, tu
as monté une intrigue qui fait de toi un parjure à la Loi. »

Le grand-prêtre se leva, feignant de suffoquer.

« Déchire tes vêtements si tu le veux, Ananias, tu ne
peux déchirer ton indignité ! » cria Saül[234].

Les deux ou trois douzaines de Juifs qui étaient dans

le prétoire voulurent se jeter sur Saül ; les soldats les
tinrent en respect. L'un d'eux attaqua un soldat romain ;
il reçut un coup de poignée de glaive sur le crâne. On le
ramassa. Lysias fit ramener Saül à la tour. Il marchait
près de lui, tandis que la foule, de nouveau, glapissait.

« Rien compris à ton cas », dit-il.

Saül se retrouva dans le bureau de Lysias.

« Explique-moi le fond de l'affaire », dit-il.

« Je suis disciple de Jésus », dit Saül, « et pour eux,
l'enseignement de Jésus est anathème. Jésus est venu les
sauver, mais ils préfèrent croupir dans leurs maréca-
ges. »

« Les Hérodiens ont toujours eu des problèmes avec
les Juifs », dit Lysias.

Il appela un secrétaire pour qu'on fît servir un en-cas.
« Je suis protégé, mais prisonnier », se dit Saül. « Savoir
comment je vais sortir d'ici. » Il dépeçait un poulet avec
Lysias, résumant l'histoire de son père Antipater, quand
un secrétaire apparut.

« Un jeune homme vient d'apporter un message à ton
intention », annonça-t-il. « Quarante des plus éminents
citoyens assurent qu'ils ont fait le vœu de ne manger ni
boire tant qu'ils n'auront pas tué le prisonnier. »

« Eh bien, ça fera quarante Juifs de moins », dit
Lysias, « mais pas un citoyen romain de moins ! »

Saül avait blêmi.

« Que dois-je faire du messager ? » demanda le secrétaire.

« Renvoie-le. Puisque c'est un Juif, il n'acceptera pas
d'entrer dans un édifice païen ! »

« Je ne sais pas si c'est un Juif », répondit le secrétaire, mais c'est un citoyen romain, m'a-t-il dit. Il
s'appelle Marius Archélius Mummius. »

« Eh bien, fais-le monter. »

Le cœur de Saül tressaillit. Était-ce possible ?...
C'était bien possible. Même dilué par le sang étranger,
le type de famille s'imposa dès que le visiteur eut franchi
le seuil : c'était presque Saül, en plus jeune, en plus
grand, en plus beau... Saül porta la main à la bouche. Le
jeune homme tourna la tête vers lui, sourit avec embar-

ras, Saül se leva et se jeta vers lui, le prit dans ses bras et réprima ses larmes. Lysias suspendit en l'air son pilon de poulet.

« C'est mon neveu », dit Saül[235].

Mais l'heure se prêtait mal aux effusions. Marius, qui portait donc le même prénom que son père, faisait avec les Juifs le commerce de l'or et de l'argent. De passage depuis la veille à Jérusalem, il avait entendu un orfèvre parler donc du vœu assassin. Il avait ainsi appris que Saül était à la tour Antonia et il était venu prévenir Lysias.

« Ce sont les mânes de Doris qui t'envoient », murmura Saül à l'adresse de Marius.

« Ces agités me chauffent les oreilles », dit Lysias en remplissant son verre. « Appelle-moi deux centurions », dit-il au secrétaire et, quand celui-ci fut parti : « Saül d'Antipater va goûter à nouveau aux délices de Césarée. »

« Césarée ? » dit Saül.

« Je te délègue aux bons soins du procurateur Félix. Il est en villégiature là-bas. Tu y seras plus en sécurité qu'à Jérusalem. »

« Ton petit-fils est aussi là-bas », dit Marius. « J'ai laissé la maison à Simon. »

Il ne pouvait s'attarder davantage ; il prit congé, embrassa Saül et s'en fut. Les centurions lui succédèrent. Lysias s'essuya la bouche.

« Préparez deux cents soldats pour aller à Césarée, avec soixante-dix cavaliers et deux cents archers, dès neuf heures du soir. Vous emmènerez des chevaux pour faire monter Saül d'Antipater, que voici, et le conduire sain et sauf au procurateur Félix[236]. »

Puis il rappela le secrétaire et lui dicta une lettre : « Claudius Lysias à l'excellent procurateur Félix, salut. Les Juifs se sont emparés de l'homme que je fais conduire auprès de toi, Saül d'Antipater, citoyen romain, et ont tenté de le mettre à mort. Je me suis présenté avec la troupe et je l'ai délivré. Ayant appris qu'il est un Romain, j'ai voulu savoir de quoi ils l'accusaient et je l'ai fait comparaître devant leur Sanhédrin. Il semble qu'ils lui font grief de points contestés de leur Loi, et non de motifs de mort ou de prison. Informé de ce qu'il y avait un complot contre cet homme, je te l'ai aussitôt envoyé, et j'enjoins à ses accusateurs de se justifier devant toi. »

La formidable escorte partit à l'heure dite et arriva au petit matin à Antipatris. Un renard fila entre les jambes du cheval de Saül. L'air sentait le thym. Saül, fourbu, considéra d'un œil chassieux la ville construite par Hérode et nommée en mémoire du premier des Hérodiens, Antipater. Un centurion l'aida respectueusement à descendre de cheval. Puis il l'invita à partager sa collation, du lait de brebis, des figues, du pain levé. Là, les soldats et les archers prirent le chemin du retour. Soixante-dix cavaliers suffiraient, comme l'avait prévu Lysias, à la sécurité du prisonnier extraordinaire. Ils atteignirent Césarée à la mi-journée. Saül fut emmené au palais d'Hérode, désormais résidence des procurateurs. Il tourna la tête ; à droite, il reconnaissait la maison de son enfance.

Antonius Félix devait avoir dépensé en plaisirs la meilleure partie de sa quarantaine ; les joues avaient cédé sous le poids de la chère ; les poches s'installaient sous les yeux ; le menton se dédoublait. Comme tous les anciens affranchis, il avait de mauvaises manières : la morgue excessive et cette façon de garder l'œil mi-clos, pour feindre l'indifférence. Saül se souvint de quelques ragots : Félix courait les tendrons, et il était vénal. Il était coléreux aussi. Allongé sur sa couche, il feignit un moment de ne pas savoir que des hommes avaient pénétré dans la chambre où il tenait sans doute audience.

« Qu'est-ce que c'est ? » dit-il avec hauteur en posant la lettre qu'il lisait. « Qui est cet homme ? »

« Excellence », dit le secrétaire, « c'est un prévenu que nous envoie le tribun Lysias. » Et il tendit le message de Lysias, dont Félix s'empara avec dédain. Il avait sans doute des problèmes de vue, car il cligna imperceptiblement des yeux, puis leva la tête et demanda à Saül :

« Comment t'appelles-tu ? »

« Saül d'Antipater. »

« D'Antipater ? » répéta-t-il, comme incrédule.

« Le fils d'Hérode le Grand et de Doris », répondit tranquillement Saül.

Félix se redressa.

« Laissez-nous », dit-il aux gens présents.

Saül se retint de sourire. Mais il n'avait pas de dispositions particulières à l'ironie ; il voulait un bain. Il goûterait plus tard la singularité qui voulait que le procurateur de Judée vécût avec Drusilla, la fille cadette d'Agrippa Ier, qu'il avait enlevée au roi d'Emèse, Aziz, grâce aux services d'un entremetteur prétendument magicien, un nommé Simon, nom décidément prédestiné. Félix avait même épousé Drusilla, sans doute une de ces petites intrigantes hérodiennes dont Saül devinait trop bien la putasserie. Bref, le procurateur de Judée était son neveu par alliance. Et ce fut Félix qui esquissa un sourire.

« Mais nous sommes parents ! » dit-il. « Prends un siège[237]. »

Il se leva et fit les cent pas.

« J'espère que Lysias t'a bien traité ? »

« Avec une parfaite civilité. »

« Tu lui as dit que ?... »

« Que je suis citoyen romain. »

« Évidemment. Quelle est l'affaire ? »

« Je suis disciple de Jésus. Les Juifs estiment que les Chrétiens sont des ennemis. Ils ont monté un complot. Voilà tout. »

Félix reprit la lettre de Lysias et l'approcha très près de ses yeux ; il était myope. Mais lecteur rapide. Il leva les yeux et dit :

« Mais ils vont rappliquer ! »

« Eh ! Qu'ils rappliquent ! Je n'ai rien fait pour justifier une tentative d'assassinat. »

« Engeance ! » marmonna Félix. « Tu dois être fatigué. Je vais te faire préparer un appartement. » Il alla à la porte, se ravisa et se tourna vers Saül : « Je voudrais bien te libérer d'office, mais ces lémures m'accuseraient de favoritisme auprès de Néron. Tu seras confortablement installé. »

Il ouvrit la porte, héla le secrétaire, donna des ordres.

Saül prit un bain, se fit masser, et dormit tout l'après-midi. Au crépuscule, le secrétaire de Félix vint l'éveiller : son maître priait Saül au souper. Par ailleurs, il l'informait qu'il était possible de faire mander de Jérusalem toute personne qui lui serait agréable.

« Faites appeler mon disciple Timothée », dit Saül.

Le souper fut évidemment fastueux. Libidineux aussi : car il fut servi par de jeunes Nubiennes qui posaient sur Saül des regards complaisants. Il était bien question de sexe ! « Il ne reste qu'une petite flamme », songea fugitivement Saül, « elle suffit à peine à ce qui me reste à faire. »

Timothée arriva un jour avant les gens du Sanhédrin. Saül les vit défiler par la fenêtre du premier étage où se trouvait son appartement : une délégation de vingt dignitaires qui marchaient avec solennité, dirigés par cette nullité venimeuse d'Ananias. On pria, peu après, Saül de se rendre à l'ancienne salle du trône d'Hérode. Félix occupait donc le trône. A droite, les Juifs, à gauche, Saül, seul, assis. Un personnage à la vaste barbe carrée et aux cheveux huilés se leva : Tertullus, avocat du Sanhédrin. Le préambule de la plaidoirie fut écœurant :

« Nous jouissons grâce à toi de la paix et des réformes que cette nation doit à ta providence... » et blablabla. Compliments obscènes aux Romains assortis à cette pommade. « ... Pour ne pas te déranger plus longtemps, je te supplie d'écouter un instant, selon ta clémence... » blablabla.

« Le Sanhédrin est devenu un égout », songea Saül.

Vint l'accusation : Saül était le chef des Nazaréens qui répandaient le trouble dans tout l'univers. Et il avait profané le Temple en y introduisant un incirconcis. Puis Tertullus s'inclina obséquieusement, montra à Félix le sommet de ses boucles et se rassit. Félix donna la parole à Saül.

« J'ai été au Temple pour pénitence. Je n'y ai pas pris la parole. Je n'y ai rien dit. Je n'ai rien dit à Jérusalem. Je suis venu dans cette ville pour apporter l'argent des Nazaréens d'Asie et de Grèce à mes frères. Le tumulte,

ce sont les Juifs qui l'on créé. Lysias le tribun en témoignera. »

Félix hocha la tête.

« Il nous manque le témoignage de Lysias. Quand je
l'aurai, j'examinerai votre plainte », dit-il aux Juifs d'un
ton sans réplique[238].

Ils tirèrent des mines, se consultèrent du regard, murmurèrent ; Félix quitta la salle. Les gardes emmenèrent
Saül.

« Scandale ! » cria un Juif.

Timothée se retourna et leur pointa le menton de
l'index.

Le dîner fut très gai.

Trois jours plus tard, il y eut un autre dîner, plus
piquant.

Saül la reconnut dès qu'elle entra. Très jolie femme
encore, la fille d'Agrippa et de Cypros. Petit nez, bouton
de rose, petite bouche carminée, rose à peine éclose,
grands yeux, cernés d'antimoine, petits seins, bien visi-
bles sous la tunique de lin retissé d'or et de soie, petites
mains potelées, une caille ! Elle sourit largement et tendit les bras à Saül, sous le regard paterne de Félix[239].

« Oncle ! »

Elle le serra dans ses bras après lui avoir baisé la
main, il rit dans sa barbe, Timothée écarquillait les yeux.

« Oncle ! » répéta-t-elle. « Tu ne me reconnais évidemment pas ! J'étais au mariage de ta nièce, ma cousine, la fille de Doris, à trois pas d'ici ! »

« Étais-tu donc née ? » dit-il, complimenteur.

On soupa prodigieusement, danseurs et danseuses
s'agitèrent sur une musique que Saül jugea débile. Elle
parla de la famille, ragota à perte de vue en grignotant
des filets de sole au vin de Chios, des croquettes
d'alouette, du faisan aux pétales de rose.

« Où allais-tu donc, quand tu t'es arrêté à Jérusalem ? »

« A Rome. »

« A Rome ! Mais le fils d'Aristobule y est, sais-tu ?
Il y a là-bas plein de gens de la maison d'Aristobule !

Oh, j'aimerais que nous soyons à Rome avec mon oncle », dit-elle en se tournant vers Félix.

Oiseau de cour, guenon parfumée, il faudrait pour toi créer une chambre spéciale en Enfer !

Timothée ne tarissait pas de questions le long de la terrasse qui ramenait les deux hommes à leur appartement. Les gardes sommeillaient. Une galère eût pu appareiller de nuit et offrir la liberté. Mais aller à Rome alors qu'on est prisonnier d'un Romain[240]...

Et puis, Saül était las. Il avait vu trop de mensonges, de sottise, de traîtrise. Le guet-apens de Jacques et de Pierre, il s'en souviendrait ! Ceux-là, des disciples de Jésus ! La bestialité fardée des Romains aussi, il l'avait trop vue ! Ah oui, la nausée de Jésus ! Comme il le comprenait ! Surtout ne pas revenir parmi ces gens ! Surtout pas ! Des masques sur de la pourriture ! Certains soirs, il souhaitait disparaître à tout jamais, poussière dans la poussière, et s'énervait que son squelette dût lui survivre.

Puis il se ravisait. Les squelettes ricanent ! Ils se gaussent des vivants ! Ah, comme il est vrai, le rire des squelettes ! Le même que le rire des chiens !

9

UNE RANÇON POUR UN EMPIRE

« Parle-nous de ce Jésus », dit un soir Félix, l'esprit curieux d'épices.

Drusilla avait oublié d'être charmeuse.

Les procurateurs s'ennuyaient comme les autres. Ils aimaient les récits. Ils croyaient qu'à les écouter, ils se cultivaient. « J'ai lu... » disait parfois Félix, pour signifier qu'il avait écouté la lecture que lui avait faite son secrétaire.

De temps en temps, des chanteurs et des danseuses

ornaient les dîners du palais de Césarée ; ils ne divertissaient vraiment que Timothée, et Saül n'avait pas le
cœur de dire au jeune homme que les uns débitaient des
fadaises et que les autres montraient leurs fesses.

« Parle-nous de ce Jésus qui exaspère tant les Juifs... »

Saül était captif depuis quinze mois dans ce palais de
Césarée, et il se demandait pourquoi Lysias tardait tant
à venir donner son témoignage. Puis on apprit, de la
bouche de Luc, qui était venu rendre visite à Saül, que
le tribun n'était plus à Jérusalem. On ignorait s'il reviendrait. C'est-à-dire que le procès pouvait être remis aux
calendes grecques. Saül dépendait du bon vouloir de
Félix. Que voulait donc Félix ? D'innombrables dîners
où l'on avait traité de tout et de rien, des princes malheureux de la famille, puis des intrigues qui dévoraient les
Hérodiens comme les vers un cadavre, d'innombrables
dîners, donc, n'avaient pas permis à Saül de comprendre
pourquoi Félix tardait tant à régler cette affaire.

Mais enfin, il fallait bien qu'il la réglât. Chaque fois
qu'il allait à Jérusalem, les Juifs faisaient son siège et
tempêtaient. Les quarante jeûneurs devaient être repus
de fureur, car à l'heure qu'il était, ils avaient certes
renoncé depuis longtemps à leur pénitence.

« Parle-nous de ce Jésus... »

D'entendre la petite bouche rouge de murène de Félix
articuler négligemment cette demande !

« C'est un héros très beau et très sage. Héros, parce
qu'il s'est rebellé contre la condition humaine, très beau,
parce que son regard embrassait la totalité du monde et
que la lumière du ciel l'emplissait. Très sage, parce qu'il
avait compris la faiblesse des hommes et les exploits
dont ils sont capables. Il naquit juif, mais il était plus
grand qu'un Juif. »

« Pourquoi s'est-il rebellé contre les Juifs ? »

« Parce qu'ils avaient réduit la Loi de Dieu à des paroles, et que les paroles ne sont que poussière sans l'amour
et la révérence, qu'ils Lui avaient élevé un Temple pour
L'y enfermer, croyant ainsi qu'ils pourraient éviter Son
regard ailleurs. »

« Je t'ai trahi, comme tu l'avais prédit rue de l'orfèvre Nimrod, mais je te sers », songea-t-il.

« Tu dis que c'était un héros », observa Félix, « mais les Nazaréens disent que c'est le fils de votre dieu. »

« Il est bien le Fils de notre Dieu, il est notre unique héros. »

Drusilla paraissait rêveuse.

« Était-il marié ? » demanda-t-elle.

« Comment l'homme qui est venu racheter l'humanité serait-il l'époux d'une seule femme ? » répondit Saül.

« Salomé m'a pourtant assurée qu'il avait épousé en noces secrètes une certaine Marie de Magdala », reprit Drusilla.

« Quelle importance ? » demanda Saül. « Il était homme autant qu'il était Dieu. Que l'homme ait aimé une femme, la part du divin en lui aimait toutes les femmes. »

Timothée aussi rêvassait.

« Et quel homme, aimant une femme, n'aime en elle toutes les femmes ? » ajouta Saül.

Félix semblait à moitié convaincu.

« Je ne vois rien dans ces propos », dit-il, « qui justifie l'intention que les Juifs avaient de te tuer. Il y a quelque motif que tu ne nous avoues pas. »

« Les Juifs sont menacés », dit Saül. « C'était une nation indépendante et fière. Elle est toujours fière, mais elle n'est plus indépendante. Un gouverneur tel que toi a le pouvoir de démettre à son gré son grand-prêtre. Vous, Romains, avez élevé à travers le pays des édifices qui offensent leur foi à chaque pas. Des temples à des dieux étrangers, des effigies de ces dieux qui les représentent le plus souvent nus et qui exaltent la chair et l'amour terrestre, des gymnases où les hommes se montrent nus, offensant ainsi leur pudeur, des théâtres où l'on joue des drames profanes. Les Juifs sont humiliés et voient partout des ennemis. Jésus est venu dénoncer leur hypocrisie à l'égard du Tout-Puissant. Ceux qui répandent l'enseignement de Jésus sont, pour eux, les pires ennemis. Ils préfèrent, Félix, traiter avec toi qu'avec moi. »

« Je ne vais tout de même pas le mettre dans le secret

des intrigues infâmes de mes frères », songea Saül, « encore que l'occasion soit belle de me défaire de cette buse de Jacques et de ce débris sénile de Pierre. »

« Je ne comprends pas, Saül, qu'un homme tel que toi, de haute naissance, citoyen romain de surcroît, et fortuné, tu aies abandonné le rang que tu tenais autrefois et que tu coures les mers et les routes comme un gueux, exposé sans relâche à des intrigues meurtrières pour une histoire de dieux et de prosélytisme. Quoi que tu en aies, les dieux romains, eux, n'exposent pas les citoyens à ces périls. »

« N'avez-vous pas vous-mêmes, Romains, des philosophes qui font profession de dédaigner tous ces conforts ? » répondit Saül. « Et la recherche de ces conforts et de ces privilèges que j'ai abandonnés, en effet, n'est-elle pas la cause du plus grand des maux d'une république, l'injustice ? »

L'évocation de l'injustice sembla contrarier Félix. Il se resservit du vin, grappilla dans la coupe de raisin posée devant lui.

« Oui, oui », dit-il, « je connais ces discours. Mais enfin, c'est de toi que je parle. Les Stoïciens et les Cyniques, puisque c'est d'eux que tu parles, ne mettent pas leur vie en péril, et Sénèque, dont il paraît que tu es ami, est très riche, il vit dans le confort de ses maisons et le luxe de ses collections. Qu'est-ce qui te fait courir, toi ? »

« Le sentiment de l'autre justice, Félix », répondit Saül, se versant à son tour du vin. « Un jour viendra où tous nos actes nous seront comptés devant le Tout-Puissant. Nos pensées aussi. Nos manquements, nos crimes, nos bassesses seront déposés dans un plateau d'une immense balance, nos bienfaits, nos générosités, nos actes utiles dans l'autre. Selon le sens où le fléau de cette balance ira, nous irons, nous, soit en Enfer pour l'éternité, soit au Ciel. »

« Bon, je connais tous ces discours », dit Félix en se levant. « Je vais me coucher. »

Drusilla baissait la tête.

Sur le pas de la porte, Félix se retourna.

« Je reste persuadé, Saül, qu'avec tout ton argent, tu peux faire mieux que d'aller asticoter les Juifs au nom de fables. »

« Tout mon argent ? » répéta Saül, intrigué.

« Ton banquier est de mes amis. Tu es riche. »

C'était donc cela ! Il attendait de l'argent[241] !

Qu'à cela ne tînt ! Il lui en donnerait ! Une rançon vaudrait bien la liberté et le loisir d'organiser le nouvel empire des fidèles de Jésus. Quinze mois de cette captivité dorée commençaient à peser beaucoup plus lourd qu'une petite fortune en sesterces.

10

L'ADIEU

Saül se disposait donc à débattre de sa rançon avec Félix, lorsque celui-ci s'absenta. Quinze jours plus tard, ni lui ni Drusilla n'étaient revenus. Saül interrogea les domestiques ; ils restèrent discrets jusqu'à la veille du dernier jour : ce jour fut celui de l'arrivée à Césarée du successeur de Félix, Porcius Festus.

Saül et Timothée le virent descendre de litière, du haut de la terrasse qui dominait la rue, suivi de centurions, de soldats, d'archers, de cavaliers. Cinquante ans environ, un masque qui disait bien autre chose que celui de son prédécesseur. Que dit un masque ? Les vices ou les vertus. Celui de Félix avait été bouffi d'avidité, celui de Festus exprimait l'énergie.

La veille, donc, les domestiques racontèrent que Félix avait été rappelé à Rome, en disgrâce. Il avait encouru le déplaisir de Néron à la suite d'un incident déplorable : des Grecs et des Juifs en étaient venus aux mains dans la rue, à Jérusalem, à cause d'insultes, une accusation d'immoralité proférée évidemment par les Juifs. Le tribun successeur de Lysias avait fait donner la troupe. La répression avait tourné au carnage. Les Juifs avaient adressé une protestation à l'empereur, assortie d'un rapport corsé sur Félix.

Arrivé le matin, Festus fut mis sur-le-champ au courant de l'affaire de Saül, prisonnier de luxe qui rongeait son frein dans un appartement du palais. Il le fit mander. Explications. Festus promit de suivre l'affaire à Jérusalem.

L'initiative lui fut volée par les Juifs : il n'avait pas plus tôt mis le pied au Palais Hasmonéen qu'ils lui adressèrent une délégation de deux cents hommes, priant instamment Son Excellence de faire transférer le prisonnier à Jérusalem. Il temporisa et s'en félicita : les espions de la procure l'informèrent que les Juifs n'attendaient que ce transfert, car ils avaient monté un coup pour assassiner Saül en route. Il décida de juger l'affaire à Césarée.

Tout recommença comme avec Félix, dans la salle d'audience, les Juifs déballèrent des mensonges et Saül rejeta le tout en bloc. Seulement, la situation était différente : l'incident avec les Grecs donnait, cette fois-ci, un avantage aux Juifs. Ils s'énervèrent et mirent en doute la justice romaine. Finalement, la corruption de Félix valait mieux que le sens de l'ordre de Festus. Celui-ci demanda à Saül s'il voyait objection à être jugé à Jérusalem en sa présence[242].

« Quelle différence entre Césarée et Jérusalem ? » dit Saül. « Ce procès est instruit depuis longtemps. C'est une querelle d'hypocrites. » Puis il sortit sa carte maîtresse : « Je suis citoyen romain. J'ai le droit d'être jugé par l'empereur. Je demande à être jugé par l'empereur[243]. »

Le grand-prêtre plissa les yeux.

« Cet homme a outragé notre Loi en Judée, c'est en Judée qu'il doit être jugé. »

« Il est citoyen romain », répondit Festus à contre-cœur. « C'est donc à notre loi qu'il ressortit. Il sera jugé à Rome. La séance est levée. »

Des cris de rage fusèrent.

« C'est donc ainsi que nous irons à Rome », murmura Timothée.

L'affaire n'était pourtant pas réglée. Tous les jours, des bateaux quittaient Césarée, et plusieurs allaient en Italie. Rien n'eût été plus aisé que de faire embarquer Saül sur l'un de ceux-ci. Mais Festus n'en fit rien. Les procurateurs s'ennuyaient-ils donc au point qu'il leur fallait garder un causeur à demeure ? Festus n'eut guère plus de deux ou trois entretiens avec Saül pendant le mois qui suivit ; ils portaient quasiment tous sur son appartenance à la dynastie hérodienne. Saül n'avait-il pas essayé de regagner la faveur de l'empereur ? Non. Pourquoi ? La vie en avait décidé ainsi. Et la faveur de Rome était si fugace... Festus voulait-il, lui aussi, une rançon ?

« Dois-je acheter ma liberté ? » lui demanda un soir Saül.

« C'est impossible », répondit Festus.

« Mais quand donc irai-je à Rome ? »

« Tu iras à Rome. Mais pas avant d'avoir rencontré ceux qui ont intercédé pour toi et pourraient aussi intercéder en ta faveur auprès de l'empereur. »

« Qui donc ? »

« Ton parent, le roi Agrippa II, et sa sœur[244]. »

Saül en resta sans voix.

Le soir même, il fut introduit en leur présence, avant le souper. C'étaient ses neveux, le frère et la sœur de Drusilla[245]. Ils le serrèrent dans leurs bras. « C'est Drusilla qui m'envoie », lui murmura Bérénice. Voilà enfin l'explication du retard. Il la dévisagea : le même visage plein et le même menton délicat que sa sœur, le même grand œil bombé et fendu en amande, mais peut-être plus ambré, la même bouche charnue, les cheveux plus sombres, cuivrés au henné, mais surtout une obscure et redoutable douceur. Il avait oublié les femmes et se rappela soudain, avec douleur, le vin qu'elles versaient. Agrippa II le dévisageait ; il lui rendit son regard et fut saisi par la ressemblance entre le frère et la sœur et l'intuition fulgura : c'était donc vrai, le frère et la sœur s'aimaient ! Mais le ragot tomba en poussière comme la coque ridée et sale d'une chanterelle, dégageant le fruit dans son indécente nudité, l'énigme de l'inceste, peut-être l'amour parfait.

« Mon oncle », dit Agrippa, « nous sommes venus t'aider. Mais il faut que tu nous dises vraiment quel est le crime dont on t'accuse. Festus ici présent hésite à croire que les Juifs aient pu pousser la malignité jusqu'à construire de toutes pièces une plainte contre toi. Dis-nous ce qu'ils te reprochent vraiment. »

N'en finirait-on donc jamais, de ces accusations ?

« Ce qu'ils me reprochent, ils ne le diront pas, car c'est d'avoir converti des Juifs à la foi de Jésus. »

« Mais tu n'as pas profané leur Temple en y introduisant un incirconcis ? »

« Jamais. »

« Tu n'as pas tenu de propos contre leur Loi ? »

« Jamais. »

« Tu n'as pas pris la parole en public à Jérusalem et prononcé des paroles imprudentes ? »

« Jamais. »

« Il est tout de même incompréhensible qu'ils aient inventé une querelle sans motif véritable et qu'ils la poursuivent obstinément. N'as-tu pas une explication ? »

« Oui, sans doute. »

Ils attendaient là, Festus, Agrippa, Bérénice, Timothée et Luc aussi, qui était venu exprès pour la circonstance. Fallait-il vraiment parler ?

« Ils le font à l'instigation de mes frères », dit lentement Saül.

« Tes frères ? » cria Agrippa.

« Ceux des Nazaréens qui me reprochent, eux, de convertir des Gentils. Pierre et Jacques d'Alphée, qui sont les chefs de la communauté nazaréenne de Jérusalem. »

Luc leva les bras d'un air contrit.

« Nous n'en avons pas de preuves ! » s'écria-t-il. « Le Seigneur nous garde des accusations téméraires. »

« Nous en avons une preuve, Luc : ce sont eux qui m'ont envoyé au Temple avec quatre pénitents, comme on envoie le bouc au sacrifice ! J'étais le bouc expiatoire ! Ils espéraient qu'après ma condamnation et ma mise à mort, ils établiraient enfin la paix entre eux et les Juifs, n'est-ce pas ? Ne trouves-tu pas étrange, Luc, qu'aucun d'eux ne soit venu témoigner à mon premier procès ? Qu'aucun des quatre pénitents ne soit venu témoigner en ma faveur ? Qu'aucun membre du Conseil de Jérusalem ne m'ait adressé le moindre message, qu'ils ne soient jamais venus à Césarée, alors qu'il est patent que Félix et Festus ont autorisé toutes les visites ? »

Luc baissa la tête.

« Mais ce sont quand même nos frères », murmura-t-il.

« Et voilà quels frères ils sont ! » cria Saül.

« L'affaire me paraît claire », dit Agrippa.

« Elle l'est peut-être moins pour moi que pour vous. En tant que citoyen romain, Saül a invoqué son droit d'être jugé par Néron. Mais puis-je adresser à l'empereur un inculpé sans lui spécifier le grief ? »

« Ne peux-tu l'acquitter tout simplement ? »

« Je ne le peux plus, puisqu'il a demandé à être jugé par l'empereur. Et le ferais-je que les Juifs s'insurgeraient encore et crieraient que leur droit a été bafoué par Rome. L'affaire, de toute façon, finirait à Rome. Alors, autant que Saül maintienne sa requête[246]. »

Les domestiques servirent du vin.

« Il ne te reste plus, Agrippa, qu'à intercéder auprès de l'empereur, afin qu'il acquitte lui-même Saül. »

« Me voici donc accusé innocent et prisonnier en liberté », murmura Saül.

Il rencontra le regard de Drusilla et comprit que celle qui plaiderait le mieux, ce serait elle ; mais pourquoi ? Il songea fugacement qu'il avait toujours rejeté les femmes parce qu'il avait peur d'elles. Et qu'il avait peur parce qu'il était laid. Faiblesse !

« Mais qu'est-ce donc qui t'a pris, Saül, de te faire l'apôtre des Nazaréens ? » demanda Agrippa.

« Je les persécutais », répondit Saül. « Et j'ai trempé dans la lapidation de l'un des plus saints d'entre eux, Étienne. Je leur faisais une chasse sans relâche. Et puis un jour, Agrippa, je l'ai vu à Damas. Je l'ai vu, l'homme que les Juifs avaient mis à mort parce qu'ils ne supportaient pas qu'on leur rappelât l'esprit de la Loi. Il avait resurgi d'entre les morts. Et nul n'aurait pu lui résister, Agrippa, et depuis lors, j'annonce aux Juifs et aux Gentils à travers le monde que cet homme nous a apporté la lumière. »

« Tu es devenu fou, Saül ! » s'écria Festus. « Est-ce de la sorte que tu entends plaider ta cause auprès d'Agrippa et de Néron[247] ? »

« Êtes-vous certains qu'Agrippa n'ait pas entendu parler de Jésus à Rome ? » s'écria Saül. « Non, je ne suis pas devenu fou, ou bien alors les mots ont changé de sens, ce sont eux qui sont devenus fous. »

« Si tu retirais ta demande d'être jugé par l'empereur, tu pourrais sans doute être acquitté », dit Festus.

« Pour être à nouveau exposé aux menées des Juifs ? » dit Saül. « Non, j'irai à Rome. »

Ils le considérèrent sans mot dire ; savait-il bien ce qu'étaient Rome et la machine impériale ? Mais enfin, le sort en était jeté. Ils ignoraient, eux, depuis quand. Ils le croyaient victime d'un désir excessif de justice, alors que son désir était ailleurs.

L'été finissait, les vents se levaient, la mer se creusait ; il était temps de partir, dans trois ou quatre semaines, la Méditerranée ne serait plus navigable. Festus le fit embarquer dans une galère commerciale en provenance d'Adramyttium, en compagnie de cinq autres inculpés qui avaient également demandé à recourir à la justice impériale, sous la garde de soldats de la cohorte Augusta, commandés par un centurion nommé Julius.

« M'emmèneras-tu ? » avait demandé Timothée.

« Le voyage est trop dangereux, reste ici, je t'écrirai », répondit Saül.

C'était une répétition générale de la mort ; on salue les vivants en se préparant sans le dire au monde où les affections terrestres sont dérisoires. Saül partit avec Aristarque, qu'il avait choisi en raison de son endurance, et Luc, qui voulait aussi aller à Rome, et qui était après tout capable de survivre par lui seul.

Césarée scintilla au soleil de septembre. Les rames labourèrent la mer, la voile carrée se gonfla. L'Orient sombra dans le passé comme un navire dans la nuit.

11

LE NAUFRAGE

Et ce fut comme la mort, en effet, quand la collection d'humeurs, d'inclinations, de tendresses et de folles passions, d'âcres haines et de dégoûts qu'on nomme l'âme se détache doucement de sa guenille et croit aborder bientôt à la douceur du Grand Royaume, mais que, sitôt fini le cabotage terrestre, elle est aspirée par le tourbillon furieux de tout ce qui a jamais vécu, donc souffert, femmes mortes en couches sans avoir vu l'objet de leur conception, adolescents tués au combat qu'ils menaient pour des potentats fous de gloire, prisonniers torturés au nom de la superbe victorieuse, agneaux égorgés au nom de leur créateur, savants riches de secrets, fauves dont le pelage capta l'œil de fanfarons, enfants mangés de fièvre et fleurs coupées avant d'avoir passé la promesse des fruits.

Le lendemain, ils firent escale à Sidon. Julius fit à Saül la grâce de le laisser rendre visite aux frères de ce port[248]. Saül leur raconta l'épisode de Jérusalem.

« Ne vous laissez pas troubler par leurs mises en demeure, leurs objurgations larmoyantes, leurs citations des Livres. Ce sont des hypocrites. Jésus est venu pour l'humanité entière[249]. »

Il rembarqua. Le triérarque appareilla cap en direction de Chypre, c'est-à-dire au nord-ouest. Mais les vents soufflaient de l'ouest, déferlant du fond des enfers qui se trouvaient au-delà des Colonnes d'Hercule, fouettant au passage les troupeaux de la mer et poursuivant leur course d'ivrognes jusqu'aux chaînes du Taurus. Au lieu de passer au sud de Chypre, le bateau monta vers le nord, doublant Salamine, à égale distance de l'île et des côtes de Cilicie et de Pamphylie, tirant des bordées et s'aidant des rameurs quand la houle n'était pas trop forte. Près de deux semaines passèrent ainsi, avant qu'ils atteignissent Myre de Lycie.

Là, selon le triérarque, s'achevait le trajet du navire. Le centurion se mit alors en quête d'un autre bateau et, au bout de trois jours, trouva un transporteur de blé, une grosse corbite à deux mâts en provenance d'Alexandrie, qui se rendait en Italie avec déjà plus de cinquante-six passagers. Tout alla à peu près bien jusqu'à la sortie du port, le capitaine prenant les vents de terre pour mettre cap au sud, en direction de Rhodes. Mais en haute mer, les vents d'ouest reprirent leur empire et ce fut à peine si, corrigeant la force de la civadière par le gouvernail, le navire atteignit Cnide deux jours plus tard. A pied, on eût été plus vite !

En usant de la même stratégie, mais en descendant délibérément vers le sud, le capitaine parvint à atteindre enfin la Crète, doublant le cap Salmonê. Loin de s'atténuer, le frais montait et l'on entrait pour de bon dans la saison des périls. Saül avertit le centurion que la traversée serait beaucoup trop périlleuse pour être poursuivie ; il conseillait d'hiverner à Lasaïa. L'armateur et le capitaine, eux, prévalurent : Lasaïa n'était pas assez protégé pour un hivernage, et l'entrée même au port serait risquée : ils voulaient atteindre la baie de Phoenix, bien plus abritée et commode à aborder. Le vent du sud sembla leur donner raison pendant une matinée. Puis, soudain, le temps fraîchit et l'euraquilon se leva avec violence ; soufflant du nord, celui que les Grecs appelaient le démon de Borée disputa leur territoire aux vents de l'ouest. Le capitaine dut carguer les voiles en hâte, et le navire dériva. La *Cérès Polyphile* tangua et roula comme une femme saoule, ne trouvant quelque répit que lorsqu'elle arriva sous couvert d'une île, presque un caillou, Cauda. Il était temps : la cargaison s'était détachée dans les soutes et le bateau risquait de se disloquer. Le capitaine profita de l'accalmie pour ramener d'abord le canot, qui, au bout de sa corde, dansait derrière le navire une sarabande folle, puis pour ceinturer le navire par trois tours de cordages. Les marins qui tentaient ce corsetage tombèrent vingt fois à l'eau, on les crut perdus, on leur jeta des filins, enfin, la coque fut ficelée et l'on quitta l'abri de Cauda.

Le pire attendait : une tempête diabolique. A la vitesse où elle allait, l'échouage sur les Syrtes était certain. Le capitaine fit jeter une ancre de bois, pointe de flèche grande comme un homme et demi et garnie de plomb ; elle devait aider au moins à maintenir le bateau dans le fil du vent, mais quant à la dérive...

L'enfer était donc surgi des cieux et des eaux. Pour réduire tangage et roulis, l'armateur, le capitaine, son quartier-maître et son officier de proue décidèrent d'alléger la partie supérieure du navire. On jeta donc par-dessus bord tout ce qu'il y avait sur le pont, agrès, treuils, épars, coffres. Cela fit peu de différence. Le lendemain, on affala le gréement. On chassa les chevilles de soutènement à coups de maillet et, au bout de deux heures, on coucha donc les mâts sur le pont, puis on les arrima.

La tempête durait, le bateau tanguait, le ciel était noir. Pour boire, Saül tenait une écuelle à bout de bras ; elle se remplissait en un quart d'heure. De temps en temps, il tirait de sa poche une figue sèche. Point n'est besoin de mourir avant l'heure.

« Il faut choisir entre nous échouer ou bien nous noyer », dit-il au centurion. « Je penche évidemment vers l'échouage[250]. »

Mais où ? Le pilote ne savait même plus dans quel sens orienter ce qui restait de la rame-gouvernail[251]. Un mois avait passé depuis qu'ils avaient quitté Césarée.

Puis au milieu de la nuit, Saül entendit des mouettes. Les marins aussi les avaient entendues. Le capitaine fit jeter les sondes : vingt brasses[252]. Un peu plus tard, on en trouva quinze. On allait sans doute vers des récifs. Avant que le capitaine en eût donné l'ordre, les marins jetèrent trois ancres à l'arrière. Puis ils coururent à l'avant. Saül les observait ; il les trouva bien trop intéressés par le canot de sauvetage, justement sur le gaillard d'avant. Ils jetèrent une ancre. Saül courut vers le centurion :

« Ils se sauvent ! Ils prennent la chaloupe ! S'ils l'emportent, nous sommes faits ! »

Le temps de le dire, la chaloupe était à la mer. Quand le centurion eut compris ce que disait Saül, les marins étaient prêts à y descendre. Les soldats accoururent, coupèrent les amarres à coups de sabre et les matelots, consternés, regardèrent la coquille de noix partir sur les vagues.

Sur quoi vint l'aube, blême et froide. Equipage et passagers traînaient des membres flasques.

« Il faut manger », dit Saül.

Chacun avait perdu l'appétit ; l'invitation surprit ; on tira du poisson séché, du pain moisi, des olives, des figues, des raisins secs, du vin. On mastiqua contre la nausée, cherchant la terre du regard. Mais seuls des nuages bas se déguisaient en rivages. On fila de nouveau la sonde : douze brasses. Il convenait désormais d'éviter que la *Cérès Polyphile* s'écrasât trop lourdement le ventre contre d'éventuels récifs. Après l'avoir voulue pesante, on la voulut légère et les matelots montèrent des cales les sacs de blé, d'ailleurs à demi fichus, trempés d'eau de mer comme ils l'étaient, pour les basculer par-dessus bord. Le vent avait faibli et le capitaine donna l'ordre de redresser le mât d'artimon et de hisser à nouveau la civadière. Une ligne grise se dessina à bâbord, Saül cligna des yeux, devina une baie, le navire céda aux courants, puis un choc réveilla tout le monde. Un crissement affreux, la quille déchirait un banc de sable, les marins et les passagers perdirent l'équilibre. Quand ils se remirent debout, la poupe subissait l'assaut des vagues. La coque avait éclaté et c'était la poupe qui se défaisait la première.

« Il faut tuer les prisonniers ! » cria un soldat.

Ils avaient dégainé les épées et Saül s'apprêtait à se jeter à l'eau quand le centurion cria des ordres.

« Que personne ne les touche ! »

Le bateau se disloquait dans un beau vacarme.

« A l'eau tout le monde ! » cria Julius, prêchant d'exemple. « Accrochez-vous à tout ce qui flotte ! »

Et il en flottait, du bois ! Saül s'agrippa à une planche courbe, se débattit, but la tasse, happa de l'air, plongea, sentit le sable sous ses pieds, hoqueta, l'œil noyé rivé sur la plage à dix pieds de là, puis s'étala comme un paquet sur la grève, tandis que le premier soleil diluait l'encre de la nuit.

Il haleta, se mit sur le dos, les pieds dans l'eau glacée, le nez à l'air. Cochonnerie de Méditerranée. Des gens le prirent par les aisselles, le traînèrent vers le sable sec. Il ne les connaissait pas. Quand il se fut ressaisi, il essaya de les identifier. Inconnus. Des pêcheurs. Ils en halaient d'autres, et Saül reconnut Aristarque, pantelant et couvert de varech, puis Julius, puis le capitaine.

« Où sommes-nous ? »

« Malte ! »

Comme si le naufrage ne suffisait pas au ciel, la pluie s'y ajouta. Une pluie glacée, qui tombait par rafales méchantes.

Les pêcheurs, ceux qui étaient accourus à la rescousse, détachèrent les yeux de l'épave de la *Cérès Polyphile*, puis amassèrent du varech, le couvrirent de bois qu'ils avaient été chercher au village et jetèrent sur le tout des torches d'occasion, brandons empoissés. Le feu prenait difficilement sous la pluie, même à l'abri des figuiers sous lesquels on l'avait bâti. Saül avisa un tas de petits bois ensablé, en fit un fagot et le jeta dans le feu. Du fagot jaillit un serpent, éveillé par la chaleur, qui s'enroula autour de sa main. Des cris jaillirent. Saül secoua la main, le serpent tomba dans le feu, s'y tortilla un instant et puis subit le sort du bois.

« Il est protégé ! » cria un pêcheur[253].

Quand ils furent secs et désaltérés, on vit accourir des gens qui venaient aux nouvelles, l'œil rond et questionneur ; c'étaient les domestiques d'un riche propriétaire. Étaient-ce là les naufragés ? demandaient-ils. Étaient-ils nombreux ? Et les victimes ? Bref, l'intendant de ce propriétaire les invitait sur ses terres. Ils se mirent en route, fouettés par le vent qui emportait les nuages vers l'est.

N'était-ce pas étrange, la vie reprenait ses droits, les naufragés pissaient dans les fourrés et s'émerveillaient qu'il restât au monde du ciel bleu. Ils atteignirent les terres de ce propriétaire, qui s'appelait Publius. Julius allait en tête, Saül à ses côtés, les deux suivis par les autres prisonniers, le capitaine et ses officiers, les matelots, tous se crottant dans la terre détrempée où déjà les chèvres gambadaient. Un gros homme vint à leur rencontre, pataugeant et se dandinant les bras écartés.

« Bienvenue ! Bienvenue ! » cria-t-il de loin. Puis, quand il se fut rapproché : « Vous êtes protégés des dieux ! Loués soient les dieux ! Loué soit ce jour ! » dit-il en haletant. « Combien êtes-vous ? » Et il répéta le chiffre, deux cent soixante-seize, comme si ç'avait été une incantation. Il donna des ordres, on dressa dans les prés mouillés autour de sa maison des tables sur des tréteaux, on apporta de l'hydromel, du vin, de la bière, du pain, du poisson, des charcuteries. Il tendit lui-même au centurion un morceau de pain et jeta dessus du sel en signe d'hospitalité, s'enquit des qualités des autres et leur servit selon la hiérarchie la même bouchée d'hospitalité.

« Je suis citoyen romain et soldat de Jésus », dit Saül quand vint son tour.

« Un général, hein ? » dit Publius.

« Non, le fils de Dieu », répondit Saül en retenant un sourire.

L'autre demeura bouchée bée.

« Le fils de quel dieu ? »

« Le seul, l'Unique. »

« Un dieu unique ? » reprit Publius. « Le vent, la mer, la terre, tout ? »

« Tout. »

« Pourquoi ? Que sont devenus les autres dieux ? »

On l'appela et il abandonna Saül, songeur. Ces âmes simples qui vivaient loin des villes étaient comme imperméables. Ulysse eût-il compris Jésus ? Pour aimer Jésus, il fallait avoir subi la chute et l'esclavage.

Publius garda les naufragés trois jours, disposant des abris dans des granges, plantant des tentes de fortune. Il devait, dit-il, vaquer aux soins de son père, alité. Luc et Saül allèrent voir le grabataire ; il était fiévreux, dysentérique, fétide. Luc conseilla des décoctions d'écorce de saule ; on se mit en quête de saules sur l'île. Saül, lui, conseilla le remède qui avait fait ses preuves sur lui, l'argile cuite et pulvérisée. Deux jours plus tard, la fièvre était tombée, le malade retrouvait sa continence.

« L'enseignement de ton dieu est efficace », dit Publius, « mais il ne serait pas juste que j'offense les miens. »

Reprendrait-on la mer ? C'eût été défier les dieux, justement. Julius décida d'hiverner. Les naufragés trouvèrent à s'employer pour gagner leur pitance, qui charpentier, qui boulanger. Saül n'avait pas besoin de travailler, ayant pris la précaution de se faire livrer une large somme par son banquier avant de quitter Césarée et l'ayant serrée dans une sacoche de cuir sous sa tunique avant de se jeter à l'eau, et Luc non plus n'était pas sans numéraire ; mais l'un et l'autre s'employèrent à soigner les malades autant qu'ils le pouvaient.

L'existence eût pu s'arrêter là, dans les vignes et les oliveraies cernées d'embruns. Qu'y avait-il besoin de courir les mers pour des ambitions et des causes, de défier les humeurs des hommes et des éléments pour imposer sa loi ? Malte était aussi propice que d'autres lieux pour recueillir des ossements et les rendre aux fleurs.

Mais le passé précède l'homme plus souvent qu'il ne croit. Les vents de mars ranimèrent le destin. Le *Castor et Pollux*, qui avait lui aussi hiverné là, en provenance d'Alexandrie, appareillerait bientôt pour Syracuse.

Les labours de la mer reprirent. C'étaient bientôt les derniers.

12

LE MUR

Ils touchèrent le lendemain Syracuse, cette fille des Grecs, vagabonds des mers. Elle semblait boire la lumière dans un sourire, déjà chaude de toutes ses pierres et de tous ses marbres, parée des orangers et des grenadiers en fleurs qui ombrageaient le tombeau d'Archimède. Ils restèrent là trois jours, à peine assez pour s'entretenir avec la petite communauté que l'un des soixante-douze, Martien, y avait fondée[254].

Martien était mort. Ses successeurs se rappelaient qu'il avait été envoyé par Pierre. Était-il encore en vie ? Et les autres ? Oui, oui, ils étaient encore en vie, tous les onze. Saül et Luc turent les querelles, corrigèrent prudemment les légendes qui festonnaient déjà l'enseignement de Martien. Non, Jésus n'était pas Héraklès, ni Adonis, non. La communauté comptait moins de cent personnes, dont deux douzaines de Juifs hellénisés, le reste étant composé de Chypriotes, d'Alexandrins, de Rhodésiens, et surtout de Grecs, bien sûr, qui avaient trempé dans tous les cultes du bassin méditerranéen et qui s'étaient enfin réfugiés dans celui d'un dieu unitaire. Ils montrèrent aux deux voyageurs des effigies en terre cuite d'une divinité masculine, un adolescent nu et triomphant, un Apollon, dans lequel ils prétendaient voir Jésus. Était-ce un triomphe ou un échec ? N'avaient-ils fait que débaptiser Apollon ? Ou bien l'avaient-ils vraiment détrôné ? Comment savoir ? Il fallait repartir. En louvoyant, le *Castor et Pollux* atteignit Rhegium, où ils goûtèrent un vin musqué qui se mariait parfaitement au fromage de brebis. Le vend du sud se leva et le capitaine s'empressa de repartir. Il leur fit franchir, les sourcils froncés, le détroit de Messine, entre Charybde et Scylla. La nuit était tombée quand le navire passa les îles Eoliennes, sans doute l'une des mille portes des enfers, comme en témoignaient les flammes qui sortaient de la gueule du Stromboli.

Saül, penché sur le bastingage, tentait de déchiffrer les signes inconnus que les côtes italiennes faisaient défiler, Calabre, Basilicate, Campanie... Terres qu'il devinait infiniment délicieuses, riches de vins, de chère et de chair, sans doute sans clientèle pour la marchandise qu'il apportait. Le pire, ce fut la baie de Parthénopée*, si sereine que jamais la croix ne semblait pouvoir y jeter d'ombre. Et le Vésuve, dieu somnolent, et partout ce bleu tendre et doux, qui enchâssait des temples...

Le navire se glissa entre Ischia et Capri, ils atteignaient Pouzzoles**, et quand l'ancre fut jetée, la foule les acclama. Le premier blé tendre d'Egypte ! Les passagers dévalèrent la passerelle, souriants, la main droite levée, en réponse aux acclamations, saisis d'une inexplicable allégresse. L'Empire ! Le cœur du monde ! Rien que d'en fouler le sol et l'on était couronné !

C'était la fin du voyage. Dès le premier repas, Saül demanda à Julius si... Il connaissait la réponse, le centurion avait toujours accédé à ses vœux, intrigué par ce citoyen romain dont la trahison des dieux impériaux trouvait mystérieusement tant d'indulgence auprès des représentants de l'empereur. Oui, il pouvait aller à la recherche de ceux qu'il appelait ses frères. Ils se retrouveraient à la taverne du Dauphin. Saül partit avec Luc dans les rues de Pouzzoles, ce port qui se flattait de pouvoir donner abri au monde entier. Ils trouvèrent une synagogue, demandèrent où étaient les Nazaréens, on les adressa à un grossiste en harengs séchés, Cunéius, un gaillard rubicond que la menace d'une fin de monde ne semblait guère ravager.

« Ah, les frères, oui... Vous venez de Jérusalem ? »

Il considérait les voyageurs émaciés d'un air surpris. Il les emmena chez lui, leur présenta sa femme, ses trois fils, ses deux filles, délégua l'aîné quérir un tel et un tel, fit entre-temps servir des harengs, bien sûr, du poisson frais aussi, de la charcuterie, dont un saucisson à l'ail goûteux, du fromage, des salades. Les frères arrivèrent

---

* Naples.
** La Puteoli des Actes.

un à un, dévisageant les émissaires de Jérusalem. Ils n'avaient, ils en demandaient pardon, jamais entendu parler de Saül, ni de Luc. Pierre ? Attendez... Oui, Pierre, un compagnon de Jésus, non ? Le deuxième soir, Saül raconta ses tribulations. Ils l'écoutèrent avidement. Quels méchants que ces Juifs ! Tibère et Claude avaient bien eu raison de les bouter hors de l'Empire ! Mais Jésus, était-il vraiment mort sur la croix[255] ?

« Non, non, c'était un simulacre, n'est-ce pas ? »

Il expliqua ce qu'était la croix, un symbole, la transcendance verticale barrée par l'incarnation terrestre[256]. Si, Jésus était mort sur la croix, mais il avait ressuscité. Ressuscité ? Il l'avait vu, lui, de ses yeux vu ! Ils levèrent les bras. Pour eux aussi c'était Héraklès, ou Apollon, ou Adonis, voire Bacchus. Il s'était offert en sacrifice pour leur rachat. L'idée du rachat les laissa perplexes. Jésus les aurait donc affranchis ? Mais ils n'étaient pas esclaves ! Si fait, esclaves du péché, de la Faute ! Mais que leur avait-on donc appris ? Ils s'étonnèrent de sa contrariété : ils avaient trouvé un nouveau dieu, ils en étaient contents, ils se considéraient comme frères et s'entraidaient, ils menaient une vie honnête, que voulait-il de plus ? Saül soupira. Il agita les bras : la fin du monde ! La fin du monde était imminente ! Étaient-ils préparés ? Mais, grand ciel, objectèrent-ils, si Jésus s'était offert en sacrifice, Dieu devait être satisfait ; pourquoi donc déclencherait-il la fin du monde ? Saül y passa sept jours, sans parvenir à instiller en eux l'inquiétude. Ces gens-là étaient l'antithèse des Thessaloniciens.

Mais Rome attendait. Saül s'acheta des sandales, les siennes ayant été ruinées par l'eau de mer. Julius n'avait gardé que vingt soldats pour escorter les cinq prisonniers. Luc et Aristarque en firent de même. Tout ce monde emprunta la via Campana et ce fut ainsi que, partis à l'aube, ils arrivèrent à Capoue peu après midi. Des jardins, des temples, des statues, un air si léger — parfumé par les orangers en fleur — qu'on eût craint de s'en enivrer. Deux jours plus tard, ils avaient atteint Tarracine. Ils y passèrent la nuit et, le matin, Saül apprit que des Romains les cherchaient, lui, Luc et Aristarque.

« Es-tu Saül ? Les frères de Pouzzoles nous ont prévenus que tu allais à Rome en tant que prisonnier de
l'empereur. »

Il expliqua ce qu'il en était. N'avait-on pas, à Rome,
eu vent des querelles de Saül avec les Juifs de Jérusalem
et de l'Orient ? A la vérité, ils ignoraient jusqu'à son
nom. Et Pierre ? Inconnu. « Il s'appelle également
Simon, ou Cephas. » Ah oui, celui qui avait trahi Jésus !
Non, non ! Terrible confusion, celui-là, c'était Judas.
Donc, ils ne connaissaient pas Pierre non plus[257]. Qui les
avait donc convertis ? Des frères qui s'étaient autrefois
enfuis de Jérusalem, après la lapidation d'Étienne, dans
laquelle avait trempé quelqu'un qui, comme lui, s'appelait Saül. Pendant ces propos, Luc gardait la tête basse.

« Mais pourquoi ne t'a-t-on pas jugé à Jérusalem ? »
demanda l'homme qui dirigeait la délégation romaine,
Marcus.

« Mon procès n'aurait pas été équitable. J'ai demandé
à être jugé par l'empereur. »

« Par l'empereur ? Mais seuls les citoyens romains y
ont droit. »

« Je suis citoyen romain. »

« Tu es juif et citoyen romain ? » demanda Marcus
incrédule.

« Je ne suis plus juif. »

Allez expliquer les choses à ces gens qui semblaient
descendre de la Lune ! Il avait toujours cru qu'il parviendrait à Rome en missionnaire ; il n'y arrivait qu'en tant
qu'étranger auprès de ses frères, en plus d'inculpé.

Heureusement, ce fut ensuite Luc qui parla pour lui.
Quatre jours plus tard, ils franchissaient la porte Appia.

Ô foule, ô Babylone ! La moitié des pierres du monde
avait sans doute été nécessaire pour construire tant
d'édifices, et paver tant de rues. Antioche, Ephèse,
Corinthe n'avaient été que des bijoux exquis comparées
au Léviathan couché sur sept collines. Le cortège se faufila à travers la cohue, longeant les jardins des Scipions,
puis le Grand Cirque, avant d'aboutir au forum impérial.
Ils longèrent la bibliothèque, le temple de la Paix, enfin

pénétrèrent dans le forum de Jules César. Là résidait le quartier général de la garde prétorienne.

Allaient et venaient des soldats, des officiers en mission, de rares civils. Des regards indifférents balayèrent le groupe. Julius emmena d'abord Saül chez l'officier de service, assis derrière une table couverte de documents. C'en était fini du grec, ici on ne parlait que le romain, que Saül maîtrisait moins bien.

« Saül d'Antipater, citoyen romain, prévenu en Palestine, à Césarée, d'une plainte déposée contre lui par les Juifs de Jérusalem. L'ordre de mission du procurateur Festus. Le prévenu excipe de sa citoyenneté romaine, privilège héréditaire conféré à sa famille par Jules César. »

L'officier leva les yeux et dévisagea Saül.

« Saül d'Antipater est petit-fils du roi Hérode le Grand », ajouta Julius.

« Il a de la famille à la Cour », observa l'officier.

« Nous sommes venus par voie de mer, d'abord sur la *Cérès Polyphile*, qui a fait naufrage à Malte, où nous avons hiverné, puis sur... »

« Nous verrons cela au rapport », coupa l'officier. « Ne te soucie donc pas des détails. Tu dois, je pense, être pressé de revoir ta famille. »

« Je te remercie. Voici également une lettre du procurateur, destinée personnellement à l'empereur. Elle a souffert de l'eau de mer. »

Il tendit le cylindre de cuir racorni dans lequel se trouvait le précieux document. L'officier le prit délicatement.

« Je le remettrai personnellement au préfet Burrhus », dit l'officier. « Reste à savoir où résidera le prévenu. Je vais l'emmener chez le stratopédarque*. »

Les égards que l'officier témoignait à Saül durent impressionner cet autre militaire ; en effet, il se leva pour tendre un siège au prévenu.

« Il s'agit d'un prévenu de sang royal, recommandé personnellement par le procurateur », dit l'officier. Le stratopédarque hocha la tête. On lui assignerait une mai-

---

* Commandant de la caserne.

son de la ville, sur la Sacra Via, au pied du Palatin, à proximité du Colisée[258].

« Des chaînes ? » demanda l'officier, par acquit de conscience.

« Un soldat à la porte suffira », répondit l'autre en jetant à Saül un regard plein de considération. « Mais, pour les sorties, il ne serait sans doute pas convenable que le prisonnier circulât sans entraves. »

Un frumentaire* fut désigné pour accompagner Saül à sa demeure.

« Mes amis pourront-ils habiter avec moi ? » demanda Saül.

« Oui. Sont-ils nombreux ? »

« Deux, Aristarque et Luc. Peut-être un troisième se joindra-t-il plus tard à nous. »

Les deux militaires se levèrent pour signifier que l'entretien avait pris fin. Ils s'inclinèrent, accompagnèrent Saül à la porte ; à l'extérieur, ils le prièrent d'attendre son frumentaire.

« Il s'appelle Quartus », dit l'officier.

Pendant qu'on faisait chercher ce Quartus, l'officier s'entretint avec Saül. Avait-il des moyens ? Les frères pourvoiraient au nécessaire, répondit prudemment Saül. Il aurait besoin d'un domestique, dit l'officier, obligeamment. Saül hocha la tête ; les frères lui en trouveraient un.

Ce Quartus avait une trentaine d'années et ne semblait pas un mauvais bougre.

« Je n'ai pas encore la chaîne », dit-il, comme pour s'excuser. « Ne te sauve donc pas, tu me vaudrais des ennuis. »

Saül sourit. A la porte du forum, ils retrouvèrent Luc et Aristarque. La maison n'était pas loin ; elle comptait trois étages, serrés entre deux maisons du même genre, avec deux chambres par étage. Le mobilier en était rudimentaire, mais enfin, il s'agissait malgré tout d'une prison. Aristarque alla aux vivres, Luc partit informer les frères de l'adresse.

* Soldat auxiliaire, affecté aux corvées.

Les trois hommes soupèrent de plats cuisinés qu'Aristarque avait achetés chez le traiteur, et dont ils réservèrent une part pour le soldat de garde. Le vin lui délia la langue ; il aurait voulu aller chercher sa femme. On l'y invita ; Saül lui alloua une chambre au rez-de-chaussée ; il irait donc chercher Candida après le dîner, car tel était le nom de son épouse.

« De quoi es-tu accusé ? » demanda-t-il à Saül.

« De jeter le trouble chez les Juifs. »

Le soldat s'esclaffa. Mais c'étaient les Juifs, dit-il, qui ne cessaient de jeter le trouble à Rome ! On ne comptait plus les édits d'expulsion à leur encontre ! Et comment donc Saül les aurait-il troublés ? Il écouta les explications attentivement.

« Ce serait trop beau ! » s'écria-t-il. « Un monde où tous les hommes se voueraient l'affection et respecteraient la justice ! Êtes-vous sincères ? »

« Risquerais-je ma liberté et ma vie si je ne l'étais ? » demanda Saül.

« Il aurait pu être riche et puissant comme il l'avait été autrefois », ajouta Aristarque. « Mais il n'a pu faire autrement que de consacrer sa vie à répandre le message de Jésus. »

Quartus semblait sceptique.

« Ce Jésus est-il celui que vous appelez aussi Chrestos ? » demanda-t-il.

Oui, c'était bien le même.

« Mais vous aussi êtes des fauteurs de troubles ! » dit-il. « Vous allez prétendant qu'il est préférable que les gens s'abstiennent de l'amour et que les femmes vivent comme des Vestales ! Croyez-vous que ce soit propice à l'ordre public ? »

« Pourquoi ? La prostitution est-elle favorable à cet ordre, elle ? » demanda Saül.

« Bien sûr ! » s'écria encore Quartus. « Au lieu de séduire des filles de famille ou des femmes mariées, on satisfait à ses besoins sans mettre en péril la famille ni le patrimoine[259]. »

Ils en restèrent interdits. La discussion s'interrompit

là. Mieux valait ne pas affronter les Romains sur la sexualité.

Le lendemain, Marcus, ceux de sa délégation et plusieurs autres arrivèrent au domicile de Saül. Ils voulaient savoir qui il était et lui, qui ils étaient, eux. Il se présenta. Oui, c'était bien lui le même Saül qui avait participé à la lapidation d'Étienne. Puis il avait entendu l'appel de Jésus. Et il avait consacré sa vie à répandre son message. Il raconta ses voyages, ses périls, ses conquêtes.

Il était par ailleurs impérieux d'unifier leurs croyances. Combien étaient-ils ? Ils estimaient leur nombre à quelque deux mille. Juifs ou Gentils d'origine ? Surtout des Juifs, exilés et parents d'exilés. Et pourquoi les Gentils s'étaient-ils joints à eux ?

« Ce sont des gens de deux sortes », répondit Marcus. « D'une part, des déshérités, des gens sans travail, des voleurs, des veuves, auxquels la vie n'offrait plus de consolation. D'autre part, des lettrés, des patriciens même, que la réflexion a convaincus de la nécessité d'une plus grande justice et de l'amour entre les hommes. »

« Rome est une ville cruelle », ajouta un homme que Saül connaissait déjà, Urbain, qui venait d'Ephèse. « La charité y est aussi rare que la pièce d'argent dans la rue. »

Saül hocha la tête.

« Tout cela est bel et bon », dit-il, « et j'entends bien vos propos. Ces gens se seraient ralliés à notre foi parce que le monde est injuste et cruel et que nous leur apportons l'espérance. Mais ce n'est pas là l'essentiel. Nous serions dans l'erreur si nous nous en tenions là. L'essentiel c'est Jésus. C'est dans le seul amour de Jésus que peut s'accomplir le salut. »

« Nous n'en savons pas grand-chose, de Jésus, si ce n'est qu'il s'est offert en sacrifice pour nous. »

« Le savoir vous viendra par l'amour ! » répondit Saül. « Le savoir leur viendra par l'amour. »

« Mais comment viendrait l'amour pour un inconnu ? » demanda Marcus.

« Par la foi en Dieu et en Jésus réunis. »

« Toutefois », observa un autre, « il est une question qui se pose. Il est difficile à ceux qui ne savent pas d'admettre que le Fils du Tout-Puissant ait été crucifié. Le supplice de la croix est infâme. Si les néophytes admettent l'enseignement de Jésus, ou du moins ce que nous en savons, est-il bien nécessaire de mettre l'accent sur l'homme et son martyre ? »

« Erreur ! Erreur grave ! » cria Saül. « L'enseignement de Jésus est indissociable de lui ! Que proposez-vous donc ? Une morale neutre qui serait fondée sur la justice et la charité ? Mais c'est celle des Stoïciens ! Notre foi ne peut être déracinée de Jésus, sans quoi elle perd son souffle divin ! Vous me parlez de la Croix : elle est symbole. Elle signifie d'abord que, par l'amour qu'il nous porte, le Fils de Dieu a consenti à descendre jusqu'aux abîmes de l'infamie. Vous y voyez un signe de l'abjection ; pour moi, la verticale et l'horizontale qui la composent symbolisent ensuite l'union du Ciel et de la Terre. Il faut que nous en fassions tous notre symbole, le signe du maître céleste qui nous a affranchis. »

« Faudra-t-il vraiment insister sur cette notion d'affranchissement ? » demanda un autre. « Elle risque d'offenser les maîtres de Rome, qui s'imagineraient que nous nous proposons d'affranchir tous les esclaves. »

« Notre maître est Jésus, c'est lui qui nous a tous affranchis », répondit Saül. « Ne cherchez pas la provocation, mais ne fuyez pas non plus votre devoir. »

Ils avaient apporté des vivres avec eux. Pour ce premier repas romain, Saül décida de prêter une solennité particulière à un rite qu'il avait esquissé en d'autres lieux, en souvenir de ce qu'il avait entendu dire de la dernière Cène par son maître Alexandre. Il fit asseoir tous les convives, récita une action de grâces, rompit une galette de pain, en distribua des fragments, disant : « En souvenir de Jésus », puis versa le vin à la ronde en répétant les mêmes mots[260].

Avant qu'ils se séparassent, il leur dit :

« Je veux que chaque maison de Chrétien contienne une croix. Que vous la fassiez en bois, en pierre ou en métal n'importe pas, l'essentiel est que cette croix soit chez vous à demeure. Vous pouvez en faire aussi façonner dans le métal de votre choix et la porter au cou[261]. »

Il fallait savoir aussi où il en était avec les Juifs. Le lendemain, il délégua le garçon que les Chrétiens avaient mis à son service, en guise de secrétaire, factotum et domestique, avec une lettre unique, destinée aux rabbins des onze proseuques de Rome. Le garçon, Regius, revint le soir, fourbu ; les rabbins lui donnaient rendez-vous à trois jours de là. Quartus observait ce va-et-vient avec curiosité.

« Cet homme est donc important », dit-il à Luc. « On croirait qu'il gère un empire. »

« C'est presque ça », songea Luc. Aucun autre apôtre, à sa connaissance, n'avait déployé autant d'énergie pour étendre, en effet, l'empire de Jésus. Était-ce bien ce qu'aurait voulu Jésus, lui qui avait refusé par deux fois la couronne de Palestine ? Des questions qu'il devinait infinies flottaient dans son esprit. Il était impossible de ne pas rendre hommage à l'abnégation de Saül, mais il était également difficile de ne pas s'interroger sur le motif profond de son action.

Les rabbins arrivèrent au jour dit, chacun accompagné de deux ou trois personnes, docteurs, avocats, doyens de la communauté. Ils étaient à l'évidence intrigués, ne sachant ni qui était ce Saül, ni lequel portait ce nom parmi les trois hommes qui les accueillirent.

« Je suis Saül », dit-il en s'avançant. « Comme je vous l'ai dit dans ma lettre, je suis à Rome parce que les Juifs de Jérusalem ont porté contre moi une accusation fausse. J'en ai donc référé à l'empereur. Je veux savoir ce qu'il en est de votre opinion[262]. »

Ils levèrent les sourcils, surpris. Ils ne connaissaient pas Saül, et n'avaient reçu aucun message de Jérusalem. Il en était de même avec eux qu'avec les Chrétiens qui étaient allés à sa rencontre sur la route ; Jérusalem appartenait à une autre planète.

« Quelle est donc ton affaire ? » demanda le plus âgé des rabbins. « Nous ne comprenons rien. »

« Je répands l'enseignement de Jésus le Christ », dit-il.

Jésus le Christ, ah oui, le crucifié. Ils se concertèrent. L'affaire n'avait pas retenu leur attention outre mesure.

« Nous n'avons pas très bien compris s'il respecte ou non la Torah », finit par déclarer l'un des rabbins. « On ne peut pas à la fois avoir un verre vide et plein. Ou bien il maintient la Torah et dans ce cas, nous ne voyons pas pourquoi il y aurait problème, ou bien il la rejette, et dans ce cas, d'ailleurs, il n'y a pas de problème non plus[263]. »

C'était limpide, et Saül en fut déconcerté.

« Et quand des Juifs adhèrent à l'enseignement de Jésus, que faites-vous ? » demanda-t-il.

La question parut les surprendre.

« Nous ne savons pas ce qu'est cet enseignement[264]. Aucun livre, aucun texte ne nous permet d'en juger. Nous ne pouvons donc ni l'approuver ni le désapprouver. Si un Juif adhère à un tel enseignement, ce ne peut être, à notre avis, que par malentendu. Mais nous sommes évidemment prêts à en discuter avec lui, à la condition qu'il observe les prescriptions de la Loi. Dans ce cas, c'est un Juif comme un autre. »

« Vous n'avez jamais entendu parler du Messie, le Fils que Dieu nous a envoyé pour nous racheter ? » demanda Saül, stupéfait.

« Saül », dit un docteur à la belle barbe noire, « je suis Flavius Aureus Secundus, scribe, disciple de Hillel. Mon maître m'a appris qu'on n'emploie les mots qu'à bon escient, si l'on veut être compris de celui auquel on s'adresse. Tu nous demandes si nous avons entendu parler d'un messie. Or, dans notre race, les seuls hommes qui reçoivent l'onction sont les rois et les grands-prêtres. Nous connaissons tous les rois et tous les grands-prêtres d'Israël, et un seul a porté le nom que tu dis, qui est Jésus, fils de Sée, qui a quitté ses fonctions il y a cinquante-six ans * et qui n'a jamais été présenté par quiconque comme fils de l'Elohim, blasphème extra-

---

* En 6 environ. Nous sommes alors en 61-62.

ordinaire sur lequel nous ne nous prononcerons pas ici. Nous avons, en revanche, entendu parler d'un agitateur galiléen comme il y en eut beaucoup et qui a été condamné au gibet à Jérusalem il y a trente-deux ans, qui portait ce nom, et qui est sans doute celui auquel tu sembles te référer, mais qui n'a jamais reçu l'onction. Il a été jugé coupable de sédition et de déni de la Loi de Moïse. Nous t'avons dit que nous ne connaissons pas son enseignement, mais nous avons toutes raisons de le supposer suspect. Si c'est de lui que tu te réclames, nous n'avons pas de parti à prendre. Nous ne t'accuserons pas et ne te défendrons pas non plus. Tu es pour nous en dehors de la Loi, tu n'es qu'un apostat indigne de notre attention. »

Ils le considéraient tous d'un œil froid.

« Mais attention ! » reprit Secundus. « Si tu te répandais à ton tour en propos diffamatoires à l'égard de notre religion et de la Loi, nous serions contraints de porter plainte contre toi auprès de César. »

« Une question, maintenant », reprit un des rabbins. « Tu as dit que tu demandais à être jugé par l'empereur. Or, c'est un privilège de citoyen romain. L'es-tu ? »

« Je le suis », dit Saül.

« Aucun Juif de l'Empire n'est citoyen romain, comme tu ne peux l'ignorer, puisque ce titre t'impose de rendre hommage aux dieux de l'Empire, sous peine d'impiété et de peine capitale. Par ailleurs, si tu as rendu hommage aux dieux de l'Empire, tu t'es rendu coupable, selon notre Loi, d'idolâtrie et d'apostasie. Donc, ou bien tu n'as jamais été juif, ou bien tu ne l'es plus. »

« Je suis juif par ma mère », dit Saül, d'une voix étranglée.

« Donc, tu es de sang impur, Saül, et c'est une impudence de nous avoir convoqués dans ta maison, car tu es, de plus, apostat[265]. »

Ils baissèrent les yeux et gagnèrent la porte en silence.

« Vous entendrez et vous ne comprendrez pas ! » leur cria Saül.

Aucun d'eux ne se retourna.

Plusieurs jours lui furent nécessaires pour se remettre

de cette déconvenue. A Rome, il se heurtait à un mur. Il n'existait pas ; il n'était qu'un prince déchu attendant en résidence surveillée que Néron voulût bien statuer sur son sort.

13

LE PRISONNIER

Et les mois passèrent.

Luc partit[266]. Il était exact, avait-il expliqué, qu'il manquait un texte sur les faits et dits de Jésus. Ce qu'en savaient les frères était bien trop succinct. Ils inventaient bien des choses et s'égaraient. Les vies étaient courtes, les mémoires, faillibles. Le temps était venu d'interroger les témoins sur celui qui, voilà bientôt trente-trois ans, s'était offert sur la croix pour sauver l'humanité. Et c'était à Jérusalem que se trouvaient la plupart de ces témoins.

Saül ressentit obscurément cette mission comme une offense indirecte. Et lui, qu'avait-il donc enseigné ?

« Le savoir ne vient-il pas avec la foi ? » observa-t-il.

Luc secoua la tête.

« Il est déjà trop de frères qui confondent Jésus avec Adonis, Héraklès, Osiris, que sais-je. Je crois nécessaire d'en cerner l'histoire, afin de le différencier. »

Mais il était aussi vrai que Luc était un Helléniste. Il l'était bien plus que Saül. Il avait le goût du savoir fixé sur le parchemin. Il partit donc, après avoir laissé à Saül une provision d'ordonnances contre ceci, cela et autre chose, des sachets, des poudres, des pastilles...

Les visiteurs ne manquaient pas. Apelles, Epénète, Tryphène, Tryphose, Julie, qui s'employaient à répandre son message : n'avaient-ils pas baptisé plus de trente néophytes en six semaines ? Puis les cinq chefs du

Conseil de Rome, qu'il avait institué en bonne et due forme, Marcus, Urbain, Andronicus, Junias, et ce bon Aquilas qui était revenu à Rome avec sa femme Prisca, et qui le comblaient de toutes les nourritures qui étaient à portée de leur bourse.

Il y avait aussi Myriam, veuve d'un riche changeur, qui lui portait une dévotion parfois excessive.

« Elle veut t'épouser », dit Aristarque.

« Un vieillard tel que moi ! » protesta Saül.

L'âge est un alcool où la chair macère jusqu'à en perdre sa substance. Le désir de la femme avait depuis longtemps déserté Saül. Mais était-ce vraiment ce désir-là, ou bien le goût même de la vie qu'il avait perdu ? La question le tourmenta comme elle tourmente tous les prisonniers. Le sujet sans objet cesse d'être. L'horreur dans la privation de liberté n'est pas dans celle du mouvement, de perdre son temps sans but, de décider qu'on ira dans une taverne puis d'opter pour une autre sans motif, d'aller soi-même acheter son pain ou ses chaussures, non, elle consiste dans la disparition du monde. Le compagnon de cellule n'est pas un autre être humain, mais un individu promis lui aussi à l'anéantissement prématuré par privation de l'objet, un reflet cruel du sort du prisonnier, et bien qu'il fût libre d'aller et de venir, lui, bien qu'il pût quitter la maison sans chaîne au poignet, bien que son emprisonnement fût librement consenti, Aristarque en arrivait parfois à exaspérer Saül par sa sollicitude même, sa résignation, cette façon qu'il avait d'être un fonctionnaire du malheur.

Donc Saül était prisonnier et sans désir, sans désir parce que prisonnier, et la logique lui dicta l'inversion du constat : n'était-il pas prisonnier parce que privé de désir ? Et quel sortilège l'avait donc privé de désir ? Il avait autrefois pratiqué, et avec fougue, le commerce sexuel. Si la brutalité du désir, la peur de la femme aussi, avait dépouillé ses conjugaisons de la plus élémentaire civilité, celle qui s'exprime dans la tendresse, elle n'en avait pas été moins réelle pour autant.

Puis la flamme s'était éteinte. Ses reins s'étaient

refroidis. Cela remontait à la rencontre dans la rue de l'orfèvre Nimrod.

Il était donc prisonnier de Jésus !

Ce nouveau constat l'agita. Par-dessus le marché, il l'avait fait un petit matin, quand le vacarme de Rome montait jusqu'à ses fenêtres, emplissant déjà sa chambre de grincements d'essieux, des cris de Numides qui vendaient leurs salades, de rémouleurs qui clamaient la force de leurs meules, de Bithyniens qui chantaient la vertu de leurs saucissons. Prisonnier de Jésus[267] ! Paradoxe fou ! L'homme qui était venu le libérer était celui-là même qui l'avait enchaîné ! Et lui, Saül, avait vidé sa vie de sa substance en hommage au Créateur ! Mais était-ce au Créateur, ou bien au fils du Créateur ? Car ce n'était pas le Créateur qu'il avait vu, mais Son fils, et c'était Son fils qui avait déclenché en Saül la panique capitale. C'était Son fils qu'il aimait, et s'il aimait cet homme, il ne pouvait plus aimer les femmes.

Et le destin lui tendit un piège.

« Un visiteur ! » cria un soir le soldat Quartus.

D'ordinaire, il les laissait passer sans rien leur demander. Il y en avait tant ! Il y eût passé son temps, alors qu'il avait bien mieux à faire, jouer aux dés ou bien ragoter sur des histoires de caserne ou de soldes avec d'autres soldats qui venaient lui rendre visite, à lui aussi, ou bien plumer les poulets et écailler les poissons pour son épouse.

Aristarque descendit du premier étage, où il partageait son souper avec Saül, pour accueillir le visiteur, supposant, comme Saül, qu'il s'agissait peut-être d'un personnage de marque, pour qu'il eût été ainsi annoncé. Il trouva au rez-de-chaussée un jeune homme beau et craintif, dont le regard scintilla dans la lumière de la lampe accrochée au mur.

« Es-tu Saül ? »

« Non. »

« Je dois le voir. Est-il là ? »

Un instant, Aristarque jaugea ce visiteur tardif, et son air anxieux et furtif. Il le pria de le suivre. Saül achevait la dernière cuillerée d'un bol de soupe au froment agré-

mentée de miettes de volaille. Il dévisagea le jeune
homme qui se tenait craintivement à la porte, usant pourtant d'une séduction obscure dans sa réserve, pour forcer
l'invitation à entrer.

« Entre donc », dit Saül. « Es-tu envoyé ? »

Le jeune homme fit un pas en avant et s'arrêta.

« Je viens mal à propos. Vous soupiez. Je peux revenir
plus tard. »

« Entre, dis-je. As-tu soupé ? »

« Je veux bien un verre d'eau. »

« Alors, assieds-toi », dit Saül, tandis qu'Aristarque
reprenait sa place.

Le visiteur s'assit en face de Saül. Il but avidement
l'eau servie, puis un second verre.

« Veux-tu un peu de vin, maintenant ? Cela délie la
langue », dit Saül.

Le jeune homme ne put réprimer un sourire.

« Je m'appelle Onésime », dit-il en trempant les lèvres
dans le vin. Il baissa les yeux sur le bol de soupe
qu'Aristarque avait poussé devant lui.

« Mange donc », dit Saül. « Le vin sur un estomac
creux perd la tête. »

Le jeune homme mangea quelques cuillerées, la tête
baissée. Il rappelait Timothée dans sa grâce, mais celle-
ci était enrobée d'une servilité provocatrice intrigante. Il
posa sa cuiller.

« Je suis un esclave en fuite », dit-il en regardant Saül,
qui leva les sourcils. « Je suis un esclave de ton ami Philémon. »

Aristarque lança un regard à Saül. Philémon était un
riche Chrétien de Colosses, dont la générosité à l'égard
des frères de la ville était exceptionnelle. Philémon, sa
femme Apphia et leur fils Archippe constituaient les
piliers de la communauté de Colosses, et c'était pourquoi Philémon était le chef du Conseil de la ville. Le
jeune homme finit son plat et regarda furtivement de
côté, vers le pain. Saül lui en coupa une tranche ; Onésime nettoya le plat.

« Pourquoi t'es-tu enfui ? » demanda Saül. « Je ne
crois pas que Philémon soit un mauvais maître. »

« Un excellent maître », dit Onésime.

Aristarque lui tendit le fromage, le couteau et coupa une autre tranche de pain.

« Tu as donc commis une faute », dit Saül.

Onésime rougit, la bouche pleine.

« Qu'as-tu fait avec l'argent ? » demanda Saül.

Onésime se prit la tête dans les mains, puis reposa son couteau.

« Comment le sais-tu ? »

« Philémon est un bon maître et tu es faible. »

« Je l'ai dépensé », dit Onésime, achevant son fromage comme à regret. « Cinquante mille sesterces. »

« Peste ! » dit Aristarque.

« C'était une somme destinée aux Chrétiens », dit Onésime.

« Es-tu chrétien ? »

« Oui. »

« Pas tellement », observa Saül. « Pourquoi es-tu venu me voir, et de Lycie ? »

« J'ai volé et je suis venu te voir », dit Onésime en regardant Saül, qui parvint à maîtriser son trouble. Il soutint avec froideur les yeux d'Onésime. « C'est toi le maître premier, alors je suis venu vers toi. »

« Le maître premier est Jésus. »

« Oui, mais je ne sais pas où est Jésus. Alors, c'est toi. »

Saül tenta de déchiffrer l'expression d'Onésime. Que pouvait cacher cette séduction suprême, qui consiste à commettre un double crime pour atteindre à... Mais à quoi ? A quoi, grand ciel ? Un prisonnier, un vieillard ! Il n'y avait rien de charnel dans l'affaire, et c'était ce qui la rendait encore plus perverse. Etait-ce là une tentation que lui envoyait le ciel pour le mettre à l'épreuve ? « Mais, pauvre moi », songea Saül, « le Ciel sait bien que je n'ai même plus l'imagination des gestes de l'amour, et encore moins avec un jeune homme ! » Sa tête et ses reins avaient été vidés de toute substance par l'amour de Jésus ; mais pas son cœur ! Car la séduction est comme cette flamme entre deux miroirs, dont l'image embrase l'un, puis l'autre, et Saül dut, sur-le-champ, et malgré son trouble, s'avouer qu'il voulait intensément garder près de lui ce jeune homme qui avait parcouru tant de lieues pour le trouver.

Ce fut exactement le contraire de ce qu'Aristarque s'était empressé de penser.

« Tu sais quels graves problèmes nous risquerions d'encourir si nous donnions refuge à un esclave fugitif », dit Aristarque d'un ton sévère.

Onésime baissa la tête.

« Si, du moins, il y a une plainte et un avis de recherche à son sujet », observa Saül. « Philémon savait-il ou peut-il savoir que tu venais à Rome ? »

« Non. »

« Il peut donc dormir ici quelques jours », dit Saül à Aristarque. « Il y a des centaines d'esclaves fugitifs à travers l'Empire, ce n'est pas dans l'heure qu'on viendra arrêter Onésime. »

Il reçut un regard de chien reconnaissant. Aristarque jouait avec son couteau.

« S'il habite ici, on pourrait très bien venir nous interroger sur son identité », dit-il, visiblement contrarié.

« Nous répondrons que c'est Philémon qui l'a délégué à notre service. Je vais écrire à Philémon[268]. »

Aristarque leva vers Saül un regard d'interrogation. Saül le soutint. On donna au jeune homme la chambre qui avait été celle de Luc.

Le sommeil vint tard à Saül, cette nuit-là. Les idées et les sentiments se bousculaient en lui. La prison, se dit-il, le rendait fou. Par la fenêtre montait la rumeur de Rome, dans une lueur rougeâtre nourrie de sang et de vin. Cela faisait bientôt deux ans qu'il usait les carreaux de cette maison. Rien ne se passait, la vie continuait comme avant. Jésus était venu, il avait été crucifié et dans ce centre du monde, on continuait à faire ripaille, à forniquer, à intriguer pour les raisons les plus dérisoires, à jouer du poison et de l'or. Rien, ces gens-là n'avaient entendu parler de rien. Certes, une communauté existait, ses chefs venaient régulièrement l'informer de son état. « Nous avons baptisé untel, et tel autre s'est marié. Celui-ci a eu un enfant, faut-il ou ne faut-il pas le circoncire ? Et celui-là est en retard sur ses contributions à la caisse d'entraide de la communauté ; que faut-il faire ? » Quelle dérision ! A ce train-là, il faudrait mille ans pour conquérir Rome ! Ils venaient le consulter sur la forme des médailles qu'ils commençaient à frapper avec une croix en relief. Jésus, s'il avait été présent, leur aurait jeté les médailles au visage ! Mais lui, il se contenait. Il avait travaillé pour rien. Les milliers de Nazaréens qu'il avait essaimés sur son passage depuis Antioche, ce n'était rien ! Des fourmis, des taupes, des rats ! Ils vivaient en paix avec la Cité !

Et lui, ne devenait-il pas fou ? Il s'était amouraché d'un jeune homme ! A son âge ! Et pour quoi ? Mais il s'en était amouraché, autant le dire. Il fumait donc de colère, de contrariété, d'anxiété, de frustration, quand des cris s'élevèrent dans la rue. Et quels cris, déchirants ! Au brouhaha qui s'enflait, Saül comprit qu'un attroupement s'était formé. Il ouvrit la fenêtre et pencha le buste à l'extérieur. Quartus aussi était sorti, et la chaussée était illuminée de lueurs dansantes, rouges ! Un incendie ! C'était la maison voisine qui flambait. Saül descendit.

« Comment le feu a-t-il pris ? » demanda-t-il à Quartus.

« Bah, le boulanger faisait cuire le pain pour demain, et pof ! »

Toute la foule observait un homme qui s'agitait sur le toit, entouré par les flammes et sans doute affolé par l'imminence d'un effondrement général de la maison. Les poutres, en effet, se consumaient à une vitesse prodigieuse. Il n'y avait plus rien à sauver, et les occupants de la maison voisine se contentaient de jeter sur la leur des seaux d'eau. L'homme sur le toit gagna à quatre pattes le toit de la maison voisine, glissa et faillit terminer sa fuite dans la rue, se rattrapa en calant son pied sur une gouttière et resta là, comme un cancrelat plaqué sur un mur.

« Allez chercher une couverture ! » cria Saül. Une main lui saisit l'épaule, c'était Onésime. Saül l'envoya chercher la couverture, l'autre disparut quelques instants, revint et Saül, Onésime, Quartus et Aristarque coururent, la couverture tendue sous le malheureux.

« Saute ! » cria la foule, presque hilare, au cirque.

L'autre regarda du haut du quatrième étage et se laissa glisser. Saül ressentit le choc jusque dans ses jambes. Le rescapé sur sa couverture ne bougeait pas. Etait-il mort dans sa chute ? Les quatre hommes posèrent la couverture et son contenu par terre. L'homme remua. Saül se pencha vers lui et cueillit un regard épouvanté. Puis des bras le saisirent, Saül bascula et fut secoué par les sanglots de celui qui l'étreignait. Le salut ! Le salut !

Quelle soirée ! Un incendie, songea Saül en se mettant au lit, un incendie. Il s'endormit, plein de pensées confuses autant qu'inattendues.

Quand il s'éveilla, Onésime dormait au pied du lit, recroquevillé, dans la couverture qui avait servi à sauver leur voisin. Les larmes jaillirent des yeux du prisonnier.

14

LES VISITEURS

Ils vinrent chacun dans sa litière, en petit équipage, avec des négrillons qui couraient au pas. Quartus en écarquilla les yeux. Son épouse sortit, béate, la main encore fourrée dans un poulet vidé. On leva les rideaux et ils mirent pied à terre, avec une indolence calculée.

« C'est bien ici qu'habite Saül d'Antipater ? » demanda un factotum.

Quartus ne put que hocher la tête, étranglé d'étonnement. Le même factotum jeta un tapis sur le seuil. Ce fut l'aîné, Hérodion, qui le franchit le premier, suivi par son frère Aristobule[269].

« Saül ! Des rois, des rois pour te voir ! » cria Quartus.

Saül, à l'étage, se brossait les dents avec une brosse

de chiendent et du charbon de bois. Il cracha l'eau noir-
cie et mélangée de salive dans le baquet. Puis il sortit
dans la cage d'escalier et tendit le cou ; il aperçut les
crânes huilés des jouvenceaux. La famille ! Il leur avait
écrit, avait reçu des réponses polies, d'une teneur dédaigneuse, mais jamais de visite. Il descendit donc, rajustant sa tunique.

« Oncle ! » s'écria Hérodion, avec une feinte chaleur.
Déjà gras pour ses dix-huit ans, et ces parfums ! Il
tendit les bras pour l'accolade. Des plats de main sur les
omoplates, une bouffée de civette ou de santal, allez
chercher.

« Mon frère, Aristobule. »
Nouvelle accolade, bouffée différente. Un attroupement s'était formé dehors.

« Faites entrer », ordonna Hérodion.
Du haut des marches, Aristarque et Onésime observaient le spectacle incongru. Une petite cour, dix ou
onze personnes, entassée dans le vestibule de la modeste
maison d'Etat du Colisée.

« Nous t'avons apporté des présents », dit Hérodion.
Des oranges, des pommes, de la volaille, du poisson,
des sachets d'on ne savait quoi, plus une jarre de vin.

« Montons », dit Saül. « Faites monter le vin », dit-il
au factotum. Du vin ! Une aubaine ! Il fallait en acheter,
justement. Onésime se pressa de trouver des sièges. Au
rez-de-chaussée, on ferma les portes.

« Oncle ! C'est ici que tu habites ! » dit Hérodion.
« Mais il fallait venir chez moi ! »
Cette mollesse ! On l'eût giflé jusqu'à ce que les bras
vous en tombassent ! Cette morue fardée était son
arrière-petit-neveu, le fils d'un père homonyme, fils de
Tigrane, fils d'Alexandre, et de Salomé, la propre fille
d'Hérode Antipas, celle qui avait causé la mort de Jokanaan. Mais à coup sûr, ces opportunistes étaient porteurs
de bonnes nouvelles.

« Oncle ! » dit Hérodion, considérant les verres gros-
siers dans lesquels on lui servait son vin, sans doute coû-
teux. « Nous sommes heureux de te voir ! »

« Je suis comblé », dit Saül. De quoi ? De nausée ou

d'ironie, il n'eût su le dire. Il examinait le petit Aristobule, plus discret dans son maintien, cachant sous le siège ses bottillons de cuir fauve. Ah, Saül, se dit-il, le malheur fut propice à ta dignité !

« Oncle, Agrippa a parlé en ta faveur à Néron », dit Hérodion.

« Agrippa est un grand cœur », dit Saül.

« Oncle, tu seras bientôt libéré, je le sais ! J'ai dit à Agrippa que, vraiment, il serait indigne de traiter notre famille comme on te traite ! » Il savoura son propre vin et ajouta : « Oncle, maintenant, tu dois demander en réparation le gouvernement d'une province ! »

« J'y songerai », dit Saül. « Attendons la libération. »

« En attendant que tu trouves une maison, viens habiter chez moi », dit Aristobule.

Enfin, Hérodion se leva, ils se donnèrent à nouveau l'accolade et libérèrent Saül de leur présence. Eux partis, Saül se tapa sur les cuisses. Aristarque s'esclaffa, Onésime se tordit de rire en épluchant une de leurs oranges.

Le soir, Saül donna un dîner pour le Conseil de Rome.

Plus sérieuse fut la visite de Julius, une semaine plus tard.

« Ton procès aboutit à un non-lieu. La plainte est tombée en désuétude, puisque les plaignants ne se sont pas présentés à la convocation du tribunal à la date fixée. » Il tendit un document à Saül. « Tu es libre[270]. »

Saül lui tendit les bras, ils se levèrent et se donnèrent une accolade chaleureuse, prolongée. Ils ne savaient que dire. Un lien imprévu unissait le centurion et le prisonnier, le serviteur de Rome et celui de Jésus.

« Je me rappellerai toujours le naufrage », murmura Julius.

Ils rirent, burent du vin, se redonnèrent l'accolade.

« Je ne peux que regretter que tu n'aies pas mis ton énergie au service de l'Empire. »

« L'Empire t'a. »

Le Romain considéra Saül un long moment.

« Tu ne t'appartiens plus, Saül, c'est la différence entre nous. »

A la porte, Julius se retourna ; un léger sourire sur la bouche.

« Hélas, Saül, il te faudra quitter demain cette demeure somptueuse. »

Ils louèrent une maison voisine. Saül fit un cadeau de cinq mille sesterces à Quartus, qui fondit en larmes.

« Saül », dit-il, à mots entrecoupés, tenant dans les bras son ancien prisonnier, « ton dieu, ce doit être un vrai dieu pour t'avoir fait tel que tu es ! »

Et Saül retint ses larmes.

Ce fut ensuite le tour de Sénèque. Il apporta en présent une copie de son traité sur la tranquillité de l'âme. Les deux masques ravagés s'examinèrent en silence, les regards pimentés par l'ironie.

« L'heure s'avance donc », dit Sénèque, à un moment de la conversation, quand ils eurent, mais brièvement, par courtoisie, achevé l'évocation de leurs tribulations.

« Le jour se lève », répondit Saül.

« Un autre jour ? » s'écria Sénèque avec une feinte indignation. « Ton Dieu te tuera à la tâche ! »

« César ne t'a pas épargné », repartit Saül.

« C'est quand même grâce au soleil de César que tes yeux voient encore le jour », observa Sénèque. « Ta citoyenneté romaine t'a sauvé de bien des périls. Et je ne parle pas de l'amitié de Gallion et de Burrhus. »

« De Burrhus aussi ? » demanda Saül, surpris.

« Eh, mais Afranius est un grand ami », dit Sénèque.

Saül hocha la tête. Ainsi, tout au long de ses épreuves, il avait été protégé par Rome !

« Ainsi Dieu a voulu que je fusse protégé par le soleil de César et ton amitié », dit-il.

« Et la philosophie », ajouta Sénèque. « J'entends que les Stoïciens t'ont été favorables. Mais avions-nous besoin d'un dieu de plus ? »

« Ne te l'ai-je pas écrit ? » répondit Saül. « La philosophie éclaire l'esprit mais ne chauffe pas le cœur. La foi en Jésus est irremplaçable pour les voyageurs que nous sommes tous. »

« Mais elle chauffe aussi les passions », murmura

Sénèque. « Elle est donc contraire à la sérénité de l'âme et des cités. »

L'un et l'autre songèrent au même moment que le léopard ne lave pas ses taches. Et quand enfin ils se donnèrent l'accolade, l'un se demanda pourquoi il avait protégé l'autre, et l'autre, ce qui lui avait valu l'amitié de l'un.

Vint encore Rufus, le frère selon la chair. Il était devenu, mais à Rome, frère selon l'esprit, pour se conformer aux vœux de sa femme. Celle-ci était morte en couches, et Rufus élevait son fils avec sa belle-mère. Saül savait tout cela, mais il en écouta le récit sans manifester d'ennui, pour détecter les vibrations de la voix qui l'eussent informé sur ce qu'était devenu l'autre petit Hérodien malchanceux. Il ne perçut rien. Rufus s'était converti comme il eût embrassé le culte isiaque, par dévotion envers une femme.

« Je te présenterai mon fils », dit Rufus.

Saül hocha la tête. La voix du sang s'éteint avec le temps, ou elle s'enroue. Il espérait d'autres frères, ou d'autres neveux. Rome paraissait désormais si lointaine !

Vinrent aussi, en usant de précautions excessives, drapés dans la nuit, des domestiques de la maison de Narcisse qui étaient restés au service de Néron. La bouche pleine de chuchotements, d'insinuations, de craintes. Poppée, assurèrent-ils, oui, Poppée même, se faisait instruire de Jésus. Elle protégeait les Juifs, grâce à elle... Grâce à elle quoi ? interrompit Saül, agacé à la fin par ces ruminations stériles. Qu'espéraient-ils ? Ce qu'il avait lui-même imaginé autrefois, dans la naïveté : que Néron se laisserait convaincre !

« N'espérez pas », dit sèchement Saül. « Il serait assassiné par les consulaires ou ses propres officiers pour parjure suprême. »

« Mais la foi, Saül, la foi ! N'as-tu pas dit que toi-même, autrefois, tu persécutais les Chrétiens ? Une illumination... » Ils espéraient donc une illumination fulgurante de Néron ! Folie !

Puis vinrent d'autres nouvelles. Un frère de Césarée arriva un matin, le visage en berne.

« Frère », dit-il à Saül, « mon chagrin est immense. »
Aristarque et Onésime s'immobilisèrent.

« Jacques... » commença-t-il, sans se résoudre à achever se phrase.

« Comment ? » demanda Saül.

« Lapidé sur ordre d'Ananias. »

Le cœur de Saül tressauta. Jacques était donc mort comme Étienne.

« Je demanderai dès ce soir des prières pour lui. »

« Frère, il faudra que ce soient des prières pour deux. »

« Pour deux ? » s'écria Saül, tendant les mains.

« Et Jean », dit le voyageur.

« Jean ? » cria Saül.

Le visage pensif du favori de Jésus, celui qui parlait si peu, jaillit dans sa mémoire et les larmes noyèrent ses yeux. Il se pencha pour pleurer. Un peu plus tard, il demanda : « Et Pierre ? »

« Il s'est enfui. On dit qu'il vient à Rome. »

« Ils avaient cru pouvoir traiter avec les Juifs », murmura Saül. « Ils n'avaient pas compris que même Jésus ne l'avait pas pu. »

Toute rancune s'était évanouie. Mais il est vrai que la rancune est le fait des pauvres. Le Conseil de Rome demanda deux semaines de prières pour les deux témoins de Jésus. Il fallut expliquer qui ils étaient, car presque personne ne connaissait leurs noms. Par la même occasion, Saül fit annoncer l'arrivée de Pierre.

Saül n'avait guère usé de sa liberté retrouvée. Il ignorait presque tout de la ville qu'il avait voulu conquérir.

Un mois durant, il parcourut Rome, avec Aristarque et Onésime. Timothée les rejoignit bientôt. Il fit le tour des collines, des monuments, des jardins. Ils allèrent au cirque, aspirèrent les poussières de l'arène, burent les cris furieux de la foule, ravalèrent l'horreur des combats de gladiateurs, de pugilistes, de rétiaires. Ils se mêlèrent aux foules des tavernes et à celles des thermes, s'assourdirent aux vacarmes de la ville au milieu du jour et s'apaisèrent à l'heure du couchant, quand la brise de mer monte jusqu'aux cyprès de l'Aventin et rafraîchit les toits et les cervelles.

Rome n'est pas seulement une ville, c'est l'incarnation des songes de la ville ; elle est pour cette raison dite Éternelle. L'homme de la rue de l'orfèvre Nimrod avait été un provincial ; aurait-il triomphé là ? Et pourtant, il fallait qu'il triomphât !

Mais Rome possédait l'inertie des pierres et l'épaisseur des passions. La parole de Jésus ne la pénétrerait pas plus que la rosée ne pénètre la carapace écailleuse du Léviathan qui mugit dans la tourbe des marais.

Il fallait d'abord la purifier. Comme on ne pouvait la laver, sauf à l'engloutir dans les flots, il fallait la brûler. Telle fut l'évidence qui s'imposa à Saül un soir qu'il se débattait dans la foule à la sortie des jeux mélangé à la plèbe glapissante, avinée, édentée, brailleuse d'obscénités qui se déversait dans la rue, devant le Grand Cirque, au pied du Palatin.

« Hé, le nain ! » lui cria une mégère. « Fais-nous voir ton braquemart ! On dit que les nains l'ont gros ! »

Des rires puants suivirent cette saillie.

Dès lors, son discours revêtit une coloration crépusculaire.

« Ce que vous ne pouvez baptiser, brûlez-le ! » Et plus : « La parole du Christ ne pourra se frayer un chemin que grâce à vous ! Seul le feu de votre foi triomphera de l'épaisseur de la matière ! Les fumées de la matière consumée sont une senteur délicieuse aux narines de Dieu ! »

Ils l'écoutaient sans ciller, fascinés comme si les flammes dansaient déjà devant leurs yeux. Le feu, oui, les libérerait de la trop longue tyrannie romaine, de la misère d'être, de l'esclavage juridique et du spirituel, de la pesanteur du monde, de la faim et du manque d'espoir.

Le feu fut leur espoir.

15

DU PALATIN À L'INFINI

Dans la nuit du 18 au 19 juillet de l'an X du règne de
Néron[*], un vent violent souffla sur Rome. Vers sept heures du soir, un marchand d'huile du quartier populaire
qui faisait face au Grand Cirque, sans doute énervé par
ce suroît querelleur, décida de fermer boutique avant
l'heure. L'auvent mobile, une fois déclavé, fut rabattu
par une bourrasque avec une force inattendue sur le
comptoir et envoya une lampe allumée basculer sur un
paquet de mèches cirées, qui n'attendaient que l'occasion pour flamber. Sur quoi, elles tombèrent dans une
jarre d'huile qui se mit aussi de la fête, et les flammes
qui en jaillirent gagnèrent des tissus qui pendaient là,
Dieu sait pourquoi, et, en moins de temps qu'il n'en faut
à un sablier d'enfant pour marquer qu'un œuf est
cocotte, l'échoppe n'était que flammes et le marchand,
dehors, regardait impuissant, stupéfait et consterné son
gagne-pain disparaître.

Pis encore, la jarre d'huile, fracassée par la poutrelle
qui tenait le toit, répandit son contenu sur le sol, et
l'huile enflammée fila vers la boutique voisine, qui était
celle d'un marchand d'épices, et qui flamba à son tour
avec un bel entrain et des fumées odoriférantes. Puis
cette infernale nappe d'huile gagna une autre boutique,
où l'on vendait des tuniques.

En un quart d'heure, une dizaine de boutiques faites
de bois, de tentures et de denrées sèches et combustibles
formèrent un beau foyer qui produisit beaucoup de
fumée et pas mal de flammèches. Le suroît fit voyager
celles-ci çà et là et ailleurs, d'abord en direction du Palatin, qui se trouva vêtu d'une tunique de flammes, avant
que les fourrés, que l'été avait changés en petit bois,
missent le feu aux chênes et cyprès, puis en direction du
Viminal et, plus tard, de l'Esquilin.

---

[*] L'an 64.

Bien entendu, on chercha de l'eau, mais comme il n'y avait pas au bas du Palatin de maisons avec l'eau courante, le temps qu'on allât en puiser au Tibre, le feu était déjà sur la colline voisine, puis la suivante. Les pompiers accoururent, avec leurs attelages qui traînaient des réservoirs de cinq setiers d'eau et un système de pompes à deux cylindres[271], mais la fumée et les cris des gens épouvantèrent les mulets qui ruèrent et partirent tout seuls dans la direction opposée au feu, renversant tout sur leur passage, c'est-à-dire des vieillards, des femmes, des enfants et pas mal d'hommes aussi.

Tous les spectateurs avaient d'abord espéré que le feu, comme les ambitions des tyrans, se heurterait à quelque obstacle naturel et s'arrêterait. L'être humain se berce ainsi de l'idée d'un ordre immanent qui tolère à l'occasion quelques excès, mais finit par se rétablir, sous l'autorité des puissances célestes. Mais, à huit heures du soir, il devint évident que les puissances en question se fichaient de Rome comme de la première offrande et que l'incendie devenait incontrôlable.

Le préfet Burrhus, informé que les pompiers étaient impuissants à maîtriser le désastre, dépêcha des émissaires au camp des cohortes prétoriennes, à la via Nomentana, priant le commandant de la garnison d'envoyer des troupes creuser des tranchées pour arrêter le feu au pied des résidences impériales du Palatin et de la Domus Transitoria, qui venait à peine d'être achevée, où l'empereur avait amassé des trésors inestimables.

Quand les soldats arrivèrent avec leurs pelles, les résidences et la Domus Transitoria craquaient déjà dans les flammes. Burrhus, présent en personne, regarda les rideaux de pourpre et les bronzes grecs s'écrouler dans des brasiers géants.

On creusa bien des tranchées, mais l'Esprit du Feu voyageait sous la forme de flammèches. Personne n'y pouvait rien.

Burrhus manda en urgence des coursiers à Néron, qui se trouvait dans sa résidence d'Antium, à vingt-cinq lieues de Rome[272].

Entre-temps, les flots des sinistrés emplissaient les

rues. Des gens nus, surpris en plein sommeil, déambu-
laient hagards, avec des enfants dans les bras, des femmes hurlaient, des gens avaient perdu leurs esprits en
perdant des parents, des amants et leurs biens.

L'aube se leva à peine ; le ciel était noir. Et le vent
soufflait toujours. Le Palatin, premier touché, n'était
plus qu'un brasier. Il n'y restait plus personne. Le Viminal suivait son sort.

Tout Rome avait couru au sud, au Transtévère. Saül,
Aristarque, Timothée et Onésime, en compagnie de frères qui les avaient recueillis, n'avaient quasiment pas
bougé de l'entrée du pont Sublicius depuis que, vers dix
heures, l'incendie les avait forcés à fuir la fournaise dans
la direction opposée au vent. Ils étaient blêmes et les
visages luisants, regardant l'incendie de Sodome. A
midi, épuisés, ils allèrent se coucher après avoir mangé
du pain avec du miel et bu un peu d'eau. Quand ils se
réveillèrent, vers sept heures du soir, l'incendie faisait
toujours rage. Le feu, qui achevait de broyer les derniers
bois du Palatin, entamait allègrement le Viminal.

Saül était comme ivre.

« Babylone tombe donc ! » murmura-t-il.

Burrhus, qui, à la même heure, s'éveillait d'un bref
repos, fut assiégé par des lieutenants porteurs de rapports
alarmants : on avait vu des esclaves de la maison impériale répandre le feu en jetant des torches et de l'étoupe
enflammée alentour. Rapports impossibles à contrôler :
on ne pouvait envoyer des gardes pour surveiller les
incendies.

A minuit, le Quirinal commença à flamber.

« Les frères t'ont entendu », dit Apelles à Saül, en lui
servant du lait chaud.

« Quoi ? » cria Saül.

« N'as-tu pas dit que seul le feu de notre foi triompherait de l'épaisseur de la matière ? » dit doucement Apelles.

Onésime écoutait, halluciné. Derrière Apelles se tenait
un homme presque nu, noir de cendres, luisant comme
un bronze.

« Tu es Saül ? Bénis-moi ! J'ai mis le feu à dix îlots ! »

Saül rejeta la tête en arrière, comme s'il expirait.

« Bénis-moi ! » cria l'homme, penché sur lui, réclamant son dû.

« Je te bénis », murmura Saül.

Néron, apprit-on, était revenu : il avait ouvert le Champ de Mars, au nord, et les monuments d'Agrippa, à l'est, pour accueillir les gens sans abri ni ressources, et fait venir du blé et de la viande des municipes voisins. Le prix du blé baissa jusqu'à trois sesterces le boisseau. Mais la catastrophe avait rendu les gens à demi fous. L'empereur étant monté sur le Palatin voir ce qui restait de ses palais, le bruit se répandit qu'il y était allé admirer l'incendie de Rome, son œuvre[273].

Le troisième jour, le vent changea un peu de sens et souffla du nord-ouest. Le quartier du Forum fut gagné par le feu et la foule amassée dans les monuments d'Agrippa se vit à son tour menacée et traversa le Tibre. La première horde de fuyards avait atteint Ostie, tenant des propos égarés.

Entre-temps, Burrhus, pour réduire l'avance du feu du Palatin à l'Esquilin, fit abattre par la troupe des îlots entiers de maisons au bas de cette colline. Le feu devait se fatiguer avant d'avoir traversé ce désert ; il se vengea en courant vers des édifices célèbres. On en était alors au sixième jour.

Parti pour évaluer, lui aussi, le désastre, Saül remarqua au pied du Quirinal un homme qui allait seul, suivi de deux autres. Il crut le reconnaître d'après ses monnaies et il ne se trompait pas : c'était bien Néron qui, seul, ou à peu près, arpentait à pied la ville pour en estimer les dommages. Leurs regards se croisèrent une fraction d'instant.

Le maître du monde n'avait pas reconnu dans le nain le grand Incendiaire du monde. Personne ne le voit jamais deux fois : s'il reconnut Néron, l'Incendiaire ne reconnut donc pas le destin.

Ce fut au matin du neuvième jour que Rome s'éteignit. Trois des quatorze régions de Rome avaient été

rasées au sol. Sept ne valaient guère mieux. Seules quatre étaient intactes. Dix mille îlots avaient été détruits et
deux cent mille Romains étaient, si l'on peut dire, sans
feu ni lieu. Des lieux vénérés, en revanche, avaient disparu, tels le Temple de la Lune, celui de Jupiter Stator,
celui d'Hercule le Secourable, l'enclos sacré de Vesta...

Les funérailles durèrent des semaines.

L'enquête impériale bien moins.

Dix jours plus tard, on arrêta Saül. Des témoins inat-
tendus et nombreux certifièrent qu'il avait bien annoncé
que son dieu reviendrait sur la terre dans le feu. Pipelet-
tes, charcutiers, gigolos, voisins concoururent à ce que
les Chrétiens répétaient après lui. Que le feu assurerait
le triomphe de l'esprit.

Saül n'était plus dans Saül. A soixante-quinze ans, on
se souhaite une mort rapide. Les douleurs lui avaient
d'ailleurs fait absorber toutes les boulettes d'opium qu'il
gardait sur lui. Il sentit à peine la hache, une piqûre de
moustique, la mort.

« Mort, où est ton aiguillon ? »

L'incendie commençait à peine[274].

LES SOURCES

• PRÉFACE EN GUISE DE POSTFACE

L'étude de la personnalité et de l'histoire de Saül, apôtre, se situe dans le droit fil de tout essai de reconstitution historique de la vie et de l'influence de Jésus, tel
que celui que j'ai offert dans les tomes I et II de
L'homme qui devint Dieu. En effet, Saül, renommé tard
dans sa vie Paul, à la romaine, est communément considéré comme le plus important des apôtres, puisqu'il est
fondamentalement l'inventeur du christianisme et son
premier théologien. Les éléments que j'offre ici, surtout
dans cette seconde partie, m'incitent fortement à
conclure que la majorité des disciples de Jésus, après la
Crucifixion, se considéraient encore comme Juifs disciples de Jésus, et que ce fut Saül qui, en opposition souvent violente avec Jacques le Mineur et Pierre, organisa
la scission de la communauté christique d'avec le
judaïsme et la Torah. Cette entreprise prodigieuse, qui
devait doter l'humanité de la deuxième religion révélée,
chronologiquement parlant (la troisième fut l'Islam), et
changer le destin de l'Occident, n'eût certes pas réussi
sans l'inlassable action propagandiste de Saül. Ce fut lui
qui jeta les bases de l'actuelle religion chrétienne telle
que nous la connaissons. Lui qui transforma la croix
d'instrument de supplice en symbole du renouveau, lui
qui affranchit les disciples de Jésus de la Loi mosaïque,
lui qui, aussi, ancra le Christianisme dans la mysogynie.

Il me faut donc dire d'emblée la fascination que
j'éprouve pour ce personnage, comparable par l'influence à un Alexandre.

Les ouvrages sur Saül ne manquent pas. La bibliographie présentée à la fin de ces pages est modeste en
regard de celle qui est disponible. Mais bien peu offrent

des éléments d'information utiles sur le personnage même de Saül, qui fait l'objet de ces pages. L'homme pourtant mérite l'attention autant que l'œuvre. Humain au plein sens de ce mot, avec ses éclairs de génie et ses carences, sa culture et ses préjugés, ses frustrations et ses ambitions, son énergie et ses maladies, ses formidables contradictions surtout, il autorise, il me semble, à être examiné comme n'importe quel autre personnage historique, sinon avec encore plus d'intérêt et de curiosité.

En effet, le caractère d'un homme étant la matrice de ses actes, il m'a semblé essentiel de chercher à comprendre comment cet homme avait si profondément remodelé le Christianisme et quelles pouvaient avoir été ses motivations.

Les textes de base dont je me suis servi sont strictement canoniques et historiques ; pour l'essentiel : d'une part, les Actes des Apôtres et les Epîtres, de l'autre, *La guerre des Juifs* et les *Antiquités judaïques* de Flavius Josèphe, les *Annales* de Tacite, les *Romaines* de Dion Cassius, le *Panarion* d'Epiphane de Salamine, plus un certain nombre de travaux strictement historiques, anciens et modernes, les uns généraux, tels que *Déclin et chute de l'Empire romain* de Gibbon, les autres ponctuels, plus encore des travaux d'exégètes qui font autorité, tels que Bultmann et Bornkamm, tous répertoriés dans la bibliographie qui se trouve en fin de ce volume. Les reproches, d'ailleurs tout à fait spécieux, qui me furent faits par certains lors de la parution des *Sources-I*, pour mon usage (très modéré en l'occurrence) des Évangiles apocryphes, ne pourraient donc trouver ici d'objet.

Y eût-il d'ailleurs eu des apocryphes de quelque intérêt qui eussent fait référence à Saül, dit tardivement Paul, que je m'en serais servi. Outre des textes d'évidente fabrication, et tardive, tels que la correspondance imaginaire de Saül et de Sénèque, il n'y en a que très peu.

L'occasion est cependant bonne pour rappeler au lecteur de bonne foi que la notion d'« apocryphe » est étonnamment faussée : *apokruphos*, n'importe quel dictionnaire en témoignera, signifie « caché » ou

« secret » et non pas « faux ». Nos apocryphes religieux sont tout simplement des ouvrages qui ne font pas partie du canon, tout comme les Protestants et les Juifs disent « apocryphes » certains livres de la version grecque des Septante qui ne sont pas dans la Bible hébraïque, tel le « Livre des Maccabées », un point c'est tout. Les Catholiques, eux, les appellent « deutérocanoniques ».

Or les canons, pour un travail historique, sont d'un intérêt restreint. L'Évangile de Jean a ainsi failli passer dans les apocryphes. Tous les corps constitués du monde, qui se sont investis d'un enseignement didactique, de l'Église aux gouvernements totalitaires marxistes, ont des canons, dont le plus édifiant exemple est l'Encyclopédie soviétique. La tradition, elle, et en l'occurrence celle qui a force de canon en ce qui concerne la personnalité et le rôle de l'apôtre Saül, ne peut peser d'un plus grand poids. Elle consiste, le plus souvent, à gommer « ce qui ne colle pas » et à y substituer ce qui « colle » ou qui a valeur hagiographique.

Je n'en prendrai ici qu'un exemple, pour la mémoire du lecteur, qui est l'histoire de l'éblouissement sur le chemin de Damas, qui a pris force de vérité absolue et merveilleuse, mais dont on oublie toujours de dire que c'est une fabrication de Luc, qui a recueilli quelque légende à propos d'un changement d'attitude de Saül, mais qui n'y était pas. Bizarrement, le principal intéressé, lui, n'en parle pas du tout de la même façon et, pis encore, se contredit fortement dans les deux descriptions qu'il en fait.

C'est pourquoi l'on n'aura pas trouvé, dans le récit qui précède, et l'on ne trouvera pas davantage dans les notes que voici, le reflet des traditions qui font de Saül un homme quasi foudroyé, au sens littéral, par une apparition de Jésus et qui emploie le reste de ses jours à répandre l'enseignement de celui-ci. Il faut n'avoir pas lu, ou ne l'avoir fait que superficiellement, les Actes et les Épîtres, pour souscrire à cette image. Ces deux textes fourmillent d'indications contraires. Et ces indications posent bien des questions auxquelles je me suis efforcé de trouver une réponse, à défaut d'en avoir trouvé une ailleurs.

Dès les recherches qui devaient mener au récit de *L'homme qui devint Dieu*, entreprises il y a déjà vingt-sept ans et poursuivies bien après, les Actes des Apôtres, qui sont essentiellement l'œuvre de Luc, et les Épîtres, qui sont pour l'essentiel de la plume de Saül, m'ont paru comporter des mystères, des lacunes, des contradictions ; une impression de non-dit s'en dégageait si fortement qu'à certains passages, elle occultait le dit. Le personnage présenté par les Actes des Apôtres et par les Epîtres me paraissait malaisément correspondre au portrait traditionnel de l'apôtre. Il se dit juif, mais ses revendications sont douteuses ; ainsi, comme l'indiquent les premières notes des *Sources*, aucun Juif de son temps ne se fût présenté comme « benjaminite », ce qui n'avait pas de sens. Il confirme les soupçons sur sa non-judaïté quand il proclame : « Je me suis fait juif avec les Juifs », et encore : « J'ai vécu sans la Torah », aveux patents, impensables dans la bouche d'un Juif. Lui qui se prétend « élevé aux pieds de Gamaliel », illustre docteur de la Loi, c'est-à-dire imbu du Judaïsme dès sa jeunesse, il déclare ailleurs qu'il est devenu « de plus en plus juif » au cours de ses persécutions contre les premiers disciples de Jésus. Or, à l'époque, ou bien l'on était juif, ou on ne l'était pas. S'il n'était pas juif, qu'était-il donc ? Et surtout, pourquoi ne l'a-t-il pas dit ? Sa soudaine passion pour le Christianisme prend en fonction de ces bizarreries un relief particulier et intrigant.

D'autres énigmes, détaillées dans *Les sources-II*, se détachent à la lecture critique des textes. Car ces textes, comme les Evangiles, exigent une lecture critique. Les Actes de Luc, pourtant témoin de première main d'une partie des voyages de Saül, tiennent aussi souvent du romancero ou de l'apologétique que de la relation objective. Rédigés à Rome, en grec, quelque vingt ou trente ans après les événements qu'ils rapportent, ou plutôt transfigurent, ils rendent particulièrement ardue toute chronologie logique des actes de Saül. Il est, de plus, bien aléatoire d'y distinguer les altérations qu'auraient apportées des copistes ultérieurs. Et ils comportent bien des points que les historiens n'ont fait qu'effleurer, parfois en quelques lignes enfouies dans de vastes entreprises exégétiques.

Les Epîtres de Saül ne sont guère plus commodes à lire, même si l'on met à part celles qui ne sont pas de sa main. Comme on le sait, en effet, l'Epître aux Hébreux n'est pas de l'apôtre, celles aux Colossiens et Ephésiens sont d'un disciple ultérieur, et II Thessaloniciens est d'une authenticité douteuse. De plus, on ne sait comment les Epîtres ont été recueillies et, encore moins, colligées. Certains auteurs estiment qu'elles ont été coupées, que des fragments plus ou moins importants en ont été perdus, d'autres mis bout à bout sans logique. Rien n'est moins certain, par exemple, que l'Epître qu'on suppose adressée aux Ephésiens leur ait bien été adressée. En tout état de cause, le nombre des Épîtres semble bien faible en regard des vingt à trente années d'apostolat de Saül. On suppose généralement que certaines Epîtres furent perdues. Les éléments dont on dispose pour reconstituer l'histoire de Saül ne sont donc ni complets, ni cohérents, ni fidèles.

De plus, Actes et Epîtres diffèrent sensiblement. C'est ainsi que c'est Luc qui présente sous sa forme devenue légendaire l'épisode de l'éblouissement sur le chemin de Damas ; Saül, lui, le rapporte sous deux versions foncièrement différentes, et laisse entendre qu'il a revu Jésus plus tard, puisqu'il y assure qu'il a été instruit directement par Jésus ressuscité. Or, c'est troublant, car Jésus ne peut l'avoir instruit sur tout son enseignement pendant les quelques instants que dura l'éblouissement ; donc, il est possible que Saül, en effet, ait bien rencontré Jésus, non pas sur le chemin de Damas, mais ailleurs. Ce qui renforce l'hypothèse défendue dans les tomes I et II de *L'homme qui devint Dieu*, d'un Jésus qui survécut longtemps à la Crucifixion.

L'opposition entre les Actes et les Epîtres est toutefois plus profonde encore que les contradictions ponctuelles le laisseraient penser. Dans les Actes, Saül est présenté comme ayant reçu mission du Conseil apostolique de

Jérusalem de convertir les Gentils, et après avoir tenté de convertir les Juifs non chrétiens. Dans les Epîtres, Saül se présente comme apôtre, titre que les Actes ne lui confèrent çu'en passant, et il assure que c'est par les seuls Gentils que passe le salut. La vérité est sans doute beaucoup moins édifiante, comme on l'a vu : c'est après l'invitation pressante et assez bizarre du Conseil en question à se rendre au Temple pour y faire pénitence que Saül est arrêté par les Juifs et qu'il échappe à la mort. Il est licite de penser que le Conseil apostolique de Jérusalem a tenté de se débarrasser de lui de la façon la plus radicale.

Bref, Saül se prête dans les Epîtres une indépendance incomparablement plus grande que celle que lui accordent les Actes, qui l'assujettissent à l'autorité des premiers disciples. Et c'est, à l'évidence de ce qui a suivi, Saül et non Luc qu'il faut croire. On devine bien que Luc tente de gommer les conflits âpres qui opposèrent Saül et les premiers apôtres, qu'il atténue son rôle de pionnier du Christianisme dans le monde des Gentils et qu'il brosse, à des fins évidentes de propagande, un tableau proprement idyllique de la naissance de l'Église. Pour Luc, Saül, inspiré par l'Esprit-Saint et poliment subordonné aux Anciens, a été évangéliser d'un seul élan le monde des Gentils, alors que Saül, lui, ne s'embarrasse pas de ces délicatesses et raconte crûment ses démêlés avec le Conseil de Jérusalem : c'étaient des intrigants, des hypocrites et même de mauvais Chrétiens ! Ils voulaient maintenir le Christianisme dans le sein du Judaïsme, et c'est lui qui l'en a affranchi.

Mais une fois qu'on s'est accommodé de ces divergences, on passe à d'autres problèmes, plus ardus. C'est ainsi que cette citoyenneté romaine, dont Saül se targue à trois reprises jusqu'à en paraître fanfaron, fait problème ; elle s'accorde très mal, en effet, avec sa judaïté supposée, et même, elle ne s'accorde pas du tout : on ne pouvait à la fois défier les dieux de l'Empire et rester citoyen romain ; c'était là encourir la peine capitale pour délit d'impiété. De plus, il se dit tarsiote de naissance, ce qui paraît suspect ; pourquoi et dans quelles conditions aurait-il quitté Tarse, s'il était vraiment originaire de cette ville, qui jouissait pourtant de renom, de confort et de culture ? Même saint Jérôme ne croyait pas à cette origine tarsiote. Erudit, il avait à coup sûr flairé beaucoup d'invraisemblance dans les bribes de biographie que Saül jette en pâture à ses auditeurs et lecteurs, et il rejette donc cette fable. L'éminent auteur de la Vulgate traite donc poliment Saül de menteur, ce qui est raide ! Mais là ne s'arrêtent cependant pas les singularités de l'énigmatique Saül.

Plus déconcertant encore est le prestige de Saül auprès des autorités romaines, dont on a vu avec Jésus qu'elles ne sont pas particulièrement indulgentes aux Nazaréens. Quand il est arrêté une dernière fois sur dénonciation des Juifs, et sans doute, donc, du Conseil apostolique, excédés par lui, et qu'il est déféré au consul Félix, il est, ô surprise, expédié en sécurité à Césarée sous une escorte armée dont l'importance laisse pantois : quatre cent soixante-quatorze hommes d'armes romains, escorte digne d'un monarque et qui prouve clairement que Saül, vraiment, revêtait une prodigieuse importance pour Félix ! Mieux encore : Félix espère obtenir de l'argent de lui ! C'est donc que Saül est assez riche pour pouvoir corrompre un procurateur romain ! Voilà qui ne correspond guère à l'image du petit (il se traite lui-même d'« avorton » et mesurait trois coudées de haut, c'est-à-dire environ un mètre cinquante) Juif ardent et persécuteur haineux des Chrétiens, soudain frappé par la grâce sur le chemin de Damas. C'est un homme d'importance à Jérusalem et en Judée, à telle enseigne qu'il tance le roi Hérode Agrippa, venu exprès lui rendre visite, honneur singulier, en des termes qui laissent entendre la familiarité. A telle enseigne encore qu'il a autrefois prétendu envisager une expédition en Syrie, qui est une province romaine à part entière, pour y kidnapper des Chrétiens, ce qui montre des moyens, de l'autorité... et de l'insolence à l'égard du gouverneur romain de cette province, à moins que ç'ait été à l'égard du roi Arétas (mais on verra plus loin que cette histoire est de la pure forfanterie, et qu'elle est, d'ailleurs, invraisemblable).

Pas juif, en tout cas pas vraiment, pas tarsiote, en tout cas pas vraiment non plus, mais citoyen romain incontestablement riche et puissant, voilà un Saül qui me semblait inconnu. Outre la sollicitude extraordinaire desdits fonctionnaires romains, il jouit de la protection d'un préfet, Gallion, qui est le conseiller de Néron et le propre frère de Sénèque, ce qui laisse rêveur. Pourquoi n'explique-t-il pas ce qui lui vaut de si hautes relations ?

Mais il est vrai qu'il n'explique pas toujours tout, ne dit que ce qu'il lui plaît de révéler, et accommode la vérité avec une habileté de propagandiste moderne, quand il ne ment pas carrément, comme lorsqu'il dit qu'il a été en Illyrie, alors qu'il n'y a pas traces de son passage dans ce pays. A certains moments, les prétentions d'exploits inouïs de Saül évoquent la mythomanie, et comme il y a de bonnes raisons de penser qu'il était épileptique avec des tendances hystériques, l'impression se dissipe mal. Eussé-je donc été le seul à ne pas prendre les Actes et les Epîtres pour « parole d'Evangile » ? Certes non : j'avais d'éminents prédécesseurs, à commencer par Jérôme, déjà cité, en finissant par Bultmann.

Donc, Saül s'est livré à des fabrications, et il est énigmatique. A eux seuls, ces deux points eussent justifié une enquête historique. Mais il y avait plus, et c'est l'extraordinaire antagonisme qui a séparé Saül du reste de la première communauté christique. Les injures ont volé, on les retrouve dans les Épîtres et on en recueille l'écho dans les Actes. Pierre et Saül se sont traités d'hypocrites et de mauvais chrétiens, voire d'hérétiques, ce qui était quand même scandaleux pour des gens qu'on eût supposés habités par l'ardeur prosélytique et elle seule, et capables de mettre une sourdine à leurs dissensions. Ce fut Saül qui l'emporta, comme on sait. Les directives qu'il a données au premier Christianisme l'ont orienté à jamais. L'extraordinaire hostilité du Christianisme à sa religion mère demeure intacte, jusqu'au Carmel d'Auschwitz.

Le meurtre du père est un thème favori — et fatigué — des psychanalystes. Peut-être serait-il intéressant d'étudier un jour cet exemple de meurtre de la mère, et de ses enfants, dont l'assassinat de Clytemnestre par son fils Oreste offre le symbole, il me semble, le plus pur. Bref.

La plus confondante de toutes les énigmes que pose le personnage est celle de son enseignement. D'où le tient-il ? Pas de Jésus, fût-ce indirectement, puisque Saül ne s'est converti qu'après la lapidation d'Étienne, c'est-à-dire en 32-34, donc de deux à quatre ans après la Crucifixion. Certes pas des Évangiles, qui n'ont pas encore été écrits. De Luc, alors, qui sera un compagnon épisodique ? Il ne le rencontre qu'une quinzaine d'années après sa conversion. A-t-il été alors convaincu par les prêches que dispensent à travers la Palestine les onze et les soixante-dix ou soixante-douze ? Non plus, puisqu'on le trouve furieusement antichrétien jusqu'au prétendu chemin de Damas.

Les exégètes n'ont qu'effleuré le sujet, expliquant la conversion par un cheminement intérieur, quasiment une infiltration insensible de la parole de Jésus. On conviendra toutefois que l'affaire est singulière : voilà un homme qui s'en va par le monde prêchant, le plus souvent au péril de sa vie, le ralliement à un homme dont il ne sait que ce qu'on en dit, et encore, bien peu de chose, car il en ignore et les paraboles et les attitudes et les prodiges que lui prêtent les prêcheurs.

Lui-même brouille savamment les pistes ; il assure que la connaissance qu'il a de Jésus, il ne la tient « d'aucun homme ». On le croirait volontiers, si l'on était tant soit peu enclin à prêter foi à des transmissions surnaturelles de savoir. L'ennui est que ce savoir est bien maigre, comme on l'a vu plus haut. Autrement dit, Saül prêche pour un enseignement qu'il méconnaît. C'est là un cas évidemment fascinant.

Pourquoi Saül ne dit-il pas en clair qu'il a vraiment vu Jésus, et où ? C'est que, s'il le faisait, il annulerait l'objet de la mission qu'il s'est lui-même assignée : conquérir le monde romain. S'il déclare avoir rencontré Jésus en chair et en os, c'est que celui-ci avait survécu longtemps à la Crucifixion, donc c'est qu'il n'était qu'humain, ce que sous-entendent d'ailleurs les Évangiles (à l'exception du passage de l'Ascension, rajouté tardivement à Marc), quand ils décrivent la dernière rencontre des apôtres avec Jésus en Palestine. Si Jésus était humain, lui aurait-on objecté, que venez-vous nous raconter de sa divinité et de sa résurrection ? Le voilà donc prisonnier de son secret. Il tire son ascendant d'apôtre sur le fait qu'il a vu Jésus, mais s'il détaille sa rencontre, il le perd. Il est donc tenu de maintenir un certain clair-obscur, ce qui est bien le cas, d'ailleurs, des Epîtres.

Saül tiendrait-il donc son enseignement de Jésus en personne ? Je l'admets, prenant en cela Saül littéralement au mot, car il dit bien qu'il a vu Jésus, ce qui doit être différencié de ses deux références au chemin de Damas, où il n'a fait que l'entendre. On pourrait donc supposer, en admettant mon postulat, que c'est Jésus lui-même qui l'a instruit.

Mais là, on ne ferait que déplacer le problème. D'abord, parce que Jésus l'aurait bien mal instruit. Et même, l'aurait instruit de travers, à moins qu'il n'eût changé d'avis après la Crucifixion. Le refus de Jésus de soigner l'enfant de la femme syro-phénicienne exprime sans ambiguïté son refus de prêcher aux Gentils : « On ne jette pas de perles aux pourceaux », dit-il avec un surprenant mépris, avant de céder quand même à la compassion. Or, Saül, lui, prêche obstinément aux Gentils. Visiblement, on l'a vu plus haut, Saül ne connaît pas vraiment l'enseignement de Jésus.

Pas trace dans les Epîtres des paraboles, ni des gestes et attitudes de Jésus, qui sont pourtant si profondément révélatrices de l'homme (la seule parabole de l'enfant de la femme syro-phénicienne eût dû, par exemple, l'inciter à tempérer son ardeur antijuive). On peut se demander si cette omission n'est pas due au fait que les paraboles et les gestes sont un peu trop juifs pour le public des Gentils. Ou qu'ils le sont en tout cas au goût de Saül, car les Evangiles viendront, environ trois quarts de siècle plus tard, corriger ce parti pris. Ce que dit en substance Saül, c'est qu'il faut croire à Jésus Fils de Dieu ressuscité, parce que le Judaïsme est terminé. La croyance dans la résurrection est la clef de voûte de son système, pas le message de Jésus. Saül exige de ses néophytes une adhérence entière à Jésus, seule raison d'être du Christianisme. C'est ce qu'il martèle inlassablement. La transformation, la *métanoïa* essentielle du croyant par la méditation éthique ne tient quasiment aucune place dans ses textes. Ce faisant, il se limite en quelque sorte à supplanter l'Héraklès qui règne dans le panthéon gréco-romain par un Jésus qui a les mêmes vertus, avec, en plus, celle de l'espoir ; il n'y a donc pas lieu, je le répète, de s'étonner de la trahison de Saül ; elle se fonde sur une méconnaissance du message christique.

Saül savait évidemment quelque chose de l'enseignement de Jésus, aussi peu que ce fût. Mais par l'entremise de qui donc l'a-t-il tenu ? Et le lui a-t-on vraiment transmis au plein sens de ce mot ? Où et quand s'est faite cette transmission ? Les Dosithéens de Kochba, les candidats les plus vraisemblables à cette transmission, ont-ils vraiment eu le temps d'enseigner au transfuge de la police de Jérusalem le condensé qui allait lui servir de viatique ? Que penser quand Saül affirme qu'il n'a été instruit par aucun homme, mais par Jésus ressuscité ? Qu'il veut nous faire entendre que Jésus lui est apparu exprès pour l'instruire ? Ou bien faut-il conclure qu'il s'est emparé de quelques notions et dits de Jésus, comme il s'était précédemment emparé de bribes de Judaïsme pour se donner l'apparence d'un vrai Juif, et qu'il a refondu le Christianisme à son usage ?

Cette méconnaissance de l'enseignement de Jésus est d'autant plus importante que, tournant brusquement casaque (pas si brusquement, quand même), Saül soudain s'arroge, incroyablement, le privilège de la vérité. Lui, qui n'a qu'entrevu Jésus, il affirme avec une arrogance nonpareille détenir seul la vérité de l'enseignement du Messie, contre ceux-là mêmes qui, eux, ont pourtant connu Jésus, les premiers disciples. Comble de toupet : il traite Pierre d'« hypocrite » ! Et c'est troublant, car on s'explique encore plus mal que, dernier venu et dernier informé, Saül ait tenté de s'emparer de la direction du mouvement chrétien, et encore plus qu'il l'ait si brutalement coupé du terrain juif dans lequel il s'étendait, fût-ce difficilement.

Ensuite, même après la Crucifixion, Jésus devait être informé de ce qui se passait à Jérusalem. Les nouvelles voyageaient plus vite qu'on n'a quelquefois tendance à le croire en notre époque de médias électroniques. Surtout si l'on allait par voie de terre. Trois à cinq jours suffisaient, en gros, à informer le nord du pays de ce qui se passait au sud. Jésus ne pouvait pas ne pas être informé de la lapidation d'Étienne, par exemple, peut-être même de ses instigateurs. Quand il a vu apparaître Saül, il n'a pu manquer de reconnaître l'homme pour ce qu'il étai'. On le voit mal accorder un statut spécial à l'un des persécuteurs affiliés au Sanhédrin, l'un de ceux qui auraient sans doute demandé sa propre mort après sa comparution devant Pilate, et lui dispenser fût-ce un cours abrégé de son enseignement.

Très accessoirement, je dois signaler que je me suis demandé si Saül n'avait pas aussi participé au complot du Sanhédrin contre Jésus. En effet, dans les années précédant la mise à mort d'Étienne, vers 32-34, Saül exerce déjà son activité de flic antinazaréen. Or, le procès de Jésus et la crucifixion ont eu lieu en 30. Comme Saül ne s'est pas engagé du jour au lendemain dans la répression des Nazaréens, il est loisible de se demander s'il n'a pas trempé dans l'arrestation et le procès de Jésus. En tout état de cause, au moment de la conversion, il savait déjà qui était Jésus et il l'avait exécré.

Première déduction, il est indéniable que Saül s'est réclamé d'une secte à laquelle il a tenté de se greffer de force, bien qu'il ne possédât qu'une mince fraction de ce qu'en savaient les apôtres. Pourquoi ce zèle soudain ? On a vu dans les pages qui précèdent la clef que je propose de cette énigme : la conversion des Gentils représente la réalisation de la personnalité de Saül.

L'enquête terminée, il était devenu, pour moi en tout cas, impossible d'adhérer sans réserves à l'idée d'un Saül soudain foudroyé par la grâce et, du jour au lendemain, dirigeant ses énergies vers la défense de ce qu'il avait auparavant si âprement combattu (car il fut d'humeur meurtrière dans ses persécutions contre les premiers Chrétiens). Une telle hypothèse insulterait l'intelligence de l'homme : le Saül qui allait arrêter les disciples de Jésus chez eux (et avec quel pouvoir, d'ailleurs ?), à la manière dont vingt siècles plus tard les polices totalitaires arrivaient chez les opposants à l'heure du laitier, les traînant hors de leurs maisons vers la prison et sans doute le supplice, lapidation ou crucifixion, cet homme-là avait certainement réfléchi à ce qu'il faisait. Ou alors ç'aurait été un imbécile obéissant, ce que nous savons qu'il n'était pas.

Je dois, à cet égard, confesser que je n'ai jamais trouvé Saül émouvant, comme le demeure par exemple un Thomas. La cruauté implacable qu'il manifeste dans ses persécutions, la part active qu'il a prise au meurtre immonde d'Étienne, et qui est attestée, outre Luc, par le fait qu'on dépose à ses pieds les vêtements du malheureux (mais combien d'autres qu'il ne dit pas a-t-il envoyés à la mort ?), montrent que le fond de l'homme est fanatique. Étonnant, à coup sûr. Admirable, à maints égards, dont son énergie, sa détermination, son sens aigu de l'organisation. Mais émouvant, pas vraiment : il y a en lui du flic au mauvais sens du mot, car flic il fut dans la première moitié de sa vie, puisqu'il avait le pouvoir d'arrêter et d'envoyer à la mort et qu'il s'en servait. Par instants, on se demande s'il ne s'est pas vengé sur le monde de sa laideur. Il n'a pu séduire, alors il a conquis.

Son atroce fanatisme du début de sa vie s'explique, à mon avis, par le fait que Saül est un des prototypes les plus accomplis de défenseur de l'Ordre. S'il persécute d'abord les Chrétiens, ce n'est pas pour des raisons idéologiques, ni par attachement à la Torah, c'est qu'ils entretiennent le désordre.

Puis advient l'accident : Saül est subjugué par Jésus, lors de la rencontre que je situe à Edesse, à titre hypothétique, mais pour des raisons traditionnelles, puisque le roi de cette ville, Abgar IV, tenait beaucoup à voir Jésus. C'est pour moi une scène émouvante que celle du principicule nabatéen, laid, frustré, ambitieux et calculateur, mais à coup sûr intelligent comme ne le fut jamais son rival Pierre, confronté à la majesté naturelle, à la profondeur suprême, à la beauté lasse du héros vaincu qu'est Jésus après la Crucifixion. Là, Saül qui n'a probablement pas rencontré beaucoup de gens admirables dans sa vie, sa compagnie étant composée d'Hérodiens intrigants, vaniteux et cruels, de fonctionnaires romains cupides, volontiers brutaux, et souvent bornés, de prêtres enfoncés dans leurs sectarismes, là donc, il est dévasté. Il prend brutalement conscience que les limites de l'humain ne sont pas celles qu'il a crues ; il découvre en Jésus la splendeur du détachement, celle de l'homme qui, à deux reprises, a refusé la couronne d'Israël. Il découvre aussi un homme qui lui est immensément supérieur et dont il se fera, paradoxalement, à la fois le serviteur et le traître. Il est alors saisi par une panique divine, certes fréquente chez les épileptiques, mais encore plus chez tous les obsédés de l'Ordre. Alors se produit ce qu'on appelle une fracture de personnalité, comme tous les caractères rigides y sont exposés. L'histoire contemporaine fourmille d'exemples de ces besogneux de l'Ordre qui, tout à coup, rencontrent une personnalité irrésistible et se vouent à elle corps et biens, au déni le plus flagrant de leur représentation antérieure de l'Ordre. On en a vu plus d'un autour de De Gaulle, par exemple. C'est là le véritable chemin de Damas. L'autre, celui de l'éblouissement sur une route de montagne, cher à l'hagiographie chrétienne, est une fable pour les naïfs, comme le miracle des Noces de Cana, c'est du surnaturel à bon compte et, d'ailleurs, si maladroitement rapporté par Saül, qu'on se prend à douter de la seconde autant que de la première version qu'il en donne.

Si Saül suscite l'attachement, c'est presque malgré lui, en raison de la ténacité avec laquelle il réussit l'impossible, évangéliser une grande partie de l'Empire, vaincre les religions en place et susciter l'espoir d'un avènement imminent de la puissance céleste, Dieu et son fils arrivant sur les nuées et mettant fin au chaos terrestre, la parousie. Espoir, ou crainte, qui finiront d'ailleurs par susciter des désordres dont lui-même se repentira. S'il émeut, c'est par le fait qu'à la fin de sa vie, il a été vidé de sa substance propre par l'image de Jésus. C'est bien plus prodigieux que tous les miracles par lesquels les apôtres veulent à tout prix « prouver » : Saül, ambitieux et fanatique, a été mangé du dedans par la lumière dont il avait volé une miette, tel un ignorant voleur de radium.

Par ailleurs, s'il inspire irrésistiblement des réserves au Chrétien au sens fondamental de ce mot, c'est-à-dire au disciple de Jésus et non au membre d'une Église, c'est d'abord en raison du fanatisme, qui ne le quitte pas après sa conversion. Car Saül a repris l'ornière des religions révélées, qui est d'exclure les autres croyants. En vingt lieux de ses Épîtres, jusqu'à lasser le lecteur, il en a après la Torah, la Loi juive, et la circoncision. *Raccah*, ces Juifs auxquels il a prétendu appartenir ! Leur Torah ne peut sauver le monde. Certes, il y est contraint, car s'il n'arrache pas de force le Christianisme à sa matrice juive, il n'a rien fait. Les Nazaréens ne seraient qu'une petite bande de sectateurs d'un prophète crucifié, voués à la persécution. Il fait donc rejeter par la communauté des Gentils, *sa* communauté, la Torah et la circoncision. Et c'est donc lui, et non Pierre, ni les autres apôtres, qui accouche véritablement le Christianisme et coupe le cordon ombilical qui le reliait au Judaïsme.

Mais on ne peut oublier qu'il est aussi l'inventeur des grandes exclusions religieuses et de l'antijudaïsme qui sévit jusqu'à notre époque. C'est son héritage qui a, par exemple, inspiré le massacre des Juifs de Barcelone en 1391, la bulle papale de 1411 qui interdit aux Juifs d'Espagne d'étudier le Talmud, la conversion forcée de cent cinquante mille Juifs d'Espagne en 1492 et l'expulsion des autres. Et ces héritages sont tenaces : c'est seulement l'an prochain, en 1992, que le roi Juan Carlos d'Espagne abrogera l'édit d'expulsion des Juifs d'Espagne ! Cinq siècles plus tard ! Sans doute, l'abrogation est-elle symbolique, mais c'est dire que son ombre était assez oppressante pour que le monarque décide officiellement le repentir de son pays. Et encore n'ai-je là évoqué que le cas de l'Espagne : l'antijudaïsme français, allemand, russe ou arabe contemporain (les Musulmans des siècles passés furent, eux, curieusement beaucoup plus accueillants aux Juifs que les Chrétiens du temps et que leurs descendants actuels) n'a rien à lui envier.

Qui peut prétendre voir dans cette intolérance un reflet, aussi lointain fût-il, de la fidélité à l'homme admirable qui se moquait des règlements, des interdits, des rites, qui disait que le Sabbat est fait pour l'homme, pas l'homme pour le Sabbat, qui ne se lavait pas les mains avant de toucher aux aliments, qui cueillait du maïs le jour du Sabbat, qui mangeait avec des gabelous, gens méprisés, et qui acceptait les invitations de ces Pharisiens qu'il vitupérait, qui mangea sans doute chez des Gentils aussi bien, qui raconta aux Juifs, auxquels les Samaritains étaient les plus odieux entre les odieux, la parabole du Bon Samaritain, qui, en un mot, était tout le contraire d'un obsédé fanatique ? Ou bien ne faut-il pas conclure que Saül a trahi Jésus ?

Mais il l'a trahi sans même le savoir, saisi par une passion qu'il a poussée jusqu'à l'appropriation jalouse.

Toutefois, et c'est un autre motif de mon livre, les arguments de l'apologétique chrétienne sont incapables d'expliquer le revirement de Saül : ni le zèle du disciple prétendument instruit de la vie de Jésus ni la ferveur évangélique inspirée par l'Esprit-Saint, auxquels la tradition chrétienne attribue évidemment les activités de Saül, ne peuvent expliquer cette mainmise. L'Esprit-Saint ne pouvait souffler dans deux directions à la fois, d'une part, inciter Pierre et le Conseil de Jérusalem à tenir le Christianisme dans le sein de la Torah et, de l'autre, exciter Saül à l'en affranchir. Si les tenants de la tradition souhaitent qu'on respecte l'Esprit-Saint, ils seraient, il me semble, plus avisés de le tenir à l'écart de cette querelle. En fait, il y a un autre motif à l'action de Saül.

Car ce revirement, et c'est là un point essentiel, est antérieur à la rencontre avec Jésus : celle-ci est postérieure à la décision de Saül de se rallier au Christianisme. Le coup de grâce sur le chemin de Damas ? L'évidence montre qu'il n'est plausible ni psychologiquement ni historiquement, comme l'explique la note que je lui consacre. Feu le cardinal Jean Daniélou, qu'on ne lit pas assez, je le déplore, car le lettré est fin et d'autorité autant qu'agréable à lire, devait avoir aussi ses doutes là-dessus, car dans le passage de son étude sur « Les symboles chrétiens primitifs » (que j'indique dans *Les Sources - II*), il rappelle qu'il y eut une tradition selon laquelle Saül fut instruit par les Dosithéens, qui tenaient une communauté à Kochba ou Kokba, au sud-est de Damas, justement. Que Saül ait subi une crise de haut mal dans cette région est plausible. Mais qu'il se soit, dans une crise de haut mal, converti à ce qu'il exécrait le plus et qui devait aussi l'exécrer, c'est en faire un homme sans caractère ou sans convictions. Saül n'avait aucune autorité pour aller arrêter des gens à Damas, qui était sous la domination d'Arétas IV, roi nabatéen qui n'aurait jamais toléré cette atteinte à sa souveraineté. Et il le savait bien. Le motif officiel du voyage en Syrie est donc une fiction ; Saül est allé non pas à Damas, mais près de là, dans le but de rallier le Christianisme après mûre réflexion.

Pour en finir avec le chemin de Damas, et sans m'aventurer sur les territoires de la théologie, que je me suis évidemment interdits, je confesse que je ne peux me résoudre à croire que Dieu ait lié pendant des siècles le destin de l'humanité à un épisode aussi absurde. Il y avait des persécuteurs bien plus influents que Saül, dont la conversion eût été considérablement plus décisive pour le devenir du Christianisme.

Je ne crois pas non plus à la révélation divine de Saül, parce qu'elle l'a mené sur des chemins de traverse. C'est ainsi qu'il a annoncé aux premiers Chrétiens l'arrivée imminente de Jésus, la parousie, évidemment accompagnée de la Fin des Temps, à telle enseigne qu'ils se sont affolés et ont conclu que la fin du monde était imminente ; il a ensuite dû tempérer leur panique et user de formules rhétoriques pour leur dire que, non, ce n'était pas pour tout de suite, mais pour des temps très rapprochés. Vingt siècles plus tard, l'essentiel du message de Saül est démenti : la parousie ne s'est pas produite. L'occasion est bonne pour tempérer les éloges adressés à son génie théologique, comme l'ont d'ailleurs fait cer-

tains exégètes cités dans ces notes. Saül était plus propagandiste que théologien ; il procéda plutôt par
sollicitations émotionnelles des premiers disciples de
Jésus. Éloquent, il reprend sans fin les mêmes thèmes
clefs, et, pour se faire plus convaincant, il se présente
comme un fétu de paille, une nullité, un homme sans
aucune importance, qui ne vaut que par l'invérifiable, la
mission dont il a été chargé. C'est là une technique dont
on a recensé par la suite de nombreuses autres utilisa-
tions. Mais Saül ne brille vraiment ni dans la rhétorique
hellénique, ni dans le raisonnement rabbinique.

Reste ce fait confondant : sans la trahison de Saül,
nous ne connaîtrions pas Jésus.

Reste aussi à définir alors ce que furent la véritable
motivation originelle de Saül et la cause de sa volte-
face. On peut les reconstituer indirectement.

L'élément déterminant de l'action de Saül qui se
dégage de la lecture des Actes et des Épîtres est la
volonté de puissance. C'est elle qui le pousse à disputer
la conduite de l'Église naissante à ceux qui avaient pourtant tous les titres à s'en considérer comme les membres
fondateurs. De fait, à l'exception de Pierre, qu'il présente d'ailleurs comme un hypocrite pusillanime, les
Apôtres paraissent étonnamment effacés en regard de
Saül. On se demande où sont passés André, Jean et Jacques de Zébédée, Matthieu, Judas de Jacques, Bartholomé, Nathanaël, Simon le Zélote, et même le brillant
Thomas. Ils ont pourtant, du moins selon la tradition, été
évangéliser des régions plus ou moins lointaines. Mais
c'est Paul qui s'est taillé la part du lion, lui qui, ô paradoxe, vécut la crucifixion de Jésus avec la plus grande
sérénité de cœur !

L'élément secondaire, c'est l'appartenance de Saül à
une famille régnante, dont il a été l'un des nombreux
membres disgraciés, puis ignorés par Rome. Car c'est
Rome qui occupe l'imagination de Saül, comme l'indiquent ses amitiés singulières avec les hauts fonctionnaires de l'Empire, à Jérusalem, puis à Corinthe, et comme
le prouvent encore ses naïves et vaniteuses revendications de la citoyenneté romaine. Il aspire à Rome, qui

lui a refusé ses faveurs, alors qu'il était jeune, Rome où ses cousins faisaient leurs classes de princes, Rome qui était le centre du pouvoir et, comme pour Camille, l'unique objet de son ressentiment. Son ambition est d'apparaître devant l'empereur, honneur redoutable, pour être jugé par le magistrat suprême dans le procès que lui font les Juifs. Il y a déjà dans la maison du potentat, Néron à l'époque, des gens acquis au Judaïsme, telle Poppée, d'autres au Christianisme, tel Narcisse l'affranchi, familier de Néron (hélas, Agrippine le poussera au suicide avant l'arrivée de l'apôtre, mais celui-ci entretiendra apparemment de bons rapports avec « ceux de sa maison »), comment ne pas supposer que Saül rêva de convertir la maison impériale et, qui sait, jusqu'à Néron lui-même ?

Je postule donc, pour ma part, que c'est l'ambition qui a été le moteur primordial de Saül. Privé de royaume, et ne s'y étant jamais résigné, il s'est taillé un empire. Il avait deviné la décadence irrémédiable du Judaïsme politique, c'est-à-dire du royaume de David, reconstitué provisoirement par Hérode le Grand. Cet Hérode-là et lui seul avait été capable de tenir tête aux Romains et de les contraindre à composer avec lui. Ses descendants, eux, n'étaient plus que des roitelets soliveaux, soumis aux caprices impériaux. Saül n'avait plus d'avenir en Palestine. Il s'est emparé de l'emblème de Jésus, a transformé la croix en glaive et, pour mieux atteindre son objectif, qui était le monde romain, il a pris un nom romain. Ce dernier point explique que je n'appelle ce descendant d'Iduméen et de Nabatéen que par son nom d'origine, le vrai. Celui que, d'ailleurs, lui donne Jésus. A le fréquenter, on s'avise que Saül reste toujours présent en Paul.

Et quel est ce Saül secret ? Peut-être aurai-je contribué à le révéler. En tout cas, c'était un homme à la fois habité par le tourment et l'idée fixe. Et ses rapports avec l'affectivité, ceux qui sont le plus révélateurs chez tout homme, ne laissent pas de troubler. Qu'en sait-on ? Quasiment rien. Marié à coup sûr, il ne parle jamais de son épouse. Il considère (quant il décrit les tourments du mari, partagé entre sa femme et Jésus, ce qui est un cas de figure assez malheureux) les femmes comme gênantes pour la foi, et vitupère la puterie et l'homosexualité. Mais deux jeunes hommes, Timothée et Onésime, tiennent, selon ses propres termes, une place confondante dans son imaginaire. Du dernier, il dit ainsi qu'il est près de son cœur et qu'il l'a aimé « dans la chair » ! Ignore-t-il la révélation involontaire qu'offre cette étonnante outrance de langage ? Même si sa tendresse est transmutée en amour paternel, il n'en demeure pas moins qu'elle porte sur ces deux jeunes hommes en particulier. C'est ainsi qu'il prendra de grands risques pour garder auprès de lui, à Rome, Onésime, esclave voleur et en fuite. Mais l'homme, on l'a vu, est plein de ténèbres.

Coïncidence qui ne pouvait manquer de troubler : au terme de la captivité romaine de Saül, la Ville Éternelle prend feu. On vit pendant l'incendie, rapportent des témoins, des gens munis de torches, courant pour répandre encore les flammes. Qui furent-ils ? Des éclaireurs, à coup sûr. Le paganisme allait pourtant durer, au moins jusqu'à Julien, mais l'ombre de la Croix, dont Saül avait changé le symbole, n'allait cesser de croître.

Avant d'achever ces pages, je voudrais dire que j'entends déjà les cris et les sarcasmes de quelques-uns. L'image d'un Saül calculateur, ambitieux et ténébreux comme fondateur de l'Église, contre les Apôtres eux-mêmes, ils feindront d'en être scandalisés. Paix : je ne suis que le moins illustre, sinon le moins efficace, à l'exposer enfin aux regards. C'est pourtant une image familière aux exégètes, et ce n'est nul autre qu'un Rudolf Bultmann qui écrit que la conversion de Saül « ne fut pas une conversion de repentir, pas plus, bien sûr, qu'une conversion par illumination libératrice ».

Comme dans le premier récit de *L'homme qui devint Dieu*, et pour les mêmes raisons, j'ai recouru à la reconstitution historique sous forme romanesque. Quoi qu'on en ait, les Actes sont, d'ailleurs, des fragments souvent romanesques, entachés de contradictions chronologiques familières aux experts. Ce que Luc ne savait pas quand il les rédigea, il l'a reconstitué ou omis, et ce qu'il savait et qui ne servait pas la propagande, il l'a censuré ou modifié. D'une certaine manière, on pourrait dire que les Actes sont en de nombreux points des textes falsifiés. Sans doute est-il utile de rappeler que, par sa logique structurelle, la forme romanesque n'est pas forcément une liberté impertinente qu'on prendrait avec les faits, mais au contraire la forme la plus fidèle de la reconstitution historique, en l'absence de documents fiables. Et lorsque certains critiques, d'obédience évidente, me reprochent d'« avoir fait du roman » dans *L'homme qui devint Dieu*, il me vient l'envie de leur demander si, par exemple, la description par Marc des tombeaux qui s'ouvrirent et des cadavres ressuscités qui allèrent déambuler dans Jérusalem, lors de la crucifixion de Jésus, le tout pendant un séisme tout aussi imaginaire, ne constitue pas l'un des exemples d'affabulation la plus effrénée dont les évangélistes se soient rendus coupables.

J'ai, dans le récit de *L'Incendiaire*, privilégié autant que possible, pour la commodité du lecteur, la forme francisée des noms, dont certains sont hébreux, d'autres grecs, d'autres encore romains. Notre Saül est Shaoul en hébreu, Saulus en latin, Saulos en grec, en plus d'être plus tard Paulus ou Paulos ; dans une époque et une région où l'on parlait latin, grec, araméen, hébreu, un même personnage pouvait, au cours de la même conversation, être désigné par quatre ou cinq formes de son nom, sans parler des surnoms. La forme francisée traditionnelle m'a paru la plus apte au repérage des personnages. Quelques exceptions émaillent sans doute le texte, comme pour le cousin de Barnabé, Johanân, c'est-à-dire Jean, surnommé Marc, qu'il me paraissait nécessaire de distinguer des deux évangélistes éponymes, et de rappeler que Marcos est le mot grec pour « marteau », ce qui est une indication.

Paris, septembre 1990

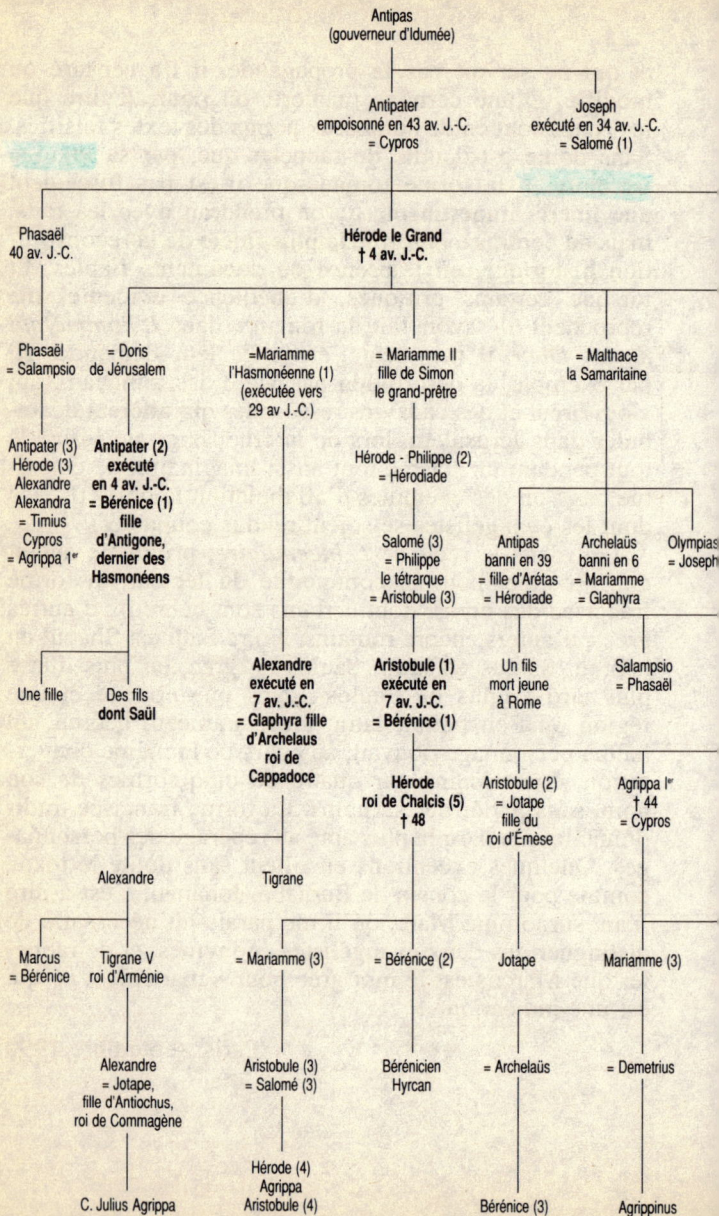

Antipas
(gouverneur d'Idumée)

Antipater
empoisonné en 43 av. J.-C.
= Cypros

Joseph
exécuté en 34 av. J.-C.
= Salomé (1)

Phasaël
40 av. J.-C.

Hérode le Grand
† 4 av. J.-C.

Phasaël
= Salampsio

= Doris
de Jérusalem

= Mariamme
l'Hasmonéenne (1)
(exécutée vers
29 av J.-C.)

= Mariamme II
fille de Simon
le grand-prêtre

= Malthace
la Samaritaine

Antipater (3)
Hérode (3)
Alexandre
Alexandra
= Timius
Cypros
= Agrippa 1er

Antipater (2)
exécuté
en 4 av. J.-C.
= Bérénice (1)
fille
d'Antigone,
dernier des
Hasmonéens

Hérode - Philippe (2)
= Hérodiade

Salomé (3)
= Philippe
le tétrarque
= Aristobule (3)

Antipas
banni en 39
= fille d'Arétas
= Hérodiade

Archelaüs
banni en 6
= Mariamme
= Glaphyra

Olympias
= Joseph

Une fille

Des fils
dont Saül

Alexandre
exécuté en
7 av. J.-C.
= Glaphyra fille
d'Archelaus
roi de
Cappadoce

Aristobule (1)
exécuté en
7 av. J.-C.
= Bérénice (1)

Un fils
mort jeune
à Rome

Salampsio
= Phasaël

Hérode
roi de Chalcis (5)
† 48

Aristobule (2)
= Jotape
fille du
roi d'Émèse

Agrippa 1er
† 44
= Cypros

Alexandre

Tigrane

Marcus
= Bérénice

Tigrane V
roi d'Arménie

= Mariamme (3)

= Bérénice (2)

Jotape

Mariamme (3)

Alexandre
= Jotape,
fille d'Antiochus,
roi de Commagène

Aristobule (3)
= Salomé (3)

Bérénicien
Hyrcan

= Archelaüs

= Demetrius

C. Julius Agrippa

Hérode (4)
Agrippa
Aristobule (4)

Bérénice (3)

Agrippinus

La dynastie hérodienne

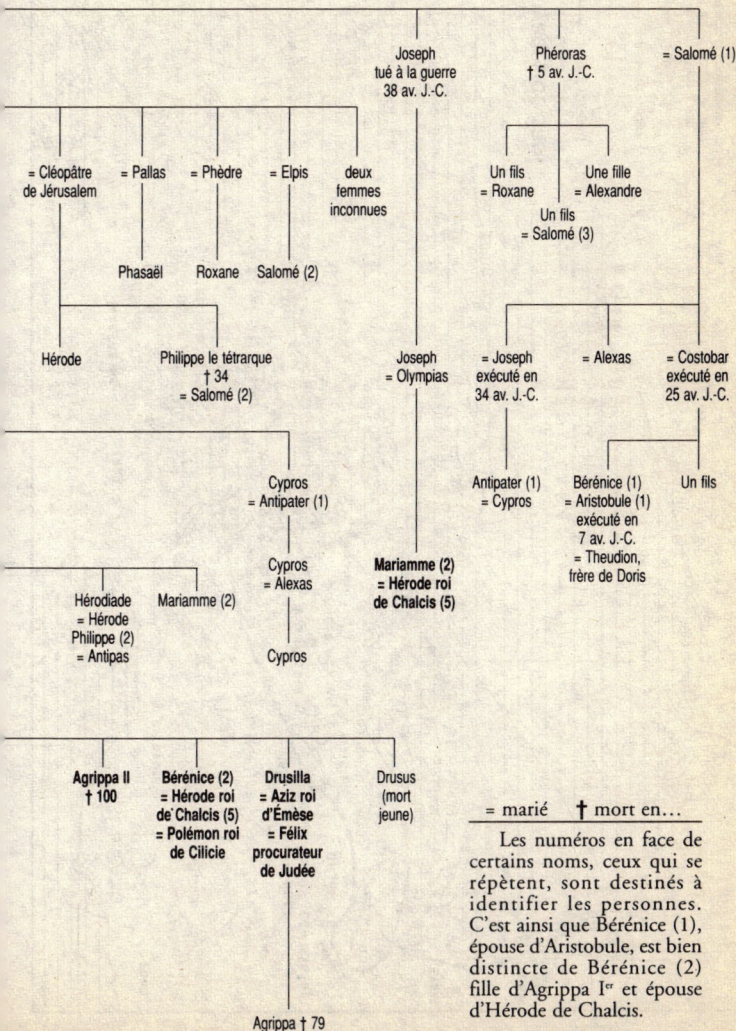

Joseph
tué à la guerre
38 av. J.-C.

Phéroras
† 5 av. J.-C.

= Salomé (1)

= Cléopâtre de Jérusalem

= Pallas

= Phèdre

= Elpis

deux femmes inconnues

Un fils
= Roxane

Une fille
= Alexandre

Un fils
= Salomé (3)

Phasaël

Roxane

Salomé (2)

Hérode

Philippe le tétrarque
† 34
= Salomé (2)

Joseph
= Olympias

= Joseph
exécuté en
34 av. J.-C.

= Alexas

= Costobar
exécuté en
25 av. J.-C.

Cypros
= Antipater (1)

Antipater (1)
= Cypros

Bérénice (1)
= Aristobule (1)
exécuté en
7 av. J.-C.
= Theudion,
frère de Doris

Un fils

Cypros
= Alexas

**Mariamme (2)
= Hérode roi
de Chalcis (5)**

Hérodiade
= Hérode
Philippe (2)
= Antipas

Mariamme (2)

Cypros

**Agrippa II
† 100**

**Bérénice (2)
= Hérode roi
de Chalcis (5)
= Polémon roi
de Cilicie**

**Drusilla
= Aziz roi
d'Émèse
= Félix
procurateur
de Judée**

Drusus
(mort
jeune)

= marié   † mort en...

Les numéros en face de certains noms, ceux qui se répètent, sont destinés à identifier les personnes. C'est ainsi que Bérénice (1), épouse d'Aristobule, est bien distincte de Bérénice (2) fille d'Agrippa Ier et épouse d'Hérode de Chalcis.

Agrippa † 79

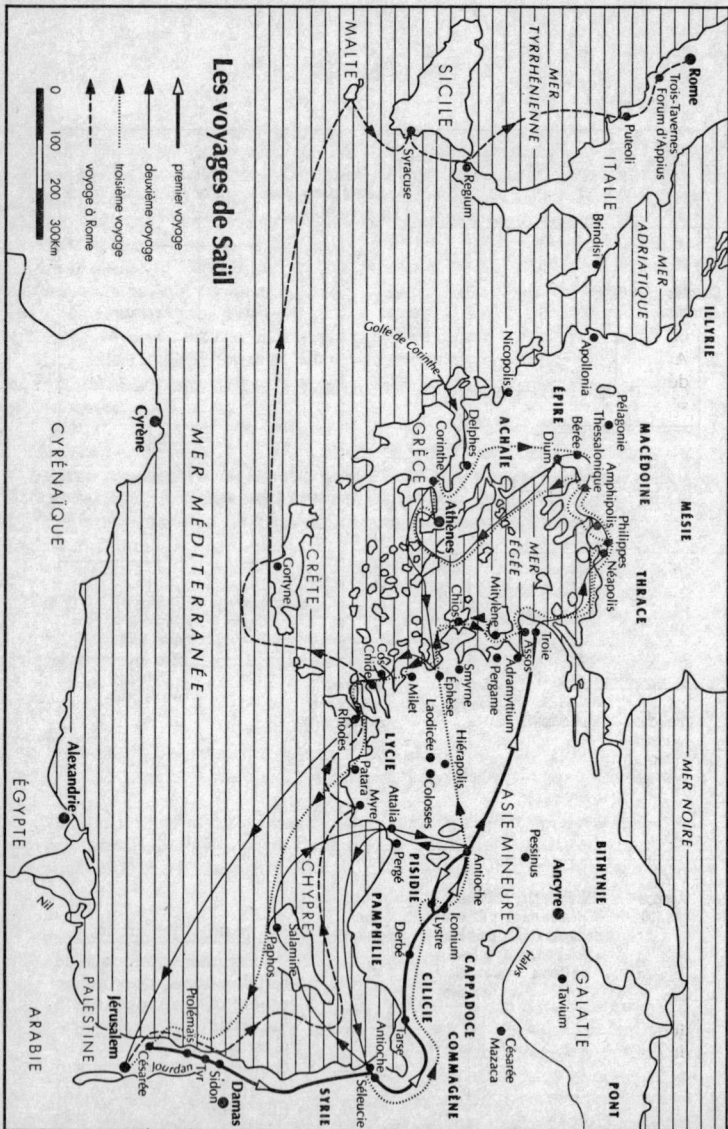

Les voyages de Saül

LES VOYAGES DE SAÜL

La distinction des trois voyages missionnaires de Saül et les itinéraires de ceux-ci constituent, non des certitudes formelles, mais des reconstitutions fondées sur le récit de Luc dans les Actes et sur les Épîtres de Saül. Comme les Épîtres ont été remaniées ultérieurement et que plusieurs d'entre elles sont pseudonymes, comme, de plus, les Actes ne concordent pas avec les Épîtres et que leur témoignage est discutable, Luc, leur auteur, n'ayant pas accompagné Saül durant tous ses voyages et ayant une tendance avérée à arranger les faits, on en est souvent réduit à des conjectures. Les exégètes sont, par exemple, en peine d'assigner une durée plausible, cohérente à la fois avec les Actes et les Épîtres, au premier séjour de Saül en Cilicie, après son départ de Jérusalem, vers 35-37 ; selon la chronologie des Actes, ce séjour aurait duré quelque dix ans, au terme desquels Barnabé serait allé chercher Saül pour l'emmener à Antioche de Syrie ; or, dix ans, c'est bien long et cela pourrait même induire à remettre en cause l'intensité de la foi nouvelle de Saül. En effet, il n'existe pas de traces d'une activité missionnaire de dix ans en Cilicie à cette époque-là, c'est-à-dire antérieurement au premier voyage missionnaire, et il est difficile d'imaginer Saül inactif pendant un délai pareil. Cette difficulté peut être contournée en plaçant dans cette période les activités évoquées dans II Cor. XI ; 23-27. Mais cette solution est évidemment aléatoire. Il est également impossible, en l'état actuel des documents, d'établir ce que Saül a pu faire au cours de son long séjour (théoriquement, trois ans) en Arabie, après sa conversion. Le peu qu'on en sache est que ce séjour fut, du point de vue missionnaire, totalement infructueux.

On conçoit donc qu'en raison de telles incertitudes et de bien d'autres, il existe plusieurs théories sur les itinéraires.

Selon les plus communément admises, et en n'indiquant ici que les étapes principales, l'itinéraire du premier voyage irait de Césarée à Antioche de Syrie, en passant par Chypre, Antioche de Pisidie, Iconium, Lystre et Derbé.

Le deuxième voyage irait d'Antioche de Syrie à Cérasée, en passant par la Syrie, la Cilicie et la Galatie, avec Lystre, les grandes villes de Bithynie, Troie, Philippes de Macédoine, Thessalonique, Athènes, Corinthe (sans avoir, pense-t-on, pu atteindre Ephèse) ; après avoir débarqué à Césarée et s'être rendu à Jérusalem, Saül aurait conclu ce deuxième voyage en retournant à Antioche de Syrie, sa « base ».

Le troisième voyage aurait mené Saül d'Antioche à la Galatie, Ephèse, Colosses, Hiérapolis, Laodicée, de nouveau Ephèse, de nouveau Corinthe, Troie, Philippes et Milet ; ce troisième voyage se termine à Jérusalem, où Saül est arrêté.

Le voyage en bateau de Césarée à Rome, avec le naufrage à Malte, ne figure pas parmi les voyages missionnaires.

On ne dispose d'aucunes traces d'un séjour de Saül en Illyrie, évoqué dans l'Epître aux Romains, ni d'un séjour à Nicopolis, évoqué à titre de projet dans une lettre pastorale à Titus.

NOTES

Première partie

1. La déduction des origines hérodiennes, donc princières, de Saül, apôtre connu sous le nom de Paul de Tarse, découle d'un nombre élevé de faits, qui contredisent formellement la tradition d'une naissance juive.

a) Les affirmations d'une origine juive sont nombreuses, sans doute, dans la bouche de Saül : « Sont-ils hébreux ? Je le suis. Israélites ? Je le suis. Descendants d'Abraham ? Je le suis. » (II Cor., XI ; 22-23.) « ... Circoncis dès le huitième jour, israélite de race, de la tribu de Benjamin, un Hébreu de naissance et d'éducation ; dans mon attitude à l'égard de la Loi, un Pharisien. » (III Phil., III ; 5-6.) De plus, il se dit citoyen romain « de Tarse en Cilicie, citoyen d'une ville qui n'est pas sans renom » (Actes, XXIX ; 39) ; il le redit : « Je suis un homme, un Juif, né à Tarse, en Cilicie, élevé dans cette ville, instruit aux pieds de Gamaliel. » (Actes, XXIII ; 3.) Gamaliel fut un célèbre docteur de la Loi. Cette citoyenneté romaine, Saül la revendique de naissance ; quand les Romains l'arrêtent à Jérusalem et menacent de la flageller, il rappelle au centurion qu'un citoyen romain ne peut pas être flagellé, ce qui est exact ; le tribun, alerté par le centurion, vient interroger Saül : « Dis-moi, es-tu romain ? » Il dit : « Oui. » Le tribun répond : « Contre une forte somme, ce droit de cité, je l'ai acquis. » Saül répond : « Mais moi, je suis né avec. » (Actes, XXII ; 28-29.)

Nous aurions donc en Saül un Juif, citoyen romain, originaire de Tarse. Tout cela est plausible jusqu'ici, à l'exception de la juxtaposition ambiguë de la proposition « élevé aux pieds de Gamaliel » avec la naissance à Tarse, car Gamaliel enseignait à Jérusalem ; mais ce dernier point sera débattu plus loin. Saül aurait donc été envoyé par un père dont il ne souffle jamais mot, comme s'il était né par génération spontanée, alors qu'il s'enorgueillit de cette citoyenneté romaine qu'il lui doit à coup sûr, comme il s'enorgueillit d'être originaire de Tarse, il aurait donc été envoyé à Jérusalem, pour faire ses études auprès du plus célèbre docteur de la Loi de l'époque, Gamaliel I, dit aussi Gamaliel l'Ancien. C'est aussi invraisemblable que la combinaison de la citoyenneté romaine et de la judaïté, qui sera également analysée plus loin.

b) D'emblée, cette version des origines tarsiotes de Saül est contredite par nul autre que Jérôme dans son catalogue des auteurs chrétiens jusqu'au ve siècle, *De viris illustribus* : « L'apôtre Paul, appelé auparavant Saül, doit être compté hors du nombre des douze apôtres. Il était de la tribu de Benjamin, et de la cité de Giscala, en Judée. Quand celle-ci fut prise par les Romains, il émigra avec ses parents à Tarse, en Cilicie, puis fut envoyé par eux à Jérusalem pour y étudier la Loi, et il fut instruit par Gamaliel, homme très savant dont Luc fait mémoire. » (M.L., XXIII ; 615-646, v. bibl.)

Jérôme contredit donc formellement et Luc et Saül : ce dernier n'est pas originaire de Tarse ; il y aurait « émigré ». Jérôme doit avoir quelque raison de démentir ainsi les deux apôtres. Malheureusement, son témoignage n'est pas complet et pèche gravement sur trois points ; le premier est celui de l'ascendance benjaminite, qui n'a plus de sens au Iᵉʳ siècle (v. p. 403) ; le deuxième est celui de l'« émigration » des mystérieux parents de Saül, car si ceux-ci étaient citoyens de Giscala quand elle fut conquise par les Romains, ils furent considérés comme captifs et n'avaient certes pas loisir d'émigrer librement ; ils auraient été déportés, et s'ils l'avaient été, ce n'aurait certes pas plus été à Tarse, cité libre et fameuse, que les Tatars déportés sous Staline n'auraient été expédiés à Monte-Carlo. Visiblement, Jérôme tente de résoudre la contradiction entre l'origine prétendument juive de Saül et sa citoyenneté romaine. Il n'y parvient pas ; reste l'affirmation selon laquelle Saül n'était pas originaire de Tarse.

C'est pourtant la version de Jérôme que reprend, de manière plus affirmative, mais au IXᵉ siècle, Photius, patriarche de Constantinople : « Paul, de par ses ancêtres selon la chair, avait pour patrie Giscala... Lors de la conquête romaine, ses parents, ainsi que la plupart des autres habitants, furent emmenés en captivité à Tarse » *(Ad Amphilocium,* CXVI, cité par Ambelain, v. bibl.). Photius utilise là clairement le terme de déportation, sans doute par manque d'information. Des Juifs prisonniers, déportés à Tarse, n'en auraient pas obtenu la citoyenneté.

Ces deux exemples montrent que, très tôt, la conjugaison de la judaïté et de la double citoyenneté romaine et tarsiote, qui est aujourd'hui reprise sans analyse par la plupart des auteurs, n'était pas plausible. Les premiers auteurs chrétiens la « corrigèrent » donc, car ce n'est pas d'hier qu'on donne de petits coups de pouce aux textes pour les faire correspondre avec des convictions préétablies ; en témoignent les différentes versions des Évangiles et les altérations considérables qu'y ont relevées les exégètes contemporains. Les Ébionites, Juifs disciples de Jésus, établis en Syrie et qui se constituèrent en secte, pense-t-on, au IIᵉ siècle, rejetèrent même Saül pour cette raison ; leurs écrits ont évidemment disparu, comme il advint à tant d'écrits qui contestaient la tradition de la première Église ; nous ne les connaissons actuellement que par les réfutations des auteurs attachés à cette tradition, Eusèbe, Origène et notamment Épiphane de Salamine. Au IVᵉ siècle, dans son *Contra Haereses,* ce dernier écrit d'eux : « Ils n'ont pas non plus honte d'accuser ici Paul dans certaines fausses inventions de la vilenie et de l'imposture de leurs faux apôtres. Ils disent qu'il était un Tarsiote — ce dont il convient lui-même et qu'il ne nie pas. Mais ils supposent qu'il était de souche grecque, se fondant en ceci sur le même passage, celui où il dit : "Je suis de Tarse, citoyen d'une ville qui n'est pas la moindre." Puis ils prétendent qu'il était grec et grec de père et de mère en cela, mais qu'il était allé à Jérusalem, y avait séjourné quelque temps et avait voulu épouser la fille du grand-prêtre. Il était donc devenu un prosélyte et avait été circoncis. Mais comme il ne put pas obtenir ce genre de fille, il s'en irrita et écrivit contre la circoncision, et le Sabbat et la Loi. » (Panarion, I, II ; 16, 8, v. bibl.) Observons incidemment que les Ébionites n'ont pas entièrement tort ; ils ont déduit que Saül était grec du fait, que nul ne conteste, qu'il s'adressa aux Juifs hellénisés, ce qui, jusqu'à nos jours, ne cesse de susciter des conjectures diverses. Constitués en secte, évidemment hérétique, après l'Édit d'Hadrien, en 135, ils sont beaucoup plus à même que leurs successeurs de juger de la bizarrerie d'une conjonction de la judaïté et de la citoyenneté tarsiote chez Saül. Celle-ci est à peu près aussi déroutante et improbable que le serait, de nos jours, un bénédictin de nationalité soviétique supérieur d'un couvent en Espagne.

Quelle que soit l'aversion que leur porte la tradition chrétienne, les Ebionites sont au moins aussi informés que le reste de leurs contemporains des faits sociaux et juridiques de l'époque ; ils savent en tout cas qu'à Tarse, dont le statut n'a pas changé entre le début du Ier siècle et le milieu du IIe, il est impossible d'être à la fois juif, citoyen romain et tarsiote. La citoyenneté romaine n'était conférée dans la capitale de Cilicie qu'à des gens d'un certain rang, donc disposant d'une certaine fortune, donc encore appartenant à une lignée, une *phyla*, donc et enfin contraints de participer aux cultes païens. On ne peut être citoyen romain et tarsiote que si l'on est païen. Les Ebionites, qui ne soupçonnent pas vraiment l'ascendance de Saül, en concluent logiquement que c'est un Grec et un Païen.

De surcroît, Saül, qui prêche à des gens qui ne sont pas juifs, donc peu informés des réalités du monde juif, commet une erreur révélatrice quand, pour renforcer sa prétention à une ascendance juive, il prétend par deux fois qu'il descend de la tribu de Benjamin (Rom., XI ; I et Phil., III ; 5). Or, ça ne veut rien dire, car, comme l'observe Hyam Maccoby dans *Paul et l'invention du Christianisme* (v. bibl.), « il était aventureux pour n'importe quel Juif de cette époque de prétendre avec vraisemblance appartenir à la tribu de Benjamin. Bien qu'une partie de la tribu de Benjamin survécût en Palestine après la déportation des Dix Tribus par Salmanassar d'Assyrie, les Benjaminites pratiquèrent plus tard l'exogamie avec la tribu de Juda à tel point qu'ils perdirent leur identité séparée et devinrent tous des Judéens, des Juifs... La distinction entre Judéens et Benjaminites ne recouvrant aucune signification religieuse, il n'y avait plus aucun motif pour la conserver ». Maccoby en conclut que la revendication d'une ascendance benjaminite n'est qu'une supercherie. Ce qu'elle est bien de toute évidence ; et elle trahit encore plus cruellement l'ignorance des choses juives.

Bien plus que l'ascendance benjaminite, c'est l'entière ascendance juive de Saül qui est douteuse, comme en témoignent les lignes suivantes de l'apôtre lui-même :

« Oui, libre à l'égard de tous, je me suis moi-même asservi à tous, afin d'en gagner le plus grand nombre. Et je suis devenu pour les Juifs comme un Juif, afin de gagner les Juifs ; (pour) ceux qui sont sous la Torah — sans être moi-même sous la Torah —, afin de gagner ceux qui sont sous la tora. Je suis devenu pour les sans-Torah comme sans-Torah, n'étant pas sous la Torah d'Elohim, mais sous la Torah du messie, afin de gagner les sans-Torah... » (I Cor. IX ; 19-21).

L'aveu est clair ; s'il était déjà suspect qu'un Juif se réclamât d'une origine aussi aléatoire que la benjaminite, il ne reste plus d'ombre sur les revendications de sa judaïté que Saül fait en d'autres lieux ; elles sont, comme on le verra plus loin, destinées à lui assurer une place dans la première communauté christique, qui est entièrement juive. Eût-il été un Gentil qu'il n'y eût obtenu qu'une place de second ordre.

Toutefois, Saül n'a pas pu se déclarer juif du jour au lendemain, sauf à se convertir, et dans ce cas, sa situation en Palestine, au cœur de la communauté juive, dans la ville même où s'élevait le Temple, eût été paradoxale, voire insoutenable s'il n'avait abjuré, en tout cas dissimulé sa citoyenneté romaine. S'il y eut bien des Romains convertis au Judaïsme, ce fut à Rome, et dans ce cas, ou bien ils risquaient l'exil s'ils étaient de condition modeste, comme on l'a vu sous Tibère, ou bien, s'ils étaient de rang social élevé, leur adhésion au Judaïsme n'était le plus souvent considérée que comme une excentricité d'oisifs piqués par l'exotisme. Car il ne faut pas oublier que la citoyenneté romaine impliquait l'hommage obligatoire aux dieux romains, sous peine de parjure. Saül n'a pu, en Palestine, jouer sur deux tableaux que parce qu'il était, comme on le verra plus loin, de rang social élevé.

L'aveu de l'Épître aux Corinthiens le prouve sans ambiguïté, certes ; Saül s'est fait passer pour juif alors qu'il ne l'était pas, du moins pas au sens plein, ordinaire, de ce mot. Il faudrait toutefois méconnaître entièrement les exigences de la moralité religieuse publique dans la Judée de l'époque pour supposer que Saül eût licence de se faire passer pour Juif, et Juif d'origine, s'il n'avait, même en temps que citoyen romain, une veine juive en lui ou s'il ne s'était formellement converti.

Jérusalem au temps de Jésus était une petite ville. Jeremias (*Jérusalem au temps de Jésus*, p. 47, v. bibl.) en estime la population à vingt-cinq mille habitants en temps ordinaire. Même s'il a sous-estimé ce chiffre de moitié, c'était une petite ville où tout le monde connaissait tout le monde. Saül, y ayant visiblement séjourné un temps assez long, comme l'indique plus loin la reconstitution chronologique de sa biographie, ne pouvait donc pas raconter n'importe quoi sur ses origines, en tout cas sur son statut, comme il le fit dans ses épîtres à des populations étrangères, Romains, Corinthiens, Galates, Ephésiens, Philippiens, Colossiens, Thessaloniciens. Il a donc acquis à un moment ou à un autre une identité juive.

Sa situation est en tout cas exceptionnelle, puisqu'il revendique deux états civils au moins antagonistes, pareil en cela à l'animal du fabuliste qui dit : « Je suis oiseau, voyez mes ailes, je suis souris, voyez mes dents. » Et l'exception revêt un relief également exceptionnel, puisqu'il s'agit de l'inventeur du Christianisme.

Personne donc, jusqu'ici, n'a résolu l'énigme du double et contradictoire statut de Saül. Quelles que soient les fabrications dont les copistes ont pu se rendre coupables au cours des siècles dans la transcription des textes qui fondent aujourd'hui la tradition chrétienne, on ne peut les accuser d'avoir créé de toutes pièces ce double statut. Les copistes, à la fois indélicats et obéissants, étaient surtout passés maîtres dans l'art d'oblitérer des passages gênants, pas dans celui des créations originales, surtout de créations qui pouvaient autant prêter à contestation que ce double et énigmatique statut de l'inventeur du Christianisme ; les pères de l'Église s'en fussent, on le devine en maints lieux, aisément passés.

Force est donc de reprendre l'affaire à zéro et d'analyser la possibilité d'un tel double statut et de chacun de ses éléments, la citoyenneté tarsiote d'une part, la judaïté de l'autre, puis la combinaison de deux.

Trois observations s'imposent ici. La première concerne la citoyenneté romaine dont Saül semble se fier ; si Jérôme a raison, la famille de Saül a été déportée par les Romains de Giscala à Tarse ; c'est-à-dire qu'elle a été considérée comme esclave de l'Empire et qu'elle a porté les chaînes, donc qu'elle a subi l'incision infamante au cou, condition qui interdit strictement l'octroi de la *civitas romana*, eu égard à l'édit d'Auguste sur les statuts d'esclave et d'affranchi (Suétone, *Vie des douze Césars*, Auguste, XL). Donc, ou bien Saül ne fut pas citoyen romain, ou bien Jérôme se trompe. Or, la citoyenneté romaine de Saül est attestée par de nombreux points, à moins de considérer la totalité des Actes et des Épîtres comme une totale fabrication. Toutefois, on le verra plus loin, Jérôme non plus n'a pas entièrement tort quand il dénie explicitement à Saül une origine tarsiote.

La deuxième observation est qu'il paraît plus que douteux que les parents de Saül l'aient envoyé adolescent étudier la Loi à Jérusalem, sans l'y accompagner, comme Jérôme le laisse entendre, et cela d'autant plus que, et c'est la troisième observation, Rabban Gamaliel l'Ancien, théologien réputé, ne tenait ni une école primaire, ni un lycée et, comme le rappelle Hyam Maccoby (*Paul et l'invention du Christianisme*, v. bibl.), il n'acceptait que « des étudiants ayant déjà une formation solide et aptes eux-mêmes à la transmettre ».

De ce qui précède, on peut déduire que Saül a bien eu la citoyenneté romaine, mais qu'elle n'a sans doute pas découlé de la citoyenneté tarsiote de ses parents, qu'il n'était probablement pas tarsiote et qu'il n'a pas reçu dans sa jeunesse l'enseignement de Gamaliel, point qui, on l'a dit, sera analysé plus loin.

Pourquoi Saül dit-il qu'il est tarsiote ? C'est que Tarse, ville en effet prestigieuse de Cilicie, s'est vu accorder en 172 avant notre ère le titre de ville libre ; tous les nouveaux venus y ont droit de citoyens ; c'est un fait notoire dans le monde antique, et c'est peut-être à celui-ci que fait allusion Jérôme : à défaut des parents de Saül, ce seraient ses ancêtres qui se seraient installés à Tarse. Erreur : le monarque qui a accordé ce privilège à Tarse n'est autre que le roi séleucide Antiochus IV Épiphane, ennemi farouche des Juifs, qui tenta de supprimer le Judaïsme dans tous les territoires sur lesquels s'étendait son pouvoir. Raison de plus pour que Saül ne puisse être à la fois juif et d'origine tarsiote, en tout cas ancienne.

Pour récompenser les Tarsiotes de l'avoir aidé dans sa lutte contre les pirates réfugiés en Cilicie, devenue province romaine depuis 100 avant notre ère, Pompée décréta que Tarse était une ville romaine ; c'est-à-dire que ses habitants à domiciliation fixe, disposant d'une certaine fortune, jouissaient du privilège de la citoyenneté romaine.

Mais les Juifs y étaient-ils citoyens à part entière ? Ce n'est pas ce qu'indique Theodor Mommsen dans son *Histoire romaine* (v. bibl.) : dispensés de la capitation romaine, en vertu de l'impôt qu'ils paient pour l'entretien du Temple, ils sont également dispensés, sauf s'ils sont déportés, du service militaire. C'est-à-dire que même si Saül avait bien été originaire de Tarse, ni son père ni lui n'y auraient joui du même statut qu'un patricien païen.

c) Le point qui incite encore plus à rejeter la thèse d'un Saül juif pharisien, tarsiote et citoyen romain tout à la fois est le passage des Actes (XIII ; I) qui se lit ainsi en grec : « ...*Manahn te Hrodon tóu Tetraarkon sûntrophos kai Saûlos.* » Il se rapporte à une assemblée de prophètes et de docteurs présents dans une assemblée à Antioche, parmi lesquels sont Barnabé, Simon, qu'on appelait le Noir, Lucius de Cyrène, Ménahem, qui avait été élevé avec Hérode le Tétrarque et Saül. La tradition insère une virgule entre « Hérode le Tétrarque » et les mots « et Saül ». Or, il n'y a pas de ponctuation dans le texte grec. Comme le rappelle justement Robert Ambelain dans *La vie secrète de saint Paul* (v. bibl.), les rédacteurs anciens devaient composer leurs phrases de façon à ce qu'il n'y eût aucune équivoque. Mais là, il y en a une. Ambelain, dont certains hellénistes ont contesté l'interprétation, arguant que la déclinaison « Saulos » implique une incise justificative d'une virgule, observe qu'on traduit « *kai adelphos 'Iakobon kai 'Iosephos kai Iouda kai Simonos* (Mc., VI ; 3) sans incise : « ... le frère de Jacques, de Joseph, de Jude et de Simon. »

Il en découlerait que Saül a été élevé avec Ménahem et Hérode le Tétrarque ; dans ce cas, cela éliminerait totalement l'origine tarsiote, aucun des Hérodiens qui ont été tétrarques, Hérode Antipas, Hérode Agrippa I et son fils Hérode Agrippa II n'ayant d'origine tarsiote.

Pour résumer ce qui précède, Jérôme exclut l'origine tarsiote, l'histoire rend difficilement compatible la judaïté pharisienne de Saül avec une citoyenneté romaine originaire de Tarse et elle exclut la formation d'un Saül adolescent auprès de Gamaliel ; enfin, une lecture correcte du passage des Actes cité plus haut indique que Saül a été élevé avec Hérode le Tétrarque ; il y a donc preuve de fabrication ; seule la citoyenneté romaine de Saül, attestée par les Actes, est certaine.

d) Toutefois, Saül joue sur deux tableaux ; d'une part, il revendique la citoyenneté romaine, de l'autre, il tient à l'égard des dieux romains des propos publics blasphématoires : « Vous servez des dieux qui ne le sont pas » (Gal., IX ; 8), et encore : « Ce que les Païens sacrifient, ils le sacrifient aux démons. » (I Cor., X ; 20.) En tant que citoyen romain, de telles imprécations pourraient lui valoir la mort, car la relative tolérance de Rome à l'égard des religions étrangères n'inclut pas les insultes aux dieux de l'Empire.

Mais ces propos sont tardifs ; ils se situent dans la deuxième partie de la vie publique de Saül ; ils ne mettent pas en cause sa citoyenneté romaine ; ils indiquent un revirement intérieur, qui fait l'objet de ce livre.

Par ailleurs, si l'origine tarsiote de Saül, telle qu'elle est présentée par les Actes et les Épîtres, et telle que la perpétue la tradition exégétique chrétienne, doit être rejetée, il n'en demeure pas moins qu'il est possible que Saül ait bien un lien avec Tarse. En effet, cette ville fameuse, la plus grande de Cilicie et l'une des plus prestigieuses de l'Orient de l'époque, est nettement sous l'influence hellénisante et toute l'orientation des prêches de Saül est helléniciste : s'adressant de manière privilégiée aux Juifs hellénisants, il trahit constamment une formation foncièrement hellénistique. C'est à Tarse que Barnabé serait allé chercher Saül (Actes, XI ; 25), mais alors que Saül aurait été pleinement adulte, alors que, et les textes et leur analyse l'indiquent, Saül a déjà voyagé et, en tout cas, a déjà été à Jérusalem. Serait-ce quand même sa ville d'origine ? Un autre passage des Actes en donne à douter ; c'est presque un lapsus : « Vous savez comment je me suis conduit avec vous tout le temps depuis le premier jour où j'ai posé le pied en Asie » (Actes, XX ; 18), dit-il aux Anciens d'Ephèse. Il n'est donc pas originaire d'Asie. Et il le confirme quand il fait le récit de sa vie aux Galates : « Ensuite, je suis allé dans les régions de Syrie et de Cilicie. » (Gal. ; I ; 21.)

Donc, tout à la fois Saül a des liens avec Tarse sans être un Tarsiote. Les Actes témoignent d'un silence énigmatique sur les raisons qu'a Saül d'être à Tarse quand Barnabé va l'y quérir. S'ils disent bien (IX ; 29-30) que ce sont les « frères » qui l'y ont envoyé, parce qu'il a tellement exaspéré les Juifs hellénistes lors de leurs conversations avec lui qu'ils ont menacé de le tuer, ils ne disent pas pourquoi les mêmes Hellénistes n'ont pas mis en péril la vie de Pierre. Un fait reste probable : les premiers disciples de Jésus expédient Saül à Tarse parce que c'est une ville qu'il connaît déjà et où il a quelques chances de trouver refuge.

Mais insistons bien sur ce point, son discours aux Ephésiens le définit comme étranger à la Cappadoce, à la Cilicie et à l'Asie Mineure tout entière.

Reste également à observer que le choix de la Cilicie comme lieu d'exil temporaire de Saül offre une résonance particulière : en effet, c'est de Cilicie qu'étaient originaires les Juifs qui se sont opposés à la prédication d'Etienne (Actes, VI ; 9). Ces mêmes Juifs vont faire partie de la cabale qui va mener à la condamnation, puis à la lapidation d'Etienne, dont Saül va se déclarer partisan avant sa conversion. Le point est tout à fait singulier : les « frères » de Saül sont-ils donc assez imprudents pour le renvoyer dans un guêpier, et quel guêpier ! Saül va y retrouver, cette fois-ci en tant que suiveur d'Etienne, c'est-à-dire en tant que traître, les Juifs qui ont causé la mort d'Etienne ? Ou bien il faut supposer que les « frères » dépêchent Saül dans un traquenard, ou bien il faut, et c'est ce qui est plus vraisemblable, admettre que la Cilicie n'est plus dangereuse et que les Juifs n'y sont plus ou n'ont jamais été ennemis irréductibles d'Etienne.

Enfin, Saül est ou se dit fabricant de tentes (Actes, XVIII ; 3). Or, c'est là un métier qui n'est profitable que dans des régions de transhumance et de nomades, et c'est un métier d'esclaves, de femmes ou de pauvres. Or, Saül, on le verra plus loin, passe pour être assez riche pour corrompre un procurateur romain. Il est donc plus que douteux que son métier de base soit la fabrication de tentes. Toutefois, s'il est familier de la Cilicie, où il y a en effet des nomades, Saül peut, de fait, s'entendre à la fabrication de tentes. En tout état de cause, il faut, ici, dissocier sa citoyenneté romaine de son rapport avec Tarse.

e) Qui est donc Saül ? Si l'on fait même abstraction de l'interprétation du passage des Actes cité plus haut, trois faits essentiels ne peuvent manquer d'effacer l'image de simple Juif tarsiote qu'il tente de donner de lui-même. Le premier est le grand cas que font de lui les plus hauts fonctionnaires romains. Ainsi, alors que les Juifs orthodoxes de Corinthe, exaspérés par les prêches schismatiques de Saül, veulent le faire arrêter, Gallion, proconsul de la province de l'Achaïe, qui siège à Corinthe et qui n'est nul autre que le propre frère de Sénèque, conseiller de Néron, fait d'office chasser les Juifs du prétoire, et cela alors que Claude vient de prendre une mesure antijuive draconienne, en faisant chasser tous les Juifs de Rome. Gallion serait-il un homme généreux ? Non, immédiatement après, il laisse assommer en plein tribunal Sosthène, chef de la synagogue locale converti par Paul (Actes, XVIII ; 2-17). Plus tard, à Jérusalem, les Lévites du Temple s'emparent de Saül, qu'ils accusent d'avoir profané le lieu saint en y faisant pénétrer un non-Juif, Trophyme d'Ephèse (affaire d'ailleurs douteuse, car les non-Juifs étaient admis dans le Temple jusqu'à l'enceinte de la Cour des Gentils ; il semble plus vraisemblable que c'est à Saül lui-même, non juif, qu'ils en ont eu). Ils s'apprêtent donc à le mettre à mort par lapidation, quand l'affaire arrive aux oreilles de Claudius Lysias, tribun des cohortes, gouverneur de la citadelle de l'Antonia, voisine du Temple, qui accourt lui-même avec plusieurs centurions et leurs hommes, c'est-à-dire plusieurs centuries légionnaires, soit encore plusieurs centaines d'hommes, et, fait remarquable, autorise Saül à raconter à la foule l'histoire de sa conversion sur le chemin de Damas, le tout sous l'évidente protection de l'armée romaine (Actes, XXI ; 27 et XXIII ; 10). On ne peut que s'émerveiller aussi de la sollicitude du tribun, qui « frémit que Paulos ne soit mis en pièces » et qui « ordonne aux soldats de descendre, de le prendre au milieu d'eux et de le conduire à la caserne ». Or, Jésus n'eut jamais tant de faveurs. Tout se passe donc comme si le tribun Lysias était à la fois le garant de Saül et du message évangélique de celui-ci.

Ensuite, quarante Juifs s'engagent à jeûner jusqu'à ce qu'ils aient obtenu du Sanhédrin la mort de Saül ; le neveu de celui-ci l'apprend et l'en informe. Saül, apparemment logé à la tour Antonia, appelle un des centurions et lui dit : « Emmène ce jeune homme au centurion : oui, il a une annonce pour lui. » (Actes, XXIII ; 14-17.) Voilà donc un « prisonnier » privilégié, puisqu'il peut faire mander un centurion à sa guise et recevoir des visites. Le centurion ne se départit pas de sa partialité à l'égard de Saül ; il fait, en effet, promettre au neveu de celui-ci le secret sur la révélation du complot.

La suite des événements est encore plus extraordinaire. En effet, Lysias appelle deux centurions et leur dit : « Préparez deux cents soldats pour aller à Césarée, avec deux cents cavaliers et deux cents archers, dès neuf heures du soir. » (Actes, XXIII ; 23.) Voilà donc que le tribun Lysias met à la disposition de Paul quatre cent soixante-dix hommes pour assurer son transfert en lieu sûr. Or, on connaît assez l'histoire romaine pour savoir que pareil traitement n'est réservé qu'à des personnages de marque, fussent-ils romains. De plus, pareille faveur ne se dément pas au fil des événements. Dépêché au procurateur (Antonius) Félix, successeur de Ponce Pilate, Saül se voit rejoindre à

Césarée par le grand-prêtre Ananias (Annas) et plusieurs membres du Sanhédrin, parmi lesquels figure un rhéteur nommé Tertullus (ou Tertullius). Ils sont venus déposer contre Saül. Et Félix refuse de juger en l'absence du tribun Lysias, ce qui n'est qu'un atermoiement en faveur de Saül, qu'« il ordonne au centurion de garder » mais en le traitant « avec indulgence » (Actes, XXIV ; 23.) On ne peut que s'étonner à nouveau de cette incroyable mansuétude ; selon les Actes, elle s'expliquerait parce que Félix « espérait recevoir de Paulos de l'argent ». Cela indique donc que Saül était riche, et qu'il l'était assez pour pouvoir corrompre nul autre que le procurateur de Judée. Toujours est-il que le plus puissant représentant de l'Empire romain en Palestine « convoque Saül et lui parle assez souvent ». C'est plus que troublant.

Tout aussi déconcertant est le fait que cet état de choses, qui s'est maintenu pendant deux ans, disent les Actes, se poursuit quand un autre procurateur, Porcius Festus, succède à Félix. Nous sommes alors en l'an 60. Or, si l'on pouvait soupçonner Félix d'un caprice personnel dans sa bienveillance à l'égard de Saül, caprice comme s'en offrent certains puissants quand ils s'entichent d'un pauvre hère, un tel soupçon n'est plus de mise avec Festus. Il accède à la demande de Saül d'être jugé, en tant que citoyen romain, par l'empereur lui-même. Accessoirement, on observera que c'est la preuve formelle que Saül était bien citoyen romain, car toute usurpation de cette qualité exposait à la mort par décapitation.

Détail frappant : Hérode Agrippa II, roi de Chalcis, puis d'Iturée, et sa sœur Bérénice, demandent à voir Saül lors de leur passage à Césarée. Il s'agit donc là d'un personnage totalement hors du commun pour susciter la curiosité royale. Tellement hors du commun qu'il interpelle publiquement Hérode Agrippa et lui dit : « Adhères-tu aux inspirés ? » (c'est-à-dire aux prophètes), « Je sais que tu y adhères ! » (Actes, XXVI ; 27.) Sur quoi le roi déclare que Saül est innocent (v. note 244). De ce qui précède, il découle que Saül n'est pas seulement un citoyen romain, mais encore un citoyen romain de haut rang, qui n'hésite pas à faire appel à l'empereur pour juger de son cas, et qui suscite des sympathies royales.

f) Le deuxième fait essentiel qui nous éclaire sur l'identité de Saül est l'adresse finale de l'Épître aux Romains : « Saluez les gens de la maison d'Aristobule, saluez Hérodion, mon parent, saluez Rufus, l'élu dans l'Adôn, et sa mère, qui est aussi la mienne. » (Rom., XVI ; 10-13). Les noms d'Aristobule et d'Hérodion sont typiques de la dynastie hérodienne. L'adresse est écrite de Corinthe, à l'intention des Chrétiens de Rome, et les saluts en question sont donc destinés à des gens qui se trouvent à Rome. Effectivement, il y a bien un Aristobule à Rome, c'est Aristobule III, fils d'Hérode de Chalcis et cousin d'Hérode Agrippa II et de Bérénice, déjà citée (v. arbre généalogique pp. 456-457). C'est un favori de Néron, qui lui concédera en 54 le royaume de la Petite-Arménie, en 60, une partie de la Grande-Arménie et, à la mort de son père, le royaume de Chalcis. Il est aussi le second mari de Salomé II, petite-fille d'Hérode le Grand. Comme on le voit, Saül a des connaissances en haut lieu. La tolérance de favoris à la cour de Néron pour des Zélotes palestiniens n'est pas improbable, car Poppée, femme de Néron, passe, selon Flavius Josèphe, pour être une néophyte « juive ». Mais à l'époque, on englobe aussi les Chrétiens sous le nom de « Juifs ». Aristobule III n'est-il qu'une simple connaissance de Saül ? Ce n'est certes pas le cas si Saül se déclare parent d'Hérodion, « le petit Hérode », car Hérodion est un diminutif, qui rend hommage à l'ancêtre fondateur de la dynastie.

Mais qui est cet Hérodion ? Il y a trois candidats à cette identité, car les Hérodions avaient des liens étroits avec Rome et ne survivaient que par la faveur des empereurs. Le premier est Hérode Agrippa Ier, petit-fils d'Hérode le Grand par son père Aristobule (un des nombreux de ce prénom dans la famille). Né en 10 avant notre ère et mort en 44, c'est en 36 un favori de Caligula, héritier présomptif de Tibère ; intrigant, il aura cette année-là l'imprudence de dire à son protecteur qu'il est grand temps de prendre la succession de Tibère, lequel en aura vent et, en septembre 36, énervé par l'impertinence du Levantin, le fera emprisonner. Las ! Six mois plus tard, Tibère meurt et Hérode Agrippa Ier reçoit, par la grâce de Caligula, la tétrarchie de Batanée et de Trachonitide, en Palestine, qui appartenait à son oncle Hérode Philippe. Mais il ne reçoit cette tétrarchie qu'en 39 ; il est donc à Rome entre 36 et 39. Il ne se rend dans son petit royaume que deux ans environ, car, en 41, il est de nouveau à Rome. 41, c'est l'année où Caligula est assassiné. Opportuniste, Hérode Agrippa Ier s'empresse de se rallier au successeur de son précédent protecteur, c'est-à-dire à Claude, dont il dirige l'accession au pouvoir. C'est pourquoi Claude le gratifie du gouvernement de la Judée et étend même ses bienfaits à son frère Hérode de Chalcis, du nom du territoire qui lui échoit dans l'actuel sud du Liban. Hérode, qui hérite ainsi du territoire sur lequel régnait son illustre grand-père, est un candidat éventuel à l'identité d'« Hérodion », car il est pour Saül un personnage puissant, à cultiver. Objection majeure à son identification avec Hérodion : le plus tôt qu'on se place dans le ministère public de Saül, c'est-à-dire vers le milieu des années trente, Hérode Agrippa Ier a environ quarante-cinq ans ; ce n'est pas un homme qu'on pourrait coiffer d'un tel diminutif. De plus, Hérode Agrippa Ier sera un farouche ennemi de la chrétienté naissante ; c'est ainsi lui qui fera exécuter Jacques le Mineur, premier chef de l'Église de Jérusalem ; or, au moment où Saül écrit son épître, il est engagé dans l'expansion et l'invention du Christianisme ; Saül ignoret-il ou peut-il ignorer l'hostilité latente d'Hérode Agrippa Ier au Christianisme ? C'est peu plausible, car il doit quand même avoir une bonne connaissance des dispositions des gens auxquels il adresse des salutations depuis Corinthe. Il semble donc qu'Hérode Agrippa Ier ne puisse pas être Hérodion.

Le deuxième candidat est Hérode Agrippa II, fils du précédent et élevé comme son père à la cour impériale. Quand son père meurt, en 44, il n'a que dix-sept ans. Il séjourne à Rome, car les Romains gardaient les descendances des roitelets amis, à la fois pour les éduquer et pour avoir des otages. Hérode Agrippa II hérite des territoires de son père, à l'exception de la Judée, que Claude a placée sous gouvernement romain. Toutefois, quand Néron accède au pouvoir, en 54, Hérode Agrippa II est si bien en cour que l'empereur ajoute à ses territoires

Tibériade et d'autres places fortes. C'est un personnage ambigu qu'Hérode Agrippa II : il essaie de concilier les inconciliables, Rome et les Juifs, les Juifs et les premiers Chrétiens, Rome et les Chrétiens. Sa liaison incestueuse avec sa sœur Bérénice, notoire surtout après la mort d'Hérode de Chalcis, son propre oncle, dont elle était l'épouse, lui vaut le mépris des Juifs, sur lesquels il ne pourra jamais régner véritablement. Car, pour compliquer une situation déjà enchevêtrée, Bérénice est également la maîtresse du Romain Titus, liaison parallèle familière aux admirateurs de Racine. C'est-à-dire que la sœur et maîtresse d'Hérode Agrippa II est aussi la maîtresse d'un Païen ; on imagine la révulsion des Juifs.

Hérode Agrippa II est un candidat tout à fait plausible à l'identité de l'« Hérodion » auquel Saül adresse ses salutations. Si l'on parvient, ce qui sera tenté plus loin, de débrouiller la chronologie obscure des événements qui marquent la vie de Saül, on peut imaginer sans peine que, dans la première moitié des années quarante, Saül soit à Corinthe et Hérode Agrippa II à Rome, adolescent affectueusement désigné sous le diminutif d'Hérodion. Il a déjà dû, sans doute, témoigner d'une certaine tolérance à l'égard du Christianisme. A l'évidence, il héritera du royaume de son père ; c'est donc un potentat en puissance à cultiver. L'hypothèse que voilà est renforcée par l'interpellation que se permet Saül quand Hérode Agrippa II et Bérénice viennent lui rendre visite et à laquelle le roi répond que, pour un peu, il adhérerait au messianisme, en fait foi. Saül connaît déjà son homme.

Dans *La Vie secrète de saint Paul*, Robert Ambelain, déjà cité, propose un troisième candidat : ce serait le fils aîné d'Aristobule III, mentionné plus haut, et de Salomé II, fille d'Hérode Philippe, lui-même fils d'Hérode le Grand (et précédemment épouse d'Hérode Philippe II, autre fils d'Hérode le Grand par une autre femme, Cléopâtre de Jérusalem), la plus célèbre des Salomé du Nouveau Testament, celle qui, à l'instigation de sa mère Hérodiade, danse pour obtenir de son beau-père Hérode Antipas la tête du Baptiste. Comme tout roi client, Aristobule III a sans doute laissé en gage à Rome son fils aîné. Objection préliminaire à ce que ce fils soit l'Hérodion à qui Saül adresse ses salutations : si c'était le fils d'Aristobule III, il aurait déjà été implicitement inclus dans l'adresse aux « gens de la maison d'Aristobule », ou bien il aurait été désigné plus spécifiquement, par exemple par « saluez son fils Hérodion ». Mais ce n'est pas le cas ; dans la liste de Saül, Hérodion figure bien à part. Le candidat le plus plausible serait donc Hérode Agrippa II. Toutefois, le choix final du candidat à l'identité d'Hérodion dépend également de la chronologie. Si l'on tient en compte que l'Épître aux Romains date du second voyage missionnaire de Saül, marqué à son terme par l'arrestation de Saül, en 51 au plus tard, par le gouverneur Gallion, Hérode Agrippa II a déjà vingt-quatre ans ; ce n'est plus un âge auquel on puisse lui donner le diminutif d'Hérodion. Il a hérité du royaume de son père sept ans auparavant et a déjà accédé depuis longtemps au plein nom d'Hérode.

Cet Hérodion serait-il alors un autre fils d'un prince de la lignée hérodienne ? Mais c'est que cette lignée va s'amenuisant ; dans les années trente à quarante, où aurait pu en surgir un rejeton susceptible d'être appelé Hérode, en hommage au Grand, et surnommé Hérodion, et, qui plus est, un rejeton susceptible de présenter quelque intérêt pour Saül, c'est-à-dire héritier présomptif d'un trône, on ne trouve que Costobare II, fils d'Hérode Antipater, lui-même fils d'Hérode le Grand, et Aristobule III ; le premier des deux est certes prince, puisque fils d'Antipater II, fils d'Hérode le Grand comme on l'a vu, mais il n'a pas de royaume. Hérode Agrippa II, lui, semble être resté sans descendance. Reste donc, en effet, Aristobule III. On écartera Cypros III, sœur de Costobare II, de la liste des parents d'héritier présomptif d'un trône, car son époux Alexas Helcias n'en a pas non plus. Il découle de ce qui précède qu'Hérodion semble bien être le fils d'Aristobule III, représentant de la lignée hérodienne par les femmes. Saül lui réserve donc une mention particulière.

En tout état de cause, si l'on pouvait à la rigueur imaginer qu'il y eût à Rome un nommé Aristobule sans rapport avec les Hérodiens, la mention dans la même liste d'Aristobule et d'Hérodion réduirait déjà le doute considérablement, car la coïncidence serait extraordinaire. Mais le passage des Actes XIII ; 1, cité plus haut, selon lequel Saül a été élevé avec « Hérode le Tétrarque », annule totalement ce doute et confirme l'appartenance de Saül à la dynastie hérodienne. Ce tétrarque Hérode, ancien camarade de jeux de Saül est, on va le voir plus loin, Hérode Agrippa Ier, père du monarque qui demande à voir Saül chez Félix. Coïncidence encore plus frappante : ce tétrarque était le propre père de Drusilla, d'abord épouse d'Aziz, roi d'Emèse, puis du procurateur Félix ; sœur de Bérénice, veuve d'Hérode de Chalcis, Drusilla est donc la sœur du monarque qui vient rendre visite à Saül.

C'est donc une visite de famille que celle d'Hérode Agrippa II chez le procurateur Félix, et Saül se retrouve donc, lui aussi, en famille. Ainsi s'expliquent à la fois la très exceptionnelle mansuétude du haut fonctionnaire romain à l'égard de Saül et le séjour prolongé de Saül chez le Romain.

L'abondance de ces recoupements transforme en certitude ce qui n'aurait, à première vue, été qu'un faisceau de coïncidences. Saül est bien de dynastie hérodienne.

Ainsi s'explique également le statut très particulier de citoyen romain de Saül : c'est un privilège attaché à la dynastie hérodienne, alliée de Rome. Citoyen romain en même temps que membre de la famille régnante, Saül bénéficie, on le comprend, de la faveur particulière de l'occupant romain, et encore plus quand c'est à un parent par alliance, comme le procurateur Félix, qu'il a affaire.

En tout cas, Saül n'est pas un Pharisien, comme il le prétend ; comme on le verra plus loin, il n'est que partiellement juif. Et c'est là un aspect majeur de la biographie de Saül, qui éclaire tout le comportement ultérieur du personnage, y compris la conversion de Damas. Mais est-il possible de retracer son ascendance exacte ?

g) Il convient ici de citer, pour mémoire, une hypothèse d'Ambelain sur l'identité de Saül. Flavius Josèphe (qui tenait une grande partie de ses données d'Hérode Agrippa II, justement), relatant la révolte des Juifs en 66, causée par le comportement odieux du procurateur Gessius Florus, rapporte que les dirigeants juifs de Jérusalem se rendirent

compte qu'ils étaient incapables de maîtriser la révolte qu'ils appré-
hendaient ; se sentant les premiers exposés aux coups des Romains,
« ils cherchèrent à se dégager de toute responsabilité, et ils envoyèrent
deux délégations, l'une à Florus, à la tête de laquelle se trouvait Simon,
fils d'Ananias, l'autre à Agrippa [Hérode Agrippa II], dont les membres les plus éminents étaient Saül, Antipas et Costobar. » (Gu. J., II ;
17, 4). Pour comprendre cette démarche des Anciens de Jérusalem, il
faut rappeler qu'Hérode Agrippa était officiellement le chef spirituel
des Juifs, avec pouvoir de nommer les grands-prêtres et que si sa tétrarchie ne s'étendait pas à la Judée, en cela si par ailleurs son autorité spirituelle était contestée du fait de sa liaison incestueuse avec sa sœur
Bérénice, il présentait le double avantage d'être conciliant et d'être
écouté de Rome. Qui sont donc les trois membres qu'on lui délègue ?
D'Antipas, on sait de lui qu'il est parent d'Hérode Agrippa II, comme
Saül et Costobar. Josèphe précise (Gu. J., IV ; 3, 4) qu'il « était de
sang royal et comptait parmi les citoyens les plus influents, au point
qu'on lui avait confié le trésor public ». On peut imaginer, mais sans
preuve, que ç'aurait été, par exemple, un fils d'Hérode Philippe II, ou
bien un fils puîné d'Aristobule III. Le point qui nous intéresse le plus
est la précision de Josèphe selon laquelle Saül et Costobar, également
de sang royal, étaient frères (Gu. J., II ; 20, 1).

Un passage des *Antiquités judaïques* de Josèphe est en effet, à cet
égard, troublant ; on y voit que « Costobar et Saül, pour leur propre
compte, rassemblaient des bandes de voyous. Ils étaient eux-mêmes
de lignée royale et jouissaient de l'impunité en raison de leur parenté
avec Agrippa, mais c'étaient des hors-la-loi, prompts à s'emparer des
biens de ceux qui étaient plus faibles qu'eux ». (*Ant. Jud.*, XX ; 214.)
Or, relève Ambelain, cela rappelle étrangement les persécutions effré-
nées auxquelles Saül se livrait contre les disciples de Jésus avant sa
conversion sur le chemin de Damas. L'hypothèse serait séduisante
qu'il pût s'agir du même Saül ; l'un et l'autre sont persécuteurs des
faibles et portent le même nom. Paradoxalement, c'est Ambelain lui-
même qui, à son insu, réduit cette hypothèse au néant : « ... Nous
sommes en l'an 63 de notre ère », écrit-il en effet, « neuvième année
du règne de Néron, date précisée sans discussion possible par la mort
du procurateur Porcius Festus, et l'arrivée de son remplaçant, Albinus
Luccaeus... » Or, en 63, Saül a depuis longtemps effectué sa conversion, puisqu'à Corinthe, en 51, il a été déféré devant Gallion. De plus,
la grande majorité des historiens s'accorde à situer la mort de Saül
entre 64, après l'incendie de Rome, et 67. Le Saül que Josèphe associe
à un certain Costobar, nom hérodien, ne peut donc être le nôtre.

h) Reste à savoir qui est exactement ce prince Saül. Pour tenter de
le savoir, on pourrait scruter les généalogies détaillées de la dynastie
hérodienne, fournies par Josèphe. Elles présentent, sous cet angle, un
inconvénient majeur : l'historien n'y recense le plus souvent que les
fils aînés, ceux auxquels revenait un titre et ceux qui avaient atteint à
quelque notoriété, par un ou plusieurs mariages princiers ou par quelque fait digne d'être rapporté. C'est ainsi qu'il ne cite qu'un seul fils
de Joseph, beau-frère d'Hérode le Grand, qui fut marié, puis exécuté
en 34 avant notre ère ; il ne le cite que parce que ce fils, Antipater,

épousa sa nièce, Cypros, fille d'Hérode le Grand et de Mariamme l'Hasmonéenne. Or, on peut supposer que, comme les princes de l'époque, qui voulaient s'assurer une descendance nombreuse, Joseph eut d'autres enfants ; ils restent inconnus. Idem pour Joseph, frère d'Hérode le Grand encore, mort au combat en 38, et dont Josèphe ne mentionne pas l'épouse, mais seulement le fils homonyme, parce que celui-ci épousa sa cousine Olympias, fille d'Hérode le Grand encore et de la Samaritaine Malthace.

Ajoutons à cela que Josèphe ne mentionne même pas la descendance du même Hérode le Grand et de son épouse Pallas, à part le fils aîné de cette union, Phasaël, ni de son épouse Phèdre, à part une fille, Roxane, ni encore d'une autre épouse, Elpis, à part une autre fille, Salomé, et qu'on ignore jusqu'aux noms de deux autres épouses et, bien entendu, de leurs descendances. Chercher l'ascendance de Saül dans ces conditions reviendrait à chercher une aiguille dans une botte de foin par une nuit sans lune, si l'on ne disposait de quelques indices déjà cités : il a été élevé avec un tétrarque dont le nom est Hérode et qui a donc à peu près le même âge, et il a un parent qui s'appelle Hérodion. S'il était de la gens hérodienne, fort nombreuse comme on l'a vu, Saül devait avoir une raison familiale particulière pour passer son enfance ou une partie de celle-ci avec l'un des quatre princes nommés Hérode et qui étaient appelés au tétrarchat. Rappelons que la tétrarchie était un gouvernement de territoire sous contrôle romain placé sous la dépendance de quatre « empereurs » ou tétrarques.

Nous disposons par ailleurs de trois autres types d'indices. Le premier est le partage en clans de la famille des Hérodiens. Les ambitions de pouvoirs y entretiennent des haines féroces. C'est ainsi que Salomé, sœur d'Hérode le Grand, et Antipater, fils de celui-ci et de sa première épouse, Doris, témoignent une exécration sans mélange à tous les enfants que le potentat a eu de sa deuxième épouse, Mariamme l'Hasmonéenne, qui d'ailleurs paiera de sa vie la haine qu'elle suscite. On peut, connaissant ces clans grâce à Josèphe, admettre ou exclure certaines alliances.

Le deuxième type d'indices est fourni par la possibilité, ou son absence, de circonstances qui éclairent la revendication par Saül d'un lien avec Tarse ou, en tout cas, l'Asie Mineure.

Le troisième et dernier est purement chronologique. L'examen comparatif des dates permet de retenir ou de rejeter les hypothèses sur la parenté de Saül avec un Hérode tétrarque.

En ce qui concerne le lien de parenté de Saül avec un tétrarque, il faut poser d'emblée qu'il fut le plus probablement celui de la fraternité, de la semi-fraternité ou un proche cousinage. Les textes de Josèphe, *La guerre des Juifs* et les *Antiquités judaïques*, offrent une image assez précise des rapports de la famille hérodienne. On y voit que les femmes pouvaient être admises dans un clan hostile, à la rigueur, comme ce fut le cas de Bérénice, fille de la Salomé mentionnée plus haut, qui épousa Aristobule, fils d'Hérode le Grand et de Mariamme. Salomé recommanda toutefois à sa fille de ne pas manifester la moindre affection à l'infortuné Aristobule, qu'une intrigue de palais finit d'ailleurs par faire assassiner. Mais la tolérance et à plus forte raison la sympathie entre les hommes étaient quasiment inexistantes dans une famille où les frères intriguaient contre les pères.

Il y eut quatre tétrarques nommés Hérode. Le plus célèbre est Hérode Antipas, tétrarque de Galilée, fils d'Hérode le Grand et de la Samaritaine Malthace, qui régna de 4 avant notre ère jusqu'à son bannissement en 39. Puis Hérode Philippe, tétrarque d'Iturée et autres districts, également fils d'Hérode le Grand et de Cléopâtre de Jérusalem, qui régna aussi de 4 avant notre ère jusqu'à sa mort en 37. Vient ensuite Hérode Agrippa Ier, petit-fils d'Hérode le Grand, par son père Aristobule, né en 10 avant notre ère et qui fut tétrarque de Batanée et de Trachonitide de 37 à 41, avant que la faveur de Claude lui permît de reconstituer le royaume de son grand-père. Il mourut en 44. Enfin, il y a Hérode Agrippa II, fils du précédent, né en 27, qui fut d'abord roi de Chalcis avant d'hériter en 52 la tétrarchie de Batanée et de Trachonitide, qu'il détint jusqu'à sa mort, vers 100.

Un examen de l'arbre généalogique des Hérodiens (pp. 456-457) permet d'éliminer d'emblée les hypothèses de fraternité et semi-fraternité avec les trois premiers personnages ; en effet, fils d'Hérode le Grand, ils n'ont pas eu, en principe, de frères ni demi-frères inconnus. On écartera aussi, par prudence, l'hypothèse que Saül ait pu être le fils d'une des trois femmes d'Hérode le Grand citées plus haut, Pallas, Phaedra et Elpis, ou des deux femmes, les dernières, de noms inconnus.

Ne restent dans ce cas que deux éventualités : celle d'un cousinage avec les trois premiers Hérode et celle d'une semi-fraternité avec Hérode Agrippa II. Dans le cas d'Hérode Agrippa Ier, on sait qu'après la mort de son père, en 7 avant notre ère, il a été envoyé à Rome ; or Saül n'a pas passé son enfance à Rome. Hérode Agrippa Ier semblerait exclu comme compagnon d'enfance de Saül ; on verra plus loin qu'il n'en est rien, car c'est à quinze ou seize ans qu'il fut envoyé à Rome, c'est-à-dire en l'an 5 ou 6. En ce qui concerne par ailleurs Hérode Agrippa II, non seulement il a, lui aussi, passé sa jeunesse à Rome, mais de plus, il est né en 27 ; si Saül avait à peu près son âge, sa vie ne pourrait correspondre à la chronologie la plus plausible que permettent d'établir les Actes et les Épîtres.

Demeurent encore deux hypothèses : Saül aurait été cousin d'Hérode Antipas ou d'Hérode Philippe, dont l'un des deux serait alors le tétrarque dont il a partagé l'éducation. Cette hypothèse, tout en étant plausible, n'offre pas de solution satisfaisante ; en effet, les seules descendances incomplètes dans la généalogie hérodienne, qui pourraient faire de Saül un cousin d'Hérode Antipas ou d'Hérode Philippe, sont celles de Pallas, Phaedra et Elpis, déjà citées, et provisoirement tenues à l'écart, de Phéroras, qui a eu deux fils de noms inconnus, en effet, et de Salomé, qui a eu aussi un fils de nom inconnu. Chacun de ces trois garçons pourrait éventuellement être Saül ; une omission d'un des copistes de Josèphe pourrait avoir dépêché aux oubliettes une indication aussi gênante pour le grand inventeur du Christianisme. Mais cela expliquerait mal que Saül eût partagé l'éducation d'un fils de Malthace ou de Cléopâtre de Jérusalem, et cela ne tiendrait pas du tout compte

de l'élément tarsiote dans l'identité de Saül. La piste serait donc brouil-
lée.

Un fait retient toutefois l'attention dans cette recherche : Archélaüs,
frère d'Hérode Antipas, a vécu un roman d'amour ou plutôt d'attraction sexuelle irrésistible, comme on en voit plusieurs chez les Hérodiens ; à une date qui sera précisée dans la note suivante sur la
chronologie, il s'est violemment épris de la femme de son demi-frère
Alexandre, l'un des fils qu'Hérode le Grand a eu de l'Hasmonéenne
Mariamme ; animé toutefois d'un sens de la décence peu commun chez
les Hérodiens, il a attendu qu'elle fût veuve pour l'épouser, ce qui ne
fut pas le cas d'Hérode Antipas, qui enleva sa femme à son demi-frère
Hérode Philippe, suscitant comme on sait les imprécations téméraires
de Jean le Baptiste.

La femme d'Alexandre est Glaphyra, fille du roi de Cappadoce (lui-
même nommé Archélaüs, car le Proche-Orient ne semble pas avoir
témoigné d'une vive imagination dans le choix des noms). Ce point
est intéressant, car la Cappadoce, limitée au nord par le Pont et à l'est
par l'Euphrate, comprenait la Cilicie jusqu'à ce qu'en 17, Tibère en fit
une province romaine.

Nous disposons là d'une piste : Glaphyra constitue un trait d'union
entre la dynastie hérodienne à laquelle appartient Saül et une éventuelle origine tarsiote de celui-ci. On pourrait donc supposer qu'elle
fut la mère de Saül, par son mariage avec Alexandre, moins probablement avec Archélaüs (pour des raisons chronologiques), mais à cela
s'opposerait une objection formelle : mariée avec un Hérodien, Glaphyra n'avait aucune raison de retourner en Cappadoce. Ou du moins,
elle n'en eut pas jusqu'à ce que son mari Alexandre eût été exécuté
sur les ordres de son père, en 7 avant notre ère. C'est alors, rapporte
Josèphe (*Anti. Jud.*, XVII ; 11), que « Hérode la renvoya à son père et
lui restitua sa dot sur sa propre cassette afin qu'ils ne pussent pas avoir
de querelle ». Archélaüs, roi de Cappadoce, n'était pas, en effet, un
monarque avec lequel il eût été opportun de se brouiller. On pourrait,
à ce point-ci, supposer à nouveau que Glaphyra rentra à en Cappadoce
avec Saül, fils jusqu'ici présumé. Mais une autre objection s'y oppose :
Josèphe ne cite que deux enfants de l'union d'Alexandre avec Glaphyra, Alexandre, homonyme de son père, et Tigrane, au nom cappa-
docien. Pas de mention d'un troisième fils nommé Saül, sauf s'il a été
effacé par les copistes. De plus, Hérode le Grand, qui a ses moments
de remords et qui se reproche d'avoir fait exécuter en même temps
Alexandre (et Aristobule) sur des accusations indues, décide de pourvoir à l'avenir des aînés des fils exécutés dès leur âge le plus tendre ;
c'est ainsi qu'il promit à Alexandre la fille de son propre frère Phéroras. Ironie du sort, c'était le même Phéroras qui avait manigancé la
mort de ses neveux pour des raisons de succession. Quant à l'autre
frère, Tigrane, devenu roi d'Arménie, puis exilé à Rome, rappelons
pour mémoire qu'il fut mis à mort par Tibère en 36. Un fait est sûr,
Glaphyra est retournée en Cappadoce sans aucun de ses enfants.

Son cœur maternel dut en souffrir. Josèphe la décrit comme une
femme sentimentale, qui plus tard mourut de mélancolie après avoir
revu en songe son premier mari, cet Alexandre injustement exécuté

par son père. Il est plus que vraisemblable qu'elle se rendit plusieurs fois à Jérusalem pour les voir. Au cours d'un de ces voyages, que je situe en 4 avant notre ère, ou peu après, elle apprend qu'Hérode vient encore de faire exécuter un de ses fils, Antipater. Antipater a eu plusieurs enfants mâles et une fille, dont, bizarrement, Josèphe omet de citer les noms. Ces enfants sont soudain orphelins, leur mère, la dernière fille du dernier des Hasmonéens, est morte ; leur belle-mère, Bérénice, seconde épouse de leur père, n'en a cure, car elle s'est remariée avec un autre Hérodien, Theudion, frère de Doris, la première femme d'Hérode le Grand. L'un des orphelins est Saül.

Peut-être est-ce le cadet des fils d'Antipater. Par instinct maternel, Glaphyra décide de l'emmener avec elle en Cappadoce. Il y a à ce mouvement du cœur une raison supplémentaire : par sa mère, Saül est hasmonéen ; il fait partie du « clan des Hasmonéens » qui s'est formé depuis plusieurs années contre les intrigues de Salomé, la sœur d'Hérode le Grand, qui hait tous les Hasmonéens, en particulier Mariamme, deuxième femme de son frère, et tous ses enfants. Or, Salomé est toujours en vie ; elle ne mourra qu'en 10. Le garçonnet est donc menacé par la vindicte de la royale mégère et c'est pour l'y soustraire que Glaphyra l'emmène avec elle en Asie. N'oublions pas, en effet, qu'elle sait le poids des intrigues de Salomé : c'est à elles qu'elle doit d'avoir perdu son mari aimé Alexandre, comme c'est à elles que Saül doit d'être orphelin. Ainsi, Saül serait le fils d'Antipater. L'hypothèse est d'autant plus cohérente que Saül aurait à peu près le même âge que ses cousins, les enfants d'Aristobule, parmi lesquels on compte justement un tétrarque nommé Hérode : c'est Hérode Agrippa Ier. Ils sont unis en tant que faisant partie du clan des Hasmonéens et, la chronologie indiquera plus loin à quel moment Saül a pu, en effet, partager les jeux d'Hérode Agrippa Ier avant le départ de celui-ci pour Rome.

On peut se demander pourquoi Saül n'est pas resté en Cappadoce, à Tarse, la ville la plus brillante du pays, avec sa tante. C'est que celle-ci n'avait pas, et de loin, achevé sa carrière de princesse épouse de princes. En effet, elle ne resta dans son pays que quelques années, puis partit pour épouser Juba II, roi de Numidie, dont elle divorça en 2 ou 3, et revint enfin en Palestine pour épouser Archélaüs. Ainsi peut s'expliquer le fait que Saül soit revenu en Palestine et se soit fixé un temps à Jérusalem. Ainsi s'explique également le très particulier caractère d'homme sans foyer ou *heimatlos* de Saül. Non seulement le personnage que présentent les Actes et les Épîtres n'a pas de parents, ni de famille, ce qui est singulier, on l'a dit, pour un Juif de l'époque, même un Jésus, riche d'oncles, de tantes, de frères et de sœurs, d'alliés divers, mais il n'a pas d'origine avouée. Quand Jésus parle, on devine en lui le Galiléen d'adoption, au parler poétique et net, si différent du casuisme hellénisant de Jérusalem ; il est d'une seule venue, en dépit de la nature parfois obscure de ses apologues.

Mais en ce qui concerne Saül, les Actes et les Épîtres tracent un portrait d'une troublante inconsistance. Il se dit Juif originaire de Tarse, ayant quitté cette ville pour aller étudier « aux pieds du rabbin Gamaliel » ; mais en bon français, cela ne tient pas debout, car Saül confesse lui-même qu'avant sa conversion, il faisait la guerre aux disciples de Jésus. Ce n'est certes pas Gamaliel qui l'a engagé sur cette voie, à coup sûr ; car indépendamment de ce qu'on sait de lui par d'autres sources, c'est un homme qui a un sens rigoureux et profond de la justice selon les Actes mêmes. C'est, en effet, lui qui fait acquitter l'apôtre Pierre arrêté pour propagande hérétique (Actes, V. 34-42). Donc Saül n'a pas vraiment suivi l'enseignement de Gamaliel, il en parle pour se vanter, car Gamaliel était un maître célèbre, dont on pouvait se flatter d'avoir été un élève (Joachim Jeremias, *Jérusalem au temps de Jésus*, v. bibl.) : « De tous les coins du monde, la jeunesse juive affluait à Jérusalem pour s'asseoir aux pieds des maîtres qui y enseignaient avec une réputation mondiale dans le judaïsme d'alors... »

Voilà donc une contradiction qui se résout dans la révélation d'un mensonge. Il y en a d'autres. C'est ainsi que Saül trahit sans arrêt une formation hellénistique ; où l'a-t-il acquise ? A Tarse ? Mais il prétend avoir quitté cette ville dans sa jeunesse ; en tout état de cause, il eût dû l'avoir perdue à Jérusalem ; mais ce n'est pas le cas, car elle s'affirme jusqu'à la dernière épître. Comme Saül ne peut se prévaloir de l'influence de Gamaliel, ni de l'influence pharisienne pour justifier sa persécution des Chrétiens, il en ressort que son hellénisme est un hellénisme de Païen.

En effet, contradiction supplémentaire, Saül se décrit comme Pharisien chargé de persécuter les Chrétiens. Cela non plus ne tient pas debout, on le verra en particulier dans l'affaire de son arrestation par Arétas IV. Ici, il faut relever avec force que jusqu'à l'action de Saül, ni les Juifs ni les Chrétiens ne se considèrent comme foncièrement étrangers. En témoigne, de l'extérieur, la phrase de Suétone citée plus haut : « Comme les Juifs se soulevaient continuellement à l'instigation d'un certain Chrestos, il les chassa de Rome. » C'est bien la preuve que, pour les Romains, les disciples de Jésus étaient fondamentalement des Juifs et rien d'autre.

Mais, de l'intérieur, on sait que, « sous la direction de Jacques (le Mineur) et de Pierre, les premiers disciples de Jésus fondèrent l'"Église de Jérusalem"... On les appela les Nazaréens, et aucune de leurs croyances ne se distinguait de celles des Pharisiens, si ce n'est qu'ils croyaient à la résurrection de Jésus et continuaient de penser qu'il était le Messie annoncé... Les Nazaréens n'estimaient pas appartenir à une religion nouvelle ; leur religion était le Judaïsme... » Ils « exprimèrent leur méfiance à l'égard de Paul lorsqu'ils apprirent qu'il prêchait que Jésus avait fondé une nouvelle religion... Après avoir tenté de composer avec Paul, les Nazaréens... rompirent définitivement avec lui et le renièrent. » (Hyam Maccoby, *Paul et l'invention du Christianisme*, v. bibl.)

La preuve que Saül a fortement altéré la vérité et que l'Église de Jérusalem l'a rejeté, on la trouve dans les Actes. Quand, en 41, Saül va à Jérusalem pour la Pentecôte, il est reçu quasi clandestinement. Les néophytes lui reprochent de dire que Jésus a apostasié Moïse, banni la circoncision, et abrogé la Torah et lui recommandent de tenir sa langue pour qu'il ne lui advienne rien de fâcheux. Mais des Juifs d'Asie le reconnaissent, ameutent la foule et le font arrêter. Des Juifs d'Asie ? Ce sont fort probablement des Juifs de Cilicie, qui connaissent leur homme. Saül est remis aux mains du Romain Félix. Les Nazaréens n'interviennent pas ; ils avaient prévenu Saül de ne pas aller à Jérusalem ; il allait s'y trouver en conflit avec Jacques et Pierre ; mais il s'est obstiné. On peut supposer même que ce sont Jacques, presbytre de Jérusalem, et Pierre, qui l'auraient fait arrêter. Dans son *Saint Paul et Rome* (v. bibl.), Hugedé relève l'absurdité du comportement de Saül, qui semble quasiment provocateur. Il a voulu défier l'Église de Jérusalem ; si elle ne l'a pas livré à la vindicte populaire, elle l'a, en tout cas, laissé tomber. Tout cela prouve que Saül a exacerbé l'antagonisme Juifs-« Chrétiens » ; jusqu'à lui, il n'y a alors pas de Chrétiens, mais des disciples juifs du Juif Jésus ; c'est après lui que Christianisme et Judaïsme seront irréconciliables.

Le récit qui précède indique l'ampleur autant que les raisons de tous ces mensonges. Quelle en est la cause fondamentale ? En termes plus familiers, « qu'est-ce qui fait courir Saül ? ». Il n'appartient à aucun monde ; par son père Antipater, c'est un Hérodien, par sa mère, le dernier des Hasmonéens, c'est-à-dire l'un des derniers descendants des glorieux Maccabées dont Marc-Antoine a exécuté en 37 avant notre ère le dernier chef, Antigonus, le propre grand-père maternel de Saül. Cadet d'une branche abhorrée des Hérodiens, il n'a aucun espoir de régner sur aucun territoire, fût-ce une principauté dérisoire de l'Orient. Hasmonéen, il n'a guère plus de terre à escompter. Iduméen, c'est-à-dire arabe du côté paternel, il peut se dire en principe juif du côté maternel, n'était que les Hasmonéens ont depuis longtemps perdu tout prestige auprès des Juifs pharisiens parce qu'ils ont adopté les coutumes des Sadducéens. Enfant, il ne serait qu'un de ces principicules soliveaux qui traînent dans les palais, partagés entre les familiarités infâmes des courtisans et la hantise des créanciers, n'était que Glaphyra suspend sa déréliction par frustration d'amour maternel entre deux mariages. Elle l'emmène donc en Cappadoce, à la cour du roi son père.

Josèphe ne mentionne même pas cette tendresse de princesse veuve. Mais Josèphe ne parle pas non plus des disciples de Jésus. Né en 37, mort vers 97, on dirait qu'il n'a jamais entendu parler de Jésus, de Saül, de Pierre, d'Etienne, de Jacques ; il ressemble à cet égard à tous les chroniqueurs romains d'après le Ier siècle : l'aventure chrétienne, connais pas ! On ne finira jamais de s'émerveiller de la parfaite ignorance, à moins que ce soit de l'indifférence, des chroniqueurs romains à l'égard de l'aventure chrétienne, celle qui a conditionné une bonne part de l'histoire de l'Occident et dont les Chrétiens se sont pendant des siècles flattés de penser que, dès le lendemain de la Crucifixion, elle avait changé la couleur du jour. Quatre mots dans Suétone, cinq lignes dans Tacite qui qualifie le Christianisme d'« exécrable superstition » (*An.*, XV ; 44-I), c'est vraiment bien peu.

Or, né en 55, mort en 120, Tacite a pris le style à une époque où l'on eût cru que le Christianisme avait pris quelque essor et méritait au moins quelques considérations. Mais rien. Il faut donc en déduire que, loin d'être l'incendie qui embrasa le monde dès le milieu du Ier siècle, le monde méditerranéen s'entend, l'Asie étant ignifugée par le bouddhisme, le Christianisme couva longtemps sans inquiéter les Païens outre mesure. Il faut attendre le IVe siècle pour que le polythéisme regimbe avec Julien l'Apostat et tente, mais en vain, de restaurer l'idée selon laquelle le monothéisme ne peut rendre compte de la diversité du divin.

Mais de Josèphe, enfin, juif, ambigu comme tous les renégats et passablement porté au mensonge par omission, l'a-t-on assez dit (je renvoie pour cela le lecteur à l'excellente introduction de Pierre Vidal-Naquet à *La guerre des Juifs*, intitulée « Du bon usage de la trahison »), voire coupable de fabrications çà et là, comme dans le rocambolesque récit de la manière dont il survécut au siège de Jérusalem, de Josèphe, donc, on eût escompté un peu plus d'intérêt pour la nouvelle version de la foi juive fondée par Jésus. Pour les hommes qui la propagèrent. Et pour un Saül, inventeur majeur du Christianisme. Mais on croirait qu'il n'en a jamais entendu parler. A moins que, et c'est toujours possible, l'ai-je dit, les copistes tardifs de ses deux ouvrages principaux n'aient pieusement gommé des références qu'ils jugeaient peu opportunes. Le jour où la bibliothèque du Vatican ouvrira ses archives, on aura sans doute des surprises.

L'ignorance qu'un Josèphe témoigne à l'égard de Saül est d'autant plus surprenante que l'historien conte par le menu, dans *La guerre des Juifs* et dans les *Antiquités judaïques*, tous les faits qui se rapportent de près ou de loin aux Hérodiens et aux Juifs et qu'une large part de ce qu'il rapporte, il le tient d'Hérode Agrippa II. Est-il concevable que le tétrarque n'ait jamais entendu parler de Saül, même si celui-ci n'avait pas été cousin ? Dans ce cas, pourquoi alors lui a-t-il manifesté tant d'intérêt quand Saül était sous la protection de Félix, comme on l'a vu plus haut ? Peut-il vraiment ne pas se rappeler ce Saül qui l'a interpellé avec tant de désinvolture au sujet de sa sympathie secrète pour les disciples de Jésus ? Et peut-on croire à un tel oubli alors que Saül se répand en menées subversives dans la Méditerranée et qu'il a affaire au propre frère de Sénèque, le préfet Gallion, conseiller de Néron ?

Il faut en convenir, c'est invraisemblable de la part de Josèphe, même si c'est à la rigueur admissible de Suétone et de Tacite, Romains de pure souche pour lesquels les péripéties de sectes orientales ne présentent pas grand intérêt au regard des avatars de l'Empire. Ni Josèphe ni son informateur Hérode Agrippa II n'ont pu à ce point méconnaître les premières convulsions du Christianisme, ni leur principal auteur. Il ressort de cela qu'il y a de sérieuses raisons de penser que les textes de Josèphe ont été tripotés, et ma thèse est qu'ils l'ont été afin d'éliminer toute référence à Saül qui ne fût pas conforme à la tradition chrétienne naissante.

Textes fondamentaux suspects, textes historiques également suspects, force est donc de s'en remettre à la reconstitution analytique, y compris la psychologie, y compris l'interprétation des contradictions éclatantes dans les premiers et des omissions troublantes dans les seconds. Mais on conçoit aisément qu'une tendance de l'exégèse, notamment dans l'exégèse hollandaise (Bruno Baüer), ait, de guerre lasse, postulé que Saül-Paul était une fiction.

2. La chronologie. Tous les historiens et exégètes en ont convenu : il est difficile d'établir une chronologie logique de Saül d'après les Actes et les Epîtres. Le fait même est révélateur : Saül brouille les pistes, mélangeant à plaisir les détails précis et les références vagues en ce qui touche à sa jeunesse. Les apologistes chrétiens, ceux du XXe siècle autant que ceux des premiers siècles, s'y sont pris les pieds. Ainsi, dans son étude « orthodoxe », *Saint Paul et Rome* (v. bibl.), Norbert Hugedé fait naître Saül (à Tarse évidemment) entre l'an 1 et l'an 6 de notre ère ; et il situe la lapidation d'Etienne, une des dates-clefs de la chronologie saülienne, en 33-34 ; admettons. Dans ce cas, Saül eût eu de trente-trois trente-quatre ans à trente-cinq quarante et un ans au moment de cette lapidation. Hélas, cette version est en contradiction formelle avec les Actes qui, introduisant le personnage de Saül (VII ; 58), écrivent que les témoins de la lapidation déposèrent « leurs habits aux pieds d'un jeune homme appelé Saül ». Au Ier siècle, on était un homme fait dès avant vingt ans, si ce n'était après le *bar-mitzvah*, à treize ans. Il est vrai que, quelques versets plus loin, les Actes assurent que « Saül était d'accord pour le tuer » (VIII ; 1) ce qui suscite une certaine perplexité, car on se demande alors quel pouvait être ce Saül dont l'opinion avait du poids. La perplexité s'aggrave lorsque, quelques versets plus loin encore, on lit que « Saül ravage la communauté. Il arrive dans les maisons, traîne hommes et femmes et les livre à la prison » (Actes, VIII ; 3.). Voilà un « jeune homme » de plus en plus mystérieux, qui dispose d'un pouvoir policier assez grand pour pouvoir persécuter des Chrétiens dans Jérusalem, qui est directement soumise au pouvoir romain !

Or, si les Actes sont contradictoires en maints lieux, ce qui n'étonne guère puisqu'ils ont été rédigés de manière composite, et avec des intentions évidentes de propagande, au minimum une trentaine d'années après la mort de Paul, sans compter les remaniements ultérieurs, les Epîtres ne sont guère beaucoup plus cohérentes, comme on le verra plus loin.

Deux dates formelles peuvent servir de point d'ancrage à une chronologie de la vie de Saül. La première est la grande famine qui se produisit en 46 ou 47, sous le gouvernement du procurateur Tiberius Alexander, et à l'occasion de laquelle l'Église d'Antioche envoya des subsides à celle de Jérusalem par l'entremise de Saül et de Barnabé (Actes, XI ; 30 et XII ; 25). La seconde est celle de l'arrestation de Saül à Corinthe, sous le gouvernement de Junius Gallio, frère de Sénèque ; une inscription trouvée à Delphes montre que Gallion a pris ses fonctions à Corinthe le 1er juillet 51. L'arrestation avait été motivée par une dénonciation pour pratique d'une religion illicite et prosélytisme ; on peut donc penser que Saül est arrivé à Corinthe, au terme de son deuxième voyage missionnaire, en l'an 50 ; il a alors bouclé deux voyages et effectué sa conversion, ce qui, en première estimation, occupe bien dix ans.

L'Epître aux Galates offre également des indications chronologiques : « Immédiatement, sans prendre conseil de la chair ni du sang, sans même monter à Jérusalem, chez ceux qui avaient été envoyés avant moi, je suis parti en Arabie, puis je suis revenu de nouveau à

Damas. Ensuite, après trois ans, je suis monté à Jérusalem pour visiter Céphas ; je suis demeuré quinze jours auprès de lui... Ensuite, au bout de quatorze ans, je suis monté de nouveau à Jérusalem avec Barnabé et Titus, que j'avais emmenés avec moi... » (Gal., I ; 16-II ; 1). Ce récit se situe logiquement après la révélation sur le chemin de Damas, qui se situerait après la lapidation d'Etienne, c'est-à-dire, en principe après 33-34. Il y aurait donc un laps de dix-sept ans entre la conversion et l'Epître aux Galates ; celle-ci daterait donc de 50-51, peut-être 52, estimations qui ne s'écartent pas beaucoup de la chronologie tradition-nelle, surtout si l'on inclut, comme il faut le faire, quelques mois d'écart entre la conversion sur le chemin de Damas et l'arrivée en Arabie, puis encore, comme d'ailleurs les Actes eux-mêmes y invitent quand ils disent que Saül demeura « de nombreux jours » à Corinthe après sa libération par Gallion (XVIII ; 18), entre cette libération et la fin du deuxième voyage.

De ce qui précède, il résulte que Saül était bien un homme fait lors de la lapidation d'Etienne, car ce n'aurait certes pas été un adolescent qui aurait alors détenu assez de pouvoir pour persécuter les Chrétiens de Jérusalem, ni pour engager, après le chemin vers Damas, une acti-vité missionnaire de quelque efficacité. Reste à estimer l'âge de Saül à ces moments-là. Indications supplémentaires : il a partagé les jeux d'Hérode Agrippa Ier avant le départ de celui-ci pour Rome. Or, ce prince est né en 10 avant notre ère (et mort en 44) ; Antipater, père de Saül, a été exécuté en 4, alors qu'il était marié en secondes noces à Bérénice ; Saül n'a pu naître au-delà de cette date, pour la bonne raison que les enfants d'Antipater que mentionne Josèphe sont ceux de la fille d'Antigonus ; Saül est donc l'enfant du premier lit et l'on peut avec encore plus de probabilité situer sa date de naissance entre 11 et 9 avant notre ère.

Raison de plus de postuler, d'ailleurs, que Saül est né depuis quel-ques années, c'est qu'Alexandre, mari de Glaphyra, est exécuté en 7 avant notre ère et que c'est en 4 environ que Glaphyra aurait emmené avec elle en exil son neveu orphelin. Saül avait donc entre six et sept ans. On imaginerait avec quelque difficulté que Glaphyra eût emmené un nourrisson en voyage, sauf à emmener avec elle sa nourrice ; mais un garçonnet de trois à quatre ans, c'est plus plausible.

A en croire Josèphe, qui est d'ailleurs très succinct à cet égard, Glaphyra n'est pas longtemps restée en exil, ni veuve : elle a, en effet, épousé Juba, roi de Numidie et de Mauritanie, c'est-à-dire à peu près de l'Algérie et du Maroc actuels, depuis 25 avant notre ère. Il s'agit évidemment de Juba II, dit Varron l'Africain. Ce n'est pas un jeune homme, car il était déjà né en 46 avant notre ère, quand César l'emmena en captivité à Rome, pour orner son cortège triomphal ; il devait alors avoir quelque dix ou douze ans ; on le dit fort beau. Ce fut Auguste qui, en 29, lui fit un double cadeau : il le nomma déjà roi de Mauritanie et lui donna comme épouse Cléopâtre Sélêné, qui n'était nulle autre que la fille d'une des plus célèbres histoires d'amour du monde, puisque son père était Antoine et sa mère, Cléopâtre d'Egypte. Il est très improbable que Glaphyra ait emmené le jeune Saül en Afri-que du Nord ; le garçonnet serait donc resté en Asie Mineure, aux soins de la maison royale d'Archélaüs IV, sans doute à Tarse, la ville la plus brillante d'Asie Mineure, sans doute avec des séjours à Ephèse et Pergame ; là, Saül apprit le grec, qui devait si profondément marquer sa culture.

On ne connaît pas la date du mariage de Glaphyra avec Juba ; toujours est-il qu'elle se situe évidemment entre 6 avant notre ère et 6 après, car la jeune veuve dut séjourner au moins un an chez son père avant de se remarier ; de plus, son mariage avec Juba fut court, puisqu'elle épousa en troisièmes noces Archélaüs, autre fils d'Hérode le Grand et frère d'Hérode Antipas, le tétrarque de l'Evangile. Comme Archélaüs fut banni en Gaule en 6 et comme elle ne le suivit pas en exil, apparemment, comme enfin elle mourut alors qu'elle était mariée à Archélaüs, on peut donc en conclure qu'elle mourut entre 5 et 6. On ne sait pas quand, divorcée de Juba, elle retourna en Cappadoce chez son père, comme le spécifie Josèphe, avant de regagner la Palestine pour y épouser Archélaüs, mais le mariage avec Juba ayant duré au minimum un ou deux ans après un an de veuvage, cela se situerait vers 4 avant notre ère, l'année même où Saül devient orphelin.

On dispose là de quelques repères sur la jeunesse de Saül :

— Il naît entre 11 et 9 avant notre ère, l'un des fils d'Antipater, lui-même fils d'Hérode le Grand, et de la fille, de nom inconnu, du dernier des Hasmonéens.

— En 4 avant notre ère, Antipater est exécuté et Saül est orphelin ; il est adopté par sa tante Glaphyra, veuve depuis 7 avant notre ère du demi-frère d'Antipater, Alexandre, exécuté, lui aussi ; il est emmené en Asie Mineure.

— En 3 avant notre ère, il reste seul en Asie Mineure, Glaphyra étant partie épouser Juba II en Afrique du Nord.

— Entre l'an 1 avant notre ère et l'an 1 de notre ère, Glaphyra, séparée de Juba II, revient en Cappadoce, puis repart en Palestine épouser Archélaüs, fils d'Hérode le Grand qui répudie pour elle sa première femme ; Saül, alors âgé d'une dizaine d'années, retourne en Palestine.

Cet essai de reconstitution biographique et historique de la jeunesse de Saül permet d'expliquer des points irréconciliables du personnage tel que le présentent les Actes des Apôtres et les Epîtres : sa judaïté, partielle, et sa citoyenneté romaine, cette même judaïté partielle et sa persécution des Chrétiens, sa judaïté partielle, enfin, et les égards extraordinaires que lui témoignent les plus hauts fonctionnaires de l'Empire romain. Cette reconstitution permet également d'expliquer des points obscurs des Actes et des Epîtres, dont quelques-uns sont discutés depuis des siècles : son séjour à Tarse et sa, très relative, formation tarsiote, déjà mise en cause par saint Jérôme, l'omission inexplicable de ses origines familiales, la parenté indiquée de manière formelle avec les Hérodiens, les contradictions chronologiques des Actes qui le décrivent comme adolescent lors de l'exécution d'Etienne, enfin, d'un point de vue psychologique, plus amplement analysé plus loin, le caractère à la fois erratique et rebelle de Saül.

Un aspect particulier du caractère de Saül se dessine à la lumière de cette reconstitution : il ne dit jamais tout à fait la vérité, mais il ne ment jamais non plus entièrement ; c'est ainsi qu'il ne ment pas quand il se dit juif, mais qu'il ment quand il se dit juif pharisien ; c'est encore ainsi qu'il ne ment pas quand il évoque une enfance tarsiote, mais qu'il omet de dire qu'il n'était pas originaire de Tarse ; c'est ainsi, enfin, qu'il ne ment pas quand, avec une vanité déconcertante, il revendique haut et fort sa citoyenneté romaine, mais qu'il omet de préciser son origine dans ses récits aux « frères ».

3. Le lien de Bérénice : il s'agit là d'un point qui n'a pas été mentionné dans la note 1, afin de ne pas gêner la compréhension des rapports de parenté chez les Hérodiens, rapports déjà passablement complexes, mais qui confirme l'hypothèse de l'enfance partagée de Saül avec Hérode Agrippa Ier. Après l'exécution d'Alexandre, son mari, Bérénice, sa veuve, fille de Salomé, sœur d'Hérode le Grand, épousa en secondes noces Antipater, demi-frère d'Alexandre. C'est ainsi que les enfants d'Antipater eurent comme belle-mère la mère de leurs cousins. Cette Bérénice ne doit pas être confondue avec la fille du même nom qu'Agrippa Ier eut de Cypros et qui fut à la fois la maîtresse de son frère Agrippa II et celle de Titus, donc la Bérénice qu'immortalisa Racine dans la tragédie du même nom. Saül est donc l'oncle de cette deuxième Bérénice.

4. L'emprisonnement d'Antipater. Convaincu d'avoir intrigué à Rome contre son père, Hérode le Grand donc, qu'il accusait d'avoir injustement fait mettre à mort Alexandre et Aristobule, d'avoir empoisonné Phéroras, frère d'Hérode et de projeter l'empoisonnement d'Hérode lui-même, universellement exécré en raison de ses intrigues sans relâche, Antipater fut emprisonné sur les ordres de son père, avec l'assentiment de Varus, gouverneur de Syrie et de Rome. L'arrestation eut lieu vers la fin de l'an 5 avant notre ère, peut-être au début de l'an 4, peu de mois donc avant la mort d'Hérode. Une grande partie du livre XVII des *Antiquités judaïques* de Flavius Josèphe est consacrée aux agissements d'Antipater, personnage shakespearien avant la lettre, et d'une vilenie pathologique.

5. Les noms des enfants d'Antipater : ainsi qu'on l'a vu plus haut, les noms des enfants qu'Antipater eut de sa première femme, la fille d'Antigonus, dernier des Hasmonéens, sont bizarrement omis par Josèphe, de même que le nom de leur mère. Les noms indiqués ici sont donc imaginés, à l'exception de celui de Rufus, qui est cité par Saül dans Rom., XVI ; 13, comme ayant la même mère que lui, formule quelque peu ambiguë, car il peut aussi bien s'agir d'une mère d'adoption dans la foi chrétienne que d'une mère selon le sang. Dans le premier cas, toutefois, on se demande pourquoi Saül ne l'appellerait pas « sœur », ce que Saül peut se permettre, puisqu'il a, à l'époque, une soixantaine d'années. S'il s'agit, en revanche, de la vraie mère de Saül, elle aurait quelque quatre-vingts ans, âge exceptionnel, sinon invraisemblable pour l'époque. La singularité de la formulation peut inciter à se demander si le verset original ne serait pas, au lieu de : « Saluez Rufus, l'élu dans l'Adôn, et sa mère qui est aussi la mienne », « Saluez Rufus, l'élu dans l'Adôn, dont la mère est aussi la mienne ».

On ne peut, en effet, exclure un petit « coup de pouce », afin d'éviter une indication de parenté que les copistes auraient jugée indiscrète.

6. L'épilepsie de Saül : l'hypothèse en découle à la fois d'une indication de l'apôtre lui-même, sur « une écharde dans sa chair », et d'une interprétation logique. Dans ses épîtres (II Cor., XII ; 2-9), Saül, parlant de lui-même, écrit : « Je sais un homme dans le Messie, voici quatorze ans — était-ce dans le corps ? Je ne sais, mais Elohim sait — qui fut ravi jusqu'au troisième ciel. Et je sais que cet homme — était-ce dans le corps ou hors du corps ? Je ne sais, mais Elohim sait — fut ravi au paradis. Il y a entendu des mots ineffables, qu'il n'est pas permis à un homme de dire. Je mettrai ma fierté dans un tel homme, mais pour moi-même je ne mettrai ma fierté que dans mes faiblesses. Oui, si je voulais être fier, je ne serais pas fou, je ne dirais que la vérité. Mais j'en fais l'épargne, de peur qu'on ne me compte pour plus qu'il n'est vu ou entendu de moi sur l'importance de ces découvrements. Aussi, de peur que je ne m'exalte, il m'a été donné une écharde dans la chair, un messager de Satan, pour me souffleter, afin que je ne m'exalte pas. Pour cela, par trois fois, j'ai imploré l'Adôn de l'écarter de moi. Mais il m'a dit : "Mon chérissement te suffit ; oui, parfaite est la puissance dans la faiblesse." » (Trad. A. Chouraqui, v. bibl.) Il ressort de cette exceptionnelle mixture de pathos et d'amphigouri, où Saül prétend ne pas dire la vérité parce qu'elle serait trop flatteuse pour lui, mais où il se laisse aller jusqu'à confesser des entrevues privées avec le Créateur, excentricité qui a été pourtant reprochée à l'auteur de l'Evangile de Thomas, il ressort donc que Saül souffre d'une maladie, de prime abord mystérieuse, puisqu'elle n'est définie que comme « une écharde dans la chair ». Or, cette « écharde » resterait mystérieuse n'était que, dans sa très filandreuse rhétorique, Saül l'associe à ses entrevues avec Dieu. Il a prié Dieu de l'en délivrer, mais dans cet inconcevable tête-à-tête, Dieu a refusé, alléguant que la puissance de Saül résidait dans cette faiblesse.

Deux déductions s'imposent alors : la maladie est chronique et c'est l'esprit de l'apôtre qu'elle atteint, puisque, selon les termes mêmes du texte, passablement immodestes soit dit en passant, elle participe de la « puissance » de Saül. A coup sûr, ce ne sont ni des hémorroïdes ni une furonculose, par exemple. L'indication d'une maladie qui ressortirait à la psychiatrie moderne est fournie par la tournure répétée : « Etait-ce dans le corps ? Ou hors du corps ? » C'est que la maladie en question entraîne des absences, pendant lesquelles Saül a des visions célestes.

Voilà donc l'essentiel de ce qui touche à l'indication fournie par Saül lui-même. A ce point-ci de l'analyse, le diagnostic moderne opterait pour l'hystérie plutôt que l'épilepsie, du moins selon les notions courantes. La fameuse chute de cheval que fait Saül sur le chemin de Damas tendrait à confirmer ce choix : au Vᵉ-IVᵉ siècle avant notre ère, les médecins grecs décrivent l'épilepsie comme « la maladie tombante ». Deux éléments, toutefois, incitent à modifier ce diagnostic. D'abord, il existe une grande similitude entre les symptômes de la « grande hystérie », décrite par Charcot en 1883, et l'épilepsie. Le *Dictionnaire de psychologie* de Norbert Sillamy (v. bibl.) apprend que, dans la grande hystérie, la « crise débute par une période épileptoïde au cours de laquelle le sujet perd connaissance et tombe (sans se faire de mal) ; son corps est dans un état tonique (contraction musculaire continue), puis agité de secousses spasmodiques (phase clonique) ; la phase résolutive est accompagnée d'une respiration bruyante qui évoque le ronflement (stertor). Cet épisode est suivi d'une période de contorsions ou clownisme », caractérisée par des cris et des mouvements désordonnés et grotesques, d'une période d'attitudes passionnelles, durant lesquelles le sujet mime des scènes agréables ou désagréables, érotiques ou violentes, enfin de la période terminale, où il reprend progressivement conscience. « Le tout dure en moyenne quinze minutes. » Gageons qu'il y a vingt siècles, la pathologie clinique n'était guère capable de distinguer entre l'épilepsie vraie et la crise hystérique épileptoïde dont on vient de lire la description.

Mais Saül oriente lui-même les indications : après la crise sur le chemin de Damas, épisode dont l'analyse générale, plus approfondie, est offerte plus loin, Saül reste trois jours « aveugle » (Actes, IX ; 3-9). La durée limitée de cette cécité fait problème ; à première analyse, elle correspondrait plus à la description classique de l'hystérie qu'à celle des épilepsies, car il en est plusieurs. En seconde analyse, toutefois, deux éléments cliniques fondamentaux contraignent à en revenir à l'hypothèse de l'épilepsie. Le premier est celui des altérations de la conscience, sans phénomènes végétatifs ou moteurs importants, qui caractérisent les épilepsies généralisées ; « on les appelle des *absences* », écrit Sillamy. Le second est constitué, dans les épilepsies partielles, avec lésion d'une zone sensorielle et motrice, ou bien d'une zone associative, par des hémianopsies, c'est-à-dire des pertes des moitiés droites de la vision des deux yeux. C'est là un phénomène qui correspond assez bien à la « cécité » décrite par Saül après l'épisode du chemin de Damas.

Comme on le voit, la frontière est ténue entre l'hystérie épileptoïde et l'épilepsie, surtout l'épilepsie partielle. A titre purement spéculatif, je postule que les signes indiqués dans les Actes et les Epîtres me paraissent indiquer une épilepsie partielle, en raison des troubles visuels décrits. Mais il faut signaler que ce choix n'exclut pas un apparentement de la crise hystérique épileptoïde avec l'épilepsie partielle. D'abord, parce que la cause de l'épilepsie secondaire proprement dite est inconnue ; comme la crise hystérique, elle découle d'un trouble fonctionnel cérébral, de nature inconnue ; ensuite, parce que l'épilepsie partielle s'accompagne de dispositions psychologiques comparables à celle de l'hystérie, telles que la « viscosité mentale », c'est-à-dire par une affectivité collant aux objets et ne s'en détachant pas facilement. Il est probable que l'hystérie ait des causes apparentées à l'épilepsie et qu'elle ne s'en distingue que parce qu'elle ne repose pas sur des lésions cérébrales déterminées. En d'autres termes, la nature épileptoïde de Saül n'exclut pas une coloration hystérique de son comportement.

L'épilepsie de Saül a été, jusque récemment, rejetée, sous le prétexte qu'elle n'expliquerait rien. Il semble, bien au contraire, qu'elle expliquerait bien des traits de Saül, notamment son irritabilité, qui l'a mené à des attitudes querelleuses avec Pierre et Jacques, et la religiosité, qui est un trait notoire du comportement épileptoïde. Il ne s'agit donc pas là d'une affliction sans effet sur la vie de l'apôtre, mais au contraire d'une composante fondamentale de la biographie de l'inventeur du Christianisme.

7. Le mariage de Glaphyra et de Juba : il est attesté par Josèphe (*Ant. jud.*, XVII ; 349-350). Josèphe commet toutefois une erreur quand il avance que Glaphyra rentra en Cappadoce veuve de Juba II ; en effet, Glaphyra n'a pu épouser Juba qu'entre 7 avant notre ère, date à laquelle son premier mari, Alexandre, fut mis à mort, et 6, date à laquelle fut banni son troisième mari, Antipater ; comme elle mourut avant le bannissement de ce dernier, auquel elle fut mariée quelque temps, on peut supposer qu'elle épousa Juba II entre 6 avant notre ère, au plus tôt, et 3 ou 4 au plus tard. Or, une note de l'édition Loeb des *Antiquités judaïques* (vol. VIII, p. 335, v. bibl.) rappelle que, selon les preuves numismatiques et le témoignage de Strabon, Juba II était encore en vie à ce moment-là et qu'il vécut au moins jusqu'en 23. Glaphyra n'est donc pas rentrée en Cappadoce veuve, mais divorcée.

8. L'apprentissage du tissage de tentes n'est pas compatible avec la vie en Palestine, où il n'existait pas de nomades, et où l'on ne pratiquait pas la transhumance ; il ne peut avoir eu lieu qu'en Cilicie, où ces deux traits existaient. Il ne peut s'agir, pour Saül, que d'une activité temporaire, car, ainsi que l'indiquent les Actes et les Épîtres (v. plus haut), Saül, de retour en Palestine, n'eut plus l'occasion d'y faire appel ; de plus, il était devenu assez riche pour qu'un haut fonctionnaire romain, Festus, comme on l'a vu plus haut, espérât lui extorquer de l'argent, soit une assez forte somme, ce qui ne correspond pas, fût-ce le plus lointainement, avec le statut financier d'un Saül fabricant de tentes, métier humble, peu rémunérateur et généralement laissé aux femmes.

9. Saül, membre de l'administration édilitaire de Jérusalem : il s'agit là d'une spéculation de ma part. Elle s'impose, car les textes disponibles, c'est-à-dire les Actes et les Épîtres, n'offrent aucune indication sur la façon dont Saül vécut au moins jusqu'en 34 ou 36, date présumée de la mise à mort d'Étienne, encore moins sur la manière dont il devint assez riche pour exciter la cupidité d'un haut fonctionnaire romain. On sait bien que les considérations matérielles de ce genre n'encombrent pas le Nouveau Testament, mais encore fallut-il que Saül parvînt à la quarantaine dans des circonstances assez déterminées pour en faire un notable de Jérusalem et un homme qui disposait d'assez de pouvoir pour lancer des expéditions punitives en territoire étranger, privilège de « commando » avant la lettre qui exigeait des appuis en haut lieu. J'ai choisi d'en faire, dans un premier temps, un fonctionnaire des services édilitaires, transformés par Quirinius en services du cadastre, parce qu'il était commun que les princes hérodiens désargentés servissent dans l'administration de la Palestine. Ainsi d'un certain Antipas, hérodien, puisque parent d'Agrippa II, envoyé en délégation à ce dernier lors du siège de Jérusalem ; Josèphe

en dit qu'il « comptait parmi les citoyens les plus influents, au point
qu'on lui avait confié le trésor public » (Gu. J., IV ; 3, 359). On peut
supposer qu'il en va de même de Saül et de Costobar, autres Hérodiens, qui participent à la mission d'Antipas.

Il n'y avait pas, à Jérusalem, trente-six façons de faire fortune quand
on n'en avait pas hérité. L'une était le commerce, l'autre, le service
public. Etant donné le grand cas que Saül fait de son statut de citoyen
romain, j'ai opté pour cette dernière, ses activités de persécuteur des
premiers Chrétiens s'accordant par ailleurs très mal d'activités de marchand. Juif *in partibus*, hérodien et citoyen romain, Saül faisait, en
effet, une recrue de choix pour une administration d'abord pénétrée
par l'esprit romain, grâce à Hérode le Grand, puis entièrement coloni-
sée par Rome.

Un élément supplémentaire qui plaide en faveur de l'appartenance
de Saül à l'administration de Jérusalem est l'autorité dont il témoigne
auprès des plus hautes autorités de la ville. Non seulement, comme on
l'a vu plus haut, il dispose d'un prestige exceptionnel auprès des
Romains, que peuvent expliquer son ascendance hérodienne et surtout
sa citoyenneté romaine, mais encore, quand il persécute les disciples
de Jésus, il est en mesure de se rendre chez « le souverain sacrifica-
teur », c'est-à-dire le grand-prêtre, et de lui demander des lettres pour
les synagogues de Damas, « afin que, s'il s'y trouvait des partisans de
la nouvelle doctrine, il les amenât liés à Jérusalem » (Actes, IX ; 1-2).
Ce n'est certes pas là le fait d'un Juif ordinaire, fût-il zélé, mais d'un
homme qui possède un véritable pouvoir exécutif, appuyé sur l'autorité
romaine. La démarche est comparable à celle d'un haut fonctionnaire
de police qui requerrait un mandat d'amener auprès du parquet.

10. L'aspect physique de Saül : nous en avons une description dans
les « Actes de Paul », dont Tertullien dit qu'ils furent écrits peu avant
son époque, donc vers 160, en l'honneur de Paul, par un presbytre
d'Asie. « Et il [Onésiphore, un homme parti à la rencontre de Saül sur
la route de Lystra] vit Paul arriver, un homme de petite stature, aux
cheveux rares, aux jambes arquées, bien portant, les sourcils joints, le
nez plutôt crochu, plein de grâce... » (Actes de Paul, II ; 3 — *The
Apocryphal New Testament*, v. bibl.). Le commentaire est évidemment
contradictoire avec les traits décrits, mais enfin, il est possible qu'en
dépit de son apparence, Saül possédât un certain charisme. L'homme
avait rencontré suffisamment de gens au cours de sa vie pour qu'un
siècle à peu près après sa mort, le tradition conservât son image physique. C'est en tout cas l'image que retinrent les siècles postérieurs, à
en juger par la peinture le représentant dans la catacombe de Prétextat,
à Rome, qui date du milieu du IIIe siècle, c'est-à-dire avant que les
« Principes Apostolorum », attribués à Jean Chrysostome, du IVe siècle,
reprissent un trait majeur du physique de Saül, à savoir sa petite taille ;
ces derniers écrits lui prêtent, en effet, « trois coudées » de hauteur, ce
qui ferait un mètre cinquante environ. Anormalement petite pour notre
époque, cette taille est cependant moins faible proportionnellement aux
tailles moyennes estimées pour le Ier siècle, qui se situaient autour d'un
mètre soixante-cinq.

11 et **12.** Ces faits historiques sont empruntés à Josèphe (*Ant. jud.*, XVII ; 339 ; XVIII ; 3 et 26 pour la déposition de Joazar, Gu. J., II ; 118, 433 et *Ant. jud.*, XVIII ; 4-10 en ce qui concerne Judas le Gaulanite). Ils démontrent que dès la première décennie du Ier siècle, puisque Quirinius fut nommé gouverneur de Syrie en 6 et Coponius, quelques mois plus tard, l'agitation zélote sévissait déjà en Palestine.

13. Le Gamaliel dont Luc parle dans les « Actes des Apôtres » et qu'il présente comme ayant été respecté de tout le peuple juif, fut un scribe, c'est-à-dire d'abord un prêtre, puis un docteur de la Loi, qui exerça son talent dans les deux ou trois premières décennies du Ier siècle, à Jérusalem. Un docteur de la Loi était membre d'une caste supérieure et son titre lui offrait l'accès aux postes-clés de l'enseignement, du droit et de l'administration, comme le rappelle Jeremias (*Jérusalem au temps de Jésus*, v. bibl.). Gamaliel était un Pharisien, du courant hillélien, certes moins rigoriste que le courant shammaïte, qui dérivait d'un autre célèbre scribe, contemporain de Gamaliel, Shammaï, mais certes tenu à une observance parfaite de la Loi qu'il enseignait lui-même. Ce point est déterminant, car il indique que Gamaliel n'aurait pu donner sa fille ou une de ses filles en mariage à un citoyen romain, contraint en principe de rendre hommage aux dieux romains. Il faut donc rejeter l'hypothèse des Ébionites selon laquelle Saül se serait converti au Judaïsme par amour pour la fille de Gamaliel, se serait fait circoncire comme l'impose la loi juive, puis aurait été rejeté pour une raison mystérieuse et, de dépit, en serait devenu anti-juif. Reprise par quelques historiens, cette thèse n'est pas soutenable pour plusieurs raisons. La première, la plus évidente, est que Saül était certes assez conscient des coutumes juives et de la situation de Gamaliel pour savoir qu'il était inutile d'aspirer à la main de la fille du plus célèbre docteur du monde juif. La deuxième est qu'il paraît hautement improbable que Saül ait aperçu la fille de Gamaliel, les filles nubiles non mariées étant pratiquement impossibles à voir de tout homme étranger à la famille. La troisième est qu'une conversion de Saül par amour est non seulement récusée en principe par le Talmud, qui refuse le statut de prosélyte à celui qui se convertit pour une femme (Talmud, *Masseket guérim*, I ; 7), mais surtout infirmée par tout ce que l'on sait du caractère de Saül, qui est animé tout au long de sa vie d'une ferveur religieuse, contradictoire certes, mais violente ; dans la première partie de sa vie, jusqu'au chemin de Damas, il est violemment antichrétien, dans la seconde, également prochrétien. Si Saül aspira donc un temps à entrer dans la famille de Gamaliel, comme l'indique le récit, l'espoir fut bref. En tout état de cause, jusqu'en 90, les prosélytes n'étaient pas autorisés à épouser sitôt leur conversion (et même, semble-t-il, avant deux générations) des Juifs légitimes. Prosélyte de fraîche date, Saül ne pouvait donc épouser la fille d'un représentant de l'orthodoxie pharisienne (Jeremias, « Les prosélytes », in *Jérusalem au temps de Jésus*, v. bibl.). Paradoxalement, il en allait autrement dans le cas de la fille d'un grand-prêtre (v. note 23).

14. Les Pharisiens exigèrent que les grands-prêtres Jean Hyrcan et Alexandre Jannée, qui étaient tous deux des Hasmonéens, de lignée royale, se démissent de leurs fonctions, car de naissance illégitime (Jeremias, *Jérusalem au temps de Jésus*, p. 219 et *supra* et 419 — v. bibl.).

15. Comme le relève Marcel Simon (*La Civilisation de l'Antiquité et le Christianisme*, p. 59, v. bibl.), l'attitude du Judaïsme à l'égard du prosélytisme est ambiguë. Elle se résume dans les deux positions suivantes : « Quiconque amène un païen à la connaissance de Dieu, c'est comme s'il l'avait créé à la vie » et : « Le prosélytisme est aussi néfaste pour Israël que la lèpre pour l'épiderme. » Il apparaît donc qu'il n'existait pas alors de point de vue unitaire sur la conversion des Gentils. Il est toutefois permis de se demander si la première des positions exposées plus haut ne prévalait pas dans la Diaspora, les Juifs exilés ne pouvant trouver qu'avantage à voir leur nombre grossir. W. D. Davies indique (*Jewish and Pauline Studies*, v. bibl.) que le grand nombre de prosélytes explique dans une certaine mesure l'importance de la Diaspora.

16. Marcus Ambivulus (orthographe de Josèphe) ou Ambivius fut procurateur de Judée de 9 à 12, Annius Rufus, de 12 à 15, Valerius Gratus, de 15 à 25 ou 26, date à laquelle lui succéda Ponce Pilate (Josèphe, *Ant. jud.*, XVIII ; 32-35).

17. L'enseignement commençait pour les jeunes Juifs dans leurs jeunes années, vers sept ou huit ans, et durait plusieurs années. Selon Jeremias (*Jérusalem au temps de Jésus*, v. bibl.) : « Quand il avait appris à dominer toute la matière traditionnelle dans les questions de législation religieuse et de droit pénal, il était "docteur non ordonné" *(talmîd hakam)*. Mais c'était seulement lorsqu'il avait atteint l'âge canonique pour l'ordination, fixé à quarante ans..., qu'il pouvait par l'ordination être reçu dans la corporation des scribes comme membre de plein droit, "docteur ordonné". » Il s'agit là d'une donnée essentielle, à deux points de vue. Le premier est celui de la connaissance de la Loi et du statut de scribe que certains, dont Jeremias même, prêtent à Saül ; or, les deux sont démentis par plusieurs exégètes. Maccoby (*Paul et l'invention du Christianisme*, v. bibl.) rejette totalement l'hypothèse selon laquelle Saül aurait suivi l'enseignement destiné aux scribes et, à plus forte raison, l'enseignement d'un Gamaliel ; il relève, en effet, des exemples d'utilisation totalement erronée du *kal vahomer*, transformé par Saül en raisonnement *a fortiori* spécifiquement hélléniste et étranger à la tradition talmudique. Il est impensable qu'après de nombreuses années de pratique talmudique, et ayant hypothétiquement été ordonné scribe, Saül commette de telles erreurs. Bornkamm (*Paul apôtre de Jésus-Christ*, v. bibl.) relève, mais du point de vue chrétien, des idées de Saül qui le rapprochent des gnostiques, telle celle d'une « sagesse prédestinée avant les siècles pour ceux qui sont parfaits » (I Cor., II ; 1-5). Or, c'est là, selon moi, une idée qui est incompatible avec la tradition juive, car elle rend alors et la Loi et son interprétation inutiles. Si, toujours selon Bornkamm, la foi de Saül « a bien des traits communs avec la notion vétéro-testamentaire et juive », il n'en demeure pas moins que toute la pensée de Saül s'écarte systématiquement de l'enseignement juif et qu'on ne peut que s'étonner d'une si constante divergence chez un scribe présumé (autre exemple : l'idée que la justice de Dieu s'est révélée sans la Loi en Jésus-Christ — Rom., III ; 21 *ss*). Betz, dans son livre fondamental, *L'apôtre Paul et la tradition socratique (Der Apostel Paul und die sokratische Tradition,* v. bibl.), soutient et démontre que Saül a été influencé consciemment par le Cynisme grec. Hanson tempère cette conclusion *(The Paradox of the Cross in the Thought of Paul,* v. bibl.) en rappelant que l'apôtre écrivait en grec et qu'il était normal qu'il utilisât des références grecques, peut-être puisées chez Philon d'Alexandrie ; mais dans ce cas, on pourrait se demander pourquoi c'est au Cynisme que Saül emprunte et sa forme et ses références. En tout état de cause, il est peu douteux que la forme et le contenu des écrits de l'apôtre sont foncièrement étrangers à la tradition rabbinique. Soutenir en conséquence que Saül fut un scribe ordonné juif qui changea radicalement d'orientation et de culture après quarante ans est aussi hasardeux que de soutenir qu'un rabbin pourrait, au même âge, se convertir à l'Islam et devenir un ayatollah. Une fois de plus, il est évident que la tradition chrétienne est dans l'erreur quand elle présente Saül comme un scribe, aussi bien que Saül accommode très largement la vérité quand il prétend avoir suivi l'enseignement d'un Gamaliel.

Les indications de Jeremias sur l'ordination des scribes sont également importantes du point de vue chronologique et psychologique. En effet, si Saül avait été ordonné scribe, ce n'aurait pu se faire qu'après qu'il eut eu quarante ans, c'est-à-dire vers 29 ou 30. Si l'on retient que la mise à mort d'Étienne a eu lieu vers 35, et que Saül en a été un farouche partisan, on voit qu'il aurait alors quelque vingt-cinq ans de pratique de Loi à son actif. Cela rendrait sa volte-face sur le chemin de Damas (laquelle, on le verra plus loin, appelle de sérieuses réserves) incompréhensible. Si l'on peut, dans certaines conditions, qui ne sont d'ailleurs pas exactement celles que décrivent les Actes des Apôtres ni les Épîtres, comprendre qu'un laïc finisse par se rendre à la justesse de vues d'une secte qu'il a combattue jusqu'alors, il devient, en revanche, très difficile, sinon impossible d'admettre qu'un scribe annule un quart de siècle de pratique et devienne, non seulement prochrétien, mais encore antijuif, ce qui, et c'est là l'un des objets de la note 1, n'était absolument pas le cas des premiers disciples de Jésus.

18. Les Sadducéens constituaient à la fois une secte religieuse, avec sa théologie propre, distincte de celle des Pharisiens, et l'essentiel de la noblesse laïque juive ; c'étaient des gens riches. C'est parmi eux que se recrutaient les grands-prêtres, ce qu'on comprendra du fait que le sacerdoce était héréditaire. L'accès à la caste sadducéenne fut d'abord sujet à des conditions strictes. Mais au Ier siècle, pour un ensemble de raisons auxquelles participait la domination romaine (la Judée étant devenue province romaine en 6), le pouvoir et le prestige des Sadducéens commencèrent à décliner, aussi bien du fait que le parti adverse des Pharisiens se renforçait que de la commodité insolente avec laquelle les Romains les démettaient. Pour maintenir un pouvoir déclinant, les Sadducéens, grands-prêtres compris, s'engagè-rent dans des luttes d'influence de plus en plus âpres (v. note 21).

19. Ce fut en raison de l'agitation déclenchée par Judas le Gaula-nite, dit aussi Judas de Galilée, cité plus haut dans le récit (Josèphe, *Gu. J.*, II ; 118, 433 et VII ; 453 ; *Ant. jud.*, XVIII ; 4-10).

20. Les partisans de Judas le Gaulanite adhéraient à la théologie pharisienne. Toutefois, Judas en dégagea une théologie propre, dite « quatrième philosophie », qui donna naissance aux Zélotes.

21. C'est Josèphe (*Ant. jud.*, XX ; 178 et 214) qui donne le détail et les raisons pour lesquelles les grands-prêtres avaient constitué ces bandes. Dès le second tiers du Ier siècle, il semble que Jérusalem ait vécu par flambées dans un état quasi insurrectionnel, les Juifs se que-rellant entre eux, avec les Romains et avec les Syriens. Il est certain que Saül disposait aussi de sa bande ; en effet, les Actes des Apôtres rapportent ceci : « Quant à Saül, il ravageait la communauté [la pre-mière communauté christique] et allant de maison en maison, il arra-chait les hommes et les femmes et les jetait en prison... Ne respirant toujours que menaces et carnage à l'égard des disciples du Seigneur, il alla trouver le grand-prêtre et lui demanda des lettres pour les syna-gogues de Damas, afin que, s'il s'y trouvait quelques adeptes de la voie [chrétienne], hommes ou femmes, il les amenât enchaînés à Jéru-salem. » (Actes, VIII ; 3 et IX ; 1-2.) A l'évidence, il ne pouvait pas procéder seul à ces exactions et, comme le précisent les Actes, il avait ses libres entrées auprès du grand-prêtre.

22. Simon bar Camith fut grand-prêtre de 17 à 18 (v. note sui-vante).

23. Le mariage de Saül est un des points les plus soigneusement occultés de la littérature paulinienne. Sans doute les épouses ne présen-taient-elles pas grand relief à l'époque, surtout dans une société telle que la société juive, où la polygamie était licite. Mais un mariage de Saül présente quand même quelque intérêt pour l'historien, parce qu'il appelle réflexion sur les discours tenus sur la sexualité par le fondateur du christianisme. L'homme qui écrit : « Oui, les femmes ont troqué la relation de nature pour une relation contre nature » (Rom., I ; 26) n'est pas un puceau et encore moins ce qu'en termes contemporains on appellerait un « idéaliste ». Il a connu et réitéré le commerce sexuel, avec les variantes que celui-ci comporte, car la sexualité humaine n'est pas comparable à l'animale ; elle est un langage, et assujettie à l'imagi-naire. L'expression « la relation de nature » n'a donc aucun sens, et ce serait faire injure au premier de tous les théologiens, rompu aux fines-ses de la rhétorique hellénistique, que de croire qu'il l'ignore. Ou bien, puisqu'il en parle, ce que ne fit pas Jésus, et en tout cas pas en termes aussi directs, il est hypocrite, ou bien il prétend annuler son existence antérieure. Dans les deux cas, sa sincérité est en cause.

Certains voudront bien admettre qu'après tout Saül a bien pu se marier ; ne pas l'être était à Jérusalem, et surtout pour quelqu'un qui entendait se fondre dans la communauté juive, notoirement suspect.

Le célibat ordinaire invitait aux soupçons de malformation et le célibat par ascèse est hors de question : avant le théorique chemin de Damas, Saül n'a aucune raison de le pratiquer. Il est plus que douteux, donc, sinon absolument certain, que Saül fût marié. Mais quelle importance ? objecteront ceux qui entendent maintenir l'image traditionnelle de l'apôtre.

L'importance réside dans le fait que Saül épousa non la fille de Gamaliel, mais celle d'un grand-prêtre. Ce qui l'indique est l'unique reflet dont nous disposions des indiscrétions des premiers Chrétiens hostiles à Saül, le « Panarion » d'Épiphane de Salamine. Mais quel « Panarion » ? Il en existe onze versions, dont aucune n'est complète, rappelle l'exégète américain Franck Williams, de l'université du Texas à El Paso, dans l'introduction de sa traduction de 1987 (v. bibl.). Épiphane, Palestinien né à Besanduc, près de Gaza, est célèbre pour sa réfutation de toutes les hérésies de son temps, dans laquelle il s'attache à détruire les arguments opposés à la tradition naissante ; c'est ainsi qu'il rapporte les dénonciations des opposants de Saül, les Ébionites. Un document aussi révélateur comportait évidemment des informations contrariantes ; en 1910, l'épigraphiste allemand Karl Holl, cité par Williams, dénonçait les « négligences » et les « corrections volontaires » apportées par les copistes ultérieurs. Après analyse comparative, les épigraphistes allemands choisirent de travailler sur la version établie en 1858 par l'abbé Migne, d'après un texte latin du XVIᵉ siècle. Or, on lit dans cette version que Saül, « lorsqu'il vint à Jérusalem et y fixa sa résidence, épousa la fille du pontife. En cette occurrence, il se fit prosélyte et accepta la circoncision. Mais comme par la suite il divorça, il écrivit avec colère contre la circoncision, le Sabbat et la Loi ». (Migne, *Patrologie grecque* ; Épiphane, *Adversus Hareses*, Lib. I, t. II, III, 16 — v. bibl.). Épiphane, bien sûr, rejette ces assertions avec vigueur, comme si Saül avait été chrétien depuis le premier jour, et ce, au défi de la description donnée par les Actes mêmes du comportement sauvage du futur apôtre.

Donc, non seulement Saül se maria, mais encore épousa la fille d'un grand-prêtre ; lequel ? A l'époque où Saül était en âge de prendre épouse, il n'y en avait que cinq :

Annas, qui fut en fonctions	de 6 à 15
Ismaël ben Phiabi	de 15 à 16 env.
Éléazar, fils d'Annas	de 16 à 17 env.
Simon, fils de Camith	de 17 à 18
et Joseph Caïphe, beau-fils d'Annas	de 18 à 37 env.

Trois d'entre eux appartiennent à la famille d'Annas, qui devait en fournir trois autres, Jonathan, Théophile et Matthias ; il m'a paru qu'ils devaient être écartés comme beaux-pères de Saül, car leur famille était puissante, sans doute la plus puissante des Sadducéens, puisqu'elle contraignit même Pilate à entériner la condamnation à mort de Jésus (v. *L'homme qui devint Dieu*, II. *Les sources)* ; ils n'auraient certes pas eu d'intérêt à compter Saül, qui n'était pas sadducéen d'origine, parmi les leurs ; ils comptaient des alliés bien plus influents et, sans doute, plus riches. Ismaël ben Phiabi, lui, est un candidat plausible, mais il fait problème pour la raison suivante : Josèphe le cite deux fois, à quelque quarante-cinq ans de distance. Le chroniqueur, en effet, commet un certain nombre d'erreurs dans sa recension des faits, erreurs qui ont été dépistées par les historiens contemporains. D'emblée, il semble exclu qu'il ait existé deux grands-prêtres exactement homonymes à quarante-cinq ans de distance, et encore plus qu'un grand-prêtre nommé Phiabi eût eu deux fils également nommés Ismaël, puisque ce Phiabi est désigné comme grand-prêtre lui-même. En conclusion, il s'agit là d'un même et unique personnage. Décrit comme un homme pieux, choisi par les Juifs en 62 pour plaider la cause des prêtres auprès de Néron (à propos d'une affaire de mur du Temple qui bouchait la vue de la salle à manger du roi Hérode Agrippa), il ne semble psychologiquement pas du genre à inclure dans sa famille un aventurier tel que Saül l'est à l'époque. Il ne reste donc plus que Simon, fils de Camith. Cette reconstitution est avancée sous réserve de modification des données actuelles concernant les grands-prêtres durant la période du Second Temple. Selon la Yoma de Babylone, ils auraient été plus de trois cents, selon celle de Palestine, entre quatre-vingts et quatre-vingt-cinq, chiffres largement supérieurs aux listes que nous connaissons.

24. Il s'agit d'Hérode qui devint roi de Chalcis en 19, et de son frère Aristobule, homonyme de son père, qui épousa Jotape, la fille du roi d'Emèse (v. la généalogie hérodienne, p. 456-457).

25. *Cf.*, Josèphe, *Ant. jud.*, XVII ; 14. Il faut souligner la singularité du fait que Josèphe ne nomme jamais le fils d'Antipater, alors qu'il décline sans exception les noms des descendants d'Hérode le Grand.

26. *Cf.* Josèphe, *Ant. jud.*, XVIII ; 83.

27. Il convient de rappeler que, dans son acception littérale et historique, le terme messie, qui signifie « oint », en hébreu *(chrestos en grec)*, est spécifiquement juif et désigne un personnage qui est à la fois roi et grand-prêtre.

28. Le personnage de Dosithée est sans doute l'un des plus marquants et les moins connus du Ier siècle. Origène rapporte qu'il se serait défini comme le Taheb, c'est-à-dire le messie des Samaritains ; il semble qu'il ait été, en effet, originaire de Samarie. Certains textes chrétiens tardifs, tel le *Pseudo-Tertullien (cf. Dictionnaire encyclopédique du Christianisme ancien*, v. bibl.), le présentent comme un hérétique juif, qui aurait nié l'inspiration des prophètes, d'autres, au contraire, telles les *Pseudo-Clémentines*, l'associent à Jean-Baptiste, ce qui eût été plausible. Cette dernière thèse a été approfondie par R. McL. Wilson *(Simon, Dositheus and the Dead Sea Scrolls*, v. bibl.), qui a prouvé qu'il faut voir en Dosithée un Essénien ; ce qui correspond à la relation qu'il entretenait avec Jean-Baptiste, aussi bien qu'à la coloration « encratite » de son enseignement (selon le *Dict. enc. du Christ. anc.* déjà cité) ; cette coloration, qui se reconnaît, entre autres, à la grande valeur conférée à la continence et à la virginité, est la même que celle de l'enseignement essénien. On ne peut, quand on essaie d'analyser l'influence de Dosithée, départager l'attente messianique à son époque du charisme intrinsèque du personnage. Il est probable que l'une porta l'autre. Car Dosithée exerça une influence apparemment grande ; il fonda une secte qui était encore active au Xe siècle, et ses écrits circulaient apparemment parmi ses disciples au-delà des frontières de la Samarie. Selon les *Pseudo-Clémentines*, il fut le maître de Simon le Magicien, qui le quitta avec une de ses adeptes, Hélène, pour fonder sa propre secte.

« Le Talmud », écrit Jean Daniélou dans *Les symboles chrétiens primitifs* (p. 124, v. bibl.) « dit qu'il [Dosithée] demeurait à Kochba », localité que Daniélou, citant l'hypothèse de Lurie, situe (p. 123) « à quinze kilomètres au sud-ouest » de Damas. Daniélou suggère, en effet, à deux reprises, que ce serait à Kochba aussi que se serait faite, et par les soins d'Esséniens, la conversion de Saül, ce qui offrirait un recoupement inattendu de la version traditionnelle de la révélation sur le chemin de Damas, puisque Kochba se trouve bien sur ce chemin.

Dans *Geographia historica Palestinae antiquae* (v. bibl.), Ladislaus Szczepanski cite deux autres localités appelées Cochaba, autre forme de Kochba, l'une en Galilée, l'autre près de Scythopolis, dans la Décapole, à la frontière de la Samarie. J'ai opté comme lieu de résidence de Dosithée pour la Kochba syrienne, parce que Daniélou cite en faveur de ceci un fait prédominant : ce fut un centre sadocite, c'est-à-dire essénien, ce qui est tout à fait cohérent avec l'hypothèse d'un Dosithée disciple des Esséniens.

Il me paraît ici nécessaire de préciser, en effet, que je ne crois pas qu'en l'état actuel de nos connaissances sur lui, il soit possible de souscrire à l'hypothèse d'un Dosithée essénien au plein sens de ce mot, c'est-à-dire assujetti aux règles de la communauté. Kippenberg (*Garizim und Synagoge*, v. bibl.) rapporte, en effet, que Dosithée se présenta comme la réincarnation de Moïse, prétention déjà sacrilège pour n'importe quel Juif et qu'en plus les Esséniens, fort sourcilleux sur le chapitre de leurs références à l'Ancien Testament, n'eussent certes pas tolérée. L'idée même en est tellement extravagante pour un Juif de Palestine qu'il me faut ici reprendre l'hypothèse exposée dans *Les sources*, selon laquelle Dosithée, non seulement n'était pas un Essénien de stricte obédience, mais encore n'était pas un Juif originaire de Palestine, et peut-être même pas entièrement juif (*cf. Les sources*, p. 124-125), mais originaire d'Éphèse, comme l'indiquent ses références au culte de la Lune, Astarté, et le nombre de ses disciples, vingt-neuf, autant que le nombre de jours du mois lunaire. Il me semble, en effet, qu'il faut avoir été fortement marqué par le culte d'Astarté pour en reprendre les éléments aussi fidèlement, et qu'il faut donc avoir vécu dans une région ou une ville où ce culte était vivace, comme à Éphèse.

En tout état de cause, le chapitre de Dosithée semble appelé à rester inachevé tant qu'on n'aura pas découvert d'autres documents qui le concernent.

29. Nous sommes donc en 27. Saül ayant environ trente-huit ans selon ma chronologie, son autorité en tant qu'agent officieux du maintien de l'ordre, d'abord contre la subversion zélote, originaire de Galilée, puis contre l'agitation messianique d'inspiration essénienne, s'affermissait. L'indication des Actes selon laquelle « Saül ravageait la communauté » (VIII ; 3) donne, en effet, à conclure que Saül disposait bien d'un pouvoir, sans quoi il n'aurait pu se livrer aux arrestations et exactions suggérées, qu'il disposait — au moment de la mise à mort d'Étienne, donc en 33-34, six à sept ans plus tard — d'une confiance de la part des autorités juives de Jérusalem, sans doute aussi de l'assentiment tacite de Pilate, donc d'une confiance établie et ancienne, et enfin qu'il avait toujours à sa disposition l'une de ces bandes affiliées au Sanhédrin dont parle Josèphe. Mon hypothèse ici est que Saül s'est avisé de la profondeur et de l'étendue de l'inquiétude religieuse en Palestine et, aussi bien, de l'impossibilité de la brider. D'où la décision de n'agir que par l'exemple. 27 est vraisemblablement l'année où commence le ministère public de Jésus, parallèle aux prédications du Baptiste et de Dosithée.

30. Cette affaire est rapportée par Josèphe *(Ant. jud.*, XVIII ; 55-59). La « gaffe » qu'elle constitue, autant que la suivante, qui consista à puiser dans le trésor du Temple pour financer la construction d'un aqueduc, présentent un intérêt particulier : elles expriment l'extrême désinvolture, voire le mépris du procurateur à l'égard des Juifs, qui reflètent probablement la soudaine animadversion de Tibère à l'égard des Juifs, qu'il chassa de Rome, geste réitéré en 49 par Claude. Ces attitudes éclairent la considération singulière du procurateur pour Jésus, dont il a été débattu dans *Les sources* de *L'homme qui devint Dieu*.

31. L'obscurité qui régna sur Jérusalem au moment de la crucifixion de Jésus a fait l'objet de nombreuses recherches, résumées dans *Les sources* de *L'homme qui devint Dieu* (note 66). En effet, ce détail présente un certain intérêt ; comme il pourrait avoir correspondu à une éclipse, il pourrait permettre d'établir la date de la Crucifixion. On a rejeté de nos jours l'hypothèse de Newton, selon laquelle ce fut le 24 avril de l'an 34 ; en 1990, Clive Ruggles, des Departments of Archaeology and Computing Studies de l'université de Leicester, en Grande-Bretagne, publiait dans *Nature* (vol. 345, 21 juin) un état détaillé des recherches et des hypothèses ; il y rappelait que les deux années retenues comme dates probables de l'événement sont 30 et 33, déjà indiquées dans la note citée plus haut ; les jours retenus comme les plus probables sont le 7 avril pour l'an 30 et le 3 avril pour l'an 33. Il relève la confusion des Évangiles sur le point suivant : si la Crucifixion a eu lieu la veille de la Pâque ou le jour même de celle-ci, confusion également analysée dans la note 66 des *Sources*. Ruggles rappelle également qu'au temps de Jésus, la Pâque était placée après l'équinoxe de printemps, ce qui faisait que les Juifs avaient inséré un mois intercalaire tous les deux ou trois ans, afin de suivre le calendrier solaire et d'éviter de trop grandes variations dans la date de la Pâque. Toutefois, s'il faisait trop mauvais temps et que la lune n'était pas

visible, à son premier quartier après la nouvelle lune, un mois intercalaire spécial pouvait être décrété par le grand-prêtre.

En possession de ces éléments, un astronome, B.E. Schaefer, a effectué de nouvelles recherches sur la base d'algorithmes simples et aussi
en partant du fait que le 15 nisân pouvait être soit un jeudi, soit un
vendredi. Il a recoupé les deux dates citées plus haut.

Toutefois, en se fondant sur le détail évoqué dans les Actes de Pierre
(II ; 20), selon lequel il y eut une éclipse de lune le jour de la Crucifixion et que la lune apparut comme rouge, Schaefer a plus particulièrement analysé la date du 3 avril 33, car il y eut bien, cette année-là,
une éclipse de lune, et que, de surcroît, la lune éclipsée apparaît, en
effet, rouge. Mais, note Schaefer, il s'agissait d'une éclipse partielle,
et, à l'heure où la lune se leva sur Jérusalem, qui peut être calculée
avec une très grande précision, à quelques minutes près, l'éclipse
n'était quasiment plus observable, puisqu'il ne restait plus que 1 % du
disque lunaire qui était occulté.

Il ressort de cela que l'obscurité signalée dans l'après-midi de la
Crucifixion ne peut pas être attribuée à une éclipse de lune (dans le
cas où la Crucifixion aurait eu lieu le 3 avril 33) et que le détail de la
lune rouge a été fourni par un observateur qui ne se trouvait pas à
Jérusalem, mais sans doute au nord de la Méditerranée ; il a donc été
inclus postérieurement dans les Actes de Pierre.

Ruggles conclut que les calculs mathématiques et astronomiques ne
permettent donc pas de trancher entre les deux dates mentionnées.
C'est, à mon avis, un autre élément qui peut orienter le choix, et c'est
la date du martyre d'Étienne. En effet, il faut postuler qu'au moment
de ce martyre, la première communauté christique s'était suffisamment
agrandie et qu'elle avait développé un corpus de croyances suffisamment structuré pour susciter une vocation de martyr. On a vu plus haut
(note 2) que la date du martyre d'Étienne est généralement située entre
32 et 34. Si la Crucifixion, avait eu lieu en 33, il s'ensuivrait
qu'Étienne fut mis à mort au plus tard un an après la Crucifixion. Or,
le délai me semble court. Alors que, si l'on retient, pour la Crucifixion,
la date de 30, il devient plausible.

Il est utile à ce propos de souligner qu'aucun ouvrage, à ma connaissance, n'évoque la singularité du silence des Actes et des Épîtres sur
l'attitude de Saül pendant le procès de Jésus et la Crucifixion. Il y a
pourtant quelque raison de penser que Saül, qui se trouvait à Jérusalem
pendant ces événements, fut favorable à la condamnation à mort de
l'homme dont il allait devenir l'apôtre, retournement qu'on peut juger
extraordinaire sans exagération. Au moment de la lapidation d'Étienne,
qui eut lieu de deux à quatre ans après la Crucifixion, Saül, en effet,
disposait d'une part du pouvoir de décision dans les condamnations à
mort pour motifs religieux, comme en attestent les Actes : « Saül était
d'accord pour le tuer. » (VIII ; 1.). Phrase qui doit être entendue non
comme l'assentiment d'un homme quelconque dans la foule, mais
comme l'accord effectif d'un personnage détenant une autorité juridique, ce qui est d'ailleurs totalement cohérent avec le verset 3 du même
livre : « Mais Saül ravage la communauté. » Comme Jésus avait été le
chef de cette communauté, comme Saül disposait probablement de ce

pouvoir juridique, comme il devait tout aussi probablement porter une profonde exécration à Jésus, premier fomentateur des agitations qui menaçaient l'ordre en Palestine, le moins qu'on puisse en déduire est qu'il a également souscrit à la condamnation à mort de Jésus. Dans quelle mesure, c'est impossible à établir en l'état actuel de nos connaissances. Mais il n'est pas excessif de supposer que Saül a au moins assisté au procès de Jésus.

On conçoit sans peine que Luc n'évoque pas les années de Saül précédant sa conversion et que l'apôtre lui-même, mis à part quelques très brèves indications, telles que sa prétendue origine tarsiote et sa tout aussi prétendue formation par Gamaliel, ne dise mot de ce qu'il faisait durant le ministère de Jésus et durant le procès et la Crucifixion. Néanmoins, on concevrait difficilement que Saül ait pris une part directe à la décision d'arrêter Jésus (les délibérations du Sanhédrin ne pouvaient l'inclure, puisque, néophyte, il ne pouvait pas faire partie de cette assemblée). Car, chemin de Damas ou pas, cela, les Onze ne le lui auraient jamais pardonné.

32. V. note 81 des *Sources* sur l'emploi spécifique du terme grec *othonia* dans l'évangile de Jean.

33. Selon les Évangiles, Marie de Magdala est bien restée à Jérusalem après la Crucifixion, puisque c'est là, ou du moins à brève distance, à Gethsémani, qu'elle a revu Jésus. Il y a toutes raisons de supposer qu'elle y est demeurée avec son frère Lazare et, sans doute, sa sœur Marthe. On doit relever toutefois l'intrépidité de ce séjour, car le moins qu'on puisse dire est que les disciples immédiats et les compagnons de Jésus étaient exposés à la vindicte des gens du Temple. Marie et Lazare auraient à coup sûr été plus en sécurité à Magdala.

34. V. *Les sources*, p. 25, sur la version de Marc de la résurrection de Lazare selon une lettre attribuée à Clément d'Alexandrie.

35. Certains disciples, en tout cas Jean et Pierre qui, alertés par Marie de Magdala, explorent le sépulcre vide après la Crucifixion, sont demeurés à Jérusalem, ou dans les parages. Il est vraisemblable qu'ils se sont réunis chez Marie de Magdala, la plus fortunée du groupe qui suivait Jésus et sans doute la seule qui pût leur offrir un abri, du moins quand ils séjournaient à Jérusalem.

36. Les Évangiles indiquent que plusieurs disciples, sinon tous, ont quitté Jérusalem dans les semaines ou les mois qui suivirent la Crucifixion ; les considérables contradictions entre les Évangiles sur les circonstances de la réapparition de Jésus à ses disciples, sur le nombre de ceux-ci et sur le lieu où s'est faite cette réapparition, ne permettent pas de trancher. Une synthèse des versions permettrait de supposer que Jésus est d'abord réapparu à certains disciples sur la route d'Emmaüs, puis à d'autres en Galilée. Pour plus ample analyse, v. note 86 des *Sources*. En 40, en tout cas, Pierre, Jacques le Mineur, Jean, et sans doute Jacques, étaient bien à Jérusalem.

37. Il est plus que vraisemblable que Saül, persécuteur obstiné des disciples de Jésus, se soit rendu chez Marie de Magdala, l'un des personnages les plus « voyants » du groupe qui suivait Jésus, d'abord poussé par la curiosité à l'égard d'une personne très riche et soupçonnée d'avoir participé au complot qui visa à sauver Jésus de la mort sur la Croix, ensuite, à des fins d'intimidation.

38. Mû par les sentiments décrits dans la note précédente, Saül, dont les Actes disent qu'il n'eût pas hésité à aller saisir des disciples de Jésus jusqu'en pays étranger où il ne détenait aucun pouvoir, a pu se rendre en Galilée et notamment à Capharnaüm, dont il était alors notoire que c'étaient les centres de ce qui, aux yeux du Temple, passait pour la sédition nazaréenne. Il s'y serait rendu pour rencontrer les disciples et, comme Capharnaüm était une petite ville et que les disciples de Jésus y étaient bien connus, il n'aurait pas eu de peine à les retrouver. Toutefois, je postule pour des raisons psychologiques qu'il les a vus et peut-être entendus, mais qu'il ne les a pas affrontés, car l'affrontement aurait été périlleux en pays étranger, la Galilée étant placée sous l'autorité d'Hérode Antipas et Saül n'y disposant d'aucun pouvoir. Pour moi, Saül a subi la fascination des disciples, fascination qu'avait préparée la rencontre avec les Dosithéens à Kochba.

39. L'hypothèse de la corruption de Pilate n'a pas été envisagée dans *L'homme qui devint Dieu*, ni dans *Les sources - I*. Elle dérive d'un passage des Actes auquel je n'avais alors pas prêté attention et selon lequel le procurateur Félix, auquel Saül est déféré par le tribun Lysias sur dénonciation des Juifs, « espérait obtenir de Saül une somme d'argent » (Actes, XXIV ; 26), sans aucun doute pour le libérer. Cela indique que les procurateurs pouvaient, eux aussi, être corrompus. Il devient alors possible d'imaginer que Pilate a pu être corrompu par les gens très riches qui, dans les Évangiles, ont pris le parti de Jésus pendant et après son procès : outre Marie de Magdala, déjà citée, Johanna, femme d'un chambellan d'Hérode Antipas, Joseph d'Arimathie et Nicodème.

40. La désignation des premiers disciples de Jésus, qui se considéraient à la fois juifs et chrétiens (v. note 60), sous le nom de Nazaréens est attestée, entre autres, par la malédiction expresse contre « les Nazaréens et les minim » de la prière autorisée en 85 par Rabbi Gamaliel II, malédiction dirigée contre les Juifs chrétiens, considérés comme hérétiques (C.K. Barrett, *The New Testament Background : Selected Documents*, Londres, 1974, cité par G.A. Wells, *The Historical Evidence for Jesus*, v. bibl.). Épiphane de Salamine, vers la fin du IVe siècle, atteste que les Nazaréens existent toujours et les identifie aux Ébionites ; pour lui, ce sont des Juifs qui reconnaissent à la fois l'Ancien et le Nouveau Testament, croient que Jésus est le fils de Dieu et qu'il a ressuscité ; ce sont aussi, rappelons-le, les adversaires farouches de Saül-Paul. Le même auteur commente à ce propos l'étymologie du mot « Nazaréen » appliqué d'abord à Jésus, puis à ses disciples. Pour lui, ancré évidemment dans la tradition qui s'est alors consolidée, il se réfère à l'origine « nazaréthaine » de Jésus (nonobstant la certitude que Jésus est né à Bethléem et qu'il a vécu à Capharnaüm). Le mot « Nazaréen » — « Nazoréen » selon lui — ne doit donc pas être confondu avec « Nazirites », qui désigne les Juifs consacrés, qui ont fait des vœux de piété particulière de trois ans, ni avec « Nazaréen », qui désigne, dit-il, une secte « antérieure à Jésus et qui n'a pas connu Jésus ». En fait, l'édition critique du *Panarion*, dont je me suis servi (v. bibl.), contredit Épiphane (p. 116). En effet, l'évangile apocryphe de Philippe spécifie que « Nazaréen » — et non « Nazoréen » — signifie « la vérité » (LXII ; 7-17) et que « le Nazaréen révèle ce qui est caché » (LVI ; 12-13), définition qui correspond effectivement à Jésus, mais dont il faut relever que le concept est gnostique. En tout état de cause, la distinction d'Épiphane entre « Nazaréen » et « Nazoréen » tombe avec l'acception « nazaréthaine » du mot.

41. Dans le discours que Luc prête à Gamaliel (Actes, V ; 35-39), le célèbre docteur de la Loi fait allusion à deux séditions avortées : outre celle de Judas de Gamala, celle de Theudas. Celui-ci, faux prophète, est bien un personnage historique, dont l'existence est attestée par Josèphe *(Ant. jud.*, XX ; 97-98). Il se trouve que Gamaliel ne peut en avoir eu connaissance au moment du récit : Theudas fut décapité en 47, alors que Cuspius Fadus était procurateur de Judée, c'est-à-dire une quinzaine d'années après la lapidation d'Étienne qui, dans le récit des Actes, n'a pas encore eu lieu au moment du plaidoyer de Gamaliel. Comme Luc a écrit les Actes vingt ou trente ans après les événements qu'il rapporte et qu'il n'est pas scrupuleusement soucieux de chronologie ni d'exactitude, il a visiblement « fait bonne mesure » en ajoutant l'histoire de Theudas.

42. Quelque réserve qu'il convienne d'avoir à l'égard des fabrications de Luc, j'ai repris pour l'essentiel le discours qu'il attribue à Gamaliel. Il est, en effet, vraisemblable, car les Juifs de l'époque avaient une attitude ambivalente à l'égard des premiers Chrétiens, qu'ils toléraient aussi longtemps que ceux-ci respectaient la Torah et qu'ils ne se livraient pas à des attaques contre le Temple et le haut clergé, ainsi que l'ont confirmé de nombreux historiens (ex. Marcel Simon, *La civilisation de l'Antiquité et le Christianisme*, v. bibl.). Toutefois, il faut, à ce propos, rappeler la contradiction flagrante entre le discours prêté par Luc à Gamaliel et le fait que Saül se dise disciple de Gamaliel ; comment celui-ci, qui semble avoir été fort tolérant à l'égard des premiers Chrétiens, aurait-il formé un fanatique antichrétien tel que Saül ? C'est là, il me semble, une preuve supplémentaire que l'assertion de l'apôtre selon laquelle il a été « élevé aux pieds de Gamaliel » est bien une fabrication.

43. Il semble évident que Luc n'a pas assisté au procès d'Étienne, qu'il s'efforce d'établir en parallèle du procès de Jésus. La date même de la mort d'Étienne selon la tradition incite à réserve : c'est le 26 décembre, le lendemain de Noël, ce qui fait que, par une symbolique décidément propice, Étienne rejoint au ciel Jésus le lendemain de l'anniversaire de la naissance de celui-ci ! De plus, le plaidoyer que Saül prête à Étienne, et qui fleure fortement la reconstitution rhétorique, est singulièrement peu convaincant. Faute de plus amples indications, je l'ai cependant repris, mais abrégé. Toutefois, je n'exclus pas qu'Étienne, protomartyr, ait pu outrepasser les limites des audaces verbales que respectaient pourtant les disciples et les premiers Chrétiens et que ce soient bien ses impertinences qui lui aient valu la mort.

44. La totalité du chapitre 18 s'efforce de reconstituer psychologiquement un moment crucial dans l'histoire de Saül : sa prise de conscience finale de la dynamique irrésistible du Christianisme et des menaces que celle-ci faisait peser sur sa prospérité et sa sécurité à brève échéance. Pourtant, ni les Actes, ni les Épîtres ne contiennent la moindre indication sur l'état d'esprit de Saül avant et pendant l'extraordinaire volte-face où le persécuteur ralliait ses propres persécutés. On a vu, et sur des indices strictement scripturaires, que Saül était riche et puissant ; or, en l'espace de quelques jours, il compromet, non, abandonne famille, pouvoir et fortune future et va courir le risque d'être lui-même lapidé. Un tel renversement stupéfie d'autant plus qu'il est, d'office, oblitéré par le principal intéressé, lui qui pourtant conte par le menu des épisodes bien moins déterminants.

On a également vu dans la préface de ces *Sources - II* que la fable de l'éblouissement sur le chemin de Damas (v. note 79) n'est que cela, une fable. Saül lui-même, et bien qu'il ait le sens de l'anecdote, en parle de façon variable. Pour Renan, l'explication en serait que ses souvenirs étaient confus ; voilà qui est étrange : un homme qui change radicalement de camp à la suite d'une vision surnaturelle qui le laisse trois jours aveugle ne s'en souviendrait même pas ? L'admettre serait considérer Saül comme un paltoquet, un gyrovague dévoré par des visions dont il n'a pas le souvenir, et nous avons ample évidence que l'homme eut bien des défauts, mais certes pas ceux-là.

Historiquement, l'entreprise de Damas est tout aussi suspecte. Selon les Actes, Saül serait allé à Damas muni de recommandations du grand-prêtre pour y arrêter les Chrétiens qui s'y trouvaient et les ramener enchaînés à Jérusalem (Actes, IX ; 1-9). Aventure inconsidérée, à laquelle on peut douter que Caïphe eût donné son aman : la Syrie était gouvernée par Vitellius et Damas, par l'éparque (et non ethnarque, comme dit Saül en II Cor., XI ; 32) du roi nabatéen Arétas IV, et non seulement le grand-prêtre du Temple de Jérusalem n'y avait pas plus de droits que n'importe quel autre Judéen, mais encore n'avait-il aucune autorité sur les synagogues de Damas, pour lesquelles il aurait donné des recommandations à Saül. Il s'agit là, une fois de plus, d'une totale fabrication ; le but m'en paraît être de donner quelque vraisemblance à la bizarre expédition de Saül vers Damas. Car, à supposer que Saül ait été le grand chef de la persécution des Chrétiens, il y avait bien assez à faire dans les limites de la Palestine, par exemple dans la Galilée *(Encyclopaedia Britannica)*, sans aller courir à Damas. Et qui plus est, de prétendre y procéder à des arrestations illégales. Quant à Saül lui-même, il n'avait non plus aucun pouvoir de procéder à des arrestations, tout au plus à des rapts. Mais il serait extravagant d'imaginer que Saül eût pu aller kidnapper tout un groupe de Chrétiens à Damas et les sortir enchaînés au nez et à la barbe des autorités, et tout aussi extravagant de penser qu'il ait même envisagé une telle rafle.

Qui plus est, les circonstances s'y prêtaient aussi mal que possible. La tension régnait dans la région entre le tétrarque Hérode et le roi Arétas IV, qui était par ailleurs son beau-père. En effet, Hérode Antipas avait épousé la fille d'Arétas, mais il l'avait répudiée pour épouser sa propre belle-sœur Hérodiade, femme de son demi-frère Philippe, ce qui lui valut, outre les imprécations du Baptiste, la solide rancune de l'Arabe, dont la fille avait été répudiée au terme d'un long mariage, comme Josèphe le raconte en détail *(Ant. jud.*, XVIII ; 109-115). Cette rancune fut attisée par sa fille et Arétas saisit, comme prétexte d'un règlement de comptes, une affaire de frontières mal délimitées, dans le district de Moabitis, en Idumée. Arétas déclara la guerre à Hérode et son armée battit à plates coutures celle d'Hérode. Apprenant qu'Arétas avait déclaré la guerre à l'un de ses protégés et l'avait battu, Tibère ordonna au consul de Syrie, Lucius Vitellius, d'aller saisir Arétas et de le ramener à Rome enchaîné ; Vitellius se mit en campagne, mais Tibère mourut sur ces entrefaites (le 15 mars 37) et Vitellius arrêta la guerre *(Ant. jud.*, XVIII ; 120-125).

Tous ces événements se situent entre 30 approximativement et 37. C'est-à-dire qu'ils couvrent la période qui va de la lapidation d'Étienne, dont on ignore la date exacte, mais qu'on situe entre 32 et 34, et l'expédition de Saül vers Damas, c'est-à-dire sa conversion, qui semble, dans les Actes tout au moins, suivre d'assez près la lapidation. Ce qui revient à dire que les frontières entre la Coelé-Syrie, région de Damas gouvernée par l'éparque d'Arétas, étaient surveillées.

Or, il n'y avait pas, à l'époque, trente-six chemins pour aller à Damas : il n'y avait que celui qui allait de Capharnaüm en passant par la rive sud du lac Merom ou Houleh, via Chorazim ou Corozaïn. C'est-à-dire que cette route, dite Voie Royale, partait de Galilée, province dont Hérode Antipas était tétrarque, et l'on peut gager que l'éparque de Coelé-Syrie la faisait bien surveiller.

Deux faits en ressortent : il était encore plus malaisé d'aller arrêter des Chrétiens à Damas en temps de guerre qu'en temps de paix et, en sa qualité d'Hérodien, Saül eût été encore plus mal avisé de se fourrer dans un pareil guêpier, Arétas ne portant guère les Hérodiens dans son cœur. De plus, Arétas était d'un caractère sourcilleux, comme on le voit, et son éparque n'eût guère toléré qu'en pleine période de tension un délégué du Temple allât kidnapper des Chrétiens placés sous sa protection.

Ces analyses sont confirmées par le fait que, lorsque Saül retourne à Damas, cette fois-ci en tant que Chrétien, il est arrêté par le même Arétas IV, qui le fait jeter en prison, d'où Saül s'évade dans un panier *(tarsos* en grec, épisode qui jette une lumière étymologique inattendue sur l'origine « tarsiote » de Saül, qui aurait aussi bien pu être désigné comme « Paul au panier »). L'épître qui le rapporte (III Cor., XI ; 32-33) n'en donne pas les raisons et l'épisode est surprenant : en effet, la Coelé-Syrie était un refuge pour les Chrétiens qui avaient maille à partir avec les Juifs orthodoxes ; pourquoi Saül y aurait-il donc été arrêté en sa qualité de Chrétien ? Une seule raison apparaît : c'est qu'il aurait été y faire de l'agitation, comme d'attaquer les Juifs non chrétiens, voire d'arrêter Pierre lui-même, selon une tradition peu connue de la littérature chrétienne primitive, qu'on retrouve dans les *Reconnaissances pseudo-clémentines*, du IVe siècle. En tout état de cause, cela prouve qu'Arétas IV veillait sévèrement à l'ordre dans ses territoires.

Certes, il y avait une fraction activiste des partisans d'Étienne à Damas, et peut-être soutenait-elle, par exemple en leur envoyant de l'argent et des encouragements, les Nazaréens les plus ardents, partisans d'Étienne, qui étaient demeurés en Judée. Mais cette aide « logistique », qui devait traverser toute la Palestine, dans le sens de la longueur, devait être bien trop faible pour justifier une intervention aussi agressive que celle qui constitue l'intention prétendue du voyage à Damas.

La légende même du chemin de Damas est, par ailleurs, suspecte du point de vue exégétique, aussi bien dans les Actes que dans les Épîtres. Dans les premiers, elle est contradictoire ; en XXII ; 9, Saül y déclare : « Ceux qui étaient avec moi virent la lumière, mais n'entendirent pas la voix de celui qui me parlait » en précisant que c'est lui que « la grande lumière » a enveloppé ; en XXVI ; 13, la lumière a entouré et Saül et ceux qui étaient avec lui. En XXII ; 7-10, le discours de Jésus, dans une langue non spécifiée, est bref : « Saül, Saül, pourquoi me persécutes-tu ? » Et ensuite : « Lève-toi, va à Damas, il te sera dit là tout ce qu'il t'est commandé de faire. » En XXVI ; 14-18, il est dit que Jésus parle en hébreu et il tient un discours bien plus long : « Saül, Saül, pourquoi me persécutes-tu ? C'est dur pour toi de regimber sous les aiguillons ! » et puis : « Je suis Jésus, que toi tu persécutes. Mais lève-toi, tiens-toi sur tes pieds. Oui, si je me suis montré à toi, c'est pour te choisir comme serviteur, comme témoin de ce que tu as vu et de ce que je te montrerai. Je te délivrerai du peuple et des goïm vers lesquels je t'envoie pour dessiller leurs yeux et qu'ils se détournent des ténèbres vers la lumière, de l'autorité de Satan vers le Seigneur, afin qu'ils obtiennent la remise de leurs fautes et une part de l'héritage, avec les consacrés, par leur adhérence en moi. »

Les deux discours sont différents par la forme et par la teneur, en plus de la longueur. Dans le second, il n'est pas question d'aller à Damas, Jésus désigne Saül comme serviteur et, fait singulier, lui annonce qu'il le délivrera du « peuple », c'est-à-dire des Juifs, en plus des goïm. Puis il élabore sur la rédemption. Visiblement, Luc brode sur un fait dont il a eu connaissance et qui se résume ainsi : en allant à Damas, Saül a été ébloui et il a entendu, selon lui et lui seul, la voix de Jésus.

Or, quand Saül décrit le « ravissement » dont il fut l'objet, sur le fameux chemin de Damas peut-on présumer (II Cor., XII ; 2-4), il dit que « ravi au Paradis », « il y a entendu des mots ineffables, qu'il n'est pas permis à un homme de dire ». Sauf à avoir enfreint cette interdiction, il ne les a pas répétés. Ce qui revient à dire que les discours de Jésus rapportés par Luc dans les Actes sont pure fabrication. Rien, même, ne permet de supposer que c'est lors de ce « ravissement » que Saül reçut l'ordre de servir Jésus.

Saül n'est guère plus explicite sur les circonstances dans lesquelles il aurait vu Jésus. Il n'en parle que deux fois, lorsqu'il dit que Jésus a

été vu « en tout dernier lieu, par moi aussi, l'avorton » (I Cor., XV ;
8) et quand il dit, en termes ambigus, que Jésus « a jugé bon » de le
tirer du « ventre de sa mère » pour l'appeler « par son chérissement »
à découvrir en lui-même un fils, afin qu'il l'annonçât aux goïm (Gal.,
I ; 15-16), amphigouri rhétorique dont on retiendra surtout qu'il ne
correspond pas à la paraphrase de Luc dans les Actes, où Jésus
commande à Saül d'instruire aussi les Juifs.

Pour toutes ces raisons, historiques, logiques et exégétiques, j'ai
donc rejeté la fable du chemin de Damas, telle qu'elle est présentée
par les Actes et par la tradition. Je le redis : on ne peut exclure une
crise de haut mal qui serait survenue en Coelé-Syrie, mais elle n'aurait
été qu'un prétexte. C'est de façon préméditée que Saül est passé à
l'ennemi. Peut-être a-t-il endormi la méfiance du grand-prêtre en lui
annonçant qu'il allait pourchasser les Nazaréens à Jérusalem, ce qui
lui permettait de gagner du temps et de mettre sa famille à l'abri, mais
le fait est que sa conversion revêt toutes les apparences d'une fuite.
S'il va à Damas, c'est pour se faire admettre dans la communauté
nazaréenne qui dérive de l'enseignement de Dosithée et qu'ont grossie
les adeptes d'Étienne. Puis, au lieu de retourner à Jérusalem et
d'affronter les Juifs, il va en Arabie pendant un temps indéfini et n'y
fait pas apparemment grand-chose.

La grande énigme de cette volte-face en est le motif. Beaucoup
d'auteurs, auxquels souscrit d'ailleurs la tradition chrétienne moderne,
postulent que Saül, Juif helléniste, n'aurait pas trouvé dans la Torah
juive la sérénité qu'y trouvaient les autres Juifs, pharisiens d'origine
et de formation, et que cela l'aurait rendu plus vulnérable au message
christique. Toute une bibliographie entretient cette interprétation (Sanday-Headlam, Lietzmann, Jülicher, Lagrange, Bornkamm, Tyrell Hanson...) dans une vaste variété de nuances. Pour ma part, je souscris
plutôt à l'opinion de Guignebert *(The Christ*, v. bibl.)* selon laquelle
le tourment de Saül est simplement « exagéré », comme celui de saint
Augustin. Ce tourment réside surtout dans une volonté de puissance
inassouvie, prouvée par les âpres querelles de Saül avec les autres
apôtres, auxquels il s'est efforcé, tout au long de son ministère, d'arracher la direction de la communauté chrétienne.

C'est dans ces efforts opiniâtres qu'on décèle le moteur essentiel de
l'action de Saül, l'ambition. Les Actes et ses Épîtres le démontrent de
la manière la plus éclatante : il ne connaissait pas l'enseignement de
Jésus, n'y avait pas réfléchi, mais il s'était emparé du symbole de
Jésus pour inventer une religion plaquée sur le modèle des religions
précédentes. Néanmoins, il avait disputé l'autorité à ceux qui, eux,
avaient suivi Jésus tout au long de son ministère, se rappelaient exactement ses paroles et les intonations qui les nuançaient. Ce coup d'État

---

* Le lecteur s'étonnera peut-être de ce que je cite un ouvrage français
dans sa traduction anglaise ; certains malveillants l'ont fait. L'explication
en est simple : commencées accidentellement en 1965, durant des séjours
aux États-Unis, mes recherches m'ont porté, plus commodément, vers les
bibliothèques américaines et des ouvrages en anglais.

permanent, Saül l'a poursuivi pour arriver à Rome, centre du pouvoir, qu'il espérait subjuguer par la force d'une religion nouvelle.

C'est dans cette transformation, cette *métanoïa*, comme l'appelle Guignebert, que réside la clef de l'histoire de Saül. Sans compréhension de l'épisode du chemin de Damas, aussi métaphorique qu'il ait été, il est, pour moi, impossible de comprendre les origines de l'Église.

45. Dans l'hypothèse où nous nous trouvons vers l'an 34, Caïphe n'occupera plus, en effet, ses fonctions que pendant quelque trois ans, puisqu'il cède son trône à Jonathan, fils d'Annas, donc beau-frère de Caïphe, vers la Pâque 37, après quelque dix-neuf ans, théoriquement.

46. Il faut ici relever, parmi d'autres, la totale absence d'informations des Actes et des Épîtres sur les conséquences de la volte-face de Saül. Car le passage à l'ennemi d'un persécuteur qui alla jusqu'à voter la lapidation d'Étienne et qui, à la solde d'une faction « dure » du clergé, effectuait des rafles chez les Chrétiens dut, en effet, entraîner bien des conséquences, que Saül ne pouvait pas manquer d'avoir prévues. La première était qu'il deviendrait extrêmement dangereux pour lui de retourner à Jérusalem, sinon dans la clandestinité. La deuxième était qu'il devait quitter sa femme et ses enfants, dont, je l'ai souligné plus haut, il ne souffle jamais mot. La troisième était que la disposition de sa fortune, car nous avons vu, dans les Actes, que Saül était un homme riche, risquait de faire problème. L'argent d'un apostat pouvait être confisqué par le Temple, mais il se trouve que Saül était citoyen romain et qu'il était impossible pour le Temple de confisquer la fortune d'un Romain. En tout état de cause, Saül pouvait recourir aux services de « banquiers » romains présents en Palestine, solution suggérée au chapitre 20, qui pouvaient lui faire délivrer, soit des espèces, soit des lettres de créance pour d'autres villes de l'Empire.

47. Citée dans la note 44, la Voie Royale menait, au-delà de Damas, vers Palmyre, Doura-Europos et Bezabdé à l'est, et des routes successives menaient vers Antioche et Samosate au nord.

48. La Décapole était une ligue de dix villes reconstruites par les Romains et toutes, à l'exception d'une, situées sur la rive orientale du Jourdain et du lac de Tibériade. C'étaient Damas, Philadelphie, Raphana, Scythopolis, près de l'actuelle Beisan ou Beth-Shean, qui est, elle, sur la rive occidentale, Gadara, Hippos, Dion, Pella, Gerasa et Kanatha. La ligue s'était constituée après la campagne de Pompée, vers 63 avant notre ère, pour résister aux raids des brigands du désert. Unies par un réseau de routes, elles étaient autant de centres cosmopolites soustraits à l'autorité du Judaïsme. On y parlait grec et de très nombreux temples consacrés aux divinités du panthéon gréco-romain y avaient été construits.

49. Relatant les événements vingt ou trente ans plus tard, alors qu'ils avaient atteint à une certaine notoriété et que Saül, devenu Paul, était devenu un personnage dominant de la première Église, Luc place d'emblée la volte-face de Saül dans le domaine du mythe ; on voit dans les Actes (IX ; 3-32) le ralliement de Saül s'effectuer par l'entremise de deux miracles successifs, l'apparition de Jésus sur le chemin de Damas, puis la guérison magique de la cécité de Saül par Ananias, après quoi Saül s'en va clamer dans les synagogues que Jésus est le fils de Dieu, et cela sans susciter d'autres réactions que l'hostilité des Juifs, surpris de voir le persécuteur rallier les persécutés. Pas un mot sur la réaction des adeptes, dont on peut se demander s'ils pardonnaient aussi aisément la mort atroce d'Étienne et s'ils avaient donc dispensé Saül, dans la prescience de sa future canonisation, du plus minime « examen d'admission ». Pas un mot non plus sur le discours de repentir de Saül, qui dut bien, à un moment ou à un autre, affronter la communauté dite de Damas (et le plus probablement, de Kochba). Comme la vision présumée de Damas ne peut (voir notes 6, 38 et 44) avoir été l'événement qui fit effectuer à Saül un virage idéologique à 180°, sauf à présenter l'apôtre comme un agité, et comme les premiers disciples devaient certainement avoir un certain instinct de conservation en plus d'un minimum d'esprit critique, on est contraint de postuler que les choses se sont passées différemment. Saül a bien dû, à son arrivée à Damas, affronter la communauté ou, en tout cas, un tribunal choisi, réuni à l'occasion de la défection d'un membre important du système policier du Temple. Il a dû aussi vaincre sa méfiance.

50. Outre la réserve instinctive qu'ils ne pouvaient s'empêcher de nourrir à l'égard d'un persécuteur aussi féroce que Saül, les premiers disciples durent se méfier d'un transfuge aussi exceptionnel : Saül, en effet, aurait pu être un espion du Temple.

51. Les Actes et les Épîtres indiquant des voyages des disciples entre les différents centres de la première communauté chrétienne (c'est ainsi que Philippe — Actes, VIII ; 5 — puis Pierre et Jean — Actes, VIII ; 14 — se rendent en Samarie), il m'a semblé plausible qu'ils se trouvassent à Kochba, centre important. La présence de Lazare, dont certains textes laissent à penser qu'il appartint un temps à la communauté essénienne, de même que Dosithée (v. *Les sources*, p. 24-25 et note 50), est encore plus plausible.

52. Si l'histoire de la révélation sur le chemin de Damas a quelque origine, ce ne peut être que Saül lui-même. Elle a pu être adaptée par Saül aux circonstances, c'est-à-dire à l'examen que lui fit passer la communauté à Kochba. Mais Saül a pu avoir aussi une crise de haut mal sur le chemin, au cours de laquelle il aurait été secouru par un certain Ananias.

53. Simon le Magicien exerçait ses pouvoirs en Samarie, comme le rapportent les Actes (VIII ; 9), et se présentait comme détenteur de la puissance de Jéhovah « qu'on appelle la grande ». Avant son admission dans la communauté chrétienne, qui commença avec son baptême par Philippe, et après son expulsion, Simon enseignait une théologie dualiste, donc gnostique, décrite par Irénée (Adv. Haer., I ; XVI, 1) qu'il modifia après l'expulsion en lui adjoignant des éléments empruntés au Christianisme. Hippolyte, dans son *Elenchos contre toutes les hérésies* (où il inclut Dosithée) décrit les pratiques liturgiques des Simoniens et rapporte que Simon se faisait appeler « Seigneur », *kyrios*, de même qu'il faisait appeler sa compagne Hélène, ancienne prostituée, « Maîtresse », *kyria*. Dans ses revendications de la puissance divine, de nature évidemment syncrétique, ils se faisaient tous deux adorer devant des statues de Zeus et d'Athéna. Irénée, Hippolyte et Épiphane le rangent parmi les grands hérétiques, et les Ébionites, eux-mêmes hérétiques, ont tenté d'identifier Simon le Magicien à Saül apôtre, confusion inspirée par l'aversion des Ébionites pour Saül et, évidemment, insoutenable historiquement.

La totalité de l'Épître II Pierre, dite pseudépigraphique, parce qu'elle ne fut pas rédigée par l'apôtre, mais par des disciples qui la mirent à son compte (Chouraqui, v. bibl.), est consacrée à la réfutation de ceux qui se seraient égarés « en suivant la route de Bil'am ben Be'or » ou Balaam fils de Besor dans des traductions francisées, ce qui est, comme l'indique Daniélou dans *Les symboles chrétiens primitifs* (p. 124-127), une référence à l'Apocalypse (II ; 14-16), où la voix de Dieu fait reproche au messager de la communauté de Pergame de compter parmi les siens « des détenteurs de l'enseignement de Bil'am », lequel, pour Daniélou, citant les travaux de Schoeps, n'est autre que Simon le Magicien lui-même. Comme II Pierre fut rédigée en 125 et l'Apocalypse, peu avant la chute de Jérusalem, 68 selon J.A.T. Robinson, cité par Chouraqui, il en ressort que, des années précédant la chute de Jérusalem au premier quart du IIe siècle au moins, l'hérésie simonienne exerça assez d'influence pour alarmer les prédicateurs chrétiens. Outre son syncrétisme pagano-chrétien, c'était une doctrine gnosticiste, rappelons-le, particulièrement dangereuse pour les premiers théoriciens du Christianisme parce qu'elle grossissait le courant puissant du Gnosticisme.

54. Les propos de Dosithée sont ici de stricte obédience gnosticiste, Dosithée, rappelons-le, étant un Essénien, proche ou disciple du Baptiste. En dépit du fait qu'il fut plus tard classé parmi les hérésiarques, en raison de son gnosticisme, sa présence dans l'assemblée de Kochba était loin d'être paradoxale, étant donné que, on l'a vu, cette localité était le centre des Dosithéens et que c'est là que Saül a été instruit dans le Christianisme.

55. Mt., XVIII ; 18.

56. Mt., XVIII ; 19-20.

57. Jn., XX ; 21-23.

58. Les trois citations canoniques qui précèdent confirment la déclaration que je prête ici à Jean. C'est en effet là un point crucial à la compréhension de l'action de Saül et de la naissance de l'Église : Jésus n'a délégué à aucun homme en particulier, et en tout cas pas à Pierre, le rôle de diriger la première communauté chrétienne, et elle fut sans chef au moins jusqu'à l'arrivée de Saül, comme l'indique cette autre citation canonique : « [Les foules] glorifièrent Dieu, qui avait donné aux hommes un tel pouvoir » (Mt., IV ; 8), citation dont Bultmann écrit : « Le pluriel [aux hommes] montre clairement la conviction que le pouvoir de Jésus de pardonner les péchés est devenu la possession de la Communauté. » *(L'histoire de la tradition synopti-que*, v. bibl.) Bien évidemment, les quatre citations qui précèdent sont en formelle contradiction avec la phrase prêtée à Jésus et qui a pris un relief exceptionnel dans la tradition chrétienne : « Tu es Pierre et sur cette pierre je bâtirai mon Église. » (Mt., XVI ; 18.) Bultmann a lon-guement analysé cette allégation fondatrice et conclut : « ... Il me paraît absolument impossible de tenir Mt., XVI, 18-19 pour une authentique parole de Jésus. » *(Ibid.)* Pour lui, il s'agit d'une adjonc-tion introduite après que Pierre eut été chassé de Jérusalem, c'est-à-dire après la persécution d'Agrippa ; selon moi, elle s'explique par la volonté des apôtres d'assurer une certaine cohérence dans l'enseigne-ment chrétien, déjà déchiré entre plusieurs tendances, le Judaïsme chrétien non autonome, le Christianisme paulinien, qui tendait vigou-reusement à s'affranchir du précédent et le Gnosticisme qui se mani-festait déjà dans l'émergence de sectes diverses.

Il convient de rappeler à ce propos le verset de l'évangile de Thomas où Jésus déclare aux disciples qui lui disent qu'ils savent qu'il va les quitter et qui lui demandent qui sera leur chef : « Où que vous soyez, allez vers Jacques le Vertueux. » (Th., 12.) Dans *Les sources-I*, j'ai trouvé impossible de décider s'il s'agissait là de Jacques de Zébédée, frère de Jean, ou de Jacques d'Alphée ; en seconde analyse, il apparaît que ce dut être plutôt Jacques d'Alphée, qui devint, en effet, premier presbytre de l'Église de Jérusalem et qui est désigné à tort par Josèphe dans les *Antiquités judaïques* comme « le frère de Jésus dit Christ ». J'ai expliqué dans *Les sources-I* que Jacques d'Alphée ne pouvait être le frère de Jésus, car il était déjà celui de Lévi-Matthieu, et que le présenter comme étant du même sang que Jésus reviendrait à faire de celui-ci le frère de Lévi-Matthieu, le Publicain.

Il en ressort que la majorité des citations canoniques invite à rejeter formellement l'idée que Jésus ait eu l'intention de fonder une Église, point de vue longuement et clairement exposé par Émile Morin dans *Non-lieu pour Jésus* (v. bibl.). C'est en quoi je suis contraint de conclure que l'œuvre fondatrice de Saül a été en flagrante opposition avec les intentions de Jésus telles qu'elles ont été rapportées par les Évangiles canoniques même.

Deuxième partie

59. Il s'agit ici d'Antioche Épidaphnes, l'actuelle Antakya, en Tur-quie, sur la rive gauche de l'Oronte, cité qui demeura libre même quand, en 64 avant notre ère, la Syrie passa sous contrôle romain. Il s'agissait d'une cité splendide, qu'embellirent les Romains, et qui se distinguait par son effervescence, sinon sa profondeur culturelle, son esprit frondeur et l'extrême liberté de ses mœurs. En dépit de celle-ci, elle fut la base des voyages missionnaires de Saül et, après la chute de Jérusalem, la véritable métropole de la première Chrétienté.

60. Contrairement à une impression entretenue par la tradition chrétienne, le Christianisme ne s'est pas détaché du Judaïsme après la Crucifixion. Il s'agit là d'une illusion créée par l'antijudaïsme des versions tardives (fin du Ier siècle-début du IIe ; v. *Les sources-I*) des Évangiles, en particulier sous l'impulsion du courant paulinien, qui contribua de manière décisive à la rupture entre Judaïsme et Christianisme. « ... Ceux qui proclament... la résurrection du Messie crucifié n'ont encore ni le sentiment ni la volonté de se séparer du Judaïsme », écrit Marcel Simon dans *La civilisation de l'Antiquité et le Christianisme* (v. bibl.). « Ils continuent d'observer scrupuleusement la Loi... L'Église naissante n'est encore, à ce stade, qu'une secte juive de plus entre beaucoup d'autres. » Et encore : « Le rameau judéo-chrétien de l'Église, qui professait tout ensemble la foi en Jésus Messie et une fidélité sans défaillance à la Loi de Moïse, réussit à se maintenir pendant plusieurs siècles. Mais il se trouva de plus en plus relégué en marge du Christianisme ecclésiastique. » *(Idem.)* Toutefois, il n'est pas douteux que la condamnation de Jésus par le Sanhédrin ait suscité chez les Juifs orthodoxes une méfiance à l'égard d'une secte qui se réclamait d'un homme condamné au supplice infamant de la croix. Les responsables des communautés de la diaspora, déjà sous l'emprise croissante de l'Hellénisme, ne pouvaient, comme le rabbin Théophoros d'Antioche, création romanesque, que témoigner de la méfiance à l'égard d'une secte de plus, c'est-à-dire d'une brèche supplémentaire dans l'édifice ancestral du Judaïsme.

61. Télesphore était l'adolescent guérisseur, qui accompagnait traditionnellement Asklépios, c'est-à-dire Esculape, dieu gréco-romain de la médecine, et ses filles se nommaient, en effet, Hygéia et Panacea. Ce dieu était vénéré de Rome à Alexandrie, en passant par Agrigente et Antioche, où un temple lui avait été élevé.

62. Dans l'hypothèse, déjà exposée plus haut, selon laquelle c'est à Kochba que Saül a reçu son enseignement de Chrétien, la présence de Dosithée lors des leçons données à Saül est évidente, puisque lié déjà au Baptiste, comme on l'a vu, et fondateur de la communauté de Kochba, Dosithée était encore vivant. On peut se demander si le Gnosticisme relevé par plusieurs auteurs en de nombreux points des Épîtres (la fréquence de termes chez lui fondamentaux, tels que *gnosis, sophia, Kyrios, Soter*) ne procède pas de l'influence de Dosithée, Essénien, Helléniste et Gnostique.

63. L'appartenance de Lazare au courant essénien est indiquée par le passage retrouvé de l'évangile de Marc, récit de la pseudo-résurrection du frère de Myriam de Magdala (v. *Les sources-I*), et notamment par la référence qu'y fait Jésus à la robe de lin, vêtement typique du rituel essénien.

64. La « Règle de la communauté de Quoumrân » détaille les prescriptions sourcilleuses auxquelles étaient assujettis les Esséniens pour la satisfaction de leurs besoins naturels, ainsi que l'interdiction de satisfaire ceux-ci le jour du Sabbat.

65. Il s'agit là d'un point majeur de l'eschatologie essénienne, qu'on retrouve singulièrement dans les Épîtres et leur déclaration explicite sur l'imminence de la parousie ou venue du Messie. Cette coïncidence, évoquée dans les notes 44 et 54, est un élément de plus qui plaide en faveur d'une influence essénienne qui se serait exercée sur Saül, sans doute aussi par l'intermédiaire de Dosithée.

66. Mt., XI ; 2-3. Il s'agit là d'une phrase troublante, puisqu'elle indique que, peu avant sa mort, Jokanaan douta ouvertement de la messianité de Jésus. Sans doute avait-il d'autant plus de raisons d'en douter que Dosithée se présentait comme l'« Étoile ».

67. C'est le point qui apparaît en deux passages des Évangiles canoniques : d'abord quand les disciples l'abandonnent tous (Mc., XIV ; 50), puis quand ils déclarent leur déception après la Crucifixion : « Nous avions espéré qu'il était l'homme qui libérerait Israël » (Lc., XXIV ; 21), qui démontre d'abord leur attente d'un messie temporel, puis leur perte de foi en Jésus.

68. Il s'agit là, en effet, d'un des aspects les plus déconcertants du comportement collectif des disciples. Selon Matthieu (XXVIII ; 17), ceux-ci le retrouvèrent après la Crucifixion sur une montagne de Galilée ; selon Luc (XXIV ; 50), il les accompagna à Béthanie et puis s'en fut sur son chemin, alors qu'ils rentraient à Jérusalem. Selon Jean (XXI ; 1), il les retrouva sur une rive du lac de Tibériade. Il s'agit là de leur dernière entrevue avec Jésus, de nature formellement terrestre (seul un passage ajouté tardivement à l'évangile de Marc décrit l'Ascension). Comment se fait-il qu'aucun des disciples n'ait témoigné, fût-ce du désir de le suivre ?

Il n'existe qu'une seule explication, qui n'est pas évoquée à ce moment du récit : c'est que Jésus ait enjoint spécifiquement aux disciples de ne pas le suivre.

69. Parmi les discordances, déjà nombreuses, entre les Évangiles canoniques, on est contraint de relever celles qui sont évoquées dans la note précédente sur le lieu ou les lieux où Jésus est réapparu aux disciples après la Crucifixion, et qui, fait singulier, se manifestent même entre les Évangiles synoptiques. Ces discordances donnent à penser que Jésus aurait sporadiquement suivi ses disciples de la Judée à la Galilée pendant quelques semaines, avant de les quitter définitivement. En tout état de cause, la multiplicité de ces lieux ne fait qu'accentuer l'étrangeté du comportement des disciples.

70. C'est ce qu'indiquent les Actes (VIII ; 9-12) : Simon fut baptisé en Samarie, dont il était originaire, par Philippe, quand celui-ci entama l'une des premières actions missionnaires des disciples. Luc précise qu'il s'attacha à Philippe.

71. Il est plausible que, instruit par la déception que lui avait causée la conversion superficielle de Simon, Philippe ait accueilli avec méfiance Saül, personnage autrement plus redoutable, qui peu de semaines auparavant, persécutait encore les Chrétiens et qui, crime insigne aux yeux des disciples, avait participé à la lapidation d'Étienne.

L'hostilité des premiers disciples de Jésus à Saül ne devait pas se démentir par la suite (v. note 227).

72. Nous ne disposons à ce jour d'aucun document sur les circonstances et la manière dont Saül fut instruit de l'enseignement de Jésus, et, bien évidemment, de la teneur de cet enseignement et des maîtres qui le dispensèrent. Ce chapitre postule que la durée en fut relativement brève, quelques semaines ou plusieurs semaines. On est même enclin à conclure que cette instruction fut sommaire. Comme le relève G.A. Wells dans *The Historical Evidence for Jesus* (v. bibl.), les Épîtres ne font absolument pas mention de la vie de Jésus, ne citent pas sa date ni son lieu de naissance présumés, ni de son jugement par un fonctionnaire romain, ni de Jérusalem comme lieu de la Crucifixion ; elles ne parlent ni du Baptiste, ni de Judas, ni du reniement de Pierre, que Saül ne se gêne pourtant pas pour traiter d'« hypocrite » (Gal., II ; 2-4), et dont il rapporte qu'il menaça la position de Saül à la tête de la communauté d'Antioche (Gal., II ; 7-8). Elles ne disent même pas que Jésus fut mis à mort. Toute la substance historique des Évangiles, canoniques et apocryphes, est singulièrement « évacuée » (de même que les miracles, v. note 83). Jésus, dans la prédication de Saül, passe au niveau de l'abstraction. On n'y perçoit même pas, comme le relève également Wells *(ibid.)* que Jésus fut un maître d'éthique, et c'est l'enseignement éthique de Saül lui-même qui y domine, comme s'il se substituait à celui de Jésus au nom de celui-ci. L'impression générale qui s'en dégage est que, paradoxalement, l'instruction chrétienne de l'« inventeur » du Christianisme fut aussi hâtive et sommaire que son instruction juive. Arabe, Saül semble bien n'avoir eu d'autre foi que celle qu'il forgea avec le secours de sa rhétorique d'helléniste ; il fut son premier adepte et le premier Chrétien au sens moderne qu'a pris ce mot.

73. On peut s'étonner que ni les Actes ni les Épîtres ne fassent la moindre mention de la réaction qu'à coup sûr la défection de Saül causa à Jérusalem. La légende du « coup de lumière » sur le chemin de Damas, probablement propagée depuis Kochba, pouvait aisément inspirer aux gens du Temple l'explication d'un accès de folie causé par une insolation, et cela d'autant plus aisément que l'épilepsie de Saül devait être connue de plus d'un à Jérusalem.

74. On tend parfois à sous-estimer l'ampleur des échanges commerciaux qui, au Ier siècle, s'effectuaient entre l'Asie, l'Afrique et l'Empire, ainsi qu'entre les provinces de l'Empire.

75. Il s'agit d'une application de la boussole, décrite dans le Louen Heng en 83 et certainement antérieure de quelques décennies. Comme de nombreuses autres inventions chinoises, celle-ci n'atteignit l'Occident que plusieurs siècles plus tard (la première description de l'utilisation d'une boussole en Europe remonte à 1187).

76. Il s'agit de la première version du cardan, inventée par le Chinois Fang Feng au IIe siècle avant notre ère.

77. Il n'existe que des présomptions d'une relation entre le philosophe et dramaturge Sénèque (4 av. notre ère-65) et Saül, mais elles sont assez anciennes pour avoir, dès avant le IVᵉ siècle, inspiré à des pseudépigraphes assez maladroits, une correspondance entre Saül et Sénèque. Jérôme les mentionne, les tient pour bons et, pour cette raison, inclut Sénèque dans les auteurs chrétiens. Ces présomptions restent aujourd'hui fondées sur le fait suivant, déjà évoqué : la très remarquable sollicitude de Gallion, proconsul de l'Achaïe et siégeant à Corinthe, à l'égard de Saül lorsque celui-ci est arrêté sur dénonciation des Juifs de Corinthe. Iunius Gallio est, en effet, le frère aîné de Sénèque, adopté comme lui par le rhéteur Lucius Iunius Gallio. Gallion est un fonctionnaire chanceux, puisqu'il jouit d'abord de la faveur de Claude, puis de celle de Néron, auquel il servira de héraut sur scène, comme le rapporte Tacite *(An.*, XV ; 73-XVI ; 17). Or, Gallion soustrait Saül à la fureur des Juifs, fait vider ceux-ci du prétoire, et, fait encore plus singulier, qui témoigne de sa sympathie à Saül, laisse arrêter, puis lyncher Sosthène pourtant l'un des convertis de Saül. On peut s'interroger, évidemment, sur le motif de cette sollicitude, supérieure à celle que la citoyenneté romaine de Saül pouvait normalement inspirer à un proconsul ; car, après tout, même un citoyen romain pouvait être arrêté s'il avait commis un délit (et dans ce cas particulier, Saül semble bien s'être rendu coupable de sédition, d'abord par trahison des dieux romains, ensuite par fomentation de troubles). Une relation avec Sénèque, précepteur et conseiller impérial, peut l'expliquer à coup sûr ; mais qu'est-ce qui peut expliquer cette relation elle-même ? Sénèque n'est certes pas sympathisant des Juifs ; comme Horace, il s'est moqué du Sabbat. Toutefois, comme les Stoïciens, dont il est proche, et comme l'a montré la première de ses neuf tragédies, *Hercules Furens* (et la dernière aussi bien, *Hercules Oetaeus)*, Sénèque estime qu'Hercule, né du dieu suprême de l'Olympe et d'une mortelle, à l'instar de Jésus, est l'idéal de l'humanité. De plus, comme Jésus, Hercule a triomphé de la mort en descendant dans l'Hadès et en en revenant, et il a acquis l'immortalité après avoir rétabli le bien sur la Terre par ses Douze Travaux ; même sa mort, causée par une trahison, celle de sa femme Déjanire ou du centaure Chiron, selon les versions, présente un parallèle avec celle de Jésus. De fait, dès les origines de l'Église, la puissance des héros grecs-romains, notamment Hercule-Héraklès, Esculape-Asklépios et Bacchus-Dionysos, fera obstacle à l'expansion du Christianisme, parce que ces dieux sont des rivaux de Jésus. Et Saül s'en inspirera dans son remaniement symbolique de la Crucifixion ; l'attraction que peut exercer Sénèque sur lui est donc tout à fait plausible. L'intérêt que Saül peut présenter pour Sénèque est sans doute moindre, mais non négligeable : citoyen romain dans une région où le privilège du titre est encore plus remarquable, et rare, helléniste, très probablement rompu aux finesses du grec, hérodien et riche, il doit revêtir aux yeux du Romain un relief particulier. L'admiration de Saül achève de fixer l'attention de Sénèque. Où ont-ils pu se rencontrer ? On voyageait beaucoup dans l'Empire, et je suis contraint de m'en remettre à la conjecture d'un séjour de Sénèque à Damas.

78. Le syriaque appartient au groupe linguistique araméen oriental.

79. Le postulat d'une rencontre isolée, personnelle, entre Jésus et
Saül procède des bases suivantes : en I Cor., IX ; 1, Saül déclare :
« N'ai-je pas vu Jésus ? » et, dans la même épître, en XV ; 5-8, il
déclare à nouveau : « ... qu'il [Jésus] a été vu par Cephas, puis par les
douze. Ensuite, il a été vu par plus de cinq cents frères en une fois. La
plupart restent encore en vie, et quelques-uns se sont endormis. Ensuite
il a été vu par Jacques, et ensuite par les envoyés, tous. En tout dernier
lieu, il a été vu par moi aussi, l'avorton. » Outre que ces deux passages
plaident pour plusieurs « apparitions » successives de Jésus à ses disciples, ils indiquent ou bien que Saül ment de façon outrancière, inégalée
parmi ses fabrications, exagérations et arrangements de la réalité, ou
bien qu'il a réellement vu Jésus. Il ne peut évidemment s'agir du phénomène lumineux du pseudo-incident sur le chemin de Damas, puisque
Saül dit lui-même, en résumé, qu'il fut enveloppé d'une lumière et
qu'il entendit une voix, celle de Jésus donc, mais non qu'il vit Jésus
lui-même ; or, là, il emploie « voir » au sens « rencontrer », comme
les disciples ont bien « vu » Jésus en chair et en os à Emmaüs, puis
sur les bords du lac de Tibériade.

Mentir à ce point-là est possible, mais risqué. Saül peut bien dire
qu'il est né à Tarse, les autres activistes de la première communauté
christique ne peuvent le vérifier et, sans doute, n'en ont cure. Il peut
également prétendre qu'il a été instruit par Gamaliel ; il suffit qu'il ait
assisté à quelques leçons de ce maître pour que les démentis des
mêmes activistes tournent court et, d'ailleurs, cela n'a plus vraiment
d'importance. Saül peut encore prétendre avoir entendu une voix sur
le chemin de Damas ; comme il est le seul à l'avoir entendue, il n'est
que sa bonne foi qui puisse être mise en doute, et les disciples se
garderaient probablement de contester trop fortement un phénomène
surnaturel qui témoigne de la puissance de Jésus, non de la vertu particulière de Saül. Mais qu'il dise qu'il ait vu Jésus et qu'il le répète,
voilà un mensonge dangereux s'il venait aux oreilles de Pierre,
d'André, de Jean, de Jacques de Zébédée ou de Jacques d'Alphée, de
Philippe, bref de ces disciples qui voyagent. Ils pourraient l'interroger
sur cette éventuelle fabrication : « Tu l'as vu ? En chair et en os ? Et
où donc ? Et quand ? » Saül, qui a déjà maille à partir avec la plupart
des disciples, risquerait d'être traité de menteur et de donner ainsi des
verges pour se faire battre.

Pour affirmer et répéter ainsi qu'il a vu Jésus, Saül doit avoir un
argument de poids, qui réfute d'emblée les doutes de ses contradicteurs. Ceux-ci doivent savoir que, même s'il est enclin aux fabrications, Saül dit là quelque chose qui est vrai.

Il faut relever la déconcertante discrétion de Saül à l'égard de cette
rencontre avec Jésus ; il ne précise ni où, ni quand, ni comment, ni ce
que lui a dit Jésus. Tout ce qu'on en sait est qu'il l'a vu après tous les
autres, bien évidemment après la conversion de Damas.

Ce qui est encore plus déroutant, c'est l'« inefficacité » de cette
rencontre du point de vue apostolique. Loin d'être enflammé par

l'ardeur, il part pour les déserts d'Arabie, y reste trois ans selon les estimations de la majorité des exégètes (estimations peut-être excessives) et il en revient sans avoir fait aucune conversion. Tout se passe comme si la rencontre avec Jésus avait troublé Saül jusqu'à le désorienter. Mon hypothèse est que, s'étant rallié à la religion naissante par opportunisme, mais ayant rencontré Jésus accidentellement, Saül est subjugué par Jésus et que c'est alors que se produit la rupture symbolisée dans la légende par l'épisode du chemin de Damas. Saül rencontre un homme admirable, dont il sait que la grandeur procède, non de sa divinité miraculeuse mais, au contraire, de son humanité même. Jésus est la preuve de la puissance transcendantale de la foi, et la prise de conscience de cette vérité déclenche en Saül une réaction exactement inverse de celle des autres disciples. Êtres simples et naturellement fervents, ceux-ci ont d'abord été déroutés par les discours énigmatiques et paraboliques de Jésus (v. *Les sources-I*), puis ils ont été conquis par la croyance en la Résurrection, clef de voûte de leur divinisation de Jésus. Mais chez Saül, helléniste, calculateur ambitieux, possédé par une stratégie de conquête, la supériorité incomparable de Jésus associée à son humanité même entraîne une paralysie de la volonté ; il restera donc, sinon trois ans, du moins de longs mois sous le choc de la rencontre ; incapable d'assimiler le phénomène Jésus, il ne peut non plus tenir aucun discours évangélisateur, d'où l'échec de sa véritable première mission, en Arabie. C'est après son retour à Damas, puis à Jérusalem que, s'étant ressaisi, il construira le système théologique qui l'opposera, d'ailleurs, à la communauté de Jérusalem.

80. Mc., XII ; 35-37.

81. Mc., X ; 17-18 et Mt., XIX ; 16-17.

82. L'une des particularités les plus déconcertantes des Épîtres est que Saül n'y mentionne aucun miracle de Jésus. On est en droit de douter qu'il n'en ait pas eu connaissance, ce qui donnerait à penser que l'enseignement qui lui fut dispensé des faits et gestes de Jésus fut encore plus sommaire qu'il n'apparaît (v. note 72) ; mais il est vrai qu'avec une forfanterie stupéfiante, qui révèle sa naïveté, Saül déclare lui-même : « L'Évangile que je vous annonce, je ne l'ai reçu d'aucun homme ; aucun homme ne me l'a appris ; je l'ai reçu par une révélation de Jésus Christ. » (Gal., I ; 11). Il implique par cette déclaration d'abord qu'il est prophète inspiré, et non seulement apôtre, ensuite qu'il n'est pas inféodé aux Évangiles des témoins directs de Jésus, enfin que c'est Jésus lui-même qui l'a instruit. Cette dernière assertion appelle un certain scepticisme ; en effet, d'un strict point de vue scripturaire, l'enseignement de Saül diverge en de nombreux points fondamentaux de celui que rapportent les témoins directs de Jésus. De plus, d'un point de vue historique, cette assertion suppose que Saül a eu au moins une très longue entrevue avec Jésus, bien après la Crucifixion, en tout cas après la lapidation d'Étienne, sinon plusieurs entrevues. Or, cela ne correspond en aucune façon au bref (et, on l'a vu, douteux) rapport d'éblouissement sur le chemin de Damas, relaté une fois par Luc et deux fois de manières discordantes par Saül lui-même (v. notes

44, 72 et 79). La prétention « officielle » de Saül à avoir été instruit directement et personnellement par Jésus confirme, certes, l'hypothèse d'une rencontre tardive de Jésus et de Saül, vraisemblablement en Syrie, mais elle souligne également la tendance de Saül à l'exagération par forfanterie et renforce la conclusion selon laquelle Saül n'a eu qu'une connaissance cursive du ministère de Jésus.

83. Saül se réfère ici au singulier changement d'attitude des disciples avant et après la Crucifixion, qui passe du reniement de Pierre (Mt., XXVI ; 69-75 — Mc., XIV ; 66-72 — Lc., XXII ; 55-65 — Jn., XVIII ; 25-27) à la reconnaissance formelle de la messianité et de la divinité de Jésus après la réapparition consécutive à la Crucifixion, où Jésus leur dit : « Insensés ! Cœurs lents à adhérer à ce qu'ont dit les inspirés ! » (Lc., XXIV ; 25)

84. Dans *La vie quotidienne à Rome à l'apogée de l'Empire* (v. bibl.), Jérôme Carcopino rapporte que les maisons de Rome « brûlaient aussi souvent que celles de Stamboul sous les Sultans... D'où le nombre des incendies et la rapidité de leur propagation. »

85. Plusieurs sources anciennes rapportent que, salué avec enthousiasme par les communautés juives du monde romain, qui s'étaient crues libérées par la mort de Tibère de l'antisémitisme officiel, l'avènement de Caligula fut, huit mois plus tard, une nouvelle source de désenchantement. Exaspéré par leurs querelles avec les Grecs d'Alexandrie, sous le prétexte qu'ils réclamaient la citoyenneté de cette ville, et encore plus par l'accueil insultant qu'ils réservèrent à Hérode Agrippa, protégé de Rome, débauché et endetté, Caligula manifesta encore plus d'aversion pour les Juifs que Tibère. (Philon, *In Flaccum*, Josèphe ; *Ant. jud.*, XVIII ; 257-283, v. bibl.)

86. Carcopino (v. bibl.) estime à un million d'habitants la population de Rome sous Auguste. Perrot et Penna (v. bibl.) estiment le nombre de Juifs à quelque cinquante mille.

87. « Dans la Diaspora », écrit Ch. Perrot *(Les communautés juives de Rome*, v. bibl.), « les bâtiments servant de lieu de réunion au jour du Sabbat s'appelaient « proseuques » ou maisons de prière, et non point « synagogues », comme en Palestine et en Syrie, à Antioche, par exemple. A Rome, dans un grec latinisé, on usait du mot *proseucha*. » Les diverses communautés juives de Rome, Hébreux, affranchis, Judéo-Hellénistes, etc., étaient régies, à l'instar de Jérusalem, par un conseil de structure apparemment assez lâche, ou Conseil des archontes, ou *paroushim*. Il est certain qu'il a existé à Rome, bien avant l'arrivée de Paul, de Pierre ou d'autres apôtres, une communauté judéo-chrétienne dont on ignore qui fut l'initiateur (v. note 88).

88. Ce nom est imaginaire ; il désigne celui ou ceux qui ont apporté les premiers la semence chrétienne à Rome avant Pierre et Paul, vraisemblablement après la dispersion des Judéo-Chrétiens causée par la lapidation d'Étienne, c'est-à-dire après 34-36, alors que la scission entre les Juifs « hébreux », les plus orthodoxes, et les Judéo-Chrétiens s'amorçait. La prise de conscience de cette scission n'a pu

que pousser ces proto-Chrétiens à un certain prosélytisme, précurseur
de celui de Saül (qui n'a donc pas inventé *stricto sensu* la séparation
du Judéo-Christianisme d'avec le Judaïsme de l'Ancien Testament).
Une indication supplémentaire de l'existence d'une communauté
judéo-chrétienne à Rome, antérieurement donc à l'arrivée de Pierre et
Paul, est attestée à la fois par les Actes et par Suétone. Dans les Actes,
on voit que Saül se trouve à Corinthe en compagnie de deux Judéo-
Chrétiens, Aquilas et Priscilla ou Prisca (XVIII ; 11-12). Ces derniers
se trouvent à Corinthe depuis dix-huit mois, lorsque les Juifs défèrent
Saül devant le tribunal du proconsul Gallion. Or, celui-ci est arrivé à
Corinthe en juillet 51. Il en découle qu'Aquila et Priscilla sont arrivés
fin 49-début 50, Claude étant empereur. De fait, Suétone (Claude,
XXV ; 11) rapporte que cet empereur, « comme les Juifs se soulevaient
continuellement à l'instigation d'un certain Chrestos, les chassa de
Rome ». L'édit de Claude aurait donc été pris en 49, comme le
confirme par ailleurs plus tard l'auteur chrétien Orose (dans la neuvième année du règne de Claude, soit en 48-49). Christiane Saulnier,
dans *Il les chassa de Rome* (v. bibl.), trouve une autre confirmation à
cette date ; c'est que, justement en 49, Claude repoussa le *pomerium*,
ou limite religieuse de Rome, au-delà de l'Aventin, colline surpeuplée ;
il devenait alors impossible d'inclure les anciennes nécropoles dans le
pomerium, nécropoles qui, il faut le rappeler, étaient multiconfession-
nelles comme on dirait de nos jours. Elles furent donc expropriées. On
peut imaginer que les communautés juives, particulièrement sensibles
au respect des morts, s'insurgèrent contre cette profanation. S'opposant
ainsi à une décision impériale, elles furent bannies.

Cette hypothèse est d'autant plus plausible que, comme le relève
Saulnier, les synagogues étaient situées dans les quartiers populaires
périphériques, *extra-pomerium*, donc hors des limites sacrées de la
ville, parce qu'elles étaient associées à des catacombes.

On s'est étonné à juste titre que, chassés déjà à trois reprises de
Rome, sous Tibère, sous Caligula, puis sous Claude, les Juifs se retrou-
vassent quasiment aussi nombreux dans la capitale. J'emprunte l'explication de ce point à Perrot, déjà cité : c'est que le bannissement
atteignait les Juifs dépendant d'une synagogue seulement et non
l'ensemble de la population. C'est ainsi que la mesure de bannissement
de Tibère, en 19, n'affecta que quatre mille Juifs, alors que Rome en
comptait certainement beaucoup plus. Ces faits sont nécessaires à la
compréhension du récit, puisque ce fut d'abord parmi les Juifs romains
que se recrutèrent les premiers Judéo-Chrétiens, dès avant l'an 40.

89. La note précédente explique qu'au moment du récit où a lieu
la conversation entre les Judéo-Chrétiens, c'est-à-dire en 39, ceux-ci
ressentent déjà l'hostilité des Juifs « hébreux » ou vétéro-testamentaires ; c'est la même hostilité qui vaudra à Saül d'être arrêté dès lors
qu'il passera ouvertement à l'attaque contre les Juifs vétéro-testamentaires. A Rome, les Judéo-Chrétiens éprouvent donc aussi le besoin de
disposer de leurs propres proseuques.

90. C'est en fait Auguste qui, en 7 (Suétone, *Auguste*, XXXII ; 3

— v. bibl.), restreignit la constitution de nouvelles confréries ou thiases.

91. On ignore où Saül s'est rendu, lors de son périple en « Arabie », nom vague puisqu'il désignait tous les territoires s'étendant au-delà des frontières de l'Empire romain et allant de Palmyre au nord à l'actuelle Aden au sud et au détroit d'Ormuz à l'est. Il y existait, d'ailleurs, au moins deux zones de peuplement juif, l'une, la plus grande, au Hedjaz, de Mada'in Salih à Yathrib, l'autre dans le Himyar, sur la côte de la mer Rouge, à hauteur de Sana'a et d'Aden *(Atlas du monde juif,* v. bibl.). Saül déclare y être resté trois ans, période considérable (v. notes 79, 96 et 104) eu égard à la contradiction entre sa ferveur de néophyte et l'improductivité de cette mission. Relevons que les Actes ne font aucune mention du séjour de Saül en Arabie.

92. Ce retour à « Damas », très probablement Kochba, où demeurait la communauté chrétienne d'influence essénienne décrite dans la note 28, la première avec laquelle Saül aurait eu un rapport non hostile, est rapporté par Saül même (Gal., I ; 17) : « Je suis parti en Arabie, puis je suis revenu à Damas. » On fera ici provisoirement abstraction de la contradiction de ce passage de la même Epître aux Galates où Saül déclare qu'il alla trois ans plus tard à Jérusalem, contradiction analysée dans la note 104.

93. C'est un fait que les populations d'Arabie sont demeurées depuis le Iᵉʳ siècle à nos jours imperméables à l'évangélisation.

94. On relèvera que ni les Actes, ni les Epîtres ne font la moindre allusion au problème que dut à coup sûr représenter, pour Saül, le retour dans une ville où il n'était plus que renégat, étant passé du rôle de persécuteur des Chrétiens à celui de néophyte. Il est peu probable que Pierre, que Saül déclare être allé rencontrer exprès à Jérusalem, ait demeuré dans cette ville même, qui devait présenter pour lui des périls certains, puisqu'il y avait été arrêté avec Jean et qu'il y avait échappé de peu à la mort (Actes, IV ; 1-22) ; il est plus vraisemblable qu'il ait demeuré dans une localité voisine, par exemple Béthanie.

95. On relèvera, une fois de plus, l'absence de toute mention dans les Actes et les Épîtres à la situation familiale de Pierre, dont nous savons par les Évangiles qu'il était marié, puisqu'il avait une belle-mère, et sans doute des enfants.

96. On ne peut que s'étonner de l'omission totale du rôle que les soixante-dix apôtres mentionnés par Luc (X ; 1-2 et 17-18) ont pu jouer dans la diffusion de l'enseignement de Jésus.

97. En dépit de leur ton hagiographique, les Actes dissimulent très mal l'hostilité qui opposa très tôt et jusqu'à la fin Saül aux autres apôtres, et notamment à Pierre et Jacques. Il n'est donc pas hasardeux de penser, comme le récit l'indique, que les membres du groupe originel des témoins de Jésus furent heureux de se défaire de la présence de Saül, car il est également licite de penser qu'ils n'oublièrent jamais sa responsabilité dans la lapidation d'Étienne.

98. Quand on s'est « familiarisé » avec le caractère de Saül, l'étonnante forfanterie qu'il met aussi bien à revendiquer sa citoyenneté romaine héréditaire qu'à prétendre avoir reçu son enseignement directement de Jésus, on ne peut douter qu'à un moment ou l'autre après sa première visite à Damas, il ait révélé sa rencontre avec Jésus, pour asseoir sa légitimité d'« apôtre de la onzième heure ».

99. Myriamphore ou *myriagogos* : navire transportant dix mille amphores de port en lourd. Il s'agit de gros cargos antiques, sans rames, gréés avec une immense voile rectangulaire *(Journal de bord de Markos Sestios*, v. bibl.). Ils jaugeaient quelque deux cent soixante tonneaux.

100. Vent soufflant d'orient, dit également vent phénicien.

101. Dixièmes vagues, considérées par les marins antiques comme les plus fortes.

102. Dans ce cas, capitaine.

103. Dans mon récit, Saül a donc une sœur, Doris, qui demeure à Césarée, ville où ils ont passé leur enfance. Il m'a paru difficile d'admettre que Saül, aussi absorbé qu'il ait pu l'être par sa nouvelle vie, n'ait pas songé à rencontrer cette sœur, la seule parente proche dans une biographie étrangement tronquée.

104. A ce point-ci du récit, il semble nécessaire de proposer au lecteur un deuxième essai de chronologie de la vie de Saül, de sa conversion à son deuxième voyage missionnaire.

Celle-ci présente des difficultés considérables et, même, insurmontables si l'on se fie aux assertions de Saül lui-même, pourtant les seules dont on dispose. Des générations d'exégètes s'y sont heurtées sans succès. Il m'a semblé qu'il n'était possible de tenter une reconstitution qu'à la condition expresse de tenir compte de l'intention patente de Saül ou de ses copistes de brouiller les pistes, de même qu'un enquêteur essaie de débrouiller les faits à travers les fabrications évidentes dans les témoignages.

Un exemple éloquent de ces fabrications est le suivant : Saül affirme (Gal., II ; 1) qu'après sa première visite à Jérusalem au retour d'Arabie et son passage à Damas, il est resté quatorze ans sans revoir Jérusalem. Si l'on admet que sa conversion a eu lieu dans l'année qui suivit la mise à mort d'Étienne, soit entre 33 et 35 (Étienne ayant été lapidé entre 32 et 34 — v. note 44), et que Saül passa trois ans en Arabie, soit, toujours de manière aléatoire, de 36 ou 38 à 39 ou 41, il faut supposer, en serrant les dates de près, qu'il ne revint pas à Jérusalem avant 53 ou 55. Or, nous apprenons par les Actes (XI ; 28-30) que Saül fut délégué à Jérusalem pour remettre des fonds destinés à acheter du blé lors de la famine qui survint dans cette ville sous Claude, vers 46 estime l'*Encyclopaedia Britannica*.

Si l'on inverse le raisonnement, c'est-à-dire si l'on prend cette date de 46 comme base et qu'on admet que Saül n'a pas remis les pieds à Jérusalem pendant les quatorze ans précédents, et comme encore il aura passé quelque trois ans en Arabie, il faut considérer que sa conversion a eu lieu en 30, l'année de la Crucifixion, et de deux à quatre ans avant la lapidation d'Étienne, ce qui est évidemment exclu, à moins de considérer l'ensemble des Actes et des Épîtres comme un tissu de fables.

Or, ce n'est pas la seule absurdité chronologique dans l'histoire de Saül, et l'on comprend donc les raccommodages aléatoires auxquels se sont livrés les exégètes qui souhaitaient rester dans la tradition de l'Église aussi bien que ceux qui essayaient de démêler l'enchevêtrement des dates selon la logique historique pure. Incidemment, ce point particulier est l'un de ceux qui m'amenèrent, dès la première lecture des Actes et des Épîtres, à conclure à la dissimulation préméditée de Saül, déjà relevée par saint Jérôme à d'autres propos.

Deux dates seulement sont raisonnablement certaines dans les récits des Actes et des Épîtres qui intéressent la deuxième partie de la vie de Saül ; l'une est 46, déjà citée, l'autre est 51, celle de son arrestation à Corinthe lors de son deuxième voyage missionnaire. 46 se situe au cours du premier voyage missionnaire, qui est interrompu lorsque les Chrétiens d'Antioche, Antioche de Syrie s'entend, où se trouvent alors Saül et Barnabé, dépêchent ceux-ci avec des fonds pour venir en aide aux frères de Jérusalem affligés par la famine (Actes, XI ; 29-30). 51 se situe au cours du deuxième voyage missionnaire, alors que Saül loge, à Corinthe, chez Aquilas et Priscilla, arrivés, on l'a vu plus haut, fin 49 ou début 50. Saül les a rencontrés dès qu'il est arrivé à Corinthe (Actes, XVIII ; 2), venant d'Athènes.

Étant donné qu'en 46 Saül se trouve déjà à Antioche (où l'a emmené Barnabé) depuis un an, étant donné aussi qu'il se trouvait précédemment à Tarse, étant donné enfin qu'entre son départ de Jérusalem et son arrivée à Antioche, on ne trouve d'autres traces de déplacements que ses séjours en Syrie et en Cilicie, on peut, sur la base des analyses précédentes, proposer la chronologie que voici :

— 34 : quelques mois ou plusieurs mois après la lapidation d'Étienne, Saül se rend à Kochba, près de Damas, où il fait sa première tentative de ralliement à la communauté chrétienne, dans ce centre soumis à l'influence de l'Essénien Dosithée. C'est la même année qu'il rencontre Jésus, à Edesse probablement.

— De 34 à 37, selon ses dires, Saül est en « Arabie ». En 37, il revient à « Damas », sans doute Kochba, et, de là, regagne Jérusalem. Toutefois... selon Saül (Gal., I ; 18), il serait demeuré trois ans à « Damas », c'est-à-dire de 37 à 40. Ce séjour est cependant douteux pour les raisons exposées plus loin. Selon ce premier schéma chronologique, provisoire, Saül ne serait allé en Cilicie que trois ans plus tard, c'est-à-dire en 40.

— Il serait resté en Cilicie jusqu'en 45, date à laquelle Barnabé serait venu le chercher pour l'emmener à Antioche de Syrie, où il serait demeuré jusqu'à son retour bref à Jérusalem et jusqu'au départ de sa première mission.

— Celle-ci n'aurait duré qu'un an, environ de 46 à 47-48, et l'aurait mené de Salamis à Paphos, de Paphos à Antioche de Pisidie une fois de plus, puis à Iconium, Lystra, Derbes et enfin Antioche de Syrie.

— Le deuxième voyage aurait mené Saül en Syrie, en Cilicie, en

Galatie, en Bithynie, à Philippes, à Corinthe, où survint son arrestation, puis à Ephèse, à Césarée, à Jérusalem et enfin à Antioche de Syrie. Il aurait duré de 48 environ à 51 ou 52. (v. carte p. 458).

Ce schéma est à peu près cohérent, sauf pour les trois ans que Saül dit avoir passés à Damas de 37 à 40. En effet, qu'il s'agisse bien de la ville de Damas ou de Kochba, décrite plus haut, il ne semble y exercer aucune activité qui justifie une aussi longue halte, alors qu'il se trouve théoriquement en pleine ardeur de néophyte. Il n'y fait pas de conversions. L'affaire de l'emprisonnement par les autorités du roi Arétas, que les exégètes éprouvent tant de difficulté à situer logiquement, démontre enfin que Saül n'aurait pas pu séjourner si longtemps à Damas sans encourir de graves dangers ; il y était exécré par les Juifs. Il semble, chronologiquement et psychologiquement, beaucoup plus vraisemblable qu'à son retour infructueux d'Arabie, Saül se soit lancé à Damas dans une entreprise passionnée, et imprudente, de prosélytisme, qui aurait mis les Juifs vétéro-testamentaires en fureur et aurait motivé son arrestation par la police d'Arétas. On a vu plus haut (v. notes 1 et 44), que ce dernier n'a pu prendre contrôle de Damas qu'après la mort de Tibère (15 mars 37), qui interrompit les opérations militaires de Vitellius contre lui ; c'est donc au plus tôt dans le deuxième semestre de 37 ou au début 38. Ce serait vraisemblablement en 38 qu'évadé et déconfit, Saül revient à Jérusalem, où, selon lui, il n'est resté que quinze jours (Gal., I ; 18) et où il n'a vu que Pierre et Jacques dit « frère de Jésus » (c'est Jacques d'Alphée, dont il est expliqué plus haut pourquoi, étant frère de Lévi, dit Matthieu, le Publicain, il ne peut être le frère de Jésus). Et c'est ensuite qu'il repart en Cilicie et en Syrie.

On peut ainsi proposer la chronologie suivante :
— 34 : voyage à Kochba ;
— 34-37 : séjour en « Arabie » ;
— 37-38 : séjour à Damas et épisode de l'évasion ; séjour à Jérusalem ;
— 37-38-45 : voyages en Cilicie et en Syrie ;
— 45 : voyage à Antioche de Syrie avec Barnabé et séjour d'un an ;
— 46 : voyages de Salamis à Antioche de Syrie ; visite à Jérusalem pendant la famine ;
— 47-48 environ : premier voyage missionnaire ;
— 48-51 ou 52 : deuxième voyage missionnaire.

105. L'équivalent de Jupiter dans le panthéon des Celtes continentaux et de Dagda dans celui des Celtes insulaires (Vladimir Grigorieff, *Mythologies du monde entier*, v. bibl.).

106. L'attitude du rabbin Eugène est ici fondée sur des raisons contingentes. Mais c'étaient des raisons essentielles qui divisaient les rabbins du Ier siècle sur le prosélytisme ; si certains considéraient que d'amener un Païen à la connaissance de Dieu, « c'est comme s'il l'avait créé à la vie », pour d'autres, le prosélytisme était « aussi néfaste pour Israël que la lèpre pour l'épiderme » (Marcel Simon, *La civilisation de l'Antiquité et le Christianisme*, v. bibl.).

107. Il convient ici de relever que la tradition chrétienne est laconique en ce qui concerne l'action de nombreux apôtres après la Crucifixion, tel Thaddée, dont les « Actes grecs de Thaddée », apocryphes, font l'un des « soixante-douze » mystérieusement occultés par la tradition. Ce dernier point pourrait expliquer qu'il fasse figure d'apôtre « surnuméraire » (v. *Les sources-I*). En tout état de cause, il m'a paru plausible de faire de cet apôtre méconnu, dont la légende veut qu'il ait prêché à Edesse, un des propagateurs du proto-Christianisme en Asie Mineure, avant l'arrivée de Saül. Il est, en effet, patent qu'il existait des communautés nazaréennes tout autour du bassin oriental de la Méditerranée avant l'arrivée des apôtres « majors » (v. notes 60 et 88). Même si l'on admet qu'elles aient pu se constituer en partie par un phénomène de contagion, on ne peut exclure que des prêcheurs tels que Thaddée et d'autres des soixante-douze aient contribué à leur naissance.

108. Aussi bien les Actes que les Épîtres de Paul contournent de manière significative la difficulté fondamentale qu'affrontèrent les disciples de Jésus sur le point de la Torah : si Jésus représentait la Torah, il se situait dans le cadre strict du Judaïsme traditionnel, et son enseignement ne pouvait ni ne devait rien y changer. Mais s'il abolissait la Torah, par exemple par son refus du principe de respect absolu du Sabbat, ceux qui se réclamaient de lui devenaient automatiquement des renégats. Ils devaient donc être combattus. Saül, s'il n'évoque pas cette difficulté elle-même, traite à plusieurs reprises du rapport du Christianisme avec la Torah, selon la casuistique qui lui est propre (v. note 17).

109. Il est probable qu'en revenant de Jérusalem, Saül se trouva pendant un temps sous l'emprise d'une conception d'un Christianisme assujetti à la Torah, que défendaient Pierre et le Conseil de Jérusalem, et qu'il serait le premier à mettre en échec. Dans *Jewish and Pauline Studies* (p. 183 — v. bibl.), W.D. Davies relève l'opinion de H.D. Betz, qu'il tient pour le spécialiste qui a le mieux éclairé les Épîtres, selon laquelle il est difficile (et même impossible, selon plusieurs autres exégètes, Smith, Lütgert, Schmithals, Eckert, Munck et Meyer) d'expliquer l'assertion de Gal., VI ; 13 : c'est que ceux qui veulent imposer la circoncision aux Galates ne respectent eux-mêmes pas la Torah. C'est, en effet, l'un des sophismes les plus surprenants de Saül que cette tentative de rejeter l'un des commandements de la Torah, celui qui lui vaut le plus de difficultés, en prétendant, mais à des Galates, donc des étrangers, que la Torah n'en ferait pas mention ou ne l'imposerait pas.

110. Il s'agit là d'un des problèmes fondamentaux qu'affronta Saül dans son invention du Christianisme : la nécessité de transformer une peine infamante en un symbole transcendant. Ce paradoxe, que Saül résume ainsi : « Le mot de croix, pour ceux qui périssent, est folie. » (I Cor., I ; 18), a été étudié par de nombreux auteurs, dont le Pr Anthony Tyrrell Hanson fait une recension critique générale, magistrale, dans *The Paradox of the Cross in the Thought of St. Paul*

(v. bibl.). C'est Saül qui, le premier, et à une époque où n'existaient ni sacrifices ni prêtres ni lieux de culte, tire du paradoxe de la croix le principe du sacerdoce comme sacrifice spirituel. Ce point nous entraînerait, toutefois, en dehors des domaines historiques spécifiques.

111. Il a été dit plus haut (v. note 77) que la correspondance entre Saül et Sénèque qui nous a été transmise est une fabrication ; cela n'exclut cependant pas qu'il ait pu y avoir des échanges de lettres entre Saül, Helléniste, et Sénèque. Un des nombreux éléments qui donnent son poids à cette hypothèse est constitué par les nombreuses références des Épîtres aux maximes stoïciennes et en particulier à Sénèque. A.T. Hanson (*The Paradox of the Cross in the Thought of St. Paul*, v. bibl.) en donne l'exemple suivant : Saül dit : « Je crois que Dieu nous a exposés les derniers, nous autres apôtres, pareils aux hommes condamnés à mort ; parce que nous sommes devenus un spectacle pour le monde, les anges et les hommes. » (I Cor., IV ; 9.) Or, à propos du mot « spectacle », θέατρον, « theatron », Hanson relève que « plusieurs commentateurs citent la maxime stoïcienne, sans doute le mieux exprimée par Sénèque, selon laquelle l'homme sage en conflit avec la force des circonstances est un spectacle plaisant pour les dieux ». C'est encore ce que dit Épictète : les hommes et les dieux se réjouissent au spectacle du vrai philosophe en proie à l'infortune. Idée paradoxale, bien plus proche, en effet, des Stoïciens et des Cyniques que de l'apologétique chrétienne, que celle d'un Dieu qui prend plaisir à voir souffrir son serviteur. Et c'est pourtant Saül qui la développe, se comparant à un condamné à mort, donné en spectacle pour le bon plaisir de son Créateur, rejetant ainsi la notion du Dieu de miséricorde. Or, ces fréquents apparentements entre Saül et Sénèque m'ont renforcé dans le sentiment qu'en effet, et comme le veut la légende, l'apôtre et le philosophe ont entretenu des relations épistolaires et d'en imaginer la teneur.

112. Héraklès, demi-dieu grec, était, en effet, le héros des Stoïciens et des Cyniques, à la fois à cause de sa dénonciation et de sa lutte contre les maux qui affligeaient l'humanité et qui furent l'objet de ses Douze Travaux, et de son mépris de la mort. C'est d'ailleurs pourquoi Sénèque lui consacra deux tragédies (v. note 77).

113. J'ai développé dans *Les sources-I* les identités structurelles des mythes d'Osiris, Héraklès, Tammouz, Adonis... et Jésus. En ce qui concerne Saül, les Épîtres indiquent abondamment que sa conception de Jésus est beaucoup plus hellénistique que ne l'autorisait sa qualité supposée de Juif helléniste. C'est d'ailleurs l'opinion d'un Hyam Maccoby (*Paul et l'invention du Christianisme*, v. bibl.) : « Du fait de son origine païenne, Saül aura vu dans l'histoire de la mort et de la résurrection de Jésus des significations qui étaient en fait absentes de l'esprit des Nazaréens... La signification de la mort du dieu dans les cultes à mystères aura resurgi en lui... »

114. Citation de Mt., XXIV ; 29-31.

115. Citation de Mt., XXIV ; 34.

116. Ce partage de l'*agapê* avec des Gentils, fussent-ils convertis, sera l'un des grands points de discorde entre Saül et le Conseil de Jérusalem (v. note 136).

117. Nous ne disposons d'aucun témoignage sur la situation des Nazaréens gentils convertis à l'intérieur des communautés juives. N'étant pas circoncis ni instruits par des rabbins, ils ne pouvaient avoir que le statut ambigu de demi-prosélytes, et encore. N'étant pas non plus formellement séparés de la communauté juive, ni constitués en communautés autonomes, car n'ayant ni sacrifices, ni prêtres, ni lieux de culte, ils se trouvaient donc condamnés à une sorte de purgatoire terrestre, et sans doute enclins à regretter de s'être ralliés aux Nazaréens. Saül dut être cruellement conscient de leur inconfort, lui dont l'autorité naissante se fondait justement sur le nombre des Gentils convertis. Mais, vivant sous la menace du Conseil de Jérusalem, il n'avait pas plus le pouvoir de les affranchir définitivement du Judaïsme qu'il n'en avait lui-même licence.

118. Le nom de ce protagoniste est imaginaire. Mais il sert ici d'exemple des innombrables cas de patriciens, de Tarse et d'ailleurs, qui se trouvèrent dans une situation fausse jusqu'à ce que Saül prît ouvertement et radicalement position contre le Conseil de Jérusalem.

119. La chronologie établie plus haut (v. note 104) et en tout cas les années nombreuses que Saül consacra à son apostolat en Syrie, en Cilicie et dans le reste de l'Asie Mineure, attestées par les Épîtres (Gal., I ; 21) et les Actes (IX ; 30), offrent toutes les raisons de penser qu'il visita ces villes, et notamment Antioche de Pisidie, l'une des plus importantes, et, en tout cas, Antioche de Syrie. Cette première tournée apostolique, antérieure aux trois missions classiquement reconnues par la tradition (et dont le nombre devrait d'ailleurs être porté au moins à quatre), ne saurait pas faire de doute et, d'ailleurs, n'en fait pas pour la quasi-totalité des exégètes : il est, en effet, impossible d'imaginer qu'après la conversion sur le « chemin de Damas », Saül se soit dérobé à l'injonction de prêcher l'enseignement de Jésus qui lui est réitérée par Ananias (Actes, IX ; 15 et XXII ; 12 ss. ; I Cor., IX ; I et XV ; 9), même si les Actes et les Épîtres attribuent, comme il se doit, la vocation missionnaire de Saül à une révélation personnelle de Jésus ; il s'agit là, comme ce livre le démontre, d'un argument de propagande. Mais le fait demeure bien : à partir de sa conversion, Saül est considéré et se considère comme missionnaire. En tout état de cause, et pour dissiper tout doute à cet égard, l'épisode de la fuite dans un panier, à Damas, démontre sans conteste que Saül entreprit son activité missionnaire dès après sa conversion à Kochba, en 34 sans doute. Et c'est pourquoi un Bornkamm *(Paul, apôtre de Jésus-Christ*, p. 64-65, v. bibl.) relève l'échec apparent du voyage en « Arabie ».

La même chronologie, établie dans la note 104, implique également que Saül n'a pas pu rester inactif à Tarse et en Syrie de 37-38 à 45 et que, pendant cette période-là également, il s'est bien livré à une activité missionnaire. Or, il s'agit là d'un point fondamental, car l'arrivée de Barnabé, vers 45, revêt alors une apparence énigmatique, analysée dans la note suivante.

120. La démarche de Barnabé, qui consiste à aller en 45 chercher Saül à Tarse pour l'emmener à Antioche de Syrie, est un des épisodes les plus intrigants de l'histoire des rapports de Saül avec le Conseil de Jérusalem ; c'est aussi l'un des points qui semblent avoir été négligés par la plupart des exégètes ou qui ont, en tout cas, échappé à leur sagacité.

Selon les Actes (XI ; 19-25), les choses se passent ainsi : le nombre de convertis de la Diaspora en Phénicie, à Chypre et à Antioche finit par attirer l'attention de la communauté nazaréenne (traduction : le Conseil) de Jérusalem. Celle-ci délègue alors Barnabé à Antioche. Celui-ci exhorte les néophytes à persévérer dans leur foi et va chercher Saül à Tarse pour le ramener à Antioche.

Cependant, nous savons que les Actes tentent de gommer les conflits qui ont existé entre Saül et le Conseil de Jérusalem, et notamment Pierre et Jacques, et que, dans cette intention de masquer les faits, ils ne soufflent mot de l'un des plus violents de ces conflits, qui prend justement place à Antioche et qui fera que Saül traitera Pierre de « faux frère » (Gal., II ; 4) et moins directement, de faux jeton (Gal., II ; 14) et rejettera formellement la Torah à laquelle Pierre adhère toujours (Gal., II ; 16-21). La version de l'arrivée de Barnabé selon les Actes est donc à rejeter. Elle l'est pour trois raisons spécifiques :

— la première est que Barnabé est chypriote ; s'il avait fallu le déléguer aux communautés nazaréennes naissantes, c'eût dû être donc à Chypre, en premier lieu, et non à Antioche ;

— la deuxième est que le Conseil de Jérusalem semble, en tout cas selon les Actes, considérer que les communautés nazaréennes de Chypre, de Phénicie et d'Antioche sont nées par génération spontanée ; c'est invraisemblable, car les va-et-vient constants entre les différentes communautés ne peuvent laisser ignorer au Conseil que ces communautés ont été créées par des missionnaires. Si l'on ignore aujourd'hui qui fut le missionnaire qui évangélisa Chypre et la Phénicie, le Conseil de Jérusalem, lui, ne l'ignorait certes pas et, en tout cas, ne pouvait absolument pas ignorer que Saül s'était rendu à Antioche et qu'il y avait prêché. Lui déléguer Barnabé comme si celui-ci avait trouvé une mine d'or et allait appeler Saül à sa rescousse pour l'exploiter est une de ces feintes apologétiques de Luc qui ne font illusion à aucun exégète, le plus traditionaliste fût-il ; la communauté d'Antioche avait été créée par Saül lui-même !

— la troisième raison de rejeter la version des Actes est que Saül lui-même traite Barnabé de complice de l'entreprise hypocrite du Conseil de Jérusalem et, notamment, de Pierre (« Barnabé a aussi été entraîné par leurs menées », Gal., II ; 13).

Luc essaie donc de minimiser, voire de nier l'importance de Saül dans l'évangélisation du Proche-Orient et, en tout cas, dans la création de la communauté d'Antioche ; il essaie, mais cela est patent, de dissimuler au bénéfice du Conseil de Jérusalem le conflit entre celui-ci et Saül ; enfin, il s'efforce de dépeindre Barnabé comme un innocent.

La véritable raison de l'envoi de Barnabé à Antioche est l'inquiétude du Conseil de Jérusalem devant les conquêtes de Saül et les problèmes explosifs que suscite l'hostilité de celui-ci à la Torah, et notamment à la circoncision et au partage des repas avec les Gentils. Saül est en train de créer un réseau de communautés chrétiennes qui sont non seulement sous sa sujétion, mais qui sont en plus en rupture avec le Judaïsme. Le Conseil décide donc de le coiffer d'un surveillant, en l'occurrence Barnabé, pour mettre fin à ce qu'on peut appeler un « détournement de Christianisme ». Barnabé a sans doute deux consignes : la première qui est de ramener Saül à Antioche pour montrer à la communauté chrétienne qu'il est bien sous le contrôle de Jérusalem ; la seconde, de l'éloigner des communautés juives proches de Jérusalem et d'organiser des missions qui le mèneront exclusivement vers les Gentils. Saül, qui n'ambitionne justement que l'évangélisation des Gentils, ne se prêtera que partiellement à cette stratégie ; en effet, il n'est pas encore assez puissant pour rompre avec le Conseil ; mais il ne se privera pas de dire son fait à Pierre et de le traiter d'hypocrite et de faux frère et il se débarrassera sèchement de Barnabé.

121. Il s'agit là d'une exagération que j'attribue à Saül. Mais le fait est que les disciples nazaréens qui s'exilèrent de Jérusalem après la mise à mort d'Étienne et essaimèrent en Méditerranée orientale (Actes, XI ; 19-20) étaient sans doute peu nombreux, car tout les Nazaréens de Jérusalem ne partirent pas, puisque Pierre et Jacques, en tout cas, demeurèrent dans la ville. En tout état de cause, ce n'étaient pas des apôtres au sens œcuménique du mot, car, précise Luc dans les versets indiqués plus haut, « ils ne dirent la parole à personne, sauf aux Juifs » ; ils ne firent donc pas de conversions chez les Gentils et c'est bien à Saül que doit revenir le mérite d'avoir fondé une communauté dynamique à Antioche.

122. Noms imaginaires, destinés à désigner ceux des Nazaréens d'Antioche que Saül commit à la garde de la communauté chrétienne qu'il avait créée, comme il le fit dans les autres villes de son premier périple.

123. Simon le Noir ou Simon Niger, mentionné par les Actes comme l'un des trois parmi les docteurs et prophètes que Barnabé emmène Saül rencontrer à Antioche (XIII ; 1), les deux autres étant Lucius de Cyrène et Ménahem, est une « précision » de Luc qui demeure énigmatique, car il n'est pas possible d'en retrouver référence. On peut d'ailleurs s'interroger sur sa valeur, eu égard au fait qu'on ne revoit plus ces trois personnages, pourtant présumés importants.

124. Il semble que Luc commette à propos de ce « Ménahem, qui fut élevé avec Hérode le Tétrarque et Saül », une confusion assez grave, relevée d'ailleurs par deux auteurs, Ginsberg et Klausner, et citée dans l'édition annotée des *Antiquités judaïques* dont je me suis servi (vol. VIII, livres XV-XVIII, p. 180-181), dans la tradition talmudique. Il a existé, en effet, un Ménahem qui connut non pas Hérode le Tétrarque, mais Hérode le Grand dans sa jeunesse, et que cite Josèphe

(XV ; 373-378). C'était un Essénien qui prédit au jeune Hérode qu'il serait roi. Celui-là ne pouvait évidemment pas se trouver à la réunion d'Antioche, car il était depuis longtemps sous terre. Il y eut toutefois un autre Ménahem, fils de Judas dit le Galiléen *(Guerre des Juifs*, II ; XVII ; 8 ; v. bibl.), docteur de la Loi qui reprocha aux Juifs, sous l'administration de Quirinius, c'est-à-dire du temps où Hérode le Grand était encore vivant, « de se soumettre aux Romains alors qu'ils avaient Dieu pour maître ». On serait, à première vue, tenté de supposer que le fils de Judas, le docteur de la Loi qui adressa aux Juifs cette réprimande, aurait pu se rallier aux Zélotes, Galiléens qui fournirent à Jésus leur appui spontané comme l'ensemble des autres Galiléens en rébellion contre la Judée « collaboratrice », puis aux Nazaréens. Toutefois, l'analyse et d'autres indications historiques forcent à rejeter l'hypothèse que ce soit ce Ménahem-là qui se soit trouvé à la réunion du Conseil d'Antioche. D'abord, Pharisien, fils de Pharisien et d'un scribe de surcroît, il ne peut avoir été élevé avec un fils du despote Hérode le Grand, et encore moins d'un despote qui avait été l'agent fondamental du pouvoir impérial en Palestine ; c'est là une contradiction rédhibitoire, et l'on comprend d'ailleurs assez mal que la tradition rabbinique l'ait confondu avec l'autre Ménahem, qui était de surcroît un Essénien, on l'a vu. Ensuite ce Ménahem, qui déclencha une révolte contre les Romains et finit lamentablement à Massada, mis à mort par ses propres partisans, était, nous dit Josèphe, un personnage virtuellement brutal et cruel ; on ne l'imagine pas du tout dans une réunion d'évangélisateurs chrétiens à Antioche.

On serait tenté de conclure que la mention d'un Ménahem élevé avec Hérode le Tétrarque et Saül n'est qu'une inexactitude de plus dans la masse de celles qui émaillent le Nouveau Testament. Toutefois, même écrivant trente ou quarante ans après ces événements, Luc n'a pas pu fabriquer intégralement ses références, car il restait alors assez de témoins capables de le contredire et, surtout, il n'a pas pu confondre, ne fût-ce que pour des raisons chronologiques, Hérode le Grand, qui fut roi de Palestine et mourut en 4 avant notre ère, et son fils Hérode le Tétrarque. Il a donc probablement entendu parler d'un Ménahem (nom assez courant) qui avait été élevé avec un « Hérode le Tétrarque » et Saül, et c'est là que résiderait son erreur, et la présomption de confusion entre deux autres Ménahem relevée plus haut : outre Hérode Antipas, traditionnellement désigné comme le « Tétrarque », il y eut un autre Hérode qui régna sur la Judée, Hérode Agrippa Ier, son demi-frère, dont je postule justement qu'il fut le plus proche demi-frère de Saül. Ce Ménahem aurait pu être un fils de courtisan d'Hérode le Grand, élevé, en effet, avec les petits-fils de celui-ci, par exemple à titre de récompense, ou bien encore pour tenir le père sous contrôle.

125. C'est une référence à la phrase de Gal., I ; 22. « J'étais devenu un inconnu pour les communautés du Messie en Judée. » Cette phrase indique que l'opposition à Saül du Conseil de Jérusalem n'est inspirée que par l'opposition croissante des Juifs chrétiens, dans les seules provinces d'Orient, à l'assimilation intégrale des Gentils convertis dans la communauté chrétienne. Le problème n'existe apparemment pas en Judée, et le conflit permanent entretenu à l'étranger par Saül est dans ce cas inconnu en Judée.

126. Le problème de l'accès des Gentils convertis aux seuls lieux de culte qui existassent alors, les synagogues (et leurs équivalents romains, les proseuques), était d'une importance que l'histoire a négligée, mais qui n'en était pas moins considérable, comme en atteste l'épisode de Jérusalem, où Saül faillit être lynché pour avoir prétendument emmené au Temple Trophime d'Ephèse, Juif converti (Actes, XXI ; 27-31).

127. Selon Luc, dont les récits sont soigneusement expurgés et tendent à gommer les conflits, quand Saül est « emmené » par Barnabé à Antioche de Syrie, un Conseil d'Anciens ou *presbuteroï* existe déjà dans cette ville. Là-dessus, au cours d'une célébration de la « liturgie », l'Esprit-Saint souffle sur l'assemblée et demande que Saül et Barnabé soient envoyés prêcher ailleurs. Passons sur l'impossibilité d'une « liturgie » de Jésus, qui n'existe pas encore : le récit fleure la fabrication hagiographique parfaite. En effet, l'Esprit-Saint semble ignorer que Barnabé va, à peu de mois de là, se trouver en profond désaccord avec Saül ; en fait Barnabé est un émissaire du Conseil de Jérusalem, qui représente la tendance judaïsante du Christianisme naissant. La traduction de cet épisode serait plus proche de ceci : Barnabé, comme on l'a vu (v. note 120), emmène Saül à Antioche, où celui-ci a déjà fait beaucoup de convertis, pour le faire comparaître devant un Conseil nouveau, désigné par Jérusalem, et constitué de Ménahem, de Simon le Noir et de Lucius de Cyrène. Sans doute espère-t-il que le fait que Ménahem ait été compagnon d'enfance de Saül amènera celui-ci à résipiscence. Ce néo-Conseil, que Saül répudiera par la suite (et de fait, on n'entend plus parler de ses archontes), dit à Saül : « Il y a des conflits insurmontables entre les Juifs nazaréens et les Gentils convertis. Ta façon de les traiter sur un pied d'égalité est une cause de scandale. Va donc convertir les Gentils, avec la collaboration de Barnabé, va dans les villes païennes et ne convertis plus de Juifs. » Saül, qui au cours de sa précédente tournée a déjà constitué son propre Conseil d'Antioche, le plus probablement avec des Gentils, les moins rétifs, ne l'entend pas de cette oreille et conteste l'autorité de Ménahem, Simon le Noir et Lucius de Cyrène. L'histoire des trois missions de Saül confirme amplement, d'ailleurs, l'existence d'un conflit entre lui et les Juifs nazaréens judaïsants, soutenus par le Conseil de Jérusalem.

128. Selon Ambelain (v. bibl.), la circoncision était punie par la *Lex Scantinia* (149 av. notre ère). Hadrien l'interdit de façon générale, aux Juifs aussi bien qu'aux autres. Son successeur, Antonin, « fit explicitement une exception en faveur des Juifs et d'eux seuls : entendons, les Juifs de naissance ; la circoncision d'un non-Juif entraînait des peines extrêmement sévères » (Marcel Simon, *La civilisation de l'Antiquité et le Christianisme*, v. bibl.).

129. A l'évidence, les Gentils christianisés et non circoncis faisaient, dans le meilleur cas, figure de « Chrétiens de seconde classe » aux yeux du Conseil de Jérusalem. C'est l'opinion de Bornkamm

(Paul, apôtre de Jésus-Christ, v. bibl.), qui va même jusqu'à supposer qu'« aux yeux des Jérusalémites judéo-chrétiens, les Gentils devaient faire figure d'hérétiques et d'exaltés dangereux ».

130. La suite des événements montre que Saül ne s'est jamais laissé fléchir par les efforts des Judéo-Chrétiens pour les ramener, lui et les Gentils, dans le sein de la seule Loi juive. Il est donc plus que probable que, lorsqu'à son retour à Antioche il s'est heurté au rappel à l'ordre du Conseil mis en place sur l'instance de Jérusalem, il en a rejeté et le principe et la teneur.

131. Si, quelque trente ans plus tard, Luc évoque une « liturgie » chrétienne (Actes, XIII ; 2), dans les années 46-47, nous n'avons aucune preuve qu'elle eût été déjà en vigueur. Nous savons seulement que c'est Saül qui en a institué le premier rite, celui de l'eucharistie (v. notes 188 et 260), et il ne l'a évidemment pas institué d'emblée, mais seulement lorsque s'est imposée la nécessité de donner des fondements rituels spécifiques au premier Christianisme.

132. C'est, en effet, à Antioche où Luc, Helléniste originaire de Syrie, peut-être médecin, a adhéré à la première communauté chrétienne, sans doute vers l'an 40, six ou huit ans après la lapidation d'Étienne, et c'est sans doute aussi à Antioche — mais peut-être aussi à Troie — qu'il a rencontré Saül. Nous sommes alors aux environs de l'an 50. L'évangéliste a ensuite accompagné Saül en Macédoine (Actes, XVI ; 11-12). Il aurait quitté Saül à Philippes, où il serait demeuré jusqu'à la fin du troisième voyage missionnaire de Saül, en 58, ou il l'aurait retrouvé à Troie, alors que Saül se préparait à retourner à Jérusalem (Actes, XX ; 5 et XXI ; 18). Luc fut à coup sûr à Jérusalem en même temps que Saül, et il accompagna également Saül de Césarée à Rome (Actes, XXVII ; 1 et XXVIII ; 16). Luc n'a, de toute évidence, pas assisté à tous les épisodes de la vie de Saül qu'il rapporte ; il les « arrange » considérablement, et en omet certains. Les relations de Saül avec lui ne semblent pas avoir été étroites, ou le furent en tout cas moins que celles qu'il entretint avec Titus, Silvanus ou Timothée, mais elles n'ont apparemment pas revêtu le caractère conflictuel qu'elles eurent avec Pierre et Jacques.

Selon la tradition, Luc, célibataire, composa son évangile en Grèce et mourut à l'âge de quatre-vingt-quatre ans en Béotie. Il serait donc mort vers la fin du Ier siècle (v. note 266).

133. Actes, XI ; 28-30. Cette famine, ainsi qu'il a été indiqué plus haut (v. note 104), serait survenue vers 46. Elle semble indiquer que la communauté chrétienne de Jérusalem était peu nombreuse, puisque si démunie.

134. Il s'agit là du deuxième voyage de Saül à Jérusalem (v. note 104).

135. Genèse, XVII ; 11-14.

136. Saül est laconique au sujet de cet incident ; dans Gal., II ; 12, il écrit : « Avant que les envoyés de Jacques ne soient venus, il

[Pierre] mangeait avec les Gentils, mais quand ils sont venus, il s'est retiré et séparé. » On ne sait qui sont ces mystérieux envoyés de Jacques, mais il est logique de penser qu'ils ne sont pas venus à Antioche sans un mandement écrit de Jacques, apparemment le plus vétilleux du Conseil de Jérusalem quant à la stricte observance de la Loi juive. Les Actes, évidemment, ne font pas mention de l'incident, qui fut pourtant l'occasion d'une des réactions de Saül les plus violentes.

137. La violence de cette scène, dont la réalité est attestée par Gal., II ; 11-21, est confirmée par les termes, étonnamment violents de la part d'un apôtre qui parle d'un autre apôtre, d'« hypocrisie » (Gal., II ; 13) et de « dévoiement selon la vérité de l'Évangile » (Gal., II ; 14), et cela d'autant plus que Saül leur donne une portée très étendue, puisqu'il les utilise dans une lettre apostolique destinée d'abord aux Galates, mais susceptible d'être transmise à d'autres communautés. On reconnaît là le caractère entier et violent de Saül, absolument unique parmi les apôtres : il prouve la détermination absolue de Saül à rejeter tous les obstacles qui pourraient s'opposer à son projet de conquête de l'Empire, fussent-ils représentés par des témoins de longue date de Jésus, investis de l'autorité de l'ancienneté. C'est dans cet épisode qu'on mesure l'ascendant irrésistible que Saül a exercé sur le destin de l'Église et sa place de véritable fondateur de l'Église et d'« inventeur » du Christianisme. Plus jamais Pierre n'osera s'opposer, comme la suite des événements l'indique, à l'interprétation que Saül donne au Christianisme ; il n'y aura plus que Jacques le Mineur ou d'Alphée pour mener, pendant un certain temps, un combat d'arrière-garde.

En ce sens, on peut considérer que le conflit d'Antioche, imprudemment déclenché par des émissaires de Jacques, presbytre de Jérusalem et pseudo-frère de Jésus, a scellé la défaite du Judéo-Christianisme, dont le rameau ne cessera de dépérir par la suite.

138. On peut penser qu'après avoir sévèrement condamné Barnabé, qu'il accuse de s'être laissé entraîner par les menées du Conseil de Jérusalem, et dont il est patent qu'il est un émissaire de ce Conseil et sans doute une sorte de surveillant-espion, Saül sera tenté de se débarrasser de ce personnage falot. Donc Luc ou bien se trompe ou bien tente d'esquiver le rejet de Barnabé par Saül lorsqu'il prétend (Actes, XIII ; 4) qu'après Antioche, c'est-à-dire après l'incident avec Pierre dont il ne souffle mot, Saül est parti pour Chypre en compagnie de Barnabé. Telle est, d'ailleurs, l'opinion d'un Bornkamm *(Paul, apôtre de Jésus-Christ,* v. bibl.) qui écrit : « ... le rôle que joue Barnabé d'après le livre des Actes lui-même et d'après l'Épître aux Galates, comme compagnon de l'apôtre... contredit la construction de Luc ». Pour Bornkamm, Barnabé n'a jamais été compagnon de Saül, ne l'a pas accompagné à Jérusalem et, par voie de conséquence (ma déduction), ne l'a certes pas accompagné à Chypre après l'incident d'Antioche. A ce propos, Bornkamm dénonce les « constructions » — *i.e.* fabrications — fréquentes chez Luc. Toutefois, il ne faut pas oublier que Barnabé, installé à Jérusalem, était d'origine chypriote, et qu'à ce titre il pouvait dans son île natale être utile à Saül. Par ailleurs, Saül n'oubliait sans doute pas le rôle positif joué par Barnabé dans sa présentation aux apôtres à son retour de Syrie, après l'épisode du « chemin de Damas » (Actes, IX ; 27). Enfin, Barnabé n'est qu'un comparse, dont ni la sujétion à l'égard du Conseil de Jérusalem et des Judéo-Chrétiens, ni l'évidente pusillanimité ne peuvent en aucune manière infléchir les décisions de Saül. Pour toutes ces raisons, on peut revenir sur l'impression initiale et admettre, comme je le fais, que Saül a accordé à Barnabé un sursis et qu'il est bien parti avec lui à Chypre. Toutefois, l'évidence est que Saül ne lui accorde pas, et de loin, la même importance qu'à Titus, qu'il tient à emmener à Jérusalem, bien que non circoncis, et à Timothée, auquel il porte une affection visible en de très nombreux passages des Épîtres.

139. Au terme de ce nouvel échange de lettres, imaginaire, entre Saül et Sénèque, il m'a paru utile de rappeler où se situe la césure entre l'hellénisme de Saül et la foi chrétienne à la fondation de laquelle il a contribué de façon dominante : c'est dans le sens du mystère et de l'inconnaissable, qui l'a mené pour de nombreux exégètes aux franges du Gnosticisme (Bultmann, *Theology of the New Testament*, p. 164 et *seq.*, v. bibl.).

140. Navire de charge à deux mâts spécialisé dans le transport du blé.

141. Lorsqu'il est envoyé devant le Conseil de Jérusalem, Saül trouve celui-ci partagé en deux groupes : d'une part, les trois apôtres qu'il appelle les « colonnes » de la communauté primitive, Jacques, Pierre et Jean, et, d'autre part, un entourage strictement légaliste, dominé par des Pharisiens convertis (Actes, XV ; 5), pour lesquels, comme on l'a vu dans le récit, tout Gentil converti doit être circoncis et assujetti comme n'importe quel Juif à la Loi de Moïse. Pour éviter un conflit dangereux, Jacques admet que l'on ne peut assujettir strictement les Gentils convertis à la circoncision, mais il maintient implicitement l'obligation d'observance de la Loi de Moïse pour les Juifs convertis et, afin que Saül n'aille pas créer de situations explosives en affranchissant de cette Loi, comme il l'a fait, les Juifs convertis, il lui assigne comme secteur d'activité la conversion des Gentils. Telle est du moins la situation que décrivent les Actes. Mais, comme l'observe un Bornkamm, par exemple *(Paul, apôtre de Jésus-Christ*, p. 69, v. bibl.), « le récit du livre des Actes n'a pas la valeur d'une source proprement dite » ; il a été rédigé tardivement et « conformément à la conception idéale de l'Église et de son Histoire » que se fait le narrateur, Luc. Il y manque, à l'évidence, une nuance importante : le Conseil de Jérusalem n'a pas assigné Saül à la conversion des Gentils, mais il lui a fait interdiction de convertir des Juifs.

Or, maints passages des Épîtres, dont le plus souvent cité est Rom., IX-XI, indiquent que Saül n'a jamais renoncé à la conversion des Juifs, ni à leur affranchissement de la Loi. Il a même attaqué la Loi avec force dans Gal., II ; 21 : « Si la justice vient par la Torah, alors le Messie est mort pour rien. » C'est ce qui lui vaudra d'ailleurs l'hostilité violente des Juifs légalistes, aussi bien les orthodoxes que les convertis, et c'est cette obstination qui l'opposera au Conseil apostolique.

142. Abri en forme de cou d'oie situé à l'arrière des vaisseaux antiques, fait pour naviguer par vent arrière.

143. Si les missions de Saül ont été essentiellement dirigées vers la conquête du monde romain, cela ne signifie pas qu'il n'ait envisagé de convertir dans son intégralité le Peuple de la Loi, comme en attestent les deux passages de l'Épître aux Romains : « Le vœu de mon cœur... c'est qu'ils parviennent au salut » (X ; 1), et « Je ne veux pas, frères, que vous ignoriez ce mystère... Et ainsi, tout Israël sera sauvé » (XI ; 25-26), vœux qui ont sans doute contribué à conditionner l'intolérance particulière à l'égard du Judaïsme.

144. Cet épisode, que Luc rapporte de manière naïve, et prêtant à Saül des pouvoirs surnaturels (Actes, XIII ; 6-12), qui justifieraient l'adhésion du proconsul Sergius Paulus au Christianisme, ne dut pas être le seul du genre dans la carrière de Saül, ni de l'ensemble des apôtres ; l'Orient, en effet, abondait en mages, dont un grand nombre était d'origine persane, d'où le nom donné par Luc à Elymas, c'est-à-dire originaire d'Élam ou encore, de Susiane. Il s'agissait à coup sûr d'un magicien et astrologue. On peut douter que le proconsul se soit laissé convertir au seul vu des prodiges présumés de Saül ; il s'agissait bien plus vraisemblablement d'un de ces patriciens que séduisait l'exotisme des religions orientales.

145. C'est l'accès auquel Saül fait allusion en II Cor., XII ; 7, parlant de « l'épine dans sa chair ». La juxtaposition des fatigues endurées et d'une succession de crises a pu, en effet, altérer l'état de santé de Saül.

146. Charles Perrot (*La Diaspora juive de Rome*, v. bibl.), citant un chroniqueur syrien du IVe siècle, Barhébraeus, parle d'un recensement effectué sous le règne de Claude (41-54), qui donnerait le chiffre de 6 944 000 Juifs dans le seul Empire romain. Perrot s'interroge sur les fondements de cette estimation. *L'Atlas du monde juif* (v. bibl.) estime que le nombre des Juifs au Ier siècle « dépasse probablement les 8 millions (pour une population mondiale de l'ordre de 170 millions) ». Mais le chiffre n'est pas excessif si l'on compte qu'en Judée seulement il y avait déjà, à l'époque, 2 millions de Juifs. Saül ne peut avoir été indifférent au fait que, s'il convertissait une fraction des Juifs de la Diaspora, en plus d'une quantité égale ou supérieure de Gentils, il se trouverait à la tête d'une « armée » d'autant plus puissante que Rome serait déjà conquise.

147. Selon les Actes, ce serait lors de ce voyage que Saül aurait fait sa première visite à Iconium ; il est toutefois très improbable qu'il ait manqué une étape de cette importance lors de sa première tournée en Asie Mineure (v. note 119). Onésiphore est un personnage des Actes de Paul, apocryphes, où l'on trouve la seule description physique, succincte, de Saül.

148. L'épisode de Thècle est emprunté aux Actes de Paul cités plus haut ; je l'ai repris parce qu'il offre un exemple convaincant des problèmes que pouvait susciter la conversion de l'un des deux partenaires d'un couple et l'hostilité que pouvait susciter le prosélytisme de Saül auprès des Gentils autant que des Juifs légalistes. L'histoire hautement romanesque de Thècle et Saül, telle qu'elle est rapportée par l'apocryphe, a beaucoup et inutilement excité les imaginations ; elle est visiblement controuvée. Mais il est intéressant de relever la contradiction que voici : Thècle n'a existé que par cet apocryphe, rejeté par l'Église ; toutefois, c'est l'une des saintes les plus célèbres des Églises grecque et latine, qui en célèbrent la fête l'une le 24 septembre, l'autre, le 23... Une basilique fut même érigée en hommage à cette protomartyre imaginaire, à Séleucie, en Isaurie.

149. Titus, Grec incirconcis, et ami cher, mystérieusement « oublié » par les Actes, qui n'en font jamais mention, fait alors, et comme Timothée, son apprentissage de chef de mission ; il organise les étapes de Saül en le devançant comme éclaireur.

150. Les Actes et les Épîtres n'offrent, en effet, que des indications pour le moins élusives sur le sort des convertis que Saül laissait derrière lui ; mis au ban de leurs communautés, dont ils encouraient alors la vindicte, ils se retrouvaient à coup sûr dans des situations inconfortables et même périlleuses.

151. L'un des points obscurs des Actes et des Épîtres est la variabilité de l'hostilité des Juifs légalistes d'un séjour à l'autre de Saül dans la même ville. C'est ainsi qu'après avoir failli laisser sa vie à Lystres, Saül y retourne apparemment sans encombre.

152. Ce sont les Actes (XVI ; 2) qui précisent ce point. Sans doute Saül prit-il cette décision pour protéger le jeune homme contre l'accusation d'incirconcision que les Juifs légalistes ne manqueraient pas de porter contre lui. Mais on se demande alors pourquoi il n'a pas également pris cette mesure pour Titus, et pourquoi c'est Timothée qui bénéficie de ce « traitement préférentiel ». On se demande aussi pourquoi Saül, qui n'était pas spécialisé dans cette intervention, choisit de l'effectuer lui-même, alors qu'elle eût pu être assurée par des mains plus expérimentées.

153. Si l'on s'en tenait au texte des Actes, une fois de plus exagérément lénifiant, le message envoyé par le Conseil de Jérusalem ou Conseil apostolique donnerait gain de cause à Saül : les Gentils convertis seraient finalement libérés des obligations les plus astreignantes de la Loi. A la deuxième lecture, on y relève toutefois deux faits singuliers : d'abord, les porteurs du décret apostolique en donnent directement lecture à la foule, alors que la plus élémentaire courtoisie et un sens minimal de la hiérarchie eussent voulu que le décret fût d'abord remis à Saül, chef de fait de cette communauté qu'il a amplifiée, sinon fondée, et que ce fût lui qui en tînt lecture aux fidèles ; ensuite, Saül se sépare de Barnabé et du cousin de celui-ci, Jean ou Marc, après une vive querelle ; on se demande donc quel est le motif de ce désaccord et, par la suite, on est en droit de s'interroger une fois de plus sur l'exactitude du récit de Luc.

C'est bien ce qu'on fait de nombreux exégètes. J'en choisis deux,

Bultmann *(The Theology of the New Testament,* p. 56, v. bibl.) et Bornkamm *(Paul, apôtre de Jésus-Christ,* v. bibl.). Pour Bultmann, la concession accordée aux Gentils par le Décret n'en était une qu'à moitié : « Les Gentils chrétiens n'étaient évidemment pas considérés comme ayant de pleins droits égaux » [avec les Juifs convertis]. D'où la réaction coléreuse que je prête à Saül : le décret de Jérusalem a été adressé, non à lui, mais à l'« autre » Conseil d'Antioche, celui qui est représenté par les légalistes. Bref, c'est un camouflet diplomatique que lui infligent les envoyés de Jérusalem.

Bornkamm, après avoir rappelé que Saül « n'est pas prêt à entrer dans les délibérations casuistiques ou à faire des concessions », écrit : « Nous comprenons que Luc, si tant est qu'il ait été au courant du conflit d'Antioche, le passe sous silence dans sa présentation de l'histoire de l'Église et de Paul. De toute manière, on s'est efforcé au maximum, à diverses reprises, de bagatelliser le pénible conflit des apôtres ou de le présenter comme un épisode rapidement dépassé. Cette tendance se fait sentir jusque dans la recherche récente ; on décrit avec une imagination parfois quelque peu sentimentale la conclusion de la paix entre Paul, Pierre, Barnabé et les autres Judéo-Chrétiens. »

Barnabé, qui est sans doute, comme le suppose Bultmann, un des fondateurs de la communauté d'Antioche, et qui estime donc avoir droit à la parole en ce qui la concerne, désapprouve donc vivement la réaction de Saül contre le Conseil d'Antioche, constitué de Ménahem, Simon le Noir et Lucius de Cyrène. C'est qu'il n'a pas la vision de Saül, qui est celle d'une communauté chrétienne totalement affranchie de la Loi.

154. Il y a, en effet, toutes les raisons de supposer que le Décret a été demandé par le Conseil légaliste d'Antioche.

155. La suite des événements et des discours de Saül montre, en effet, qu'il n'a jamais accepté de considérer les Gentils convertis comme des Chrétiens de deuxième ordre.

156. Le discours que je prête à Silvanus est celui qu'inévitablement Saül a dû s'entendre tenir au moins une fois à un moment ou l'autre de ses missions, par quelqu'un qui connaissait son histoire, qu'intriguait son revirement et qui était doté de quelque psychologie, ce qui n'était certes pas exceptionnel à l'époque. Les textes évangéliques, évidemment, ne font guère place à de telles considérations ; mais il est peu douteux qu'il y eut plus d'un contemporain qui s'interrogea sur les véritables motivations de Saül.

157. Les Actes (XIII ; 8) avancent que ce proconsul envisageait de se convertir au Christianisme et que c'était Elymas qui s'efforçait de l'en détourner. L'allégation est suspecte, parce qu'un proconsul, serviteur des dieux de l'Empire, n'eût certes pas affiché si ouvertement son intention d'adhérer à une secte étrangère qu'un mage, lui aussi étranger, se soit employé à l'en détourner. Il est plus vraisemblable que Luc a transformé l'aménité du proconsul à l'égard de Saül, citoyen romain, la même que d'autres fonctionnaires romains témoignèrent par ailleurs à Saül, en intention de conversion.

158. On peut, en effet, s'interroger sur ce qui passa du message de Saül dans des contrées où l'on parlait mal le grec.

159. Les raisons réelles pour lesquelles Luc, Gentil et Syrien originaire d'Antioche, s'est associé à Saül dans le deuxième voyage missionnaire de celui-ci restent imprécises. Écrivant lors de sa captivité romaine, Saül parle de Luc comme d'un « collaborateur de travail » (Phil., 24 et Col., VIII ; 18). Des relations amicales ont apparemment lié les deux hommes ; mais si Luc était un collaborateur au plein sens du terme, on saisit mal pourquoi il resta vraisemblablement à Philippes pendant le troisième voyage de Saül, autant que la raison pour laquelle il accompagna Saül de Troie à Jérusalem, et, au terme des deux années de captivité à Césarée, de Césarée à Rome. Saül le définit (II Tim., IV ; 11) comme un « fidèle compagnon jusqu'à la fin ». Bien évidemment, Saül n'entrevoyait pas sa fin et, s'il est bien certain que Luc était aux côtés de Saül à l'arrivée à Rome (« A notre entrée à Rome », écrit-il — Actes, XXVIII ; 16), les Actes s'achèvent de manière abrupte et ne soufflent pas mot du procès qui amène son compagnon dans la ville impériale. On peut donc supposer ou bien que la fin des Actes est perdue, ou bien que Luc a quitté Rome (v. note 266).

Dans l'ensemble, Luc apparaît comme un personnage prudent et conciliant, qui s'est tenu à l'écart du conflit entre Saül et le Conseil de Jérusalem, qui aspira, dans les Actes seulement, à suivre les traces des historiens romains, dans leur précision et leur objectivité, mais qui a rejeté cette attitude dès lors qu'il s'agissait de décrire l'Église des premières décennies ; là, son témoignage cesse d'être fiable, parce que l'historien a cédé la plume au propagandiste.

160. Les Actes mettent cette décision d'aller au plus vite en Macédoine sur le compte d'une vision que Saül aurait eue, une nuit, d'un Macédonien debout qui l'appelait au secours. Il semble bien plus vraisemblable que Saül a ressenti le besoin impérieux d'aller vers l'ouest et de se rapprocher de Rome, qui était pour lui sa destination finale.

161. Une liburne était un petit navire à voiles et à un rang de rames, célèbre pour sa rapidité et sa maniabilité, qui était utilisé en particulier par les pirates d'Illyrie.

162. Le nom que j'ai donné à cette pythonisse de faubourg peut avoir, en effet, les deux étymologies, *margaino* signifiant « être en démence ». L'épisode cocasse, auquel Luc consacre une place importante (Actes, XVI ; 13-19), indique bien l'emprise que la superstition exerçait alors.

163. Les Actes donnent de cet épisode une version fantastique et d'ailleurs contradictoire, où l'on voit tous les prisonniers désentravés à la faveur du séisme, ce qui est évidemment impossible, puis où le geôlier tombe à genoux devant Saül, se convertit sur-le-champ, puis emmène les prisonniers chez lui, où il leur sert un repas, alors que, par la suite, il est dit que Saül refuse de quitter la prison tant que les policiers ne lui auront pas présenté leurs excuses. La vérité fut sans doute plus prosaïque : l'emprisonnement de Saül coïncida avec un tremblement de terre, comme il y en a beaucoup dans la région, et qui n'eut rien à voir avec la libération de Saül. Luc le dit lui-même : Saül et Silas furent libérés parce qu'ils étaient romains. Mais enfin, un peu de fantastique, à l'époque, ne nuisait pas aux récits.

164. La citation est tirée de Rom., X ; 7, mais le thème en est fréquent chez Saül.

165. Cette révélation tardive prolonge la note 44 : Saül n'avait aucune chance de rallier les Nazaréens à Jérusalem, de but en blanc ; il aurait été rejeté par eux autant que banni de la communauté juive légaliste. Le ralliement devait se faire loin de Jérusalem, et Saül était, en tant que policier au service du Temple, informé de l'existence d'un foyer nazaréen à Kochba.

166. Cette note également prolonge la note 44 : s'il postule, de manière abrupte, que Saül se convertit par « soumission au jugement de Dieu », interprétation éminemment discutable, Bultmann *(Theology of the New Testament*, vol. I, p. 188, v. bibl.), qui s'est heurté à l'énigme de la conversion de Saül, admet toutefois que sa conversion « ne fut pas une conversion de repentir, pas plus, bien sûr, qu'une conversion par illumination libératrice ».

167. *Cf. L'homme qui devint Dieu, Les sources*, sur le refus de Jésus d'être considéré comme le Messie.

168. C'est une citation de Mt., XV ; 28, celle qui démontre le plus formellement qu'en étendant le message de Jésus aux Gentils, Saül trahissait bien les intentions de Jésus.

169. L'inclusion de cette scène s'explique ainsi : il m'a paru invraisemblable que, tout au long de ses missions, Saül n'ait jamais eu un entretien non conflictuel, objectif, au cours duquel son interlocuteur lui aurait adressé les critiques que lui exprime ici Pedanius. Il m'a semblé que l'interlocuteur le plus apte à émettre ces critiques aurait été son ancien secrétaire.

170. La monère était une galère à un rang de rameurs, comptant cinquante rames, et toilée en cas de vent favorable. Il s'agissait d'un type de navire rapide, réservé, en principe, à des personnages importants.

171. Il eût été surprenant que Saül ne suscitât tout le temps et partout que des réactions violentes de la part des Juifs. Je crois vraisemblable que les Juifs d'Athènes, évidemment plus « hellénisés » que ceux d'Asie, réservèrent plus d'une fois un accueil indifférent à celui qu'ils prenaient pour le prêcheur d'un dieu nouveau.

172. Les Actes (XVII ; 16-32) témoignent de l'échec de la prédication de Saül à Athènes, où le scepticisme n'offrait guère un terrain propice et où l'on était plus enclin à philosopher qu'à s'abandonner aux transports de la foi. Néanmoins, Saül y trouva assez d'auditeurs pour susciter l'agacement et se faire traîner devant l'Aréopage, après avoir été traité de « picoreur de semences », c'est-à-dire de corneille ou de jacasseur.

173. Contrairement aux hypothèses de certains, le mot Aréopage ne procède pas du nom du dieu Arès, qui n'avait pas de sanctuaire sur cette colline, mais du mot *arai*, en grec « malédictions », qui était également celui des *semnai* ou Déesses Atroces qui, elles, avaient bien là un sanctuaire.

174. Il n'est guère douteux que les discours de Saül sur la parousie et les catastrophes finales qui l'accompagneraient n'étaient pas de nature à rassurer les Athéniens, peu favorables aux porteurs de mauvaises nouvelles. Déjà, les propos de Saül ressemblaient à ceux qu'on avait reprochés à Socrate, accusé d'introduire des dieux nouveaux dans la cité ; puis, ils paraissaient absurdes, car l'idée de la résurrection des corps était inacceptable pour les Grecs, d'où la confusion qu'ils firent entre le mot « résurrection », *anastasis*, et une hypothétique déesse Anastasie, parèdre de Jésus. Mais on peut également supposer que les Athéniens ont confondu la description de la fin du monde, et du bouleversement qui la précéderait, *anastasia*, avec celle de cette Anastasie. Enfin, il convient de rappeler que l'Agora, où Saül tenait ses discours, était considérée comme une extension du temple, donc un lieu où il était recommandé de ne pas dire de balivernes impies.

175. Il est exact que les Grecs et les Romains élevaient des autels à des dieux qu'ils ne connaissaient pas et qu'ils craignaient d'offenser à leur insu.

176. La citation qui suit est empruntée spécifiquement au poète stoïcien Aratus, selon Bultmann. Saül, pour sa défense, n'hésite évidemment pas à faire feu de tout bois.

177. La conversion de Denys, dit l'Aréopagite, mentionnée dans les Actes (XVII ; 34), a pris au cours des siècles un relief qui semble dû en partie à une légende du IIe siècle, selon laquelle il aurait été le premier évêque d'Athènes, légende jamais vérifiée, et surtout à des confusions moins admissibles. C'est ainsi qu'on l'a identifié avec saint Denis, ce qui aurait fait de lui à la fois le premier évêque d'Athènes et l'un des premiers évêques de Paris. Au VIIIe siècle, une interprétation erronée d'un passage de Grégoire de Tours accrédita l'idée qu'il avait été envoyé en France en 90 par Clément de Rome. De telles erreurs ne font que traduire la méconnaissance du monde gréco-romain : si Denys était membre de l'Aréopage, assemblée des archontes d'Athènes, il avait au moins quarante ans quand Saül fut traîné devant cette assemblée, c'est-à-dire vers 49-50 ; quarante ans plus tard, il aurait eu quatre-vingts ans, âge remarquablement avancé pour l'époque. Mais il est vrai que les hagiographes, qui sont obstinés, assurent qu'il fut décapité à plus de cent ans d'âge et qu'il a parcouru une grande distance tenant sa tête entre ses mains... Au début du VIe siècle, probablement en Syrie (*Encyclopaedia Britannica*, v. bibl.), des textes d'un style « obscur et boursouflé » (*Encyclopaedia Britannica*) lui furent attribués par Sévère, monophysite, c'est-à-dire partisan de la doctrine selon laquelle Jésus n'avait eu qu'une seule nature, mais néanmoins patriarche d'Antioche. Plusieurs auteurs s'insurgèrent contre cette attribution mais, en dépit de leurs objections, les dix lettres attribuées à l'Aréopagite gagnèrent fortement en autorité dans l'Église byzantine, puisqu'elles étaient attribuées au disciple de saint Paul. Ce ne fut qu'à la Renaissance qu'on commença à débrouiller l'affaire et que Denys l'Aréopagite auteur disparut au bénéfice du pseudo-Denys. De l'Aréopagite originel, on ne sait toujours rien, pas même quelles furent les modalités de sa conversion. On peut penser que si un archonte, personnage astreint au respect des règles de la cité et au culte des dieux, se rallia effectivement au Christianisme, ce fut secrètement et en raison de certaines similitudes entre le Stoïcisme et le Christianisme.

178. Les discours de Saül sur le retour imminent de Jésus et la fin du monde avaient été, en effet, pris au pied de la lettre par les Thessaloniciens, qui avaient cessé toute activité et attendaient donc la catastrophe finale. L'objet de la deuxième lettre de Saül aux Thessaloniciens fut de calmer les appréhensions qu'il avait lui-même suscitées.

179. On ignore qui fut ou quels furent les fondateurs de la première communauté chrétienne de Rome. Contrairement à la légende, ce ne fut certes pas Pierre, dont il est d'ailleurs douteux qu'il ait jamais été à Rome. L'opinion des historiens (par ex. Bornkamm, *Paul, apôtre de Jésus-Christ*, pp. 136-137 et Simon, *La civilisation de l'Antiquité et le Christianisme*, v. bibl.) est que cette communauté fut sans doute fondée par des Nazaréens exilés de Jérusalem après la lapidation d'Étienne, c'est-à-dire après 32-34, et qu'elle rallia ensuite une majorité de Gentils. En témoignent selon Bornkamm Rom., I ; 5 et seq., XII ; XV ; 15. Le personnage hypothétique d'Eugène présenté ici comme apôtre serait celui de l'un des soixante-dix ou soixante-douze apôtres, investis par Jésus de la mission de répandre son enseignement et mystérieusement et obstinément méconnus de la quasi-totalité de l'exégèse chrétienne (v. *Les sources-I*).

180. L'instauration de la dignité d'exilarque remonte à l'Ancien Testament ; elle désigne, sous la Captivité, les chefs des Juifs. Ce titre, héréditaire et réservé aux descendants de Bostanai, survécut environ jusqu'au XIIIe siècle.

181. Saül ne s'explique jamais sur le fait qu'il baptise lui-même relativement peu de fidèles et, mystérieusement, écrit : « Je remercie le Seigneur de n'avoir baptisé aucun d'entre vous, sauf Crispus et Gaïus » (I Cor., I ; 14). En fait, il en baptisa d'autres.

182. I Cor., VI ; 15. Généralement expurgé *ad usum Delphini*, le langage de Saül est étonnamment raide dans sa transcription littérale (v. la traduction d'André Chouraqui, qui a été l'une de mes références).

183. L'hostilité de Saül à la sexualité est rarement aussi éclatante que dans ces mots de I Cor., VII ; 1, qui sont en contradiction formelle avec l'injonction vétérotestamentaire, « Allez, croissez et multipliez-vous ». Il est licite de postuler que c'est avec Saül que l'interdiction, non de la seule « puterie », mais encore de tout commerce sexuel, fût-il matrimonial, s'instaure dans l'Église hellénique. Elle me paraît informer bien plus sur le personnage de Saül que sur l'enseignement de Jésus.

184. On peut rester rêveur quand on songe que les conversions obtenues par les prédications de Saül se fondaient sur un contenu christique d'une minceur étique. Comme l'observe le théologien Michael Goulder, de l'université de Birmingham, « bien que Saül ait prêché pour la Croix, toute théologie claire lui en faisait visiblement défaut » *(The Two Roots of the Christian Myth*, in *The Myth of God Incarnate*, v. bibl.). Et Goulder de noter qu'à cet égard l'enseignement de Saül se rapproche de celui des Gnostiques, qui ne comporte ni Passion, ni Résurrection.

185. Il m'a paru utile de rappeler, avec l'introduction du « pseudo-Eugène », qu'à la même époque Simon le Magicien remportait un succès appréciable dans les communautés chrétiennes de la Méditerranée orientale.

186. Le très laconique récit que Luc fait (Actes, XVIII ; 12-17) de l'arrestation de Saül et du traitement exceptionnel que lui réserve le proconsul Gallion n'est pas moins révélateur pour autant du statut particulier de l'apôtre. On y voit que la protection de Gallion n'est pas le fait de sa sympathie pour les Chrétiens, puisqu'il laisse quasiment lyncher le Chrétien Sosthène sous ses yeux sans s'en soucier : il n'accorde sa faveur, sous forme de relaxe, qu'au seul Saül. Sans doute celui-ci est-il bien citoyen romain, ce qui justifie certains égards. Toutefois, un citoyen romain qui prêche pour des dieux étrangers risquerait un traitement sévère de la part de la justice romaine ; il n'en est rien. L'amitié de Sénèque, frère de Gallion et conseiller de l'Empereur, intervient sans doute aussi en faveur de Saül. Mais il s'agit là d'une amitié surtout épistolaire, qui peut tout au plus valoir à Saül un préjugé favorable de la part du proconsul, non la relaxe pure et simple dans une affaire de sédition. La vérité, sans doute, est que, pour Gallion, comme pour d'autres fonctionnaires romains, le Christianisme est une affaire juive qui n'a pas d'importance pour l'Empire. Pour Rome, Saül est un prince hérodien, virtuellement juif en même temps que citoyen romain exceptionnel. En quelque sorte, et sauf faute grave, il est donc « en réserve de l'Empire ». Son ascendant auprès des Juifs convertis peut un jour servir la politique romaine.

Troisième partie

187. Estimation arbitraire : on ne sait en réalité si Pierre exerça jamais une activité de prosélyte, comme le laisseraient penser ses adresses « aux élus qui résident dans la Diaspora du Pont, de Galatie, de Cappadoce, d'Asie et de Bithynie » (I Pi. ; 1) : d'abord, la première Épître de Pierre qui comporte ces adresses est jugée par de nombreux exégètes *(cf. Encyclopaedia Britannica)* comme postérieure à la mort de l'apôtre, en raison de ses références à des persécutions religieuses en Asie qui n'eurent jamais lieu sous Néron. Ensuite, cette Épître cite des territoires qui faisaient partie des territoires évangélisés par Saül, et il n'existe pas d'autres textes qui corroborent une action de Pierre dans ces régions.

188. La première allusion au remplacement du samedi comme jour du Seigneur par le « jour du soleil » romain se trouve dans I Cor., XVI ; 2, mais le dimanche, premier jour de la semaine chez les Romains, est seulement indiqué comme jour de la collecte des aumônes. Jusqu'alors, semble-t-il, car les données précises font défaut, les Chrétiens se réunissaient comme les autres Juifs le jour du Sabbat. Ce serait seulement au IIe siècle que ce remplacement aurait été généralisé, en souvenir du jour de la résurrection de Jésus. Le *Dictionnaire encyclopédique du Christianisme ancien*, t. I, estime « fragile » la thèse selon laquelle ce remplacement se serait fait en réaction contre le Judaïsme, il semble pourtant que, dès lors que la communauté chrétienne se séparait du Judaïsme, le choix d'un autre jour de culte devenait nécessaire.

189. La tradition, se basant sur des documents incomplets comme on l'a vu, ne cite pas l'étape de Tarse ; mais cette ville constituait toutefois l'étape la plus logique après Antioche ; c'était en tout cas une escale obligée pour les navires venant d'Antioche.

190. On ne dispose pas d'explications sur les voyages d'Aquilas et de Priscilla, non plus, d'ailleurs, que sur ceux des compagnons de Saül, et l'on ignore donc les raisons de leur départ de Corinthe pour Ephèse. On peut évidemment imaginer des raisons d'apostolat, mais on doit également regretter que les indications des Actes et des Épîtres soient si succinctes sur ces déplacements.

191. Il s'agit là d'une référence au syncrétisme gréco-parthe, qui contribua à la naissance du Gnosticisme. L'idée du Grand Dieu régnant au sommet du panthéon universel est spécifiquement gnostique (v. note 220).

192. Outre Simon le Magicien, Apollonius concurrençait alors le prestige de Jésus, car il était également décrit comme un messie (v. *Les sources-I*).

193. Paradoxalement, Saül estime que ce sont les gens qui se marient qui « auront des tourments de leur chair, ceux-là ! » (I Cor., VII ; 28). S'il conseille aux maris d'« aimer les femmes comme leur propre chair » (Eph., V ; 28), il dit par ailleurs : « Une femme doit apprendre en silence, en toute soumission. Je ne permets pas à une femme d'enseigner... » et encore : « C'est la femme qui, séduite, est née à la transgression. » (I Tim., II ; 11 et 14). Autant de déclarations qui, en dépit de leurs contradictions, reflètent un solide mépris de la femme.

194. La prostitution sacrée se pratiquait dans l'enceinte de nombreux temples, en célébration de rites liés à telles ou telles images d'Aphrodite, de Cybèle, d'Artémis, de Bacchus...

195. « Que voulez-vous ? Que je vienne chez vous avec une trique ?... » demande Saül en I Cor., IV ; 21, avant d'aborder un des grands thèmes de son Épître, la sexualité. Celle-ci occupe tout le chapitre V, revient à la fin du chapitre VI, à propos des putains, des idolâtres, des adultères, des voluptueux et des sodomites et occupe les versets 12 à 20 de ce chapitre, puis revient dans le chapitre VII à propos de l'amour conjugal. Saül utilise sept fois dans ces trois chapitres les termes « putain », « puteries » et « putasser », avant de faire de la femme, dans une formule célèbre, un être acéphale : « La tête de la femme, c'est l'homme » (XI ; 3) ; et de postuler que « l'homme n'a pas été créé pour la femme, mais la femme pour l'homme » (XI ; 9). C'est dans cette Épître que Saül recommande à la femme qui ne veut pas se voiler de se tondre le crâne. Autant de vues dont on cherche en vain le germe dans les dits de Jésus.

196. Cette objection attribuée aux Juifs n'a jamais été rapportée par les Actes, ni les Épîtres, mais il est peu douteux qu'elle dut être maintes fois faite à Saül, le terme « christ » désignant spécifiquement et exclusivement un homme qui a reçu l'onction, grand-prêtre juif ou roi de France.

197. Eu égard à ce qui est indiqué dans la note précédente et au fait que Saül rejetait la Loi de manière plus ou moins oblique, c'est-à-dire rejetait les fondements même du Judaïsme, il n'est guère surprenant qu'il se soit fait éjecter de toutes les synagogues et qu'il ait suscité l'animosité de toutes les communautés juives. Ce qui est bien plus singulier est son obstination à prendre la parole dans ces lieux de culte.

198. C'est l'énigmatique « péril » cité en II Cor., I ; 8, et l'« arrêt de mort » cité en II Cor., I ; 9. Certains auteurs ont évoqué une crise de paludisme ; on ne peut l'exclure tout à fait, et d'autant moins qu'on ignore si cette maladie revêtait alors la même forme qu'aujourd'hui, car les maladies changent, et nous ne savons rien, par exemple, de la « peste » qui causa tant d'épidémies dans l'Antiquité. Toutefois, on est en droit de douter que, paludéen, Saül eût la force physique nécessaire à ce qu'on sait des fatigues de ses voyages ultérieurs : les crises eussent été beaucoup plus fréquentes qu'il l'indique, et invalidantes. On peut pencher plutôt pour une dysenterie grave ; c'est l'hypothèse que j'ai choisie.

199. Le bref rapport de Luc en Actes, XIX ; 2-3, où Saül demande aux Éphésiens s'ils ont senti l'Esprit-Saint au moment du baptême et où ils lui répondent : « Mais nous n'avons même pas entendu dire qu'il y eût un Esprit-Saint », indique bien dans quelles conditions approximatives bien des conversions primitives furent acquises.

200. Rom., XI ; 7.

201. Gal., II ; 21.

202. Le cas de « possession » rapporté par Luc (Actes, XIX ; 14-

16) est de toute évidence un cas d'intoxication par la drogue, fort probablement l'amanite phalloïde, qui était liée à de nombreux rites religieux, notamment à Éphèse, où la prostitution sacrée recourait à cette drogue traditionnelle (V. John Allegro, « Le champignon sacré et la Croix » ; bibl.) A propos de l'illuminé du récit, Luc évoque (Actes, XIX ; 13) ces « exorcistes itinérants », qu'il dit juifs, mais qui étaient certainement de bien d'autres religions, magiciens et charlatans, opérant par l'hypnose, la suggestion ou des poudres, potions et drogues diverses, tous prétendant agir sous le commandement de puissances supérieures. Mon hypothèse est que Saül, prudemment, évita d'entrer en compétition avec eux. Et c'est un fait que, dans les Épîtres, il ne cite guère de phénomènes « surnaturels ».

203. C'est en I Cor., XV ; 30 que Saül assure aux Corinthiens avoir « combattu contre des bêtes à Éphèse », phrase qui n'en finit pas de susciter l'étonnement. En effet, à l'époque, l'expression entendait qu'on avait été jeté aux fauves en pâture, dans l'arène, ce que Luc ne rapporte pas, qui eût indiqué une condamnation à mort que rien ne confirme et ce qui, de toute façon, est impossible, Saül étant citoyen romain : aucun citoyen romain ne pouvait être jeté en pâture aux bêtes. Il semble bien qu'il s'agisse, une fois de plus, de l'une de ces altérations de la vérité dont Saül était coutumier et qui, ici, frise la galéjade. Il semble bien plus probable que les Juifs d'Éphèse aient lâché des chiens contre le contestataire, voire qu'ils lui aient mis aux trousses un ours semi-apprivoisé, comme on en voit jusqu'à nos jours dans les villes de Turquie.

204. C'est de l'Épître I Cor. et surtout II Cor., essentiellement autojustificatrice, dite « Épître de larmes », que l'exégèse a déduit que la communauté de Corinthe était investie par des agitateurs qui contestaient l'autorité de Saül. Ces agitateurs auraient constitué quatre partis, l'un guidé par le Judaïsme helléniste orthodoxe de Jérusalem, c'est-à-dire Jacques et Pierre, l'autre par un énigmatique « Parti du Christ », le troisième par des Chrétiens gnostiques et le quatrième, visiblement formé sur un malentendu, par des disciples d'Apollos, prédicateur brillant dont les Corinthiens s'imaginaient qu'il était un concurrent de Saül, ce qui était faux. Le seul de ces partis qui eût pu en quelque sorte dénier à Saül toute autorité était celui des Juifs christianisés de Jérusalem ; et il dut causer à Saül d'assez grandes anxiétés pour que l'apôtre écrivît : « J'espère que nous ne sommes pas disqualifiés » (II Cor., XIII ; 6).

205. Le second voyage de Saül à Corinthe ne fait pas l'unanimité chez les exégètes. Selon l'étude de l'*Encyclopaedia Britannica (Biblical Literature*, v. bibl.) la mission de Timothée à Corinthe fut un échec, et Saül retourna quand même dans la capitale de l'Achaïe pour tenter de reprendre lui-même la situation en main, mais dut s'enfuir après un conflit violent avec un membre de la communauté corinthienne. Une des factions évoquées dans la note précédente avait donc pris le pouvoir ; on ignore laquelle ; toutefois...

206. ... la violence du conflit, les allusions claires de II Cor., I ; 8

et 10 à un autre arrêt de mort donnent à penser que ce fut la tendance d'obédience hiérosolymitaine qui avait pris la direction de la communauté corinthienne ; elle seule pouvait être à ce point antagoniste à Saül, car ni la pseudo-tendance d'Apollos, créée, on l'a vu, sur un malentendu, ni la tendance gnostique n'avaient autant de raisons de vouloir éliminer Saül physiquement. Les événements de Jérusalem, qui suivent de près, plaident en faveur de cette hypothèse (v. note 217).

207. Il convient de rappeler que la seconde Épître aux Corinthiens est très probablement la troisième de fait, celle que nous connaissons sous l'appellation de seconde étant *(Encyclopaedia Britannica*, v. bibl.) probablement composée de fragments des deuxième et troisième Épîtres.

208. Les rapports de Saül avec le Gnosticisme furent déterminants. En effet, d'une part, pour lutter contre son influence, Saül s'empara d'un certain nombre d'arguments gnostiques, ceux qui étaient les plus compatibles avec son enseignement propre (sur le Gnosticisme de Saül, v. Bultmann, *Theology of the New Testament* — I, p. 230 et *seq.)*. D'autre part, cette coloration gnostique des écrits de Saül participera à la défaveur du paulinisme du IIe au IVe siècle, tout comme l'usage qu'en font les Marcionites, hérétiques qui se rapprochent du Gnosticisme par leur rejet de la matière et leur postulat que le dieu de Jésus n'est pas celui de l'Ancien Testament. Ajoutons à cela l'hostilité des cercles judéo-chrétiens de l'Église primitive, qui rendaient à Saül, à titre posthume, la monnaie de sa pièce *(cf.* « Paul » in *Dictionnaire encyclopédique du Christianisme ancien*, v. bibl.).

209. L'expression « Fils de l'Homme » est, en effet, absente des Épîtres. Sur sa coloration gnostique v. *Les sources-I.*

210. Il s'agit d'un spécimen des interprétations gnostiques de Jésus. Il en est d'autres.

211. La dérive gnostique, soutenue par le puissant courant pythagoricien, ne pouvait, en effet, qu'alarmer Saül, dont l'enseignement, comme on l'a vu à Corinthe par exemple, se greffait déjà difficilement sur un terreau fragile, celui de communautés chrétiennes embryonnaires, déjà très mal instruites et récentes.

212. Thessalonique, qui n'était pourtant pas moins prospère que Corinthe, donna, en effet, beaucoup moins de fil à retordre à Saül. Mais on peut se demander si ce n'aurait pas été en raison de la teneur particulière des discours de Saül, si l'on en juge par ses Épîtres. Le « mystère de la destruction » à l'œuvre dans le monde sous l'inspiration de Satan, mais tenu en échec par la puissance romaine, par exemple ; et si les Épîtres aux Thessaloniciens reflètent, fût-ce de loin, les prédications de Saül (ces Épîtres sont, en effet, fortement contestées), les consolations sur la survie de l'âme, à l'occasion de la mort de frères, étaient à coup sûr des notions plus rassurantes que les considérations et injonctions d'autres Épîtres, telles que I et II Corinthiens, nettement plus véhémentes.

213. En Rom., XV ; 24, Saül écrit à la communauté de Rome :
« J'irai vous voir en passant par l'Espagne. » A l'en croire, Rome ne
serait donc qu'une étape occasionnelle lors de son voyage vers l'Espagne, ce qui est particulièrement difficile à admettre. Saül aurait donc
témoigné beaucoup plus de sollicitude aux communautés d'Ephèse ou
de Corinthe qu'à celle de la métropole, lui qui est romain, qui bénéficie
de la protection de fonctionnaires romains, et qui, enfin, se voit de
plus en plus désavoué par le Conseil de Jérusalem. Même en tenant
compte de la déclaration de Saül, l'hypothèse est évidemment absurde,
et, comme le dit Norbert Hugedé dans *Saint Paul et Rome* (v. bibl.),
dès la fin du deuxième voyage, Saül ne pense, bien au contraire, qu'à
aller porter son message à Rome. Telle est également l'opinion de
Bornkamm *(Paul, apôtre de Jésus-Christ*, v. bibl.), qui estime que Saül
projette depuis longtemps son voyage à Rome. L'objectif espagnol est
donc fallacieux, et s'il ne l'avait été, Saül eût adressé au moins une
épître aux Bètes, aux Cartagénois ou aux Tarraconais. Quelle est donc
la raison de sa dissimulation ? Sans doute la même que celle qui lui a
fait occulter tout au long de ses Épîtres la raison véritable de ce qu'on
a appelé sa « hâte apostolique ». Il ne découvre pas ses intentions, ni
ne s'explique.

214. Nous ne disposons d'aucune indication sur ce que Saül savait
de la fondation de la communauté chrétienne de Rome. En tout état
de cause, celle-ci, récente, puisqu'elle n'avait pu être fondée que vers
34 ou 35, après la lapidation d'Étienne, constituait à peine un embryon
de secte, sans théologie, sans rites et même sans identité véritable,
rapprochée de la communauté juive, qui était beaucoup plus ancienne.
L'imagerie populaire, entretenue par la Tradition, tendrait à laisser
croire que cette communauté disait la messe en secret et lisait les
Évangiles. Or, le sacrement eucharistique n'avait pas encore été institué, les Évangiles ne seraient écrits que cinquante à soixante ans plus
tard, au mieux, et diffusés trente à quarante ans après, vers 120 au plus
tôt. C'est plus exactement une communauté proto-chrétienne, agglo-
mérée sur la notion floue d'un Rédempteur. Pour Bultmann *(op. cit.)*
elle n'avait aucune unité.

215. Considérée par certains exégètes comme le « testament » de
Saül (ce qui reste une hypothèse, car rien n'assure que Saül n'écrivît
pas d'autres épîtres pendant sa longue captivité à Césarée), l'Épître
aux Romains est, en effet, la plus aboutie et la plus riche de toutes,
celle qui a le plus contribué à l'élaboration de la théologie chrétienne
ultérieure, comme l'ont vu Karl Barth, Dibelius, O'Neill et d'autres
(v. bibl.).

216. Saül a été le premier à se soucier de la collecte des fonds à
l'intention des communautés les plus pauvres, telles que celle de Jérusalem. Il avait toutes les raisons de craindre que les fonds versés par
des communautés comprenant des Gentils non circoncis fussent refu-
sés par le Conseil de Jérusalem.

217. C'est à Cenchrées, au moment de s'embarquer, que Saül est
informé d'un complot des Juifs de Corinthe (Actes, XX ; 3). S'agit-il

des Juifs vétéro-testamentaires de Corinthe ou des convertis assujettis au Conseil de Corinthe ? Luc ne le dit pas. Mais on ne peut exclure une convergence des intérêts des deux communautés. La précédente tentative d'assassinat de Saül (v. note 206) donnerait à penser que ce furent encore les représentants du Conseil de Jérusalem qui tentèrent de se défaire de Saül.

218. Ce sont les Actes qui fournissent les premières indications sur l'institution par Saül de rites eucharistiques (par ex. Actes, XX ; 7 et 11).

219. On devine pour quelles raisons Luc mentionne cet incident, qu'on retrouve à des centaines d'exemplaires dans la chronique contemporaine des faits divers : c'est bien évidemment pour accréditer l'idée de pouvoirs surnaturels de Saül.

220. Le Gnosticisme était, en effet, un syncrétisme de tendances hellénistiques et orientales, comme Bultmann l'indique *(op. cit.)*, rejetant ainsi l'interprétation antérieure, et parfois reprise, de Harnack. Mouvement mystique fondé sur le dualisme du monde et la rédemption, il envahit le Judaïsme, puis les sectes dérivées de l'Essénisme, telles que celle du Baptiste, puis enfin le Christianisme.

221. C'est l'appellation que lui donne Luc (Actes, XXI ; 8), qui le désigne comme « l'un des Sept ».

222. Actes, XXI ; 9. Philippe était donc marié, c'est-à-dire fidèle à la tendance vétéro-testamentaire du Conseil de Jérusalem.

223. Dans Actes, XXI ; 11, Luc fait dire au dénommé Agabus que ce sont « les Juifs ». La suite des événements indique que le Conseil de Jérusalem n'est certes pas étranger à cette tentative renouvelée d'assassinat.

224. L'obstination de Saül à affronter le danger intrigue évidemment les exégètes depuis longtemps. Son œuvre n'avait évidemment rien à gagner, au point où elle en était, d'une interruption inopinée. Donc Saül n'envisageait pas d'être vaincu par ses ennemis ; très probablement, il supposait que sa qualité de citoyen romain le tirerait une fois de plus d'un mauvais pas éventuel.

225. C'est un des détails les plus déconcertants du récit de Luc que le fait que Saül accepte l'hospitalité de ce « Mnason, de Chypre, un ancien adepte » (Actes, XXI ; 16), c'est-à-dire un renégat. Mnason est l'unique personnage de toute la littérature néotestamentaire qui renonce au Christianisme ; pourquoi donc Saül accepte-t-il son hospitalité ? Est-ce parce que Mnason est redevenu païen et que Saül se sent plus en sécurité chez lui ? Je n'ai trouvé aucune explication.

226. Même édulcoré par Luc, le récit de la comparution de Saül devant le Conseil de Jérusalem conserve son âpreté. Aucune mention n'est faite de l'argent qu'apporte Saül. Mais, d'entrée de jeu, le Conseil reproche à Saül les rumeurs qui courent sur son compte : c'est la preuve la plus évidente du bien-fondé de l'un des thèmes fondamentaux de son récit, qui est que les Nazaréens de Jérusalem se considéraient comme juifs et exclusivement juifs et que le Conseil de Jérusalem n'avait jamais, ni compris ni accepté l'action de Saül (Actes, XXI ; 21).

227. Il semble évident que le Conseil fit peser sur Saül des menaces implicites : s'il ne se conformait pas, il le ferait rejeter officiellement par des envoyés dans toutes les communautés qu'il avait fondées ou développées, ou bien le jetterait en pâture au Sanhédrin. Isolé, Saül n'avait d'autre choix que de feindre le repentir.

228. L'exigence du Conseil de Jérusalem est stupéfiante de duplicité : ses trois chefs, Pierre, Philippe et Jean, exigent que Saül paie les frais de « naziréat » des figurants avec lesquels il paraîtrait au Temple ! Or, leurs émissaires dans les communautés orientales et grecques les ont informés depuis longtemps que Saül a formellement rejeté la Torah ; ce qu'exige donc le Conseil est un mea culpa solennel et public de Saül, lequel prélude à son arrestation. L'objet du Conseil est de déconsidérer Saül avant de l'envoyer au gibet.

229. Traquenard, en effet, car on ne peut manquer de relever qu'aucun des membres du Conseil de Jérusalem, ni les quatre figurants que Saül a emmenés avec lui au Temple ne viennent témoigner en sa faveur.

230. Ces quatre Juifs, visiblement désignés par le Conseil, n'auraient eu qu'à apparaître pour réduire l'accusation à néant ; ils n'en ont rien fait.

231. C'est bien la mort (Actes, XXI ; 31) qui est requise alors contre Saül.

232. On ne peut qu'être surpris du soin que met Luc à expliquer que Saül est citoyen romain de naissance, alors que le fonctionnaire romain qui l'arrête a, lui, acheté sa citoyenneté. Ce soin ressemble à s'y méprendre à une invitation à réfléchir à la vraie origine de la citoyenneté de Saül.

233. L'assertion de Luc (Actes, XXIII ; 5) ne peut être entendue que comme une impertinence de Saül ; celui-ci, en effet, ne peut ignorer, lui qui a été juif, collaborateur du Sanhédrin et beau-fils de grand-prêtre, que son interlocuteur est un grand-prêtre.

234. A ce point-là, Saül pouvait, en effet, s'autoriser à défier publiquement le grand-prêtre.

235. Cette intervention du neveu de Saül — il est précisé que c'est le fils de sa sœur — est la seule et unique référence à des liens familiaux de Saül. Ce neveu n'est certes pas quantité négligeable, puisqu'il a ses entrées à la tour Antonia et qu'il peut demander directement à voir le prisonnier, preuve supplémentaire, s'il en était besoin, du rang social de la famille de Saül.

236. Autre raison de penser que Luc parsème son récit d'indices destinés à éclairer sur la véritable identité de Saül : la description détaillée des soins que prend le tribun Lysias pour protéger Saül : quatre cent soixante-dix hommes d'armes pour escorter Saül, et encore, avec des montures pour celui-ci, afin qu'il parvienne sain et sauf au procurateur Félix ! (Actes, XXIII ; 23-24).

237. L'accueil extraordinaire réservé par le procurateur à Saül ne peut s'expliquer, non plus que l'escorte désignée par Lysias, par la simple qualité de citoyen romain de Saül. En effet, Saül est l'oncle de Drusilla (v. p. 456-457).

238. Le fait que le procurateur de Judée encoure l'animosité des Juifs de Jérusalem, qui n'étaient certes pas quantité négligeable quand ils se mettaient, par exemple, en demeure de se plaindre à Rome, ainsi que Pilate en avait fait l'expérience, démontre amplement la faveur de Félix et les raisons de celle-ci.

239. Dans sa fausse candeur, Luc semble feindre qu'il est normal pour un procurateur romain de présenter sa femme à quelqu'un qui n'est, après tout, qu'un prévenu. Luc imagine comme prétexte que Félix et Drusilla voulaient entendre parler de Jésus. Le prétexte est plus que douteux : Félix avait bien d'autres témoins qui lui eussent parlé auparavant de Jésus, si tant est qu'il s'intéressait à ce sujet. La vérité est qu'il s'agit là d'une réunion de famille.

240. Dans les conditions d'« incarcération » que décrit Luc, surtout sous le gouvernement de Festus, successeur de Félix, dans le propre palais des procurateurs, Saül eut certes maintes occasions de s'enfuir par la mer. Mais c'eût été se priver de ses chances d'arriver à Rome le front haut.

241. C'est bien ce que précise Luc (Actes, XXIV ; 26), ce qui prouve que Saül était connu pour avoir des moyens.

242. Le fait que Festus, successeur de Félix, ait maintenu sa protection en dépit de l'animosité des Juifs, qu'il n'avait pas moins de raisons de craindre que Félix, démontre une fois de plus le cas que Rome faisait de Saül, et qui contraste si cruellement avec le sort de Jésus.

243. C'était le privilège de tous les citoyens romains. On observera à ce propos que pas un moment la citoyenneté romaine de Saül n'est contestée. Si elle ne tenait, comme le voudrait la tradition, qu'à sa naissance tarsiote, un fonctionnaire romain serait fondé à un moment ou l'autre des mésaventures de Saül de lui demander de faire la preuve de ce titre prestigieux. Mais, du moins si l'on s'en tient aux textes, cela ne se produit jamais : Saül est cru sur parole. Il faut donc que sa citoyenneté soit patente, garantie par une autre preuve que sa parole, et ce ne peut être que sa lignée. Or, dans toutes les provinces romaines d'Orient, le prestige d'Hérode le Grand, ami de Jules César, est présent dans toutes les mémoires au moment où Saül entame sa carrière d'apôtre. Et tous les Romains savent que ses descendants se partagent encore les provinces de son royaume ou bien, à Rome, les faveurs des Césars. Le traitement privilégié réservé à Saül par deux procurateurs à la suite est la preuve formelle qu'aucun des deux ne doute un instant de la citoyenneté romaine du prévenu ; c'est qu'ils en connaissent la source, outre qu'ils sont au fait des apparentements hérodiens.

244. Très singulièrement, Luc consacre un chapitre et demi des vingt-huit chapitres des Actes (XXV ; 12 et XXVI ; 32), ce qui est considérable, à l'entrevue entre Saül et Agrippa, connu sous le nom d'Agrippa II, roi de Chalcis, et de sa sœur Bérénice. C'est énorme, eu égard au peu d'impact apparent de cette entrevue de Césarée sur l'apostolat de Saül. On ressent, au-delà de la surprise causée par le relief que Luc prête à cette rencontre, le sentiment que le narrateur met implicitement le lecteur sur la voie de la vérité historique : celle-ci est extraordinaire parce qu'elle met en présence deux membres de la même famille (v. p. 456-457), un neveu, roi temporel, et son oncle, ambassadeur du Fils de Dieu : c'est sous cet angle que la rencontre peut prendre tout son relief. Luc accentue l'impression évoquée plus haut, celle d'un clin d'œil au lecteur, quand il raconte qu'Agrippa II et sa sœur Bérénice (avec laquelle la rumeur veut qu'il entretienne des relations incestueuses, car cette Bérénice, la même que celle de Racine, vit sous le toit de son frère) viennent, comme par hasard, à Césarée, et que Festus les informe du cas de Saül. Or, cette entrée en matière est suspecte ; d'abord, nous en savons assez sur l'histoire romaine et les Romains pour rejeter l'idée qu'un procurateur romain aille informer des hôtes d'affaires juridiques qui ne les concernent pas ; la situation à cet égard ne serait pas moins bizarre que celle d'un préfet français entretenant des ministres étrangers de passage du cas d'un fauteur de trouble français en résidence surveillée. Ensuite, le cas de Saül ne ressortit d'aucune manière à l'autorité d'Agrippa II, qui est roi d'un pays étranger, Chalcis, à peu près l'équivalent du Liban moderne. Le récit de Luc est donc invraisemblable. En fait, Luc cherche à introduire, de la façon la plus neutre possible, l'entrevue entre Saül et ses neveux. D'ailleurs, il met dans la bouche du procurateur un discours dont il ne sait strictement rien, à l'évidence, car il n'était certes pas témoin de l'entrevue entre le procurateur et ses illustres visiteurs. Néanmoins, lui, si laconique en d'autres lieux, y consacre l'espace relativement considérable de neuf versets (XXV ; 13-21).

La suite du récit n'est pas moins déconcertante : Agrippa II qui, révérence parler, a sans doute d'autres chats à fouetter, demande à voir le prisonnier. Agrippa prête-t-il donc une attention particulière aux problèmes juifs ? Que non : Josèphe rapporte dans les *Antiquités judaïques* le peu de respect qu'il a pour eux. Nonobstant, Festus, selon Luc, aurait organisé le lendemain une entrevue en présence des tribuns et des notables de Césarée, où Agrippa II siège quasiment en qualité de président. Or, quand on sait la force de la juridiction romaine et le respect scrupuleux qu'en doit avoir un procurateur, on conclut que le récit est fantaisiste. Quand, en effet, Agrippa II donne la parole à Saül et que celui-ci « étendant la main, présente sa défense » (Actes, XXVI ; 1), tout se passe comme si c'était Agrippa qui jugeait au nom de l'empereur, et cela je le répète, dans une province étrangère ! C'est strictement impensable, à moins que le procurateur Festus soit devenu fou.

La prétendue défense de Saül brille par son égale invraisemblance et sa contradiction avec ce que nous savons de l'apôtre ; celui-ci y dit, entre autres : « Comment j'ai vécu depuis ma jeunesse, dès le début, au milieu de ma nation, à Jérusalem, tous les Juifs le savent. » D'abord, Saül se dit lui-même, dans les Épîtres, natif de Tarse où il a passé justement sa jeunesse, ensuite, à l'époque où se passent les événements en question, il a lui-même déclaré qu'il était « un inconnu pour les communautés du Messie en Judée » (Gal., I ; 22) ; s'il était inconnu pour les Chrétiens, il l'était à plus forte raison pour les Juifs. Donc, ce discours est une pure fabrication. Ce que Luc entend apparemment introduire ici, est le mea culpa de Saül, qui se présente comme ancien persécuteur des Chrétiens, frappé par « une lumière plus éblouissante que le soleil » sur la route de Damas. Notons, au passage, le plus flagrant déni du message de Jésus : que le Messie devait « annoncer la lumière au peuple et aux Gentils », alors que Jésus a bien dit qu'il n'était venu que pour les brebis perdues du troupeau d'Israël.

La fin du récit n'est pas plus vraisemblable : Saül affirme, en effet, que « le roi est instruit en ces matières » (Actes, XXVI ; 26), après que Festus lui aurait déclaré qu'il perdait la raison, et il pousse l'audace jusqu'à interpeller Agrippa II : « Adhères-tu, roi Agrippa, aux inspirés ? Je sais que tu y adhères ! » Or, non seulement nous ne possédons pas l'ombre d'une trace d'une conversion d'Agrippa II au Christianisme (il mourut en 100, cela se serait su), mais encore, à supposer qu'il eût adhéré secrètement, le moins qu'il eût pu faire eût été de mettre fin à ses relations incestueuses avec Bérénice. En tout cas, on peut présumer que ses baptiseurs l'y eussent invité avec quelque fermeté. Le Baptiste, lui, ne s'était pas gêné pour reprocher à Hérode Antipas d'avoir enlevé son épouse Hérodiade à son frère Philippe.

Il en ressort que la totalité du récit de Luc ne tient pas debout ; c'est un morceau « brillant », écrit vingt ou trente ans après les événements, pour faire de l'effet, imposer aux auditeurs l'idée que le petit Saül tenait tête aux rois, mais aussi inciter à penser que c'était un personnage plus important qu'on le croirait à première vue.

245. Agrippa et Bérénice sont, en effet (v. p. 456-457) frère et sœur de la Drusilla qui est la femme de Félix, le précédent procurateur. La réunion de famille avec eux n'est que le prolongement de la précédente.

246. Ce n'est pas le raisonnement que, selon Luc, aurait tenu Festus. Selon les Actes, en effet, Festus aurait dit que, s'il n'avait pas fait appel à l'empereur, Saül aurait été acquitté ; malheureusement, c'est totalement contradictoire avec ce que Luc lui-même dit en Actes, XXV ; 26 : c'est que Festus n'a pas encore transmis la requête de Saül à Néron ; donc, Saül, sur les instances de Festus et d'Agrippa II, aurait eu tout le temps de se dédire et de quitter Césarée libre. De plus, les mots que Luc place dans la bouche de Festus sont plus que douteux : ce que le récit même de Luc indique est que Festus voulait éviter d'exciter la communauté juive en lui témoignant la même faveur que son prédécesseur. Donc, il n'aurait jamais libéré Saül.

247. Il est, en effet, vraisemblable que Festus, connaissant d'une part l'antijudaïsme d'Agrippa et, d'autre part, les périls pour un citoyen romain de prêcher une religion étrangère, ait tenté de ramener le prévenu à la raison.

248. Actes, XXVII ; 3. On peut juger des privilèges exceptionnels que les Romains accordaient à Saül ; à Sidon, en effet, Saül eût pu s'enfuir ; mais le centurion fait au « prisonnier » une confiance remarquable.

249. Ces paroles, que je prête à Saül, à titre de mise en garde contre les menées « judaïsantes » du Conseil de Jérusalem, constituent la clef de ses efforts : en profonde méconnaissance des intentions de Jésus, ce fut lui, et lui seul, qui décida d'étendre le message de Jésus à l'humanité.

250. Actes, XXVII ; 26. Dans le récit de Luc, la décision d'échouage est inspirée à Saül par une vision. Mais Saül, qui a sillonné les mers, a assez d'expérience pour savoir que c'est le seul moyen de sauver les vies.

251. Le gouvernail fixe de poupe n'est apparu en Occident qu'au XIIIᵉ siècle ; jusqu'alors, on se servait d'une rame latérale.

252. Trente-trois mètres.

253. Cet épisode, où Luc désigne le serpent comme une « vipère » (Actes, XXVII ; 3), est présenté comme une reconnaissance publique du caractère prédestiné de Saül ; en réalité, il n'y a pas de vipères sur Malte comme sur de nombreuses autres îles, telles les Seychelles.

254. Cette information est empruntée à Paul Dreyfus (*Saint Paul*, v. bibl.), bien que je n'en aie pas retrouvé la source, qui serait traditionnelle. On peut se demander si ce Martien ne serait pas aussi le Martinien qui fut avec Processus l'un des deux geôliers de Pierre, et que sa conversion après le martyre de l'apôtre engagea au prosélytisme ; dans ce cas, ce ne serait évidemment pas l'un des soixante-dix ou soixante-douze.

255. Communautés éloignées de Jérusalem, sans liens réguliers avec les apôtres, peut-être sans plus de liens du tout depuis leur fondation, les petits groupes chrétiens d'Italie n'avaient évidemment pas du tout la conception de l'Église de ceux de la fin du IIᵉ siècle et surtout du IIIᵉ, structurés par des rites et la lecture des nombreux Évangiles.

256. Il s'agit d'une paraphrase de l'exégète F.J. Ortkemper (*Wir verkünden Christus als den Gekreuzigten*, Bibel und Kirche 23 (1968/I, v. bibl.) Sur I Cor. : « La croix indique la relation du Christ au monde », dit cet exégète, car elle n'est pas seulement un symbole externe de la foi et de la vie chrétienne, mais elle indique une compréhension du monde et de nous-mêmes. Jean Daniélou, dans son étude du signe de la croix (*Les symboles chrétiens primitifs*, v. bibl.) démontre que « le signe de la croix est apparu à l'origine, non comme une allusion à la Passion du Christ, mais comme une désignation à sa gloire divine ». Il se présentait, en effet, comme un tau, T, qui symbolise Dieu.

257. Les premières communautés italiennes, en effet, n'ont pas été fondées par Pierre.

258. Le récit de Luc décrit les conditions de vie de Saül à Rome comme celles d'une résidence forcée, non d'une incarcération. « Ils laissent Saül demeurer chez lui », écrit Luc (Actes, XXVIII ; 16) ; mais comme Saül n'avait pas de résidence à Rome, où il venait d'arriver et comme il était pratiquement inconnu de la communauté chrétienne, on lui assigna visiblement une maison aux frais de la Ville ; son statut, fort privilégié, on l'a déjà vu, justifie amplement cette déduction. Saül avait toute liberté d'y recevoir qui il voulait, même en grand nombre, comme le prouve le fait que Saül convoqua chez lui les chefs des onze proseuques ou synagogues de Rome.

259. Outre ses attributions religieuses, la prostitution était considérée à Rome comme protectrice du foyer.

260. Sur cette ébauche du rite eucharistique, expliquée par Saül pour la première fois (I Cor., XI ; 23-29), on est en droit de penser que l'apôtre y a recouru dès ses premiers contacts avec la communauté de Rome, afin d'établir un rite qui lui donnât déjà quelque cohésion.

261. Jean Daniélou rappelle que le signe de la croix était d'abord utilisé au moment du baptême ; il semble qu'ensuite soit née l'habitude de tracer un tau en rouge sur le front, mais on ne sait si cette coutume existait dès le Ier siècle. On peut toutefois penser que Saül ait encouragé la fabrication de symboles matériels, qui supplanteraient les amulettes prisées des Romains. Ces symboles ne comportaient pas l'image du crucifié.

262. Il est logique que Saül ait voulu savoir, d'entrée de jeu, la disposition des Juifs de Rome à son égard. Il n'en reste pas moins singulier que les chefs de la communauté juive de Rome se soient rendus à l'invitation de quelqu'un qu'ils ne connaissaient pas, comme l'indique Luc : « Nous n'avons pas reçu de lettre de Juif à ton sujet, et il n'est pas arrivé de frère qui t'ait annoncé ou qui ait dit du mal de toi. » (Actes, XXVIII ; 21.) Il est donc possible que Luc ait omis une ou des informations qui eussent rendu plus plausible la visite des chefs juifs chez Saül.

264. La faible extension de la communauté chrétienne et l'éloignement de Jérusalem justifient la réponse des rabbins. Si ceux-ci étaient évidemment au fait de l'existence d'une secte nazaréenne, ils n'en savaient pas beaucoup plus que les Nazaréens de Rome eux-mêmes sur l'enseignement de Jésus, et aucun conflit n'avait incité encore les Juifs à s'intéresser fondamentalement au culte de Jésus, qui devait être pour eux un prophète. « C'est à partir du moment où saint Paul entre en scène que le fossé se creuse et s'approfondit entre les deux religions » (Marcel Simon, *La civilisation de l'Antiquité et le Christianisme*, p. 122, v. bibl.).

265. Le discours de Saül a dû être suivi de questions des rabbins surpris. Les explications de Saül ne pouvaient qu'entraîner une accusation d'apostasie.

266. Les Actes s'interrompent deux versets après l'entrevue entre les chefs des onze proseuques et Saül. Comme il a été dit plus haut, il est possible que la suite des Actes ait été perdue. Il semble plus vraisemblable que Luc se soit arrêté là où Saül avait enfin atteint le centre du monde, l'*oikoumenê* : la parole de Jésus avait donc atteint son objectif. Peut-être retourna-t-il en Asie Mineure : le Prologue antimarcionite avance qu'il mourut à quatre-vingt-quatre ans en Bithynie ou en Béotie. Les Actes s'achèvent sur une référence laconique aux deux années que Saül aurait passées à Rome, cette fois « sans entraves » et à ses frais, ce qui laisse supposer qu'il avait été relaxé (v. note 270). Cette laconicité semble confirmer que Luc ne fut pas le témoin des activités de Saül et qu'il était donc parti. Comme Saül est arrivé à Rome au printemps 60 *(Encyclopaedia Britannica)* et que sa détention préventive fut apparemment longue, et comme Luc ne fait pas mention de l'incendie de Rome, on peut imaginer que Luc partit alors que cette détention s'achevait, c'est-à-dire vers 62.

267. C'est la formule par laquelle Saül commence son Épître à Philémon : paradoxalement, il n'est plus le prisonnier des Romains, mais celui de Jésus. En effet, à ce moment-là, sa vie est irrémédiablement possédée par Jésus.

Certains auteurs (par exemple, J.F. Collange dans *L'Épître de saint Paul à Philémon*, v. bibl.) ont avancé que l'épisode de l'accueil d'Onésime se serait produit, non à Rome, mais à Éphèse. Cette thèse ne semble pas soutenable en raison des faits suivants : d'abord, Saül s'y définit dès la première ligne comme « prisonnier », et rien ne prouve qu'il ait été prisonnier à Éphèse. Luc n'en souffle pas mot dans les Actes et le seul indice sur lequel on a cru pouvoir se fonder pour postuler une incarcération à Éphèse serait Phil., I ; 12, Épître autographe, mais d'origine inconnue. La thèse selon laquelle l'Épître aux Philippiens aurait été rédigée à Éphèse est d'ailleurs contrebattue par deux autres, l'une qui veut qu'elle ait été rédigée à Césarée et l'autre à Rome.

Ensuite, à la fin de Philémon, Saül cite, entre autres noms de collaborateurs, celui d'Aristarque, Macédonien de Thessalonique qui a accompagné Saül de Césarée à Rome, et qui n'était pas à Éphèse. De plus, il cite Luc, qui, comme on l'a vu, ne mentionne pas d'incarcération à Éphèse, et qui était, lui aussi, à Rome. Donc, la thèse d'Éphèse comme lieu de rédaction de l'Épître n'est pas soutenable. Comme Saül cite également Démas, qui n'était pas à Césarée, la thèse de Césarée n'est pas non plus soutenable.

Enfin, si Saül avait été prisonnier à Éphèse, on voit mal comment Onésime aurait pu savoir qu'il était en prison et, encore plus, l'y rejoindre. Il semble donc évident que l'Épître à Philémon a été rédigée à Rome. Certains auteurs ont été jusqu'à nier qu'Onésime ait été esclave, fugitif et voleur. La contradiction patente de telles spéculations avec la teneur de l'Épître et des efforts de casuistique déployés pour les défendre ne font que refléter le trouble de ces auteurs devant le comportement singulier de Saül à l'égard du jeune Onésime.

268. L'épisode d'Onésime nous est parvenu grâce à l'Épître à Philémon et à une brève mention en Col., IV ; 9. L'unanimité s'est faite sur sa reconstitution : Onésime, jeune esclave d'un riche Chrétien de Colosses, Philémon, s'est enfui de chez son maître, en emportant, semble-t-il, une forte somme d'argent. Il arrive à Rome et se rend chez Saül qui le recueille en dépit de trois faits graves : l'esclave est un voleur, et de plus il est fugitif, ce qui l'expose à la mort ; enfin, en donnant asile à un fuyard voleur, Saül risque de graves ennuis avec la justice romaine, ce qui serait tout à fait inopportun. L'Épître à Philémon comporte une supplique au maître, où Saül demande à ce Colossien de pardonner à l'esclave et de le reprendre.

Cet épisode est singulier à quatre égards. Le premier est l'indulgence de Saül à l'égard du vol d'une somme qui pouvait, je le suppose, être destinée à la communauté chrétienne. Le deuxième est l'importance du voyage et les motivations d'Onésime en allant voir Saül ; le troisième est le risque considérable que prend Saül ; le quatrième réside dans les termes utilisés par Saül : « ... je te supplie pour mon enfant, que j'ai engendré dans les liens, Onésimos... Je te l'ai renvoyé, lui qui est de mes entrailles... Un frère aimé, surtout pour moi... à la fois dans la chair et dans le Seigneur » (Phil., 10-17). Il faut que le jeune voleur ait exercé sur Saül une fascination considérable pour qu'il ait employé des termes aussi hyperboliques. Et Saül ajoute : « J'étais résolu à le retenir près de moi. » Tous ces éléments concourent à supposer que Saül a été captivé par « le charme du voyou ». Ni l'âge de Saül, alors avancé (il a quelque soixante-treize ans), ni ses vitupérations contre l'homosexualité n'autorisent à supposer que les rapports de l'apôtre et du voleur aient été autres que chastes. Il s'agit là d'un exemple d'amour sublimé, mais qui n'en révèle pas moins un aspect peu connu du personnage.

La tradition veut qu'Onésime ait été plus tard évêque d'Éphèse et que ce soit lui qui ait collationné les Épîtres de Saül.

269. Les visiteurs de Saül ne sont à l'exception de Sénèque que quelques-uns de ceux qui sont mentionnés dans la longue liste de l'adresse terminale de l'Épître aux Romains. Le vers : « Saluez Rufus, et sa mère, qui est aussi la mienne », semble devoir s'entendre ainsi : cette « mère » pourrait être, en fait, la belle-mère de Rufus, qui par la consanguinité de Rufus et de Saül deviendrait également la « mère » de ce dernier.

270. Cette relaxe de Saül est indiquée par Luc dans le dernier vers des Actes et par Saül, quand il écrit à Philémon : « De même, préparemoi un gîte ; où, j'espère, grâce à vos prières, que je recevrai une grâce pour vous. » (Phil., 22.) Saül, bien qu'encore en captivité, a reçu, en effet, des nouvelles favorables.

271. Les pompes aspirantes et foulantes furent exploitées, dès le IIᵉ siècle avant notre ère, pour équiper des pompes à incendie à traction évidemment animale ; leur utilité, dans un incendie tel que celui de Rome, était tout aussi évidemment dérisoire.

272. Les historiens actuels sont unanimes à rejeter la légende selon laquelle ce fut Néron qui alluma l'incendie. D'abord, Néron se trouvait au bord de la mer, à une cinquantaine de kilomètres de Rome, dans sa ville natale d'Antium, l'actuelle Anzio ; s'il avait voulu, comme on l'a si souvent raconté, « admirer » l'incendie, il eût pu le faire de l'une des nombreuses villas qu'il avait dans les parages de la ville. Ensuite, il y perdit des biens considérables et auxquels il était très attaché, comme la Domus Transitoria, récemment achevée, qu'il avait remplie d'œuvres d'art. Les résidences impériales du Palatin furent les premières à s'écrouler. On consultera à ce sujet l'excellente mise au point de Catherine Salles, « Néron et l'incendie de Rome », (*L'Histoire*, n° 133).

273. Monté sur le Palatin pour voir ce qui restait de ses palais, Néron fut accusé d'y être monté chanter la ruine de Troie. Pourtant, sa première mesure fut de faire venir d'Ostie et des municipes voisins tout le nécessaire, « et le prix du blé fut baissé jusqu'à trois sesterces le boisseau » (Tacite, *Annales*, XV ; 39).

274. Il n'existe aucune donnée historique sur la mort de Saül. Certains historiens continuent de postuler qu'après relaxe, donc après quelque quatre ans à Rome, Saül poursuivit plusieurs années ses activités missionnaires en Espagne, en Grèce, en Macédoine, en Épire, en Asie Mineure et en Crète, avant d'être arrêté de nouveau, ramené à Rome et cette fois condamné à la peine capitale. Mais s'il faut en croire Clément de Rome (Cor., V-VII), Paul fut exécuté, avec Pierre, lors des persécutions déclenchées par Néron contre les Chrétiens. Comme Néron mourut en 68, et comme Saül resta à Rome jusqu'en 64, il faudrait qu'en quatre ans il ait sillonné la Méditerranée des Colonnes d'Hercule jusqu'au Pont, ce qui est déjà beaucoup quand on sait que les voyages par mer n'étaient possibles sans danger que de mars à octobre et qu'ils étaient parfois très longs. De plus, il est singulier que nous ne disposions d'aucun document authentique sur un voyage de Saül en Espagne. Mais surtout, ces assertions se fondent sur les Lettres pastorales (Tite, Timothée, Hébreux), dont il est démontré qu'elles sont pseudonymes, comme le rappelle l'*Encyclopaedia Britannica* ; elles datent, en effet, de la fin du Iᵉʳ siècle. Selon ce qu'on sait donc avec certitude, Saül-Paul entre dans l'ombre quelque quatre ans après son arrivée à Rome en 60. C'est-à-dire en 64, date de l'incendie. On sait par Tacite et Dion Cassius que cet incendie fut interprété par le peuple comme un signe de la « colère des dieux » et que Néron fut soupçonné d'en être l'auteur. On recourut donc à des mesures expiatoires, « courantes dans les situations où semblait avoir été rompue la *Pax deorum*, écrit Catherine Salles (*op. cit.*, v. bibl.). Puis on chercha des coupables. Certains auteurs ont évoqué la responsabilité de la conspiration de Pison dans le déclenchement de cet incendie ; or, celle-ci visait à assassiner Néron le 19 avril 65, jour des jeux de Cérès ; c'est-à-dire un an après l'incendie.

Néron était certes détesté, encore plus par l'aristocratie que par le peuple. Paradoxalement, ce sont ses accusateurs même, dont les consulaires qui allaient participer à la conspiration de Pison, l'année suivante, qui fournissent le témoignage le plus troublant : ils avaient vu des esclaves de la maison impériale lancer des torches et de l'étoupe enflammée sur divers quartiers de Rome (Suétone, *Néron*, 38, et, plus tard, Dion Cassius *Histoire romaine*, LXII, 16-17). Ils espéraient que ce témoignage impliquerait Néron ; or, on a vu que Néron n'aurait certes pas incendié ses propres palais de gaieté de cœur. Restent donc ces esclaves qui ont propagé l'incendie.

Il y avait, en effet, des Chrétiens dans la maison impériale, dont ceux de la maison de Narcisse de l'Épître aux Romains. Poppée, favorite, puis femme de Néron, qui la tua d'un coup de pied en 65, était une convertie juive, si l'on en juge par la protection qu'elle accorda aux Juifs ; mais il faut rappeler que le mot « Juifs » est vague : jusqu'en 64 en tout cas, il désigne aussi bien les Chrétiens, qui passent pour constituer une secte juive, que les Juifs orthodoxes vétéro-testamentaires. Il est donc possible que ces esclaves aient propagé un incendie qui avait commencé accidentellement, pour mettre fin à la corruption de l'empire païen.

Ce soupçon est confirmé par deux passages des Épîtres : « L'œuvre de chacun, ce qu'elle est, le feu l'éprouvera » (I Cor., III ; 13) ; et bien plus encore : « Il sera juste pour Elohim de rendre le tourment à vos tourmenteurs, et vous les tourmentés, de vous reposer avec nous, au découvrement du Seigneur Jésus du ciel, avec les messagers de son dynamisme, dans le feu de la flamme, rendant pleine justice à ceux qui ne pénètrent pas Elohim et à ceux qui n'obéissent pas au message de notre Seigneur Jésus. » (II Thes., I ; 6-8) C'est là un discours vengeur, prémonitoire, que Saül n'a sans doute pas réservé aux seuls Corinthiens et Thessaloniciens, mais qu'il a dû reprendre à l'occasion de ses évocations de la catastrophe finale précédant la parousie, pendant les deux années de prédications passées à Rome, sans compter sa captivité. Ce n'étaient sans doute pas les seuls Chrétiens qui les avaient entendus. Après l'incendie, ils furent rapportés à la police. Néron y prit prétexte pour massacrer des Chrétiens à titre d'exemple.

On a parlé, sur la foi de Tacite, de « foules immenses » ; mais, comme l'observe Catherine Salles, le témoignage de Tacite est suspect ; les *Vingt remarques sur la persécution des Chrétiens dans l'Empire romain aux deux premiers siècles de notre ère* de R. Bodeus (v. bibl.) en situent le nombre entre deux cents et trois cents victimes. C'est de toute façon autant de trop, et la manière cruelle et théâtrale dont Néron les martyrisa n'a pas servi sa renommée.

Mais Saül mourut bien à Rome, sans doute à l'été 64. Citoyen romain, il fut décapité. « A la fin du IIe siècle, le presbytre Gaïus connaît le *tropaion* (trophée) de Paul martyr sur la voie romaine d'Ostie », selon Eusèbe (*Dictionnaire encyclopédique du Christianisme ancien*, v. bibl.). Dérisoire vengeance de l'Empire : ce n'était qu'une écorce presque vide que le bourreau trancha hors les murs. Saül avait près de soixante-quinze ans, son œuvre était achevée, comme l'avait compris Luc, c'est-à-dire qu'elle commençait.

BIBLIOGRAPHIE

De nombreux livres dont je me suis servi pour cet ouvrage sont déjà répertoriés dans la Bibliographie des *Sources*-I. Je me suis en outre servi des ouvrages suivants, sans en adopter nécessairement toutes les conclusions.

ABBOTT, Rev T.K., BD., D. Litt., *Critical and Exegetical Commentary of the Epistles to the Ephesians and to the Colossians*, T. & T. Clark, Edinburgh, 1985.

AMBELAIN, Robert, *La vie secrète de saint Paul*, Robert Laffont, 1972.

Atlas du monde romain et Atlas du monde grec, Éditions du Fanal, 1984.

BEKER, J. Christiaan, *Paul the Apostle*, Fortress Press, Philadephia, 1980.

BETZ, Hans Dieter, *Der Apostel Paul und die sokratische Tradition*, Tübingen, 1972.

La Bible, traduction d'André CHOURAQUI, Desclée de Brouwer, 1985.

BODEUS, R., *Vingt remarques sur les persécutions des Chrétiens dans l'Empire romain aux deux premiers siècles de notre ère*, Humanités Chrétiennes, 1980.

BORNKAMM, Günther, *Paul, apôtre de Jésus-Christ*, Labor et Fides, 1970.

BULTMANN, Rudolf, *Theology of the New Testament*, STM Press Ltd., 1952.

CAIRD, C.B., *Paul's Letters from Prison*, Oxford University Press, 1976.

CARCOPINO, Jérôme, *La vie quotidienne à Rome à l'apogée de l'Empire*, Hachette, 1939.

COLLANGE, J.-F., *L'Epître de saint Paul à Philémon*, Labor et Fides, Genève, 1987.

DANIÉLOU, Jean, *Les symboles chrétiens primitifs*, Seuil, 1961.

DAVIES, William David, *Jewish and Pauline studies*, Fortress Press, Philadelphia, 1984.

Dictionnaire encyclopédique du Christianisme ancien, 2 vol., Cerf, 1990.

DIO CASSIUS, *Roman History*, 9 vol., Loeb Classical Library, Harvard University Press, 1987.

DREYFUS, Paul, *Saint Paul*, Centurion, 1990.

The Panarion of Epiphanius of Salamis, E.J. Brill, Leiden, New York, Köbenhann, Köln, 1987.

FRISCHAUER, Paul, *La sexualité dans l'Antiquité*, Stock, 1969.

GRAM, Lennart, *Epileptic Seizures and Syndromes*, The Lancet, 21 juillet 1990.

GRIGORIEFF, Vladimir, *Mythologies du monde entier*, Marabout, 1987.

GUIGNEBERT, Charles, *The Christ*, University Books, New York, 1968.

HABERMAS, Garry and FLEW, Anthony, *Did Jesus Rise from the Dead ?*, Harper & Row, San Francisco, 1987.

HANSON, Anthony Tyrrell, *The Paradox of the Cross in the Thought of St. Paul*, JSOT Press, Sheffield 1987.

HERRMANN, Léon, « Quels Chrétiens ont incendié Rome ? », *Revue belge de philologie et d'histoire*, 1949.

HUGEDÉ, Norbert, *Saint Paul et Rome*, Desclée de Brouwer, 1986.

JOSEPHUS, *Jewish Antiquities*, Loeb Classical Library, Harvard University Press, 1987.

LALLEMAND, F., *Journal de bord de Markos Sestios*, Éditions de Paris, 1955.

LUEDEMANN, Gerd, *Paul, Apostle to the Gentiles*, Fortress Press, Philadelphia, 1984.

MACCOBY, Hyam, *Paul et l'invention du Christianisme*, Lieu commun/Histoire, 1987.

MOMMSEN, *Histoire romaine*, Robert Laffont, collection « Bouquins », 2 vol., 1985.

MORIN, Émile, *Non-lieu pour Jésus*, Flammarion, 1989.

ORTKEMPER, F.J., *Wir verkünden Christus als den Gekreuzigten*, Bibel und Kirche 23, 1968/1.

PERROT, Charles, « Les communautés juives à Rome », *Le Monde de la Bible*, 51, nov.-déc. 1987.

RUGGLES, Clive, « The Moon and the Crucifixion », *Nature*, vol. 343, 21 juin 1990.

SALLES, Catherine, « Néron et l'incendie de Rome », *L'Histoire*, n° 133, mai 1990.

SAULNIER, Christiane, *Il les chassa de Rome, Le Monde de la Bible*, 51, nov.-déc. 1987.

SCHWEITZER, Albert, *Paul and his Interpreters*, The Albert Schweitzer Fellowship, 1912-1984.

SEGUNDO, Juan Luis, *Le christianisme de Paul*, Le Cerf, 1988.

SIMON, Marcel, *La civilisation de l'Antiquité et le Christianisme*, Arthaud, 1970.

SISSA, Giulia, et DETIENNE, Marcel, *La vie quotidienne des dieux grecs*, Hachette, 1989.

TACITE, *Œuvres complètes*, Gallimard, collection « La Pléiade », 1990.

WICKERT, O., « Der Philemonbrief-Privatbrief oder apostolisches schreiben ? » *Zeitschrift für die Neutestamentliche Wissenschaft*, 52, 1961.

INDEX*

A

AARON : 73.

ABDIAS (fils d'Abdilène) : 176.

ABDILÈNE (marchand) : 173-176, 180, 186, 226, 227.

ABEL (zélote) : 52, 59.

ABGAR IV, roi d'Edesse : 447.

ABRAHAM : 134, 244, 261, 365.

ACHIAB (confident d'Hérode le Grand) : 14-15.

ACMÉ (esclave juive) : 14.

Actes des Apôtres : 435-442, 465-555.

Actes grecs de Thaddée : 521.

Actes de Paul : 488, 531.

Actes de Pierre : 497.

ADONIS (dieu) : 402, 404, 414, 522.

Affranchis, synagogue des - (Jérusalem) : 43, 56.

AGABUS : 372, 544.

agapê : 335, 523, 539.

Agatha Felicia, navire : 366.

Agora (Athènes) : 302-311, 536.

AGRIPPINE (mère de Caligula) : 193.

AGRIPPINE LA JEUNE, impératrice : 332, 453.

AKMON (secrétaire de Saül) : 127-128, 132, 134, 135, 141.

ALEXANDER Tiberius (procurateur) : 481.

ALEXANDRA (fille de Phasaël) : 47, 55.

ALEXANDRE (fils d'Hérode le Grand) : 18, 19, 47, 475-476, 482, 484, 487.

ALEXANDRE, roi de Cilicie : 18, 109, 476.

ALEXANDRE (apôtre) : 167, 170, 171, 186, 200-203, 206, 214, 261, 344, 410.

ALEXANDRE LE GRAND : 211, 270, 286, 290, 435.

ALEXANDRE JANNÉE (grand-prêtre) : 56, 489.

Alexandrie (Égypte) : 88, 194, 515.

ALLEGRO John : 541.

AMBELAIN Robert : 466, 471, 473, 527.

AMBIVIUS Marcus (procurateur de Judée) : 53, 58, 490.

ANANIAS (guérisseur) : 147-149, 506.

ANANIAS (grand-prêtre) : 378, 383, 390, 426, 469.

ANASTASIE (déesse) : 536.

ANDRÉ (apôtre) : 126, 150, 181, 212, 452, 513.

Androgyne : 352, 353-356.

ANDRONICUS (chrétien) : 415.

Annales, de Tacite : 436.

ANNAS (grand-prêtre) : 51, 53, 55, 59, 61, 62, 103, 129-130, 138, 493, 505.

ANTIGONE (Séleucide) : 75.

ANTIGONUS (grand-père de Saül) : 12, 56, 479, 482, 484.

ANTIGONUS ARCHÉLAÜS (frère de Glaphyra) : 27-28, 29, 31.

ANTIMACHUS Paulus Apollonius (chevalier romain) : 298-300.

Antioche (Syrie) : 239-249, 334, 338, 466, 519-520, 523-526, 528-529 ; Saül et le Conseil apostolique d'- : 240-249, 273-277, 527-528, 533.

Antioche Epidaphnes (Turquie) : 155-163.

Antioche de Pisidie : 261, 335, 338.

---

* Cet index a été établi par Pierre Peuchmaurd.

ANTIOCHUS IV EPIPHANE, roi séleucide : 465.

ANTIPAS (hérodien) : 473, 487-488.

Antipatris : 381.

Antiquités judaïques, de Flavius Josèphe : 436, 472-474, 480, 484, 487, 508, 525-526.

ANTOINE Marc : 479, 482.

ANTONIA (sœur de Néron) : 331.

ANTONIN le Pieux, empereur romain : 427.

ANTONINUS Gratus (fonctionnaire romain) : 70-72.

ANUBIS (dieu) : 70.

APELLES (chrétien) : 414, 430.

APHRODITE (chrétienne) : 301.

Apocalypse : 507.

APOLLON (dieu) : 30, 402, 404.

APOLLONIUS DE TYANE : 338, 539.

APOLLOS (apôtre) : 343, 349-350, 541, 542.

Apôtre Paul et la tradition socratique, L'-, de H.D. Betz : 491.

APPHIA (chrétienne) : 417.

AQUILAS (chrétien) : 314-315, 319, 323, 325, 336-338, 340, 343, 345-348, 353, 364, 415, 516, 519, 539.

Arabie : 514, 517, 518, 519, 520.

ARCADIUS : 322-323.

ARCHAÏCUS (chrétien) : 319.

ARCHÉLAÜS, ethnarque de Judée et de Samarie : 17, 19, 21, 31-32, 34-35, 36-38, 46-47, 49, 53, 476, 477, 483.

ARCHÉLAÜS IV, roi de Cappadoce : 22, 27, 476, 483.

ARCHÉLAÜS, émissaire d'Auguste : 46.

Archélaüs (Palestine) : 78.

ARCHIMÈDE : 402.

ARCHIPPE (chrétien) : 417.

Aréopage (tribunal d'Athènes) : 307-310, 535-536.

ARÉTAS IV, roi de Syrie : 106, 138, 207, 214, 441, 451, 478, 502, 520.

ARISTARQUE (chrétien) : 366, 369, 374-375, 394, 399, 404,

407, 408, 415-421, 422, 423, 426, 430, 551.

ARISTÉE (aubergiste) : 34-36, 95, 97.

ARISTOBULE (fils d'Hérode le Grand) : 13, 20, 21, 55, 65, 109, 384, 469, 474, 475, 476, 484.

ARISTOBULE III, roi de Chalcis : 421-423, 470, 471-472, 473.

ARISTOTE : 367.

ARTÉMIS (déesse) : 30, 339, 346-348.

Artémision, temple (Delphes) : 30.

Artémision, temple (Ephèse) : 338-339, 346-348, 349.

Asiens, temple des - (Thessalonique) : 290.

ASKLÉPIOS (dieu) : 161, 301, 509, 512.

ASSA EUGÈNE (apôtre) : 314, 319.

Assos : 367.

ASTARTÉ (déesse) : 11, 495.

Athènes : 301-311, 535-536.

ATHÉNODORE CANANITE (rhéteur) : 26, 55.

AUGUSTE, empereur romain : 14, 26, 28, 33, 46, 47, 53, 54, 57, 60, 465, 482, 515, 516-517.

AUGUSTIN saint : 504.

Autocratoris : 106.

AZIZ, roi d'Emèse : 382, 472.

B

BACCHUS (dieu) : 404, 512.

baptême : 72-73, 87, 204-205, 209, 232, 235, 263, 264, 292-293, 316, 334, 356, 537, 540.

BARHÉBRAEUS (chroniqueur) : 531.

BARNABÉ : 122, 238-250, 253, 254, 257-262, 265, 266, 273, 275, 277, 281, 455, 466, 467, 481-482, 519, 520, 523-527, 529-530, 532-533.

BARRET C.K. : 499.

BARTH Karl : 543.

BARTHOLOMÉ (apôtre) : 452.

BAUËR Bruno : 480.

Benjamin, tribu d'Israël : 461, 462, 463, 464.

Bérée : 297, 316, 324.

BÉRÉNICE (fille de Salomé) : 13, 16, 65, 110, 474, 477, 482, 484.

BÉRÉNICE (fille d'Hérode Agrippa Ier) : 47, 391-392, 469-473, 484, 547, 548.

Béthanie : 211, 249-255, 517.

BETHYRA (membre du Sanhédrin) : 131.

BETZ Hans Dieter : 491, 521.

BODEUS R. : 554.

Bon Samaritain, parabole du - : 451.

BORNKAMM Günther : 436, 490, 504, 523, 527-528, 529, 530, 533, 537, 543.

BOSTANAI, exilarque : 537.

BRITANNICUS : 331.

BULTMANN Rudolf : 436, 442, 454, 507-508, 530, 533, 535, 542, 543, 544.

BURRHUS (préfet de Rome) : 406, 424, 429-431.

BURRUS : 332.

C

CAÏPHE Joseph (grand-prêtre) : 68, 73, 85-89, 93, 100, 102-110, 113, 116, 123, 124-126, 128-129, 132, 134, 136, 137-138, 161, 173, 271, 342, 493, 501, 505.

CALIGULA, empereur romain : 193-198, 470, 515, 516.

CALLICRATIDÈS : 367.

CAMITH (prêtre) : 61.

CAMITH Simon bar - (grand-prêtre) : 61, 62-63, 103, 492, 494.

Cana, noces de - : 188-189, 448.

CANDACE, reine d'Éthiopie : 134.

CANDIDA (dame romaine) : 408.

Capharnaüm : 117-122, 499.

Capoue : 404.

Cappadoce : 19-31, 476-477, 483.

CARCOPINO Jérôme : 515.

Carmel d'Auschwitz : 442.

CASSA Marcus Valerius : 235.

Castor et Pollux, navire : 401, 402.

Cauda, île : 396-397.

Cenchrées : 325, 366, 543.

Cène : 246, 410.

CEPHAS *voir* : PIERRE.

Cérès Polyphile, navire : 396-399, 406.

CÉSAR Jules : 30, 57-58, 71, 94, 198, 245, 377, 406, 482, 546.

Césarée : 116-119, 136, 138, 139, 210, 217, 242, 248, 270, 370-372, 518 ; enfance de Saül à - : 11-20 ; Saül errant dans - : 32-37 ; retrouvailles à - : 64-69 ; un repas à - : 95-98 ; Saül captif à - : 381-395, 411, 468-469, 546-549.

CHARCOT Jean Martin : 485.

CHARILAOS (Nazaréen) : 241, 245, 246, 252, 275, 334.

CHARISMATOS Théophoros (marchand) : 95-98.

Chine : 511.

Chios : 367.

CHLOÉ (Nazaréenne) : 350, 351.

CHODAM (nervi de Saül) : 126.

CHOURAQUI André : 507, 537.

CHOUZA (intendant d'Hérode Antipas) : 110-112, 125, 187.

Christ, The, de Ch. Guignebert : 504.

Chypre : 255, 369, 524 ; Saül à- : 257-260, 281-282, 529-530.

CICÉRON : 26.

Cilicie : 465-467, 476, 487.

circoncision : 235-236, 239-240, 241, 243-246, 250-251, 257, 266, 274, 277, 282, 317-318, 333, 363-365, 370, 373, 377, 449, 489, 521, 527, 530 ; de Thimothée - : 267-268, 269-270, 532.

Civilisation de l'Antiquité et le christianisme, La, de M. Simon : 490, 509.

CLAUDE, empereur romain : 245, 314, 331, 404, 468, 470, 475, 496, 512, 516, 518, 531.
CLÉMENT D'ALEXANDRIE : 498.
CLÉMENT DE ROME, évêque : 536, 553.
Clementia, navire : 21.
CLÉOPÂTRE, reine d'Égypte : 482.
CLÉOPÂTRE DE JÉRUSALEM (femme d'Hérode le Grand) : 471, 475.
CLÉOPÂTRE SÉLÈNÉ, reine de Numidie : 482.
CLYTEMNESTRE : 443.
COLLANGE J.F : 551.
Colosses : 417.
Communautés juives de Rome, Les, de Ch. Perrot : 515.
Conseil apostolique d'Antioche : 241-249, 251, 252, 258, 273-277, 481, 525-528, 533.
Conseil apostolique de Césarée : 370-372.
Conseil apostolique de Corinthe : 324-325, 340, 349-353, 362-363, 365, 541, 543.
Conseil apostolique d'Ephèse : 368.
Conseil apostolique de Jérusalem : 200, 203, 208-209, 211-217, 225, 236, 237-238, 240, 241, 244-247, 249-255, 257, 273-277, 233, 337, 349, 373-385, 392-393, 395, 439-441, 450, 478-479, 521, 523, 524, 526, 527, 529, 530, 532, 534, 543, 544, 545, 549.
Conseil apostolique de Rome : 364, 415, 426.
Conseil apostolique de Thessalonique : 324, 361.
Contra Haereses, d'Épiphane de Salamine : 462.
COPONIUS (procurateur de Judée) : 49-53, 489.
Cos : 369.
COSTOBAR II, prince hérodien : 472-473, 488.
CRASSUS (Nazaréen) : 324-325.
CRISPUS (rabbin) : 316, 318, 363, 537.

croix, symbole de la - : 410-411, 435, 454, 521-522, 549-550.
CTÉSIAS (Nazaréen) : 360.
CUNEÏUS (chrétien) : 403.
CYBÈLE (déesse) : 282, 339.
cyniques : 226-227, 388, 491, 522.
CYPROS (fille d'Hérode le Grand) : 474.

D

DAMARIS (chrétienne) : 311.
Damas : 80, 81, 171-185 ; apostolat de Saül à - : 204-208, 214, 519-520 ; le chemin de - : 147-149, 437, 439, 448, 450-451, 485-486, 491, 495, 500-506, 511-514.
DANIÉLOU Jean : 450, 507, 549.
DAVID, roi d'Israël : 18, 73, 106, 130, 188, 453.
DAVIES W. D. : 490, 521.
Décapole : 60, 142, 505.
Déclin et chute de l'Empire romain, de E. Gibbon : 436.
Delphes : 300.
DÉMAS (chrétien) : 551.
DÉMÈTRE LE GRAMMAIRIEN (Nazaréen) : 241, 245, 246, 248, 252, 254, 275, 277.
DÉMÉTRIOS (orfèvre) : 346.
DEMETRIUS (marchand) : 78-80, 82, 172-175, 179, 186.
Démiurge : 150, 353-356.
DENYS L'ARÉOPAGITE : 310, 536-537.
Derbé : 268, 282.
Deutéronome : 50.
De viris illustribus, de saint Jérôme : 461-462.
DIBELIUS Martin : 543.
Dictionnaire de psychologie, de N. Sillamy : 485-486.
Didymes : 368.
DIOGÈNE : 227.
DION CASSIUS : 436, 553.
DIONYSOS, archonte *voir* : DENYS L'ARÉOPAGITE.

Domus Transitoria (Rome) : 429, 553.

DORIS (femme d'Hérode le Grand) : 474-477.

DORIS (sœur de Saül) : 13, 16, 19-22, 25, 27, 28, 37, 64-67, 110, 117, 136, 141, 210, 218-219, 249, 270, 326-327, 357, 380, 384, 518.

DOSITHÉE : 74, 86-87, 88, 94, 99, 104, 116, 138, 181-182, 200, 252, 320, 338, 352, 504, 506, 507 ; l'Étoile : 77-85, 149, 353 ; et la conversion de Saül : 147-150, 163-168, 170, 293-296, 509, 519 ; et les Esséniens : 495, 507, 510.

DREYFUS Paul : 549.

DRUSILLA (fille d'Hérode Agrippa Ier) : 382, 384, 385-387, 388, 389-391, 472, 546, 548.

E

Ebionites, secte : 462-463, 489, 493, 499, 507.

Edesse : guérison à - : 177-180 ; rencontre de Jésus et de Saül à - : 180-185, 217, 294-295, 447, 513-514.

Edit d'Hadrien : 463.

ELÉAZAR (grand-prêtre) : 61, 69, 70, 493.

Elenchos contre toutes les hérésies, d'Hippolyte : 506-507.

Eleusis : 312.

ELIAS LE PIEUX : 235.

ELIE (apôtre) : 212.

ELIE (prophète) : 146, 201, 321.

ELPIS (femme d'Hérode le Grand) : 474-475.

ELYMAS (magicien) : 258-259, 282, 531, 533.

Emmaüs, repas d'- : 168-169, 183, 498, 513.

Encyclopédie soviétique : 437.

EPÉNÈTE (chrétien) : 414.

Ephèse : 159, 260, 325-326, 495, 541, 551 ; Saül à - : 336-353, 367-368.

EPICTÈTE : 522.

EPICURE : 26.

Epidaure : 301.

EPIPHANE DE SALAMINE : 436, 462, 493, 499, 507.

Epître I de Pierre : 538-539.

Epître II de Pierre : 507.

Epîtres, de Saül : 436-455 ; *passim*, 464-554, *passim* ; - aux Colossiens : 439 ; - aux Corinthiens I : 464, 513, 521-522, 537-538, 539-540, 541-542, 549 ; - aux Corinthiens II : 485, 503, 531, 541, 542, ; - aux Éphésiens : 439 ; - aux Galates : 481-482, 517, 521, 526-527, 528-529, 530 ; - aux Hébreux : 439 ; - à Philémon : 551-552 ; - aux Philippiens : 551 ; - aux Romains : 363-366, 469, 471, 531, 537, 543, 554 ; - aux Thessaloniciens I : 542 ; - aux Thessaloniciens II : 439, 537, 542.

ERASTE (chrétien) : 319, 363.

ERATOSTHÈNE : 318.

Espagne : 449, 553.

Esprit-Saint : 343, 345, 361, 450, 540.

Esséniens, secte : 73-76, 86, 93, 97, 111-112, 115, 116, 149, 201, 320, 338, 352, 507, 509, 510, 544 ; Jésus et les - : 164-165, 182 ; Dosithée et les - : 494-495, 507, 510.

ÉTIENNE (apôtre) : 111, 127, 136, 140, 203, 206, 216, 236, 247, 293, 369, 393, 405, 409, 426, 443, 446, 467, 479, 480-481, 484, 487, 491, 496, 497, 502, 503, 504, 505, 510, 514, 517, 518, 525, 528, 537, 543 ; martyre d'- : 131-132, 446, 500-501.

EUAESÈS (Nazaréen) : 297.

eucharistie : 528, 543, 550.

EUGÈNE (rabbin) : 219-224, 235, 520.

EUGÈNE (NAÂMAN) : 319, 538.
EUNICE (Nazaréenne) : 267-269.
EUPOLÈME (disciple de Dosithée) : 81-82.
EUSÈBE : 462, 554.
EUTYQUE : 367.
Evangiles : 435-443 ; *passim* : 462, 496, 498, 499, 509, 510, 511, 514, 517, 543.
Évangiles apocryphes : 436-438.
EVARISTE : 142-144.
EZÉCHIEL (prophète) : 146, 190.

F

FADUS Cuspius (procurateur de Judée) : 500.
FANG FENG : 511.
FÉLIX (Nazaréen) : 360.
FÉLIX Antonius (procurateur de Judée) : 380-390, 393, 441, 468-469, 472, 479, 480, 499, 545-548.
FESTUS Porcius (procurateur de Judée) : 389-394, 406, 469, 473, 487, 546-548.
FLAVIUS JOSÈPHE : 436, 470, 472-474, 475, 476, 479-480, 481, 482, 487, 489, 490, 492, 493, 494, 495, 500, 502, 508, 525-526, 547.
FLORUS Gessius (procurateur de Judée) : 472-473.
FORTUNATUS (chrétien) : 319.
FORTUNATUS Faustus : 157-163.
FULVIA (dame romaine) : 69, 70.

G

GAÏUS (Nazaréen) : 197-198.
GAÏUS (chrétien) : 316, 363, 366, 369, 374, 537.
Galilée : 51, 61, 72-73, 87, 114, 105-122, 169.
GALLION Junius (proconsul) : 321-324, 424, 442, 468, 471, 473, 480, 481, 512, 538.

GALLION Lucius Junius (rhéteur) : 443.
GAMALIEL (rabbin) : 43, 55, 58-60, 70-71, 75-76, 100, 116, 128-132, 186, 205, 222, 438, 461, 462, 464, 466, 477-478, 489, 491, 493, 498, 500, 513.
GAMALIEL II (rabbin) : 499.
GAULLE Charles de - : 448.
GEDALIAH (confident de Caïphe) : 86, 88, 102, 105, 116-117, 125, 128.
Génie de Bérytos, navire : 217.
GERMANICUS (frère de Tibère) : 193.
GERSOMIUS Agrippa : 117-118.
GIBBON Edward : 436.
GINSBERG : 525.
Giscala (Judée) : 461, 465.
GLAPHYRA, reine de Numidie (tante de Saül) : 18-32, 35, 37, 46, 260, 476-479, 487.
Gnostiques : 352-356, 362, 368, 490, 506-507, 509, 530, 538, 539, 541, 542, 544.
Golgotha : 537.
GOULDER Michael : 538.
Grand Temple de Damas : 81.
GRATUS L'HELLÉNISTE : 53.
GRATUS Mosollamus : 30.
GRATUS Valerius (procurateur de Judée) : 61-62, 73, 490.
Grèce : 285-327, 367-372.
GRÉGOIRE DE TOURS : 536.
Guerre des Juifs, La, de Flavius Josèphe : 436, 474, 480.
GUIGNEBERT Charles : 504-505.

H

HADRIEN, empereur romain : 463, 527.
HANSON Anthony Tyrrell : 491, 504, 521.
HARNACK von - : 544.
HASMONÉENS, clan : 12, 56, 75, 76.
HELCIAS Alexas : 472.

HÉLÈNE (compagne de Simon le Magicien) : 495, 507.

Hellénistes : 39, 210.

Hellénistes, synagogue des - (Tarse) : 222-224, 235.

Héotontimourimenos, comédie : 367.

HÉRAKLÈS (HERCULE) : 97, 98, 180, 299, 357, 360, 367, 522 ; rapprochement avec Jésus : 225-231, 235, 237, 255-256, 302, 321, 402, 404, 414, 445, 512.

Hercules Furens, tragédie de Sénèque : 512.

Hercules Oetaeus, tragédie de Sénèque : 512.

HERMAS D'AMASTRIS : 35.

HERMÉE (Nazaréen) : 241, 245, 246, 252, 254, 275, 278, 334.

HÉRODE AGRIPPA Ier, tétrarque : 12-13, 15-16, 65-66, 100, 109, 298, 382, 384, 466, 470-472, 475, 482, 484, 515, 525-526.

HÉRODE AGRIPPA II, roi de Chalcis : 391-393, 423, 441, 466, 469-473, 475, 480, 484, 487, 494, 547-548.

HÉRODE ANTIPAS, tétrarque de Galilée : 33, 53, 61, 87, 106-111, 119, 124, 138, 140, 187, 207, 367, 466, 471, 473, 476, 483, 499, 502, 526, 548.

HÉRODE ANTIPATER (fils d'Hérode le Grand) : 11, 14, 15-16, 18, 19, 24-25, 26, 28, 29, 34, 36, 41, 53, 65, 76, 100, 140, 298, 379, 381-382, 472, 474, 479, 482, 483, 484, 494.

HÉRODE DE CHALCIS : 65-67, 109, 469, 471, 472, 494.

HÉRODE LE GRAND, roi des Juifs : 11, 14-19, 21, 24, 28, 31, 33, 36, 39 (note), 40, 45-49, 56, 65, 66, 72, 77, 105, 114, 139-140, 242, 245, 298, 377, 381, 406, 453, 470, 471, 473, 475, 477, 483, 484, 488, 494, 525, 526, 546.

HÉRODE PHILIPPE : 55, 114, 471, 475, 502, 548.

HÉRODE PHILIPPE II : 471-473.

HÉRODIADE : 106, 140, 471, 502, 548.

HÉRODION : 421-423, 470-472.

Herodium, château d'- (Judée) : 18.

HÉSIONE, princesse troyenne : 357, 360.

HIÉROPHON (asiarque) : 349.

HILLEL (rabbin) : 412.

HIPPOLYTE (auteur chrétien) : 506-507.

HIPPOLYTE (gnostique) : 353-356.

HIPPOLYTE DE PERGAME (rhéteur) : 55.

Histoire romaine, de Th. Mommsen : 465.

Historical Evidence for Jesus, The, de G. A. Wells : 511.

HOLL Karl : 428.

HOMÈRE : 34, 313, 358, 369.

HORACE : 512.

HOUSSAM, prince : 192-193.

HUGEDÉ Norbert : 479, 480, 543.

HIÉRONYMUS (Nazaréen) : 349.

HYGÉIA : 509.

HYRCAN II (grand-prêtre) : 75, 116.

I

Iconium : 262-265.

IDA (dame romaine) : 70.

idolâtrie : 345-347.

Il les chassa de Rome, de Ch. Saulnier : 516.

Illyrie : 442.

IRÉNÉE : 506.

ISAAC : 220.

ISAAC Joseph bar- : 49.

ISAÏE (prophète) : 167.

Isis, culte d'- : 70, 353.

Islam : 435.

Israël : *passim*.

ISSACHAR (rabbin) : 33.

J

JACQUES D'ALPHÉE (LE MINEUR), apôtre : 126, 127, 200, 212-217, 224, 236, 250, 251, 252, 253, 254, 275, 274, 319, 320, 333, 337, 349, 351, 373, 374-375, 385, 392, 426, 435, 470, 478, 479, 487, 498, 508, 512, 513, 517, 520, 524, 525, 528, 529, 530, 541.

JACQUES DE ZÉBÉDÉE (LE MAJEUR), apôtre : 126, 134, 145, 206, 370, 371, 452, 498, 508, 513.

JAFFAR Ozias bar - : 47.

JASON (Nazaréen) : 293, 296-297, 363.

JEAN (apôtre) : 120, 122, 126, 134, 181, 189, 200, 212, 215, 246, 250-252, 426, 452, 498, 506, 508, 513, 517, 530, 545 ; et la conversion de Saül : 145, 146, 148-151 ; *Évangile de-* : 437, 498, 510.

JEAN LE BAPTISTE *voir* JOKANAAN.

JEAN CHRYSOSTOME : 488.

JEAN HYRCAN (grand-prêtre) : 56, 489.

JEHORAM (édile de Jérusalem) : 41, 42, 45, 52, 56, 57.

JEREMIAS Joachim : 464, 478.

JÉRÉMIE (prophète) : 33, 167, 201.

Jéricho : 14, 16, 64.

JÉRÔME saint : 441, 461-462, 465, 483, 512, 519.

Jérusalem : *passim.*

Jérusalem au temps de Jésus, de J. Jeremias : 464, 478.

JÉSUS : *passim*, et : Jokanaan et - : 99, 100 ; procès de - : 102-108, 128, 446 ; la « résurrection » : 108-126, 161-162, 167-169, 178-179, 183, 191, 204, 295, 443, 498, 510 ; le complot : 123-126 ; l'agitation nazaréenne : 126-128 ; - et la Loi juive : 158-160, 164-165, 183, 201-205, 215, 221-224,

241, 264, 276, 291, 295, 302, 303, 316, 341, 364, 370-371, 386, 412-413, 521 ; et les Esséniens : 164, 182 ; le guérisseur : 177-180 ; rencontre de Saül avec - : 180-185, 217, 294, 447, 512-514 ; et la messianité : 181-184 ; rapprochement avec Héraklès : 226-231, 235, 237, 255-256, 302, 321, 402, 404, 414, 445, 512, 522 ; les gnostiques et - : 354-355 ; Saül et l'enseignement de - : 443-455, 513-514.

Jewish and Pauline Studies, de W. D. Davies : 490, 521.

JOANNA : 189.

JOAZAR (grand-prêtre) : 46-51, 59, 489.

JOB : 33.

JOHANAN « MARCOS » (cousin de Barnabé) : 257-258, 276, 277, 281-282, 455, 532.

JOHANNA (Nazaréenne) : 499.

JOKANAAN (JEAN LE BAPTISTE) : 72-74, 77, 86-87, 88, 106, 164, 422, 471, 476, 494-495, 496, 502, 507-511, 544, 548 ; et Jésus : 99-101, 167, 168.

JOKANAAN (Nazaréen) : 109.

JONATHAN (grand-prêtre) : 138, 493, 505.

JOSEPH (frère d'Hérode le Grand) : 474.

JOSEPH (beau-frère d'Hérode le Grand) : 473.

JOSEPH (père de Jésus) : 103.

JOSEPH D'ARIMATHIE : 104, 108, 110, 114, 125, 131, 295, 499.

JOTAM (Pharisien) : 242.

JOTAPE, reine de Chalcis : 494.

Jourdain, fleuve : 72, 87, 98.

JUAN CARLOS, roi d'Espagne : 449.

JUBA II (« VARRON L'AFRICAIN »), roi de Numidie : 27-28, 31, 32, 477, 482-483, 487.

Juda, tribu d'Israël : 463.

judaïsme : *passim.*

JUDAS DE GAMALA : 50-51, 129, 135, 489, 492, 500.

JUDAS LE GAULANITE *voir* JUDAS DE GAMALA.

JUDAS L'ISCARIOTE : 103, 104, 112, 116, 164, 405, 511.

JUDAS DE JACQUES : 452.

JUDAS LE JUMEAU *voir* THOMAS.

JULIA, impératrice : 53.

JÜLICHER : 504.

JULIE (chrétienne) : 414.

JULIEN L'APOSTAT, empereur romain : 454, 480.

JULIUS (centurion) : 394-401, 403-406, 423-424, 549.

JUNIAS (chrétien) : 415.

K

KLAUSNER : 525.

Kochba (Syrie) : 79, 104, 111, 191, 200-203, 242, 287, 344, 370, 445, 451, 495, 499, 506, 507, 509, 511, 517, 519, 520, 535 ; rencontre de Saül et de Dosithée : 81-85 ; endoctrinement de Saül à - : 145-151, 163-171.

L

LAGRANGE : 504.

LAOMÉDON, roi de Troie : 357.

LARCIUS (juriste) : 54.

Lasaïa : 396.

LAZARE : 111-113, 118-119, 120, 124, 164, 165, 171, 498, 506, 509 ; Saül et - : 115, 146-150.

LECTRA (femme d'Onésiphore) : 263.

LENTIUS Lucilius (banquier) : 148-149, 270.

LÉVI-MATTHIEU (« LE PUBLI-CAIN ») *voir* MATTHIEU.

Lévites : 50, 98.

LIETZMANN : 504.

Livres des Maccabées : 437.

LOÏS (Nazaréenne) : 267, 269.

LOUKAS *voir* LUC.

LUC (apôtre) : 248, 283-285, 286, 288, 386, 392-393, 394, 400-408, 411, 419, 443, 528, 533-534, 550-551 ; l'évangéliste : 411, 437-438, 439, 440, 447, 454, 462, 489, 498, 499, 500, 503, 504, 505, 510, 524-529, 532-533, 534, 535, 538, 540-541, 543-552, 555.

LUCCAEUS Albinus (procurateur de Judée) : 473.

LUCIUS (chrétien) : 363.

LYDIA (Nazaréenne) : 286-287, 288.

LYSIAS Claudius (tribun) : 376-384, 386, 389, 469, 499, 546.

Lystres : 265-270, 532.

M

MACCABÉES, famille : 12, 33, 479.

MACCOBY Hyam : 463, 465, 478, 490, 522.

Macédoine : 285-301.

Magdala : 49.

« Maître de Justice » : 75.

Malte : 399-401, 549.

MALTHACE (fille d'Hérode le Grand) : 474, 475.

MANASSAH : 106.

MARC (évangéliste) : 444, 454, 498, 509.

Marchands, synagogue des - (Damas) : 205-206.

Marcionites, secte : 542.

MARCUS (Nazaréen) : 349, 404-405, 409, 415.

MARCUS L'HELLÉNISTE : 51, 53, 134, 209.

MARCUS JULIUS ALEXANDRE : 47.

MARGANA (pythonisse) : 287, 534.

MARIAMME (mère de Saül) : 11-12, 55, 56, 75, 479.

MARIAMME (fille de Saül) : 68.

MARIAMME (femme d'Archélaüs) : 20.

MARIAMME (fille d'Aristobule) : 21, 55, 65.

MARIAMME L'HASMONÉENNE (femme d'Hérode le Grand) : 114, 474, 476, 477.

MARIE DE MAGDALA voir MYRIAM DE MAGDALA.

MARIUS (beau-frère de Saül) : 58, 67, 117-118.

MARIUS (fils de Saül) : 68, 109.

MARTHE : 111, 498.

MARTIEN (apôtre) : 402, 549.

MARTINIEN (geôlier de Pierre) : 549.

MATTHIEU (évangéliste) : 452, 508, 510, 520.

MATHIR Abraham ben - (membre du Sanhédrin) : 209.

MATTHIAS (grand-prêtre) : 493.

médaillons, affaire des - : 90-91, 93, 102 ; « mélangeurs » voir Gnostiques.

MÉNAHEM (Nazaréen) : 241-247, 250, 252-253, 273-276, 319, 335, 337, 373, 374, 466, 525-526, 533.

MÉNIPPÉE : 227.

MENNÉE (chef de la police du Sanhédrin) : 88

messianisme : passim, et - : Dosithée : 77-85, 494-495 ; Jokanaan : 87, 99 ; Jésus : 87, 99, 181-184 ; Simon le Magicien : 150, 320, 506-507.

MIGNE abbé : 493.

Milet : 368.

Mithraeum, temple (Césarée) : 11.

MNASON : 373, 544.

MNESTRON (acteur romain) : 195-196.

MOÏSE : 73, 131, 160, 286, 290, 495.

MOMMSEN Theodor : 465.

MORIN Émile : 508.

multiplication des pains : 189.

MUMMIUS Marius Archelaüs : 379-380.

MYRE DE LYCIE : 396.

MYRIAM (chrétienne) : 414-415.

MYRIAM DE MAGDALA :110-114.

Mysie : 282-283.

Mytilène : 367.

N

NABUCHODONOSOR : 190.

NARCISSE (familier de Néron) : 453, 554.

NATHANAËL (apôtre) : 452.

Nazaréens : passim, et - : 478, 499-500 ; l'agitation chrétienne : 126-151 ; ralliement de Saül aux - : 144-151, 190-191, 279-281, 450-454 ; endoctrinement de Saül : 163-171 ; polémiques de Saül avec les - : 200-203, 211-217, 235-236, 242-255, 273-276, 443, 524 ; voir Conseil de Jérusalem.

Néapolis : 285, 360.

NÉARQUE (Nazaréen) : 360.

NÉRON, empereur romain : 331-332, 382, 389, 393, 394, 414, 423, 425, 428-432, 442, 453, 468, 469, 470, 480, 494, 512, 539, 548, 553, 554.

NESTOR (apôtre) : 212.

NEWTON Isaac : 496.

NICANOR (adjoint de Pedanius) : 85.

NICANOR (disciple de Jésus) : 126.

NICODÈME : 104, 108, 110, 114, 115, 125, 131, 295, 499.

NICOLAS : 126.

Non-lieu pour Jésus, d'E. Morin : 508.

O

OCTAVIE (sœur de Néron) : 331.

Odyssée, d'Homère : 302, 303.

OLYMPIAS, reine de Macédoine : 286.

OLYMPIAS (fille d'Hérode le Grand) : 474.

Olympie : 301.

OMAR, éparque de Coelé-Syrie : 138.

O'NEILL : 470.

ONÉSIME : 417-421, 422, 423-426, 427, 430, 454, 551-552.

ONÉSIPHORE (Nazaréen) : 263, 264.

ORESTE : 443.

ORESTE (chrétien) : 197.

ORIGÈNE : 462, 494.

ORION (géant) : 30.

OROSE : 516.

ORTKEMPER F. J. : 549.

OSIRIS (dieu) : 522.

P

paganisme : 97-98, 143-144, 255-256, 277-278, 282, 299-306, 311, 346-347, 512-513.

PALLAS (femme d'Hérode le Grand) : 474, 475.

Palmyre : 186, 192.

PANACEA : 509.

Panarion, d'Épiphane de Salamine : 436, 462, 492-493, 500.

Pâque juive : 496-497.

PARMENAS (Nazaréen) : 126.

PARMENION (Nazaréen) : 349.

parousie : 311, 324-325, 352, 368, 404, 448, 451, 536, 537, 554.

PAUL saint *voir* SAÜL.

Paul et l'invention du christianisme, de H. Maccoby : 463-464, 478.

PAULUS Sergius (proconsul) : 258-259, 282, 531, 533.

PEDANIUS Marcus (secrétaire de Saül) : 39, 40, 54, 63, 68, 72-76, 77, 80-84, 85, 86, 89, 93, 101, 102, 105, 107-114, 118, 120, 122-127, 292-296, 535.

Pergame, temple de - : 142.

PERROT Charles : 515, 516, 531.

PETHROSINUS (précepteur de Saül) : 22-26, 28, 29, 65, 260.

PETRUS *voir* PIERRE.

PHARESOS (boulanger) : 157.

Pharisiens : 39, 40, 59, 61, 62, 75, 201, 450, 478, 489-490, 491, 529.

PHASAËL (fils d'Hérode le Grand) : 47, 55, 474.

PHÈDRE (femme d'Hérode le Grand) : 474-475.

PHÉRORAS (frère d'Hérode le Grand) : 475, 476, 484.

PHIABI Ismaël ben - (grand-prêtre) : 61, 62, 494.

PHIDIAS : 302.

PHILIPPE, tétrarque : 33, 55, 61, 106.

PHILIPPE (apôtre) : 126, 145, 146, 181, 189, 206, 251, 273, 293, 319, 320, 325, 349, 351, 370, 371, 374, 506, 513, 545 ; instructeur de Saül : 164-171, 188, 510.

Philippes : 285-289, 291, 360, 361, 366, 528, 534.

Philomenion : 262.

PHILON D'ALEXANDRIE : 491.

PHINEAS (édile de Jérusalem) : 40-44, 45, 48, 53, 56-57.

PHINEHAS Levi ben - (membre du Sanhédrin) : 128-132.

PHOEBÉ (chrétienne) : 319.

PHOEBUS LE TROADE (rhéteur) : 55.

PHOTIUS, patriarche de Constantinople : 462.

PIERRE (SIMON, CEPHAS), apôtre : 110, 120-121, 126, 127-128, 133, 134, 166, 181, 189, 200, 206, 211-217, 224, 236, 246, 249-255, 273, 325, 332-334, 349, 373, 374, 385, 388, 392, 402, 403, 404, 426, 435, 442, 445, 448, 449, 450, 452, 467, 478, 479, 486, 487, 498, 503, 506-507, 511-516, 520, 524-525, 528, 529, 530, 532-533, 537, 538, 541, 545-546, 549, 553 ; et la conversion de Saül : 145-151 ; altercation avec Saül : 252-255, 524-525, 529.

PILATE Ponce : 85, 88-92, 93, 95,

112, 117, 138, 162, 271, 321, 468, 490 ; et Saül : 88-94, 101-102, 112-113, 116 ; et le maintien de l'ordre : 91-94 ; et le procès de Jésus ; et la « résurrection » de Jésus : 102-108, 115-116, 123, 128, 445, 493 ; et l'agitation naza-réenne : 130-131, 134-135, 136, 495-496.

PINDARE : 313.

PISIDIUS Valerius (chevalier ro-main) : 193-196.

PISON (conspirateur romain) : 553.

PLAUTE : 93 (note).

PODARCE, prince troyen : 357.

POMPÉE : 465.

Pompéiopolis : 21.

POPPÉE, impératrice : 425, 453, 470, 554.

Porcia, loi : 288.

Porte Dorée, synagogue de la - (Athènes) : 301-302.

Poséidon, temple de - (cap Sou-nion) : 300

Pouzzoles : 403-404.

PRAXITÈLE : 302.

Prétextat, catacombe de - (Ro-me) : 488.

Principes Apostolorum, de Jean Chrysostome : 488.

PRISCA (Nazaréenne) : 314, 325, 336, 364, 415, 516, 518-519, 539.

PROCESSUS (geôlier de Pierre) : 549.

PROCHOROS (Nazaréen) : 126.

PROCULA (femme de Ponce Pi-late) : 104, 124.

Prologue antimarcionite : 551.

prosélytisme : 489, 520.

Proverbes : 167.

PSEUDO-DENYS : 536.

Pseudo-tertullien : 494.

PROLÉMÉE : 17.

PUBLIUS : 400-401.

PYTHAGORE : 368.

Q

QUARTUS (chrétien) : 363.

QUARTUS (officier romain) : 407-408, 411, 416, 420, 421, 424.

QUIRINIUS (consul) : 45-52, 61, 487-488, 526.

Quoumrân, communauté essé-nienne de - : 73, 86, 112, 164, 165, 182, 242, 509.

R

RACINE Jean : 471, 484, 547.

Reconnaissances pseudo-clémen-tines : 494, 503.

REGIUS (rabbin) : 197-198.

RENAN Ernest : 501.

RESTORATUS Paulus (marchand) : 69-72.

Rhegium : 402.

Rhodes, colosse de : 369.

ROBINSON J.A.T. : 507.

Romaines, Les, de Dion Cas-sius : 436.

Rome : *passim*, et : Saül et - : 24-26, 39-40, 57-59, 66-67, 78, 94, 117, 452-454 ; expulsion des Juifs de - : 68-72 ; l'agita-tion chrétienne à - : 134, 195-198, 255-256, 314, 515-516, 537 ; de Caligula : 193-198 ; - de Néron : 331-332 ; Saül et les chrétiens de - : 362-365, 408-431, 543, 550-551 ; Saül à - : 405-431, 550-555 ; l'incendie de - : 428-432, 454, 552-555.

ROXANE (fille d'Hérode le Grand) : 474.

RUFUS (frère de Saül) : 16, 19, 20, 23, 25, 27-32, 34, 109, 136, 140, 218, 425, 484-485, 552.

RUFUS Annius (procurateur de Judée) : 53, 57, 490.

RUGGLES Clive : 495-497.

RUTILIUS Paulus : 35-36.

S

Sabbat : 97, 155-163, 164, 187,
  202, 237, 239, 246, 250, 259,
  261, 276, 290, 319, 335, 371,
  450, 509, 512, 515, 521, 539.
SACCHIAS LE PALMYRÉNIEN : 208.
Sadducéens : 159, 492, 493.
Saint Paul et Rome, de N.
  Hugedé : 479, 481, 543.
SALAMPSIO (femme de Phasaël) :
  47.
SALLES Catherine : 553.
SALMANASSAR, roi d'Assyrie :
  463.
SALOMÉ (sœur d'Hérode le
  Grand) : 13-17, 53, 65, 140,
  219, 474, 477, 484.
SALOMÉ (fille d'Hérode le
  Grand) : 474-475.
SALOMÉ (fille d'Hérode Phi-
  lippe) : 55, 110, 124, 422,
  469-471.
SALOMON DE TIBÉRIADE : 203.
Samarie : 100, 187, 200.
Samaritaine : 187.
SAMUEL (prophète) : 158.
SANDAY-HEADLAM : 504.
Sanhédrin, assemblée : 49, 53,
  59, 61, 63, 88, 159, 161, 206,
  209, 276, 342, 371 ; procès de
  Jésus : 102-109, 115, 116,
  128, 445-446, 498, 509 ; et
  l'agitation nazaréenne : 128-
  132, 496 ; procès d'Étienne :
  131-132 ; procès de Saül :
  375-385, 389-393, 468-469,
  544-546.
SARAH (femme de Saül) : 63-64,
  76, 94, 107, 137, 138-141,
  144, 148, 209, 218.
Sardaigne : 69, 72.
SATURNINUS (sénateur) : 69.
SAÜL (PAUL) : *passim*, et : naissance et origines : 11-12, 461-
  480 ; l'orphelin : 12-21, 475-
  478, 482-486 ; éducation à
  Tarse : 21-32 ; et Rome : 23-
  26, 39-40, 57-59, 66-67, 78-
  79, 94, 95, 117, 452-454 ;

l'épilepsie : 25, 45, 52, 54, 76,
  124-125, 127, 132, 147-149,
  248, 260, 312, 442, 451, 485-
  487, 506, 511, 531 ; retour en
  Palestine : 31-38 ; et le
  judaïsme : 32-34, 43-45, 55-
  60, 137, 190-191, 201-203,
  221-225, 234-236, 241-455 ;
  passim : 463-465, 488-491 ;
  édile à Jérusalem : 37-134 ;
  passim : 487-488 ; le corps et
  la sexualité : 39-40, 44-45, 48-
  49, 52, 67-68, 143-144, 265-
  266, 272-273, 279, 300-301,
  315-317, 338-339, 352, 383,
  408, 415-416, 418-421, 453-
  454, 492-493, 537, 539 ;
  l'argent : 42-43, 45, 148-149,
  270-271, 505 ; et le pouvoir
  romain en Judée : 47-134 *passim* ; et Judas de Gamala : 51-
  52, 492 ; le célibataire : 54-55,
  59-60 ; les nervis de - : 62-
  492 ; mariage : 63, 68, 139,
  210, 492-493 ; l'opium : 68,
  85, 94, 101, 124-125, 185,
  248, 260, 266, 432 ; et Tibère :
  68 ; et l'expulsion des Juifs de
  Rome : 68-73 ; et le messianisme : 72-94, 116, 146-151,
  167-172, 181-185, 221-225 ;
  rencontre avec Dosithée : 77-
  85, 87 ; la lumière divine : 84-
  85 ; et le maintien de l'ordre
  en Judée : 86-94, 445-448,
  488, 492, 496 ; et Ponce
  Pilate : 89-94, 101-103, 113,
  116 ; et l'affaire des médaillons : 91-94 ; et le procès de
  Jésus : 102-109, 497-498 ; et
  la « résurrection » de Jésus :
  109-126, 167-170, 178-179,
  190-191, 199, 205, 443 ; et
  Lazare : 115, 146-150 ; découverte des Nazaréens : 119-
  123 ; et le « complot » de
  Jésus : 123-126 ; et l'agitation
  nazaréenne : 126-151, 499,
  501-502 ; et la lapidation
  d'Étienne : 131-132 ; rallie-

ment aux Nazaréens : 134-151, 190-192, 280, 450-454, 501-506, 535 ; départ de Jérusalem : 138-144 ; l'examen de passage : 145-151, 506 ; le chemin de Damas : 147-149, 437-438, 451, 485, 491, 494, 500-506, 511-515 ; l'endoctrinement : 163-171, 510-511 ; le festin d'Abdilène : 173-179 ; et Sénèque : 175-176, 179, 226-227, 255, 256, 299, 424-425, 512, 522; rencontre de Jésus à Édesse ; réflexions sur Jésus : 186-192, 271 ; le prêcheur dans le désert : 199-200, 516-517 ; polémiques avec les Nazaréens : 200-203, 211-217, 234-240, 241-255, 273-276, 483, 524 ; le prêcheur de Damas : 204-208, 214-215 ; retour à Jérusalem : 208-211 ; et le Conseil apostolique de Jérusalem : 211-217, 250-255, 257, 272-276, 332-334, 337, 349, 373-385, 392-393, 395, 440, 441, 478-479, 523-524, 527-530, 544-545 ; prêcheur à Tarse : 219-240 ; et le mythe d'Héraklès : 225-231, 444-445 ; l'apôtre des Gentils : 228-237, 240-255, 440, 444, 447, 523, 524 ; l'orateur : 232-233, 303-304 ; et la circoncision : 234-236, 240-241, 242-246, 250-251, 265, 267-270, 274, 282, 318, 364, 365, 370-371, 377, 449, 489, 521, 530 ; et le Conseil apostolique d'Antioche : 241-249, 251, 252, 273, 276, 527-528, 532-533 ; et la famine à Jérusalem : 249-250 ; altercation avec Pierre : 252-255, 524, 529 ; à Chypre : 257-260 ; affrontements avec les communautés juives : 257-455 ; *passim* : 540 ; et Timothée : 266-270, 272-273 ; le pouvoir et le monde : 270-273 ; rup-

ture avec le judaïsme : 273-276, 340-345, 369-372, 478-479, 509, 530 ; dialogue avec Silvanus : 277-281 ; l'amour : 279-281, 317-318, 357, 409 ; en Grèce : 285-327, 367-372 ; à Athènes : 301-312, 535-536 ; devant l'Aréopage : 306-309, 536 ; et la fin du monde : 311-312, 324-325, 351-352, 368, 404, 447-448, 451, 536, 537, 554 ; à Corinthe : 313-325, 541-542 ; devant le tribunal de Corinthe : 321-323, 538 ; institution de l'*agapê* : 355, 559 ; à Éphèse : 336-353 ; et l'Esprit-Saint : 343, 450, 540 ; et les guérisons miraculeuses : 344-345, 541 ; contre l'idolâtrie : 345-348 ; et le Conseil apostolique de Corinthe : 349-353, 361-365, 541-542 ; et les gnostiques : 351-352, 362, 530, 535, 542 ; l'ange de feu : 357-360 ; l'Épître aux Romains : 363-365 ; piège à Jérusalem : 365-385, 392-393, 440-441, 468-469, 478-479, 523, 544-545 ; complots contre - : 365-367, 372-385, 543, 544 ; comparution devant le Sanhédrin : 375-385, 389-393, 468-469, 544-545 ; captif à Césarée : 380-394, 441, 468-469, 545-549 ; l'autre justice : 388 ; entrevue avec Hérode Agrippa II : 390-394, 546-548 ; la route de Rome : 394-406 ; l'Italie : 403-405 ; arrivée à Rome : 405-408 ; et les chrétiens de Rome : 408-432, 543, 550-551 ; et le symbole de la croix : 409-410, 411, 435, 454, 521-522, 549, 550 ; et les Juifs de Rome : 410-413, 550 ; Onésime ou la tentation : 416-421, 552 ; et l'incendie de Rome : 426-432, 454, 550-555 ; mort : 431-432, 553-

555 ; l'inventeur du christianisme : 435-455, 511, 529 ; historiographie : 436-440 ; les Épîtres : 437-455 *passim* ; le citoyen romain : 440-441, 453, 461-469, 538, 545, 546-547 ; et l'enseignement de Jésus : 442-455 ; le flic : 446-448 ; l'inventeur de l'antijudaïsme : 449-450 ; la volonté de puissance : 452-453, 504 ; juif ou non-juif ? : 461-470 ; l'Hérodien : 469-480, 546-549 ; chronologie : 480-483, 518-520 ; portrait physique : 488 ; et l'eucharistie : 528, 543, 550 ; mépris de la femme : 539.

SAÜL (fils de Saül) : 68.
SAÜL (petit-fils de Saül) : 327.
SAÜL (prince hérodien) : 473.
SAULNIER Christiane : 516.
SCEUAS (archonte) : 345.
SCHAEFER B. E. : 497.
Scythopolis : 78-80, 141-144, 219.
Sébaste : 237.
SECUNDUS (chrétien) : 366, 369, 374.
SECUNDUS Aulus Claudius (intendant de Pilate) : 95-98.
SECUNDUS Flavius Aureus (rabbin) : 412-413.
SÉNÉQUE : 26, 175, 178-179, 225-227, 255-256, 257, 271, 299, 321, 388, 424-425, 436, 442, 468, 480, 481, 512, 522, 530, 538, 552.
SÉVÈRE, patriarche d'Antioche : 536.
SHALMÂT, reine : 180, 183.
SHAMMAÏ (rabbin) : 489.
Sidé : 335.
Sidon : 394, 549.
SILLAMY Norbert : 485-486.
SILVANUS (Nazaréen) : 277-289, 292, 296, 311, 317, 320, 323, 324, 325, 345, 349, 351, 365, 528, 533.
SIMÉON : 14.
SIMIAS (fils d'Onésiphore) : 263.

SIMON *voir* PIERRE.
SIMON (fils d'Ananias) : 413.
SIMON (fils de Saül) : 76, 109, 218, 270, 272, 327, 380.
SIMON (entremetteur) : 382.
SIMON Eleazar bar - (édile de Jérusalem) : 39-45, 48, 52-53, 56, 186, 209, 261.
SIMON EUGÈNE (apôtre) : 319-320, 337, 349, 368.
SIMON LE MAGICIEN : 150, 170, 187, 200, 320, 338, 351, 495, 506-507, 510, 538, 539.
SIMON LE NOIR (Nazaréen) : 242, 244-247, 250, 252, 275, 276, 319, 466, 525-527, 533.
SIMON LE SIDONIEN : 223.
SIMON LE ZÉLOTE (apôtre) : 452.
SIMON Marcel : 490, 500, 509, 520, 527, 537, 551.
Sirmium : 32.
SOCRATE : 536.
SOCRATE HERMOSÉE (marchand) : 270.
Soldat fanfaron, Le, de Plaute : 93.
SOSAS (caravanier) : 176-179, 181.
SOSIPATROS (chrétien) : 363, 365-366, 369, 373-374.
SOSTHÈNE (Nazaréen) : 323.
Sounion, cap : 300.
STEPHANOS (précepteur de Saül) : 22-24, 26, 29, 65, 260.
STEPHANOS (chrétien) : 273.
stoïciens : 307, 309, 310, 321, 388, 410, 424, 512, 522, 537.
SUÉTONE : 465, 478, 479, 480, 516, 554.
SUZANNE : 111.
SYLLA : 301.
Symboles chrétiens primitifs, Les, de J. Daniélou : 495.
Syracuse : 402.
Syrie : 46, 501-504.
SZCZEPANSKI Ladislaus : 495.

T

TACITE : 436, 479, 480, 512, 553.
Talmud : 449, 489, 495.

TAMMOUZ (dieu) : 522.

Tarse : 142-143, 282, 440, 539 ; éducation de Saül à - : 21-32 ; apostolat de Saül à - : 219-240 ; et le problème des origines de Saül : 461-468, 475-479, 483-484.

TELESPHORE : 509.

Temple de Jérusalem : 40, 41, 46, 49, 51, 56, 68, 69, 75, 86, 87, 101, 103, 108, 115, 116, 125, 131, 135, 136, 142, 157, 160, 188, 215, 254, 274, 338, 341, 376, 383-384, 392-393, 440, 466, 468, 500, 505, 545.

TERTIUS (secrétaire de Saül) : 363-365.

TERTULLIEN : 488.

TERTULLUS (avocat du Sanhédrin) : 383.

THADDÉE (apôtre) : 221, 521.

THALÈS DE MILET : 368.

THAMYRIS : 264, 265.

THÈCLE (Nazaréenne) : 264-265, 531-532.

THÉOCLÉE (Nazaréenne) : 264-265.

THÉODESTES (rabbin) : 43-44, 56, 57, 137, 261.

THÉOPHILE (grand-prêtre) : 493.

THÉOPHORE (apôtre) : 224.

THÉOPHORE (chrétien) : 301.

THÉOPHOROS Elias (rabbin) : 155-163, 509.

THÉSÉE (héros) : 312.

THESSALONIKÊ (sœur d'Alexandre le Grand) : 290.

Thessalonique : 290-297, 311, 316, 324-325, 361, 537, 542.

THEUDAS (faux prophète) : 500.

THEUDION (hérodien) : 477.

THOMAS (apôtre) ; Évangile de - : 486, 508.

TIBÈRE, empereur romain : 57, 60, 85, 89, 90, 109, 136, 156, 162, 193-198, 404, 464, 470, 476, 496, 502, 515, 520 ; expulsion des Juifs de Rome : 68-72, 516.

Tibériade, lac de - : 169, 183, 510, 513.

Tibérias : 106.

TIGRANE, roi d'Arménie : 19, 476.

TIMIDIUS Caïus : 38.

TIMIUS DE CHYPRE : 47.

TIMON (Nazaréen) : 126.

TIMOTHÉE : 266-270, 272-273, 274, 277, 281, 282, 285-286, 287, 289, 297, 311, 316, 320, 323, 324, 325, 335, 336, 345, 348, 351, 357-360, 365-366, 369, 370, 372, 373, 374, 383, 384-385, 386, 387, 389, 391, 392, 394, 417, 426, 430, 453-454, 528, 530, 532, 541, 553.

TITUS (apôtre) : 249, 253, 262, 265-268, 273, 275, 277, 281-286, 289, 345, 347, 351, 360, 361, 362, 365, 482, 528, 530, 532, 553.

TITUS, empereur romain : 471, 484.

TOBIE LE SAGE (Nazaréen) : 223, 230, 235.

Torah : *passim*.

Troie : 283-285.

TROPHIME D'ÉPHÈSE : 366, 369.

TRYPHÈNE (chrétien) : 414.

TRYPHOSE (chrétien) : 414.

TUBAL (Pharisien) : 33-34.

TYCHIQUE (chrétien) : 366, 369, 374.

Tyr : 369.

TYRANNOS (Nazaréen) : 344.

Tyrinthe : 300.

U

ULYSSE : 98, 318, 400.

URBAIN (chrétien) : 409, 415.

V

VARUS (gouverneur de Syrie) : 484.

VICINIUS THEMATUS (marchand) :
26.
VIDAL-NAQUET Pierre : 480.
Vie des douze Césars, de Sué-
tone : 465.
Vie secrète de saint Paul, La, de
R. Ambelain : 466, 471.
VIRGILE : 284.
VITELLIUS Lucius (gouverneur de
Syrie) : 80, 501, 520.
Voie Royale : 141, 502, 505.
Vulgate, de saint Jérôme : 441.

W

WELLS G.A. : 499-511.
WILLIAMS Frank : 493.
WILSON R. McL. : 494.

X

Xante : 369.
Xyste (gymnase de Jérusalem) :
39, 54.

Y

YEHORAM Samuel ben - : 202.
YOÉZER : 100, 101.

Z

ZACHARIE (disciple de Jokanaan) : 99.
Zélotes : 53, 61-62, 63, 72, 86,
91-92, 105, 201, 470, 489,
492, 496, 526.
ZÉNON (fils d'Onésiphore) : 263.
ZÉRUBABBEL : 74.

Table

PREMIÈRE PARTIE

Un prince sans couronne

1. Le Demandé 11
2. Les deux morts de l'an moins quatre 12
3. *Civis romanus* 21
4. Errances tarsiotes 27
5. Jérusalem 32
6. Une journée à l'administration des édiles 39
7. Un Juif de seconde classe 45
8. Triomphe 57
9. Fantômes et menaces 64
10. Mais quelle lumière ? Quelle lumière ? 77
11. Caïphe, Pilate, l'orage 85
12. Conversation entre un Grec et un Romain à Césarée 95
13. « De la liqueur aux perdants ! » 98
14. Grands événements et conversations secrètes 101
15. Une rencontre à Capharnaüm 113
16. La guerre est perdue 123
17. Un rêve 133
18. Une nuit blanche 133
19. « Un homme sans sommeil » 137
20. « Ils n'ont pas de chef ! » 144

DEUXIÈME PARTIE

Le rire des chiens

1. Un Sabbat à Antioche 155
2. Remous à Kochba 163
3. Révélations à Damas 172
4. Dans la rue de l'orfèvre Nimrod 180
5. Ceux qui n'avaient pas cru sans preuves 185
6. Un jour de Sabbat à Rome, en l'an 38, avant l'arrivée
   des Grands Acteurs 193
7. Conflit à Kochba 199
8. La fuite de Damas 204
9. Le petit Conseil de Jérusalem 208
10. Échec à Tarse 217
11. « Les chiens rient » 226
12. Conflit à Tarse 228
13. Les envoyés de Jérusalem 237

14. Un échange de lettres sur la raison et l'espoir 255
15. Deux provinces sur trente-trois et quelques incidents 257
16. Un décret sans importance et des trahisons dérisoires 270
17. Le discours de Luc 277
18. La conversation de nuit à Thessalonique 289
19. Tant de dieux ! de mots ! de savoir ! 296
20. Parousie remise, larmes tardives 311

TROISIÈME PARTIE
Le feu

 1. La plume d'Agrippine 331
 2. La vengeance de la truie 332
 3. Les vieux ennemis 349
 4. Le Rien, le grand Rien 353
 5. Le Feu 357
 6. « Mon squelette me survivra » 360
 7. La ceinture 367
 8. Les masques 373
 9. Une rançon pour un empire 385
10. L'adieu 389
11. Le naufrage 395
12. Le mur 402
13. Le prisonnier 414
14. Les visiteurs 421
15. Du Palatin à l'infini 428

LES SOURCES

Préface en guise de postface 435

Notes 461
Bibliographie 557
Index 559

IMPRIMÉ EN FRANCE PAR BRODARD ET TAUPIN
Usine de La Flèche (Sarthe).
LIBRAIRIE GÉNÉRALE FRANÇAISE - 6, rue Pierre-Sarrazin - 75006 Paris.

ISBN : 2 - 253 - 13727 - 8   ✛ 31/3727/0